청명국역총서 4

역주
논어혹문 상

강민우·권민균·백종학·서진희·차영익 옮김

도서출판
수류화개

책을 펴내며

　수백 년 동안 주희朱熹의 《논어집주論語集註》는 《논어》를 읽는 가장 확실하고 유일한 길처럼 여겨져 왔다. 간결하고 명료한 그 주석은 마치 잘 닦인 길과 같아서, 우리는 그 길을 따라 편안하게 공자의 세계로 들어갈 수 있었다. 그러나 너무나 잘 닦인 길은 때로 길 주변의 풍경을 잊게 만든다. 주희가 제시한 '정답'에 익숙한 나머지, 그가 왜 다른 수많은 길을 버리고 바로 그 길을 택했는지, 그 과정에서 어떤 고민과 논쟁을 거쳤는지 질문할 기회를 잃어버렸다.

　이 책, 《논어혹문論語或問》은 바로 그 잃어버린 질문과 탐구의 과정을 생생하게 복원한 주희의 '지적 작업실'이다. 《논어혹문》은 중국 남송南宋 학자인 주희朱熹(1130~1200)가 《논어집주》와 함께 저술한 《논어》 주석서다. 주희는 사서四書를 학문의 근본으로 삼아야 한다고 강조하여 평생 동안 주석서 저술과 수정에 매진했다. 《논어혹문》은 《논어집주》의 미진한 부분에 대한 해설과, 《논어집주》에 수록되지 않은 선배 학자들의 《논어》

해설에 대한 평가와 주희 자신의 학설을 보충한 '《논어》에 대한 대토론의 장'이다.

'어떤 이가 물었다.[或問]'라고 시작하는 이 책의 형식은 단순한 수사가 아니다. 이는 주희가 북송시대 이래로 펼쳐졌던 다채로운 학문의 흐름을 자신의 사상이라는 용광로 속으로 끌어들여 하나씩 녹이고 재구성한 치열한 사상의 격전장이다. 그는 이 가상의 대화 속에서 정이程頤와 정호程顥 형제는 물론, 장재張載, 사량좌謝良佐, 범조우范祖禹 등 당대 최고의 지성을 소환하여 그들의 해석을 날카롭게 해부하고 비판하며 자신의 논리를 세워나갔다.

따라서 《논어혹문》을 읽는 것은 완성된 《논어집주》의 이면에 숨겨진 주희의 고뇌를 엿보는 것이며, 살아 숨 쉬는 철학자 주희를 만나는 경험이다. 우리는 이 책을 통해 그가 왜 특정 해석을 '가차假借의 병폐'라 비판하고, 다른 해석을 '지나치게 고원하다'고 물리쳤는지, 그리고 문장의 논리적 흐름[文理]과 성인의 본래 의도를 얼마나 집요하게 따졌는지 목격하게 될 것이다. 《논어집주》가 최종적으로 선포된 판결문이라면, 《논어혹문》은 그 판결에 이르기까지의 모든 변론과 증거를 담은 방대한 기록인 셈이다.

1. 판본과 체제

주희는 《논어집주》에 대해서 자부심을 드러낸 반면 《혹문》에 대해서는 미진한 점이 있다는 점을 인정했고, 생전에 간행하지 않았다. 주희와 학문적으로 활발하게 교류한 장식張栻도 이 책의 간행을 만류한 것으로 보아 당대인들의 인식도 주희와 비슷했다는 점을 알 수 있다. 이 책은 주희 사후 서적 상인에 의해 간행되면서 세상에 퍼졌다. 남송 때부터 《사서혹문》을 묶어 간행한 판본이 있었다는 기록이 있지만 지금은 모두 사라져 잔본殘本만이 남아 있고, 현존《사서혹문》의 판본은 대부분 명明 이후의 판본이다. 주요 판본으로는 홍치 7년(1494)에 장원정張元禎이 필사본을 각인한 갑인본甲寅本, 민문閔聞이 정덕 12년(1517)에 판각한 정축본丁丑本, 사고전서본四庫全書本 등이 있고, 현대의 주요한 교감표점본으로는 상해고적출판上海古籍出判에서 발간한 《주자전서朱子全書》본, 북경대학출판사北京大學出版社에서 발간한 《유장儒藏 정화편精華編》본이 있다.

《논어혹문》의 체제는 〈학이學而〉부터 〈요왈堯曰〉까지 각각의 편을 권卷으로 편성하여 20권으로 구성하였으며, '혹자의 질문[或問]'에 대한 주희의 답변 형식으로 되어 있다. '혹문或問'에는 《논어》에 대한 여러 설에 관련된 질문이 배치되어 있는데, 장재張載(1020~1077), 정호程顥(1032~1085), 정이程頤(1033~1107), 여대림呂大臨(1046~1092), 사량좌謝良佐(1050~1103), 유초游酢(1053~1123), 양시楊時(1053~1135), 윤돈尹焞(1071~1142), 장식張栻(1133~1180) 등의 설이 실려 있다. 내용상으로는 이정二程(정호와 정이)과 장재의 학설을 주로 수용하고 다른 학자들의 학설은 비판적으로 접근하는 경향이 주요한 것이지만 이정과 장재의 학설을 비판하는 사례도 많다. 이는 북송의 도학자들로부터 주희 자신에 이르는 도통의 계보를 설정하면서 자신을 그 집대성자로 자리매김하려는 시도였다고 생각된다.

2. 정자를 기준으로 삼다

《논어혹문》 전체를 관통하는 주희의 비판적 독법을 지배하는 대원칙은 정호·정이 형제, 특히 정이의 해석이 지니는 권위이다. 다른 학자는 모두 이 기준과의 근접성 혹은 이탈의 정도에 따라 평가하였다.

주희가 정자를 칭송할 때 사용하는 "정자의 말씀이 지극하다.[程子至矣]"는 표현은 책 전반에 걸쳐 반복적으로 등장하는 문구다. 다양한 견해를 검토한 후, 그는 일관되게 정자의 해석이 가장 정확하고 심오하다는 결론을 내린다. 예를 들어, '붕래지락朋來之樂'에 대한 여러 설을 논한 후, "오직 정자의 말씀으로 구해야만 그 즐거움의 실체를 볼 수 있다."고 하였다.

윤돈과 같은 학자를 칭찬할 때조차, 그것은 그의 견해가 정자의 뜻에 '가깝다'거나 그 본질을 '가장 정밀하게' 포착했기 때문인 경우가 많다. 반대로, 다른 학자에 대한 비판은 종종 '정자의 뜻을 놓쳤다.[失程子之意]'는 형식으로 표현된다.

이러한 분명한 입장은 단순한 학문적 추종을 넘어서서 전략적으로 도통道統을 수호하는 행위다. 주희는 정자 형제를 천 년간의 불교·도교적 혼란 이후에 도道를 올바르게 회복한 직계 선배로 규정함으로써, '공자 → 맹자 → (단절) → 주돈이·장재·정자 → 주희'로 이어지는 짧고 이해하기 쉬운 지적 계보, 즉 '도통道統'을 만들어냈다. 이 도통 서사는 주희 자신의 학문에 막대한 권위를 부여하였다. 그는 더 이상 여러 학자 중 한 명이 아니라, 도의 진정한 전승을 이어받은 정통 후계자가 된 것이다. 따라서 그의 타 학자에 대한 비판은 개인적 견해의 피력이 아니라 이 신성한 계보를 수호하는 행위가 된다. 《논어혹문》은 이러한 의미에서 이른바 '정주학파'의 지적 영토를 확립하고, 거기에 정당성을 부여하는 일종의 '정치적 선언'이기도 하다.

3. 주희의 비판 방법론

여러 학자의 학설에 대한 주희의 비판은 크게 '해석 방법론의 오류', '도통道統 위배의 오류', 그리고 '문헌적 충실성의 결여'라는 세 가지 범주로 분류할 수 있다. 이 세 범주에서 우리는 정주학程朱學의 도통을 정의하고 수호하려는 주희의 궁극적인 목표를 확인할 수 있다.

3-1. 해석 방법론의 오류

부당한 차용의 오류

주희는 경전 해석의 가장 심각한 병폐로 '가차에 의지하다', 즉 다른 경전의 구절을 원문의 맥락이나 본래 의도를 고려하지 않고 무분별하게 끌어다 쓰는 행위를 지적하였다. 그는 이를 "경전을 해석하는 가장 큰 병폐"라고 단언하였다. 이러한 방법론은 연쇄적인 오류를 낳는다. 명확한 의미를 오히려 모호하게 만들고, 쉬운 것을 어렵게 만들며, 끝없는 순환논증의 오류에 빠지게 한다. 예를 들어, 그는 범조우范祖禹가 《주역周易》의 태괘兌卦를 인용하여 '열說'을 설명하는 과정에서 스스로 모순에 빠졌다고 비판하였다. 또한 유초游酢가 《맹자》의 '삼락三樂'을 부적절하게 인용하여 '붕래朋來'의 즐거움을 설명한 것 역시 '가차의 병폐에 빠진 것'이라고 지적하였다.

주희는 이러한 오류와 올바른 경전 인용을 명확히 구분하였다. 그는 정자程子와 옛사람들은 먼저 자신의 논리를 확고히 세운 뒤에 다른 경전을 보조적 증거로만 활용했을 뿐, 처음부터 다른 경전에 의지하여 자신의 주장을 세우지 않았다고 하였다. 이는 해석이란 마땅히 주어진 텍스트 자체에 대한 깊은 통찰에서 비롯되어야 하며, 외부의 근거는 그 이후에 참고해야 한다는 그의 해석학적 원칙을 보여준다. 이처럼 부당한 차용은 해석의 근원을 오염시켜 올바른 독해를 원천적으로 불가능하게 만드는 가장 심각한 방법론적 오류인 것이다.

공허한 추상의 병폐

주희는 구체적인 윤리 실천과 유리된 채 지나치게 고원하고 추상적인 해석을 비판하였다. 이러한 경향은 그가 경계했던 노장老莊이나 불교의 영향과 깊이 연관되어 있다. 비판의 주된 대상은 사량좌謝良佐다. 주희는 사량좌에 대해 "그쳐야 할 곳에 그칠 줄 모르고 언어 밖의 의미를 추구하며 스스로 고상하다고 여기는 것, 이것이 사씨의 가장 큰 폐단이다."라고 혹평하였다. '남이 알아주지 않아도 성내지 않음[人不知而不慍]'을 성인의 경지로 해석하는 견해에 대해서도 "지나치게 높게 평가하여 잘못되었다."고 비판하였으며, 노담老聃을 인용한 해석 역시 "지나치게 고원하고 이기적인 병폐가 있다."고 일축했다.

이러한 비판은 문학적 수사를 중시했던 소식蘇軾에게도 적용된다. 주희는 소씨의 해석이 점진적이고 실천적인 수양의 과정을 건너뛰고 단번에 높은 경지에 오르려는 폐단을 지니고 있다고 보았다. 주희에게 '이단異端'이란 단순히 불교나 도교의 교리를 넘어 구체적인 윤리적 실천을 외면하고 내면적 정적주의靜寂主義로 흐르는 모든 철학적 입장을 포함한다. 사량좌의 '고원한' 사상이 유교적 용어로 표현되었을지라도, 그것이 마음을 가정과 사회의 구체적 의무에서 멀어지게 하였다면 이를 이단의 경향으로 간주한 것이다.

엉성하고 조잡한 과실

이는 지나치게 개괄적이거나, 정밀하지 못하거나, 내적으로 모순되거나, 논리적 흐름이 단절되는 등 다양한 분석적 실패를 말한다.

주희는 '덕이 쌓이면 기쁘다.'는 주장에 대해 "말의 뜻이 지나치게 소략하다."고 평가하였고, 주돈이周敦頤의 '습習'에 대한 해석은 "앞뒤가 맞지 않고 논리적 흐름이 통하지 않는다."고 비판하였다. 그는 여러 학자의 학문적 스타일과 그에 내재된 약점을 유형화하여 "너그럽고 올바른 자는 정밀함을 잃기 쉽고, 엄격하고 준엄한 자는 원활함을 잃기 쉽다."고 분석하기도 하였다. 이는 주희가 개별 해석을 넘어 각 학파의 사유 방식 자체를 비판적으로 성찰하고 있었음을 보여준다.

3-2. 도통道統 위배의 오류

핵심 개념의 교정

《논어혹문》의 상당 부분은 인仁과 같은 유학의 핵심 개념에 대한 오해를 바로잡는 데 할애하였다. 주희는 '벗이 먼 곳에서 찾아오는 즐거움'을 이기적인 만족이나 자신감의 결여, 혹은 교만으로 해석하는 견해들을 모두 비판하였다. 그는 정자의 해석, 즉 자신의 선함이 타인에게 미치는 데서 오는 기쁨이야말로 올바른 의미라고 생각했다. 또한 범조우가 인仁을 단순히 '타인을 아끼고 자신을 사랑하는 것'으로 정의한 것에 대해 "인을 논함이 매우 얕다."고 비판하였다.

이단異端의 배격

주희는 유학의 순수한 도를 오염시키는 사상으로 노장老莊과 불교를 지적하였다. '남이 알아주지 않아도 성내지 않음'에 대한 논의에서 그는 노자의 말을 인용한 해석을 '이단의 말'로 규정하였다. 소식이 빈부貧富를 대하는 태도를 노장과 불교처럼 완전히 '잊어버리는' 경지로 해석한 것에 대해서는 "이는 노자와 부처의 잔재일 뿐 공자의 본뜻이 아니다."라고 비판하였다. 또한 유초의 '사思' 개념이 불교의 좌선坐禪과 유사하며, 그의 '도道' 개념 역시 "노불의 도일 뿐"이라고 지적하며 엄격히 선을 그었다.

수양의 단계 구분

주희는 학자가 도덕적, 정신적 발전의 여러 단계를 구분하지 못하는 점을 자주 비판하였다. 주희는 그들이 성인聖人의 기준을 군자君子나 초학자에게 잘못 적용하거나 그 반대의 오류를 범함으로써, 수양의 점진적 순서를 혼란시킨다고 여겼다.

'남이 알아주지 않아도 성내지 않음'을 성인의 경지로 해석하는 것을 '지나치게 높다'고 비판한 것이 대표적인 예이다. 또한 그는 윤돈尹焞이 성인의 경지(純亦不已)와 안회顏回의 경지(造次顚沛必於是)를 혼동한 것을 "심각한 잘못"이라고 지적하기도 하였다. 이러한 비판의 기저에는 성인에 이르는 길은 점진적이고 순차적이라는 그의 확고한 교육 철학이 자리 잡고 있다. 이러한 단계를 무시하는 해석은 학문적으로 부정확할 뿐만 아니라, 학습자로 하여금 자신의 수준을 뛰어넘는 목표를 설정하게 하여 수양을 그르치게 만드는 교육적 해악을 끼친다고 보았다.

주희의 비판은 단순히 부정적인 비판에 그치지 않고, 오히려 건설적인 성격을 띠기도 한다. 그는 무엇이 '도道가 아닌지'를 체계적으로 논파함으로써, 역설적으로 무엇이 '도인지'를 명확히 규정하였다. 각각의 비판은 정통의 경계선을 긋는 행위이며, 그 경계선 안에 형성되는 공간이 바로 정주학파가 제시하는 도통이다. 이런 의미에서 《논어혹문》은 송대 지성계의 지도이자, 정자라는 목적지를 향해 나아가는 안내서라 할 수 있다. 범조우, 사량좌, 소식 등에 대한 비판은 잘못된 길로 빠지지 않도록 경고하는 이정표 역할을 하며, 독자를 정주학이라는 '진리'로 안전하게 인도한다.

3-3. 문헌적 충실성의 결여

텍스트의 내적 논리 파악 실패

주희는 각각의 경전 구절이 고유한 내적 일관성, 즉 '논리적 흐름[氣脈]'과 문법적 구조[文義]를 지니고 있다고 주장하였다. 이러한 내적 논리를 위배하는 해석은 가차 없이 비판의 대상이 되었다. 그는 여대림呂大臨의 〈학이〉 1장에 대한 해석이 "말이 간략하고 득실이 드러나지 않으며, 문장의 뜻에도 부합하지 않는다."라고 평가하였다. 또한 주돈이의 해석은 "논리적 흐름이 통하지 않는다."고 지적하기도 하였다. 〈옹야〉 11장에 대한 어느 해석이 세 문장을 불필요하게 중복시키는 결과를 낳았다며, 이는 "성인 말씀의 본래 취지가 아닐 것"이라고 비판한 것 역시 같은 맥락이다. 이는 주희가 《논어》를 단편적인 격언의 모음이 아닌, 그 자체로 내적 구조와 생명력을 지닌 유기적 통일체로 간주했음을 보여준다.

문맥의 중요성 간과

주희는 맥락을 간과한 독해를 강력히 비판하며, 모든 구절은 반드시 해당 장章과 전체 텍스트의 맥락 안에서 이해해야 한다고 강조하였다. 그는 〈이인〉 6장의 '기위인의其爲仁矣'를 다음 문장과 부자연스럽게 연결하여 해석의 흐름을 깨뜨린 범조우 등을 비판하며 "문의에 통하지 않는 바가 있다."고 지적하였다.

특히 주목할 점은 〈자한〉 29장과 30장을 하나의 장으로 묶어 해석하던 오랜 전통에 대한 그의 비판이다. 그는 이 오류가 장구章句 구분상의 실수에서 비롯되었음을 지적하며, 비록 정자가 그 오류를 인지했지만 완전히 바로잡지는 못했고, 범조우에 이르러서야 비로소 두 장이 올바르게 분리되었다고 평가하였다. 이는 주희가, 자신이 이따금 비판하는 학자라 할지라도 문헌학적으로 올바른 견해를 제시했을 때는 그 공을 인정하는 엄밀한 학문적 태도를 견지했음을 보여준다.

주희의 논리 체계 안에서 문헌학적 엄밀함과 철학적 진리는 분리될 수 없다. 올바른 리理에 도달하기 위해서는 먼저 문文에 대한 올바른 독해가 선행되어야 한다. 문장의 뜻[文義]을 잘못 읽는 것과 같은 문헌 분석의 오류는 필연적으로 철학적 이해의 오류로 이어진다. 주희에게 경전 해석의 정신은 오직 그 문자를 정밀하고 엄격하게 분석하는 과정을 통해서만 접근이 가능하였던 것이다.

4. 조선에서의 수용

조선에는 이 책의 보급이 상당히 늦어진 듯하다. 조선은 건국 초기부터 성리학을 강조했지만 사서四書가 본격적으로 연구된 시점은 이황李滉(1501~1570), 이이李珥(1536~1584)에 의한 것으로 확인된다.《논어혹문》에 대한 주석은 송시열宋時烈(1607~1689)이《논맹혹문정의통고論孟或問精義通考》를 저술하여 시도했지만, 이 책은《논어정의論語精義》와《논어혹문》의 내용을 합하고 일부 의심되는 구절에 두주頭註를 작성한 것에 그쳤다.《논어혹문》의 본격적인 주석서는 이유태李惟泰(1607~1684)가《논어답문論語答問》을 저술하면서《논어혹문》의 형식을 차용하고《논어집주대전論語集註大全》소주와《논어혹문》의 내용을 변증한 것이 선구적인 사례였다. 당시 허목許穆(1595~1682) 등도 주석서를 작성하지는 않았지만《논어혹문》을 널리 공부하게 해야 한다고 주장한 것을 보면 17세기 중반 이후에《혹문》의 중요성이 본격적으로 인식된 것으로 보인다. 이후로 간행된《논어》주석서에는《혹문》의 내용이 적극적으로 활용되었다.

이 책은 송대 논어학을 중점적으로 비평한 주석서로,《논어집주》와 차별점을 갖는다.《논어집주》는《논어주소論語註疏》체제에 대응하여 훈고訓詁와 정의定義를 새롭게 하되 고주古註 또한 채용한 반면,《논어혹문》은 고주가 배제되면서 송대 도학자들의 학설에 대한 인식과 평가가 수록되어 있고 《집주》보다 주희 자신의 견해가 더욱 두드러지는 측면이 있다. 《논어혹문》에는 《집주》에 비해 주희의 견해가 더욱 강조되었고, 송대 주석가들에 대한 평가도 적극적으로 이루어졌으므로 집주와 함께 이 책을 읽어야 주희가 사서를 주석한 집필의도를 명확하게 이해할 수 있다.

5. 번역을 마치며

이 책을 번역하는 동안, 마치 거대한 산맥을 탐험하는 등반가와 같은 심정이었다. 주희가 세운 성리학性理學이라는 거대한 지적 체계의 뼈대가 어떻게 세워지고 살이 붙여졌는지를 한 걸음 한 걸음 따라가는 과정은 고통스러우면서도 경이로운 경험이었다. 그의 논증은 집요하고 때로는 가혹할 정도로 날카롭지만, 그 밑바탕에는 경전의 참뜻을 단 한 치의 왜곡 없이 드러내고자 하는 학자적 열정과 진리에 대한 경외심이 깊게 깔려 있었다. 이 번역이 주희의 목소리를 최대한 가감 없이 독자에게 전달하는 충실한 다리가 되기를 바랄 뿐이다.

이 책을 통해 독자가 《논어》와 주희 철학의 세계로 더 깊이 들어가는 즐거움을 누리기를 바란다. 완성된 길을 편안히 걷는 것도 좋지만, 때로는 지도를 들고 숲속을 헤치며 길을 만들어가는 탐험의 기쁨이 더 클 때가 있다. 《논어혹문》은 우리에게 바로 그 탐험의 기쁨을 선물할 것이다. 그리고 이 책이 던지는 수많은 '질문[或問]'을 따라가다 보면 각자의 마음속에도 새로운 질문이 샘솟게 될 것이다.

마지막으로 이 험난한 지적 탐험에 든든한 동반자가 되어주신 분께 감사의 마음을 전하고 싶다. 무엇보다 이 서적의 학술적 가치를 귀하게 여겨 번역과 출간을 아낌없이 지원해주신 재단법인 청명문화재단에 깊이 감사드린다. 오늘날과 같은 출판 환경에서, 이처럼 까다로운 서적의 원문 대조 작업을 기꺼이 감당하며 학문적 고집과 원칙을 지키는 출판사를 만나는 일은 크나큰 행운이다. 그리고 바로 그 길을 함께 걸어주신, 이 책의 첫 독자이자 날카로운 비평가인 도서출판 수류화개의 전병수 대표님과 배민정 편집장님께 각별한 감사를 전한다. 두 분의 학문적 열정과 세심한 손길이 없었다면 이 긴 여정을 무사히 마치지 못했을 것이다.

2025년 가을
역자 권민균·강민우 씀

일러두기

1. 이 책은 《유장儒藏 정화편精華編》 제110책(북경대학출판사北京大學出版社, 2009)에 수록된 주희朱熹의 《사서혹문四書或問》 중 《논어혹문論語或問》을 저본으로 하였다.

2. 이 책의 구성은 《논어》의 편篇과 장章 순서를 따랐다. 각 장의 시작 부분에 《논어》의 원문을 먼저 제시하고, 이어서 《논어혹문》의 번역문과 원문을 함께 실어 독자의 이해를 돕고 원문과의 대조가 용이하도록 하였다.

3. 번역은 원문에 충실하면서도 현대 독자들이 쉽게 이해할 수 있도록 평이하고 명료한 문장을 사용하고자 노력했다.

4. 원문 번역시 독자의 이해를 돕기 위해 번역자가 보충한 내용이나 원문의 함축된 의미를 풀어쓴 부분은 괄호 ( ) 안에 넣어 구분하였다.

5. 본문에서 주희가 다른 학자들의 설을 인용하여 설명하는 부분은 【 】안에 넣어 명확히 구분하였다.

6. 본문에 인용된 경전이나 학설의 출처는 각주로 밝혔다. 각주에서 인용한 원문은 주로 《유장 정화편》 119책의 《논어정의論語精義》를 참고하였으며, 그 외 다른 경전의 경우 해당 서명을 명시하였다.

7. 인명, 지명, 서명 등 고유명사는 한글 표기를 원칙으로 하되, 필요한 경우 한자를 병기하여 의미를 명확히 하고자 했다. 본문에서 자주 언급되는 송대 학자들은 정자程子, 범씨范氏, 사씨謝氏 등과 같이 당시 통용되던 호칭을 그대로 사용하였다.

목차

책을 펴내며 003

01. 학이 學而 020

02. 위정 爲政 102

03. 팔일 八佾 161

04. 이인 里仁 204

05. 공야장 公冶長 270

06. 옹야 雍也 326

07. 술이 述而 390

08. 태백 泰伯 446

09. 자한 子罕 480

10. 향당 鄕黨 516

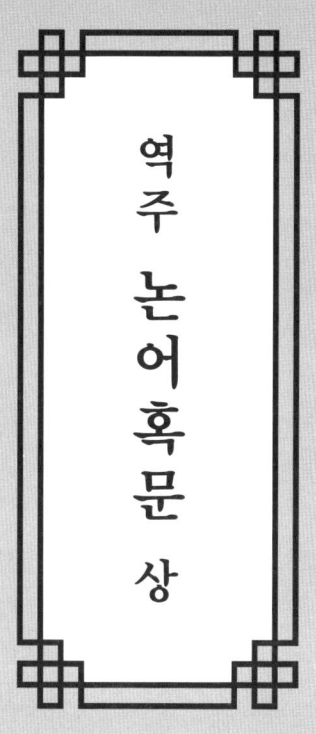

1. 학이學而

> **01-01.** 子曰, "學而時習之, 不亦說乎? 有朋自遠方來, 不亦樂乎? 人不知而不慍, 不亦君子乎?"

문 '배움[學]'을 '본받다[效]'로 풀이하신 까닭은 무엇입니까?
답 배움은 다른 이를 본받아 자신도 그렇게 되려는 과정이다. 자신이 모르기에 아는 사람을 본받아 앎을 구하고, 자신이 서툴기에 능숙한 사람을 본받아 능숙해지는 길을 찾는 것이 모두 배움이다.

或問, 學之爲效, 何也.
曰, 所謂學者, 有所效於彼而求其成於我之謂也. 以己之未知, 而效夫知者, 以求其知, 以己之未能, 而效夫能者, 以求其能, 皆學之事也.

문 '습習'을 어린 새가 힘을 다해 날갯짓하는 것으로 풀이하신 까닭은 무엇입니까?

답 《설문해자說文解字》의 글을 따랐다. '습習' 자는 '우羽'를 따르고 '백白'을 따른다. 《예기禮記》〈월령月令〉에 '어린 매가 비로소 날갯짓을 익힌다.[鷹乃學習]'라고 했는데 바로 이런 의미이다.

曰. 習之爲鳥數飛, 何也.
曰. 說文文也. 習之字, 從羽從白. 月令所謂鷹乃學習, 是也.

문 본받고 꾸준히 익히면 왜 (더할 나위 없이) 기쁩니까?
답 사람이 배우면 알게 되고 잘하게 된다. (추상적) 이치를 터득하고 (구체적) 일에 능하더라도, 마치 어린 새가 날갯짓하듯 꾸준히 반복해야만 완전히 제 것이 되어 마음 안에서 큰 기쁨이 우러나온다. 사람이 배우지 않으면 마땅히 알아야 할 이치를 모르고, 반드시 해야 할 일을 할 줄 몰라 어둠 속에서 헤매게 될 뿐이다. 하지만 배우고서도 반복해서 익히지 않으면 몸이 뜻대로 움직이지 않아 배우더라도 완전해지지 않는다. 익히고도 꾸준히 하지 않으면 공부에 단절이 생겨서 익혀도 효과가 나타나지 않는다. 아무리 열심히 노력해 발전하고자 마음속으로 다짐하지만, (꾸준히 하지 않으면 음식을 만들더라도) 맛이 나지 않아 즐길만한 것이 없는 것처럼 (다짐만 하고 꾸준히 공부하지 않으면) 위태롭고 불안해서 제 자리[安]에 서지 못하는 것과 같다. 그러므로 배웠다면 꾸준히 익혀야 하고, 그러면 마음에 이치가 스며들어 아는 것이 더 정확해지고, 몸과 일이 잘 맞아서 할 줄 아는 일이 더 야무지게 되며, 때와 장소에 구애받지 않고 넉넉해진다. 대개 배워서 알고 능숙하면 반드시 마음으로 깨치는 것이 있지만, 그렇더라도 남에게 말로 표현할 수 없는 것이 있다. 이럴 때 마음에서 절로 이는 기쁨은 아무리 맛있는 고기라도 견줄 수가 없다.

이것이 배움의 시작 단계이다.

曰. 學而時習, 何以說也.

曰. 言人旣學而知且能矣. 而於其所知之理,所能之事, 又以時反復而溫繹之, 如鳥之習飛然, 則其所學者熟而中心悅懌也. 蓋人而不學, 則無以知其所當知之理, 無以能其所當能之事, 固若冥行而已矣. 然學矣而不習, 則表裏扞格而無以致其學之之道. 習矣而不時, 則工夫間斷而無以成其習之之功. 是其胷中雖欲勉焉以自進, 亦且枯燥生澁而無可嗜之味, 危殆杌陧而無可即之安矣. 故旣學矣, 又必時習之, 則其心與理相涵而所知者益精, 身與事相安而所能者益固. 從容於朝夕俯仰之中. 凡其所學而知且能者, 必皆有以自得於心, 而不能以語諸人者. 是其中心油然悅懌之味, 雖芻豢之甘於口, 亦不足以喻其美矣. 此學之始也.

문 자신의 선함이 다른 사람에게 영향을 미쳐서 믿고 따르는 사람이 많아지면 왜 (다른 어떤 것보다도) 즐겁습니까?

답 리理(원칙)와 의義(준칙)는 모든 사람에게 보편적이지 나 혼자만의 것이 아니다. 예전에 홀로 깨닫고 매우 기뻐한 적이 있다. 하지만 다른 사람에게 알려주어도 믿지 않았고, 이끌어도 따르지 않았다. 이는 원칙을 독단한 탓에 온 세상 사람에게 마음의 보편성을 깨닫게 하지 못했기 때문이다. 비유하자면, 열 사람이 함께 밥을 먹는데 한 사람은 배부르게 먹었지만 아홉 사람은 삼키는 것조차도 못한 것과 같다. 이럴 때 내 기쁨이 크다고 한들 어떻게 밖으로 표현할 수 있겠는가. 지금 공부하면서 내가 깨달은 것을 다른 사람에게 충분히 전하고 또 그것을 믿고 따르는 사람이 많다면 마음의 보편성을 깨달은 덕분이며 내가 터득한 것도 혼자만의 사사로움으로 끝나지 않는다. 나의 선함이 타인에게 영향을 미치고, 타인의 마음을 통해 내가 깨달음을 얻고, 내가 아는 것을 타인도 따라서 알고, 내가 능한 것을 타인도 따라 능하면 그 즐거움은 서로 통하고 널리 퍼져 더 깊어진다. 비록 궁宮과 상商의 오음이 어우러지고 십이율려가 조화를 이루는 음악이라 할지라도 (음악의) 즐거움은 (배움의) 즐거움과 견줄 수가 없다. 이것이 배움의 중간 단계이다.

曰, 以善及人而信從者衆, 若何而樂耶.
曰, 理, 義, 人心之所同然, 非有我之得私也. 向也吾獨得之, 雖足以爲說矣, 然以之告人而人莫之信, 以之率人而人莫之從, 則是獨擅乎此理而擧世倀倀不得於其心之所同也. 是猶十人同食, 一人旣飽而九人不下咽, 則吾之所說雖深, 亦曷爲而能達於外耶. 今吾之學, 所以得於己者, 旣足以及人, 人之信而從者又如此其衆也, 則將皆有以得其心之所同然者, 而吾之所得不獨爲一己之私矣. 夫我之善有以及於彼, 彼之心有以得乎我, 吾之所知者, 彼亦從而知之也, 吾之所能者, 彼亦從而能之也, 則其歡忻交通宣揚發暢, 雖宮商相宣, 律呂諧和, 亦不足以方其樂矣. 是學之中也.

문 다른 사람이 알아주지 않아도 성내지 않는 것이 어떻게 군자다운 것이 됩니까?"

답 평범한 사람은 타인에게 인정을 받지 못하면 몹시 화를 낸다. 이것은 (자신이 아닌) 외부에 기대기 때문이다. 성인의 문하에서 공부했다면 자신의 성장을 도모해야지 타인이 알아주기를 바라서는 안 된다. 타인이 인정하든 그렇지 않든 나와 무슨 상관이 있겠는가. 이 말을 듣고도 독실하게 믿지 않고 깊이 수양하지 않으며 굳게 지키지 않으면 평소 삶이 불안하여 일할 때 흔들림 없이 실천하지 못한다. 만약 타인에게 인정받지 못하는데도 태연하고, 게다가 티끌만큼도 성내거나 불평하지 않는 것은 진정한 군자가 아니면 누가 할 수 있겠는가. 이를 바탕으로 나날이 자신을 갈고닦아, 남을 원망하지도 탓하지도 않으며 가까운 것부터 배워 높은 도리까지 통달하는 것은 성인이라야만 가능할 것이다. 이것이 배움의 마지막 단계이다.

曰, 人不知而不慍, 何以爲君子也.
曰, 常人之情, 人不知而不能不慍者, 有待於外也. 若聖門之學, 則以爲己而已, 本非爲是以求人之知也. 人知之, 人不知之, 亦何加損於我哉! 然人雖或聞此矣, 而信之有不篤, 養之有不厚, 守之有不固, 則居之不安而臨事未必果能眞不動也. 今也人不見知而處之泰然, 且略無纖芥含怒不平之意, 非成德之君子, 其孰能之. 自是日進而不已焉, 則不怨不尤, 下學上達, 雖至於聖人可也. 此學之終也.

문 배움[學]에는 크고 작음이 있는데, 여기서 말하는 '학'은 대학大學을 말하는 것입니까?

답 그렇지 않다. 배우고 익히는 것, 익히고 기뻐하는 것이니, 대체로 '학'의 속성은 이런 것이다. '학'을 대소로 나눌 수 없다. '쇄소응대灑掃應對' 같은 일상 예법은 문하의 어린 학생이 중요시해야 하는 것인데, 어찌 성인께서 소홀히 하셨겠는가.

曰, 學有大小, 此所謂學者, 其大學耶.
曰, 不然也. 學而習, 習而說, 凡學皆然, 不以大小而有間也. 且灑掃應對之事, 正門人小子所宜先也, 聖人豈略之哉.

문 정자께서는 '습習'을 2가지 뜻으로 해석하셨는데, 어떻습니까?

답 '반복해서 생각하고 연역하는[重復思繹]' 것은 지知를 두고 말한 것이고, '배운 것이 내게 있다[所學在我]'는 능能을 두고 말한 것이다. 학문의 길은 이 두 방식을 벗어나지 않는다. 여타 해설은 혹 두루뭉술하게 대강만 들어서 그 조목을 지적하지 못하거나, 혹은 하나만 지적하여 둘을 겸하지 못했는데, 오직 정자께서만 앞뒤 두 말이 모두 그 조목을 지적하여 서로가 그 뜻을 드러내주게 하셨다. 그러나 범씨, 사씨, 양씨, 윤씨 같은 여타 주장도 그 지적하는 바를 살펴보면 각기 드러내 밝혀주는 바가 있다. 하지만 범씨가 인용한 '성습근원性習近遠'[1] 및 이윤의 말[2]은 모두 이 장의 글 뜻과 맞지 않다.

曰, 程子之於習, 有兩義焉, 何也.
曰, 重復思繹者, 以知者言也, 所學在我者, 以能者言也. 學之爲道, 不越乎兩端矣. 然諸說或槪擧其凡, 而不指其目, 或各指其一, 而不能相兼, 惟程子則先後兩言皆指其目, 而有相發之功焉. 然諸說如范謝楊尹就其所指, 亦各有所發明. 但范氏所引性習近遠及伊尹之言, 則與此章文意爲不類耳.

문 때로 익힘이 기쁨의 이유라고 한 것에 대해 다양한 주장 중에서 어느 것이 가장 좋습니까?

답 '익히면 익숙해지고, 익숙하면 즐겁다.'라고 맥락이 통하게 한 것 중에 제일 정밀한 것은 정자께서 말씀하신 '가슴속에 무젖게 하다[浹洽]'뿐이다. 이 말을 조술祖述한 사람들은 모두 (정자의) 말을 이해한 사람이 아무도 없다. 그다음은 오직 범씨가 말한 '익혀서 통한다[串]'와 윤씨가 '자득自得'이라고 한 것이 비교적 좋다. 범씨는 본래 '수신의 방법을 알고 치인의 방법을 알아서 기쁘다.'라고 했으니, '익혀서 통하는 것[習而串]'을 기다리지 않아도 이미 즐거운 것이다. 뒤에 다시 태괘兌卦의 상象을 인용

---

1 성습근원: "공자께서 말씀하셨다. '성품은 서로 비슷하지만 습관에 의하여 서로 멀어지게 된다.[子曰, 性相近也, 習相遠也.]"(《논어》〈양화〉)
2 이윤의 말: "이 의롭지 못함은 습관이 본성과 이루어졌기 때문이다.[茲乃不義, 習與性成.]"(《상서尙書》〈태갑太甲 상〉)

1. 학이學而

하여 '기쁨에 가깝기는 하지만 아직 최고의 기쁨은 아니다.'라고 하니, 그렇다면 이른바 '익혀서 통하는 것'도 기쁨[說]을 다하지 못하게 되니, 스스로 더 모순에 빠졌을 뿐이다.

어떤 이는 '덕이 모여 기쁘다'라고 주장하는데, 말뜻이 지나치게 소략하다. 혹은 '리理와 의義는 마음을 기쁘게 한다.'로 '기쁨'을 설명했다. 그렇다면 리와 의가 마음을 기쁘게 하는 것은 사람들이 똑같이 여기는 것이니 익히지 않고서도 얻을 수 있다. (그래서 그 말이 옳지 않다.) 또 '익숙하게 익히면서도 그 이유를 살피지 않는다.'로 '기쁨'을 설명하기도 하는데, '찰察'과 '습習'은 다른 일이므로, '기쁨'과 서로 관련이 없다.

가차假借에 근거해서 경전을 해석하는 것은 제일 나쁘다. 문장이 우연히 같더라도 실제 뜻이 다르고, 뜻이 비슷하더라도 지향하는 바가 실제 다를 수도 있다. 반대로 저것의 어려움으로 이것의 쉬움을 해석하고, 억지로 저것의 '있음'으로 이것의 '없음'을 형용하기도 한다. 의미가 이미 '가까운[親]' 것을 인용할 때 도리어 '소원하게[疏]' 만들고, 뜻이 '분명한[明]'한 것을 인용할 때 도리어 '어둡게[暗]' 만들기도 한다. 심한 경우 이것저것 모두가 모호한 것으로 각각의 뜻을 밝히려 한다. 마치 노루 옆의 사슴, 사슴 옆의 노루라는 식으로 순환 오류에 빠져 끝내 뜻을 명확하게 결정짓지 못한다. 우연히 글 뜻이 맞아 앞에서 열거한 문제가 없더라도 남에게 기대거나 밖에서 근거[信]를 찾는 것에서 벗어나지 못해, 끝내 스스로 직접 경험하고 말하는 것[自言]이 정확하면서 진실한 것만 못하다. 주씨만이 '익혀서 익숙해지다[習熟]'로 해석했는데 그럴듯하다. 살펴보건대, 이 또한 '익숙하여 살피고, 살펴서 기쁘다.'라고 여긴 것이니, 앞뒤가 맞지 않고 맥락이 통하지 않으니 더 밝힌 것이 없다. 어찌 '습숙習熟'을 일상의 말[常言]로 여기고 '습찰習察'은 경전에 근거가 있다고 여겨서, 반드시 가차하고 잡되게 섞은 뒤에야 흡족하게 여기는가.

曰. 時習之所以說. 諸說孰近.
曰. 夫習而熟. 熟而說. 脈絡貫通. 最爲精切. 程子所謂浹洽者是已. 而祖其說者. 皆莫知以爲言. 其次則惟范氏之所謂串. 尹氏之所謂自得者近之. 然范氏本爲知所以修身治人而說. 則不待習之串而已說矣. 其後復引兌卦之象. 乃有比於說而未正夫說之說. 則是所謂習而串者. 又未足以盡夫說也. 其自爲矛盾益甚矣. 或以爲德聚而說者. 語意亦疎. 或借理義悅心之云以爲說. 則理義之可說. 乃人心之同然. 不待習而後得也. 或借習矣不察之云以爲說. 則察之與習已爲二事. 而其於說又不相關也. 且凡竝緣假借. 最釋經之大病. 蓋或文句偶同. 而旨意實異. 或旨意略似. 而向背實殊. 且凡傍緣假借. 最釋經之大病. 蓋或文句偶同. 而旨意實異; 或志意略似. 而向背實殊. 或反以彼之難. 而釋此之易. 或强以彼之有. 而形此之無. 使意已親者引之而反疎. 義已明者引之而反暗. 甚則彼此俱昧. 而欲互以相明. 如獐邊之鹿. 鹿邊之獐. 循環無端. 而卒無所決. 其偶値文意之適同. 而無前數者之患. 亦不免爲倚重於人. 而取信於外. 終不若出於吾之所親見. 而自言者之的確. 而眞實也. 至於周氏獨以習熟爲言則似矣. 顧亦以爲熟而察. 察而說. 則首尾衡決. 氣脈不通. 而不復有所發明也. 豈其以習熟爲常言. 而習察有經據. 故必借而雜之其間. 然後爲慊耶.

문 사씨가 주장한 '붕래朋來'는 어떻습니까?

답 그곳(언내言內)에 머물지 않고 언외言外에 의거하고서 수준이 높다 자부한다. 이것이 사씨의 제일 큰 폐단이다.

曰. 謝氏朋來之意. 如何.
曰. 不止其所而放乎言外以爲高. 此最謝氏之大幣也.

문 '벗이 찾아오는 즐거움[朋來之樂]'은 어떻습니까?

답 이익을 취할만한 것을 '즐거움[樂]'으로 여기고, 서로 강학講學하는 것을 '즐거움'으로 여긴다면 나는 상대를 이용하여 이익으로 여기는 것이니 상대가 어찌 멀리서 오겠는가. '의義'와 '리理'가 둘이 아님을 '즐거움'으로 여긴다면 이는 (즐거움의 근거를) 스스로 유지하지 못하고 밖을 의지해서 '즐거움'으로 삼은 것이다. 재주가 뛰어나 멀리 있는 이를 벗하는 것으로 즐거움을 삼고, 풍부하고 빛이 나서 명예가 이루어지는 것을 즐거움으로 삼으면, 이것으로 스스로 만족하겠으나[自幸], 교만하고 인색한 폐단[私]이 있게 마련이다. 강학하지 못하는 것이 근심인 줄 알아 강학이 '즐거움'이라는 것을 알게 된다고 하면 바로 앞에서 말한 '저것이 있음으로써 이것의 없음을 형용하는 것이다. '낙樂'과 '불낙不樂'을 내 마음에서 결정하는 것이 옳은 것이지, 어찌 이를 이런 것에 의지한 뒤에야 결정이 되겠는가.

오직 정자의 말씀을 따라야만 즐거울 수 있는 실제를 볼 수 있다. 또 정자께서 '자신의 선함이 다른 사람에게 영향을 미쳐서 믿고 따르는 사람이 많아진다.[以善及人而信從者衆]'라고 하셨는데, 겨우 아홉 자뿐이지만 한 글자도 허투루 놓은 것이 없다. 본 것이 명확하고 징험한 것이 확실하지 않으면 그 누가 여기에 간여할 수 있겠는가! 다음으로 유씨가 '남을 이루어준다.[成物]'라고 해석한 것이 괜찮다. 하지만, '세 가지 즐거움[三樂]'을 인용해서 해석하였으니, 또 가차假借의 병폐에 빠진 것이다.

曰. 朋來之樂, 奈何.
曰. 以爲樂其可以取益, 以爲樂其相與講學, 則我方資彼以爲益, 彼又安能自遠而來哉. 以爲樂其義理之不二, 則是未能自信, 而藉外以爲樂也. 以爲樂於才大而友遠, 以爲樂於充實輝光而聞譽有以致之, 則是以此自幸而有驕吝之私也. 至於知不講之爲憂, 則知講學以爲樂, 則正前所謂以彼之有, 形此之無者, 夫樂與不樂, 決於吾心可矣. 豈待此而後判耶.

惟以程子之言求之, 然後見夫可樂之實耳. 且其以善及人而信從者衆之云, 纔九字爾, 而無一字之虛設也. 非見之明而驗之實, 其孰能與於此. 其次則游氏所謂成物者爲近之, 但必引三樂以爲言, 則又墮於假借之病耳.

문 그렇다면 정자께서 (《주역》에서) "사람들에게 인정받지 못해도 근심하지 않는다.[不見是而無悶]"³라고 인용하신 것도 잘못된 것입니까? 또 옛사람들은 반드시 《시경》과 《상서》을 인용해서 증거로 삼았는데, 어떻습니까?

답 정자께서 말한 《주역》의 글은 뜻을 (처음) 세울 때 의거한 것이 아니다. 옛사람들이 경전을 인용할 때도 자기 설을 이미 세우고 경전을 빌려 도움을 받았을 뿐이지, 애초에 주장하는 것 없이 그것을 빌려 세운 것이 아니다. 또 다른 설도 있다. 《춘추좌씨전春秋左氏傳》에 나오는 '획린獲麟'⁴의 마지막 장을 설명한 호씨의 글을 읽은 적이 있는데, 단 한 마디도 자기에게서 나온 말이 없었지만, 독자는 그것이 타인의 말이라는 것을 깨닫지 못한다. 이와 같은 것은 또 가차라고 하여 병폐로 여길 수 있겠는가.

曰. 然則程子所謂不見是而無悶者, 非耶. 且古人之言, 必引詩書以爲證, 何哉.
曰. 程子所謂易語, 非其立意之所恃, 而古人之引經, 亦吾說已立而資彼以爲助

---

3 사람들에게……않는다: "공자가 말했다. '용의 덕을 가지고 은거한 자이다. 세속에 영합하지 않고 명성을 구하지도 않으며 세상에 숨어 살면서도 불평이 없고 자기를 알아주지 않아도 불만이 없다. 세상에 나아가 즐거울 때는 그 덕을 행하고 근심스러울 때는 세상에서 물러난다. 도를 지킴이 확고부동하니 물속에 잠긴 용이다.'[子曰, 龍德而隱者也. 不易乎世, 不成乎名, 遯世无悶, 不見是而无悶, 樂則行之, 憂則違之, 確乎其不可拔, 潛龍也.]"《주역周易》건괘乾卦)

4 획린: "14년 봄에 (애공哀公이) 서쪽의 대야에서 사냥할 때 숙손씨의 거자 서상이 기린을 잡았는데 (애공은) 상서롭지 못하다고 여겨 우인에게 주었다. 중니仲尼가 보고 '기린이다.'라고 하신 뒤에 취하였다.[十有四年春, 西狩於大野, 叔孫氏之車子鉏商獲麟, 以爲不祥, 以賜虞人. 仲尼觀之, 曰, 麟也. 然後取之.]"《춘추좌씨전》애공哀公 14년조)

耳, 非初無所主而藉彼以立也. 且又有一說焉, 嘗讀胡氏春秋獲麟之卒章, 幾無一語之出於己, 而讀者不覺其爲他人之辭也. 若此者又安得以假借而病之耶.

문 '열說'과 '낙樂'이 모두 마음에서 나오는데도 정자께서 내외를 구별하신 것은 왜 그렇습니까?

답 정자께서는 '낙樂'이 밖에 있다고 여기시지 않았고, 마음[中]에 쌓여서 밖으로 발산한다고 여기셨다. '열說'은 내부에서 막 생겨서 밖으로 아직 드러나지 않는 것이다. 간혹 이 이치를 파악하지 못하고 반대로 말한다면 큰 잘못이다.

曰. 說樂皆出於心而程子有內外之辨, 何也.
曰. 程子非以樂爲在外也. 以爲積滿於中而發越乎外耳. 說則方得於內而未能達乎外也. 或不及此而反其言則失之甚矣.

문 '불온不慍'에 관한 주장은 누가 옳습니까?

답 군자가 학문을 할 때 다른 사람이 알아주기를 바라지 않으며, 또 다른 사람이 몰라 주기를 구하는데도 뜻이 없다. 하지만 배움의 결과[實]가 있다면 다른 사람이 저절로 알게 되니, 어찌 다른 사람이 알아주었으면 하는 마음을 가져야만 다른 사람이 알아주겠는가. 이것이 이른바 '남이 알아주지 않는다[人不知]'라는 것은 '알아줄 만한 것이 있느냐 그렇지 않으냐' 뿐이다.

어떤 이는 이를 성인의 덕목이라고 했는데, 지나치게 높게 잡았으니 잘못이다. 그 해설에 이르러서는 또 '윗자리에 있는 사람은 덕을 지키고 몸을 닦아서 사람이 알아볼 수 없고, 아랫 자리에 있는 사람은 선한 행동으로 알아주기를 바라 뒷사람이 알게 된다.'라고 했는데, (논리가) 엉성하고 어긋났다. 또 '잠룡潛龍'과 '무민無悶'을 성인의 덕이 안에 있어서 밖으로 드러내는 것이 바로 아랫 자리에 있는 이의 일이다. 건괘 육효 중 초구初九만 성덕을 나타내고, 구이九二의 덕은 넓혀져 천하를 감화하므로, 이미 조금 감소한 것이다. 구오九五는 만물이 모두 보고 있는 것인데 도리어 아랫 자리에 있는 이의 행위라고 하니, 세상에 이런 이치가 어디 있겠는가. 노담老聃이 주장한 '나를 아는 자가 드물면 나는 귀해진다.'[5]라는 말을 인용해 해설한 사람은 지나치게 뜻만 높아서 제 멋대로인 병폐가 있다.

무릇 군자는 진실로 타인이 알아주기를 바라지 않지만, 어찌 타인이 알아주지 않기를 바라면서 자신이 귀해짐을 스스로 기뻐하는 사람이 있겠는가. 이단의 말은 대개 이와 같으니, 인용한 사람이 어찌 생각하지 못해 우연히 그런 것이겠는가. 또 공자와 안연의 '즐거움[樂]'을 인용해서 이 구절을 뜻을 밝혔는데, 역시 (범씨가 《중용》의) '성자능지聖者能之' 운운한 것과 같을 뿐이다.

(사씨가) '불온不慍'을 두고 '자신을 대하는 것이 두텁다.'라고 했고, (유씨가) '명에 편안하기 때문에 성을 내지 않는다.'라고 한 것은 모두 잘못되었다. 군자가 성내지 않는 것은 성낼만한 것이 없음을 보았기 때문이다. 어찌 자신을 후히 대하거나 혹은 부득이해서 그렇겠는가. 또 (유씨가 《논어》의) '지나간 악행을 마음에 두지 않는다.[不念舊惡]'[6]라는 말을 인용해서 밝힌 것도 적절한 근거가 아니다. 또 (유씨가 《맹자》의) '버림을 받아도 원망하지 않고, 곤궁한 지경에 처해도 걱정하지 않

---

5 나를……귀해진다: 《도덕경》 70장에 나온다.
6 지나간……않는다: 《논어》 〈공야장〉에 나온다.

았다.'[7]는 말을 인용해서 여기에 해당시켰는데, 지나치게 멀리 갔다. 또 이미 '열說'과 '낙樂'이 '불온不慍'하게 할 수 있는 것이라고 한 것은 그 설이 지나치게 앞서는 것 같다. 정자와 양씨가 올바르게 해석한 것만 못하다. 그 까닭[所以然]을 논한 것 가운데 윤씨가 제일 정밀하다. 사람이 배움을 시작할 때 이 '기쁨'을 알아 마음을 세우게 한다면 밖의 것을 부러워함이 거의 없을 것이다.

曰. 不慍之說孰爲得之
曰. 君子之學, 固不求人之知, 亦非有意於求人之不知也. 然有實者, 人自知之, 豈必有求知之心, 然後人得以知之耶. 此所謂人不知者, 正以宜見知而或有不然者耳. 而或者乃以聖人之事當之, 則已過高而失之矣. 至其爲說, 又謂上焉者, 存其德修其身, 故人莫得而知之, 下焉者爲善以求知, 而後人得以知焉, 則亦疎且戾矣. 且其以潛龍無悶爲聖人之德, 有諸內而形諸外乃下焉者之事, 則是乾之六爻, 獨初九爲盛德, 至於九二之德博而化, 則旣少貶 而九五之萬物咸覩, 反爲下焉者之爲矣. 世豈有此理哉? 有引老聃知我者希則我貴以爲說者, 則又過高而有自私之病. 夫君子固不求人之知, 然豈有幸人之不知, 而自喜其身之貴者哉? 異端之言, 大率如此, 引者豈偶未之思與? 又引孔顏之樂以明此句之義, 亦猶聖者能之之云耳. 又有謂不慍則其自待厚者, 又有謂安於命故不慍者, 皆非. 夫君子之不慍, 自見其無可慍耳. 豈以自待之厚與迫於不得已而後然哉? 又有引不念舊惡以明之者, 則非其類. 又有以遺佚不怨, 阨窮不憫當之, 則亦已太高矣. 又有以爲旣說且樂便能不慍者, 則其說似亦太快, 不若程子楊氏爲得之也. 至論其所以然者, 則尹氏爲尤切, 使人之始學, 卽知是說以立其心, 則庶乎其無慕於外矣.

문 (여씨가) '처음, 중간, 끝에 믿음을 둔다.'는 것으로 이 장으로 해설한 것은 어떻습니까?

---

7 버림을……않았다: 《맹자》〈공손추 상〉에 나온다.

답 그 말이 간략하여 득실을 알 수 없고, 또 문리도 맞지 않다.

曰, 有信於始中終爲此章之說, 何如.

曰, 是其言之也約, 未有以見其得失然, 亦無所當於文義矣.

문 여러 선생과 군자의 주장을 자정자子程子께서 받아들이지 않았습니다. 여러 해설의 줄기와 득실이 어떤지 여쭙니다.

답 부족한 내가 어찌 함부로 논평할 수 있겠는가. 그럼에도 살펴보면 다음과 같은 문제가 있는 것 같다. '관평정대寬平正大'하면 정밀하지 못하고, '정준엄각整峻嚴恪'하면 활달한 맛이 없고, '통달기위通達奇偉'하면 지나치게 높기만 한 병폐가 있고, '온자부유醞藉敷腴'하면 무르고 느슨한 잘못이 있다. '청화미밀淸和靡密'하면 견강부회하거나 지리멸렬한 병폐가 있다. 오직 주씨만이 '돈후이직敦厚易直'한데, 말이 비록 다 맞지는 않더라도 치밀한 풍모가 있다. 윤씨는 '평담간약平淡簡約'한데, 비록 두루 살피지는 못했으나 정밀하고 충실해서 쉽게 넘볼 수 있는 경지가 아니다. 장자의 학문은 정씨 (형제)에서 비롯되었더라도 '박학상설博學詳說'하고 '정사역행精思力行'해서 스스로 깨친 공이 많다. 그래서 그 해설이 깊고 핵심을 짚으면서 엄중하고 의미도 깊고 무궁하니 스스로 일가를 일구었다. 비록 현명하고 지혜로운 면이 지나쳐 정자에게 비판받은 듯한 것이 있기는 했으나, 큰 도리[大體]는 일반 사람이 미칠 수 있는 경지가 아니다.

曰, 是諸先生君子之說, 子程子則不容議矣. 故問餘說之大體得失何如.

曰, 是亦豈區區之所敢議, 然嘗竊揣之, 則其寬平正大者, 或失於未精, 整峻嚴恪者, 或苦於未暢, 通達奇偉者, 或有過高之病, 醞藉敷腴者, 或有柔緩之失, 而淸和靡密者, 又未免牽合支離之患也. 惟周氏敦厚易直, 雖言不皆中, 而頗有醞郁之風. 尹氏平淡簡約, 雖意有不周, 而其精實之味, 爲不可及耳. 若張子之學, 雖原於程氏, 然其博學詳說, 精思力行, 而自得之功多矣. 故凡其說皆深約嚴重, 意味淵永, 自成一家之言, 雖或有賢知之過, 如程子之所譏者, 然其大體非人所能及也.

문 사씨와 양씨의 글이 전해오는 방식이 다른 것은 왜 그렇습니까?
답 사씨의 글은 지금 통행하는 판본이 호씨에게서 나왔다. 편집한 것이 구본舊本보다 다소 소략하고 문맥도 일관되지 않지만 크게 문제는 없어 다시 교정하지 않았다. 양씨의 글은 스스로 첨삭한 것으로 판본이 전, 중, 후 3가지 있는데, 내가 지금 인용한 것은 중간본인데도 개정하면서 도리어 예전 것만 못한 곳이 있다. 예를 들어 이 장 초간본에는 '승조承蜩', '관슬貫蝨'의 두 구절이 없는데도 문맥이 완전하다. 중간본에는 이를 더했는데, 말이 공허하고 상하 문맥도 어긋나 연결되지 않는다. 후간본은 고쳐서 마치 '활과 화살을 잡은 것이 정밀하고 견고히 하며 몸을 바르게 한 다음에 발사한 것처럼'[8] 어느 정도 나아지기는 했지만, 글이 거칠고 껄끄러워 여전히 문맥이 어긋나는 병폐가 남아 있어 명확하게 파악할 수 없다.

曰, 謝楊之書, 傳者不同, 何也.
曰, 謝氏之書, 今本出於胡氏. 蓋其所裁定者, 比舊爲差約, 然語脈亦有不貫處, 顧無大害, 不復追正爾. 楊氏書乃其所自筆削, 前後三本, 今此乃其中本, 然亦有改之而反不如舊者, 如此章初本, 未有承蜩貫蝨兩句, 文意自完, 中本增之,

---

[8] 활과……것처럼: "활 쏘는 것은 진퇴와 주선함을 반드시 예에 맞게 해야 한다. 뜻이 바르고 몸이 곧은 다음에야 활과 화살을 잡는 것이 정밀하고 견고해진다. 활과 화살을 잡는 것이 정밀하고 견고한 다음에야 맞히는 것을 말할 수 있다. 이를 통해 덕행을 볼 수 있다.[射者, 進退周還必中禮, 內志正, 外體直, 然後持弓矢審固. 持弓矢審固, 然後可以言中. 此可以觀德行矣.]"《예기禮記》〈사의射義〉)

則語涉空幻, 而上下文意亦齟齬而不屬矣. 後本改爲持弓矢審固正己而後發, 雖則稍就平實, 又覺其辭意燥澁, 而未免齟齬之病, 殊不可曉也.

> **01-02.** 有子曰, "其爲人也孝弟, 而好犯上者, 鮮矣, 不好犯上, 而好作亂者, 未之有也. 君子務本, 本立而道生. 孝弟也者, 其爲仁之本與!"

문 '인仁'을 어째서 '사랑의 이치[愛之理]'로 보십니까?

답 사람은 오행 중 가장 빼어난 것을 품부 받아 태어난다. 그래서 사람의 마음이 아직 발하지 않을 때 '인의예지신'의 성을 구유하는데, 그것이 체體이다. 이미 발하면 측은惻隱, 수오羞惡, 공경恭敬, 시비是非, 성실誠實의 정情이 있게 되는데, 그것이 용用이다. 목신木神을 '인仁'이라고 하는데 곧 '사랑의 이치[愛之理]'로 그것이 발하면 '측은'이 된다. 화신火神을 '예禮'라고 하는데 곧 '공경의 이치[敬之理]'로 그것이 발하면 '공경'이 된다. 금신金神을 일러 '의義'라고 하는데 곧 '마땅함의 이치[宜之理]'로 그것이 발하면 '수오'가 된다. 수신水神을 '지智'라고 하는데 곧 '구별의 이치[別之理]'로 그것이 발하면 '시비'가 된다. 토신土神을 '신信'이라고 하는데 곧 '실유의 리[實有之理]'로 그것이 발하면 '충신忠信'이 된다. 이 모두는 천리天理의 고유한 모습으로, 사람 마음의 신묘한 근거가 된다. 인仁이 '사랑의 이치'가 되는 근거는 이것으로 미루어 알 수 있다.

或問, 仁何以爲愛之理也.
曰. 人禀五行之秀以生, 故其爲心也. 未發則具仁義禮智信之性, 以爲之體, 已發則有惻隱羞惡恭敬是非誠實之情, 以爲之用. 蓋木神曰仁, 則愛之理也. 而其發爲惻隱. 火神曰禮, 則敬之理也. 而其發爲恭敬. 金神曰, 義則宜之理也. 而其發爲羞惡. 水神曰, 智則別之理也. 而其發爲是非. 土神曰, 信則實有之理也, 而其發爲忠信. 是皆天理之固然, 人心之所以爲妙也. 仁之所以爲愛之理, 於此其可推矣.

문 그렇다면 정자께서 "효제孝弟는 인仁을 행하는 근본"이라고 하시고, 또 "성性을 논하면서 인이 효제의 근본"이라고 하신 것은 왜 그렇습니까?

답 인은 본성이고, 사랑의 이치이다. '용用'으로 드러나면 사친事親, 종형從兄, 인민仁民, 애물愛物이 모두 인을 행하는 일이다. 이는 본성을 논하는 것으로 인을 효제의 근본이라고 여긴 것이다. 하지만 '부모님'은 내가 세상에 나온 근본이고, 형은 한 부모에게서 나왔지만 나보다 앞선다. 그러므로 사친하여 효도하고 종형하여 공경함은 바로 사랑[愛]이 먼저 드러난 것으로, 사람에게 더욱 절실한 것이다. 사람이 진실로 이를 행할 수 있다면 '윗사람을 범하여 난을 일으키기를 좋아하지 않는' 효과가 반드시 있을 것이다. 만약 군자가 이를 의무로 삼아 힘써 행해, 행실이 이루어지고 덕이 바로 서게 되면 친친親親에서 인민仁民, 인민에서 애물愛物까지 그 '사랑[愛]'에는 모두 차등이 있고 그 '베풂[施]'도 순서가 있게 마련이다. 인을 행하는 도는 끝없이 생성되며 한계가 없다. 어찌 '윗사람을 범하여 난을 일으키기 좋아하지 않는' 것 뿐이겠는가. 그래서 효제가 인을 행하는 근본이 되는 것이다.

或曰. 然則程子以孝弟爲行仁之本, 而又曰, 論性則以仁爲孝弟之本, 何也
曰. 仁之爲性, 愛之理也. 其見於用, 則事親從兄仁民愛物, 皆其爲之之事也. 此論性而以仁爲孝弟之本者然也. 但親者我之所自出, 兄者同出而先我, 故事

親而孝, 從兄而弟, 乃愛之先見而尤切, 人苟能之, 則必有不好犯上作亂之效. 若君子以此爲務而力行之, 至於行成而德立, 則自親親而仁民, 自仁民而愛物, 其愛有差等, 其施有漸次, 而爲仁之道, 生生而不窮矣. 又豈特不好犯上作亂而已哉? 此孝弟所以爲行仁之本也.

문 그렇다면 "이른바 '본성[性]' 중에는 다만 인의예지만 있고 효제는 없다."라고 하신 것은 왜 그렇습니까?
답 이 또한 '본성'의 범주에서 말씀하신 것으로, 처음에는 이 4가지의 이름만 있고 효제의 조목이 없을 뿐, 효제의 리가 본성에 근거하지 않고 밖에서 생긴다고 말한 것이 아니다.

曰. 然則所謂性中只有仁義禮智而無孝弟者, 又何耶.
曰. 此亦以爲自性而言, 則始有四者之名, 而未有孝弟之目耳. 非謂孝弟之理, 不本於性, 而生於外也.

문 그렇다면 군자가 효제에 힘쓰는 것은 다만 인仁을 행하는 기반이라고 여겨서 입니까?
답 그렇지 않다. 하늘이 나에게 부여한 것이 인으로서 '행하지 않으면 안 되는 리[不可不爲之理]'이고, 효제라는 것은 하늘이 나에게 명한 것으로서 '그렇게 하지 않을 수 없는 일[不能不然之事]'이다. 그러나 사람이 '물物'에 끌려 하늘에서 받은 것을 잊기 때문에, '그렇게 하지 않을 수 없는 일'을 혹 소홀히 하여 힘쓰지 않게 된다. 이에 힘쓰지 않으면 '행하지 않으면 안 되는 리'에 있어서도 근본이 없어져 스스로 행할 수 없는 것이다. 그러므로 유자有子는 효제를 인을 행하는 근본으로 여겼는데, 이 모두가 내 마음에 고유한 것이고 내가 반드시 해야 할 것이라고 생각한 것이다.

하지만 리理는 본말이 달라 행하는 것에 선후의 순서가 있으니, 반드시 이러한 근본을 먼저 세워야 하며, 그러면 말단은 저절로 일어나게 된다. 본래 저것을 행하고자 우선 이를 잠시 빌려서 기반으로 삼으려고 했음을 말하는 것이 아니다. 대개 성현의 말씀은 이런 류類가 지극히 많으니, 모두 이런 해설로 살펴야만 말씀하신 요지를 놓치지 않을 것이다.

曰, 然則君子之務孝弟, 特以爲爲仁之地也耶.
曰, 不然, 仁者天之所以與我, 而不可不爲之理也. 孝弟者天之所以命我, 而不能不然之事也. 但人爲物誘而忘其所受乎天者, 故於其不能不然者, 或忽焉而不之務. 於此不務, 則於其所不可不爲者, 亦無所本而不能以自行矣. 故有子以孝弟爲爲仁之本, 蓋以爲是皆吾心之所固有, 吾事之所必然. 但其理有本末之殊, 而爲之有先後之序. 必此本先立, 而後其末乃有自而生耳, 非謂本欲爲彼, 而姑先借此以爲之地也. 大率聖賢之言, 若此類者甚衆, 皆以是說求之, 則不失其立言之旨矣.

문 그렇다면 '의예지신義禮智信'을 행함에도 근본이 있습니까?
답 있다.

曰, 然則義禮智信爲之亦有本耶.
曰, 有.

문 감히 묻습니다.
답 역시 효제뿐이다. 하지만 '부모님을 사랑하는 것'으로 말하면 인을 행하는 근본이 된다. 부모님을 따르는 것이 의를 행하는 근본이다. 부모님을 공경하는 것이 예를 행하는 근본이다. 이런 것을 아는 것이 곧 지를 행하는 근본이다. 이를 성실히 하는 것이 곧 신을 행하는 근본이다. 사람이 행하는 오상과 온갖 행위의 근본은 모두 여기에 있다. 맹자가 '인의 예지와 예악禮樂의 실제'를 논한 것도 바로 이것이다. 그러므로 이것이 지덕至德과 요도要道가 되는 것이다.

請問之.

曰. 亦孝弟而已矣. 但以愛親而言, 則爲仁之本也. 其順乎親, 則爲義之本也. 其敬乎親, 則爲禮之本也. 其知此者, 則爲知之本也. 其誠此者, 則爲信之本也. 蓋人之所爲五常百行之本, 無不在於此. 孟子之論仁義禮智禮樂之實者, 正爲是爾. 此其所以爲至德要道也歟.

문 여러 학자의 주장은 어떻습니까?

답 범씨의 주장은 대개가 타당하다. 하지만 '수신修身', '정심正心', '성의誠意'를 인용한 것은 군더더기이다. 효제는 그 자체로 인도人道를 행하는 대단大端이지만, '성의'보다 앞설 수는 없다. 이른바 '성의'라는 것은 넘어지거나 밥 먹는 것 같은 찰나, 생각이 아직 드러나지 않은 순간에도 반드시 성실함을 통해 하나라도 자기를 속이지 않으려는 마음을 유지하고자 하는 것이다. 또 어찌 이러한 '성의'가 효제 한 가지 일에만 적용되겠는가. 이런 주장을 하는 것은 《논어》의 문장이나 《대학》의 뜻을 살피지 않아서이니 오류가 매우 심하다.

사씨는 정자의 말씀 중에서 혹자가 '효제로부터 인에 이를 수 있습니까?'라고 물은 것과 같지만, 정자의 해설에 어긋난다. 하지만 뜻이 '인을 행하는 것[爲仁]'을 주로 한 것이 아니라 '인을 아는 것[知仁]'을 주로 했으므로 비교해 보면 혹자의 설은 그 잘못이 더욱 많다. 사씨는 평소 '인仁'을 논하면서 '살아있는 것이 인이고 죽어 있는 것이 불인이다.'라고 했는데, 이러한 살아있는 것을 인식해야 인을 알 수 있고, 그런 뒤에야 보존하고 실천하는 노력을 할 수 있다. 이것을 인식하지 못하면 설령 몸소 힘써 실천해서 지극히 숙련되더라도 끝내 '인을 행하기' 부족할 것이다. '살아있는 것이 인이고 죽어 있는 것인 불인이다.'라고 말할 수 있지만, 반드시 이것을 안 다음에야 인을 행할 수 있다면 그 주장은 잘못된 것이다. 그 잘못이 이와 같기 때문에 4가지 조목을 넓게 인용하는 데 있어, 모두 '인을 모르면 어떤 일이 될 뿐이라는 말이 있고, 또 효제는 다만 '인에 가까울[近仁] 뿐이지 인이 아니'라고 했다. 이 4가지 조목은 모두 인을 구하는 방법이니, 인이 아니라고 해도 괜찮다. (이와 달리) 효제는 진실로 인이 발현하여 제일 가까운 것이니, 어찌 나무의 뿌리를 두고 '나무에 가깝지만 나무가 아니다.'라고 할 수 있으며, 샘의 근원을 두고 '물에 가깝지만 물이 아니다.'라고 할 수 있겠는가.

'사친事親과 종형從兄을 확충하면 어디 간들 인이 아니겠는가.'라고 하고선, 또 '윗사람을 범하여 난을 일으키기 좋아하지 않는' 것을 단지 보통 사람이 행하면서도 알지 못하는 일이라고 하면서, 반드시 깊이 생각하고 성찰하여 '사친'·'종형'하는 시기를 살피는 마음이 있고 난 후에야 '인을 안다'라고 했는데 모두 이런 뜻이다. '효제로부터 확충하고서 인을 실천한다.'라는 것은 효제가 인이 아니라, 반드시 이러한 활물活物을 인식하고 그것을 확충한 뒤에야 인을 실천할 수 있다는 것이다. 그러므로 또 보통 사람이 다만 '사친'·'종형'에 신중하더라도 그것이 활물임을 인식하지 못한다면 끝내 도道로 들어갈 수 없고, 반드시 '사친'과 '종형'하는 때를 고요히 듣고 묵묵히 살펴서, 다행히 이른바 '활물'이라는 것을 깨우치면 그런 후에야 '인을 안다'라고 할 수 있다는 것이다. 그러나 다만 '인을 안다[知仁]'라고 하고 '인을 행한다[爲仁]'라고 하지 않아, '확충擴充한다'는 말까지도 모두 잃어버렸다. 만약 그 주장대로라면 '사친하고 종형할 때' 이 마음으로 저 마음을 살펴서 활물을 인식하려고 해야 하니, 중하게 여기는 것은 활물에 있지 부형父兄에 있지 않다. 섬기고 따르는 것은 다만 활물을 구하기 위해서니, 애초에 내가 해야 할 당연할 일로 삼을 것이 아니다. 이는 불학佛學의 잔재에서 비롯한 것이지 성문聖門의 본의가 아니다.

이를 논한 것을 살펴보니 여진백呂進伯[9]은 석씨釋氏의 이른바 선禪과 같다고 여기고, 그는 흔쾌히 받아들이면서 저버리지 않았다는 것을 알 수 있다. 또 '인심이 거짓을 행하지 않는다는 것은 사친하고 종형하는 것 만한 것이 없다.'라고 했는데, 또한 옳지 못하다. 유자有子의 의도는 당연히 해야 할 요점을 논한 것이지 거짓을 행하느냐 거짓을 행하지 않느냐를 논한 것이 아니다. 만약 효제를 오로지 '거짓을 행하지 않는 것'으로만 여긴다면 오상五常과 백행百行이 어찌 모두 사람이 행하는 거짓에서 나오겠는가.

曰. 諸家之說, 如何.

曰. 范說大槪得之. 但所引修身正心誠意者爲衍說耳. 孝弟自爲人道之大端, 非以其可以誠意而先之也. 且所謂誠意者, 欲其造次顚沛之間, 思慮隱微之際, 必以誠實而無一毫自欺之心, 又豈獨於孝弟一事爲然哉. 爲是說者旣不察乎論語之文, 又不考乎大學之意, 其亦甚矣. 謝氏則正與程子說中或人所問由孝弟可以至仁者相似, 而反乎程子之說者也. 但其意不主乎爲仁而主乎知仁, 比之或說, 其失益遠耳. 蓋其平日論仁, 嘗以活者爲仁, 死者爲不仁, 但能識此活物乃爲知仁, 而後可以加操存踐履之功. 不能識此, 則雖能躬行力踐, 極於純熟, 而終未足以爲仁也. 夫謂活者爲仁, 死者爲不仁可矣. 必識此然後可以爲仁, 則其爲說之誤也. 其誤如此, 故其於旁引四條者, 皆有若不知仁, 則但爲某事而已之說, 而又以孝弟特爲近仁而非仁也. 夫四條者, 皆所以求仁之術, 謂之非仁猶

---

[9] 여진백: 여대충呂大忠(1020~1096)으로 자자가 진백進伯이다. 여대림呂大臨의 형이다.

可也. 若孝弟則固仁之發而最親者, 如木之根, 水之源, 豈可謂根近木而非木, 源近水而非水哉. 其曰, 以事親從兄充之, 則何往而非仁, 又以不好犯上作亂, 特爲閭巷之人由而不知之事, 必其深念自省而有以察夫事親從兄之時之心, 然後爲知仁, 皆此意也. 夫曰, 由孝弟充之而後爲仁, 則是孝弟非仁, 必其識此活物而充之然後爲仁也. 故又以爲閭巷之人, 徒能謹於事親從兄, 而不識其爲活物, 則終不可以入道, 必其潛聽默伺於事親從兄之時, 幸而得其所謂活物者, 然後可以爲知仁也. 然直曰知仁, 而不曰爲仁, 則又幷與其擴充之云者而忘矣. 必如其說, 則是方其事親從兄之際, 又以一心察此一心, 而求識夫活物, 其所重者乃在乎活物, 而不在乎父兄. 其所以事而從之, 特以求夫活物, 而初非以爲吾事之當然也. 此蓋源於佛學之餘習, 而非聖門之本意. 觀其論此而呂進伯以爲猶釋氏之所謂禪, 彼乃欣然受之而不辭, 則可見矣. 又所謂人心之不僞, 莫如事親從兄者, 亦非是. 有子之意, 乃論其當然之要, 非論其僞不僞也. 且若專以孝弟爲不僞, 則五常百行, 豈皆出於人爲之僞耶.

문 그렇다면 정자께서 '손발이 마비되는 것이 불인'[10]이라고 하신 것은 어떻습니까?

답 이것이 진실로 이른바 '사랑의 이치[愛之理]'이다. 사씨가 주장한 '활活'과 비슷하지만 힘쓰는 바가 같지 않으니, 배우는 자는 반드시 살펴야 한다. 대개 사람이 어버이를 섬기면서 효도할 수 있고, 형을 따르면서 공경할 수 있다면 이것이 내가 말하는 '사랑의 이치'이다. 항상 존재하고 사라지지 않으니 인을 행하는 근본이 여기에 있다. 어버이를 섬기면서 효를 모르고, 형을 따르면서 제弟를 모른다면 내 본심이 무뎌서 '불인不仁'한 것으로 일에 응하는 것이 모두 이치의 마땅함을 깨치지 못한 것이니 마치 손발이 마비된 것과 같다. '인'과 '불인'은 모두 실천의 실질에 따

---

10 손발이……불인: "의서에서는 수족이 마비되는 것을 불인이라고 한다. 이것은 가장 좋은 표현이다.[醫書以手足痿痺爲不仁, 此言最善名狀.]"《논어집주》〈옹야〉

라 따져야 하니, 사씨가 효제를 바탕으로 활물을 구하면서 운 좋게 힐끗 보고 드디어 '인을 깨우쳤다'라고 한 것만도 못하다.

曰, 然則程子之論, 手足頑痺爲不仁者, 奈何.
曰, 是固所謂愛之理者, 與謝氏活者之說相似, 而其所以用力者不同, 學者不可不察也. 蓋人能事親而孝, 從兄而弟, 則是吾之所謂愛之理者, 常存不息, 而爲仁之本於此乎在也. 事親而不知所謂孝, 從兄而不知所謂弟, 則是吾之本心頑然不仁, 而應乎事者皆不得其當, 如手足之痺頑矣. 仁與不仁皆必責之踐履之實, 非若謝氏反因孝弟以求活物, 幸其瞥然見之, 而遂以爲得仁也.

문 (《논맹정의》에 나오는) 유씨, 양씨, 윤씨 주장은 어떤지 듣고 싶습니다.

답 유씨가 '불호범상작란不好犯上作亂'에 대해 설명한 것은 타당하다. '위인지본爲仁之本'에 대해서 논한 것은 정자와 다르다. 양씨가 주장한 '이 마음을 들어서 저기에 더할 따름이다.'는 타당하다. 또 '임금의 안색에 개의치 않고 직간하되 임금의 허물을 숨기지 않는다.[有犯無隱]'[11]를 인용했는데, 본문의 뜻이 아니다. 그가 '(효제에 힘쓰는 것은) 무본務本의 한 가지 일이다.'라고 한 것은 대개 '무본'을 '일반적인 말[泛言]'로 여기고 효제는 그 힘써야 할 일을 가리킨 것으로 여긴 것이다. 하지만 '한 가지 일'이라고 하면 '무본'을 크게 여기고 '효제'를 작게 여긴 뜻이 있는 듯 하니, 역시 이 말에는 약간 문제가 있다. 주씨가 '도에 나아간다.'라고 한 것은 명확하지 않다. 아마도 노씨가 주장한 '도를 잃은 후에 덕이고 덕을 잃은 후에 인이다.'[12]에 미혹된 것이 아닌가 한다.

---

11 임금의……않는다: "임금을 섬기면 직언으로 안색을 범하는 일은 있으나, 허물을 덮어주는 일이 있어서는 안된다.[事君有犯而無隱]"(《예기》〈단궁 상〉)

12 도를……인이다:《도덕경》38장에 나온다.

曰, 游氏以下諸說得失, 願卒聞之.
曰, 游氏說不好犯上作亂者得之. 其論爲仁之本, 則失程子之意矣. 楊氏擧彼加此之說得之, 其引有犯無隱, 則非本文之旨矣. 其曰務本之一事, 蓋以務本爲泛言, 而孝弟爲指其事耳. 然曰, 一事則似有大務本而小孝弟之意, 亦其言之小疵也. 周氏進於道者不可曉, 豈非猶有惑志於老氏失道而後德, 失德而後仁之說耶.

01-03. 子曰, "巧言令色, 鮮矣仁!"

문 앞 장에서 이미 '인仁'을 '사랑의 이치'라고 말씀하셨는데, 이 장에서 다시 '마음의 덕[心之德]'[13] 을 말씀하신 연유는 무엇입니까?

답 인의 도는 매우 커서 한 마디로 다 표현할 수 없다. 정자께서 건괘乾卦의 4가지 덕(원형이정元亨利貞)을 논하시면서 '4덕 중 원元은 오상五常의 인仁과 같다. 부분적으로 말하면 하나의 일이지만 총괄적으로 말하면 4덕을 포괄한다'[14]라고 하셨는데, 이로써 미뤄보면 알 수 있다. '인仁'이라는 것은 오상의 첫머리이고, 4덕을 포괄한다는 것은 측은의 체體로 사단四端을 관통한다는 의미이다. 따라서 '인'의 뜻을 부분적으로 말하면 '사랑의 이치'로 앞 장에서 말한 것이 실례이다. 총괄적으로 말하면 '마음

---

13 마음의 덕: "외모에 수식을 다하여 힘써 사람들을 기쁘게 하면 인욕이 방만해져 본심의 덕이 없어진다.[致飾於外, 務以悅人, 則人欲肆而本心之德亡矣.]"(《논어집주》〈학이〉)

14 4덕······포괄한다: "사덕의 으뜸은 오상의 인과 같다. 부분적으로 말하면 하나의 일이고, 총괄적으로 말하면 사덕을 포함한다.[四德之元, 猶五常之仁, 偏言則一事, 專言則包四者.]"(《이천역전伊川易傳》건괘乾卦 단사彖辭)

의 덕'으로 이 장에서 실례로 든 것이다. 기실 '사랑의 이치'는 '마음의 덕'을 표현하는 근거이므로, 성문의 배움은 '인은 구하는 것'을 요처로 삼는다. 그래서 인을 행하는 소이所以를 논할 때는 효제孝弟를 급선무로 삼고, 인을 해치는 소이를 논할 때는 교언영색巧言令色을 심한 것으로 삼았다. 성인의 말씀을 기록한 이가 1장 다음에 이 2장을 배열했는데, 차례를 이와 같이 한 것은 배우는 이가 인이 급선무임을 알아 마땅히 힘써야 할 것과 경계해야 할 것을 인식하게 하고자 한 것이다.

或問, 子於前章旣以仁爲愛之理矣, 於此又以爲心之德, 何哉.
曰, 仁之道大不可以一言而盡也. 程子論乾四德, 而曰, 四德之元, 猶五常之仁, 偏言則一事, 專言則包四者, 推此而言, 則可見矣. 蓋仁也者, 五常之首也, 而包四者, 惻隱之體也, 而貫四端. 故仁之爲義, 偏言之, 則曰, 愛之理, 前章所言之類是也. 專言之, 則曰, 心之德, 此章所言之類是也. 其實愛之理, 所以爲心之德, 是以聖門之學, 必以求仁爲要, 語其所以行之者, 則必以孝弟爲先, 論其所以賊之者, 則必以巧言令色爲甚. 記語者所以列此二章於首章之次, 而其序又如此, 欲學者知仁之爲急, 而識其所當務與其所可戒也.

문 부자께서 '선인鮮仁'이라고 하신 것을 정자께서 왜 '인이 아니다.[非仁]'라고 해석하셨습니까?

답 부자의 말씀은 이른바 '그 말은 박절하지도 않지만 뜻은 이미 (박절한 데에) 이르렀다.'[15]라는 것이다. 정자께서 독자가 제대로 살피지 않고 교언영색 중에서 약간의 인이라도 찾을까 염려하셨다. 이런 까닭에 성인의 뜻을 근본까지 미루어 그 불인함을 바로 단정하셔서, '한 글자 때문에 한

---

15 그 말은……이르렀다:《논어집주》〈헌문〉 사씨謝氏의 말에 나온다.

구절의 뜻을 해치는[害辭]'[16] 의혹을 풀려고 한 것이다. 경전을 이렇게 해석하는 것은 효과가 있다고 할 수 있는데, 이후 해설하는 이들이 그 사이에 제멋대로 잘못된 주장을 내놓았으니, 역시 제대로 살피지 않아서이다.

曰, 夫子所謂鮮仁, 程子乃以非仁釋之, 何也.
曰, 夫子之言, 所謂辭不迫切, 而意已獨至者也. 程子則懼夫讀者之不察, 而於巧言令色之中求少許之仁焉, 是以推本聖人之意, 直斷其不仁, 以解害辭之惑也. 說經如此, 其可謂有功矣. 而後之說者, 猶紛紛然置曲說於其間, 其亦不察也夫.

문 범씨의 주장은 어떻습니까?

답 '선의인鮮矣仁'이라고 하신 성인의 뜻은 다음과 같다. '이와 같은 사람은 인자가 적다.'라고 했을 뿐이지, '이와 같은 사람은 인이 적다.[仁少]'라고 말씀하신 것은 아니다. 먼저 '때때로 인하다.'라고 해놓고, 또 '그 마음은 반드시 불인한 것은 아니다.'라고 한 것은 잘못이다. 인심人心은 본래 모두 인仁한데, 간혹 상傷하기도 하지만 그렇다고 어찌 많고 적다는 것으로 (인을) 논할 수 있겠는가. '때때로'라고 하였다면 (인이) 마음에 달려 있지 않고 시간에 달려 있게 된다. 또 '(교언영색하는 사람은) 이익을 위하지만 그 마음이 반드시 불인한 것은 아니다.'라고 했는데, 어찌 그 마음이 이익을 위하면서 오히려 인을 실천할 수 있는 사람이 있겠는가. 이 모두는 '선鮮'에 '적다[少]'라는 뜻이 있는 것에 구애되어 성인 말씀의 은근하고 은미한 본체를 살피지 못한 것이다. 이 때문에 왜곡해서 풀어 실수한 것이다. 정자의 말씀을 살피면 득실을 파악할 수 있다.

---

16 한 글자……해치는: "시를 해설하는 사람은 한 글자 때문에 한 구절의 말을 해쳐서는 안되며, 한 구절의 말 때문에 시 본래의 뜻을 해쳐서는 안된다.[說詩者, 不以文害辭, 不以辭害志.]"《맹자》〈만장 상〉

曰, 范氏之說, 如何.
曰, 聖人之意, 所謂鮮矣仁者, 蓋曰, 如是之人, 少有仁者之云耳, 非謂如是之人, 其仁少也. 今曰, 有時而仁, 又曰, 其心未必不仁則失之矣. 夫人心本皆仁, 雖或賊之, 而豈可以多少論哉. 且曰, 有時, 則又不在乎心而在乎時矣. 又曰, 爲利而其心未必不仁, 則豈有其心爲利, 而猶得爲仁者耶. 是皆牽於鮮之爲少, 而不察乎聖言婉微之體, 是以曲爲之說而失之. 觀夫程子之言, 則可以見其得失矣.

문 여씨의 해설은 훌륭하지 않습니까?

답 '말을 번지르르하게 하고자 하나 그렇게 할 수 없고, 낯빛을 꾸미고자 하나 그럴 수 없다.'라고 하였는데, 지금 '번지르르하게 하고자 하고 꾸미고자 한다.'라고 하면서도 그 뜻을 밝히지 않았으니 엉성하다. 또 한갓 수양의 내외를 구별하면서도 위기爲己와 위인爲人의 차이를 알지 못했으니 취사선택의 기준을 바르게 정하지 못했다. 진실로 자신을 위한 학문을 하면 외면을 가꾸는 것은 곧 내면을 기르는 데서 시작하니 근본이 서지 않는 것을 염려할 필요가 없다. 진실로 타인에게 잘 보이려고 학문한다면 겉만 신경 쓰게 되니 어찌 수양이라고 할 수 있겠는가. 그렇게 하면 해로움이 어찌 다만 근본이 서지 않는 데만 그치겠는가.

曰, 呂氏之說不亦善乎.
曰, 言固欲巧, 而不可巧其言, 色固欲令而不可令其色. 今曰, 欲巧欲令而不明此意, 則已疎矣. 且徒以修之內外爲別, 而不知爲己爲人之有異, 亦未足以定取舍之極也. 蓋誠爲己也, 則修於外者, 乃所以養其內, 而不患本之不立. 誠爲人也, 則其飾乎外者, 安得謂之修, 其爲害又豈但本之不立而已哉.

문 사씨는 해설을 내세우면서 인용을 다양하게 했으나 결단하지 않았습니다. 선생님은 그 의도를 무엇이라고 생각하십니까?

답 그가 다양하게 인용한 듯 하지만, 한마디로 정리하면 역시 '위기爲己와 위인爲人이 다르다는 것'뿐이다. 뜻이 진실로 '위기'에 있다면 용모와 말투 사이에 힘써 기르지 않는 곳이 없다. 한편 '위인'에 뜻을 두어 자신을 좋아하도록 하면 마음이 올바름을 잃으니 그런 사람 중에 인仁한 이가 드물다. 그래서 부자께서 '극기복례克己復禮'의 조목을 말씀하셨는데, 불과 '보고, 듣고, 말하고, 행동하는 것'[17] 뿐이었다. 증자가 "군자가 귀하게 여기는 도리"[18]에 대해서 말한 것도 역시 용容·색色·사기辭氣(용모·얼굴빛·말) 네 글자뿐이었다. 이른바 '겸손함으로 나타내야 한다.[遜以出之]', '감정은 진실하고 문사는 아름다워야 한다.[情信辭巧]'라는 것은 다만 '제 감정을 곧바로 행동해서[直情徑行]' 도리에 어긋나게 들어오는 우환을 부르지 않도록 하려는 것일 뿐이다. 시인이 '아름다운 풍채와 온화한 안색[令儀令色]'이라고 한 것은 덕성과 인품이 뛰어난 인물이 '사납고 거만한 것[暴慢]'을 멀리한 결과를 노래한 것이다. 《논어》〈향당〉의 '순순恂恂'·'이이怡怡'는 성인의 덕이 지극하여 행동과 태도가 모두 예에 딱 맞는 것을 표현한 것이다. '소인이 남의 허물을 들추면서 자신은 정직하다고 여기는 것[小人訐以爲直]', 또 '속은 허약하면서 밖으로 강한 척 하는 것

---

17 보고……행동하는 것: "안연이 '그 실천 조목을 묻습니다.' 하고 말하자, 공자께서 말씀하셨다. '예가 아니면 보지 말며, 예가 아니면 듣지 말며, 예가 아니면 말하지 말며, 예가 아니면 움직이지 말아야 한다.'[顔淵曰, 請問其目. 子曰, 非禮勿視, 非禮勿聽, 非禮勿言, 非禮勿動. 顔淵曰, 回雖不敏, 請事斯語矣.]"(《논어》〈안연〉)

18 군자가……도리: "군자가 귀중하게 여기는 도가 세 가지가 있다. 용모를 움직일 때에는 사나움과 태만함을 멀리하며, 얼굴빛을 바로잡을 때는 신의에 가깝게 하며, 말을 할 때는 비루하고 도리에 어긋나는 것을 멀리 해야 한다. 제기 등의 자질구레한 일은 담당자가 있다.[君子所貴乎道者三, 動容貌, 斯遠暴慢矣, 正顔色, 斯近信矣, 出辭氣, 斯遠鄙倍矣. 籩豆之事, 則有司存.]"(《논어》〈태백〉)

[色屬內荏]'은 비록 '교언영색'과 다르지만, 실정을 숨기고 거짓을 꾸미는 마음을 들춰보면 실제로 '교언영색'이 더 심하다. 배우는 이들이 사씨의 주장에 대해 이 점을 판별할 수 있다면 거의 깨치게 될 것이다. 이른바 '말을 한다.'라는 것은 증자의 본의가 아닌데, 본 장과 관련되어서 논해 보았다.

曰, 謝氏之說, 所引多端, 而不爲判決. 子以其意爲如何也.
曰, 彼其所引若多端者, 然一言以蔽之, 亦曰, 爲己爲人之不同而已. 蓋意誠在於爲己, 則容貌辭氣之間, 無非持養用力之地, 一有意於爲人, 而求其說己, 則心失其正而鮮仁矣. 故夫子告顔淵以克己復禮之目, 不過視聽言動之間, 而曾子所言君子所貴乎道者, 亦在於容色辭氣四者而已. 所謂遜以出之, 情信辭巧者, 但不欲其直情徑行, 以招悖入之患而已. 至於詩人所謂令儀令色者, 則大賢成德, 能遠暴慢之效, 鄉黨之所記恂恂怡怡者, 則聖人盛德之至, 動容周旋中禮之妙也. 若夫小人訐以爲直, 色厲內荏, 則雖若與爲巧令者不同, 然覈其矯情飾僞之心, 則實巧令之尤者耳. 學者於謝氏之說以是辯之庶乎其得也. 但所謂出詞氣者, 則非曾子之意, 請及其本章而論之.

문 유씨, 양씨, 주씨의 주장은 어떻습니까?

답 유씨는 대체로 치밀하지 못하다. 그가 주장하는 '인자仁者는 진실하여 거짓이 없고, 공경하여 아첨이 없다.'는 명칭과 함의가 모두 타당하지 않은 듯하다. 그는 또 '인자가 될 가능성을 끊지 않았다.'라고 했는데, 범씨의 실착과 조금 다르다. 양씨가 말한 '교활하고 약아빠진 사람'은 초기 판본에는 생각이 매우 정확한데, 그 다음 판본은 《예기》〈표기表記〉를 인용[19]해서 근거로 삼아 본말이 전도되었으니 성인의 뜻이 아니다. 그가

---

19 《예기》……인용: "말은 교묘하고자 해야 한다.[辭欲巧]"는 말을 가리킨다.

비록 부자의 말씀에 의탁했더라도 전해 내려오는 것이 잘못되어 즐겨 인용하면서도 시비를 가리지 않았으니, 그 허물이 이와 같다. 또 '교령巧令'이 왜 '교령'인지 살피지 않았으니, 여씨와 같은 실수를 범했다. 또 "(교령이) 다 불인한 것은 아니다.[非盡不仁者]"라고 했는데, 이 역시 범씨와 유씨와 같은 실수로 앞서와 마찬가지로 조금 다르다. 대개 범씨는 한 사람을 두고 말을 한 것이고, 양씨는 두 사람의 악에 깊이가 있음을 두고 말한 것이다. 양씨는 선악의 상대적인 측면에서 말했을 뿐이다. 주씨라면 거의 도에 가깝다. 하지만, 그가 '인을 어긴 것이 많다.[違仁多矣]'라고 한 것은 정자의 본의를 놓친 것 같다. '광자는 방탕하고 어리석은 자는 속인다.[狂者蕩, 愚者詐]' 이하는 이해하기 어렵다. 아마도 말이 충분히 미치지 못한 것 같다.

曰, 游楊周氏之說, 如何.

曰, 游氏大抵不切, 而其所謂誠敬僞諂者, 名義皆若未當. 其曰, 不絕其爲仁者, 則又若范氏之失而小不同也. 楊氏所謂便儇佼厲者, 其初本也意本甚正, 而其次本乃引表記以爲說, 則本末倒置而非聖人之意矣. 彼雖託於夫子之言, 其流傳之有誤乎, 喜援據而不擇是非, 其累有如此者. 且不察乎巧令之所以爲巧令者, 亦若呂氏之失. 其曰, 非盡不仁者, 又若范游之失, 而復小不同也. 蓋范氏乃以一人而言, 游氏以二人惡有淺深而言, 楊氏則直以善惡相對而言耳. 若周氏者其庶幾乎. 然其曰, 違仁多矣. 似亦失程子本意, 而狂者蕩·愚者詐以下不可曉, 豈其辭之未達者與.

01-04. 曾子曰, "吾日三省吾身, 爲人謀而不忠乎? 與朋友交而不信乎? 傳不習乎?"

문 정자께서 '자기 마음을 다하는 것을 충이라 하고, 성실히 하는 것을 신이라 한다.'라고 하셨는데 어떻습니까?

답 자기 본성을 다 펼쳐서[盡己之心] 숨기는 것이 없는 것을 일러 '충'이라고 한다. 내면에서 나온 것을 두고 한 말이다. 사물의 실제와 비추어 어긋나지 않는 것을 '신'이라고 한다. 외부에서 증험하는 것을 두고 한 말이다. '진실'하면서 '미덥지' 않은 경우도 없고, '믿음'이 가는데 '진실한 마음'에서 나오지 않는 경우도 없다. 그래서 또 다음과 같이 말씀하셨다. "자기에서 나오며 자기 본성을 다하는 것을 충이라고 하며, 사물의 실정에 비춰 어긋나지 않는 것을 신이라고 한다. 이는 표리를 두고 한 말이다." 이 역시 이를 두고 한 말로 더욱 치밀하게 다듬으신 것이다.

或問, 程子所謂盡己之謂忠, 以實之謂信, 何也.
曰, 盡己之心而無隱所謂忠也. 以其出乎內者而言也. 以事之實而無違, 所謂信也. 以其驗乎外者而言也. 然未有忠而不信, 未有信而不出乎忠者也. 故又曰, 發己自盡謂忠, 循物無違謂信, 此表裏之謂也. 亦此之謂而加密焉爾.

문 정자께서 또 '충과 신'은 사람을 두고 이르는 말이고, 요약하면 '실리實理'라고 하셨는데, 왜 그렇습니까?

답 앞 장에서 오상五常의 조목을 말할 때 이미 이 뜻에 대해서 설명했다. 다시 상세히 덧붙이고자 한다. '신信'이 '신' 됨은 실유實有의 리가 있어서이다. 성性을 두고 이른바 '인의예지'이며, 모두 실유이고 삿됨이 없다[无妄]라는 것은 '신'을 바탕으로 했기 때문이고, 이른바 '실리'라는 것은 바로 이를 두고 일컫는 것이다. '용用'으로 드러날 때, 마음에서 나와 자기 본성을 다하는 것을 '충'이라고 한다. 사물의 실정에 비춰 어긋나지 않는 것을 '신'이라 한다. 사단四端이 발하는 것은 모두 이를 위주로 하는데 '사람을 두고 한 말'이라는 것도 이를 가리킨다. 오행五行이라는 기氣는 각각 한 방소에 자리 잡고 하나의 계절에 왕성하지만, '토土'는 있지 않은 곳이 없다. 그러므로 중앙에 자리 잡고 사계四季에 나뉘어 왕성한 것은 천리의 본연으로 사람이 품부받아 태어날 때 이를 본받지 않은 것이 없다. 그래서 사람은 천지를 지극히 닮아 만물의 영장이 되는 것이다.

曰, 程子又謂忠信者, 以人言之, 要之則實理者, 何也.
曰, 前章五常之目, 已具此意矣. 請復詳之. 夫信之爲信, 實有之理也. 凡性之所謂仁義禮智, 皆實有而无妄者, 信也, 所謂實理者是也. 其見於用, 則出於心而自盡者謂之忠, 以循物而無違者謂之信, 而凡四端之發, 皆必以是爲主焉, 所謂以人言之是也. 蓋五行之氣, 各居乎一方而王一時, 惟土無不在, 故居中央而分王於四季, 是乃天理之本然, 而人之所禀以生者, 莫不象之, 此人之所以克肖天地而爲萬物之靈也.

문 '전불습호傳不習乎'에 관해서 정자, 범씨, 윤씨를 따르지 않고, 사씨, 양씨, 주씨를 따른 것은 왜 그렇습니까?

답 글 뜻으로 살펴보면 그렇지만, '충忠과 신信'이 먼저이고 '전傳한 것을 배우는[習]' 것이 나중이니, 뒷장에 나오는 '실천하고서 남은 힘이 있거든 문文을 배운다.'는 뜻이기도 하다.

曰, 傳不習乎之說, 不從程子, 范尹, 而從謝楊周氏, 何也.
曰, 以文義考之則然, 且先忠信而後傳習, 亦後章餘力學文之意.

문 여타 주장은 어떻습니까?

답 사씨가 '거의 모든 학파가 성인에게서 유래했다.'라고 했는데, 이는 모두 사마천의 오류를 답습해서 그렇게 주장한 것이다. '일을 도모할 때 마음을 다하고, 사귈 때 신뢰를 주고, 전해 받은 것을 열심히 익히면 올바른 지식이 된다. 도는 두 갈래 길이 없고, 타인과 나는 하나가 되어야 한다.'라고 한 것은 무아에 집착[膠]한 것이 지나치다. 또 '도모함은 일에 임해서만 도모하는 것이 아니고, 신뢰는 말을 실천할 때만 신뢰하는 것이 아니다.'라고 한 것도 모두 지나치게 공허하고 사실과 부합하지 않지만 음미할 만한 부분이 조금은 있다.

유씨가 주장한 것은 '증자의 일'이 아니나, 배우는 사람을 깊이 경계시키는 바가 있다. 하지만 '자신을 처신하고 사람을 대하는 것[處己接人]', '마음을 바로하고 사물에 응하는 것[正心應物]'처럼 둘로 나눈 것은 잘못이다. 조용히 혼자 있을 때야말로 진실로 '움직임이 없어 경敬에 이르고, 말없이 신信에 도달하는 것'이다. 지금 '품행을 세우는 데 미덥지 않은 경우가 없다.'라고 했는데, 본디 '사물의 이치에 따라 어긋남이 없음[循物無違]'을 두고 말한 것이지 '말하지 않고 움직이지 않는 것'을 두고 말한 것이 아니다. 다른 사람을 만났을 때 오히려 진실하지도 미쁘지도 않은 허물이 있는데, 갑자기 '품행을 세움에 미덥지 않은 경우가 없으며 자신을 처신함에 유감스러움이 없다.'라고 어찌 할 수 있겠는가. '품행을 세운다'라고 운운했지만 혹시 한때 '입언立言'에서 차이가 생겨 이 장의 본의를 놓쳤다. '마음을 정성스럽게 하면 자연히 밖으로 드러나니', 애초에 두가지 이치가 없어서, 마음을 바르게 하고 처신함에 진실하고 미더워 자신을 돌아보아 하나도 유감스러운 일이 없는데, 사람과 만날 때 도리어 진실하지 못하거나 미쁘지 못하면서도 스스로 깨닫지 못하는 경우는 없다. '마음을 바르게 하고 뜻을 성실하게 함'에 있어서도 안을 전일하게 하는 데 바깥과 통하지 않는 한계는 애초에 없다. 이미 '잠시라도 잊어서는 안 된다.'라고 했다면 '움직이거나 정지할 때 말하거나 침묵할 때' 한순간이라도 어김이 없어야 한다. 만약 사물을 접할 때 돌연 생각을 잃고 마치 인仁을 어긴 것 같이 한다면 살펴본 바를 마음과 성실한 뜻을 잠시라도 잊어서는 안된다는 것'이 도대체 어디에 있는 것인가? 그 주장을 세밀히 살펴보면 노자와 석가의 병폐에서 벗어나지 못한 것 같다. 위기爲己에는 독실하나 선택이 정밀하지 못하여 이 지경에 이르렀으니 안타깝다.

양씨가 '전습傳習'에 대해 해석한 것은 타당하다. 그러나 '위인違仁'과 '위도違道'를 구별한 것에 이르러서는 내가 그 내용을 모르겠는 것이 있다. 주씨가 '안으로는 충신에서 도를 보고, 밖으로는 전습에서 도를 본다.'라고 한 것도 의미가 명확하지 않다. 아마도 도가 별도로 일물一物이 되어 여기에서 본다는 것도 2장에서 한 실수와 같다고 한 말일 것이다. 이 장은 바로 '힘써 행하고 도를 체득하는 실제[力行體道之實]'를 말씀한 것으로, '도를 보는 것[見道]'을 주장으로 삼아서는 안 된다.

或曰, 諸說何如.

曰, 謝說九流皆出於聖, 此蓋襲史遷之誤. 又謂謀而忠, 交而信, 傳而習, 爲直知. 道無二致, 人己爲一, 而膠於無我者則過之. 又謂謀非臨事而謀, 信非踐言而信. 亦皆失於太高而非事實, 少有餘味也. 游說雖非曾子之事, 然深有警於學者, 但以處己接人, 正心應物, 分而爲二, 則失之耳. 蓋閑居獨處, 固有所謂不動而敬, 不言而信者, 今日, 立行無不信, 則固以其循物無違者言之, 而無不言不動之謂也. 豈有接人之際, 猶有不忠不信之累, 而遽可謂之立行無不信, 處己無可憾者乎. 就使其立行之云, 或出於一時立言之差, 而失其本章之所謂, 則誠內形外, 初無二致, 未有正心處己無不忠信, 至於內省一無可憾, 接人之際反入於不忠不信而自不悟者也. 至於正心誠意, 則又初無專於內而不通乎外之限, 且旣曰, 無須臾忘矣, 則宜其動靜語黙, 無一息之或違也. 若應物之際, 又遽失念如違仁, 則其所省正心誠意無須臾忘者, 又安在耶. 細考其說, 似未免於老釋之弊, 惜乎其篤於爲己, 而擇之不精以至此也. 楊氏傳習之說得之, 至於違仁違道之別, 則吾有不知其說者矣. 周氏內則見道於忠信, 外則見道於傳習, 亦不可曉. 豈其謂道別爲一物, 而於此見之, 亦如二章之失耶. 且此章正爲力行體道之實, 亦不當以見道爲說也.

01-05. 子曰, "道千乘之國, 敬事而信, 節用而愛人, 使民以時."

문 '도道'가 다스린다는 뜻이 되는 것은 어째서입니까?
답 '도'는 '다스림의 리理'로, 위정자의 마음을 두고 일컫는 것이다.
或問, 道之爲治, 何也.
曰, 道者, 治之理也, 以爲政者之心而言也.

문 그렇다면 어째서 '치治'라고 말하지 않았습니까?
답 '치治'라는 것은, 정교와 호령이 치治의 일이다. 부자가 말하신 바는 '마음'이지 '일'이 아니다. 예를 들어 범씨가 '노나라가 변하여 도에 이른다.'로 해석한 것은 오류가 매우 심하다. 이 장 말미에서 또 '(다섯 가지는) 부유하게 할 수 있지만 가르침에는 아직 미치지 못했다.'라고 풀이한 것은 자가당착이 매우 심하다.

유씨는 (《상서》의) '백성들을 이끌어 길러주고 편안하게 해준다.[引養引恬]'[20]를 인용해서 '도道'를 '인도하다[導]'로 풀었는데, 공씨(공안국)의 주

---

20 백성들을……해준다: "왕이 감을 처음 둔 것은 그 다스림이 백성을 위한 것이었다.

석과 부합하지 않는다. 아마도 새로운 뜻이라고 할 수 있겠다. 그러나 다음 글의 다섯 가지도 '인도引導'의 일이 아니니, 그 주장이 이어지지 못한다.

曰, 然則曷爲不言治.

曰, 治者政敎號令之爲治之事也. 夫子之所言者心也, 非事也. 若范氏以魯變至道爲言, 則其失旣遠, 至其卒章, 又以富之而未及夫敎爲言, 則其自相矛盾又甚矣. 游氏引養引恬之說, 似以道爲引導之義, 然與孔氏書傳不合, 豈新義之云耶. 然下文五者, 亦非引導之事, 其說不得通矣.

문 '천승千乘'에 관해서 포씨와 마씨의 주장 중 어느 것이 낫습니까?

답 이 뜻을 살펴본 적이 있는데 마씨가 더 믿을 만하다. 마씨의 주장대로라면 800가구에서 전차[車] 1승乘을 내고, 포씨의 주장대로라면 80가구에서 전차가 1승을 낸다. 전차 1승에 갑사甲士와 보졸步卒이 모두 75명이고, 우마, 병기와 갑옷, 군량, 건초 등을 모두 갖추려면 80가구로는 감당하기 어렵다. 그러나 《순자》〈왕제王制〉의 주장[21]과 다르니, 아마 맹

감을 경계하여 말하기를 '서로 해치지 않고, 서로 포학하게 대하지 않아서 약한 자를 공경하며 곤궁한 부인에게 미쳐 백성을 보호하여 이것을 따라 용납하도록 하라.' 하였다. 왕이 방군과 어사들에게 실제 효과를 거두도록 책망할 때 그 명령은 어떻게 하였는가? 백성들을 이끌어 길러주고 편안하게 해준다. 예로부터 왕이 이와 같이 경계하였으니 감은 백성들에게 형벌을 사용해서는 안 된다.[王啓監, 厥亂爲民, 曰, 無胥戕, 無胥虐, 至于敬寡, 至于屬婦, 合由以容. 王其效邦君越御事, 厥命曷以. 引養引恬, 自古王若玆, 監罔攸辟.]"(《서경書經》〈재재梓材〉)

[21] 《순자》〈왕제〉의 주장: "사마는 군대, 갑옷과 병기, 전차와 병사의 수량을 파악하는 일을 주관한다.……만승의 대국을 다스리는 사람이 그 위엄과 강대한 지위가 확립되는 까닭과 명성이 아름다운 까닭, 그리고 적수 되는 사람이 굴복하는 까닭과 나라가 안전하고 좋은 까닭을 따져볼 때 그 관건은 모두 나에게 있고 남에게 있지 않다.[司馬知師旅甲兵乘白之數.……用萬乘之國者, 威彊之所以立也, 名聲之所以美也.]"

자도 '관작을 열거하여 땅을 나누어 준 문서[班爵分土之籍]'[22]를 자세히 보지 못하고 전해 들은 것을 말했기 때문에 작은 오류가 없을 수 없다. 〈왕제〉도 하·은·주 3대의 고서가 아니므로 근거가 충분하다고 할 수 없다.

曰. 千乘之說, 包氏馬氏孰爲得耶.

曰. 此義蓋嘗考之, 疑馬氏爲可據. 蓋如馬氏之說, 則八百家而出車一乘, 如包氏之說, 則八十家而出車一乘. 凡車一乘, 甲士步卒合七十五人, 而馬牛兵甲糧糗芻茭具焉, 恐非八十家之力所能給也. 然與荀子王制之說不同, 疑孟子未嘗盡見班爵分土之籍, 特以傳聞言之, 故不能無小誤. 若王制則固非三代古書, 其亦無足據矣.

문 5가지 조목에 대해서 어느 분 주장이 제일 타당합니까?

답 정자, 장자의 주장이 제일 뛰어나다. 양씨의 주장은 복잡하면서 상세하다. 주씨는 '애인愛人'을 위주로 해석하면서 나머지 4가지를 선후로 나눴는데, 비록 본문의 뜻과 부합하지 않지만, 그 주장도 좋다. '후대에도 이것을 넘어설 수 없다.' 이하의 윤씨 주장은 정자와 장자의 뜻을 따른 것이고 마지막 주장은 매우 좋다. 범씨는 성글고 치밀하지 못하다. 사씨는 자로의 '하필독서何必讀書'라는 말을 옳다고 여겨 이 장에 해당시켜 논변하였다. 그가 '옛사람이 백리의 땅을 얻어 다스리더라도 모두 제후에게 조회를 받고 천하를 소유할 수 있었다면 천승의 나라도 마음을 쓰기 충분하다.'라고 한 것은 또 (백리의 땅은) 나라가 작고 인구가 적어

---

22 관작을……문서: "위나라 사람 북궁의가 물었다. "주나라 왕실에서 관작과 녹봉을 나열한 순서는 어떻게 하였습니까?" 맹자께서 말씀하셨다. "그 상세한 내용은 내가 듣지 못하였소. 제후들이 자신들에게 해가 될까 싫어해서 그 문서를 모두 없애 버렸기 때문이오. 그러나 내가 일찍이 그 대략은 들었소.[北宮錡問曰. 周室班爵祿也, 如之何. 孟子曰. 其詳不可得而聞也, 諸侯惡其害己也, 而皆去其籍, 然而軻也嘗聞其略也.]" 《맹자》〈만장萬章 하〉)

본래 다스리기 부족하지만, (백리의 땅이라도) 다스리는 도만은 천하를 (다스리는 도와) 같아서 다스린 효과에 이와 같은 점이 있은 뒤에야 힘써 다스릴 수 있기 때문이라고 여긴 듯하다. 그의 평소 의론에는 대개 비근한 것을 달갑게 여기지 않았기 때문에 그 말에는 이와 같은 것이 많다. 그의 주장대로라면 '일을 신중히 처리하고 백성을 사랑하는' 것도 아마 '성심誠心'에서 나올 것이다.

曰, 五者之目, 諸說孰爲得之.
曰, 程子張子至矣. 楊氏之說曲折詳備. 周氏以愛人爲主, 而四者爲之先後, 雖非本文之意, 然其說亦善. 尹氏後世不能先此以下, 蓋本二夫子之意, 而其卒章尤切也. 若范氏則疏而不切. 謝氏以子路何必讀書之言爲是, 當於本章辨之. 其曰, 古人得百里之地而君之, 皆能以朝諸侯有天下, 則千乘之國, 亦足以用心者, 則又若以爲小國寡民本不足治, 特以其治之之道與天下同, 而治之之效有如此者, 然後勉而治之耳. 蓋其素論嘗有不屑卑近之意, 是以其言多類此. 若如其說, 則其所以敬事而愛民者, 亦豈出於誠心哉.

문 '절용애인節用愛人'에 대해서 유씨와 양씨의 주장이 서로 다른데, 누가 더 타당합니까?

답 두 학설은 서로 뜻을 보완해주며 각각 타당한 점이 있다. 양씨의 설을 호씨가 드러내 밝힌 것이 더욱 자세하다. 【호씨가 말했다. "'절용節用'은 '애인愛人의 근본'이다. 하지만 '애인'은 그 이름이 대중에게 두루 미치므로 모방하는 바가 있어 인도하기 쉽다. 절용은 그 일이 자기에게만 절실하므로 꺼리는 바가 있어 행하기 어렵다. 한갓 '애인'한다는 명성이 대중에게 드러난다 하여 '절용'하는 실제가 자기에게 근본한다고 할 수 없으니, 비록 '애인한다'고 하더라도 사람들이 끝내 그 '애愛'를 받지 못할 것이다."】 유씨가 비판한 것은 신자申子,

한후韓侯의 '폐고敝袴'[23]의 설이다.

曰, 節用愛人, 游楊之說不同, 孰爲得耶.

曰, 互相發明而義各有當也. 蓋楊氏之說, 胡氏發明之爲尤詳.【胡氏曰, 節用者, 愛人之本也. 然愛人者, 其名覆衆, 故慕之而易道, 節用者, 其事切己, 故憚之而難行. 徒以愛人之名揚于衆, 而不能以節用之實本諸己, 則雖曰愛人而人終不蒙其愛矣.】而游氏所譏, 則申子韓侯敝袴之說耳.

01-06. 子曰, "弟子, 入則孝, 出則悌, 謹而信, 汎愛衆, 而親仁. 行有餘力, 則以學文."

문 6장에 관한 주장은 어떻습니까?

답 정자(정호), 범씨, 유씨, 윤씨의 주장이 타당하다. 하지만 정자께서 '근본이 서면 문은 절로 이른다.[本立而文自至]'라고 하신 것은 (단계가) 지나치게 성급한 잘못이 있다. 정자(정이)께서 이른바 '효제를 다한 연휴에 책을 읽는다.'는 것은 자식으로서, 또한 아우로서 평소에 마땅히 해야 할 바를 다한다는 뜻일 뿐, 효제의 도리를 다하여 이른바 '지극한 효제'의 경지에 이른 연후에야 책을 읽을 수 있다는 말이 아니다. 만약 사씨의 이른바 '효제를 다한다.'는 논리[則]가 바로 '효제가 지극하면'이라고 이른 것과 같다면 그 말이 지나치다. 반드시 이처럼 하고 나야 학문學文을 한다면 학문을 할 겨를이 어디에 있겠는가.

범씨는 '범애중汎愛衆'을 '사랑하는 것을 사랑하지 않는 것에까지 미친

---

23 한후의 폐고: 폐고는 '헌 바지를 없앤다.'는 말로, 구제도를 일신한다는 의미다. (《한비자韓非子》〈내저설內儲說 상〉)

다.'로, 사씨는 또 '남을 해치려고 하지 않는 마음을 채우는' 것으로 풀었는데 모두 틀렸다. 그러나 이것은 '널리 사람들을 아끼면서 미워하거나 모해하는 마음이 없는 것'이지, 만약 유씨의 이른바 '사람들 속에 있으면서 널리 사람들을 사랑한다.'는 것과 같다면 갑자기 거기에 이를 수 없다.

여기에서 이른바 '행유여력行有餘力'은 단지 이 몇 가지를 행하고서 남는 힘이 있다는 것일 뿐이다. 유씨는 '력力' 자를 빼고 해석했는데, 사씨가 말한 '진효제盡孝弟'의 뜻과 같다. 무릇 이 몇 가지는 종신토록 힘써도 늘 부족할까 염려스러운데 또 어떻게 남음[餘]이 있다고 할 수 있겠는가.

或問, 六章之說.

曰, 程子范游尹氏得之. 但程子本立而文自至者失之太快耳. 所謂盡得孝弟, 然後讀書, 亦曰, 盡夫爲子爲弟者平日所當爲之事耳, 非謂盡孝弟之道, 如所謂孝弟之至者, 然後可以讀書也. 若謝氏所謂盡孝弟之則, 正謂孝弟之至, 而其言過矣. 必若是而後學文, 則豈復有學文之日乎. 范氏以汎愛衆爲以所愛及所不愛, 謝氏以爲充其無害人之心, 皆非是. 此但爲汎愛衆人而無忿疾忮害之心, 若游氏所謂處衆而汎愛衆人者也, 未嘗遽及此也. 此所謂行有餘力, 但謂行此數事而有餘暇之力耳. 而游氏去其力字, 則亦若謝氏盡孝弟之云矣. 夫是數者, 終身由之而常患於不足, 又何如而爲有餘乎.

문 다른 해설은 어떻습니까?

답 사씨는 '학문學文'을 '예에 노닐다[游於藝]'라고 보았는데 매우 경솔한 것 같다. 정자는 책을 읽으면 선왕의 도를 익혀서 수기修己와 치인治人의 방법으로 삼는 것이 모두 그 가운데 있다고 했는데, 어찌 '예藝에 노니는 것'으로만 한정되겠는가! 양씨가 '문文을 배우는 것은 나머지 일이다.'라고 한 것도 이런 오류에서 벗어나지 못한 것이다. 전적으로 '하는 일을 밀고 나가는 것이다.'라는 말에 이르러서도 대개 가차假借에 기대어 포괄하는 것에 미진함이 있다는 것을 깨닫지 못하는 것이다. 주씨의 말도 뜻이 번잡하고 쓸데없는 듯하다. 하지만 '옛 성현의 말과 행적을 많이 아는 것' 이하는 매우 좋다. 만약 유씨처럼 상세하게 다 서술해 놓으면 후세가 근본을 버리고 말단을 쫓는 폐단을 깊이 다할 것이다.

그러나 소씨의 주장은 근세의 높은 것만 쫓으면서 단계를 건너뛰려는 허물을 바로 잡을 수 있으니, 독자는 더욱더 자세하게 살펴야 한다.【소씨가 말했다. "'효제인신孝弟仁信'은 근본이다. '행유여력行有餘力 즉이학문則以學文'은 공자께서 사람을 가르친 방법이다. 대개 현명하지 못한 자는 이 덕분에 허물이 줄어들고, 현명한 자는 이 덕분에 이르지 못하는 곳이 없게 된다. 그래서 '아래에서 배워 위에 이른다.'라고 하였으니, 공자일지라도 역시 그렇다. 그러나 지금 사람을 가르치는 것은 또한 이와 다르지 않은가! 지극히 고원한 데로 인도하고 지극히 심원한 것을 보여주어, 배움에서 기르고 예藝에서 노닌 적이 없는데, 갑자기 일러준다. 가르치는 자는 반드시 잘 하지 못하고 배우는 자는 반드시 믿지 않으니 서로 헛되이 따를 뿐이다. 어려서 익히는 것은 장성해서 행하려는 것인데, 거짓으로 서로를 이기려고 애쓰니, 풍속이 무너지는 것은 바로 여기에서 시작할 것이다."】

曰. 他說. 如何.
曰. 謝氏以學文爲游於藝. 似亦太輕. 程子以爲讀書. 則凡所以講乎先王之道. 以爲修已治人之方者. 皆在其中矣. 豈特游於藝而已哉. 楊氏以文學爲餘事意亦類此. 至於專以推其所爲說. 蓋亦便於假借而不悟其所包之有不盡也. 周氏語意亦若繁冗. 然自多識前言往行以下則佳. 若游氏之敷陳詳盡. 有以深究後世棄本逐末之弊. 而蘇氏之說. 又有以正近世好高躐等之失. 則尤讀者所宜詳味也.【蘇氏曰. 孝弟仁信. 本也. 行有餘力則以學文. 此孔子所以敎人也. 蓋曰. 不賢者自是以寡過. 而賢者自是以無所不至也. 故曰. 下學而上達. 雖孔子亦然.

今之敎人者, 不亦異乎. 引之極高, 示之極深, 未嘗養之於學, 游之於藝也. 而遽
告之矣. 敎者未必能, 而學者未必信, 則亦妄相從而已. 少而習之, 長而行之, 務
以誕相勝也. 風俗之壞, 必自此始矣.]

01-07. 子夏曰, "賢賢易色, 事父母, 能竭其力, 事君, 能致其身,
與朋友交, 言而有信. 雖曰未學, 吾必謂之學矣."

문 7장에 관한 해설은 어떻습니까?

답 이 장에 관한 여러 해설은 요지가 대략 비슷한데, 정자와 유씨의 설이 가장 낫다. '현현역색賢賢易色'은 반드시 구설[24]을 따라야 한다. 공자께서 2번[25] '호덕好德을 호색好色처럼 하는 사람을 보지 못했다.'라고 말씀하셨고, 《중용》에서도 '색을 멀리함[遠色]'을 '어진이를 권면하는[勸賢]' 일로 보았다.[26] 따라서 옛사람의 말은 '덕'과 '색'을 하나가 사라지면 하나가 자라나는 관계[消長]로 보았으니, 이것이 구설이다.

범씨와 사씨는 이 구설을 옳게 여겼지만, 범씨가 호현好賢과 호색好色의 우열을 논한 것은 잘못이고, 사씨가 '역색易色'을 '색을 좋아하는 것과 같이하다.'로 풀었는데, 이 역시 오류이다. 이 장의 '여호색如好色'은 공자

---

24 구설: 공안국孔安國은 '역易'을 '바꾸다'고 보았고, 정이천은 '이易'로 보아 '경시하다'로 풀이하였다. (《한문대계漢文大系 1 논어》〈학이〉, p7.)

25 2번: 《논어》〈자한〉과 〈위령공〉에 보인다.

26 《중용》에서도……보았다: "재계하고 깨끗이 하며 의복을 갖추어 입고서, 예가 아니면 움직이지 않음은 몸을 닦는 것이요, 참소하는 사람을 제거하고 여색을 멀리하며, 재물을 하찮게 여기고 덕을 귀하게 여김은 어진 사람을 권면하는 것이다.[齊明盛服, 非禮不動, 所以修身也. 去讒遠色, 賤貨而貴德, 所以勸賢也.]"(《중용中庸》20장)

께서 다만 사람을 부드럽게 질책하시려고 한 것이지 '호색'하면서 '호덕' 하라는 뜻이 아니다. 여씨가 '아직 배우지 못한 것은 '문文'일 뿐이고, 바탕은 갖추어졌으나 문식이 부족한 것은 근심할 바가 아니다.'라고 했는데, 이 뜻 역시 소략하다. 자하가 '아직 배우지 않았다.[未學]'라고 한 것이 어찌 다만 '문식'을 두고 한 말이겠는가. '바탕은 갖추어졌으나 문식이 부족하다.'라는 것은 다만 '문식으로 바탕을 없앤다.'에 비교하면 나을 뿐이다. '근심할 바가 아니다.'라고 해서 여기에 멈춘다면 성문聖門에서 인정하지 않을 것이다. 아마 자하는 당시 사람들이 근본과 실재[實]에 힘쓰지 않고 헛된 말을 일삼는 것을 몹시 싫어했고, 또 이러한 것은 배운 이가 아니라면 할 수 없는 것이라 여겼다. 하지만 어세가 지나친 병폐가 있었다. 그래서 오씨가 나쁘게 여겼으며 주씨도 과격하다고 생각했는데, 타당한 것 같다.

범씨는 '근본이 서면 바탕이 아름답다.'라고 해석했는데, 경중을 구별하는 것은 적당하나, 말이 다소 문제가 있다. 여씨는 자하의 말에 근거해서 주장했는데 지나친 것이 있다. 이 장을 읽는 이들은 반드시 살펴야 한다. 사씨가 '어른과 어린이게 반드시 차례가 있고 부부 사이에 반드시 구별이 있다.'라고 한 것은 (근거 없이) 함부로 말한 것으로 곁가지에서 흘러나온 것이다. 앞서 '순임금은 인류의 법이 되고 성인은 나면서부터 안다.'라고 한 것도 지나치게 높은 병폐에서 벗어나지 못했다.

양씨가 '존현尊賢이 친친親親에 앞서는 것이 이 장의 뜻이다.'라고 한 것은 매우 정교하다. 하지만 자하의 뜻이 반드시 그런 것은 아니다. 반드시 그 말과 같다면 6장에서 말한 순서는 어떻게 설명해야 통할 수 있겠는가?

或問, 七章之說.

曰, 此章諸說大旨略同, 而程子游尹氏爲優, 惟賢賢易色當從舊說. 蓋孔子兩言未見好德如好色, 而中庸亦以遠色爲勸賢之事, 則古人之言, 其以德色相爲消長也舊矣. 范謝之說, 於此爲得. 但范氏論好賢色之優劣失之, 而謝氏便以如好色爲易色亦非是. 所謂如好色者, 特孔子責人之緩辭, 非以爲旣好色而且好德也. 呂氏謂此所未學者文耳, 質具而文不足, 非所患也. 此意亦疎. 子夏所謂未學豈特文而已乎. 質具而文不足, 特比之以文滅質者爲愈耳. 以爲非所患而止於是焉, 則亦非聖門之所許矣. 子夏蓋疾時人之不務本實, 而徒事空言, 且以爲是非學者不能耳. 然其言抑揚之間, 若有過中之弊, 故吳氏病之, 而周氏亦以爲有激而言, 蓋得之矣. 范氏以本立質美言之, 輕重之間似得其適, 但語少倒耳. 呂氏之說, 乃因子夏之言而又過之者, 讀者於此, 亦不可以不察也. 謝氏所謂長幼必能有序. 夫婦必能有別者, 旣橫溢而旁出, 其曰, 大舜爲法. 聖人生知, 則又失於過高矣. 楊氏尊賢親親之說巧矣. 然子夏之言未必有此意也. 必若其言則上章所言之序, 又何說以通之乎.

01-08. 子曰, "君子不重, 則不威, 學則不固. 主忠信. 無友不如己者. 過則勿憚改."

문 8장 '학즉불고學則不固'에 대한 장자의 설의 어떻습니까?

답 고주古註와 구설舊說을 장자께서 따르셨는데, 문세文勢가 약간 어그러져 논리적이지 않다. 대개 '부중즉불위不重則不威(신중하지 않으면 위엄이 없다.)'라면 마땅히 '불학즉고不學則固(배우지 않으면 편협하고 고집스럽다.)'라고 해야 하고, 만약 '학즉불고學則不固(배우면 편협하고 고집스럽지 않다.)'라고 했다면 마땅히 '중즉유위重則有威(신중하면 위엄이 있다.)'라고 해야 한다. 또 배움의 효과가 어찌 '불고不固'에만 그치겠는가? 여씨와 양씨의 설도 이를 따랐다. 양씨가 '함께 권도를 행할 수 있다.'라고 한 것은 또한 실수이다. 부자의 말씀을 미루어 보면 '배우고서야 함께 도에 나아갈 수 있고, 도에 나아가고서야 함께 서고 권도를 행할' 수 있는데, 어찌 이렇게 가볍고 쉽게 말할 수 있는가.

或問, 八章張子學則不固之說, 如何.
曰, 此, 蓋古註舊說而張子從之, 但文勢若有反戾而不安者. 蓋曰, 不重則不威則, 當曰, 不學則固, 若曰學則不固, 則當曰, 重則有威. 且學之爲功, 又豈止於不固而已哉. 呂楊之說, 蓋亦如此. 而楊氏所謂可與權者, 則又過之. 且以夫子之言推之, 則學而後可與適道, 適道然後可與立權, 豈易遽言也哉.

문 범씨의 '충신忠信'에 관한 해설은 어떻습니까?

답 이는 '내외內外'로 해석하여 정자의 뜻과 같다. 다만 '성誠'으로 '충忠'을 풀이 한 것은 정밀하지 못하다. 정자께서 '성'과 '충'을 구별하신 것은 〈술이〉 24장에서 검토했으니 그 득실을 볼 수 있다.

曰. 范氏忠信之說. 如何.
曰. 是亦以內外爲言. 若程子之意者. 但其以誠訓忠, 則爲未精耳. 程子誠忠之辨見於第七篇之二十四章考之, 則可見其得失矣.

문 여씨가 '주主'를 '탁託'으로 풀었는데 어떻습니까?

답 위아래 문맥을 살펴보니, 모두 자신에게 달려 있는 일인데, 아마도 미처 이 점을 언급하지 않은 듯하다. 부자께서 '번지가 숭덕崇德에 관해 물었을 때 답한 것'[27]도 역시 그렇게 말씀하신 것이다. '의義로 옮겨가는

---

27 번지가……것: "번지가 공자를 따라 무우의 아래에 놀면서 말하였다. '덕을 높이고, 사특함을 다스려 제거하고, 미혹됨을 분별하는 것에 대해 묻습니다.' 공자께서 말씀하셨다. '좋은 질문이다. 해야할 일을 먼저하고 얻을 바를 따지지 않는 것이 덕

것'으로 이어 붙이면 어떻게 통할 수 있겠는가.

曰, 呂氏以主爲託者, 如何.

曰, 觀上下文意, 皆在己之事, 恐其未應及此. 且夫子所以對樊遲崇德之問者亦云, 而以徙義繼之, 則又如何而可通也.

문 사씨가 '주충신主忠信'을 '말하지 않아도 미더운 것'으로 풀었는데, 어떻습니까?

답 이 또한 지나치게 멀리 갔고 실수한 것이다. 비단 여기뿐만 아니라, 이른바 '충신忠信'이란 모두가 그렇다. 정자의 '실리實理'라고 말한 데서 가져왔기 때문이다. 이른바 '사람을 두고 한 말'이라는 것은 소략하고 살피지 않는 것이 있다.

曰, 謝氏以主忠信爲不言而信, 如何.

曰, 是亦過高而失之矣. 然不獨此而已, 凡其所謂忠信者皆然, 蓋得於程子實理之云, 而於其所謂以人言之者, 則有所略而不察也.

문 사씨가 '개과改過'에 관해 한 주장은 어떻습니까?

답 '인의仁義'는 '마음의 바름[心之正]'이다. 불인하고 불의한 것은 행위의 실수이다. 불행히 불인과 불의에 빠졌는데도 모른다면 그것으로 끝일 뿐이다. 알게 되어도 고치는 것을 꺼린다면 인의라는 바름으로 다시 돌아갈 수 없지 않겠는가? 이치가 맞지 않으면 마음이 불안하니, 고치는

을 높이는 것이 아니겠느냐? 자신의 악을 다스리고 남의 악을 다스리지 않는 것이 사특함을 제거하는 것이 아니겠느냐? 일시적인 분노로 인해 자신을 잊어 화가 부모에게까지 미치게 함이 미혹된 것이 아니겠느냐?"[樊遲從遊於舞雩之下, 曰, 敢問崇德, 脩慝, 辨惑. 子曰, 善哉問. 先事後得, 非崇德與? 攻其惡, 無攻人之惡, 非脩慝與? 一朝之忿, 忘其身以及其親, 非惑與?]"《논어》〈안연〉

것을 꺼려서 자포자기한 채 소인의 수준으로 떨어지는 것을 용납할 수 없을 뿐이다. '무상無常함을 알고' 그런 다음에 고친다는 의미가 아니다. 또 사씨의 말대로라면, 선과 악이 세勢가 균등하고 체體가 대등하여 빈주賓主와 경중輕重의 구별이 사라지게 된다. 그렇다면 홀연히 선善이 될 수 있다면 잠시 후에 악惡이 될 수도 있다. 아마도 권면하는 데에 급급하여 타인이 허물을 고치도록 유도할 때 말이 가벼워지는 데에서 잘못을 저지른다는 사실을 몰랐던 것 같다.

曰, 謝氏所謂改過之說, 如何.
曰, 仁義者, 心之正也. 不仁不義者, 行之失也. 旣不幸而陷於不仁不義矣, 不知則已, 旣知之則其可以憚改而不復於仁義之正乎. 蓋其理有所不得, 則其心有所不安, 故不容憚改以自棄於小人之域耳, 非曰知其無常而後改之也. 且如謝氏之言, 則善之與惡, 勢均體敵, 而無賓主輕重之分, 旣可以忽然而爲善, 則亦可以暫時而爲惡矣. 蓋其意急於勸勉而誘人之改過, 而不知其言之失於輕也.

문 이 장은 '태어나면서 알고 편안히 행하는 것을 논한 것이 아니다.'라고 사씨가 주장한 것은 어떻습니까?

답 성인의 말씀은 모두 학자를 위하여 하신 것이다. 만약 (사씨 말대로) '태어나면서 알고 편안히 행한다.'면 본래부터 성인의 말씀에 기댈 필요가 없다. 어찌 이 장만 그렇겠는가. 사씨는 다만 이 장을 '태어나면서 알고 편안히 행하는 것을 논한 것이 아니다.'라고 했지만, 그가 다른 장을 해석하면서 매번 지나치게 멀리 가는 실수를 했다. 또 사람이 실수하는 데도 그 정도가 다르니, 오로지 '잘못하면 고치는 것'을 '어려움을 겪고난 다음에 배우는 일'로 해석할 필요는 없다. 그가 인용한 안연과 자로의 사례로 비춰보면 명확히 알 수 있다. 이 장에 관한 해설 중에 유씨만 병폐가 없다. 그러나 양씨의 '벗을 취하여 과실을 고치다.'라는 해설도 좋으니, 상세하게 음미해 보면 알 수 있다.

曰. 謝氏所謂此章非論生知安行, 如何.
曰. 聖人之言皆爲學者而言也. 若生知安行, 則固無所待於聖人之言矣, 豈獨此章而已哉. 謝氏獨以此章爲非論生知安行者, 則其於他章宜其每每過高而失之也. 且人之爲過, 亦有深淺, 不必專以過而改爲困而學之事, 以其所引顔淵季路之事觀之, 亦自可見. 蓋此章之說, 惟游氏爲無病, 而楊氏取友改過之說亦善, 詳味之可見.

문 '불여기不如己'에 관한 주장 중에서 정자, 주씨, 윤씨는 모두 '충신忠信하지 않은 것'으로 풀었고, 양씨는 '뜻을 합하고 방향을 같이 한다.'라고 해석했는데 어떻습니까?

답 이는 '다른 사람이 자기만 못하다.'라고 자의적으로 판단해서 자만심이 생기지 않도록 하려는 것이다. 나보다 나은 사람[勝己]인지를 따지고서 친구로 삼는다고 한다면 나보다 나은 사람은 나를 두고 자기보다 못한 사람이라고 여기어 나를 친구로 삼지 않을 것이다. 그 뜻이 매우 좋다. 그러나 살핀 것이 상세하지 않고 생각한 것이 간혹 지나치니 따지지 않을 수 없다.

대개 사람이 현명한지 그렇지 않은지, 뛰어난지 아닌지는 모두 마음에 숨어있으나, 준칙準則이 있어 저 사람과 나의 호오好惡에 관한 사사로움이 가릴 수 있는 것이 아니다. 그러므로 학자의 마음가짐은 다른 사람이 자기만 못하다고 가볍게 여기지 않더라도, 사람을 만나고 사건을 경험할 때 친하게 지낼지 멀리할지 높이 받을지 아래에 둘지 결정하므로, 역시 분별을 혐오라고 여기는 데에서 벗어나기 어려운 점이 있다. 그러므로 나이가 많고 덕이 뛰어난 사람은 존중하고 스승으로 모시며, 자기보다 현명한 사람은 받들고 친구로 삼는 법이다. 자기보다 못한 사람은 적극적으로 다가가 친구로 삼을 필요는 없으나 엄격하여 받아들이게 하고 권면하여 나아가게 함이 있는 것은 모두 리세理勢의 자연스러움이지 내가 감히 자만하는 것이 아니고, 결코 가벼이 다른 사람을 내치는 것도 아니다. 그가 나보다 현명하다고 여긴다면 그 역시 나를 이와 같이 여길 것이니, 스스로 자신을 버리려 하는가. 세상의 추한 자[陋]들이 왜 자기보다 못한 자를 즐겨 벗 삼는지 그 까닭을 알 수 있다. 제멋대로 하는 것을 좋아하므로 곧고 선량한 이가 자신을 바로 잡아주는 것을 꺼려 가까이하지 못하고, 얕고 추한 것을 당연하게 여기므로 많이 아는 이가 자기를 낮춰볼까 꺼려서 기꺼이 묻지 않는다. 흔하고 자잘한 인물의 경우에는 자기에게 제압당함을 좋아하면서 (자기의) 수준이 높다 하기 충분하고, 말만 하고 겉만 꾸미는 무리들[便僻佞柔]의 경우에는 자기보다 수준이 낮음을 좋아하면서 방종하게 행동하기 충분하다. 취사선택을 이처럼 한다면 현명함과 지혜는 날로 멀어지고 함께 하는 자가 막일꾼이나 종복이 아닌 경우가 없다. 비록 재주와 재질이 좋더라도 자기도 모르는 사이에 소인의 무리로 추락한다. 이런 상황에서 어찌 성인께서 한 마디라도 경계의 말씀을 안 할 수 있겠는가. 또 어찌 쉽게 자만에 빠져 자기만한 이가 아무도 없다고 함부로 말하게 하겠는가.

　소씨의 주장은 대강을 짚었다고 할 수 있다. 【소씨가 말했다. "세상의 추한 자들이 자기보다 못한 사람을 즐겨 벗 삼으면 스스로 만족하여 나날이 나빠진다. 그래서 이렇게 경계하신 것이다. 이것이 곧 《맹자》의 '한 글자 때문에 한 구절의 말을 오해하지 말고, 한 구절의 말 때문에 시 본래의 뜻을 오해하지 말라.'는 의미이다. 만약 나보다 나은 것을 확인하고서야 벗 삼는다면 나보다 나은 사람도 나를 벗 삼지 않을 것이다."】

사씨가 인용한 '신안申顔'[28]의 사례는 매우 좋다.

曰, 不如己之說, 程子周尹氏以爲不忠信者, 楊氏亦以爲合志同方者, 如何. 曰, 此. 蓋不欲自謂人不如己而生自滿之心, 且慮夫必勝己者而後友之, 則勝己者又將視我爲不勝己而不吾友耳. 其意已善矣. 然考之不詳而慮之或過, 則亦不得而不論也. 蓋人之賢否優劣, 隱之於心, 則有準則, 非彼我好惡之私所能蔽也. 故學者之心, 雖不敢輕謂人不如己, 然至於接人待物之際, 或親或疎, 或高或下, 亦有不容以分別爲嫌者. 故於齒德之殊絶者, 則尊而師之. 於賢於己者則尙而友之. 其不若己者, 雖不當就而求之以爲吾友, 然亦必有矜而容之, 勉而進之. 是皆理勢之自然, 非我之敢爲自滿, 而亦未嘗輕以絶人也. 彼賢於我者其視我者亦若是耳. 又何自棄我爲哉. 且世之陋者之所以樂以不若己者爲友者, 其故亦可知已. 蓋樂於縱恣, 故憚直諒者之正己已而不敢親. 安於淺陋, 故忌多聞者之少己而不肯問. 至於凡庸瑣瑣之流, 則喜其臨己而足以爲高. 便僻佞柔之徒, 則說其下己而足以自肆也. 夫其所以定取舍者如是, 是以賢智日遠, 而所與居者, 無非厮役徒隷之人, 雖有美才良質, 亦且忽不自知, 而墮於小人之歸矣. 是則聖人安得不一言以警之, 然亦曷嘗使之輕爲自滿而謂人莫己若也. 蘇氏之說. 蓋得其略.【蘇氏曰, 世之陋者, 樂以不己若者爲友. 則自足而日損, 故以此戒之. 是謂不以文害辭, 不以辭害意. 如必勝己而後友, 則勝己者亦不吾友矣.】而謝氏所引申顔事亦甚善.

---

28 신안: 사씨가 말했다. "……신안은 스스로 '하루라도 후무가가 없어서는 안된다.'라고 하자, 어떤 사람이 그 까닭을 물으니 답하였다. '무가는 다른 사람의 잘못을 잘 말해준다. 하루라도 그를 만나지 못하면 내 과실을 들을 수 없다' 사람은 자기만 못한 사람과 같이 있어서는 안되니 사람을 둔하고 정체시키기 때문이다.[謝曰……申顔自謂不可一日無侯無可, 或問其故曰, 無可能攻人之過, 一日不見, 則不得聞吾過矣. 人不可與不勝己者處, 鈍滯了人.]"《논어정의》》

01-09. 曾子曰, "愼終追遠, 民德歸厚矣."

문 9장에 관한 해설은 어떻습니까?

답 정자와 유씨의 해설이 좋다. 범씨가 '신愼'을 해석한 것[29]은 옳지 않다. 그가 '백성들로 하여금 (부모님을) 배신하지 않도록 하고 잊지 않도록 한 것이다.'라고 한 것도 옳지 않다. 군자에게서 '신종추원愼終追遠'이라 함은 내가 마땅히 해야 할 일이고, 내 마음이 그만둘 수 없다고 여기는 것이다. 어찌 백성을 가르치고서 나어서야 행하는 것이겠는가. '증자의 행실은 효에 일관되었다.'라고 한 것은 타당하다.

사씨의 주장 중에서 '귀후歸厚'의 뜻은 타당하지 않다. '귀歸' 자의 뜻은 바로 '백성들이 두터워지는 것'을 말하는데, 이제 '자기의 덕이 두터워진다'라고 하였으니, (본래의) 글에서 많이 벗어나는 것 같다.

양씨가 '귀후歸厚'라는 글을 바탕으로 '민생의 두터움'과 '일에 따라 달라짐'을 끌어내고 '그 생生으로 돌아왔다.'는 해설로 나아간 것은 정교하다. 하지만 증자의 뜻을 자세히 살펴보면, 아마도 이처럼 지루하지는 않을 것이다. 윤씨는 정자의 해설을 개괄하면서 '대大' 자를 '사事' 자로 고쳤는데 잘못이다.[30] 이외에 소씨와 홍씨의 해설이 볼만하다. 【소씨가 말

---

29 범씨가……것: "신이라는 것은 성의 의미다.[愼者, 誠也.]"(《논어정의》)

30 윤씨는……잘못이다: 《논어정의》에서 정자는 "居喪……追遠之大者也"라고 하였는데, 이에 대해 윤씨는 "居喪……追遠事也"라고 하였다. 정자는 '대자大者'라는 표현을 사용하여 상을 치르는 것이 조상을 추모하는 행위 중에서 '크고 근본이 되는 원칙'임을 강조했다. 반면 윤씨는 '사事'라는 글자로 고쳐서, 상을 치르는 행위가 조상 추모에 포함되는 여러 가지 '일' 중 하나로 규정하였다. 주희는 윤씨의 수정이 정자가 부여한 심오한 가치를 제대로 담아내지 못한 '잘못'이라고 비판하고 있다.

했다. "장례와 제사를 소홀히 하면 죽은 이를 저버리고 산 이를 잊는 경우가 많아져 풍속이 야박해진다." ○홍씨가 말했다. "증자의 학문은 '충신효제'를 근본으로 삼았기 때문에 이와 같이 말씀하신 것이다."】

或問, 九章之說.

曰, 程子游氏善矣. 范氏愼字之說非是 其曰, 使民勿倍勿忘亦非也. 君子之愼終追遠, 乃吾事所當然, 吾心之不可已者, 豈爲敎民而後爲之哉. 若謂曾子之行, 一於孝而及此, 則爲得之. 謝氏之說, 於歸厚之義無所當, 且歸字之義, 正謂民歸於厚耳. 今日, 己德歸厚, 似亦羡於文也. 楊氏因歸厚之文, 而引惟民生厚, 因物有遷, 以就夫反其生之說, 則亦巧矣. 然詳曾子意, 恐不如是之支也. 尹氏蓋總程子之說而改大爲事則失之矣. 此外又有蘇氏, 洪氏之說, 亦可觀焉.【蘇氏曰, 略於喪祭, 則背死忘生者衆, 而俗薄矣. 洪氏曰, "曾子之學, 以忠信孝弟爲本, 故其言如此.】

01-10. 子禽問於子貢曰, "夫子至於是邦也, 必聞其政, 求之與? 抑與之與?" 子貢曰, "夫子溫良恭儉讓以得之. 夫子之求之也, 其諸異乎人之求之與?"

문 부자께서 제후의 정치를 듣고자 구한 적이 없었는데, 자공이 '부자께서 구했다.'라고 하는 말이 있는 것은 어째서입니까?

답 이는 자금子禽의 물음에 대하여 '구求' 자를 빌려 반대로 말하여 부자께서 구한 적이 없다는 것을 분명하게 밝힌 것이다. 마치 맹자가 '이윤이 요순의 도로 탕임금에게 등용해 줄 것을 요구하였다.'[31] 라고 말한 것과 같

---

31 이윤이……요구하였다: "나는 요순의 도로 탕임금께 등용해 줄 것을 요구했다는 말은 들었지만, 요리하는 재주로 그렇게 했다는 말은 들어보지 못하였다.[吾聞其以

은 이치이다. 만약 부자께서 정치를 듣기 원하여 자세를 낮추어 구했다고 하면 잘못이다.

양씨가 '성인(공자)께서는 구하는 것이 자신에게 달려 있다.'라고 한 것이 바로 이런 류의 병폐이다. 또 '사납고 거만하며 사치스럽고 태만함은 사람들이 꺼리고 싫어하는 것이니, 구하고자 해도 그렇게 할 수가 없다.'라고 한 것은 이와 같은 사람들을 경계하기는 충분하나, 이런 주장이 퍼져나가면 비위를 맞춰 가며자리에 연연하는 부끄러움이 있을 수 있으니, 배우는 이는 반드시 알아야 한다. 여씨는 진정으로 '부자께서 구하시자 사람들이 준 것'이라고 했는데, (병폐가) 더욱 심하다.

或問. 夫子未嘗求聞諸侯之政. 而子貢有夫子求之之說. 何也.
曰. 此就子禽之言. 借其求字而反言之. 以明夫子之未嘗求. 如孟子之言伊尹以堯舜之道要湯也. 若謂夫子欲聞其政. 而爲是卑巽以求之. 則失之矣. 楊氏以爲聖人求之在我. 正謂此病. 又謂暴慢侈泰. 人所忌嫉. 則雖欲求之而不可得者. 雖足以警夫如是之人. 然其說之流. 亦將有求容患失之恥. 學者尤不可以不知也. 呂氏眞以爲求而人與之. 則又甚矣.

문 다른 해설은 어떻습니까?

답 범씨의 해설은 모두 성인에 관한 것이 아니다. 사씨는 '이 구절은 배움이 이루어져 밝게 드러남을 논한 것이다.'라고 했는데, 이 역시 본의가 아니다. 이를 바탕으로 충분히 엿볼 수 있다고 여기는 것이 좋다. 성인의 모습을 논할 때 과장하거나 급하게 해서, 문장에서 그 뜻을 충분히 밝히지 못하는 경우가 많다. '온溫은 청화淸和함이 드러난 것이다.' 같은 부류들은 모두 옳지 않으니 자세히 살펴보면 알 수 있다. 또 주씨와 더불어

堯舜之道要湯. 未聞以割烹也.]"《맹자》〈만장萬章 상〉)

모두 '내가 참여해서 들었을 것이다.'를 인용해 주장했는데, 아마도 틀린 것 같다. 이것은 '이 나라에 이른 것'을 말하는 것이지, 노나라에 계실 때를 말하는 것이 아니다. 대체로 이 장에 대한 좋은 주장도 정자를 넘어서지 못한다. 하지만 호씨는 깨우쳐 주는 것이 있다. 【호씨가 말했다. "보통 사람들이 성인을 만나보지 못했을 때는 만나지 못할까 걱정하다가 이미 보고서는 성인의 말을 따르지 못한다. 그가 이미 부자에게 정치를 말했을지라도, 어떤 군주나 온 나라가 부자가 한 것을 따랐다는 것을 듣지 못했다. 하지만 이것이 또한 조짐이 될 수 있다. 성인께서 한 마디라도 이치에 맞지 않으면 버리고 떠나 그 나라에 있는 것을 달갑게 여긴 적이 없었다. 시대를 구제하고 도를 행하는 마음은 독실했지만, 도를 굽혀 자신을 편 적은 없으셨다."】

曰, 他說之得失奈何.
曰, 范氏之說, 皆非所以言聖人. 謝氏以爲此一節論學成而光輝著見, 亦非本旨, 以爲因是足以見之可也. 其論聖人之容, 夸張迫急, 而於文義之間, 多不暇擇, 如以溫爲清和之發之類, 皆非是, 細考之可見矣. 又與周氏皆引吾其與聞之爲說, 恐亦未然. 此言至於是邦, 則非其居魯時矣. 大抵此章說之善者, 莫踰於程子, 而胡氏亦有所發明也. 【胡氏曰, 凡人未見聖, 若不克見, 既見聖, 亦不克由聖, 彼既語夫子以政矣. 未聞一君擧國以聽其所爲, 然是亦可以爲之兆也. 而聖人一言不契, 則委而去之, 未嘗屑就在, 濟時行道之心雖篤, 而未嘗屈道以信身也】

문 정자께서 5가지 덕(온溫·량良·공恭·검儉·양讓)을 풀면서 설명을 두 가지로 달리하셨는데, 왜 그렇습니까?

답 앞의 것은 체體로 해석해서 말씀하신 것이고, 뒤의 것은 용用과 효效로 말씀하신 것이다.[32] 윤씨는 섞어서 썼으므로 요지를 놓쳤다. 또 '불모不侮'

와 '무욕無欲'³³ 다음에 각각 '야也'를 걸었으니 오류가 더욱 심하다.

曰. 程子之訓五德, 二說不同, 如何.

曰. 前說訓其體之言也. 後說推其用與效之言也. 尹氏雜而用之已失其旨, 又於不侮無欲之下各以也字係焉, 其失愈甚矣.

01-11. 子曰, "父在觀其志, 父沒觀其行, 三年無改於父之道, 可謂孝矣."

문 11장에 관한 주장은 어떻습니까?

답 '관지觀志'와 '관행觀行'을 범씨는 '자식이 아버지의 뜻과 행동을 본다.'라고 여겼는데 좋다. 그러나 문세文勢를 보면 그의 주장이 옳은 것만은 아닌 것 같다. 뜻을 보고서 잘 계승하고, 행동을 보고서 이어간다면 '효도한다'라고 평가할 수 있다. 다만 '살핀다[觀]'라고 했을 뿐인데, 갑자기 '효'라고 인정하는 것은 타당하지 않은 것 같다. 또 아래에 나오는 '삼년무개三年無改'로 미루어 보면 '아버지의 뜻과 행동'에 혹 미진한 경우도 있어서 실제 승계하고 잇더라도 어찌 갑자기 '효도한다'라고 칭할 수 있겠는가. 사씨, 양씨, 주씨는 구설을 이용했고, 조씨와 홍씨의 주장도 타

---

32 앞의……것이다: 정자는 이 장에 대한 주석을 달면서 앞부분은 '해왈解曰'이라고 하여 설명한 다음 뒷부분에 또 '어록왈語錄曰'이라고 하여 보충설명하였다.

33 윤씨는……무욕: "윤씨가 말하였다. "온·량·공·검·양은 성인의 덕이 빛나 사람에게 드러나는 것이다. '온'은 온화하고 두려운 것이다. '량'은 온화하고 정직한 것이다. '공'은 남을 업신여기지 않는 것이다. '검'은 욕심이 없는 것이다. '양'은 겸손하고 순한 것이다.[尹曰, 溫良恭儉讓. 聖德之光輝接於人者也. 溫和厚也. 良易直也. 恭則不侮也. 儉則無欲也. 讓謙順也.]"《논어정의》)

당하다.【조씨가 말했다. "'삼년무개어부지도三年無改於父之道'는 '행동을 보는[觀行]' 것의 한 예시이다." ○ 홍씨가 말했다. "아버지가 돌아가셔서 그 뜻을 (이어받아) 실천할 수 있더라도 아버지의 도를 3년 안에 고친다면 아버지를 사랑하는 마음이 없어 (자식의) 실천 또한 볼만한 것이 없다."】

'삼년무개어부지도三年無改於父之道'에 대해 정자께서 하신 주장은 명확하지 않다. 범씨, 양씨, 주씨의 주장도 나름의 일리가 있고, 사씨, 유씨, 윤씨의 주장도 나름의 일리가 있는데 조금씩 다르다. 윤씨는 '마음을 쓰는 근본[用心之本]'에 대해서 다루었고, 유씨는 '대사를 처리하는 마땅함[制事之宜]'을 다루었는데, 두 주장 모두 필요하고 바꿀 수 없다. 생각건대, 정자의 말씀도 윤씨와 비슷한 것 같다. 사씨는 지나치다. 효자가 상을 치를 때 사모하고 애통하면 참으로 감당할 수 없는 바가 있다. 그러나 (슬퍼한 나머지) 눈이 잘 보이지 않고 귀가 잘 들리지 않고 걸음걸이가 바르지 않고 슬픈 줄도 모르게 되는 것을 군자는 근심한다. 어찌 삼년 동안 아버지가 한 일에 고치지 않을 수 없는 것이 있음을 보고는, 다만 정신이 멍한 것이 술에 취해 잠들어 가위에 눌리지만 익숙하여 깰 줄 모르는 것처럼 하는데도 효라고 할 수 있겠는가. 범씨, 양씨, 주씨는 고치지 않는 대상이 자식의 도지 아버지의 도가 아니라고 했다. '어於' 자로 말하자면 이 (세 사람은) '어於' 자를 적용하는 것이 이처럼 중하다는 것을 보지 못했다.

或問, 十一章之說.

曰, 觀志觀行, 范氏以爲子觀父之志行者, 善矣. 然以文勢觀之, 恐不得如其說也. 蓋觀志而能承之, 觀行而能述之, 乃可爲孝. 此特曰觀而已, 恐未應遽以孝許之也. 且以下文三年無改者推之, 則父之志行 亦容或有未盡善者, 正使實能承述, 亦豈遽得以孝稱也哉! 謝楊周氏, 蓋用舊說, 而晁氏洪氏之說亦當.【晁氏曰, 三年無改於父之道, 此觀行之一節也. ○洪氏曰, 父沒雖可以行其志, 然改父之道於三年之中, 則無愛親之心, 而其行亦不足觀矣.】 三年無改於父之道, 程子之說不明. 范楊周氏爲一說, 謝游尹氏爲一說, 而小不同. 蓋尹氏得其用心之本, 而游氏得其制事之宜, 二說相須, 爲不可易. 意者程氏亦若尹氏之云也. 謝氏則過之矣. 夫孝子居喪, 思慕哀痛, 則誠有不可堪者. 然視不明, 聽不聰, 行不正, 不知哀, 君子病之. 豈有三年之久, 視其父之所爲有不可不改者, 顧乃恍然惘然, 如醉眠夢魘而恬不知省, 而可以爲孝乎? 范楊周氏之說, 則所不改者, 乃子道也, 非父道也. 若以於字爲言, 則於之爲字, 未見施之如此其重者.

문 꼭 윤씨, 유씨의 주장대로 해야만 부자 말씀에 어찌 미진한 바가 없겠습니까?

답 자식된 이는 본래 아버지의 도를 지키는 것으로써, 차마 고치려는 마음을 두지 못한다. (아버지와) 뜻이 같지 않은 곳을 만나면 경중을 따져서 '의義'대로 처리해야 한다. '삼년이 지나 고친다.'라는 것은 아마도 하는 바가 있어서 말하는 것이고, '고칠 수 없다.'라고 한다면 종신토록 바꿀 수 없다는 것이므로 말할 필요도 없다. '3년을 기다릴 수 없다.'라고 한 것은 아주 특별한 변고가 있을 수 있으니 앞서 말할 수 없다. 글을 잘 읽는 사람이라면 (상황을) 유추해서 (뜻을) 구해야 한다. 어떤 경우는 종신토록 고칠 수 없고, 또 어떤 경우는 3년이 지나서 고치고, 또 어떤 아주 부득이한 경우는 3년을 기다리지 않고 고치되 상황이 어떤지 돌아봐야 한다. 그러나 단지 '불인지심不忍之心'만은 가지지 않으면 안 된다.

曰, 必若尹游之說, 則夫子之言, 得無有所不盡者乎.
曰, 爲人子者, 本以守父之道, 不忍有改爲之心, 至有所遇之不同, 則隨其輕重而以義制之耳. 三年而改者, 意其有爲而言也. 其不可改, 則終身不改, 固不待言. 其不可以待三年者, 則又非常之變, 亦不可以預言矣. 善讀者推類而求之, 或終身不改, 或三年而改, 或甚不得已, 則不待三年而改, 顧其所遇如何, 但不忍之心, 則不可無耳.

문 옛날에 사방명謝方明[34]이 선대를 계승하면서 그 정치를 바꾸지 않았으나, 반드시 바꿔야 할 상황이라면 점진적으로 변화시켜 흔적이 남지 않도록 했다. 자식된 이가 불행히 아버지의 허물을 반드시 고쳐야만 한다면 이를 모범으로 여겨, 매우 조심해서 의리義理로 나아가면 괜찮지 않습니까?

답 내가 스승께 이 이야기를 들은 적이 있다. "이것은 그 뜻이 진실로 좋다. 하지만 마음 쓰는 것을 매번 이처럼 한다면 마음이 급해져 실수가 많을 것이다. 그러니 부득이한 경우, 지성을 다하고 애통한 마음으로 고치면 될 뿐이지, 매우 조심해서 나아갈 필요가 있겠는가." 이 말이 매우 좋다. 배우는 이들이 세밀하게 마음 쓰도록 충분히 경계한다.

或曰, 昔謝方明承代前人, 不易其政, 其必宜改, 則以漸變之使無迹可尋. 爲人子者, 不幸而父之過有當必改者, 以是爲法, 而隱忍遷就於義理之中, 不亦可乎. 曰, 吾嘗聞之師矣, 以爲此其意則固善矣. 然用心每每如此, 卽駸駸然所失却多, 必不得已, 但當至誠哀痛以改之而已, 何必隱忍遷就之云乎. 至哉此言, 足以警學者用心之微矣.

01-12. 有子曰, "禮之用, 和爲貴. 先王之道, 斯爲美, 小大由之. 有所不行, 知和而和, 不以禮節之, 亦不可行也."

문 '소대유지小大由之'에 대해서 주장이 각각 다릅니다. 모두 뒷글에 연

---

34 사방명(380~426): 동진東晉 말년, 남조南朝 송宋에 걸쳐 관직 생활을 하였다.

결했는데, 선생님께서만 정자를 따라 앞글에 연결하였습니다. 왜 그렇습니까?

답 앞글을 살펴보면 이미 '예지용화위귀禮之用和爲貴'라고 했으니, 이른바 '사위미斯爲美'라는 것은 '예禮'와 '화和'를 가리켜 한 말이다. ('소대유지小大由之'의 '지之'를 '예'를 지시하는 대명사로 보아) 만약 '유례由禮'라고 본다면, 본래 앞글에서 '화'라고 했는데 어찌 '화'를 건너뛰고 '예'를 가리킬 수 있겠는가! 또 작고 큰 일을 한결같이 '예'에서 말미암고자 하는데, 어찌 '예'에서 한결같이 말미암으면서 도리어 행하지 못하는 지경에 이르겠는가. 만약 '유화由和'라고 한다면 앞에서 말한 '화'는 처음부터 '예'에서 벗어나지 않은 것이 되니, '예'를 버리고 '화'를 주로 해서는 안 된다. 이미 '화에서 말미암아도 행할 수 없는 것이 있다.'라고 하고는, 다시 '예로써 절제하지 않으면 이 또한 행할 수 없다.'라고 한다면 중복이 매우 심하지 않은가. 양씨의 의도대로라면, '소대유화小大由和'를 '화할 줄 알면서도 화하지 않는 것'이라고 해석하여 '작은 일이든 큰일이든 비록 화할 줄 알아 화할 수 있으나 예로써 절제하지 않는 것'과 다른 주장이 된다. 그의 주장대로 한다면 중복의 폐단을 교묘하게 피할 수 있지만 '소대유지'를 반드시 '유화'라고만 볼 수 없다. 이 장에 대한 해설 중에 오직 정자만이 타당하다. 범씨, 주씨, 윤씨는 모두 정자의 해설을 따랐으니 변경할 수 없다.

或問. 小大由之. 諸說不同. 而皆屬之下文. 今獨從程子而屬之上文. 何也.
曰. 以上文考之 旣曰. 禮之用和爲貴. 則所謂斯爲美者. 皆指禮與和而言也. 今若以爲由禮. 則上固云和. 是豈得越和而指禮. 且小大之事. 正欲其一由於禮. 豈有一由於禮. 而反至於不可行耶. 若以爲由和. 則上之所謂和者. 又未始離於禮也. 亦不得遺禮而主和矣. 且旣曰. 由和而有不可行. 則其曰. 不以禮節之亦

不可行者, 不亦重復之甚乎. 若楊氏之意, 則以小大由和, 爲不知和而和者, 與小大雖能知和而和, 而不以禮節者爲兩說. 如其說, 雖足以巧免重復之弊, 然小大由之一句, 亦未見其必爲由和也. 故此章之說, 惟程子爲得之, 而范周尹氏皆祖其說. 蓋亦不可易也.

문 범씨의 주장을 따른다면 결국 '악樂'을 '예의 운용[禮之用]'으로 해석해야 하는데 괜찮습니까?

답 《예기禮記》〈악기樂記〉에 이런 구절이 있다. "하늘은 높고 땅은 낮으며 만물이 흩어져 제각각 다르니 '예'가 제정되어 행해진다. (만물이) 유행하면서 쉬지 않고 합쳐지고 화합하여 변화하니 '악'이 일어난다."[35]라고 하였으니, 예와 악이 서로 '체'와 '용'이 되는 것은 예로부터 있었던 말이다.

曰, 若如范氏之說, 則遂以樂爲禮之用, 可乎.
曰, 樂記有之, 天高地下, 萬物散殊, 而禮制行矣. 流而不息, 合同而化, 而樂興焉, 則其相爲體用也, 古有是言矣.

문 사씨의 주장은 어떻습니까?

---

35 하늘은……일어난다: "하늘은 높고 땅은 낮으며 만물이 흩어져 제각각 다르니 '예'가 제정되어 행해진다. (만물이) 유행하면서 쉬지 않고 합쳐지고 화합하여 변화하니 '악'이 일어난다. 봄에 만들어지고 여름에 자라는 것은 인이고 가을에 거두고 겨울에 갈무리하는 것은 의이다. 인은 악에 가깝고 의는 예에 가깝다. 악은 화를 두터이 하여 양의 신神을 따라 하늘을 따르고 예는 마땅함을 달리하여 음의 귀鬼를 거두어서 땅을 따른다. 그러므로 성인이 악을 만들어서 하늘에 응하고 예를 만들어서 땅에 짝하셨으니, 예악이 밝고 구비되면 천지가 직분을 얻는다. 하늘은 높고 땅은 낮으니, 임금과 신하의 위치가 정해진다. 낮고 높음이 이미 펼쳐지니, 귀하고 천한이의 자리가 정해진다.[天高地下, 萬物散殊, 而禮制行矣. 流而不息, 合同而化, 而樂興焉. 春作夏長, 仁也. 秋斂冬藏, 義也. 仁近於樂, 義近於禮. 樂者敦和, 率神而從天. 禮者別宜, 居鬼而從地. 故聖人作樂以應天, 制禮以配地. 禮樂明備, 天地官矣. 天尊地卑, 君臣定矣. 卑高已陳, 貴賤位矣.]"《예기》〈악기〉

답 예禮에 화和가 있어야 함을 논한 것이 좋다. 대략적인 내용은 다음과 같다. "예에 이처럼 상세한 품등과 마디가 있는 것은 모두 인심의 자연스러운 절도에서 나왔다. 성인이 예를 만든 것은 다만 사람들로 하여금 이를 통해 절도에 맞게 한 것이지 사람들이 원치 않는 일을 억지로 시킨 것은 아니다. 그러므로 예를 행하는 것이 혹 매우 힘들다고 하더라도 절로 화和를 잃지 않음이 있었다. 만약 여기에 근본하지 않고 의례적인 외모에만 힘쓴다면 예만 있고 화가 없는 것이다." 이 설은 타당한 것 같다. 다만 "예가 행하기 어려우면 차라리 두 다리를 뻗고 앉거나 하고 싶은 대로 하는 편이 낫다."라고 한 것은 그 폐단이 더욱 심해질 뿐이다.

계씨의 제사를 논하여 '예는 있으나 화가 없다.'라고 한 것은 맞는 것 같지 않다. 예가禮家의 해설을 자세히 살펴보면 '계씨의 제사는 예禮를 지키지 않고 엄숙하지 않아 더디고 느슨함이 여기까지 이른 것이다. 자로가 재宰가 되어 '(제사 물품을) 실내로 들여오는 것은 문밖에서 받아 넘기고, 시동을 인도하는 것은 계단에서 교대하니,【'실사室事'는 제사를 지낼 때를 말하고, '당사堂事'라는 것은 제사 때 시동을 인도하는 때를 말한다.】 종축宗祝과 유사有司가 각각 제 소임을 맡아 이전의 실수가 없어졌다.'고 했으니, 그렇다면 어찌 '화가 부족하다.'라고 할 수 있겠는가.

曰. 謝氏之說. 如何.
曰. 其論禮之有和者善矣. 蓋曰. 禮之所以有是品節之詳者. 皆出於人心自然之節. 聖人制禮. 特使人由是以中其節. 而非以人之所不欲者強之也. 故行之雖或甚苦. 而自有不失其和. 若不本於此. 而徒勉強於儀貌之間. 則是徒禮而無和矣. 此說蓋得之. 但其曰. 為禮至於難從. 則不若夷俟踞肆之愈. 則其抗激之弊. 又有甚焉者耳. 其論季氏之祭. 為有禮而無和者. 亦恐未然. 詳禮家之說. 正謂季氏之祭. 舒肆不肅. 故遲緩至此. 及子路為宰. 而室事交乎戶. 堂事交乎

階.【室事者祭時. 堂事者儐尸.】則宗祝有司各供其事, 而無前日之失, 然則豈和不足之謂哉.

문 양씨의 주장은 어떻습니까?

답 경문의 뜻은 대체로 '예의 운용은 화를 귀하게 여긴다.'라고 한 것이다. 지금 '용화用和'라고 하니 구두를 잘못 표시한 듯하다. 또 '리괘履卦는 화합하여 지극함에 이른다.[履, 和而至.]'[36]를 인용해서 '화를 귀하게 여긴다'는 뜻을 밝혔는데, 아마도 《주역》의 뜻이 아닌 것 같다.

《주역》의 문장을 살펴보면 대략 다음과 같다. '리괘履卦는 군신 상하가 제자리를 잡아 화를 얻는다.'라고 했다. 화하면 평이해진다는 것이지 '지극하다'의 뜻은 아니다. 그러나 각자 제자리를 잡으면 혼란스럽지 않으니 그래서 지극해지는 것이다. 그 아래 팔괘에 관한 해설은 예가 모두 그러하니, 유독 '화이지和而至'를 '화'로만 보고 그 뒤에 더할 것이 없다고 여겨서는 안 된다. 그 다음의 내용은 앞서 이미 충분히 살폈다.

請問, 楊氏之說.
曰, 本文之意. 蓋曰禮之用以和爲貴耳. 今曰, 用和則旣失其句讀矣. 又引履和而至, 以明以和爲貴之義. 恐亦非易意也. 詳易之文, 蓋曰, 履之爲卦, 君臣上下, 各履其位, 而得其和者也. 和則疑於夷易而非極至之義. 然各得其所而不亂焉, 則是乃所以爲至也. 其下八卦之說, 其例皆然, 不應獨以和而至爲和, 而後不可以有加也. 其下云云則前已辨之矣.

01-13. 有子曰, "信近於義, 言可復也. 恭近於禮, 遠恥辱也.

---

36 리괘는……이른다:《주역周易》〈계사繫辭 하〉에 나온다.

因不失其親, 亦可宗也."

문 이른바 '약속을 했는데 준칙[宜]에 합치하면 그 말은 필히 실천할 수 있다.'는 어떤 뜻입니까?

답 사람이 약속하면 진실로 그 말을 실천하려고 한다. 하지만, 처음에는 그 마땅함[宜]을 헤아릴 수 없으니, 말한 바를 실천할 수 없는 경우도 있다. 준칙[義]에 비춰 불가하다고 여겨, 결국 실천하지 않으면 신의를 잃고, 신의를 지켜야 한다고 여겨 반드시 실천하면 준칙에 어긋나는 경우도 있다. 이 두 경우는 하나도 옳은 것이 없다. 처음 약속하면서 준칙에 가깝게 한다면 그 말을 실천하지 못하는 경우는 없어서 두 가지의 잘못이 없게 된다.

或問. 所謂約信而合宜, 則言必可踐, 何也.
曰. 人之約信固欲其言之必踐也. 然其始也. 或不度其宜焉. 則所言將有不可踐者矣. 以爲義有不可, 而遂不踐, 則失其信. 以爲信之所在, 而必踐焉, 則害於義. 二者無一可也. 若約信之始而又求其近於義焉, 則其言無不可踐, 而無二者之失矣.

문 그렇다면 섭공葉公이 '(옳고 그름을 따지지 않고) 약속을 실천하는 것은 신信이 아니다.'라고 한 것은 어떻습니까?

답 이는 특히 의리義理를 살피지 않고 선뜻 약속하여 반드시 실천하는 사람들에게 말한 것이다. 이로써 자기의 허물을 고치는[自新] 길을 연 것이다. '신信'이라는 명칭을 곧 한 말을 실천한다고 한다면 타당하다. 그런데 앞에서는 말이 '의義'에 가깝지 않은 실수에 대해 경계하지 않고 뒤에서는 그 말을 반드시 실천하는 잘못을 책망하였으니, '신'이 명칭을 얻은 소이만 부여하여 뜻을 어지럽힌 것이다. 그렇다면 역시 잘못을 바로잡으려다가 오히려 지나친 것이다. 여러 학자가 이를 인용해 이 구절을 해석하면서 '약속이 준칙에 가깝지 않으면 그 말을 반드시 실천하지 않는 경우가 있다.'라고 한다면, 이것은 바로 사람들에게 '의'를 헤아리지 않고 그 말을 가볍게 내뱉어서 '거짓되이 속이는' 습성을 열게 하는 것이니, 그 폐단이 또 이르지 않는 곳이 없게 될 것이고, 이는 성현께서 세상에 전하려고 가르침을 세운 요지가 아니다.

或曰, 然則葉公所云復言非信者, 何耶.
曰, 此特爲人之不顧義理, 輕言而必復者發, 以開其自新之路耳. 若信之名, 則正以復其言得之也. 今不警其言不近義之差於前, 而責其復必其言之失於後, 顧與信之所以得名者而亂之, 則亦矯枉過其直矣. 諸家乃引之以釋此句, 以爲信不近義, 則言有不必復者, 是乃使人不度於義而輕發其言, 以開誕謾欺僞之習, 其弊且將無所不至, 非聖賢所以垂世立敎之旨也.

문 '공경하면서 절도에 맞으면 치욕을 멀리할 수 있다.'는 어떻습니까?

답 타인에게 공경을 다하면서 진실로 치욕을 멀리하고자 해도 절문節文에 부합하지 않으면 넘치기도 모자라기도 해서 스스로 치욕을 부르게 된다. 오직 공경을 다하면서 예禮에 가깝고자 하면 반드시 치욕을 멀리할 수 있다.

曰, 爲恭而中節, 則能遠恥辱, 何也.
曰, 致敬於人, 固欲其遠於恥辱. 然不合於節文, 則或過或不及, 皆所以自取恥辱. 惟致恭而求其近於禮焉, 則其可遠恥辱也必矣.

문 선유先儒는 또 '공손하고 예禮에 가까워야 군자는 행동하고, 그래서 치욕을 멀리한다. 만약 예에 근거하지 않은 공손은 차라리 몸에 곤욕을 당하더라도 하지 않는다.'라고 했는데, 이 주장은 어떻습니까?

답 그 뜻은 좋지만, 유자有子의 본의가 아니다. 유자의 뜻은 본래 언행을 삼가서 후환을 미연에 방지하고자 한 것이다. 이른바 '말은 반드시 그 끝을 고려하고, 행동은 반드시 그 폐단을 살핀다.'라는 것이다. 어찌 사람이 애초에 경계하지 않고 일이 발생한 뒤에야 천천히 따져보며 불안해 하는 것이 혹자의 말처럼 하게 하겠는가.

或曰, 先儒又有以爲恭而近禮, 然後君子行之, 以遠恥辱, 若非禮之恭, 則寧身被困辱而不爲也. 其說何如.
曰, 此其意善矣, 然亦非有子之意也. 有子之意, 本爲謹其言行, 以防後患於未然之前, 所謂言必慮其所終, 行必稽其所弊者也. 豈使人不戒於初, 而徐計之於已然之後, 崎嶇反側, 如或者之言哉.

문 (신信과 공恭) 이 두 가지를 바탕으로 한다면 '이에 의지하여 친해야 할 바를 잃지 않으면 존경할 만하다.'는 어떻게 해석해야 합니까?
답 신의가 준칙에 가깝고 공손함이 예禮에 가까운데도 그 친함을 잃는다면 높이 받들기 부족하다. 그러므로 반드시 이것(신信과 공恭)을 바탕으로 하여 그 친함을 얻어야만 받들 수 있다. 양씨의 주장이 대체로 이와 같다. 6장에서 '자제들은 집에 들어가서는 효도하고 나와서는 공손하며, 행실을 삼가고 말을 성실하게 하며, 인자와 친해야 한다.'라고 했고, 또 8장에서 '군자가 후중하면 위엄이 있고 충신하며 자기보다 나은 사람을 벗해야 한다.'라고 했다. 14장에서 '배불리 먹고 편안히 거처하기를 바라지 않으며, 일에는 민첩하고 말을 삼가며, 도가 있는 이를 찾아가서 바로잡음을 받아야 한다.'라고 하는데, 이 장의 뜻과도 서로 표리를 이룬다.

혹은 '인因'을 '의지하다[依]'로 풀고, '종宗'을 '주인으로 삼다[主]'로 풀기도 한다.[37] 이는 다음과 같은 의미이다. '(어떤 사람을) 의지할 때 반드시 그 사람이 현명한지의 여부를 헤아리고서 의지해야 한다. 내가 그 친함을 잃지 않아야 (현명한) 그 역시 종주宗主가 될 수 있다.' 이 주장은 앞의 것과 조금 다르나 역시 통하는데 더 생각해 보는 것이 좋다.

曰, 因是二者, 因不失所親, 則爲可宗, 何也.
曰, 信近義矣. 恭近禮矣. 而或失其所親焉, 則亦不足尙也. 故必因此而又得其所親, 然後爲可宗耳. 楊氏之說, 蓋如此. 且此章前有孝弟謹信而親仁之說, 厚重忠信而友勝已之說, 後又有不求安飽, 敏行愼言, 而就正有道之說, 其與此章之意亦相表表裏也. 或曰, 因猶依也. 宗主也. 言人欲有所依, 必度其人之賢而後依之, 則在我不失其所親, 而彼亦可以爲宗主矣. 此說小異, 而亦可通, 更思之可也.

문 학자마다 주장이 달라 일치하지 않습니다. 그 시비곡직은 어떻습니까?

답 정자의 네 가지[38] 주장은 대개 비슷하다. 뜻은 다음과 같다. '약속하고서 그 말을 끝내 실천할 수 있다면 그 약속은 준칙에 가깝다. 공손하여 치욕을 멀리할 수 있다면 그 공손함은 예禮에 가깝다. 공손함과 신의

---

37 혹은……한다: 이 주장은 《논어집주》에서 굳어진다.
38 정자의 네 가지: 이 네 가지를 주희가 정확히 무엇을 지칭하지는 명확하지 않다. 우선 《논어정의》를 인용해 두고자 한다. 〈어록〉에서 말하였다. "'신信'은 의義가 아니나, '의'에 가깝다는 것은 그 말을 실천할 수 있기 때문이다. '공恭'은 '예禮'가 아니나, '예'에 가깝다는 것은 치욕을 멀리 할 수 있기 때문이다. '신'과 '공'이 '예'와 '의'에서 가까움을 잃지 않는다면 또한 존경할 만하다. '친親'은 '가깝다[近]'는 뜻으로 풀이한다.[語錄曰, 信非義, 近於義者, 以其言可復爾. 恭非禮, 近於禮者, 以其遠恥辱爾. 信恭因不失近於禮義, 亦可宗敬也. 親亦訓近.]" 또 말하였다. "그것이 '예'와 '의'에 가까우면서 그 친함을 잃지 않는다면 또한 존경할 만한데, 하물며 '예'와 '의'를 다 하는 사람이야 어떻겠는가.[又曰, 其近禮義而不失其親, 亦可宗也. 況於盡禮義者乎.]"

를 바탕으로 하여 예禮와 의義에 가까움을 잃지 않으면 받들 만하다.' 이는 글의 논리에는 문제가 없으나, 말의 뉘앙스가 매우 복잡하여 괜히 힘을 낭비하는 것 같고, 또 '치욕을 멀리한다'라는 말뜻은 더욱 분명하지 않다. 아마도 본의는 '예에 합당하지 않으면 스스로 치욕을 자초한다.'는 뜻인데 문장에서는 그 뜻이 드러나지 않았다. 구차하게 자신을 낮추어 치욕에서 벗어나고자 하는 사람으로서 예에 가깝기를 바라는 이가 있지 않음을 어찌 알겠는가. 이는 먼저 예와 의에 가까울 것을 구하지 않고 그 말을 끝내 실천할 수 있기를 기다리고, 또 이미 치욕에서 멀어진 뒤에 추측하기 때문이다. 이 때문에 해설이 이처럼 우원하여 통하기 어려운 지경에 이르렀다.

　장자의 '신信'과 '공恭'에 대한 해설은 앞서 이미 살펴보았고, '가종可宗'의 해설도 대체로 이와 유사하다. 이 장을 해석하면서 12장을 이어받아서, '복언復言', '원치遠恥', '가종可宗'을 '화和'로 보았고, '불복언不復言', '불원치不遠恥', '불실소친不失所親'을 '예禮'로 보았다. '원치'와 '가종'을 '화'로 보는 것은 괜찮지만, 만약 '복언'을 '화'로, '불복不復'을 '예'로 보는 것은 그 종류를 반대로 한 것이 심하지 않은가. 여씨의 주장 중 앞 두 구절은 장자의 주장을 근본으로 삼은 것이고, 아래 한 구절은 스스로 뜻을 새겼으나, 본래의 뜻과 크게 멀어져 통하지 않는다.

　사씨의 '복復' 자에 관한 주장은 본문의 '신信'과 딱히 연관이 없다. '공근례이원치욕恭近禮而遠恥辱'에 관한 해설은 타당하다. '인불실기친因不失其親' 한 구절은 여씨와 대략 비슷하나, '가종可宗'에 대해서는 조금 다르다. 범씨, 양씨, 주씨의 주장은 크게 보면 타당하나 모두 작은 부분에 실수가 있다. 대개 '복언復言'이 의義를 상하게 할까 우려하면서 유자有子의 말에서 뜻이 치중한 것이 바로 '약속을 실천하지 않음이 신의를 상하게 하는 데 있음'을 살피지 않았다. 이런 까닭으로 대강은 타당한 듯하나, 끝내 장자의 해설을 답습하는 것에서 벗어나지 못했다.

'공근어예恭近於禮'에 대한 주장은 모두 타당하다. 하지만 범씨, 주씨가 인용한 '공이무례즉노恭而無禮則勞'는 치밀하지 못하다. 양씨가 두 구절을 추론하여 성인에게 미치니 이치는 진실로 이와 같다. 하지만 성현의 말씀은 본래 배우는 이를 위해서 하신 것으로, 나와 성인은 같지 않은 것이다. 만약 매사에 이와 같이 추론한다면 계속해서 말을 허비할 것이다.

마지막 구절에 대한 주장 중에서 오직 양씨만이 타당하다. 범씨의 주장은 명확하게 이해가 되지 않는다. 주씨가 정자의 말씀을 바탕으로 했다는 것은 앞서 이미 논했다.

曰, 諸說不同者非一, 其得失奈何.
曰, 程子四說大率相似. 其意, 蓋曰, 爲信而言終可復, 則其信爲近於義矣. 爲恭而能遠恥辱, 則其恭爲近於禮矣. 因恭信而不失其近於禮義則亦可宗矣. 此文義固亦可通, 但語意曲折, 似稍費力, 而遠恥辱之意, 尤不分明. 蓋其本意固以爲不合禮而自恥辱者, 然於文未有所見, 則安知不有苟爲卑巽, 以求免乎恥辱者, 而冀其得近於禮者耶. 此由不先求近乎禮義, 而俟其言之終可復, 且旣遠乎恥辱, 而後卜[39]之, 是以其說至於若是迂遠而難通也. 張子信恭之說, 已辨於

---

[39] 卜: 조선간본, 화본和本 등 많은 판본에 '復'으로 되어 있다. 본문의 저자는 원칙[禮義]을 먼저 따지지 않고, 말이 실천되고[可復] 치욕을 면하는[遠乎恥辱] 등의 실용적 결과가 나타나기를 기다린 후에야 비로소 그 행위의 옳고 그름을 판단하려는 태도를 비판하고 있다. 저본에 따라 '복卜'을 쓰면, '결과를 본 연후에야 그 정당성을 점치듯[卜之] 따진다.'라는 의미가 되어, 원칙과 결과를 뒤바꾼 이러한 비논리적인 과정을 비판하는 저자의 의도가 명확하게 드러난다. 반면, '복復' 자를 쓰면 '결과를 기다린 후에야 그 말을 실천한다.[復之]'는 뜻이 되어, 문장 앞부분의 '실천될 수 있기를 기다린다.[俟其言之終可復]'는 구절과 의미가 중복되거나 어색해진다. 이는 저자가 지적한 '우원하고 통하기 어려운[迂遠而難通]' 논리적 결함이라기보다는 단순

前, 可宗之說. 蓋亦類此. 至引此章以蒙上章之義, 則是將以復言, 遠恥可宗爲和, 而不復言, 不遠恥, 不失所親爲禮也. 夫遠恥可宗之爲和可也, 若以復言爲和, 而不復爲禮, 則無乃反其類之甚乎? 呂氏上二句本張子說, 而下一句自爲一義, 則尤迂晦而不通矣. 謝氏復字之說, 與上文信字殊不相干, 恭近禮而遠恥辱之說, 則得之矣. 因不失其親一句, 與呂氏略相似, 特可宗之云爲少異耳. 范楊周氏大意皆得之, 而皆不免於小失. 蓋徒憂復言之害義, 而不察乎有子之言, 意之所重, 乃在乎不復之害信也. 是以其大意雖若得之, 而終未免近乎張子之說. 至恭近於禮之說, 則皆得之. 但范周所引恭而無禮則勞者, 爲不切耳. 楊氏推說兩句以及聖人, 理[40]固如此, 然聖賢之言, 本爲學者而發, 自與聖人不同. 若此每事如此推說, 則亦不勝其費於辭矣. 末句之說, 惟楊氏爲得. 范氏旣不可曉, 而周氏又因程子之言, 前固已論之矣.

01-14. 子曰, "君子食無求飽, 居無求安, 敏於事而愼於言, 就有道而正焉, 可謂好學也已."

문 14장에 관한 해설은 어떻습니까?
답 윤씨의 설이 제일 좋다. 범씨, 여씨, 후씨, 주씨의 해설은 이보다 조금 못하다. '근언謹言'에 대해서 범씨와 여씨는 모두 '몸이 미치지 못하는 것을 부끄럽게 여긴다.'라는 뜻으로 풀었고, 후씨는 '말이 많은 것'만 경

히 신중한 행동 순서를 묘사하는 데 그치게 된다.

40 理: 조선간본 등에는 '禮'로 되어 있다. '예禮'를 쓸 경우 '예고여차禮固如此'가 되는데, 이는 '예법상으로는 진실로 그렇다.'는 의미가 되어 논의의 범위를 불필요하게 좁히게 된다. 이 장에서 다루는 '신信이 의義에 가깝고 공恭이 예禮에 가깝다.'는 주제는 구체적인 예법에 한정되지 않는 보편적인 도덕 원리에 관한 것이기에, 양씨의 추론을 단지 '예법'의 관점에서만 맞다고 한정하는 것은 전체 문맥과 어울리지 않는다.

계하는데, 성인의 뜻을 온전히 드러내지 못했다. '말을 삼간다.'는 것이 어찌 이 두 가지 경우뿐이겠는가! 범씨가 해석한 '취유도就有道'는 지나치게 가볍다. 만약 '선을 주로 하면 스승이 된다.'를 논한다면 진실로 이와 같아야 하지만, (범씨처럼 해석하는 것은) 이 장의 본지가 아니다. '공문자孔文子의 호학好學'을 끌어와 공자와 안연에 비교하면서 '배움을 아는 사람이 드물다.'라고 탄식한 것은 경중도 가리지 못한 것이다.

공문자를 두고 '학學'이라고 한 것[41]은 어찌 알기 어렵겠는가? 또 '호학好學'과 '하문下問'은 그 자체가 두 가지 일로, '하문'한다고 해서 '호학'이라고 할 수 없다. 후씨가 '무無' 자를 금지하는 말이 아니라고 한 것은 옳다. 그는 또 '불不 자와 다르다.'라고 했는데, '불不' 자 역시 금지하는 말이 아니다. 아마도 오자가 있는 것 같은데, 그렇지 않다면 명확하게 파악할 수 없다. 주씨가 '탐지본야貪之本也'라고 한 것은 타당하지 않고, 그 나머지는 모두 좋다. 이외에 호씨와 장경부張敬夫의 해설도 좋다. 【호씨가 말했다. "배부르게 먹고 편안한 곳에 거처하고자 하는 것은 인지상정이다. 성인의 말씀도 이와 같은 것으로 어찌 인정과 반대로 하여 실천하기 어려운 것을 강권하면서, 또한 '학문에 뜻을 두면 이것을 염두에 두어서는 안 된다.'라고 하였겠는가. 먹을 때는 반드시 배부르고자 하고 거처할 때는 반드시 편안하고자 하여 애쓰는 것이 구복口腹과 신체身體를 봉양하면서 하지 못하는 것이 없으니 도와의 거리가 또한 멀지 않겠는가." ○ 장경부가 말했다. "세상에는 진실로 물욕

---

41 학이라고 한 것: 자공이 물었다. "공문자는 어째서 '문文'이라 일컫게 되었습니까?" 공자가 말하였다. "민첩하면서 배우기를 좋아했고, 아랫사람에게 묻는 것을 부끄러워하지 않으니, 이 때문에 '문'이라 일컫는다.[子貢問曰, 孔文子何以謂之文也. 子曰, 敏而好學, 不恥下問, 是以謂之文也.]"(《논어》〈공야장〉)

에 굴복하지 않고 언행에 힘쓰는 이들이 있다. 하지만 배우는 것이 조금이라도 어긋나면 이른바 '민敏'이라고 해도 진정한 '민'이 아니며, 이른바 '신愼'이라고 해도 진정한 '신'이 아닐지니, 그 폐해를 이루 다 말할 수 없다."】

사씨의 설은 너무 지나치다. '편안함과 배부름을 구하지 않는다.'라는 본문은 '큰 것에 뜻을 두고 이런 것에 연연하지 마라.'는 의미니, 갑자기 공자, 안연, 증자, 맹자의 일을 거론할 바가 아니다. 《맹자》에 나오는 '오정五鼎'[42]은 상례와 제례를 일컫는 것이지, 주보언主父偃이 말하는 '오정식五鼎食'[43] 같은 것이 아니다. '민敏'과 '신愼'의 대의를 논한 것은 적당하지 않다. 그리고 힘써 과장하면서 다 드러내지 않으니, 명확하게 의미를 파악할 수 없었다. 하지만 뒤에 고친 주장으로 살펴보니, 이른바 '민'

---

42 오정: 옛날 중국에서 대부大夫의 제사에 다섯 개의 솥에 저민 소고기·양고기·돼지고기·생선·육포 다섯 종류의 음식을 담아 제례를 지내던 것이다. 《맹자》〈양혜왕 하〉에 다음과 같은 말이 있다. "어떤 사람이 과인에게 '맹자의 모친상이 부친상보다 더 성대하였다.'라고 말하였으므로 이 때문에 가서 만나보지 않았소." "무슨 말씀입니까? 임금께서 이른바 더 성대하였다는 것은, 부친상은 사의 예로써 하고 모친상은 대부의 예로써 하였으며, 부친상에는 삼정을 쓰고 모친상에는 오정을 쓴 것을 말합니까?[或告寡人曰, 孟子之後喪踰前喪, 是以不往見也. 曰, 何哉, 君所謂踰者. 前以士, 後以大夫, 前以三鼎, 而後以五鼎與.]"

43 오정식: 다섯 종류의 육식을 늘어놓고 먹는 것으로 고관대작의 호사한 생활을 말한다. "언偃이 말하였다. '신이 머리를 묶고 성인이 된 이래로 유학한지 40여 년 동안 출세하지 못하였고, 부모님께서는 저를 자식으로 여기지 않으셨으며, 형제들은 저를 거두어 주지 않았고, 빈객은 저를 버렸으니, 저의 곤궁함은 오래 되었습니다. 무릇 살아서 다섯 개의 솥에 담은 호화로운 식사를 먹지 못한다면 죽어서는 다섯 개의 솥에서 삶기는 형벌을 받을 뿐입니다. 저의 날은 저물어 가기에 도리에 어긋나는 줄 알면서도 일을 거꾸로 행하는 것입니다.'[偃曰, 臣結發遊學四十餘年, 身不得遂, 親不以爲子, 昆弟不收, 賓客棄我, 我厄日久矣. 夫生不五鼎食, 死則五鼎亨耳. 吾日暮, 故倒行逆施之.]"(《한서漢書》〈엄주오구주부서엄종왕가열전嚴朱吾丘主父徐嚴終王賈列傳 상〉) 안사고의 주석에 의하면 '오정식'은 '소, 양, 돼지, 물고기, (큰) 사슴'이라고 한다.

이라는 것을 볼 수 있고, 또 평소의 말로 미루어 보니, 이른바 '근謹'이라는 것이 또 '말을 하는 것'에 지나지 않았다. 이와 같을 뿐이라면, 어찌 직접 말하지 않고 굳이 이렇게 번쇄하게 말했는가. 부자께서 '민', '근'이라고 하신 것은 갑자기 이런 것을 거론하신 것 같지 않다. '취유도이정언就有道而正焉' 역시 배우는 이가 스승이나 벗을 구하는 때에 대해서 말씀하신 것일 뿐이다. 안연과 맹자의 말은 바로 종신 사업으로 나아갈 바인데, 어찌 이때 갑자기 책망했겠는가.

양씨는 '밥 먹을 때도 인仁을 어기지 않는다.', '잃어버린 마음을 찾는다.' 등의 말을 인용하여 '편안함이나 배부름을 구하지 않는다.'는 뜻을 밝혔으나, 역시 (원의를) 크게 벗어난다. 도가 있는 이를 찾아 자기를 바로잡지 않으면 왜 인을 실천하는지 또 뜻이 이처럼 절실한지 모르고, 이미 인에 잘 종사하고 이처럼 절실하다면 또 무엇 때문에 또한 다른 사람에게 나아가 자기를 바로잡아 그 시비를 살피겠는가. 이 장의 본의는 배우는 자로서 뜻을 세우고 수양하고 스승과 벗을 구하는 이를 위하여 말한 것인데, 여러 학자의 추론이 크게 잘못되어 이 지경에 이르렀으니 오류가 크다. 《맹자》에서 '감히 배불리 먹지 않을 수 없었던 것은 진晉 평공平公이 해당亥唐의 집에서 먹었기 때문이다.'라고 한 것은 존귀하더라도 현자에 대한 예禮를 감히 생략할 수 없었던 것이지 꼭 해당의 음식이어서 배불리 먹은 것은 아니다. 양씨가 (《맹자》를) 인용한 것도 오류인 것 같다.

或問, 十四章之說.

曰, 尹氏最善, 范呂侯周氏說次之. 但謹言之說, 范呂皆以爲恥躬不逮之意, 侯氏又但戒於多言, 則未盡聖人之意. 夫所以謹於言者, 豈徒爲是二者而已哉! 范氏就有道之說, 似亦太輕, 若論主善爲師, 固當如此, 但非此章之旨耳. 又引孔文子之好學, 以配孔顏而歎知學者之鮮, 則其輕重亦不倫矣. 若文子之所謂學則亦豈難知哉. 且好學下問自兩事, 亦非以下問而得爲好學也. 侯氏以無字爲非禁止之辭也, 是矣. 其曰, 與不字不同, 則不字亦非禁止之辭也, 疑或有誤字, 不然則不可曉矣. 周氏貪之本也一句, 未有所當, 其他則皆善也. 此外則胡氏及張敬夫之說亦善.【胡氏曰, 食期飽居期安, 人之情也. 而聖人之言如此, 豈反人之情而强其所難, 亦曰, 有志於學, 則不當以此爲念耳. 食必求飽, 居必求安, 役役焉惟口體之奉而無所不至焉, 其去於道也, 不亦遠乎 ○ 張敬夫曰, 世固有不徇物欲而勉於言行者, 然其所學毫釐之差, 則其所謂敏者, 有非所當敏, 而所謂愼者, 有非所當愼, 其弊有不可勝言者矣.】

若謝氏之說, 則過高甚矣. 不求安飽, 本文亦謂志其大者, 而不留情於此耳, 未遽及乎孔顏曾孟之事也. 孟子五鼎, 乃謂其喪祭之禮, 非若主父偃所謂五鼎食也. 其論敏愼大意旣不的當, 而務爲誇張隱秘, 使人不可曉, 然以其後改之說考之, 則所謂敏者, 可見又以其平日之言推之, 則所謂謹者又不過曰, 出辭氣而已耳. 若但如此, 則胡爲其不直言之, 而必爲是枝蔓之辭乎. 然夫子敏謹之云, 恐亦未遽及此也. 就有道而正焉, 亦方語夫學者求師取友之時耳, 顏孟之云, 乃其終身事業之所就, 豈遽責之於此時哉? 楊氏引終食不違, 求其放心等語, 以明不求安飽之說, 亦大過矣. 夫未得有道而正焉, 則未知何以爲仁, 而志之如此其切, 已能從事於仁, 如此其切, 則又何爲方且就正於人而考其是非哉? 大凡此章本意, 且爲學者大槪立志修身求師取友而言, 而諸公推之大過, 以至於此其亦誤矣. 孟子所謂不敢不飽者, 乃晉平公食於亥唐之家, 不敢以其尊貴而略賢者之禮耳, 非亥唐之食而飽也. 楊氏所引, 似亦誤矣.

01-15. 子貢曰, "貧而無諂, 富而無驕, 何如?" 子曰, "可也, 未若貧而樂, 富而好禮者也." 子貢曰, "詩云, '如切如磋, 如琢如磨', 其斯之謂與?" 子曰, "賜也, 始可與言詩已矣, 告諸往而知來者."

문 '아첨함이 없고 교만함이 없는 것'이 자공이 자신의 학문을 검증[質]한 것임을 어떻게 알았습니까?

답 보통 사람은 가난하면 반드시 아첨하고, 부유하면 반드시 교만해진다. 그런데 만약 이처럼 (가난하면서도 아첨함이 없고 부유하면서도 교만함이 없다면) 뜻을 세워 스스로 강하게 할 수 있다. 자공은 비록 재화를 불리는 것에서 벗어날 수 없으나, 뜻이 보존하는 것과 학문이 도달한 것으로 거의 아첨함이 없고 교만함이 없는 데에 다다랐다. 그러므로 이것으로 부자께 검증하여 그 깊이를 헤아린 것이다.

或問, 何以知無諂無驕之爲子貢質其學也.
曰, 常人貧則必諂, 富則必驕, 今能若此, 則可爲有志而能自强矣. 子貢雖未免於貨殖, 然以其志之所存, 與其學之所至, 庶乎其不諂不驕者, 故以質之夫子, 而審其淺深也.

문 그렇다면 '절차탁마切磋琢磨'가 각각 어떻게 차이가 나는지 자세히 들을 수 있겠습니까?

답 옛날 수공 작업이라 조사할 수 없다. 오늘날의 작업으로 말해보면, 뼈와 뿔을 다룰 때는 칼로 자르고[切] 줄로 간다[磋]. 옥과 돌을 다룰 때는 송곳으로 쪼고[琢] 모래와 자갈로 다듬는다[磨]. 대개 '절탁切琢'은 모양을 만드는 것이고, '차마磋磨'는 세밀하게 마름질하는 작업이다. 사리로 미루어 보면 예나 지금이나 큰 차이가 없다.

曰, 然則切磋琢磨之別其詳可得聞乎.
曰, 古之工事不可考也. 以今言之則治骨角者, 切以刀, 磋以鑢, 治玉石者琢以錐鑿, 而磨以沙石也. 大抵切琢成形, 磋磨入細, 以理推之, 古今當亦不相遠耳.

문 《대학》의 전傳에 이 시를 인용하고서 '학문을 말한다.[道學]'와 '스스로 수양함이다.[自修]'로 풀었습니다. 지금 여러 학자가 이 시를 인용하면서 이 장을 해석하는데, 선생님만 그렇게 하지 않았습니다. 왜 그렇습니까?

답 옛사람이 시를 인용해 단장취의斷章取義하면서 잠시 자기 뜻을 드러내는데, 성글기도 치밀하기도 하며, 같기도 다르기도 하는 등 고르지 않다. 저 여러 학자가 전傳을 해석한 것도 대개 '정밀함과 거침[精粗]'이라는 기준으로 풀었다. 하지만 시문을 보면 '차탁磋琢' 두 글자가 잘 섞이지 않는데, 지금 기필코 인용하여 이것을 풀었으니, 또한 지나치게 구애된 것이 아닌가.

曰. 大學之傳. 亦引此詩. 而以道學自修釋之. 今諸家引爲此章之說. 而子不然. 何也.
曰. 古人引詩. 斷章取義. 姑以發己之志而已. 或疎或密. 或同或異. 不能齊也. 彼傳所釋. 蓋亦以精粗爲言. 然於詩文. 則磋琢二字有不協者. 今必引以釋此. 不亦拘之甚哉.

문 그렇다면 소씨의 해석도 이와 같습니다. 선생님께서 그의 주장을 가져오시고는 이름을 거론하지 않는 것은 왜 그렇습니까?【소씨가 말했다. "'차磋'는 철저하게 자르는 것이고, '마磨'는 정밀하게 쪼는 것이다. 괜찮게 잘랐는데도 다시 갈고, 괜찮게 쪼았는데도 다시 다듬으니, 군자의 배움이란 괜찮은 경지를 보고서도 멈추지 않는 것이다. '왕往'은 이미 말한 것이고, '래來'는 아직 말하지 않은 것이다. 자공이 '빈이무첨貧而無諂 부이무교富而無驕'라고 했는데, 이것이 이른바 '괜찮다[可]'라는 것이다. 대개 가난하면 아첨을 경계하고, 부유하면 교만을 경계해야 하니, 계속해서 부족한 것을 스스로 경계해야 한다. 공

1. 학이學而

자께서 '가난하면서도 즐거워하며, 부유하면서도 예禮를 좋아한다.'라고 하셨으니, 가난하면서도 즐거워하면 아첨하려 해도 할 수 없고, 부유하면서 예를 좋아하면 교만하려고 해도 할 수 없다. 그러니 자공의 두 마디보다 어찌 더 뛰어나지 않겠는가! 그러나 이것도 지극한 경지라고 여겨서는 안 된다. 이 경지에서 더 올라가 '괜찮은 경지를 보고서도' 멈추지 않는다면 반드시 (높은 경지에) 이를 것이다. 자공은 이 두 말씀을 듣고 (공자께서 아직) 말씀하시지 않은 부분도 깨달았기 때문에 공자께서 인정하신 것이다."】

답 문의文意를 따져보면 소씨의 주장이 제일 낫다. 내 해설도 진정 그와 다르지 않다. 하지만 요지에 있어서는 다른 부분도 있다. 그래서 그의 주장을 근거로 삼지 않았다. 그는 '즐기면서 예禮를 좋아하면 (경지에) 이르렀다고 할 수 없지만, 이로부터 멈추지 않으면 (경지에) 이를 것이다'라고 했다. 빈부로 말하면 즐거움[樂]과 예를 좋아함[好禮]에 이르러 더할 것이 없다고 나는 생각한다. 소씨는 아마 빈부를 잊어버리고 나서야만 (경지에) 이를 수 있다고 생각한 것 같다. 이는 노자와 부처의 잔재이지 공자의 본의가 아니다. 그래서 호씨가 비난하면서 '가난하면서 즐기는 것은 안자顔子가 아니면 할 수 없고, 부유하면서 예를 좋아하는 것은 주공周公이 아니면 할 수 없다. 부자께서 자공을 이끌어 도와주시는 수준이 매우 높은데도 (경지에) 이르지 못했다고 한다면 누가 이르렀다고 할 수 있는가.'라고 하였으니, 호씨의 주장이 타당하다.

曰. 然則蘇氏之釋. 亦若此矣. 子剽其說而沒其名. 何耶.【蘇氏曰. 磋者. 切之至者也. 磨者. 琢之詳者也. 切之可矣. 而復磋之. 琢之可矣. 而復磨之君子之學也. 欲其見可而不止也. 往者. 其已言者也. 來者. 其未言者也. 子貢言貧而無諂富而無驕. 此之所謂可者. 蓋貧則防其諂也. 富而防其驕也. 紛紛乎自防之不給. 孔子曰. 貧而樂. 富而好禮. 夫貧而樂. 雖欲諂不可得也. 富而好禮. 雖欲驕亦

不可得也. 豈不賢於彼二言哉. 然亦未可以爲至也. 自是而上, 見可而不止, 則必有至焉者矣. 子貢得是二言而識其所未言者, 故孔子予之.】
曰, 蘇氏之說於文意最爲得之, 吾之說, 誠不異乎彼矣. 然其大旨則有不同焉者, 故不得據以爲說也. 蓋彼謂樂而好禮, 未足爲至, 自是而不已, 則是將有至焉者矣. 而吾謂以貧富而爲言, 則至於樂與好禮而無以加矣. 夫蘇氏之意, 豈以爲將有忘乎貧富者. 然後爲至耶? 此老佛之餘, 而非孔子之意矣. 故胡氏非之曰, 貧而樂非顔子不能, 富而好禮, 非周公不能. 夫子所以誘掖子貢者高矣, 猶以爲未至, 則孰可以爲至者耶? 其說當矣.

문 여러 학자의 요지가 모두 선생님이 말씀하신 것과 다릅니다. 그중에 거론할 만한 것이 있습니까?

답 '무첨무교無諂無驕'를 정숙자程叔子께서 '그 분수에 맞게 대처할 수 있다.'라고 하신 것과, 정백자程伯子께서 논한 '낙樂'과 '호례好禮'는 서로 영향을 주고 받는다라고 하신 것이 모두 좋다. 하지만 '낙'과 '호례'를 (정백자께서는) '빈부에 따라 다스려야 하는 덕목'이라고 하셨고, 정숙자께서는 '(즐거워하고 예禮를 좋아하면) 스스로 닦을 수 있다.'라고 하셨는데, 타당하지 않은 것 같다. '호례'를 두고 '수기修己 치인治人'이라고 하는 것은 괜찮지만, 어찌 '낙'을 두고 '수기와 치인'이라고 할 수 있겠는가. 주씨와 윤씨가 '스스로 닦은 사람이 아니면 할 수 없다.'라고 한 주장은 통한다. 그러나 '기사지위여其斯之謂與'에 대해서는 또 매끄럽지 못한 부분이 있다.

범씨, 양씨는 주씨, 윤씨와 같지만 '학문을 말한다[道學]'와 '스스로 수양함이다[自修]'를 나누어 '낙'과 '호례'에 소속시켜 말하였으니, 또 더욱 치밀하다. 하지만 매끄럽지 못한 부분을 끝내 역시 억지로 매끄럽게 할 순 없다.

사씨는 ('낙'과 '호례'를) '問學(묻고 배우는 것)'과 '成德(덕을 이루는 것)'으로 풀었는데, 《대학》을 해석한 정자의 뜻을 모방한 것이다. 반드시 '성덕'으로 저 스스로 수양하는 것을 바꾸면 진실로 저 가난하면서도 즐거워하는 것은 스스로 수양함이 미칠 수 있는 것이 아님을 알아 피할 것이다. '문학問學'과 '성덕成德'의 차이를 논하는 데에는 또한 미진한 점이 있다. 부자의 뜻은 본래 '무첨무교無諂無驕'를 그저 자기 분수에 따라 처신할 수 있고 아직 도에 나아가지 못한 것으로 여겼으니, 즐거워하면서도 예를 좋아하는 것은 도에 나아가고 덕에 들어감이 깊어 (나보다) 앞선 학자들이 미칠 수 있는 것이 아니다. (공자의 뜻은) 사람을 대할 때 덕행이 부족한 것이 드러나서 자신을 돌아보고 깨운친다고 해서 더 높은 경지는 아니라는 것이다. 더구나 아첨하지 않는 사람이 꼭 남의 평가를 의식해서 그렇게 하겠는가. 또한 교만하지 않은 사람이 어찌 인색함 때문에 교만하지 않겠는가.

주씨의 설은 대개 사씨가 주장한 '물아物我[44]'와 비슷하다. 그러나 '사

---

[44] 사씨가 주장한 물아: 사씨는 이 경문을 '물아物我'라는 개념을 통해 해석하였다. 그는 '빈이무첨貧而無諂'과 '부이무교富而無驕'를 가리켜 "이는 물物과 아我가 상대되는 명칭이다.[此物我相對之稱也]"라고 명시적으로 규정하였다. '물'의 영역은 '남에게 아첨하지 않음[無諂於人]', '남에게 교만하지 않음[無驕於人]'과 같이 타인이라는 외부 대상과의 관계 속에서 성립하는 상대적·사회적 덕목을 의미한다. 반면, '아'의 영역은 '스스로 즐거워함[樂]', '스스로 예를 좋아함[自好禮]'처럼 외부 조건과 무관하게 자신의 내면에서 완성되는 주체적 경지를 가리킨다. 사씨는 "타인이 나와 무슨 상관이 있겠는가.[人亦何與於我哉]"라고 반문하며 '아'의 경지가 외부로부터 완전히 독립된 상태임을 강조하였다. 나아가 두 경지의 질적 차이를 예시를 통해 설명하였다. 모욕을 참지 못하는 걸인은 아첨하지는 않지만[無諂] 내면이 즐거운[樂] 것은 아니며, 재산을 지키기 위해 검손한 부자는 교만하지는 않지만[無驕] 그 동기가 인색함[吝]에 있어 진정으로 예를 좋아한다고 볼 수 없다는 것이다. 이처럼 사씨에게 '물아'는 외부 관계에 의존하는 덕목[物]과 내면의 자기 완성을 이룬 덕목[我] 사이에 명확한 위계가 있음을 보여주는 핵심적인 분석 틀이라 할 수 있다.

람이 행하지 않는다.'는 주장을 따르면 (논리적으로) 매우 성글다. '고왕지래告往知來'에 대한 그의 주장 역시 통하지 않는 곳이 많다. 정자의 주장대로라면 자공은 다만 부자의 말씀에 감탄했을 뿐이므로 말하지 않은 것을 자공이 알았는지 아직 알 수 없다. 범씨, 양씨, 윤씨의 주장대로라면 도리어 '간 것을 일러주니 올 것을 안다.'는 것과 같다. 사씨의 주장대로라면 자공은 다만 부자께서 말씀하신 단계를 형용할 수 있을 뿐이니, 역시 말하지 않은 것을 자공이 알았는지 아직 알 수 없다. 대체로 이 장에 관한 여러 해설은 모두 문의文義가 타당하지 않다. 그러므로 (처음에) 해설이 정밀하지만, 끝에는 논리에 부합하지 않는 경우도 있다.

범씨는 '(자공이) 겉으로는 남음이 있지만 안으로는 부족하기 때문에 무첨무교無諂無驕를 좋다고 한다.'라고 한 것 같은 것도 옳지 않다. 만약 자공이 이런 수준에서 벗어나지 못했다면 '무첨무교'가 좋은 것임을 충분히 알지 못했을 것이다. 여씨의 해설은 《논어해》에는 보이지 않고 문집에 보인다. 아마도 어릴 때 아직 정해지지 않은 논의인 것 같다.

이 외에 증씨와 장경부의 해설도 볼만한 것이 있다. 【증씨가 말했다. "가난하지만 아첨하지 않고, 부유하지만 교만하지 않은 것이 '빈부'의 도이다. 즐김은 가난 때문에 하는 것이 아니며 예禮를 좋아함은 부유함 때문에 하는 것이 아니라 성정에서 나오니, 빈부로 해설할 수 없다." ○ 장경부가 말했다. "'무첨무교'에 안주하고 배움을 진전시킬 줄 모르면 진실로 귀하다 할 수 없다. 이른바 '무첨무교'라는 것은 배우는 자도 소홀히 해서는 안 된다. 가난할 때 조금이라 (아첨을) 구하는 뜻이 있거나, 부유할 때 조금이라도 자만하는 마음이 있다면 이를 두고 '아첨[諂]'과 '교만[驕]'이라고 한다. 이러한 병폐를 고치지 못한 채 '나는 즐기고 예를 좋아한다.'라는 말을 들은 본 적이 없다. 반드시 '무첨무교'한 후에

야 '즐기고 예를 좋아함'으로 나아갈 수 있다. 이러한 사실을 반드시 알아야 한다."】

曰, 諸說大旨, 則皆異乎子之云矣, 其亦有可論者耶.
曰, 無諂無驕, 程叔子以爲能處其分, 與伯子所論樂與好禮互相發明者, 皆善矣. 然以樂與好禮爲隨貧富所治, 叔子亦以爲能自修, 則似皆未安也. 夫好禮以爲修治可也, 樂則豈修治之謂耶. 周尹氏以爲非自修不能者, 其說若可通矣. 然於'其斯之謂與'者, 又有所不協. 范楊氏與周尹同, 而以道學自修, 分屬樂與好禮而言, 則又加密矣. 然其所不協者, 終亦不能以强協也. 謝氏以問學成德爲言, 亦倣大學程子之意. 乃必以成德易夫自修, 則固知夫貧樂之非自修所及而避之也. 其論問學成德之不同, 則亦有未盡者. 夫子之意, 本但以無諂無驕僅爲能處其分, 而未有以進於道, 若樂而好禮, 則其造道入德之深, 有非前人之所及耳, 非必以接於人而後見者爲不足, 求於己而自得者爲有餘也. 況不諂之士, 豈必皆出於人, 而不驕之士, 亦豈必皆出於各哉. 周氏之說, 蓋必類夫謝氏物我之云, 然因人不爲之說, 則又益疎矣. 至於告往知來其說亦多不通. 如程子說, 則子貢第能咏歎夫子之言, 未有以見其知來者. 如范楊尹氏說, 則反若告往而知來者. 如謝氏說, 則子貢第能形容夫子所言之階級, 亦未有以見其知來也. 大抵此章, 諸說皆不得其文義, 故說雖精而終有不合也. 若范氏以爲外有餘而內不足, 故以無諂無驕爲善, 亦非是. 使子貢而果不免於如此, 則亦不足以知無諂無驕之爲美者矣. 呂氏之說, 不見於語解而見於文集, 豈其少時未定之論也與. 此外則曾氏張敬夫之說, 亦有可觀者.【曾氏曰, 以貧故無諂, 以富故無驕, 貧富之道耳. 樂非以貧, 好禮非以富, 出於情性而貧富不能解也. ○ 張敬夫曰, 安於無諂無驕, 而不知進學, 固未足貴. 而所謂無諂無驕者, 學者亦非可忽也. 居貧而有一毫求之之意, 居富而有一毫自恃之心, 皆諂與驕也. 此病未除, 而曰, 吾樂與好禮未之聞也. 必也無諂無驕, 而後樂與好禮可得而進焉, 又不可以不知也.】

01-16. 子曰, "不患人之不己知, 患不知人也."

문 16장에 관한 해설은 어떻습니까?

답 윤씨의 설명이 가장 훌륭하다. 범씨와 양씨의 설명 또한 괜찮지만, '남을 아는 것[知人]'에 대한 설명에 있어서는 두 학자가 각기 한쪽에 치우쳐 있다. 범씨는 (자신이 남을) '알지 못하는 경우'에 대한 언급이 없고, 양씨는 '(남에게) 알려질 수 있는 방법'을 추구하는 설을 주장하니, 이는 이 장章이 가리키는 바가 아니다. 여씨가 '천명[命]이 있음을 아는 것'으로 보충하여 설명한 것은 지극한 논의라고 할 수 없다. 사씨의 설명은 이미 본문의 뜻과 다를 뿐만 아니라, (해석에서) 교만하고 인색한 사사로움마저 벗어나지 못했으니, 이는 그가 첫 장의 '성내지 않음[不慍]'을 설명한 것과도 같다. 후씨와 주씨의 설명은, 윗구절은 범씨와 비슷하고 아랫구절은 여씨와 사씨의 주장과 비슷한데, 이들의 주장은 모두 앞에서 이미 반박한 바 있다.

或問. 十六章之說.
曰. 尹氏善矣. 范楊亦佳. 但知人之說, 二家各得其一偏. 而范氏未有不知之云, 楊氏求爲可知之說, 則非此章之所指矣. 呂氏充知有命之說皆非至論. 謝氏之說, 旣非本文意, 而又不免驕吝之私, 亦猶其首章不慍之云也. 侯周氏上句似范氏. 下句似呂謝, 皆已辨於前矣.

2. 위정爲政

02-01. 子曰, "爲政以德, 譬如北辰, 居其所而衆星共之."

문 북극성이 왜 중심이 됩니까?

답 하늘은 둥글고 동적이며, 땅을 바깥에서 감싼다. 땅은 네모나고 정적이며 하늘 안에 자리 잡는다. 그러므로 하늘의 형태는 반은 땅 위를 덮고, 반은 땅 아래를 두르며, 쉬지 않고 왼쪽으로 돈다. 중심축이 움직이지 않는 곳은 남북의 끝에 있고, '극極'이라고 하는 것은 용마루를 극이라고 하는 것과 같다. 그러나 남극은 (중심축이) 낮게 땅 아래로 36도(180°) 들어가 있으므로, 주위 72도(360°)는 항상 감추어진 채 드러나지 않는다. 북극은 (중심축이) 높게 땅 위로 36도 나와 있으므로, 주위 72도는 항상 드러나 감추어지지 않는다. 북극성은 바로 항상 드러나고 감추어지지 않는 72도에 위치하고 늘 그 자리에 있으면서 움직이지 않는다. 그 곁에는 이십팔수가 하늘을 따라 왼쪽으로 돌고, 해와 달 그리고 금성, 목성, 수성, 화성,

토성이 오른쪽으로 돌면서 번갈아 가며 사라졌다 나타난다. 모두 북극성을 둘러싸고서 향하는 것 같다. 이것을 알면 '천추설天樞說[1]'을 알고, 성인이 이것을 비유로 든 까닭도 알 수 있다. 사씨는 북극성의 자루가 십이진의 자리를 두루 돈다고 생각했는데, 그것은 북두칠성의 자루이지 북극성이 아니다.

或問, 北辰之爲樞, 何也.
曰, 天圓而動, 包乎地外, 地方而靜, 處乎天中. 故天之形, 半覆乎地上, 半繞乎地下, 而左旋不息, 其樞紐不動之處, 則在乎南北之端焉, 謂之極者, 猶屋脊之謂極也. 然南極低入地三十六度, 故周回七十二度, 常隱不見. 北極高出地三十六度, 故周回七十二度, 常見不隱. 北極之星, 正在常見不隱七十二度之中, 常居其所而不動, 其旁則經星隨天左旋, 日月五緯右轉, 更迭隱見, 皆若環繞而歸向之. 知此, 則知天樞之說, 而聖人所以取譬者, 亦可見矣. 謝氏以爲以其所建周於十二辰之舍, 則是北斗, 非北辰也.

문 여러 학자의 해설은 어떻습니까?

답 정자, 장자, 범씨, 윤씨의 해설은 옳다. 여씨 생각도 신중하기는 하지만, 덕에 대해 말한 까닭은 정확하지 않다. 사씨는 북극성을 북두칠성으로 잘못 알았으므로, '작위가 없어도 다스려진다. 내가 지닌 것을 미루어 나간다.'라는 주장을 하게 되었다. 성인이 비유를 든 본래 취지를 완전히 놓쳐버렸다.

'마음에 올바름을 지킨다.'라는 양씨의 말, '중심에 자리하고서 옮겨가지 않는다.'라는 주씨의 말은 모두 제자리에 거처하는 것이 덕이 있는 것

---

[1] 천추설: 북두칠성의 첫 별인 천추를 '하늘의 중심축'으로 보고, 천체 운행에서 계절의 변화, 왕도 정치까지 설명한 사상이다. 천문학·정치철학·종교사상이 하나로 어우러진 전통 개념이다.

의 비유라고 생각하는 것 같은데, 꼭 그렇지만도 않은 것 같다. 성인의 뜻을 자세히 살펴보면, 다만 덕이 있고 나서야 북극성이 움직이지 않아도 뭇별이 우러러 받드는 것처럼 작위가 없어도 천하가 따른다고 생각한 것이지, 북극성이 중심에 거처하는 덕이 있다고 생각한 것은 아니다.

두 사람이 모두 '가운데 있으면서 옮겨가지 않고, 정해진 곳에 머물면서 바뀌지 않으므로 신辰이라 한다.'라고 한 것도 옳지 않은 것 같다. '신'은 천문 현상의 명칭일 뿐이다.

曰, 諸說如何.
曰, 程子張子范尹得之. 呂氏意亦謹嚴, 但所以語夫德者則粗矣. 謝氏由誤認北辰爲北斗, 故有無爲而爲, 推吾所有之說, 甚失聖人取譬之本旨. 楊氏所謂中心守正, 周氏所謂居中不移, 似皆便以居其所爲有德之譬, 亦恐未然. 詳聖人之意, 但以爲有德, 然後能無爲, 而天下歸之, 如北辰之不動, 而衆星拱之耳, 非以北辰爲有居中之德也. 二家又皆以中而不遷, 有定次而不移, 故謂之辰, 亦恐非是, 辰蓋天象之名耳.

02-02. 子曰, "詩三百, 一言以蔽之, 曰, '思無邪'."

문 2장의 의미는 무엇입니까?
답 정자와 범씨의 생각이 올바르다.

或問二章之義.
曰, 程子范氏正矣.

문 《시경》 3백 편이 찬미와 증오, 원망과 풍자의 다름이 있지만, 모두 '감정의 표출이라도 예의에서 규정한 것을 벗어나지는 않았다.'라고 합니다. 이것이 생각에 올바르지 않음이 없다고 하는 까닭입니까?

답 이것은 〈모시서毛詩序〉에 나온 말이지만, 나는 의문이 있었다. 변풍變風인 〈정풍鄭風〉, 〈위풍衛風〉의 시는 감정을 표출한 것이지만 예의에서 규정한 것을 벗어난 것도 적지 않다.

曰, 或謂詩三百篇, 雖有美惡怨刺之不同, 然皆發乎情而止乎禮義者也, 此其所以爲思無邪者與.
曰, 此詩序之言也, 然愚嘗竊有疑焉. 夫變風鄭衛之詩, 發乎情則有矣, 而其不止乎禮義者, 亦豈少哉.

문 그렇다면 부자께서 《시경》을 산정하실 때 이러한 시를 버리지 않은 까닭이 무엇일까요?

답 부자께서 남겨두신 까닭은 다만 한때의 일이나 사방 풍속을 보여주어, 독자가 보고 득실을 살피며 결국 마음이 올바르게 될 수 있도록 하기 위한 것이지, 모두 예의에 부합해서 본받게 하려는 것이 아니었다.

或曰, 然則夫子刪詩何取於此而不之去也.
曰, 夫子之存之也, 特以見夫一時之事, 四方之俗, 使讀者考焉, 以監其得失, 而心得以卒歸於正焉爾, 非盡以爲合於禮義而使人法之也.

문 이것도 당시 훌륭한 사람이 지은 것으로서 행실이 바르지 못한 사람을 풍자한 것이므로 언어적 표현이 바르지는 않지만 의미는 올바름을 해치지 않는 것 아닐까요?

답 《시경》이 우회적으로 간언하는 데 중점을 두기도 하지만, 이 사람에게 간하는 것도 그 까닭을 에둘러 함축적으로 은연중에 보여야만 그 사람이 잘못을 깨닫고 스스로 경계할 수 있다. 감추어진 것을 찾아내 들추어서, 선을 권하고 바르지 않은 행동을 그만두도록 하지 못할 뿐만 아니라 간절하게 풍유하는 마음도 없는 것처럼 보인다면 그 사람에게 도움이 될 수 없고 나의 말은 무례하고 각박한 것이 되고 만다. 그리고 무엇보다도 명교名教에 어긋나니, 부자께서도 취할 것이 없었다.

曰, 是亦安知其非當時賢者所作, 以刺夫爲此之人, 故其言雖邪, 而義則不害其爲正乎.

曰, 詩雖或主於譎諫, 然其譏是人也, 亦必優游含蓄, 微示所以譏之之意, 然後其人有以覺悟而懲創焉. 若但探其隱匿而播揚之, 旣無陳善閉邪之方, 又無懇切諷諭之誠, 則正恐未能有益於其人, 而吾之言固已墮於媟慢刻薄之流, 而先得罪於名教矣. 夫子亦何取乎爾哉.

문 그렇다면《시경》에 바르지 않은 것이 많다는 말인데, '사무사思無邪' 한 마디로 전체를 단정할 수 있습니까?

답 내가 늘 말했듯이 성인의 생각은 사람들이 보고 득실을 살펴 마음을 올바르게 하도록 하려는 것일 뿐, 그 내용을 익히고 본받도록 하려던 것은 아니었다. 그러므로 그 취지도 결국 '사무사' 한 마디로 귀결된다.

曰, 然則詩之不正者多矣, 又可以思無邪之一言而盡斷之耶.

曰, 吾固言之矣. 聖人之意, 固將使人考焉以監其得失, 而心得以卒歸於正爾, 非欲使人習焉而效其所爲也. 則其爲義, 夫亦豈不卒歸於思無邪之一言耶.

문 그렇다면 '사무사思無邪' 단 한 마디가《시경》을 읽는 법입니까?

답 부자께서 '일언이폐지一言以蔽之'라고 한 것은 그런 뜻이 아니다. 하지만 그럴 수 있다면 마음을 잘 이끌고 몸을 바르게 하며 글을 읽고 이치를 탐구함에 안 되는 것이 없을 것이다. 어찌《시경》을 읽는 법만 되겠느냐.

或又曰, 然則思無邪之一言者, 其讀詩之法耶.
曰, 夫子所謂一言以蔽之者, 非謂是也. 然誠能是也, 則治心修身讀書窮理, 無適而不可, 又豈但讀詩之法而已哉.

문 여러 학자의 해설은 어떻습니까?

답 대강의 뜻이 모두 틀렸고, 그 가운데 또 매우 이상한 것이 있다. 예컨대 사씨는 선왕의 은택으로만 해석했는데, 인용한 시는 원망은 하지만 성내지 않는다는 것 하나에 불과하다. (사씨는 또) 부자께서 특별히 '사무사思無邪'를 거론한 것에 대해서는 '배우는 사람에게 사려가 드러나지 않아 알기 어려울 때를 경계시킨 것'이라고 했다. 이것도 너무 소략하고 관계가 없는 말이다. 양씨가 소씨를 분석한 방식은 좋다. 그러나 '《시경》이 모두 사관[國史]의 손에서 나왔다.'라는 말은 《시경》의 서문을 쓴 사람이 원래부터 틀렸던 것이다.

양씨가 또 왕안석《시경신의詩經新義》의 설을 따라 '국사國史를 나라에서 문장이 뛰어난 사람'이라 생각한 것은 더 큰 잘못이다. 그 후에 지은 《삼경의변三經義辨》에서 분석할 때는 왕안석은 왜 이 설에 대해서 '여전히 확실하지 않은 것이 있다.'라고 주장했을까?

주씨는 찬미와 풍자로만 풀었는데, 사씨가 저지른 잘못과 비슷하다. 윤씨는 주로《시경》의 산정에 관해 '부자께서 취한 것은 모두 사무사思無邪와 관계된 말'이라고 한 것도《시경》을 제대로 살피지 않았기 때문이다.

曰, 諸說如何.
曰, 大旨則皆失之, 而就其中又有甚可疑者. 如謝氏專以先王之澤爲言, 而其所引之詩, 不過怨而不怒之一端耳. 其於夫子特擧思無邪之一言, 以警學者於思慮隱微之際者, 亦太疎而不近矣. 楊氏所以辨蘇氏者, 善矣. 然謂詩皆出乎國史,則序詩者固已失之, 而楊氏又因荊舒新義之說, 以國史爲國人之文勝者, 則其失愈遠矣. 其後所著三經義辨蓋嘗辨之, 豈爲此說之時, 其論尙有未定者與. 周氏專以美刺爲言, 其失近於謝氏. 尹氏主於刪詩而言, 以爲凡夫子之所取者, 皆思無邪之言也, 是亦不考於詩而已矣.

02-03. 子曰, "道之以政, 齊之以刑, 民免而無恥, 道之以德, 齊之以禮, 有恥且格."

문 3장에 관한 해설은 어떻습니까?

답 양씨, 후씨, 주씨의 해설은 좋다. 다만 양씨의 해설은 '덕德과 예禮가 있으면 형刑과 정政이 따라온다.'라고 생각했다. (이렇게 생각한) 의도는 매우 좋지만 이 장의 뜻과 조금 달라서, 주씨가 본래의 뜻을 제대로 파악한 것보다 못하다.

후씨는 '도道'를 '치治'로 보았다. (이렇게 보면) '정政'과 통할 수는 있지만 '덕德'과 어울리지는 않는다. 범씨, 여씨, 사씨, 윤씨가 모두 '겨우 면한다'라고 한 것은 문장의 의미를 완전히 놓쳤다. 내 생각에 '면免'은 철저하게 회개하여 잘못을 저지르지 않는 것으로서 정말로 죄를 면할 수 있는 것이다. 어떻게 불의를 저질러 윗사람에게 해서는 안 될 짓을 하고 난리를 일으키는 데까지 이르고, 중요한 법률을 벗어나거나 빠져나가면서도 요행히 형벌을 면하는 것을 말하는 것이겠는가. 명령과 형벌에만 내맡긴 폐해가 반드시 이러한 데까지 이르게 된다고 설명한다면 괜찮다.

여씨는 '먼저 내면을 다스려 그릇된 마음을 바로잡는 것'이라고 말했는데, 이것도 이 장의 뜻이 아니다. 범씨와 마찬가지로 모두 명령과 형벌을 폐지하고 덕과 예에만 내맡겨야 한다는 뜻으로 본 것이다. 동중서의 '하늘의 뜻을 따라 모든 일을 처리해야 한다.'라는 말도 이 정도로 치우치지는 않을 것이다. 사씨가 '정政과 덕德은 선후관계고 형刑과 예禮는 표리관계다.'라고 한 것은 거의 가깝게 파악한 것이다.

或問三章之說.
曰. 楊侯周氏得之. 但楊說以爲有德禮則刑政在其中者, 意則甚善, 而微有異乎此章之意, 不若周氏之得其本旨也. 侯氏以道爲治, 於政猶可通, 於德則無所當矣. 范呂謝尹氏皆以苟免爲言. 殊失文意. 蓋所謂免, 正以其革面而不敢爲非, 眞有以免於罪戾耳. 豈冒犯不義, 以至於犯上作亂, 而脫漏憲網, 以幸免於刑誅之謂哉. 若以說專任政刑之弊, 其流必至於此, 則可矣. 呂氏謂先治內以格其非心. 意非此章之意. 蓋與范氏皆有廢置政刑, 而專任德禮之意. 恐董子所謂承天意以從事者, 亦不至如是之偏也. 謝氏所謂先後表裏者, 則庶幾得之矣.

02-04. 子曰, "吾十有五而志于學, 三十而立, 四十而不惑, 五十而知天命, 六十而耳順, 七十而從心所欲, 不踰矩."

문 대학의 도는 무엇입니까?

답 격물, 치지, 성의, 정심, 수신, 제가, 치국, 평천하의 도에 관한 설은 《대학》에 모두 나와 있다.

或問. 大學之道, 何道也.
曰. 格物致知誠意正心修身齊家治國平天下之道, 其說具於大學之篇矣.

문 성인께서는 배우지 않아도 스스로 깨달아 아셨는데, 하필 열다섯살이 되고 나서야 배움에 뜻을 두었다는 것은 무슨 말입니까?

답 정자께서는 '부자께서 모범적인 본보기를 세워 후인이 힘써 나아가도록 한 말'이라고 생각했는데 옳다. 양씨, 주씨, 윤씨는 그 해설을 따랐다. 다만 주씨의 혈기[2]설血氣說은 전혀 무관하고, 지향할 바를 안다고 한 것은 너무 경솔했다. 이 장 전체를 혈기와 관련지어 이야기하면 말이 모두 경솔해지고, 다음 두 절의 뜻은 더 소략하고 말은 더 경솔해진다.

장자께서는 성인의 배움에는 정말로 순서가 있고 배움에 뜻을 두는 나이부터 이미 도를 밝힌다고 생각하셨다. 그러므로 하늘이 벌써 정했지만 하늘이 정한 것을 실천하는 방법은 끝이 없다는 것으로 비유한다면 이치가 통하지 않는 것 같다. 성인께서는 배우지 않아도 스스로 깨달아 알고 자연스럽게 실천하며 천리天理와 하나가 되어 있다. 그러므로 굳이 열다섯 살에 배움에 뜻을 둘 까닭이 없고, 그 후에 또 몇 년이 걸려서 다음으로 나아갈 필요가 없다. 하늘이 무궁하다면 예로부터 지금까지 어찌 더할 것을 보고 나아간 것이 있었겠는가. 이것을 비유로 끌어들일 수 없음이 분명하다.

사씨는 '성인께서 어렸을 때 이미 종심소욕불유구從心所欲不踰矩의 경지를 알았지만, 실천에 미숙함이 있어서 배움에 뜻을 두는 것으로부터 조금씩 나아갔다.'라고 생각했다. 이것도 장자의 해설과 비슷한 것 같다. 이 말대로라면 성인의 '성聖'에는 본래 배우지 않아도 스스로 깨달았지만 자연스럽게 실천할 수는 없고, 그냥 억지만 의식하지 않아도 적중하는

---

2 혈기: "공자께서 말씀하셨다. '군자에게 세 가지 경계할 것이 있다. 젊을 때는 혈기가 안정되지 않으므로 여색을 경계하고, 장성해서는 혈기가 강하므로 싸우는 것을 경계하고, 늙어서는 혈기가 쇠하므로 욕심을 경계해야 한다.'[孔子曰, 君子有三戒. 少之時, 血氣未定, 戒之在色. 及其壯也, 血氣方剛, 戒之在鬪. 及其老也, 血氣旣衰, 戒之在得.]"《논어》〈계씨〉

데까지 이르지는 않는 것이 있다.[3] 그렇다면 저절로 정성스럽고 밝게 된다는 것은 또 어떻게 성인에게만 해당할 수 있겠는가. 그가 "배우지 않아도 스스로 깨닫는다[生知]는 것은 모든 것을 안다는 것이 아니다. 모르는 것이 있으면 배워서 알아야 한다."라고 한 것은 정자께서 말씀한 것이다. 그러나 모른다는 것도 명호名號와 거복車服의 제도와 규정이나 사물들을 가리키는 것에 불과하고, 의리의 본원도 배워서 안다는 말이 아니다. 또 '자연스럽게 실천한다[安行]는 것은 모든 것을 자연스럽게 한다는 것이 아니다. 자연스럽지 않은 것이 있으면 배워서 자연스럽게 해야 한다.'라고 한 것은 성인도 의리와 물욕이 여전히 마음속에서 갈등한다는 것인데, 이렇게 말해도 되는가?

범씨가 성인은 일반 사람과 다른 점도 있고 같은 점도 있다고 생각한 것은 이래도 좋고 저래도 좋다는 식의 말이어서 무슨 말인지 알 수가 없다. 여씨는 성인과 배우는 사람을 구분하지 않았는데, 아마도 장자의 말과 같은 것 같다. '자기에게 있는 것을 믿으므로 배움에 뜻을 둔다.'라는 말은 《맹자》 본문의 뜻이 아니다.[4] 내 생각에 그가 '신信'이라고 한 것은

---

3 이 말대로라면……있다: "성한 자는 힘쓰지 않아도 도에 맞으며, 생각하지 않아도 터득하여 저절로 도에 맞으니 성인이다.[誠者, 不勉而中, 不思而得, 從容中道, 聖人也.]"《중용中庸》

4 자기에게……아니다: "제나라 사람 호생불해가 물었다. '악정자는 어떠한 사람입니까?' 맹자께서 말씀하셨다. '선인이며, 신인입니다.' '무엇을 선이라 하며, 무엇을 신이라 합니까?' '사람들이 하고자 할 만함을 「선」이라 하고, 그러한 선을 실제로 자기 몸에 가지고 있는 것을 「신」이라 하고, 선을 힘써 행해서 자기 몸에 가득 채운 것을 「미」라 하고, 가득 차서 밖으로 광채가 드러나는 것을 「대인」이라 하고, 대인이면서 저절로 변화하여 자취가 없는 것을 「성」이라 하고, 성스러워 알 수 없는 것을 「신」이라 합니다. 악정자는 앞 두 단계의 중간이며, 뒤 네 단계의 아래입니다.'[浩生不害問曰, 樂正子, 何人也. 孟子曰, 善人也, 信人也. 何謂善, 何謂信. 曰, 可欲之謂善, 有諸己之謂信. 充實之謂美, 充實而有光輝之謂大, 大而化之之謂聖, 聖而不可知之之謂神. 樂正子, 二之中, 四之

선善이 원래 나에게 있음을 안다는 말일 뿐이다. 이것은 배우는 사람에게 적용하여 말한다면 안 될 것도 없지만, 성인에게 적용하여 말한다면 잘못이다.

曰, 聖人生而知之, 其必十有五而後志於學, 何也.
曰, 程子以爲夫子立法以勉進後人之辭, 是也. 楊周尹氏蓋守其說. 特周氏血氣之說無所當, 而所謂知所嚮者爲大輕耳. 蓋其於此章通以血氣爲言, 而語皆輕, 至於下文兩節, 則意愈疎而言愈輕也. 張子以爲聖人之學, 眞有次第, 而自志學之年, 固已明道, 因以爲天已定而所以爲天不窮譬之, 則恐其理之不通也. 蓋聖人生知安行, 渾然天理, 固不應年十有五乃志於學, 其後不應又必累年而後一進也. 若天之無窮, 則自古至今, 曷嘗見其加益而有所進哉. 其不得引以爲比明矣. 謝氏以爲聖人爲童子時, 已知從心所欲不踰矩之妙, 特行之未熟, 故必由志學而漸進. 蓋亦近乎張子之說. 若如其言, 則是聖人之所以爲聖, 固有徒生知而不能安行者, 雖或不思而得, 而未至於不勉而中也. 然則所謂自誠而明者, 又何必聖人而後可以當之乎. 其曰, 生知非物物而知之, 有所未知, 亦當學而知之, 則程子嘗言之矣. 然所未知者, 不過指夫名器事物之間, 非以爲義理之本原, 亦待學而後知也. 又曰, 安行非物物而安之, 有所未安, 亦當學而安之, 則是聖人之義理物欲, 猶未免交戰乎胸中也. 而可乎哉. 至於范氏以爲聖人有與人異者, 而又有與人同者, 則其說依阿兩可而不可曉矣. 呂氏不言聖人學者之分, 其意殆亦若張子之云. 其以信有諸己爲志學之說, 則非孟子本文之意. 意者其曰信知善之固有於我云爾. 此以學者言之則無不可, 若以聖人言之則亦誤矣.

문 '입立'이라는 것은 무엇입니까?

답 배움에 뜻을 둔 때로부터 15년 연수하고 유지하는 공부를 하면 입지가 견고하고 어떤 것에도 휘둘리지 않는다. 정자, 여씨, 사씨의 해설이 좋다. 장자와 범씨는 예禮의 관점에서만 이야기하려 했으니 시야가 조금

下也.]"《맹자》〈진심盡心 하〉)

좁다. 장자께서 '예가 밖으로 드러나는 것은 본성을 따라 이루어지는 것이지 억지로 이루어지는 것이 아니다.'라고 하신 것도 성인만의 일로 본 것이니 너무 지나친 말이다.

曰, 所謂立者, 何也.
曰, 自志乎學, 積十五年進修持守之功, 而其所立之地, 確然堅固, 物莫能搖也. 程子呂謝之說得之. 至於張子范氏必以禮言, 則少拘矣. 張子所謂器於禮以成性, 而非强立之謂, 則又必以爲聖人之事, 而極其言之過也.

문 '불혹不惑'이라는 것은 무엇입니까?

답 입지가 견고해지고 나서 10년 생각하여 찾고 함양하는 공부를 더하면 지식과 견문이 명철하고 막힘이 없게 된다. 사물의 이치가 희미하거나 미세한 차이가 있을 때도 모두 마음속에 확실하게 드러나니, 정자, 장자, 범씨, 여씨, 사씨의 해설이 옳다. 다만 범씨가 《맹자》의 '부동심不動心'을 비유로 끌어들인 것은 약간 차이가 나는 듯하다. 불혹 이후에 부동심이 될 수 있다고 한 것은 괜찮은 것 같다.

曰, 所謂不惑者, 何也.
曰, 旣立矣, 加以十年玩索涵養之功, 而知見明徹, 無所滯礙也. 蓋於事物之理, 幾微之際, 毫釐之辨, 無不判然於胸中. 若程子張子范呂謝氏之說是也. 但范氏引孟子不動心爲比, 似亦小差, 蓋曰不惑而後能不動心則可耳.

문 '천명天命'이라는 것은 무엇입니까?

답 의혹이 없는 데서 10년을 쌓아 채우면 알고 있는 것이 더 정밀해지고 보는 것이 더 밝아져서 이 경지에 이른다. 천도가 운행하면서 만물에 부여하는 것은 모두 지선무망至善無妄한 이치이고 쉼이 없다. 이것이 바로 천명이다. 사물이 얻은 것이 '성性'이고, 성에 갖추어진 것이 '리理'이다. 명칭은 달라도 실질은 하나이다. 그러므로 배움이 '불혹'에 이르고 또 더 나아가면 모든 이치를 깊이 연구하고 '본성'을 모두 발휘하게 되어 이것을 알 수 있다.

曰, 所謂天命者, 何也.
曰, 無所疑惑, 而充積十年, 所知益精, 所見益徹, 而至於是也. 蓋天道運行, 賦與萬物, 莫非至善無妄之理而不已焉, 是則所謂天命者也. 物之所得是之謂性, 性之所具是之謂理, 其名雖殊, 其實則一而已. 故學至於不惑而又進焉, 則理無不窮, 性無不盡, 而有以知此矣.

문 그렇다면 정자께서는 왜 '궁리진성窮理盡性'만 이야기하셨습니까?
답 정자의 생각에는 리理나 성性이나 명命이 처음부터 다르지 않았으므로 이렇게 말한 것이다. 세 가지는 본래 다르지 않지만, 자리하고 있는 곳에 따라 말하면 또 조금의 분별도 없을 수는 없다. '리'는 구체적인 일에서 구별되고, '성'은 사람마다 다르며, '명'은 천도의 온전함이고 성과 리의 근거이다. 천명의 관점에서 보면 성과 리는 작은 덕의 냇물 흐름과 같고, 성의 관점에서 보면 천명은 큰 덕의 두터운 교화이다. 그러므로 궁리, 진성으로부터 지천명知天命에 이르는 것에 명확한 순서나 등급은 없지만, 선후에는 미묘한 차이가 있다. 그리고 불혹과 부동심도 거의 차이가 없지만, 후자로 전자를 해석하면 적절치 않은 점이 있다. 주씨의 해설도 비슷하지만,《맹자》의 '지성知性이면 지천知天'이라는 것으로 검증해 보면 앞의 해설이 더 분명하다.

曰, 然則程子之直以窮理盡性言之, 何也.
曰, 程子之意, 蓋以理也性也命也, 初非二物而有是言耳. 夫三者固非二物, 然隨其所在而言, 則亦不能無小分別. 蓋理以事別, 性以人殊, 命則天道之全, 而性之所以爲性, 理之所以爲理者也. 自天命者而觀之, 則性理云者, 小德之川流, 自性者而觀之, 則天命云者, 大德之敦化也. 故自窮理盡性而知天命, 雖非有漸次階級之可言, 然其爲先後, 則亦不能無眇忽之間也. 亦猶不惑之與不動心, 雖其相去不能以髮, 然以此訓彼, 則有所未可耳. 周氏之說, 蓋亦放此, 然以孟子知性則知天者驗之, 前說益明白矣.

문 다른 학자의 해설은 어떻습니까?

답 정자께서 '생이지지生而知之'에 대해 하신 말씀은 타당하다. 장자께서 '지천지명知天之命'에 대해 하신 말씀은 지나치다. 범씨가 《주역》을 배운다고 한 것은 더 관계가 없다. 나는 이 장에 내가 들었던 것을 대강 기록해 놓았다. 사씨가 "리가 유래하는 곳, 성이 나오는 곳"이라고 한 것도 리, 성과 명을 다른 것으로 본 것 같다. 리, 성의 근원과 천명 사이에 간극이 없다는 말도 장자의 지명至命과 가깝고, 이것은 지식으로 이를 수 있는 것이 아니다. 도와 다르다고 한 것도 바로 이 뜻이다.

양씨가 세상 사람들은 '궁달窮達'이 천명에 달렸음을 알면서도 독실하게 믿지 않아서 앎이 지극한 데 이르지 못한다고 한 것은 옳다. 그러나 또 '공자가 안 것은 아마도 여기에 그치지는 않았을 것이다.'라고 한 것은 '기소지其所止'가 과연 무엇인지 몰라서였을까? 다만 '궁달'의 명이라 생각했을까? 그렇지 않고 안다고 한 것이 또 다른 종류가 있어서 만물이 타고나는 명이라 생각했을까? 그렇다면 앞의 문장과 어울리지 않는다. 다만 궁달에 명이 있다는 것을 믿으려 했다면 굳이 이것을 안 다음에야 가능하다고 할 필요가 없다.

曰, 他說奈何.
曰, 程子所謂生而知之者當矣. 若張子所謂知天之命則過也. 范氏學易之云, 尤

無所謂, 吾於本章已略記所聞矣. 謝氏所謂理之所自來, 性之所自出, 又似以理
性與命眞爲二物. 其曰與之無間, 則又有張子至命之嫌, 而非知之所能及矣. 其
曰與道爲二者, 猶此意也. 楊氏所論世人皆知窮達有命, 而信之不篤, 乃其知之
未至者, 得之矣. 然又以爲孔子所知殆不止此, 則未知其所止果何謂也. 但以爲
窮達之命耶, 則所知云者, 又若別有所屬, 以爲賦受萬物之命耶, 則與上文不相
應, 而但欲其信夫窮達之有命, 則亦不待知此而後能也.

문 그렇다면 '명命'은 두 가지가 있습니까?

답 명은 하나이다. 다만 성현의 말씀에는 '리理'를 말한 것이 있고 '기氣'
를 말한 것이 있다. '리'를 말한 것은 이 장에서 다룬 것이다. '기'를 말한
것은 궁달에 명이 있다고 한 것이다. 독자가 각자 말뜻을 따라 추론한다
면 적절한 의미를 깨닫고 혼란스러워지지 않을 것이다.

曰, 然則命有二乎.
曰, 命一也. 但聖賢之言, 有以其理而言者, 有以其氣而言者. 以理言者, 此章之
云是也. 以氣言者, 窮達有命云者是也. 讀者各隨其語意而推之, 則各得其當而
不亂矣.

문 '이순耳順'이라는 것은 무엇입니까?

답 의미는 정자와 장자께서 자세하게 말씀하셨다. 그 순서가 이렇게 정
해진 것은 지천명知天命 이후 10년을 더하여 노력하든 노력하지 않든 간
에 저절로 이순에 이른다면 덕이 융성하고 인仁이 성숙하여 완성에 가까
워지기 때문이다. 그러나 정자의 생각은 관통에 중점을 두었고, 장자의
생각은 빠름[神速]에 중점을 두었다. 그러나 정자의 마지막 말씀은 또 장
자와 비슷한데, 둘 다 통하는 것 같다. 그 가운데 '의식하지 않아도 그렇
게 된다'라는 말을 인용한 근거는 더 정확하다. 형체에 정체된다는 것도,

어찌 꼭 귀로 들은 것이 있고 난 다음에야 마음에 통하는 것이 있으니 형체로 인한 잘못을 저지를 수밖에 없어서 마음대로 해도 저절로 규범을 어기지 않게 되는 단계의 아무런 자취가 없음만 못하다고 생각하는 것이겠는가. 사람과 사물의 본성을 다 발휘한다는 장자의 나중 이야기는 타당하지 않은 것 같다.

범씨의 말은 소략해서 무엇을 가리키는지 모르겠다. 귀로 들은 것이 모두 시비, 가부의 이치를 구별할 수 있음을 말한 것이라면 괜지만, 귀로 들은 모든 것이 나쁜 소리가 전혀 없다는 말이라면 지나친 것 같다. 그러나 정말로 시비, 가부의 이치를 구별할 수 있다면 나쁜 소리가 없다고 해도 괜찮지만, 그것이 혹 열어구列禦寇나 장주莊周의 말이라면 안 된다. 여씨, 주씨는 모두 스승의 처음 학설을 따랐다. 사씨가 '내외양망內外兩忘'이라고 한 것도 유가儒家라면 해서는 안 될 말이다.

曰. 所謂耳順, 何也.

曰. 其義則程子張子言之詳矣. 其序則自知天命又加十年, 若用力若不用力而自至於此. 蓋其德盛仁熟而幾於化也. 然程子之意, 主於貫通, 張子之意, 主於神速, 而程子最後一說, 又與張子相似, 蓋義不害於兩通也. 其曰不思而得者, 引據尤精. 所謂滯於迹者, 豈以其猶必耳有所聞, 然後心有所通, 爲未免滯於有形之累, 而不若從心所欲自不踰矩之渾然無迹也乎. 至張子後說, 所謂盡人物之性者, 則恐其未安也. 范氏所言疎略, 無以知其意之所指, 若曰耳之所聞, 無不有以別其是非可否之理可, 若曰橫[5]耳所聞, 更無姦聲, 則恐其言之過也. 然誠有以別其是非可否之理焉, 則謂之無姦聲亦可, 但恐其或出於列禦寇莊周之謂, 則不可耳. 呂氏周氏蓋皆祖其師之初說. 謝氏所謂內外兩忘者, 則又非儒者所當言也.

---

5 橫: 사고본四庫本에는 '凡'으로 되어 있다. 이를 따라 번역하였다.

문 '종심소욕불유구從心所欲不踰矩'는 무엇입니까?

답 이것은 성인이 크게 변화하고 마음이 '리理'와 하나가 되어 사욕이 전혀 없는 상태이다. '이순耳順'에서 여기에 이르기까지 10년 동안 힘쓰지 않고도 봄에 얼음이 녹듯이 조용히 저절로 이른다면 그 까닭을 알지 못하면서도 그렇게 되는 것이 있다. 이것은 성인의 덕이 최고 경지에 이른 것이고 성인의 도가 종결되는 곳이다.

曰, 從心所欲不踰矩, 何也.
曰, 此聖人大而化之, 心與理一, 渾然無私欲之間而然也. 自耳順及此, 十年之間, 無所用力, 而從容自到, 如春融凍釋, 蓋有莫知其所以然而然者, 此聖人之德之至, 而聖人之道所以爲終也.

문 '종심從心'의 '종從'을 옛날에는 '종縱'으로 읽고 또 '심心'에서 구절을 끊었습니다. 여러 선생의 설도 이러한데, 홀로 그렇게 하지 않은 까닭이 무엇입니까?

답 경문에 '종從'으로 되어 있고 육씨도 달리 음을 밝히지 않았으니 옛날에도 본래 글자 그대로 읽은 것이다. '종縱'으로 읽은 것은 근세의 습속이 전해져 생긴 잘못이고, 여러 선생도 살피지 못했을 뿐이다. 이치를 따져 보면, 방종한 마음이 있는데 어떻게 성인이 하늘과 하나가 되고 조용히 도에 들어맞는다고 할 수 있겠느냐? 범씨는 '종심從心'을 한 구절로 끊지는 않았지만, 음독은 잘못되었다.

대강의 뜻은 정자, 장자가 제대로 밝혔다고 할 수 있다. 다만 장자께서 '생각하지 않고 애쓰지 않는 것'과 함께 말씀하신 것보다는 정자께서 분리하신 것이 더 타당하다. 주공 꿈을 꾸지 않는다는 말은 우회적이고 잘

통하지 않아서 잘 모르겠다.

曰, 從心之從, 舊讀爲縱, 且至心字而句絶, 諸先生之說皆如此, 而今獨不然, 何也.

曰, 經之本文作從, 而陸氏無別音, 則舊固讀如本字爾. 讀如縱者, 乃近世習俗流傳之誤, 而諸先生偶未察耳. 以理言之, 則有心於縱, 亦豈聖人與天爲一從容中道之謂哉. 范氏雖不以從心爲絶句, 然其音讀, 亦不免於誤也. 若其大義, 則程子張子固不害於得之. 但張子兼不思不勉而言, 不若程子之分之爲當耳. 其論不夢周公, 迂回難通, 殊不可曉.

문 다른 학자의 해설은 어떻습니까?

답 범씨의 해설은 순서가 없고, '혈기를 기르고 덕을 전일하게 하며 명을 이르게 하고 뜻을 이룬다.'라고 한 말은 더 모르겠다. 그리고 그다음에 순, 공자의 일을 인용한 것도 상반되는 것이어서 도대체 무슨 말인지 모르겠다. 여씨, 사씨, 양씨의 해설은 모두 좋다. 하지만 모두 '종從'을 잘못 읽었다.

曰, 諸說如何.

曰, 范氏之說, 殊無倫次, 而養血氣一其德致命遂志等語, 尤不可曉. 且與其下文所引舜孔子事亦相反, 不知其果何謂也. 呂謝楊說皆善, 但從字之讀, 則皆失之耳.

문 정자께서 '쉰 살에 천명을 알지만 명命에 이른 것은 아니고, 일흔 살이 된 연후에 명에 이른다.'라고 하신 것은 무엇입니까?

답 명命에 이른다는 말은 천天과 하나가 됨을 말한 것일 뿐이다. 쉰 살에 명을 알지만, 미처 이르지 못한 것이 있다. 그러나 《주역》〈설괘전說卦傳〉의 "리를 깊이 연구하고 본성을 다 발휘하여 명에 이른다."라는 말은 《주역》과 《서경》에서 밝힌 이치로 말한 것이고, 앞 문장의 '궁진窮盡' 어쩌고

하는 말을 받아 이은 것일 뿐, 성인께서 도달한 경지를 가리킨 것이 아니다. 그러나 예로부터 성인의 일이라고 생각한 사람이 많으므로 정자께서 그것을 따랐는데, 사리에 맞지 않는 것은 아니다.

程子謂五十知天命而未至命, 七十然後至於命, 何也.
曰, 至命之云, 言其與天爲一而已. 五十知命, 誠有所未至也. 然易大傳之言, 窮理盡性, 以至於命, 則以易書所發之理言之, 爲言亦蒙上文窮盡之云而繫之耳, 非指聖人所造之地也. 然古今以爲聖人之事者亦多, 故程子因之, 蓋不害於理也.

02-05. 孟懿子問孝. 子曰, "無違." 樊遲御, 子告之曰, "孟孫問孝於我, 我對曰, 無違." 樊遲曰, "何謂也?" 子曰, "生事之以禮, 死葬之以禮, 祭之以禮."

문 삼가三家가 분수에 맞지 않는 예禮를 행한 것에 대해 부자께서 세 가지를 말씀하셨는데, 근거가 있습니까?

답 노나라의 삼가는 빈례殯禮에 상여 끈[撥]을 두었으니 장례가 분수에 맞지 않았고, 〈옹雍〉으로 제사를 마쳤으니 제례祭禮가 분수에 맞지 않았다. 분수에 맞지 않은 예로 산 사람을 섬긴 것은 근거를 찾아볼 수 없어도 충분히 알 수 있다. 아! 저들은 괜찮다고 생각했으니, 그 마음이 어찌 이러한 행위가 부모를 존귀하고 영예롭게 할 수 있어서 이보다 큰 효도는 없다고 생각하지 않았겠으며, 또 어찌 한 번이라도 예를 어기면 도리어 부모를 신하의 분수를 벗어나 모반한 사람으로 만들고 스스로는 불효막심한 자가 되는 줄 알았겠는가! 부자께서는 효에 대해 질문했을 때

부모를 아끼는 마음이 있음을 아셨으므로 이렇게 알려주어 느끼는 바가 있어서 스스로 고칠 수 있도록 하셨다. 하지만, 성인이라도 어떻게 험한 말로 다른 사람이 숨긴 것을 들추어서 선하게 되도록 위협할 수 있겠는가. 또 이치대로 말하자면, 세상의 형편이나 일의 변화에는 따를 수 없는 것이 있다. 아! 이점이 성인의 말씀이 되는 이유일 것이다.

或問. 三家僭禮. 其於夫子之三言者. 其有考乎.
曰, 魯之三家, 殯設撥, 則其葬也僭而不禮矣. 以雍徹, 則其祭也僭而不禮矣. 其事生之僭, 雖不可考, 然亦可想而知矣. 嗚呼, 彼爲是者. 其心豈不以爲是足以尊榮其親. 而爲莫大之孝. 夫豈知一違於禮, 則反置其親於僭叛不臣之域, 而自陷於莫大之不孝哉. 夫子因其問孝, 而知其有愛親之心. 故以此告之. 庶其有所感發而能自改也. 雖然, 聖人亦豈務爲險語以中人之隱, 而脅之以遷善哉. 亦循理而言, 而物情事變. 自有所不得遁焉耳. 嗚呼, 此其所以爲聖人之言也與.

문 다른 여러 학자의 해설은 어떻습니까?

답 정자께서는 의자懿子에게 해준 말이 많은 사람에게 해준 말이라고 생각하셨다. 포함된 의미가 넓어서 맹씨의 분수에 맞지 않는 행위에 미치지 않는다고 생각하신 것 같다. 구체적인 일에는 부합하지 않지만, '리理'의 관점에서 보자면 성인의 이 말은 모든 것에 적용될 수 있다.

범씨와 윤씨는 이 장이 의자의 잘못을 꼬집은 것이라고 생각했다. 그러나 구체적인 일을 알 수 없고, 그가 군주를 섬긴 것으로 미루어보면 설명이 소략하다. 또 의자가 굳이 더 묻지 않았는데도 부자께서 다시 이야기해 주신 것도 아마 이러한 생각이 있었을 것이다. 하지만 바로 알려주지 않고 번지樊遲를 통해 전달되도록 했으니, 한 가지를 물었는데 두 가지를 일러준 잘못은 없는 셈이다.

여씨가 인仁과 관련지어 말한 것도 너무 지나치고 쓸모없다. 그것이 분수에 맞지 않은 예禮를 행했다는 뜻으로 말한 것이라면 좋겠지만, 살펴보니 자세하지 않다. 사씨는 전체적으로 성性과 천도天道로 4장의 뜻을 해석했는데 뛰어나기는 하지만, 성인의 말씀에 성과 천도를 밝히지 않는 것이 무엇이 있는가? 이 장만 그런 것이 아니다. 장례와 제례로 예를 논하면서 사실을 빠트리고 고원한 데로 나아간 것도 앞 편에서 '붕래충신朋來忠信'을 논한 것과 같은 잘못을 저질렀다. 또 번지가 이것을 모르지 않는다고 생각하고 특별히 구체적인 것으로 질문한 것은 번지를 좀 잘못 대한 것 같다. 성인의 말뜻이 이렇게 넓고도 깊은데, 번지는 원래 총기가 있고 도에 깊이 통한 사람이 아니니 어떻게 모르는 것이 없음을 알겠는가.

양씨의 말은 빈천하면서도 부모를 아끼는 사람을 위해 한 것이라면 좋지만, 부자께서 맹손孟孫에게 알려주신 뜻이라 생각하면 안 될 것 같다. 그러나 성인의 말씀이 넓은 범위를 포함함을 볼 수 있으므로 정자의 해설을 증명하는 근거가 된다. 주씨의 해설은 압축적이지만 좋은 것 같다.

曰, 諸說如何.
曰, 程子以告懿子者, 爲告衆人之言, 蓋以其所包之廣, 而未及乎孟氏之僭禮也, 雖於其事有所未合, 然直以理而觀之, 則聖人此言, 固亦無所施而不可也. 范尹則以此章爲箴懿子之失矣, 然不得其事之實, 而以其專君者推之, 則亦疎矣. 又以懿子力不能問, 而夫子復以告之, 蓋亦或有此意, 然不直告而因樊遲以及之, 則亦無問一而告二之瀆矣. 呂氏以仁言之, 亦過高而傷贅, 其言僭禮之意則善, 而考之亦未詳也. 謝氏通以性與天道幷釋四章之意亦高矣, 然聖人之言, 何者而非性與天道之發, 不特此章爲然也. 其論葬祭以禮, 遺事實而騖高遠, 亦若其前篇所論朋來忠信之病也. 又以樊遲非不知此, 特問之以質其目者, 其待樊遲似亦少過矣. 以聖言之淵懿如此, 而樊遲平日又非敏悟通達之才, 亦何以知其非有所不知也耶. 楊氏之言, 爲世之貧賤而愛親者言, 則得之矣. 以爲夫子告孟孫之意, 則恐其未然也. 然亦可以見聖言所包之廣, 而爲程說之驗矣. 周氏之說雖約, 庶幾得之.

02-06. 孟武伯問孝. 子曰, "父母唯其疾之憂."

문 6장과 관련된 해설은 어떻습니까?
답 이 장은 사씨의 해설이 사람 마음에 절실하게 다가와 배우는 사람이 경계하고 살필 것을 알고 노력하도록 해준다. 다른 해설의 의미에 대해서는 다음과 같은 말을 할 수 있을 것이다. 부자께서 왜 무백武伯의 질문에 "불의를 저질러 부모에게 걱정을 끼치지 않는다면 효라고 할 수 있다."라고 바로 일러주지 않고 진부하고 적절하지 않은 말로 일러주어서, 도리어 꼭 병에 걸려 부모에게 걱정을 끼친 다음에야 효도할 수 있는 것처럼 하셨을까? 이것은 아마도 성인께서 평소에 몸가짐을 공경스럽게 하고 질병에 걸리지 않도록 조심하라고 가르친 뜻일 것이다.

或問, 六章之說.
曰, 此章惟謝氏之說切於人心, 使學者知有所警省而用其力. 若如諸說之意, 則夫子於武伯之問, 何不直告之曰, 不爲不義, 以貽父母之憂, 可謂孝矣, 而顧爲是迂昧不切之語以告之, 反若使之必致疾以憂其親, 而後可以爲孝者, 是豈聖人平日敎人敬身謹疾之意哉.

02-07. 子游問孝. 子曰, "今之孝者, 是謂能養. 至於犬馬, 皆能有養. 不敬, 何以別乎?"

문 부모는 지극히 높고 가깝지만 개나 말은 매우 비천한데, 성인께서는 어찌 이렇게 서로 격이 맞지 않는 것을 가지고 말씀하셨습니까?

답 이것은 가설을 세워서 경계한 말이다. 그러므로 차이가 현격한 것으로 밝혀서, 봉양할 수는 있지만 공경하지 않는 죄를 명확하게 드러냈다. 사씨가 아주 상세하게 설명했으니, 배우는 사람은 잘 살펴보아야 한다. 증씨가 《맹자》에 나오는 "아끼면서도 공경하지 않는 것은 짐승을 기르는 것과 같다."[6]라는 말을 인용한 것도 참고할 만하다. 다른 해설은 이에 대해서 소략하고, 범씨와 윤씨는 개나 말도 다 공양할 수 있다고 했다. 그런데 개와 말이 사람에게 힘이 되는 것은 애초에 공양하려는 생각이 없으니, 성인께서 비유를 취한 것이 이렇게 엉성할 수는 없을 것이다. 이것은 아마도 앞 해석의 혐의를 피하려고 격을 낮춰 뜻을 맞춘 것일 뿐이다.

或問, 父母至尊親, 犬馬至卑賤, 聖人之言, 豈若是之不倫乎.
曰, 此設戒之言也, 故特以其尊卑懸絶之甚者明之, 所以深著夫能養而不敬者之罪耳. 謝氏言之已詳, 學者考之可也. 曾氏引孟子愛而不敬獸畜之也, 亦其明驗. 諸說於此疎略, 惟范尹氏之說犬馬皆能有養, 則犬馬之有力於人, 初無致養之意, 恐聖言取譬, 必不若是其拙也. 此殆欲避前說之嫌, 而遷就之耳.

02-08. 子夏問孝. 子曰, "色難. 有事, 弟子服其勞, 有酒食, 先

---

6 아끼면서도……같다: "맹자께서 말씀하셨다. '먹이기만 하고 사랑하지 않는다면 돼지로 사귀는 것이고, 사랑하기만 하고 공경하지 않는다면 짐승으로 기르는 것이다. 공경하는 마음은 폐백을 받들기 전부터 있는 것이다. 공경하되 실제로 공경하는 마음이 없으면 군자는 헛되이 얽매이지 않는다.'[孟子曰, 食而弗愛, 豕交之也, 愛而不敬, 獸畜之也. 恭敬者, 幣之未將者也. 恭敬而無實, 君子不可虛拘.]"《맹자》〈진심 상〉

生饌, 曾是以爲孝乎?"

문 '색난色難'에 대한 해설이 다른 것은 무엇 때문입니까?

답 두 가지 해설은 완전히 다르다. 그러나 부모의 낯빛을 좇으려 하면 온순한 몸가짐을 할 수밖에 없고, 온순한 몸가짐을 하면 낯빛을 좇게 되어 있다. 다만 문맥을 살펴보면 정자와 양씨, 주씨의 해설이 올바른 것 같다. 정자의 나중 해설은 궐문과 오자가 있는 것 같아서 이해할 수 없다. 사씨가 음식을 갖추는 데 애쓰는 것도 모두 효가 된다고 한 것도 말뜻을 잘못 이해한 것 같다. 양씨와 주씨도 자유子游, 자하子夏의 부족한 점을 들어 설명했지만, 정자의 말이 더 탁월하다.

或問, 色難之說不同, 何也.
曰, 二說固不同矣, 然務承順其親之色, 則必有和氣婉容矣, 有和氣婉容, 則必承順顔色者矣. 但以文義考之, 則似當以程子楊周氏說爲正, 而程子後說, 則似有闕文誤字, 而不可解也. 謝氏於服勞具饌, 又皆以爲孝焉, 則亦似失立言之意矣. 楊周亦以二子之失爲言, 然不若程子之言爲盡矣.

02-09. 子曰, "吾與回言終日, 不違如愚. 退而省其私, 亦足以發, 回也不愚."

문 9장과 관련된 해설은 어떻습니까?

답 정자 해설이 최고이다. '사私'를 '자득自得', '중심中心'이라 생각하신 것도 치밀하다. 다만 '평상시'로 해석한다면 드러나지 않았을 때와 드러났을 때 일치하는 실상을 더 잘 볼 수 있다. 그러나 정자의 '퇴성退省' 두 글자에 관한 생각이 다르다. 앞에서는 공자께서 살피신 것으로 생각했지만, 뒤에서는 안자가 자신을 살핀 것으로 생각했는데, 앞의 해석이 바른 것 같다. '발發'의 해석도 마찬가지인데, '개발開發'이라고 한 것이 둘, '발명發明'이라고 한 것이 하나이다. 이것도 앞의 해석[一說]이 바른 것 같다. 안자가 물러나 살펴서 새롭게 밝힌[發明] 것이 있다고 생각한다면, 이것은 어김이 없었던 처음에는 분명하지 않았다고 보는 것이 된다. 자발적 이해[開發]로 해석한다면, 그것이 안자 마음에 자발적 이해가 있었다는 건지 공자께서 계발해 주셨다고 보는 건지 모르겠다. 안자 마음에 자발적 이해가 있었다면 "자발적으로 이해한 것이 있을 수도 있다.[亦可謂能有所開發]"라고 해야지, "또한 이해할 수 있었다.[亦足以發]"라고 해서는 안 된다. '분비계발憤悱啓發'[7]의 경우처럼 공자께서 계발해 주신 것으로 생각한다면 문맥은 통한다. 하지만 안자도 간신히 계발해 줄 수 있다고 생각한다면 다른 사람은 전혀 가르칠 수 없다고 보는 것이 되는데, 성인의 화법이 이렇게 거만해서는 안 될 것 같다.

  범씨는 안자가 물러나서 문인과 강론한 것으로 해석했다. 아마도 옛 주석을 따른 것 같은데, 좁게 해석했다. 부자께서 안자의 사적인 모습을 살펴보신 것이 강론하는 것만이었겠는가. 사씨는 '불위不違'를 설명하면서 책을 보는 것보다 말을 듣는 것이 더 낫다고 했다. 물론 이러한 이치가 있기는 하지만, 결국 책을 보는 것으로는 성현의 깊고 미묘한 뜻을 결

---

7 분비계발: "공자께서 말씀하셨다. '알려고 애쓰지 않으면 가르쳐주지 않고, 표현하지 못해 애태우지 않으면 말해주지 않으며, 한 귀퉁이를 들어 보였을 때, 남은 세 귀퉁이로 증명하지 못하면 더 이상 더 알려주지 않는다.'[子曰, 不憤不啓, 不悱不發, 擧一隅, 不以三隅反, 則不復也.]"《논어》〈술이〉)

코 알 수 없다고 한다면 성인의 저술과 가르침은 또 어떻게 후세 사람이 듣고 알기를 바란 것이겠는가. 절대로 그런 사람은 없을 것이다. 사씨가 안자의 '불위不違'를 논하면서 의리義理에 맞는 것에 관해서는 말하지 않고, 오로지 '신수神受'만을 가지고 설명했다. 아직 귀로 듣는 것도 모르는데 어떻게 또 정신으로 받아들이겠는가. 타고난 기질과 품성의 고명高明함에 관해서는 이야기하지 않고 '호독심허好篤心虛'만으로 설명한 것도 현상만 다룬 것이지 그 까닭은 밝히지 않은 것이다. 그래도 '호독심허'는 배우는 사람에게 오히려 도움이 되지만, '신수'는 미묘해서 알기 어려운 데로 치달리게 해서 괴이하고 헛된 지경에 빠지도록 할 수도 있으니, 그 해로움은 이루 다 말할 수 없을 것이다.

양씨가 '가르침이 적절한 정도를 넘어서는 안 된다.'라고 한 것도 좋기는 하지만, 성인께서 몰래 안자에게만 알려주고 다른 사람은 듣지 못하도록 하려고 하신 것은 아니다. 우연히 문답을 따라 자세히 이야기해 주시다가 종일토록 하게 되었을 수는 있을 것 같다. 사씨와 후씨는 모두 성인께서 상세히 살피신다는 것을 알려서 문인이 발전하도록 하려고 이 말씀을 하신 것이라고 생각했는데, 이러한 의미도 있는 것 같다. 주씨가 또 문인이 안자의 일상을 보도록 하려 했다고 생각한 것은 더 낫지만, 약간 치우친 측면이 있다. 성인께서는 안자를 살펴볼 필요도 없이 아시는 것이 있었지만 늘 살펴보신 것이 있었으니, 사실에 근거하지도 않고 이런 말을 지어내어 문인을 가르치시지는 않았을 것이다.

증씨, 호씨, 장경부의 설도 좋다. 【증씨가 말했다. "귀로 들어가서 마음에 정착하고 조용히 마음에 새겼으므로 어리석은 사람처럼 어기지 않았다. 물러나고 난 다음에 실천하는 것을 살펴보니 완전히 내재화하여 행동으로 드러났으므로 계발해 줄 수 있었다." ○ 호씨가 말했다. "안자의 자질이 생지生知에 가까웠으므로 부자의 말씀을 듣고 마음으로 알며 조용히 마음에 새겼고, 다시 따져 묻는 일 없이 도리어 우매하여 이해하지 못한 것 같았다. 함께 있다가 물러나고 나서 부자께서 평소 모습을 살펴보니, 모든 행동을 성인께서 가르치신 대로 할 수 있고 가르침을 따라 발견한 것도 있었다. 그런 다음에야 지난번의 어리석음이 상지上智였음을 알았다. 그런데 성인께서 안자가 어리석지 않음을 이미 아셨을 텐데 굳이 '퇴이성기사退而省其私'라고 하신 것은 아무 근거도 없이 하신 말씀이 아님을 보이고, 또 덕에 나아가는 공부는 내외가 부합하고 은현隱顯이 일치해야 함을 밝혀 배우는 사람이 신독愼獨하도록 하신 것이다. 아아! 부자께서 안회와 종일 말씀하셨다면 많은 말씀을 하셨을 텐데 지금 거의 남아 있지 않으니 너무나 안타깝다." ○ 장경부가 말했다. "안자는 부자의 말씀을 모두 일상에 내재화할 수 있었으므로, 부자께서 그가 물러난 다음 그의 행동을 살펴보고 이 도를 밝게 드러낼 수 있음을 아셨으니, 바로 그가 이 말씀을 평생 실천하기를 청한 것[8]의 증거이다."】

或問九章之說.
曰. 程子至矣. 其以私爲自得爲中心者. 亦密矣. 但以燕私言之. 則尤足以見其隱顯一致之實耳. 然程子於退省二字. 意亦不同. 前說以爲孔子省之. 而後說以爲顔子之自省. 恐當以前說爲正. 發字之義亦然. 蓋以爲開發者二. 以爲發明者一. 亦恐當以一說爲正也. 蓋若以爲顔子退省乃有發明. 則是無違之時. 初未了了也. 以爲開發. 則未知其以爲顔子心有開發. 以爲孔子發之耶. 若曰顔子心有開發. 則當云亦可謂能有所開發. 而不當云亦足以發. 若以爲孔子發之. 如憤悱啓發之云. 則雖於文義可通. 而其語意乃若以顔子爲僅可開發. 而視他人爲全

---

[8] 안자는……것: 안연이 공자로부터 인仁의 실천조목을 듣고 '청사사어請事斯語(이 말씀을 일삼겠습니다.)'라고 한 말을 가리킨다. 《논어》〈안연〉

不足敎者, 恐聖人之辭氣, 不如是之驕倨而忽易也. 范氏專以顔子退與門人講論爲說, 蓋用古註, 然亦狹矣. 夫子所以省顔子之私者, 豈獨其講論之云乎. 謝氏不違之說. 以爲觀書不如聽言之切, 固有此理, 然遂爲觀書決不足以得聖賢深微之意, 則聖人之立言垂敎, 又何望於後世聞而知之者, 且不可復有其人矣. 其論顔子之不違, 不言其義理之契合, 而專以神受爲說, 不知方以耳聽, 若之何而又以神者受之也. 不言其氣禀之高明, 而專以好篤心虛爲言, 則亦得其然而不得其所以然者矣. 然好篤心虛之說, 於學者猶有所益, 神受之云, 則或能使馳騖恍忽而流於怪誕之域, 其爲害將有不可勝言者矣. 楊氏敎不凌節云者亦得之, 然非聖人陰以告顔子而不欲使衆人得聞之也. 蓋或偶因其問答而詳言之, 以至於終日耳. 謝侯氏皆以爲聖人言此, 欲以證其察之之詳, 而發門人之進, 恐亦或有此意. 周氏又以爲欲門人觀顔子之朝夕者尤善, 而亦皆少偏. 蓋雖聖人之於顔子, 固有不待省而知者, 然蓋必常有省焉, 非全無事實而妄爲此言, 以爲敎於門人也. 曾氏胡氏張敬夫之說, 亦善.【曾氏曰, 入乎耳, 著乎心, 默而識之. 故不違如愚, 退而察其履踐, 則布乎四體, 形乎動靜, 故足以發. ○ 胡氏曰. 顔子之質, 鄰於生知, 故聞夫子之言, 心通默識, 不復問辨, 反如愚蒙之未達者, 及侍坐而退, 夫子察其燕私, 則其視聽言動, 皆能以聖人所敎, 隨用發見, 然後知向之所謂愚者, 乃所謂上智. 然聖人久矣知顔子之不愚矣, 而必曰退而省其私之云者, 所以見其非無證之空言, 且以明進德之功, 必由內外相符, 隱顯一致, 欲學者之愼其獨也. 嗚呼, 夫子與回言終日, 則言多矣, 而今存者無幾, 可勝惜哉. ○ 張敬夫曰. 夫子之言, 顔子皆能體之於日用之間, 所以夫子退而省其私, 而知其足以發明斯道, 乃其請事斯語之驗也.】

02-10. 子曰, "視其所以, 觀其所由, 察其所安. 人焉廋哉? 人焉廋哉?"

문 10장과 관련된 해설은 어떻습니까?

답 정자만이 바르게 파악했다. 범씨의 해설은 소략하다. 사람의 행동은 쉽게 볼 수 있고, 마음은 알기 어렵다. 지금 먼저 마음을 보고 난 후에 행동을 살피고, 게다가 귀추라고 한 것은 또 편안하게 여기는 곳에 다가가는 것이다. 그런데 말미암는 것을 귀추라고 하고 편안하게 여기는 것을 다만 처해 있는 것의 시비라고 한다면 그 경중과 심천이 모두 부적절하게 된다. 여씨도 소략하고, 말미암는 것[所由]을 지난날 거쳐온 것이라 생각한 것은 더 통하지 않는다.

사씨의 해설은 매우 복잡해 보이지만 자세히 살펴보면 의미가 관통되어 있다. 하지만 앞 두 구절은 타당하지 않은 것 같고, "어떻게 이 도를 말미암지 않을 수 있는가."라는 말을 끌어들인 것은 이해할 수 없는데 군더더기인 것 같다. 편안하게 여기는 것과 관련해서는 제대로 파악했다. 하지만 군자와 소인을 구별하지 않고 말한 것은 이 장의 본래 취지가 아닌 것 같다. "소인이 어떻게 하루라도 선의 상태에 있지 않은 적이 있는가."라고 한 말은 소인이 선으로 나아가게 한 것이 서둘러 몰아간 것 같다. 양씨의 세 구절은 사씨의 생각과 비슷하지만, 좌씨의 말을 인용하여 '이以'의 뜻을 해석하고 '소이所以'를 '재능[才]'이라 한 것은 지리하고 지체됨이 심하다. 주씨도 마찬가지이다.

윤씨는 범씨의 해석과 비슷한 것 같지만 조금 다르기는 한데, 굳이 논할 것까지는 없다. 소씨의 해석도 괜찮지만, 편안하게 여기는 것과 관련한 해석은 사씨의 해석과 같다. 【소씨가 말했다. "남에게 보이는 행동이 정말로 선善하더라도 스스로 행동한 것이 과연 선한지는 알 수 없을 것이다. 스스로 행동한 것이 정말로 선하더라도 오래도록 편안하게 여길 수 있는 지는 알 수 없을 것이다. 악惡도 마찬가지이다. 오래도록 편안하게 여겨야 그 선과 악이 결정

된다. 소인이 요행히 선에 들어맞는 경우가 있고, 군자가 불행히 악에 들어가는 경우가 있다. 그러나 끝내 그 사람을 바꿀 수 없는 것은 스스로 행동하는 것이 그르기 때문이다."】

或問十章之說.
曰, 唯程子得之. 范氏之說則疎矣. 人之易見者莫如行事, 難知者莫如用心. 今先視其用心, 而後察其行事, 且歸趣之云, 又迫夫所安者之地矣. 今以歸趣語所由, 而所安者, 乃特爲所處之是非, 則其輕重淺深, 無一當其所者矣. 呂氏亦疎, 其以所由爲昔者所經由者, 則尤有所不通也. 謝氏說似甚雜, 然細考之, 意亦貫通, 但上二句恐有未當, 而引何莫由斯道也, 殊不可曉, 蓋已贅矣. 所安之云則得之. 然兼君子小人而言, 亦似非此章之本旨. 至曰小人何嘗一日不在於善, 則其進小人也亦驟矣. 楊氏三句, 大抵略似謝意, 然引左氏之言以釋以字之義, 而謂所以爲才, 則其支離遷就, 抑又甚矣. 周氏亦然. 尹氏則又似范氏說而小不同, 然亦不必論矣. 蘇氏說亦得之. 但所安之云, 亦如謝說耳.【蘇氏曰, 見其所爲者誠善矣, 則未知其所自爲之者果善乎. 所自爲之者果善矣, 則未知其能久而安之乎. 惡亦如之. 至於久而安之, 則其爲善惡也決矣. 小人有幸而中於善, 君子有不幸矣而入於惡, 然終不可以易其人者, 所自爲之者非也.】

02-11. 子曰, "溫故而知新, 可以爲師矣."

문 배우고 꼭 익힌 다음에야 새로운 것을 알 수 있는 것입니까? 아니면 배운 것을 익힐 때 새로운 것을 아는 것을 중시해야 합니까? 어떻게 이것만으로 스승이 될 수 있습니까?

답 '고故'는 과거에 획득한 것이고, '신新'은 지금에야 비로소 획득한 것이다. 과거에 획득한 것은 비록 내가 지니고 있다고 하지만, 수시로 반복해서 그것으로부터 풀어내는 공부를 하지 않는다면 황폐해지고 잊어

버릴 수 있고 새로운 것을 알 수 있는 근거도 없어진다. 그런데 옛것을 익히기만 하고 타당함을 추론해 내지 못한다면 보고 들은 것이 많고 꼼꼼하게 암기한다고 해도 말하고 듣는 문자 이외에 아무런 견해도 없는 것이 마치 원천 없는 물이 끝없이 나오지 못하는 것처럼 될 것이니, 무엇으로 가르치고 의혹을 해소하여 배우는 사람이 중단 없이 추구하도록 하겠는가? 《예기禮記》〈학기學記〉에서 "암송 공부[記誦之學]만으로는 스승이 될 수 없다."라고 한 것이 바로 이것을 말한 것이다. 이미 획득한 것을 풀어내고 미처 알지 못했던 것에서 매번 알아내는 것이 있을 수 있다면 사람을 살피면서 어제는 얼굴을 알고 오늘은 마음을 아는 것과 같이 될 것이니, 스승이 될 만하지 않겠느냐? 부자께서 '될 만하다.[可]'라고 하신 것은 바로 이 정도에 미치지 못한 사람은 스승이 될 수 없음을 밝힌 것이지, 이와 같은 사람은 스승이 되고도 남음이 있다고 한 것은 아니다.

또 예전 정자께서는 만년에 "내 나이 스물에 경전의 뜻을 해석한 것은 지금과 다름이 없지만, 그 의경[意味]은 다르다."라고 하셨다. 이것은 '온고지신'에서 중대한 것이니, 배우는 사람이 이것을 목표로 삼아 깊이 탐구한다면 의리의 무궁함을 볼 수 있을 것이고 스승이 될 겨를도 없을 것이다. 정자께서는 기상이 협소한 것을 싫어하면서도 이 말씀을 하셨으니, 스승이 될 만하다는 말의 해석이 좋기는 하지만 그것이 본문의 뜻일까? 자하의 말[9]을 인용한 것도 문장의 뜻이 도치되고 잘못 진술된 것이 있는데, 해당 장에서 논하겠다.

---

9 자하의 말: "자하가 말하였다. '날마다 알지 못했던 것을 알고, 달마다 이미 학습한 것을 잊지 않는다면 참으로 배우기를 좋아한다고 할 수 있을 것이다.'[子夏曰, 日知所亡, 月無忘其所能, 可謂好學也已矣.]" 《논어》〈자장〉

범씨, 양씨, 주씨의 해설도 이것을 따랐다. 그리고 양씨는 또 부자와 자사의 뜻을 하나로 합쳤으니 억지가 심하다. 여씨는 정자에 근거해서 많이 듣는 것만을 스승의 일로 생각했는데 크게 잘못되었다. 그의 해설을 자세히 살펴보면 암송 공부가 왜 스승이 되는 데 부족하겠는가? 사씨는 지나치게 고원하여 실질적이지 못한데, 여기에서는 더 심하다. 고명高明, 중용中庸, 광대廣大, 정미精微를 인용하여 극치라 생각하고 그 이치는 따지지 않았고, '분수分殊'라고 한 것도 잘못이다. 성현이 이렇게 상세하게 말한 것은 '배우는 사람 각자가 지극히 공부하여 편파적이지 않게 되면 (온고와 지신 두 가지를) 모두 얻을 것'이라고 생각해서니, (온고와 지신을) 대략 같다고 여겨 그 차이를 살피지 않으면 두 가지 모두 잃는 근심이 있을 것이다.

或問, 學必溫故而後可知新乎, 抑溫故者必貴於知新乎, 豈爲師之道, 亦足於此而已乎.
曰, 故者, 昔之所已得者也, 新者, 今之所始得者也. 昔之所得, 雖曰旣爲吾有, 然不時加反復尋繹之功, 則亦未免廢忘荒落之患, 而無所據以知新矣. 然徒能溫故, 而不能索其義理之所以然者, 則見聞雖富, 誦說雖勤, 而口耳文字之外, 略無毫髮意見. 譬若無源之水, 其出有窮, 亦將何以授業解惑. 而待學者無已之求哉. 學記所謂記誦之學不足以爲人師者, 正謂此耳. 若能尋繹其所已得者, 而每有得於其所未得者焉, 則譬諸觀人, 昨日識其面, 而今日識其心矣. 於以爲師, 其庶矣乎. 夫子之言, 所謂可云者, 正所以明夫未至此者, 不足以爲師, 非以爲能如是而爲師有餘也. 且昔程子晚而自言, 吾年二十時, 解釋經義, 與今無異, 然其意味, 則今之視昔爲不同矣. 此溫故知新之大者, 學者以是爲的而深求之, 則足以見夫義理之無窮, 而亦將不暇於爲師矣. 程子惡夫氣象之狹而爲斯言, 可師之說, 美則美矣, 其無乃非本文之意乎. 至引子夏之言, 則其文義亦有倒置而錯陳者, 當於本章論之耳. 范楊周氏說亦放此. 而楊氏又幷夫子思之意而一之, 則其牽合甚矣. 呂氏據程子專以多聞爲師之事, 失之尤遠. 審究其說, 則記誦之學, 何爲而不足以爲師乎. 謝氏過高不實, 於此尤甚, 至引高明中庸廣大精微以爲極致, 而不察其理, 所謂分殊者, 則亦誤矣. 夫聖賢所以言之如是之詳者, 正以謂學者各極其功, 而無所偏廢, 則兩得之, 槪以爲同, 而不察其異, 則將有兩失之患耳.

02-12. 子曰, "君子不器."

문 12장과 관련된 해설은 어떻습니까?

답 정자와 윤씨가 제대로 파악했다. 범씨의 요지도 좋지만 말뜻이 번잡하고, 형이상形而上과 형이하形而下를 인용한 것도 이 장의 뜻과 부합하지 않는다. 성인께서 가르치실 때는 먼저 근소한 것을 다하고 난 다음에 원대한 것에 나아가셨다. 다만 군자는 이것에 만족하지 않고 관통할 수 있다. 도를 근본으로 삼는다고 하면서도 근소한 것을 잊는다면 구체적인 사물을 떠나서 도를 구하는 것이 되고 또 자하가 자유를 비판한 것[10]이 된다. 굳이 형이상과 형이하로 말한다면 성인도 어떻게 기器를 버려두고 도를 취하라고 가르치겠는가.

유씨 생각도 비슷하지만, 노자와 장자를 언급한 것은 더 공허하다. 양

---

10 자하가……것: "자유가 말하였다. '자하의 제자들은 물뿌리고 청소하며 응대하고 진퇴하는 예절은 괜찮지만 이는 지엽적인 일이다. 근본적인 것은 없으니, 어찌하겠는가?' 자하가 듣고서 말하였다. '아! 언유의 말이 지나치다. 군자의 도가 어느 것을 먼저 전하고 어느 것을 뒤에 하여 게으르하겠는가? 초목에 비유하면 갖가지 종류로 구별되는 것과 같다. 군자의 도를 어찌 속일 수 있겠는가? 처음과 끝을 갖춘 것은 오직 성인일 것이다.'[子游曰, 子夏之門人小子, 當洒掃應對進退, 則可矣, 抑末也. 本之則無, 如之何? 子夏聞之, 曰, 噫! 言游過矣! 君子之道, 孰先傳焉? 孰後倦焉? 譬諸草木, 區以別矣. 君子之道, 焉可誣也? 有始有卒者, 其唯聖人乎!]"《논어》〈자장〉)

씨가 양웅의 '대기大器'에 관한 말을 인용하여 '불기不器'의 뜻을 풀이한 것은 근거가 있는 것만을 좋아하고 '시안施安[安頓]'의 잘못됨을 깨닫지 못한 것이다. 규구規矩와 준승準繩에서 방원方圓과 평직平直이 나오기는 하지만, 각자 고유한 용도가 있고 통용되지는 못하니 어떻게 '불기不器'라고 하겠는가. 후씨가 인용한 것은 말이 도치되었고 요지도 치우친 것 같다. "군자는 그릇처럼 국한되지 않으므로[不器] 사소한 것을 아는 것은 안 되지만 큰일을 맡는 것은 괜찮다."라고 말한다면 포함한 것이 넓어서 한 가지 (구체적인) 일에만 국한되지 않는다. 그런데 이제 다만 사소한 것을 아는 것은 안 되지만 큰일을 맡는 것은 괜찮다는 것을 '불기不器'라고 생각한다면 뜻이 오직 여기에만 있고 '불기'의 이치를 다 풀어내지 못한 것이다. 주씨 해설도 지리하고 적절하지 않다.

或問十二章之說.
曰, 程子尹氏得之矣. 范氏大意亦善, 其語意繁雜, 其引形而上下之云, 亦無所當於此章之意矣. 且聖人敎人, 先盡其小者近者, 而後進夫遠者大者, 但君子不溺其心於是, 而有以貫通之焉耳. 若曰以道爲本, 而忘夫小者近者, 則是離物以求道, 而又爲子游之譏子夏也. 必以形而上下爲言, 則聖人亦豈敎人以遺器而取道者哉. 游氏意亦類此, 而語涉老莊, 則尤虛泛而不實矣. 楊氏引揚雄大器之言, 以釋不器之義, 是徒喜其有據, 而不悟其安頓之失所也. 彼規矩準繩, 雖方圓平直之所自出, 然亦各專其用而不能相通, 豈不器之謂哉. 侯氏所引, 語自倒置, 於大義若有所偏. 蓋若曰, 不器, 故不可小知而可大受, 則所包者廣, 而不專於一事. 今直以不可小知而可大受爲不器, 則意專在是, 而不盡乎不器之理矣. 周氏之說, 則亦支而無所當也.

02-13. 子貢問君子. 子曰, "先行其言而後從之."

문 13장과 관련된 해설은 어떻습니까?

답 정자의 세 가지 해설은 두 가지 의미로 나누어 볼 수 있다. 첫째와 셋째 해설이 하나의 의미이고, 두 번째 해설이 따로 하나의 의미가 되는데 그 말에 이해할 수 없는 부분이 있다. '자공이 말이 많아서 이렇게 알려 주었다.'라는 말로 추론해 보면 범씨, 주씨의 해설과 같지 않을까? 범씨와 주씨의 해설도 타당하지만, 주씨가 더 분명하다.

  사씨의 해설은 말뜻이 난잡하니 더욱 알 수가 없다. "모든 것을 말하지 않아도 알 수 있다.", "덕이 완고하고 어리석은 자와 잘 어울리면 천승의 나라를 선양할 수 있다."라는 말로 추론해 보면 말하지 않아도 믿고 따른다는 뜻이 된다. "말한 것을 실천하고, 실천한 것을 말한다."라는 말로 추론해 보면 또 범씨, 주씨의 해설과 같아진다. 그렇다면 본문에 다른 사람이 믿고 따른다는 말이 애초에 없는데, 무엇 때문에 번잡해지도록 중복해서 말했는지 알 수 없다. 지금은 더 이야기하지 않고, 함부로 단언하지 않도록 하겠다. 양씨 해설은 소략하다. 군자는 자신과 밀접하게 관련된 일이 많은데, 부자께서 전혀 언급하지 않고 이 말만 하신 것은 무엇 때문일까? 또 '먼저 실천하고 누구에게도 말하지 않는다.'라고 한 것이 타인을 위한 것인지 도대체 알 수가 없고, 다른 사람을 위한 것이라고 생각한다면 그 말이라고 하는 것이 또 어찌 자신을 위한 말이 될 수 있겠는가. 인용한《맹자》의 문장 흐름과 다르므로 억지로 증거로 취할 수 없다. 그리고 자공의 언어는 응대하는 말[辭令]을 잘했을 뿐, 언어로 세속에 영합한 적은 없었다. 사관이 기록한 오나라가 망하고 월나라가 패주가 되었다는 말과 같은 것은 일러준다 한들 무엇에 쓰겠는가? 윤씨의 해설은 분명하지 않으니, 어찌 정자의 두 번째 해설과 같은 뜻이겠는가.

或問十三章之說.

曰, 程子凡三說而兩意, 其首末兩說, 則一意也. 中一說, 又自爲一意, 而其語有不可解者. 以其所謂因子貢多言而發者推之, 恐亦若范周氏之說也與. 范周之說也則當矣. 而周尤明白. 謝氏說中語意雜亂, 尤不可曉. 以其所謂所有雖不言而可喩及德諧頑嚚能讓千乘之國者推之, 則爲不待言而人信從之之意. 以行其所言言其所行者推之, 則又若范周之說. 則本文初無人信從之之云者, 不知其何故重復言之, 以至於繁而不殺如此也. 今姑論而闕之, 不敢以意斷也. 楊氏疎矣. 君子切已之事多矣. 夫子曾不及之, 而以此爲說何耶. 且曰先行而不言何人, 固無以知其爲他人矣. 以爲他人, 則所謂其言者, 又安得爲己之言耶. 蓋與其所引孟子文勢自有不同者, 不得强取以爲證也. 且子貢之言語, 乃善於辭令耳. 初未嘗以言干世, 如史氏之所記亡吳覇越之辨也. 告之以此, 亦何爲哉. 尹氏之說不明, 豈亦程子中說之意與.

02-14. 子曰, "君子周而不比, 小人比而不周."

문 14장과 관련된 해설은 어떻습니까?

답 정자의 해설이 좋다. 하지만 "두루 잘 지내고 편당 짓지 않는다. 편당을 지으므로 두루 잘 지내지 못한다."라고 한 것은 말의 흐름이 고르지 않은 것 같다. 그러나 "두루 잘 지내고 편당 짓지 않고, 편당을 짓고 두루 잘 지내지 못한다."라는 것은 본문의 뜻이고, 편당을 지으므로 두루 잘 지내지 못한다는 것은 그 뜻을 미루어 말한 것이다. 정자께서 어찌 이것으로 양자를 밝히려 하셨겠는가. 여러 사람의 득실도 이것으로 미루어보는 것이 좋다.

어떤 해설은 '주周'를 '주선周旋'으로 보았는데, 이것도 세속의 해석으로 두루 미친다는 뜻을 밝혔을 뿐이다. '주周'는 본래 뜻을 받들어 잘 실행한다는 것과 같지 않고, 그 말뜻이 또 자세하게 한 사람의 일을 성취한다는 것이 아니라, 종로가 '당신에게는 비밀을 지킨다.'[11]라고 했을 때의 '주周'와 같다. 범씨가 인용한 "이러한 자들과 가까이했다.[是與比周]"[12]가 바로 이것을 말한 것이다. 소인과 선하지 않음의 관계도 '주周'라고 생각하고 두루 미친다는 뜻과 같다고 한다면 그것은 잘못이다. "의로움과 가깝다.[義之與比]"는 아마도 사람과 친밀하다는 말은 아닐 것이다. 그러나 《주역》에서 말한 "밖으로 현명한 이를 돕는다.[外比於賢]"[13]라는 것도 이치상 가까이해야 한다는 것이지 사적으로 가깝다는 것은 아니니, 두루 미치는 도가 되는 데 해가 되지는 않는다. 그런데 군자와 선의 관계도 '비比'라고 하고 편당을 짓는 것과 같다고 한다면 그것도 잘못이다. 사씨와 장경부의 해설은 모두 정자의 생각을 미루어 밝히기에 충분하다.
【장경부가 말했다. "군자는 안으로 자신을 헤아려 다른 사람에게 적용하고 친소親疏, 원근遠近, 현우賢愚 각각의 분수에 맞게 대한다. 마음이 두루 미치는 것을 '주周'라고 한다. 소인은 치우쳐 얽매인 것이 있어 올바름을 잃고, 가까이하는

---

11 당신에게는……지킨다: 《농암집農巖集》〈잡식雜識 논어설論語說〉에서는 '以周事子'로 보았다. '以周事子'는 《춘추좌씨전春秋左氏傳》 소공昭公 20년에 보인다.

12 이러한……가까이했다: "옛날에 제홍씨에게 불초한 아들이 있었는데, 의를 가리고 간사함을 숨기며 흉덕을 행하기 좋아하며 악한 사람을 동류로 삼고 완고하고 우애하지 않는 사람들과 친밀하게 지내니 천하의 백성들이 이를 '혼돈'이라고 한다.[帝鴻氏有不才子, 掩義隱賊, 好行凶德; 醜類惡物, 頑嚚不友, 是與比周, 天下之民謂之渾敦.]" 《춘추좌씨전》 문공文公 18년)

13 밖으로……돕는다: "육사, 밖으로 친하니 바름을 얻어 길하다. 〈상전象傳〉에 말하였다. '밖으로 현자와 친함은 위를 따르는 것이다.'[六四, 外比之, 貞吉. 象曰, 外比於賢, 以從上也.]" 《주역》 비괘比卦)

것도 모두 사적인 감정을 따른다. 두루 잘 지내면 편당 짓지 않고, 편당을 지으면 두루 잘 지내지 못하니 천리와 인욕은 양립할 수 없다."】

或問十四章之說.

曰, 程子之解善矣, 但其曰, 周而不比, 比故不周, 則語勢若不倫者. 然周而不比, 比而不周者, 本文之意也. 比故不周者, 推其意而言之者也. 程子之意, 豈其以是互相發歟. 諸家得失, 亦以是推之可也. 一說以周爲周旋, 則亦以世俗之說發明徧及之義耳. 其周字固非若奉以周旋之云. 其語意又非委曲以成就一人之事, 若宗魯所謂以周氏子之周也. 范氏所引是與比周, 則正此之謂也. 以爲小人於不善亦周, 而同於徧及之義則非也. 義之與比, 恐不爲親比於人而言. 然如易所謂外比於賢, 亦以理之所當親之, 非有昵比之私, 則固不害其爲周徧之道也. 今謂君子於善亦比, 而同於阿黨之意, 則又非矣. 若謝氏張敬夫之說, 則皆足以推明程子之意矣.【張敬夫曰, 君子內恕以及人, 其於親疎遠近賢愚, 處之無不得其分. 蓋其心無不溥焉, 所謂周也. 若小人則有所偏繫而失其正, 其所親昵, 皆私情也. 周則不比. 比則不周, 天理人欲不並立也.】

문 옛날의 해설은 충신忠信(충성스럽고 신실함)을 '주周'라고 했는데, 어떻습니까?

답 충신은 '주周'의 뜻을 풀이한 것이 아니다. 충신은 사람에 대해 피차를 따지지 않으니 두루 미치는 도이다. 양씨 해설이 제대로 파악했다.

曰. 舊說以忠信爲周, 奈何.
曰. 忠信非以訓周也. 忠信則無彼此於人, 周之道也. 楊氏之說得之矣.

02-15. 子曰, "學而不思則罔, 思而不學則殆."

문 학學, 사思, 망罔, 태殆의 분별을 혼昏, 위危와 관련지어 말했는데, 또

무득無得, 불안不安과 연계하여 해석한 것은 불필요한 것 아닙니까?

답 망罔은 마음이 혼매하여 편안하게 여기는 것에 편안하게 있지만 자득한 생각이 없는 것이다. 태殆는 마음이 위급하여 얻을 것은 얻었지만 가까이할 수 있는 편안함이 없는 것이다. 이것은 본래 내외, 시종을 함께 이야기한 후에야 망罔, 태殆의 뜻을 모두 드러내 보일 수 있다. 혼昏은 마음의 상태를 이야기한 것이고, (스스로) 얻은 것이 없다는 것은 리理를 얻지 못하여 끝내 망罔하게 된다는 것이다. 위危는 구체적인 일과 관련하여 이야기한 것이고, 불안하다는 것은 리理를 편안하게 여기지 않아서 결국 태殆하게 된다는 것이다.

《논어정의》를 살펴보면 정자, 범씨, 사씨, 양씨, 윤씨의 말이 모두 상세하다. 다만 정자께서 태殆를 노勞로 해석하신 것은 무엇에 근거한 것인지 아직 찾아보지 못했고, 또 '발전이 없으므로 태殆'라고 생각하신 것도 문장의 뜻에 적절하지 않다. 범씨는 말이 명확하지 않고 장 마지막에 빠진 문장이 있다. 사씨가 '두 가지 모두 힘써야 한다.'라고 한 것은 온고지신溫故知新의 해설보다 훨씬 낫다. '사思가 지식을 통해 이를 수 있는 것'이라 생각한 것도 조금 잘못된 것 같다. 생각을 하는 이유는 지식으로 부족하기 때문이다. '육언육폐六言六蔽'[14]를 인용한 것도 어울리지 않는다.

---

14 육언육폐: "공자께서 말씀하셨다. '유야, 너는 육언과 육폐를 들었느냐?' 자로가 대답하였다. '아직 듣지 못하였습니다.' 공자께서 말씀하셨다. '앉거라. 내 너에게 말해주겠다. 인을 좋아하고 배우기를 좋아하지 않으면 그 폐단은 어리석게 되고, 지혜로움을 좋아하고 배우기를 좋아하지 않으면 그 폐단은 방자하게 되며, 신의를 지키기를 좋아하고 배우기를 좋아하지 않으면 그 폐단은 진리를 해치게 되며, 정직함을 좋아하고 배우기를 좋아하지 않으면 그 폐단은 급하게 되며, 용기를 좋아하고 배우기를 좋아하지 않으면 그 폐단은 어지럽게 되며, 굳센 것을 좋아하고 배우기를 좋아하지 않으면 그 폐단은 경솔하게 된다.'[子曰, 由也! 女聞六言六蔽矣乎? 對曰, 未也.

여씨가 망罔을 '그물에 벼리가 없는 것과 같다'라고 생각한 것은 잘못이다. '망罔'이라는 이름은 금수를 현혹시킨다는 데서 따온 것으로, 그물에 걸렸는데도 느끼지 못하게 한다는 뜻이다. 유씨 해설에서 '사思'라고 하는 것은 의리의 소재를 생각하는 것이 아니라, 다만 우두커니 앉아서 마치 불교의 좌선하여 진리를 주시하는 것과 같은 것이 될 뿐이다. '망罔은 자신에게 도움이 될 수 없어 내실이 없는 것이라 보고 태殆는 직접 일을 처리할 수 없어서 불안한 것으로 보는 것'도 모두 '사思'를 잘못 이해한 데서 나온 것이다. 그리하여 결국 배움은 자신에게 도움이 되는 일이 아니며 생각에는 구체적인 사물을 빠뜨리는 폐단이 있다고 의심하고, 성인께서 말씀하신 학學과 사思가 전혀 이러한 것이 아님을 깨닫지 못하게 되었다. 선각을 직접 뵙고, 후학이 듣지 못한 것을 들은 사람도 이러한 잘못을 저지르니 조심해야 할 것이다. 주씨의 생각은 바르지만 불필요한 말도 있어서 잘못이 없을 수는 없다.

或問. 學思罔殆之辨. 旣曰昏且危矣. 而又繫以無得不安之說. 不已贅乎. 曰. 罔者. 其心昏昧. 雖安於所安. 而無自得之見. 殆者. 其心危迫. 雖得其所得. 而無可卽之安. 此固兼夫內外始終而言. 而後足以盡夫罔殆之義也. 昏以心言. 無得者. 無得於理. 而卒於罔也. 危以事言. 不安者. 不安於理. 而卒於殆也. 考之精義. 則程子范謝楊尹氏言之詳矣. 但程子以殆爲勞. 未有所考. 又以爲無進故殆. 於文義亦不切也. 范氏則語多不瑩. 而其章末亦有闕文. 謝氏不可不兩進者. 賢於溫故知新之說遠矣. 以思爲知及之. 亦似少過. 彼其所以思者. 正謂知有所未及耳. 其引六言六蔽者. 亦不相類. 若呂氏以罔爲如網之無綱. 則失之矣. 罔之得名. 正以其惑禽獸而取之. 使之罔焉而無所覺耳. 至游氏之說. 則所謂思者. 非以思夫義理之所在. 特兀然癡坐. 如釋子禪觀之爲耳. 以罔爲不

居! 吾語女. 好仁不好學, 其蔽也愚. 好知不好學, 其蔽也蕩. 好信不好學, 其蔽也賊. 好直不好學, 其蔽也絞. 好勇不好學, 其蔽也亂. 好剛不好學, 其蔽也狂.]"《논어》〈양화〉)

能爲已而無實, 殆爲不足以涉事而不安, 亦皆生於思字之失, 遂疑學非爲已之事, 思有遺物之蔽, 而不悟聖人所謂學與思者, 初不在於是也. 彼其親見先覺, 得聞後學之所不聞, 而差失有如此者, 可不戒哉. 周氏意雖正而語差冗, 其間不能無失云.

02-16. 子曰, "攻乎異端, 斯害也已."

문 '공호이단攻乎異端'과 관련된 설은 어떻습니까?
답 정자, 범씨, 윤씨의 말이 올바르다. 장자, 여씨, 사씨, 양씨, 주씨는 모두 '공攻'을 공격攻擊의 '공'이라 잘못 생각했고, 그렇게 해설한 까닭도 다르다.

或問攻乎異端之說.
曰, 程子范尹之言正矣. 自張子呂謝楊周氏皆誤以攻爲攻擊之攻, 而其所以爲說者, 亦不同也.

문 어떻게 다릅니까?
답 장자의 말씀은 공자가 옳고 맹자가 그르다는 의미가 있는 것 같은데, 평소 언행과 매우 달라서 이해할 수가 없다. '공자께서 이단을 물리치지 않으셨다.'라고 하신 것도 자세히 따져보지 않아서 나온 말이다. 당시 이단이 누구라고 드러내지 않았으므로, 우선 양주와 묵적을 예로 들어 이야기해 보겠다. 묵씨가 아비를 부정한 것은 패덕하고 예禮에 어긋나는 가르침이므로 완전히 배척했고, 양씨가 임금을 부정한 것은 자신만 깨끗하게 하고 질서를 어지럽히는 가르침이므로 마찬가지로 완전히 배척했다. 논변을 좋아한 것이 맹자의 허물이라면, 그러한 세속의 명예와 비난이 어찌 군자가 마음에 두는 것이겠는가. 여씨 해설의 의도는 좋지만, 그것도 잘못되었다. 상도常道로 되돌아가기를 힘쓰지 않고 다만 끝없는 논변으로 각을 세우려 한다면 스스로도 고통스러울 것이다. 그러나 이단의 폐해를 익히 보고서도 바로잡으려는 말 한마디도 하지 않는다면 어떻게 습속을 떨어내고 상도로 되돌아가도록 하겠는가. 정도正道와 이단異端은 물과 불 같아서 전자가 성하면 후자가 쇠하고, 후자가 강해지면 전자는 약해진다. 상도로 되돌아가는 것은 본래 힘써야 할 것이고, 이단으로 되돌아가서는 안 된다는 것은 따질 필요도 없다. 그러나 따지지 않을 수 없는 까닭은 공도자의 논변을 좋아하느냐는 질문에 대한 맹자의 답[15]을 자세히 살펴보면 알 수 있다.

사씨가 부자께서 이단을 물리치지 않았다고 생각한 것도 장자께서 하신 말씀과 같다. 그러나 '잠시 그대로 두어도 해가 없다.'라고 한 것은, 내가 볼 때, 성인께서 천하를 근심하고 후세를 고려한 것이 이렇게 천근淺近하지는 않을 것 같다. '나의 경계를 안다면 선의로 나를 따를 수 있으니, 이단은 말할 필요도 없이 명백하다.'라고 한 것은 사리에 더 어긋난다. 내가 물리치고자 하는 것은 나의 경계를 모르고 사설邪說에 빠진 자일 뿐, 올바름을 알고 나를 따른다면 물리칠 이유가 무엇이겠는가? 양씨의 '돌아오면 받아준다.'라는 해설도 비슷하다. 주씨는 또 자하, 맹자의 말과 병합하는 바람에 본래 의미를 잃어버렸다. 이상의 몇 가지 해설이

---

15 맹자의 답: 《맹자》〈등문공 하〉에 맹자의 제자 공도자가 맹자가 논쟁하기를 좋아한다고 말하는 사람들의 말을 전하자, 맹자는 부득이해서 논쟁을 할 수 밖에 없다고 답변하는 내용이 나온다.

어찌 노자나 부처의 말을 취한 것과 같겠는가? 그래서 내 생각을 자세히 밝혀 변호하려 했는데, 성인의 본래 취지를 잃어버려서 이렇게 된 것은 아닌지 모르겠다.

曰, 其不同奈何.

曰, 張子之言, 若有是孔非孟之意, 與其平日之言行, 有大不相似者, 蓋不可曉. 然謂孔子不闢異端, 則其考之亦不詳矣. 當時所謂異端, 固未有以見其爲誰氏, 姑以楊墨論之, 如墨氏之無父, 則悖德悖禮之訓, 固已深闢之矣, 楊氏之無君, 則潔身亂倫之戒, 又已深闢之矣. 若以好辨爲孟子之疵, 則彼世俗之毁譽, 又豈君子之所屑意哉. 若呂氏之所以爲說者則善矣, 然亦非也. 蓋不務反經而徒與之角其無涯之辨, 固所以自苦, 然熟視異端之害, 而不一言以正之, 則亦何以袪習俗之蔽而反之於經哉. 蓋正道異端, 如水火之相勝, 彼盛則此衰, 此强則彼弱. 反經固所當務, 而不可以徒反異端, 固不必辨, 然亦有不可不辨者, 熟觀孟子所以答公都子好辨之問者, 則可見矣. 謝氏以夫子爲不闢異端, 則亦若張子之云也. 然其所謂姑存而無害者, 吾恐聖人之憂天下慮後世, 不如是之淺且近也. 謂其識吾之門牆, 能以善意從我, 則於異端不待言而判者, 其乖於事理益以甚矣. 夫吾之所以闢之, 正爲其不識吾之門牆而陷於彼之邪說耳, 若旣識於正而從我矣, 則又何闢之云乎. 楊氏歸斯受之之說, 正亦類此. 周氏則又幷與子夏孟子之言而失其旨. 是數說者, 豈其猶有取乎老佛之言, 故欲曲吾說以衛之, 而不知其失聖人之本意以至於此耶.

02-17. 子曰, "由! 誨女知之乎! 知之爲知之, 不知爲不知, 是知也."

문 17장과 관련된 해설은 어떻습니까?

답 정자, 윤씨의 말이 충실하고, 그다음으로는 범씨와 양씨가 괜찮다.

다만 범씨가 '알지 못하는 것을 억지로 안다고 여기는 일이 있었을 것이다.'[16]라고 한 것은 자로가 평소에 한 말에서 찾아보니 없는 것 같다. 또 우禹가 물을 흐르게 한 것을 인용한 것에서 '시지是知'의 '지知'는 거성去聲(智)으로 읽히는데, 타당하지 않은 것 같다. 그리고 '진실함에서 나와야 한다.'라는 말과 '급하지 않은(無事, 일삼음이 없는) 것을 행한다.'라는 말의 뜻은 완전히 다르다.

사씨의 해설은 새롭기는 하지만 본문의 뜻은 아니다. '시비지심을 확충할 수 있다.'라고 한 것도 '지知'를 '지智'로 해석한 것 같다. 그러나 '시비지심을 확충할 수 있다.'라는 것은 '선을 좋아하고 악을 싫어하며 아주 적은 사심으로도 그 참됨을 어지럽히지 않는다.'라는 것을 말할 뿐이니, 어찌 이러한 뜻이겠는가. 주씨는 대단한 득실이 없지만, 바로 '지知'를 '지智'로 해석한 것이 잘못 옮겨 적은 것인지 아니면 범씨나 사씨의 말과 같은 것인지 모르겠다.

或問十七章之說.
曰. 程子尹氏之言實矣, 其次則范楊氏近之. 但范氏所謂强其所知以爲不知者, 求之子路平日之言, 似無此事. 又引禹之行水爲言, 則讀是知之知爲去聲, 恐亦未安. 且曰由其誠者, 又與行其所無事之意, 初不相似也. 謝氏之說則新矣, 然尤非本文之意. 其曰能充是非之心者, 似亦以知爲智. 然所謂充其是非之心者, 亦曰善善惡惡, 不以毫髮之私而亂其眞耳, 豈此之謂哉. 周氏無大得失, 但直以知爲智, 不知其傳寫之誤耶, 抑亦若范謝之云也.

---

16 억지로……것이다: 《논어정의》에는 '强其所不知以爲知'로 되어 있는데, 내용상 《논어정의》에 따라 번역한다.

02-18. 子張學干祿. 子曰, "多聞闕疑, 愼言其餘, 則寡尤, 多見闕殆, 愼行其餘, 則寡悔. 言寡尤, 行寡悔, 祿在其中矣."

문 자장이 녹봉 구하는 것을 배우고자 했을 때, 부자께서는 왜 이렇게 알려주셨습니까?

답 사람이 다른 사람과 사물을 대함에 있어 언행보다 중대한 것이 없고, 듣고 보는 것은 언행의 바탕이 된다. 그러나 누적된 것이 많지 않으면 고루하고 비천하며, 참고할 것이 없어 아는 것에 의심스럽고 석연찮은 것이 있게 된다. 아는 것에 의심스럽고 석연찮은 것이 있는데도 판단을 보류하지 않는다면 무모하고 구차해지며, 근거가 없어 오류에 빠진다. 의심스럽고 석연찮은 것에 대해 판단을 보류할 수 있으면 더 바랄 것이 거의 없다. 그 나머지를 돌아보았을 때 미덥고 편안하다고 해도 신중하지 않으면 언행이 어긋나고 어쩔 수 없이 허물과 후회할 일이 생긴다. 이러한 것은 마을에서도 행할 수 없으니, 무슨 녹봉을 구할 수 있겠는가. 이것을 돌이켜 살펴보면 부자께서 자장에게 알려준 뜻을 알 수 있다.

그러나 듣고 본 것이 적은 것에서 많이 누적한 데로 나아가고, 듣고 본 것이 많은 가운데 잘 살펴 선택하며, 잘 살펴 선택하면서도 오히려 그 나머지에 있어서 신중하다면 자신을 돌이켜 반성하는 것 또한 적절해질 것이다. 그리고 성인께서 가르치신 것은 허물과 후회를 적게 할 수 있을 뿐이라 하셨으니, 절대로 없다고 할 수는 없을 것이다. 성인께서 언행에 대해 이처럼 신중하셨고, 근본의 유래를 미루어 헤아려 시작과 끝을 명확하게 파악하신 것이 이와 같으니 배우는 사람은 온 마음을 다 기울여야 할 것이다.

或問, 子張學干祿, 而夫子告之如此, 何也.

曰, 人之處已接物, 莫大於言行, 而聞見者, 所以爲言與行之資也. 然積之不多, 則孤陋卑淺, 無以參驗而知所疑殆, 知而不闕, 則冒昧苟且, 無所依據而流於繆妄. 能闕疑殆, 則庶幾矣. 顧於其餘, 遂以爲已信已安, 而無事於謹, 則言行之間, 物我交戾, 而尤悔之積, 有不能免, 是將無以行乎州里, 尙何祿之可干哉. 誠反是而觀之, 則夫子之所以告子張者, 其意亦可知矣. 然自寡聞見而積之多, 多聞見而擇之審, 擇之審而猶曰謹其餘焉, 則其反身亦切矣. 而聖人之訓, 猶曰僅足以寡尤悔而已, 蓋未敢以爲絶無也. 聖人之於言行之際, 其重之如此, 而推本所從, 有始有卒又如此, 學者亦可以盡心矣.

문 그렇다면 과연 어떻게 녹봉을 얻어야 합니까? 성인께서 사람을 가르치신 것이 정말로 녹봉을 구하도록 하기 위한 것입니까?

답 정자께서 상세하게 말씀하셨다. 선왕의 시대에는 백성에게 덕행과 도예道藝를 가르치고 뛰어난 능력이 있는 사람을 예우했으므로, 인재는 언행에 신중할 수 있어서 녹봉을 얻는 도가 있었다. 그러나 성인의 생각은 군자도 자신에게 있는 것을 수양해야 한다는 것일 뿐, 녹봉을 얻는 것은 신경 쓰지 않았으므로, 녹봉은 저절로 해결된다고 한 것이다. 인仁, 즐거움, 정직, 굶주림이 그 안에 있다고 말씀하신 것도 모두 본래 후자를 위해서는 도리어 전자를 얻어야 한다는 것인데, 정말로 이것으로 녹봉을 구하라고 가르치셨겠는가.

아! 삼대에 선왕의 법이 위로 그처럼 시행되었고, 성인의 가르침이 아래로 또 이처럼 행해졌으니, 인재를 육성하지 않고 풍속을 후하게 하지 않으려 해도 그럴 수 없었다. 능력이 부족한 사람이 피치 못해 다른 것을 추구하고, 직무를 잘 모르는 관리를 쓸 만한 사람이라고 생각할 수 없다. 그런데도 서로 구하는 까닭은 아마도 마음과 언행을 바르게 하고 신중하게 해야 한다는 뜻에서일 것이고, 일단 적합한 사람을 얻으면 그 법은 정말로 만세불변의 좋은 법이 될 것이다. 후세에 글재주만으로 사람을 뽑고 평소의 언행을 살피지 않아서, 능력이 있는 사람도 글재주에 힘쓰고 언행은 뒤로 미루며 뛰어난 관리가 늘 덕행과 기예, 재능과 학식을 갖춘 사람을 얻지 못함을 안타까워하게 하고, 능력 없고 뛰어나지 않은 자는 모두 당연하고 이상할 것이 없다고 생각하도록 한 것과 어찌 같겠는가? 그러므로 인재와 풍속의 성취가 어떻게 옛사람에게 부끄럽지 않을 수 있고, 또 이것을 중시하고 바꾸지 않을 이유가 무엇이겠는가.

曰. 然則是果何以得祿耶. 聖人敎人, 眞使以是求祿耶.
曰. 程子言之詳矣. 蓋先王之世, 敎民以德行道藝而賓興之, 故士能謹其言行, 則有得祿之道. 然聖人之意, 則以爲君子亦修其在我者而已, 其得與不得, 非所計也, 故曰祿在其中. 如曰仁在其中, 樂在其中, 直在其中, 餒在其中, 皆本爲此而反得彼之辭也, 豈眞敎之以是而求祿哉. 嗚呼, 三代之時, 先王之法行於上者旣如彼, 聖人之敎行於下者又如此, 是雖欲人才之不成, 風俗之不厚, 蓋亦不可得矣. 正使士之不賢者, 或不免於外慕, 有司之不明者, 或不足以爲得人. 然其所以相求者, 蓋猶出於修身謹行之意, 一得其人, 則其法固萬世不易之良法也. 豈若後世專以詞藝取人, 而不考其言行之素, 使士之賢者, 猶不免急於彼而緩於此, 有司之良者, 每恨無以必得行藝才業之人, 而其不賢且良者, 則固皆以爲當然而不之怪也. 然則人材風俗之所成就, 又安得不愧於古上之人, 亦何重於此而不之革哉.

문 (그 밖의) 여러 해설은 어떻습니까?

답 정자, 장자, 범씨, 여씨, 양씨는 제대로 파악했다. 다만 정자께서 '도를 도모하고 먹고사는 것을 도모하지 않는다.'라고 인용하신 것은 문장의 뜻과 반대여서 통하지 않고, 해당 장[17]에서 분석해야 할 것이다. 범씨가 마음과 언행을 바르게 하는 것과 녹봉을 구하는 것을 별개로 본 것은 성인의 의도를 놓쳤다. 그리고 양씨가 자장을 금장琴張이라 생각한 것도 자세히 살피지 않은 것이다.

사씨는 '견見'을 식견識見의 '견見'으로, '우尤'를 자우自尤의 '우尤'로 보았는데, 모두 타당하지 않은 것 같다. 또 허물이 적고 후회가 적다는 것을 '말이 천하에 가득해도 말실수가 없고 행동이 천하에 가득해도 원망하고 미워함이 없는 것뿐만이 아니다'라고 해설한 것은 경중이 전도되어서 이해할 수 없다. 녹봉을 얻는 방법에 관해 논한 것도 단연코 반드시 얻는다는 뜻이 있어서 성인의 깊은 뜻을 더 잃었다.

유씨의 '우尤'에 대한 해설은 정자나 장자만큼 타당하지는 않다. 주씨의 '여餘'에 대한 해설도 옳지 않다. 윤씨가 정자의 해설을 따른 것은 좋다. 그러나 정자의 해설이 경문의 모든 예를 들지는 않았는데도 윤씨가 보충하지 않고 따른 것은 의심스럽고 미심쩍은 것에 대해 판단을 보류하는 것이 언행에 신중한 것이라 생각한 것 같다. 그러므로 '기여其餘'의 뜻을 밝히는 데 미진한 것이 있으니, 배우는 사람은 자세히 살펴보아야 한다.

曰. 諸說如何.
曰. 程子張子范呂楊氏得之. 但程子所引謀道不謀食者, 恐於文義反類不通, 當於本章辨之耳. 范氏以修身干祿爲二事, 則失聖人之意. 而楊氏以子張爲琴張, 則亦考之不詳也. 謝氏以見爲識見之見, 尤爲自尤之尤, 似皆未當. 又謂寡尤寡悔, 爲非特言滿天下無口過, 行滿天下無怨惡而已. 則其輕重倒置, 殊不可曉. 其論得祿之道, 又有斷然取必之意, 尤失聖人之深旨也. 游氏尤字之說, 不若程張之安. 周氏餘字之說, 亦非是. 尹氏因程子說, 大槪亦善, 但程子之解, 略

---

17 해당 장: 《논어》 〈위령공〉에 나온다.

擧經文例不必盡, 尹氏不能補而因之, 似便以闕疑殆爲謹言行者, 則於其餘二字, 意有所不盡矣, 學者詳之.

02-19. 哀公問曰, "何爲則民服?" 孔子對曰, "擧直錯諸枉, 則民服, 擧枉錯諸直, 則民不服."

문 19장과 관련된 해설은 어떻습니까?
답 정자의 해설이 탁월하고 다른 해석은 크게 다르지 않은 것 같지만, 양씨가 말한 의미가 더 비슷하다. 하지만 '인사가 합당하면 사람들이 따른다.'라는 말보다는 '의롭게 되는 데 준칙이 있다.'라는 말이 더 낫다.
或問十九章之說.
曰, 程子至矣, 諸說大略無甚異, 而楊氏語意尤相似. 然曰當人心, 不若其曰得義者之有準則也.

문 당시 삼가三家가 노나라 국정을 농단했는데, 애공이 어떻게 인사권을 행사할 수 있었겠습니까?
답 호씨는 다음과 같이 말했다. '가령 애공이 누가 굽고 곧은지 다시 물어 인사권을 부자에게 주었다면 틀림없이 처리했을 것이다. 민심이 따르고 공실이 영향력을 넓혔다면 월나라에 군대를 요청하고 끝내 객사하지는 않았을 것이다.' 호씨의 이 말이 제대로 파악했다.
曰, 當是時也, 三家專魯, 哀公豈得而擅擧錯之權哉.
曰, 胡氏有言, 使公復問孰爲枉直, 而付擧錯之柄於夫子, 必有所處矣. 民心旣服, 公室自張, 何至乞師於越而卒以旅死哉. 此言得之矣.

02-20. 季康子問, "使民敬忠以勸, 如之何?" 子曰, "臨之以莊則敬, 孝慈則忠, 擧善而教不能則勸."

문 20장과 관련된 해설은 어떻습니까?

답 여러 해설이 모두 나름대로 잘 파악했는데, 양씨가 치밀하다. 다만 범씨는 부자께서 제후나 대부가 물으면 반드시 직언으로 대답한 것은 백성을 위한 급한 마음 때문이었다고 생각했다. 그러나 부자께서는 다른 사람의 질문에도 항상 직언으로 대답했는데, 그것도 백성을 위한 급한 마음 때문에 그러셨을까?

사씨의 '경敬'과 '충忠'에 대한 해설은 뜻이 분명하지 않다. 위정자가 몸소 공경과 충성을 다하여 백성을 이끌어야 한다는 뜻인 것 같은데, 다음 구절의 흐름과 어울리지 않고, 아무리 생각해 봐도 이렇게까지 소략할 수는 없다. 다만 '스스로 함양해야 한다.'라는 말은 본문의 뜻보다 과하니 잘못된 것이 분명하다. 주씨가 그 해설을 따져 물은 것은 매우 좋으나, '백성에게 공경과 충성을 권면하도록 하는 것'이라 생각한 것은 본문의 뜻이 아니다. 윤씨가 말한 대강의 뜻은 좋지만, 말의 흐름이 도치된 것은 문제이다. 장경부의 해설은 아마도 우연히 그 잘못에 적중한 것일까?

或問二十章之說.

曰, 諸說皆得之, 而楊氏爲密. 但范氏以夫子爲君大夫有問必以正對, 爲急於民而然. 然夫子於他人之問, 亦未嘗不以正對也, 豈必急於民而後然哉. 謝氏敬忠二義, 文意不明, 似有爲政者自致其敬忠以率民之意, 然與下句文勢不類, 計亦不至若是之疎也. 但得自養之云, 則過於本文之意, 而失之明矣. 周氏問其說甚善, 但以爲使民勸於敬忠, 則非文意耳. 尹氏大意亦善, 但語勢倒置, 不免有病. 張敬夫之說, 其亦偶中其失者與.

02-21. 或謂孔子曰, "子奚不爲政?" 子曰, "書云, '孝乎惟孝, 友于兄弟, 施於有政.' 是亦爲政, 奚其爲爲政?"

문 21장과 관련된 해설은 어떻습니까?

답 《서경》을 인용한 뜻은 정자, 양씨, 후씨가 제대로 파악했다. 다만 '효孝'와 '우友'를 함께 하나로 말한 것은 부자께서 '효孝'만 들어 말씀하신 본래 의도가 아닌 것 같다. 장자께서 '유정有政'을 '유정지인有政之人'으로 해설하신 것과 범씨, 사씨, 윤씨가 모두 가정에서 시행하는 것도 정치라고 생각한 것은 잘못이다. 사씨는 또 '효호孝乎'를 아래 구절에 이어 붙였는데 더 심한 잘못을 저질렀다.[18] '시역위정是亦爲政'은 부자께서 아마도 '《서경》에 나온 것이 미루어 정치가 될 수 있다면 나의 현재 행위도 정치가 되지 않을 것이 없다.'라고 생각해서 한 말인 듯하다. 범씨, 사씨, 윤씨의 해설은 나쁘지 않다. 장자, 양씨, 후씨, 주씨는 모두 정말로 정치를 행하는 효과가 있다고 했는데, 그것은 잘못이다.

或問二十一章之說.
曰, 引書之義, 唯程子楊侯氏得之. 但兼孝友而一言之, 則恐非夫子專擧孝乎而言之本意耳. 張子以有政爲有政之人. 范謝尹氏皆以爲施之於家而有政, 則非也. 謝氏又讀孝乎屬之下句, 尤失之矣. 是亦爲政, 夫子蓋曰彼以是爲可推以爲政, 則我之爲是, 是亦未嘗不爲政耳. 范謝尹氏之說近之. 張子楊侯周氏皆謂眞有爲政之效, 則失之矣.

---

18 사씨는……저질렀다: "혹자가 공자에게 말했다. '선생님께서는 어찌하여 정치를 하지 않으십니까?' 공자가 말했다. '《서경》에서 효에 대하여「부모에게 효도하며 형제 간에 우애하여 정사에 베푼다.」고 하였으니, 이 역시 정치를 하는 것이오. 어찌 꼭 벼슬하는 것만이 정치를 하는 것이라 하겠소?'[或謂孔子曰, 子奚不爲政? 子曰, 書云, 孝乎, 惟孝友于兄弟, 施於有政. 是亦爲政, 奚其爲爲政?]"《논어》〈위정〉)

문 성인께서는 천하를 잊으신 적이 없는데, 정치에 참여하지 않고 이렇게 말씀하신다면 개인적인 독선獨善이 되는 것 아닙니까?

답 성인께서는 늘 관직에 나아가고자 하셨지만, 또 굳이 벼슬자리를 구하지는 않았다. 하물며 정공 초에는 양호가 권력을 차지했으니 더군다나 관직에 나아갈 만한 때가 아니었다. 그러나 이러한 생각은 지금 질문한 사람에게 알려주기 어려웠으므로, 이렇게만 이야기한 것이다. 정치의 근본은 사실 다른 것이 아니라 인사만 제대로 처리하면 효과가 천하에 미칠 것이다. 아! 이것이 성인의 말씀이 되는 이유일 것이다.

曰, 聖人未嘗忘天下. 今不爲政而其言如此, 將不爲獨善之私耶.
曰, 聖人未嘗不欲仕, 而亦不求仕也. 況定公之初, 陽虎用事, 又非可仕之時也. 然此意有難以告或人者, 故特告之以此, 而爲政之本, 實不外焉. 擧而措之, 則懍乎天下矣. 嗚呼, 此所以爲聖人之言歟.

02-22. 子曰, "人而無信, 不知其可也. 大車無輗, 小車無軏, 其何以行之哉?"

문 22장과 관련된 해설은 어떻습니까?

답 양씨, 윤씨의 해설이 나쁘지 않고, 기타 여러 해설은 "선을 자기 몸에 가지고 있는 것을 '신信'이라 한다."는 맹자의 말[19]을 근거로 하였는데, 이 장의 취지를 제대로 살피지 않았을 뿐만 아니라 맹자의 생각과 병합했으니 잘못이다. 유씨는 마음에 중심이 잡혀 있는 것이 말이라고 생

---

19 맹자의 말: 《맹자》〈진심 하〉에 나온다.

각했는데, 이것도 문장의 뜻이 아니다. 말에 미더움이 있는 것에 관해서는 부자께서 본래부터 늘 말씀하셨으니, 이것을 버려둔 채 천착하는 것이 어찌 심오한 것이 되겠는가. 게다가 '대덕과 소덕이 그것을 통해 발전한다.'라는 등의 말은 모두 수레로부터 의미를 취하려 했는데, 이것도 꽉 막힌 생각이다. 성인의 말씀은 천지가 만물을 생성하는 것과 같으니, 어찌 이처럼 천박하고 융통성이 없겠는가.

或問二十二章之說.
曰, 楊尹氏說爲近之, 諸說皆以有諸己者爲言, 則非但不究此章之旨, 又將幷與孟子之意而失之矣. 游氏以中有主爲言, 亦非文義. 夫言而有信, 夫子固常言之矣. 曷爲其必舍此而務鑿焉以爲深乎. 且其曰大德小德所由以進之屬, 皆欲就車取義, 亦大泥矣. 聖人之言, 如天地之生萬物, 豈若是其讕讕拘拘也.

문 그렇다면 양씨의 '가름대에 의지한다.[倚衡]'라는 말도 수레에서 발상한 것인데 비판하지 않는 까닭은 무엇입니까?

답 이것은 의도가 '충忠'과 '신信'에 관해 이야기하는 것이 중심이고 논의가 확장되다 보니 여기까지 이르게 된 것일 뿐이다. 논의 내용이 애초부터 이것에 초점을 맞춘 것이 아니다. '덕으로 나아간다.'라는 말과 같은 것은 자신의 믿음에 근거하여 한 말이니, 마찬가지로 같은 범주에 놓고 이야기할 수 없다.

曰, 然則楊氏以倚衡之說, 亦因車而發耳, 而不病焉, 何也.
曰, 是其意以言忠信者爲主, 而蔓衍以及此耳. 其所爲說者, 初不主於此也. 若進德之云, 則正其所專恃以爲說者, 亦不得同日而語矣.

02-23. 子張問十世可知也. 子曰, "殷因於夏禮, 所損益, 可知也, 周因於殷禮, 所損益, 可知也. 其或繼周者, 雖百世, 可知也."

문 '삼강三綱'이 무엇입니까?

답 형병邢昺의《백호통白虎通》주석에 따르면 다음과 같다. '임금은 신하의 근본이고, 어버이는 자식의 근본이며, 남편은 부인의 근본이다. 큰 것이 벼리[綱]가 되고, 작은 것이 작은 벼릿줄[紀]이니, 이것을 위아래에 펼쳐 사람의 도리를 질서정연하게 한다.'

或問, 何謂三綱.
曰, 按邢疏白虎通云, 君爲臣綱, 父爲子綱, 夫爲妻綱, 大者爲綱, 小者爲紀, 所以張理上下整齊人道也.

문 오상五常은 무엇입니까?

답 인仁, 의義, 예禮, 지智, 신信이다. 첫째 편에서 상세하게 다루었다.

何謂五常.
曰, 仁義禮智信也, 首篇詳矣.

문 '문질文質'은 무엇입니까?

답 하나라는 충忠, 상나라는 질質, 주나라는 문文을 숭상했다.

何謂文質.
曰, 夏尙忠, 商尙質, 周尙文也.

문 삼통三統은 무엇입니까?

답 왕이 천명을 받으면 정월 초하루[正朔]를 바꾸는 까닭은 백성이 보고 듣는 것을 새롭게 하기 위해서이다. 그러므로 하나라는 북두칠성의 자루가 '인寅'의 방향을 가리키는 달을 정월로 삼았는데, 그것을 인통人統이라 하고, 상나라는 북두칠성의 자루가 '축丑'의 방향을 가리키는 달을 정월로 삼았는데, 그것을 지통地統이라 하며, 주나라는 북두칠성의 자루가 자子의 방향을 가리키는 달을 정월로 삼았는데, 그것을 천통天統이라 한다. 공씨(공안국孔安國)는 상나라 탕 임금이 처음으로 정월 초하루를 바꾸었고 주나라가 그것을 따랐다고 생각했다. 정씨(정현鄭玄)는 고대로부터 제왕은 모두 그러했지만 확인할 수 없다고 했다. 그런데 이치를 따져보면 공씨가 제대로 파악한 것 같다.

何謂三統.
曰, 王者受命, 而改正朔, 所以新民之視聽也. 故夏以建寅之月爲正, 謂之人統, 商以建丑之月爲正, 謂之地統, 周以建子之月爲正, 謂之天統. 孔氏以爲商湯始改正朔, 而周因之, 鄭氏以爲自古帝王皆然, 蓋不可考. 然以理求之, 疑孔氏爲得之也.

문 그렇다면 선생께서는 마씨(마융馬融)의 해설을 취한 것이고, 그 아래 '같은 종류의 사물은 서로를 부르고, 세상의 운수는 서로를 낳으며, 그 변화에는 일정한 규칙이 있으므로 모두 미리 알 수 있다.'라는 말은 마씨의 해설이 아닙니까? 기록하지 않은 까닭이 무엇입니까?

답 주석의 예를 살펴보면 마씨가 아니라 하안이 문장의 의미를 이해하지 못하고 함부로 바꾸어 놓은 것이다.

曰, 子於是旣取夫馬氏之說矣, 其下有曰, 物類相召, 世數相生, 其變有常, 皆可預知者, 非馬說耶, 何不錄也.
曰, 以疏例考之, 非馬氏也, 是何晏不曉其文義, 而妄改易之耳.

문 하안이 이해하지 못했다는 것을 어떻게 알 수 있습니까?

답 마씨의 해설은 압축적이기는 하지만 그 뜻은 미루어 알 수 있다. (삼대에서) 따른 것을 중심으로 하고 덜고 더한 변화를 가했으므로 덜고 더는 방식이 무궁하더라도 아주 다를 수는 없음을 알 수 있다. 그런데 이 해설은 따른 것을 빠뜨리고 오로지 덜고 더한 것만 이야기했으니 덜고 더한 변화가 어떻게 일정한 규칙이 있어서 미리 알 수 있겠느냐? 이것은 문장의 뜻을 제대로 살피지 못한 잘못 때문이지만, 이러한 결과가 나온 것은 아마도 예법을 버려두고 허황함을 떠받들었으므로, 주장을 펼칠 때 자신도 모르게 근본을 망각하고 말단을 쫓아 여기까지 이르게 되었다.

曰, 何以知其不曉也.

曰, 馬氏之說雖約, 然其義則可推而知也. 蓋以所因爲主, 而御夫損益之變, 故雖損益之無窮, 而其不能甚異可知. 今是說者, 乃遺其所因, 而專以損益爲言, 則夫損益之變, 又豈有常而可預知者耶. 此雖其不察於文義之失, 然跡其所由, 殆亦源於祖尙浮虛, 捐棄禮法, 故其議論之際, 不自知其逐末忘本而至於斯也.

문 부자의 말씀이 삼대의 일을 말씀하신 것이라고 한다면 괜찮지만, 주나라 이후를 말하자면 진나라는 주나라 예禮를 따르면서 덜고 더하지 못했고, 한나라는 진나라를 이었지만 도리어 진나라 예를 따르면서 덜고 더했습니다. 그렇다면 부자의 말씀은 증명되지 않은 것인가요?

답 그렇지 않다. 진나라는 선왕의 법을 없앴고, 한나라는 진나라 멸망의 재앙을 교훈으로 삼았으니 모두 그 예를 따르면서 덜고 더하려고 한 것이 아니다. 그러나 군신, 부자, 부부의 실질은 진나라가 주나라와 아주 다를 수 없었고, 한나라도 진나라와 아주 다를 수 없었다. 진나라가 후侯를 폐지하고 수守를 설치한 것과 덕을 폐기하고 형벌에 내맡긴 것,

한나라가 가혹한 통치를 풀어버리고 백성과 함께 휴식한 것은 모두 남는 것을 덜고 부족한 것을 보충한 것으로서 그렇게 하지 않을 수 없는 상황 때문이었다. 그렇지만 끝내 그들이 따랐던 대체大體를 바꿀 수는 없었다. 만대에까지 미루어 가보더라도 모두 그러할 것이니, 어둡고 어지러우며 어그러짐이 극에 달하더라도 이것을 벗어날 수는 없고, 다만 득실에 다소의 차이는 있을 것이다. 그러므로 부자의 말씀을 두고 어찌 증명되지 않았다고 말할 수 있겠느냐.

曰, 夫子之言, 以三代之事言之可矣, 若以繼周者言之, 則秦不能因周之禮而損益之矣. 漢繼秦而反因秦禮以爲損益. 然則夫子之言其不驗乎.
曰, 不然也. 秦滅先王之法, 漢懲亡秦之禍, 皆非欲因其禮而損益之者. 然其所謂君臣父子夫婦之實, 則秦不能有以甚異乎周, 而漢亦不能有以甚異乎秦也. 至於秦之罷侯置守, 廢德任刑, 漢之苛解, 與民休息, 亦皆損有餘補不足, 其勢有不得而不然者, 然卒亦不能變其所因之大體也. 推之萬世, 亦莫不然, 雖昏狂乖亂之極, 不能出此, 但其得失有多少之差耳, 然則夫子之言, 豈可謂之不驗乎.

문 그렇다면 다른 학자의 해설도 이것에서 벗어나지 않을 텐데 어떻습니까?

답 하안이 오해했다. 호씨, 오씨만 제대로 파악했으니, 이치의 핵심은 오해할 수 없는 것이다. 이전에 양씨가 이와 비슷한 생각을 했지만, 설명이 두 사람만큼 명쾌하지 않다. 【오씨가 말했다. "알 수 있다는 것은 대체가 아주 다를 수는 없다는 말이다. 삼강오상은 천하의 보편적인 도리이다. 하나라가 이것으로 하나라가 되고, 상나라가 이것으로 상나라가 되며, 주나라가 이것으로 주나라가 되었다. 상나라가 꼭 하나라를 따르려고 한 것은 아니지만 하나라를 따를 수밖에 없었고, 주나라가 꼭 상나라를 따르려고 한 것은 아니지만 상나라를 따를 수밖에 없었다. 세상이 달라지고 하는 일이 다르지만, 이미 시행하고 이룬 것 사이에서 조금 덜어내어 허물을 없애기도 하고 조금 더해서 부족한 점을 보완하기도 하니, 모두 그 대체大體를 바꿀 수는 없다. 하나라 이전이라 해도 하나라와 아주 다를 수는 없을 것이니, 주나라 이후라고 해도 주나라와 어떻게 아주 다를 수 있겠는가! 천만세 이후라도 이것을 벗어날 수 없음이 확실하다."】

曰, 然則諸家之說, 皆不出此, 何也.
曰, 何晏誤之也. 然至於胡氏吳氏而獨得之, 則理之所在, 亦有不可得而誤者矣. 前此楊氏略有此意, 而其說不若二家之明且決也.【吳氏曰, 凡稱可知者, 若曰其大略不能甚異也. 三綱五常, 天下之達道, 夏以是而爲夏, 商以是而爲商, 周以是而爲周. 商雖不期於因夏, 而必至於因夏, 周雖不期於因商, 而必至於因商. 世異事殊, 不過就其已行己成之間, 或少損以裁其過, 或少益以救其不及, 而皆不能易其大體. 前乎夏者, 故不能甚異於夏, 則後乎周者, 亦豈能甚異於周哉. 雖千萬世, 其不能外乎此者, 必矣.】

02-24. 子曰, "非其鬼而祭之, 諂也. 見義不爲, 無勇也."

문 '옳은 것임을 알면서도 행하지 않는다'라는 것은 앞 문장을 이어받아서 말한 것입니까?

답 이것은 앞 문장(非其鬼而祭之 諂也)과 이어서 말한 것이 아니다. 범씨, 여씨, 주씨의 해설이 제대로 파악했다. 사씨는 이어서 말한 것이라 생각했으니, 잘못이다. 그러나 귀신을 논한 뜻은 배우는 사람이 깊이 생각해 보아야 할 것이다. 양씨가 '옳은 것임을 알면서도 행하지 않으므로, 기氣가 위축되어 용기가 없다'라고 한 것은 말이 전도되고 의미도 지리하다. 주씨의 '아침저녁으로 옳음을 식별한다.'라는 말 이하도 이러한 잘못을 저질렀다.

或問, 見義不爲, 或以承上文而言之, 何如.
曰, 此非相因之文. 范呂周氏之說得之矣. 謝亦以相因爲言, 且失之過, 而其所論鬼神之意, 則學者所宜深考也. 楊氏謂見義不爲, 故餒而無勇, 則語倒而意亦支. 周氏自朝夕惟義之知以下, 亦不免有此失也.

3. 팔일八佾

03-01. 孔子謂季氏, "八佾舞於庭, 是可忍也, 孰不可忍也?"

문 팔일八佾에 대한 구설舊說에, '윗사람이나 아랫사람이나 모두 여덟 사람을 한 줄로 삼는다.'는 말이 있는데 어떻습니까?

답 이것은 살필 수 없다. 하지만 이치와 의미로 구해보면 악무의 배치는 반드시 방형方形이어야 하니, 어찌 행렬은 적고 사람은 이처럼 많겠는가.

或問, 八佾舊說, 有謂上下通以八人爲佾者, 何如.
曰, 是不可考矣. 然以理意求之, 舞位必方, 豈其佾少而人多如此哉.

문 어떤 사람은 '인忍'을 '용인容忍'의 '인'으로 보는데, 성인의 말투가 어찌 이처럼 매몰찹니까?

답 꼭 그런 것만은 아니다. 한편 호씨는 "성인의 도량은 천지와 같아서 나를 대하는 마음으로 상대방을 대했는데, 오직 난신적자亂臣賊子에 대해서만은 다스리는 것이 매우 엄격했다. 이 법은 《춘추》에 자세하게 갖추어져 있으니, 큰 인륜을 붙들어주고 사람의 기강을 세운 까닭이다."라고 하였는데, 호씨의 이 설을 이 장과 연결하면 또한 분명해지긴 하지만, 성인의 본래 뜻은 꼭 이와 같지는 않을 것이다.

曰, 或以忍爲容忍之忍, 聖人辭氣, 豈其若是之迫哉.
曰, 未必然也. 然胡氏曰, 聖人量同天地, 以恕待人, 惟於亂臣賊子則治之甚嚴, 其法備於春秋, 所以扶大倫立人紀也. 若以此說通之, 則亦無可疑者, 但恐本意未必然耳.

문 '숙불가인孰不可忍'에 관한 여씨의 해설은 어떻습니까?
답 제후의 배반하고 신하답지 않은 마음을 성인이 신랄하게 비판하고자 하는 것이므로 배신陪臣이 제후의 예禮를 참람되게 행한 작은 죄를 비판할 필요는 없다. 이는 공자가 관중을 비판하여 '누가 예를 모르겠는가.'¹라고 말한 것과 문장의 의미가 또한 다르다.

曰, 孰不可忍, 呂說如何.
曰, 聖人方欲極言其僭叛不臣之心, 不應反卻而譏其僭諸侯之小罪也. 是與孰不知禮之云, 文義亦有不同者矣.

03-02. 三家者以雍徹. 子曰, "'相維辟公, 天子穆穆', 奚取於三家之堂?"

문 2장의 설은 어떻습니까?

---

1 누가……모르겠는가: 이 내용은 뒤 03-22에 나온다.

답 이 장은 다른 의견이 없다. 다만 범씨가 '성왕이 노나라에 왕의 예禮를 하사하여 오직 주공을 제사 지낼 수 있게 했다'라고 한 것은 고찰할 수 없다. 그러나 노나라가 교외에서 천지에 제사 지냈던 것으로 살펴보면 처음부터 주공의 묘를 위해서만 천자의 예를 둔 것이 아니었으니, 그 설은 또한 통할 수 없는 것 같다. 사씨는 '성인이 마음 아파한 것은 예악을 참람되게 사용한 데 있지 않다'라고 했는데, 말의 기세가 직설적이고 격렬하니 이치의 실제에서 지나친 점이 있다. 또 1장과 2장 사이에 '불인不仁'과 '부지不智'의 차이가 있다고 한 것 또한 온당하지 않은 것 같다.

或問, 二章之說.
曰, 此無異說, 但范氏以爲成王賜魯以王禮, 惟得以祀周公者, 未有考, 然以魯之郊祀觀之, 則初不爲周公之廟而設也, 恐其說亦不得通矣. 謝氏以爲聖人所傷, 不在於禮樂, 語勢激切, 有過乎事理之實者. 又以兩章爲有不仁不智之異, 則亦似未安耳.

03-03. 子曰, "人而不仁, 如禮何? 人而不仁, 如樂何?"

문 3장의 설은 어떻습니까?

답 정자의 의견이 제일 좋다. 장자의 생각은 "불인한 사람은 등급과 질서를 무시하는 마음이 이르지 않는 곳이 없다. 하지만 예악 제도는 정해져 바꿀 수 없으므로 조금이라도 어기면 사람들이 반드시 알아차린다. 그래서 (공자께서) '예와 악을 어찌 행하겠는가.'라고 말씀하신 것이다."라는 것인데, 이 또한 하나의 견해이지만, 정자만큼 온당하지 않은 것 같다. 범씨는 정자와 장자의 뜻을 섞어서 사용하였으나 두 사람의 견해를 어떻게 통하게 할지 몰랐다. '애인愛人'과 '자애自愛'에 대해 말한 것은 인仁을 말한 수준이 또 매우 낮다. 여씨를 포함한 다른 사람은 모두 정자의 설을 계승했는데 유씨와 주씨의 견해가 특히 자세하다.

사씨가 "무엇으로 예악을 행하겠는가."라고 한 것은 지극히 험하고 괴상하다. "인은 예를 갖출 수도 있고, 음악을 높일 수도 있다."라고 한 것은 오히려 현실과 동떨어져 간절하지 않은 말 같다. 하나같이 어찌 이다지 경중이 맞지 않는가. 또 이른바 '경황 중이나 위급한 상황에도 반드시 인을 행하는 것은 인자가 아니면 할 수 없다.'라고 한 것은 말의 차례가 또한 도치되었다. 양씨는 인을 중시하지 않고 예악을 중시했는데, 이는 예악의 성대함은 불인한 사람이 행할 수 있는 일이 아니라는 것만 보였지 불인한 사람이 왜 예악의 실질에 참여하지 못하지는 보여주지 못했다.

或問, 三章之說.

曰, 程子至矣. 張子之意, 以爲不仁之人, 僭亂悖逆之心, 無所不至, 然禮樂制數, 則有一定而不可易者, 少有干犯, 人必知之, 故曰其如禮樂何耳. 此亦一意, 然恐不若程子之安也. 范氏雜用程張之意, 不知其何以通之. 至以愛人自愛爲言, 則其所以語仁者又大淺矣. 呂氏以下皆祖程說, 而游氏周氏尤爲詳盡. 謝氏所謂以何爲此者, 險怪極矣. 而其所謂亦足以備禮, 亦足以敦樂者, 反若緩而不切之辭, 一何輕重之不倫也耶. 至其所謂顚沛造次必於是, 非仁者不能, 語亦倒置. 楊氏不主於仁而主於禮樂, 則徒見禮樂之盛, 非不仁者所能擧, 而未見不仁者之所以不能與於禮樂之實也.

03-04. 林放問禮之本. 子曰, "大哉問! 禮, 與其奢也寧儉, 喪, 與其易也寧戚." 寧戚.

문 4장의 해설은 어떻습니까?

답 정자와 장자의 견해가 제일 좋긴 하지만 장자의 '이易'에 대한 견해는 온당하지 않은 것 같다. 범씨가 인용하고 해석한 것 가운데 '사奢'와 '이易' 두 글자에 대해 밝혀놓은 것이 많다. 다만 검소함과 슬퍼함을 예의 근본으로 삼은 것은 공자 본래의 뜻과 맞지 않을 따름이다. 사씨와 주씨, 윤씨는 모두 정자의 의견을 따랐다. 다만 사씨의 '정情'과 '성性'에 대한 견해는 타당하지 않다. 예의 공경함과 상례의 애통함도 바로 정情에서 나온다. 다만 '정'의 바름을 얻고 '성'의 이치에 부합할 따름이다. 사씨의 견해대로 본성은 선하고 감정은 악하다면 둘은 확연히 서로 구분되어 어울릴 수 없다. 주씨의 견해는 사씨와 대체적으로 같지만 인용한 두 가지 일은 사씨만큼 온당하지 않으며, 사씨의 "아침에 대상을 지내고 저녁에 노래한다."[2]라는 말 또한 미진한 점이 있다.

윤씨는 정자의 견해에서 요점을 취하여 《논어해》의 미비한 점을 보충했는데 가장 좋다. 이는 읽는 사람이 윤씨의 견해에 근거하되 정자의 견해를 참고하면 바로 알 수 있다. 양씨가 단지 검소함과 슬퍼함을 예의 근본으로 삼은 것은 간단하면서도 적당한 것 같다. 하지만 공자가 논한 내용을 살펴보면 '사치함[奢]', '검소함[儉]', '의식이 갖추어짐[易]', '슬퍼함

---

2 아침에……노래한다: "어떤 노나라 사람이 아침에 대상을 지내고는 저녁에 노래를 부르자 자로가 너무 빠르다고 비웃었다. 그러자 공자께서 말씀하셨다. '유야, 너는 남에게 완전함을 요구하며 꾸짖는 일을 끝내 그만둘 수 없느냐! 요즘 세상에 삼년상을 제대로 치렀으니, 그것만도 이미 오랜 세월이 지났다고 할 것이다'. 자로가 나가자 다시 공자가 말씀하셨다. '더 많은 시간을 기다릴 것도 없이, 한 달만 더 넘기고 나서 노래했더라면 좋았을 것을……'[魯人有朝祥而莫歌者, 子路笑之. 夫子曰, 由, 爾責於人, 終無已夫. 三年之喪, 亦已久矣. 子路出, 夫子曰, 又多乎哉. 踰月則其善也.……]"《예기》〈단궁檀弓 상〉)

[戚]¹, 네 가지가 모두 선택의 대상이어서 검소함과 슬퍼함이 좀 더 낫다고 여겼을 따름이지, 바로 검소함과 슬퍼함을 예의 근본으로 삼은 적이 없는 것 같다. 그래서 공자가 임방林放에게 답하면서 내가 선택하는 뜻에 근거하여 근본이 어디에 있는지 말없이 마음에 새기기를 어찌 바라셨겠는가.

或問, 四章之說.

曰, 程子張子至矣. 但張子易字之說恐未安. 范氏引據訓釋之功, 所發明於奢易二字尤多, 但遂以儉戚爲禮之本, 則失之耳. 謝周尹氏皆祖程說, 但謝氏情性之說爲未當. 禮之恭敬, 喪之哀痛, 夫亦非出於情耶. 但得情之正而合乎性之理耳. 若如其說, 則是性善情惡, 而判然不可以相入也而可乎. 周與謝氏略同, 但所引二事, 則不若謝之爲得, 而謝氏朝祥暮歌之云, 亦有所未盡耳. 尹氏則約取程說而補其未備, 最爲有功, 讀者以其說而參之程子則可見矣. 楊氏直以儉戚爲本者, 似亦簡便. 但考之夫子之所論, 則四者均在去取之間, 而儉戚爲差愈耳. 似未嘗直以二者遂爲本也. 其告林放, 豈欲其因吾去取之意, 而有以黙識夫本之所在也歟.

03-05. 子曰, "夷狄之有君, 不如諸夏之亡也."

문 5장의 설은 어떻습니까?

답 이 장의 뜻은 명백하다. 다만 범씨와 여씨의 견해만 다르다. 그러나 신하에게 임금이 없을 수 없는 것은 사람에게 머리가 없을 수 없는 것과 같다. 유복자를 천자의 자리에 세우고 돌아가신 천자가 남긴 의관에 조회하는 일³은 대체로 한때의 부득이함에서 나온 것이다. 그러나 중국이 생긴 이후로 이처럼 임금이 없으면서도 어지럽지 않았던 적은 또한 대체로 거의 없었다. 성인이 어찌 이런 일을 늘 있을 수 있는 일로 여겼겠는가. 주씨의 견해는 조금 뛰어난 것 같지만 문장의 뜻에서 통하지 않는 부분이 있다. 그것은 다만 문사가 분명하지 않기 때문일 것이다.

或問, 五章之說.
曰, 此義明白, 但范呂爲不同. 然臣之不可無君, 猶人之不可無首也. 植遺腹朝委裘, 蓋出於一時之不得已. 然自有中國以來, 其能如是而不亂者, 蓋亦希矣. 聖人豈以是爲可常哉! 周氏說似少異, 而於文義有不通者, 蓋特其辭之未瑩耳.

03-06. 季氏旅於泰山. 子謂冉有曰, "女弗能救與?" 對曰, "不能." 子曰, "嗚呼! 曾謂泰山不如林放乎?"

문 6장의 설은 어떻습니까?

답 이 장에 대한 해설은 대체로 같다. 오직 사씨는 '제사 지내면 복을 받는다.'[4]라고 하니, 이 말을 할 때 공자의 뜻이 이처럼 말을 교묘하게 돌리거나 깊은 뜻이 있지는 않았을 것이다. 양씨가 말한 "조금씩 바로잡으면 길하다."도 이런 뜻은 없을 것이다. 장경부는 "염구가 가신이었을 때 처음 이 일이 있었고, 공자는 염유가 계씨의 잘못을 바로잡기를 바랐으

---

3 조회하는 일: 이 말은 가의賈誼의 〈치안책治安策〉에 나오는 말로 분봉제分封制가 확립되면 한나라 황실의 자손들이 아무리 미약하여 유복자를 세우거나 후계자가 없어 죽은 황제의 황포에 조회하는 등 비상사태가 생기더라도 제후들의 반란을 걱정할 필요가 없다는 내용이다.

4 제사……받는다: "공자가 (옛사람의 말을 인용하여) '나는 싸움을 하면 이기고 제사를 지내면 복을 받는다'라고 했으니, 이는 아마도 그 사람이 정도를 얻었기 때문일 것이다.'[孔子曰, 我戰則克, 祭則受福, 蓋得其道矣.]"《예기》〈예기禮器〉

므로 나쁜 조짐으로 여겼다."라고 했는데, 그 설이 옳은 것 같다. 양씨는 또 "노나라 소공이 조금씩 바로잡지 못해 마침내 죽게 되었다."라고 했는데 그 해설은 더더구나 잘못되었다. 염구가 가신이 된 것은 노魯 애공哀公 때부터이기 때문이다.

或問, 六章之說.
曰, 此章諸說大槪多同, 惟謝氏祭則受福之云, 恐夫子當時之意, 未若是之巧曲而幽深也. 楊氏所謂小貞吉者, 恐亦未有此意. 張敬夫以爲當冉有爲宰之時, 始有是事, 故夫子欲其救之, 以爲之兆, 其說幾是. 楊氏又謂昭公失此, 卒至敗亡, 其說尤誤, 冉求爲宰, 自哀公時也.

03-07. 子曰, "君子無所爭. 必也射乎! 揖讓而升, 下而飮. 其爭也君子."

문 7장의 설은 어떻습니까?

답 이 장의 여러 해설은 각각 다르고 모두 뜻이 통하지 않는 부분이 있다. 정자나 주씨, 윤씨는 모두 활쏘기를 본래 다툴만한 일이 없다고 하는데 사람들의 정을 살피지 않았다. 사씨는 또 활쏘기에는 군자와 비슷한 점이 있다고 했는데 이 장의 뜻과 거리가 멀다. 사씨의 견해와 같다면 다음 문장에서 '활을 쏘아 정곡을 맞추지 못하면 자신을 되돌아본다'라고 하지 않고, 왜 굳이 읍하고 사양하는 예禮를 말했겠는가? 양씨만 '활쏘기에 본래 다툼이 있으나 군자는 다투지 않는다.'고 말했으니 본래 뜻에 가깝다. 그러나 양씨는 '군자는 활은 쏘되 다투지 않는다.'라고만 했으니, '기쟁야군자其爭也君子'는 살피지 않은 것이다.

'읍양이승揖讓而升 하이음下而飮'에 대해서, 정자는 '하음下飮'을 대에서 내려와 벌주를 마시는 것이 아니라고 했는데《의례儀禮》〈대사례大射禮〉의 내용과 일치한다. 하지만 활쏘는 자리를 벗어나서 벌주를 마시는 것이라고만 한다면 '내려왔다가 다시 올라가는 것'은 살피지 않은 것이다. 장자는 "예禮에 관한 내용에 사양하고 내려오는 문장은 없다."라고 했는데 이 말은 옳다. 그러나 또한 '내려와 벌주를 마시는' 문장이 없다고 했으니 내려와서 다시 올라가는 일은 또 살피지 않은 것이다. "스스로 내려와서 이긴 사람에게 술 마실 것을 청한다."라고 말한 대목도 근거가 없다. 사씨와 주씨는《예기》의 정현 주석에 근거하여 구두를 '하下' 자에서 끊었는데, 문리도 맞지 않고 견해도 틀렸다고 장재가 이미 반박했다.

'기쟁야군자其爭也君子'를 정자, 양씨, 주씨, 윤씨는 모두 "군자가 어찌 다투겠는가."라고 풀었는데 문장이 자연스럽지 않다. 장재는 '기쟁야其爭也'를 "다투는 것은 겸손한 행동이 아니다."라고 했는데 또한 본래의 뜻이 아니다. 사씨는 다투지 않는 것이야말로 군자이기를 다투는 것이라고 하면서 노자의 말을 인용하여 증명하니, 또한 잘못된 견해에 빠져 성인의 뜻을 크게 잃었다. 범씨의 견해는 처음부터 끝까지 문장의 뜻이 한마디도 옳은 게 없는 데다가, 다투지 않는 것을 군자의 다툼으로 여겼으니 또한 바르지 않다.

或問, 七章之說.

曰, 此章諸說各殊, 而皆有未通者. 如程子周尹皆以射爲本無可爭, 則旣不察乎衆人之情, 謝氏又以射有似乎君子者言之, 則又遠於文義矣. 若然, 則其下文曷爲不遂以失諸正鵠反求諸身者言之, 而必以揖遜之禮爲言耶. 惟楊氏以射宜有爭, 而君子不爭者, 近之. 然直謂君子以射而不爭, 則又未考乎其爭也君子之說也. 揖讓而升, 下而飮之說, 程子以下飮爲非下堂而飮, 則合乎大射之說矣. 然謂但爲離去射位而飮之, 則又不考乎下而復升之說也. 張子以爲禮無讓下之文 是也, 然謂亦無下飮之文, 則亦未考乎旣下而復升之說也. 至謂自宜下而請飮 於勝者, 則亦無所據矣. 謝周氏從禮記鄭注之讀至下字而句絶, 則旣不足於辭, 而其說之誤, 張子又已辨之矣. 其爭也君子, 程子楊周尹氏皆以爲言君子其爭 乎者, 文勢牽强不安. 張子以爲其爭也, 爭非謙遜, 亦非文意. 謝氏以爲其不爭 也, 乃所以爭爲君子, 而引老氏之言以爲證, 則又陷於巧譎之私, 而大失聖人之 意矣. 若范氏之說, 則其首尾文義, 旣無一言之中, 而又以是爲君子之所爭, 則 亦失之也.

문 그렇다면 그대는 왜 "활쏘기에 다툼이 있으니 그 다툼이 군자다."라고 했습니까?

답 군자는 공경하고 겸손하여 다른 사람과 다투지 않는다. 다만 활쏘기에서는 사람들이 모두 정곡을 맞추어 이기고자 한다. 그러나 대사례大射禮의 의식은 나란히 나아가 세 번 읍한 다음에 당에 오르고, 활쏘기가 끝나면 또 읍하고 내려온다. 이긴 사람은 상의의 왼쪽 소매를 걷어 올리고 깍지[決]와 토시[遂]를 끼고서 시위를 건 활을 잡는다. 진 사람은 걷었던 소매를 내리고, 깍지와 토시[拾]를 벗으며, 왼손을 벌린 다음 오른손으로 시위를 푼 활을 잡아 왼손 위에 올려놓고서 토시로써 줌통(활 중간에 잡는 곳)을 잡고 처음 당으로 올라갈 때와 같이 읍하고 올라간다. 계단에 이르러 이긴 사람이 먼저 올라가고, 당에 올라가서 조금 오른쪽으로 비켜선다. 진 사람은 나아가 북쪽을 향해 앉아서 잔대 위에 놓인 벌주 잔을 집어 들고, 서서 마신다. 다 마신 뒤에 그 잔을 잔대 아래에 놓고 일어나 읍하고서 진 사람이 먼저 내려온다. 그 의젓하고 화락하며 겸손한 것이 이와 같다. 이것은 다툼이 있다고 하더라도 그 다툼이야말로 틀림없이 군자의 도가 된다. 이것은 주석과 소疏에 있는 옛날의 견해인데 학자들이 바르게 이해하지 못했다. 이 때문에 의견이 분분하여 그 견해가 더욱 분명해지지 않았을 따름이다.

曰, 然則子之所謂射之有爭, 而爭也君子, 奈何.
曰, 君子恭敬退讓, 不與人爭, 至於射, 則皆欲中鵠以取勝也. 然大射之儀, 耦進三揖而後升堂, 射畢又揖而降, 勝者袒決遂, 執張弓, 不勝者襲, 脫決拾, 卻左手, 右加弛弓於其上, 遂以執弣, 揖, 如始升射, 及階, 勝者先升堂少右, 不勝者進北面坐, 取豐上之觶興, 立飮卒觶, 坐奠於豐下, 興揖, 先降. 其雍容謙遜乃如是, 是則雖曰有爭, 而其爭也, 亦不失其爲君子之道矣. 此則注疏舊說, 而諸家失之, 是以徒爲紛紛, 而其說愈不明耳.

문 이 구절이 《중용》의 '군자이시중君子而時中'과 같다고 한 것은 무엇 때문입니까?

답 여기서 말하는 '군자'도 군자의 마음이 있다는 것을 말했을 뿐이다.

曰, 此其猶曰君子而時中者, 何也.
曰, 是其所謂君子者, 亦曰有君子之心云爾.

> **03-08.** 子夏問曰, "'巧笑倩兮, 美目盼兮, 素以爲絢兮.'何謂也?" 子曰, "繪事後素." 曰, "禮後乎?" 子曰, "起予者商也! 始可與言詩已矣."

문 자하가 인용한 시는 〈위풍衛風 석인碩人〉입니다. 어떤 사람은 '소이위현혜素以爲絢兮' 구절은 공자가 삭제한 것이라고 합니다.

답 산시刪詩는 의리에 맞지 않는 것을 삭제한 것이다. 지금 이 구절의 뜻

을 공자가 여기에 취해 두었는데도 《시경》에서 오히려 삭제된 것은 왜
인가? 또 〈석인〉의 시는 모두 4장이며 각 장은 모두 7구인데, 이 장만 한
구절이 많아 삭제되었다고 해서는 안 된다. 또 이 구절을 삭제한 것에 의
거해서 다른 장까지 아울러 으레 한 구절씩 삭제하여 가지런하게 해서는
안 된다. 이렇게 한 구절씩 삭제하여 가지런하게 만들면 아마도 무슨 시
인지 알 수 없을 것이다.

或問. 子夏所引之詩. 蓋衛風碩人之篇. 或以云素以爲絢兮一句云者. 夫子刪而
去之也.
曰. 刪詩者. 去其不合於義理者耳. 今此句之義. 夫子方有取焉. 而反見刪者. 何
哉. 且碩人之詩四章. 而章皆七句. 不應此章獨多一句而見刪. 又不應因刪此句
而幷及他章. 例損一句以取齊也. 蓋不可知其爲何詩矣.

문 학자들의 견해는 어떻습니까?

답 구설舊說에서 바탕[素]을 예禮에 비유한 것은 크게 잘못되었다. 정자
가 처음으로 선후의 차례를 바로잡은 것은 좋다. 그러나 아름다운 바탕
은 예를 기다리고 흰 비단은 채색을 기다린다고 한 것은 범씨, 사씨, 양
씨의 해설만큼 문맥에 부합하지 않는다. 주씨와 윤씨는 정자의 뜻을 따
랐으니 또한 잘못된 것 같다. 장자의 설은 우활하여 통하기 어렵다. 또
'두 개의 「소素」자는, 글자는 같으면서 쓰임은 다르나 뜻이 서로 해치지
않는다.'고 했는데, 또한 이런 이치는 없다. 또 흰색이 채색을 받아들이
는 것은 《예기》〈예기禮器〉에 보이니 가장 분명한 증거가 되는데도 어찌
이것을 버리고 굳이 다른 주장을 하여 억지로 통하게 하는가.

범씨는 '천倩'과 '반盼'을 밖으로 예쁜 용모가 있고 안으로 아름다운 바
탕이 있는 것으로 해석하고 '소素'로 덕을 비유하고 '현絢'으로 용모를 비

유하였다. 사씨는 '바탕이 있은 다음에 예쁜 보조개[倩]와 선명한 눈동자[盼]의 용모가 있다.'고 하였으며, 주씨는 '덕을 갖추고 있으면서 부인의 용모를 꾸미고 있다.'고 하였는데, 또한 모두 옳지 않다. 시인의 뜻은 단지 '예쁜 보조개'와 '선명한 눈동자'의 바탕을 갖추고 있으면서 분과 눈썹먹의 수식을 더한 것을 말했을 따름이다. 공자는 반드시 이런 바탕을 갖춘 다음에 수식을 할 수 있다고 여겼을 따름이다.

'기여起予'에 대한 견해는 정자와 윤씨의 말은 간략하여 의미가 분명하지 않지만, 두 사람도 양씨와 주씨의 견해처럼 자하가 공자가 말한 뜻을 잘 드러내 밝혔다고 여겼을 것이다. 이와 같다면 모두 온당하지 않은 점이 있다. 오직 사씨의 해설이 이치에 가깝긴 하지만 주장한 내용이 또한 지나치게 고원한 폐단이 있다. 공자의 본뜻은 다만 자하의 말이 충분히 내 마음을 감격시켜 분발하도록 할 수 있다는 것을 말했을 따름이다.

曰. 諸家之說, 如何.
曰. 舊說以素喩禮者, 失之遠矣, 程子始正其先後之序, 則得之. 然其曰質待禮素待畫者, 不若范謝楊說之爲協於文也. 周尹因之, 蓋亦誤矣. 張子之說, 迂滯難通, 又以二素字字同用異, 而義不相害, 亦無此理. 且白之受采, 見於禮書. 最爲明證. 曷爲舍此而必爲異說以强通之耶. 范氏以倩盼爲外有其容, 內有其質, 而以素爲德之譬, 絢爲容之譬. 謝氏以爲有素然後有倩盼之容. 周氏以爲有德而文之以婦容. 亦皆非是. 詩人之意. 但謂旣有倩盼之質, 而又加以粉黛之飾. 夫子之意, 則以爲必有是質, 然後可加以飾耳. 起予之說. 程子尹氏語簡而意未明, 然恐其亦若楊周之說. 以子夏爲能發明夫子所言之意也, 然則皆有所未安者. 惟謝說近之, 然其所以爲說, 亦有過高之弊. 夫子本意, 但謂子夏之言, 足以有感發我之心耳.

03-09. 子曰, "夏禮吾能言之, 杞不足徵也. 殷禮吾能言之, 宋不足徵也. 文獻不足故也. 足則吾能徵之矣."

문 9장의 설은 어떻습니까?

답 정자는 '징徵'을 '(치적을) 이루다'는 뜻으로 풀었는데 고주古註를 따른 것 같다. 그 뜻은 나의 말을 증명할 수 없다는 것을 말한다. 그러니 '오능징지吾能徵之'의 뜻이 또한 집주에서 말한 것과 같겠는가. '헌獻' 자의 뜻을 법도로 해석한 것은 '헌獻'을 '헌憲' 자와 통한다고 보았기 때문인데 혹 고찰한 바가 있는 것인가? 지금 알 수 없다면 잠시 구설舊說을 남겨두는 것이 좋겠다.

장자는 대개《중용》을 근본으로 하여 말했다. 다만 성인이 하는 일은 자연스럽고 신중하니 단지 이 때문에 말하지 않는 것은 아니다. 범씨는 오로지 하나라와 은나라의 예禮를 실행할 사람이 없다고 해석하여 '문文'과 '헌獻'을 모두 현인을 가리키는 말이라 여긴 것 같은데, 또한 온당하지 않은 것 같다. 또 공자가 하나라와 은나라의 예를 사람이 없어 행할 수 없으니 주나라를 따른다고 말한 것도 옳지 않다. 설령 두 나라의 후예가 공자의 말을 증명할 수 있다고 하더라도 공자가 어찌 주례를 버리고 두 나라의 제도만 사용하겠는가. 또《중용》에서 "지금 주나라의 예를 사용하니 나는 주나라를 따르겠다."라고 한 것도 덕은 있으나 지위가 없어서 감히 예악禮樂을 짓지 못한 것인데, 어찌 두 나라의 예를 증명할 수 없다고 해서 주나라를 따랐겠는가. 여씨의 견해에는 타당한 점이 많다. 다만 공자가 "내가 하나라와 은나라의 예를 말할 수 있다."라고 말한 것은 분명 하나나 둘 실제 남아 있는 제도나 문물이 있었을 것이니, 예를 제정한 뜻만 말한 것은 아닐 것이다. 양씨의 설은 대체로 산만하여 갈피를 잡을 수 없긴 하지만, 그 내용 가운데서 미루어 보면 또한 볼 만한 점이 있다. 하지만 성현이 한 말의 본뜻에서 살펴보면 종종 맞지 않는 부분이 있을 따름이다.

或問, 九章之說.
曰, 程子以徵爲成, 蓋從古注, 其意則曰無以證成吾言云爾. 吾能徵之, 意其亦若集注之云乎. 其以法度釋獻字之義, 蓋以獻通爲憲也. 其或有所考歟. 今不能知, 則姑存舊說焉可也. 張子蓋本中庸而言, 但聖人作爲, 自然審重, 非獨爲此而後不言也. 范氏專以無人爲言, 則似幷以文獻皆爲指賢人者, 恐亦未安. 且謂夫子以二代之禮無人而不可行, 然後從周, 亦非是. 設使二代之後足證夫子之言, 則夫子豈遂舍周禮而擅用二代之制乎. 且中庸固曰今用之, 吾從周, 蓋以有德無位, 而不敢作禮樂焉爾, 豈以二代之無證, 而後從周也哉. 呂氏則得之多矣. 但夫子自謂吾能言之, 則於制度文爲之實迹, 必有可以一二數者, 非但能言其制作之意而已也. 楊氏之說, 大抵支離, 就其說中推之, 固亦有可觀者, 但出而觀於聖賢立言之本意, 則往往無所當耳.

문 공자가 말한 예禮 가운데 지금 남아 있는 것은 얼마나 됩니까?
답 호씨는 다음과 같이 말했다. "선유들이 공자가 일찍이 예악을 제정했다고 말하는데, 지금 이 장의 뜻으로 살펴보면 삼대의 예를 공자가 한 번 기술하고자 하였으나 결국 완성되지 못했다. 음악은 시(가사)와 서로 보완적인 관계에 있으므로 음악이 바르게 되면 아雅와 송頌이 각각 제자리를 얻는다. 그러나 또한 온전히 남아 있는 책이 없다." 그 설이 혹 그럴듯하다.

曰. 孔子所言之禮, 今有存者幾乎.
曰. 胡氏有言, 先儒言孔子嘗定禮樂. 今以此章之指觀之, 則三代之禮, 孔子欲爲一書而不果成也. 至於樂則與詩相須. 故樂正而雅頌各得其所. 然亦無全書矣. 疑其說之或然也.

03-10. 子曰, "禘自旣灌而往者, 吾不欲觀之矣."

문 이전 유자들의 체제사禘祭祀의 예禮에 대한 설이 많은데, 왜 조씨의 설만 취했습니까?

답 선유들은 체제사는 태묘에 합제하여 위로 선조가 나온 바에 이르고 아래로 사당을 헐은 훼묘나 사당을 헐지 않은 미훼묘의 신주에 미치며, 합祫은 태묘에 합제하지만 선조가 나온 바에는 비치지 않는 것이라 해석했다. 오직 조백순[5]이 《예기》〈증자문曾子問〉과 《춘추좌씨전》을 인용하여 유자들의 설과 마찬가지로 '합祫'의 뜻은 '합하다[合]'이지만, '체禘'는 선조들이 나온 바에 직접 제사하여 조상들을 배향하되, 다만 두 신위神位만 두고 다른 묘의 신주에는 미치지 않으니, 이는 먼 조상을 높여 감히 함부로 다루지 않는 것이라고 해석했다. 이 설이 가장 타당하다. 하지만 《춘추집전찬례春秋集傳纂例》에 갖추어져 있는 것이 상세하다.

或問, 先儒禘禮之說多矣, 獨取趙氏, 何也.
曰. 先儒以禘爲合祭於太廟, 上極其祖之所自出, 而下及毀廟未毀廟之主. 祫則合祭於太廟, 而不及祖之所自出也. 惟趙伯循引曾子問春秋傳以明祫之爲合, 如諸儒之說. 禘則直祭其祖之所自出, 而以其祖配之, 但設兩位, 而不及群廟之主, 爲其尊遠不敢褻也. 此說最爲得之, 而其具於春秋纂例者詳矣.

---

5 조백순: 당나라의 경학가로 이름은 광匡, 자는 백순伯循이며 하동河東 사람이다. 당나라 조정에서 관직을 맡아 양주자사洋州刺史까지 이른다. 생졸년은 정확하지 않다. 주로 활동한 시기는 대력大曆 연간(766~779)이다.

문 울창주를 쓴다고 한 것은 어떻습니까?

답 예禮를 잘 아는 사람들은 기장을 빚어 술을 만들고 거기에 울금향초를 삶아서 섞으면 향이 좋고 두루 퍼진다고 한다.

其曰, 鬱鬯者, 何也.
曰, 禮家以爲釀秬爲酒, 煮鬱金香草和之, 其氣芬芳而條暢也.

문 공자가 보려고 하지 않은 뜻은 해설이 각각 다른데, 어떠합니까?

답 정자가 '참례僭禮'로 말한 것이 온당하긴 하지만, '예를 잃은 가운데 또 예를 잃었다.'는 말을 살피지 못했으니, 이는 울창주를 붓기 전부터 이미 볼 만하지 못하니, '울창주를 붓고 난 이후[旣灌而往]'라고 말할 필요가 없는 것이다. 또 '역사逆祀(신주의 위차를 뒤바꿔 제사를 지냈다.)'라고 말한 부분도 또 참례의 해설과 다르다. 그러나 조씨의 해설은 체제사는 본래 여러 묘의 신주를 합하지 않는 것이 되니, 굳이 구설舊說을 따르자면 울창주를 붓고 신주를 설치하는 것이 어느 것이 먼저인지 알 수가 없다. 또한 해설이 통하지 않는 것 같다. 사씨와 윤씨는 '참례'의 측면에서 말했고 범씨와 주씨는 '역사'의 측면에서 말했으니, 잘잘못을 여기에서 볼 수가 있다. 양씨의 해설은 울창주를 부을 때 이미 볼 만하지 못하니, 그 이후는 더 말할 필요가 없다는 것이고, 여씨의 설은 울창주를 붓고 난 다음에 바치고 올리는 예절은 모두 실이 없는 번거로운 의식[文]이라는 것이다. 성인의 뜻은 또한 반드시 그렇지는 않을 것이다.

曰, 孔子不欲觀之意, 諸說不同, 如何.
曰, 程子以僭禮言之當矣. 然不察乎失禮之中又失禮焉之說, 則是自其未灌之時, 已不足觀, 不必言旣灌而往也. 又以逆祀爲言, 則又異乎僭禮之說. 然如趙氏, 則禘祭本不合群廟之主, 必如舊說, 則未有以見灌鬯設主之孰先孰後, 亦恐其說之不通也. 謝尹從僭禮說, 范周從逆祀說. 其得失於此可見矣. 如楊氏則方灌之時, 已不足觀. 不必更言而往矣. 如呂氏則是旣灌之後, 薦獻禮節, 又皆無實之繁文也. 聖人之意, 其亦必不然矣.

03-11. 或問禘之說. 子曰, "不知也. 知其說者之於天下也, 其如示諸斯乎!" 指其掌.

문 11장의 해설은 어떻습니까?
답 여러 해설이 모두 좋긴 하나 각각 한쪽 방면의 도리만 얻었다. 대개 여씨는 근본에 보답하고 조상을 추모하는 뜻을 얻었고, 유씨는 인仁과 효孝, 성誠과 경敬의 마음을 얻었으며, 정자는 왕이 아니면 체제사를 지낼 수 없다는 법을 얻었다. 이것은 모두 해설의 좋은 것이다. 그러나 유씨는 또 교제郊祭, 사제社祭, 체제禘祭, 상제嘗祭를 겸하여 말했는데, 그 의리는 비록 넓지만 이 장의 뜻에 있어서는 정자와 여씨 만큼 전문적이지 못하다. 정자에게 또 '역사逆祀(신주의 위차를 뒤바꿔 제사를 지냈다.)'라는 해설이 있는데, 겨우 하나의 사례를 들어서 참람된 뜻이 더욱 갖추어진다면 많은 사례를 바름으로 삼아야 할 것이다.

사씨는 오로지 신명을 사귀는 도로써 말했는데 이 장에서 답하고 묻는 본의는 아닌 것 같다. 어떤 사람의 물음이 신명을 사귀는 도까지는 미치지 못했을 것인데, '손바닥을 가리킨다.[指掌]'라고 한 말에서 또 어찌 신명과 사귀는 도라는 것을 알 수 있겠는가. "귀신의 정상을 알면 신묘한 도로써 교화를 베풀어 천하 사람들이 복종할 수 있다."라고 한 것은 그 잘못이 더욱 멀다. 유씨가 비판한 '체제사의 예가 성대하여 뜻을 취한 것이 많다.'는 바로 양씨가 인용한 《예기》〈제통祭統〉의 해설[6]이다. 유씨의 설은 이미 한쪽에 치우쳤으며, 양씨는 또 "지극히 깊은 뜻이 있으니 도수度數를 말한 것이 아니다."라고 했는데 또한 인용한 《예기》 문장의 본래 뜻을 잃었다.

주씨는 《중용》의 말은 이 장의 뜻과 달라서 각각 가리키는 바가 있다고 했는데, 또한 그렇지 않은 것 같다. 오로지 당시 해설이 '역사逆祀'로만 이 장을 해설했기 때문에 이 장의 의리가 협소하여 《중용》만큼 넓지 못하다는 것을 알아차렸을 것이다. 그러나 《중용》은 사실 네 가지 제사를 겸하여 말했으니, 교郊는 하늘을 섬기는 것이고, 사社는 땅을 섬기는 것이며, 체禘는 조상을 추모하는 것이며, 상嘗은 친한 이를 친하게 여기는 것이다. 그러므로 《중용》의 의리는 참으로 이 장보다 넓은 점이 있다. 그러나 이 장은 조상을 추모하는 뜻을 밝혔으니 《중용》의 뜻과 또한 다른 적이 없다.

장경부는 정자의 해설을 새롭게 밝혀서 또 스스로 하나의 의리가 되니 또한 볼 만하다. 지금 여기에 붙여놓는다.【장경부가 말했다. "예禮는 하늘이 질서 지운 것이다. 체제사의 예는 오직 천자만이 사용할 수 있고 제후는 사용할 수 없으니, 대개 천리의 당연함이다. 천하 만사가 모두 그러하지 않은 것이 없다. 당연히 할 수 있는 것은 하늘이 하는 바이다. 이 설을 아는 자는 천하를 다스리는 데 어렵지 않으니, 또한 그 이치를 따름을 말했을 뿐이다."】

或問. 十一章之說.

---

[6] 양씨가……해설: 양씨는 체禘 제사와 상嘗 제사의 의리가 도수度數나 형식적인 것뿐만 아니라 그 이상의 내용을 담아야 한다고 주장하고 있다.

曰, 諸說皆善, 而各得其一偏. 蓋呂氏得其報本追遠之意, 游氏得其仁孝誠敬之心, 程子得其不王不禘之法, 此皆其說之善者也. 然游氏又兼郊社禘嘗言之, 其義雖廣, 而於此章之旨, 則不若程子呂氏之專也. 程子又有逆祀之說, 然纔一言之, 而僭禮之意尤備, 則疑當以多者爲正也. 謝氏專以交神明之道言之, 似非此章答問之本意. 蓋人之問, 未應及此, 而指掌云者, 又何以見其爲交神明之道哉. 其曰知鬼神之情狀, 則能以神道設教而天下服者, 其失益遠矣. 游氏所議禮大義衆者, 正楊氏所引祭通[7]之說. 游氏則旣偏矣. 而楊氏又以爲其義有至賾者, 而非度數之謂, 則亦失所引記文之本意也. 周氏以爲中庸之言, 與此不同, 而各有所當, 亦或未然. 蓋其專以逆祀爲說, 故覺此章義狹而不若中庸之廣耳. 然中庸實兼四祀而言, 郊所以事天, 社所以事地, 禘所以追遠, 嘗所以親親, 故其義誠有廣於此章者. 而此章發明追遠之意, 則與中庸之意亦未始不同也. 張敬夫將明程子之說, 而又自爲一義, 亦有可觀, 今附於此.【張敬夫曰, 禮者, 天所秩也. 禘之爲禮, 惟天子得用之, 而諸侯不得用, 蓋天理之所當然也. 天下萬事, 莫不皆然, 所當得爲者, 天之所爲也. 知此說者, 則於治天下也不難, 亦曰循其理而已矣.】

03-12. 祭如在, 祭神如神在. 子曰, "吾不與祭, 如不祭."

문 12장의 설은 어떻습니까?

답 여러 해설이 모두 좋은데 정자의 말이 훌륭하다. 다만 범씨가 '신神은 「기귀其鬼」가 아니다.'라고 한 것은 저 장의 뜻을 잃은 것이다. 저기서 이른바 '기귀'라는 것은 자기가 제사 지낼 수 있는 대상을 통틀어 말한 것이지, 자신의 선조만 말한 것이 아니다. 사씨의 처음 두 구절은 알 수가 없

---

7 通: '統'의 오기誤記다. 여기서는 《예기》〈제통祭統〉을 말한다.

으니 오탈자가 있는 것 같은데, 백고伯高의 일[8]을 인용한 것은 매우 좋다.

或問, 十二章之說.

曰, 諸說皆善, 而程子至矣. 但范氏有神非其鬼之說, 則失彼章之意. 彼所謂其鬼者, 通謂己之所得祀者耳, 非專以先祖爲言也. 謝氏章首二句不可曉, 疑有誤脫. 其引伯高之事則甚善.

> **03-13.** 王孫賈問曰, "與其媚於奧, 寧媚於竈, 何謂也?" 子曰, "不然, 獲罪於天, 無所禱也."

문 13장의 설은 어떻습니까?

답 정자가 '오奧(아랫목)'를 '귀신貴臣(지위가 높은 신하)'에 비유한 것은 옳지 않고, 공자의 답한 말에 대해서는 여러 학자들이 바른 해설에 미치지 못한다. 주씨가 정자의 '귀신貴臣'의 해설을 따른 것은 잘못이다. 범씨는 '오奧'를 '존귀한 제사', '호戶'와 '조竈'를 '작은 제사'로 보고, 공자가 조竈(부엌 신)에게 잘 보이는 일을 하지 않았다고 했는데 또한 옳지 않다. 여씨의 해설이 타당한 부분이 많긴 하지만 아쉽게도 아랫목과 부엌에 제사 지내는 예禮는 미처 살피지 못했다. 사씨의 "사람들에게 죄를 지으면 잘 보일 곳이 없게 된다."라는 말은 알 수가 없다. '(성인의 뜻은) 나는 차라리 아랫목 신에게 잘 보여 바로 하늘에 복을 구하겠다.'라고 말한 것이라

---

[8] 백고의 일: 공자와 친분이 두터웠던 백고가 죽었다는 부고가 도착하자 공자는 자공에게 상주가 되게 하고 자장에게 조문하도록 하였다. 그런데 당시 위나라에 있던 염구가 자장이 도착하기 전에 비단 한 묶음과 말 네 필을 부의賻儀로 보내자 공자가 이 소식을 듣고는 죽은 백고에게 예禮를 갖추지 못하게 되었다고 염구를 꾸짖은 일을 말한다. 《공자가어孔子家語》〈곡례자공문曲禮子貢問〉

고 했는데 또한 옳지 않다.

　양씨가 부엌 신에게 잘 보이는 일을 이치에 거스른다고 한 것은 옳지만, 아랫목 신에게 잘 보이는 일을 이치에 거스르지 않는다고 한 것은 다시 범씨와 같은 잘못에 빠졌다. 성인이 임금을 섬김에 예를 다하는 것은 천리天理의 공평함이다. 만약 한번 잘 보이는 마음이 있게 되면 인욕의 사사로움으로 흐르게 되니 어찌 성인이 하는 바이겠는가. (아랫목 신에게 잘 보이는 것은) 이치에 거스르지 않는다고 한 부분은 잘못이다. 또 하늘을 이치가 나오는 곳이라고 하였는데 이 말 또한 분명하지 않으니 호씨나 장씨의 해설이 적합한 것만 못하다. 【호씨가 말했다. "하늘이 곧 이치다. 이치는 있지 않은 곳이 없으니, 사람의 경우는 인심의 밝고 밝은 것이 이것이다." ○ 장경부가 말했다. "마음속에 있는 것이 한 번 바르지 않게 되면 하늘에 죄를 짓게 된다. 잘 보이려고 하는 행위는 바르지 않은 것이 심한 것이다. 이 말은 신명에게 제사 지내는 일로써 논한 것인데, 왕손가의 생각에 답한 것도 극진하지 않음이 없다."】

或問, 十三章之說.

曰, 程子以奧喩貴臣者非是, 其釋夫子之答辭, 則諸家所不及也. 周氏因其貴臣之說誤矣. 范氏以奧爲祭之尊, 戶竈爲祭之小, 而以夫子特爲不媚竈而已者, 亦非是. 呂氏之說, 得之爲多, 惜乎其未及考於奧竈之禮. 謝氏於人無所媚之語, 不可曉. 其曰我寧媚於奧, 直求福於天者, 亦非. 楊氏直以媚竈爲逆理則是, 以媚奧爲順理, 而復陷於范氏之失矣. 聖人事君盡禮者, 天理之公也, 一有媚之之心, 則流於人欲之私矣, 豈聖人之所爲哉. 以爲順理誤矣. 又以天爲理之所自出, 語亦未瑩, 不若胡氏張氏之爲得也. 【胡氏曰, 天卽理也, 理無不在, 在人則人心之昭昭者是也. 張敬夫曰, 胸中所存, 一有不直, 則爲獲罪於天矣. 夫欲求媚, 是不直之甚者也. 斯言卽禱祠而論之, 而所以答其意者, 亦無不盡也.】

문 그렇다면 그대가 논한 부엌 신을 제사하는 예禮는 무엇을 근거로 말한 것입니까?

답 《예기》〈월령月令〉의 여름 세 달에 "부엌 신에게 제사 지낸다."라고 하였는데, 정현의 주석에 이처럼 말했다. '무릇 오사, 곧 지게문[戶], 부엌[竈], 문門, 길[行], 처마[中霤]의 신에게 각각 제사 지내는데, 먼저 아랫목에 자리를 설치한 다음, 제사 지내는 곳에 신주와 도마를 설치하고, 이어서 아랫목에 찬을 두고 시동을 맞이한다.' 공영달의 소에서는 이것을 '일례逸禮'[9]의 '중류中霤'에 관한 문장이라고 하였으니, 당나라 초기까지도 그 글이 있었던 것 같으나 지금은 없어졌다. 또한 애석한 일이다.

曰, 然則子之所論祀竈之禮, 何所據而言也.
曰, 月令夏三月, 其祀竈, 而鄭氏之注云爾也. 凡祭五祀, 戶竈門行中霤, 皆先設席於奧, 而設主奠俎於其所祭之處, 乃設饌迎尸於奧. 而孔疏以爲逸禮中霤之文. 蓋唐初猶有其書, 而今亡之也, 亦可惜哉.

03-14. 子曰, "周監於二代, 郁郁乎文哉! 吾從周."

문 14장의 해설은 어떻습니까?

답 여러 해설 가운데 오직 윤씨만 타당하다. 범씨는 "때에 맞게 알맞게 했기 때문에 마땅히 주나라의 예禮를 따랐다."라고 하였다. 주씨는 "주나라의 예는 크게 갖추어져 있어 후대에 더할 바가 없다."라고 하였다.

---

9 일례: 원래 《의례儀禮》에는 17편 외에 실전된 고문으로 된 예의 조목이 있다고 하는데, 이를 '일례逸禮'라고 한다.

공자가 안연에게 말한 내용[10]으로 미루어 보면 주나라의 예는 다 따르지는 않았으니, 또한 더할 것이 없을 정도로 다 갖추어진 것은 아니다. 사씨와 후씨는 "감히 따르지 않을 수 없다."라고 했는데 이는 성인이 취하고 싶지 않은데 억지로 따르는 것이니, 또 "주나라는 하나라와 은나라의 예를 본보기로 삼았으니, 찬란하다 그 문채여."라는 말을 또 어떻게 처리하겠는가.

양씨는 하나라와 은나라의 뜻만 따르고 그 문채를 따른 것은 아니라고 했는데, 그렇다면 '찬란하다'는 탄식은 또한 소용이 없어진다. 또 '하나라와 은나라의 후손을 세워서 선왕을 계승토록 한' 일은 대개 그렇게 시작한 이유가 뜻인지 문채인지 아는 사람이 없고, 게다가 우순虞舜과 하우夏禹 때의 일은 이미 《서경》에 보이니 어찌 유독 주나라만 그러하겠는가. 대저 성인이 높은 지위를 얻지 못하면 본래 당시 왕의 예를 따라야 하며, 주나라 예도 성대하여 법도에 어긋나 따를 수 없는 것이 없었다. 설령 공자가 높은 지위를 얻어 예를 제정함이 있었더라도 주나라보다 하나라와 은나라의 예를 더 많이 따를 수는 없었을 것이다.

或問. 十四章之說.
曰. 諸說惟尹氏得之. 范氏以爲時措之宜. 當從周禮. 周氏以爲周禮大備. 後世無以加者. 以夫子所以告顏淵者推之. 則固將有不盡從者. 而亦不得爲無以加

---

10 공자가……내용: 안연이 공자에게 나라를 어떻게 다스릴지 묻자, 공자가 답한 내용이다. "안연이 나라 다스리는 것에 대해 묻자, 공자께서 말씀하셨다. '하나라의 책력을 행하고, 은나라의 수레를 타며, 주나라의 면류관을 쓰며, 음악은 순임금의 소무를 취하고 정나라의 음란한 음악을 추방하며 말재주 있는 사람을 멀리 해야 한다. 정나라 음악은 음탕하고 말재주 있는 사람은 위태롭다.'[顏淵問爲邦. 子曰. 行夏之時. 乘殷之輅. 服周之冕. 樂則韶舞. 放鄭聲. 遠佞人. 鄭聲淫. 佞人殆.]"《논어》〈위령공〉

矣. 謝氏侯氏以爲不敢不從, 則是以聖人之所不取而强從之也. 且監於二代, 郁郁乎文哉之語, 又將何所措乎. 楊氏以爲從其監於二代之意, 而非從其文, 則郁郁之歎, 亦將無所施也. 且立先代之後以統承先王, 蓋未有知其所由始者, 而虞夏之際, 已見於書傳矣, 豈獨周爲然乎. 大抵聖人不得其位, 固當從時王之禮, 而周禮之盛, 又非有所繆戾而不可從也. 設使夫子得位而有作焉, 竊意其從二代之禮, 固不能多於從周也.

03-15. 子入太廟, 每事問. 或曰, "孰謂鄹人之子知禮乎? 入太廟, 每事問." 子聞之曰, "是禮也."

문 15장의 해설은 어떻습니까?

답 정자의 해설이 훌륭하다. 윤씨는 정자의 해설을 새롭게 밝혀 뜻이 특히 상세하게 갖추어져 있다. 여씨와 주씨의 해설은 혹 그러한 뜻이 있긴 하지만, 본래의 뜻은 아니다. 범씨는 종묘를 세우는 일을 백성에게 효를 가르치는 것으로 보았는데, 이는 나라를 가진 자가 그 부모를 그리워하고 생각하는 진실한 마음에 근본하지 않고 있다. 태묘에 들어가 매사를 묻는 일을 귀신을 공경하는 것으로 보았는데, 이는 또 성인이 일을 공경하고 삼가는 본래의 뜻은 아니다. 사씨의 해설과 같다면 성인이 이것으로 당시에 제멋대로 예禮를 비난하려고 하다가 얼마 후 공경하고 삼가는 질문에 기탁하여 문식한 것이니, 분명 이와 같지 않을 것이다. 양씨는 제기를 다루는 일은 공자가 정말 몰랐다고 하는데, 온당하지 않은 것 같다. 제기를 다루는 일은 다만 관직에 있는 자가 살펴야 하는 일이 아니다. 그런데 기물의 이름을 처음에는 몰라 필히 태묘에 들어간 뒤에

물을 수 있었다고 어찌 말하겠는가. 후씨는 대개 정자와 여씨의 뜻을 겸하여 인용하였으나 또한 번잡하다.

或問, 十五章之說.
曰, 程子至矣. 尹氏發明, 意尤詳備. 呂氏周氏之說, 恐亦或有此意, 然非其本也. 范氏以立宗廟爲敎民孝, 則不本於有國者思念其親之誠心, 以每事問爲敬鬼神, 則又非聖人敬愼其事之本意. 如謝氏之說, 則是聖人本欲以是肆其詆訐於當時, 旣而又託於敬愼之說以文之也, 其必不然矣. 楊氏以籩豆之事, 夫子眞所不知, 恐亦未安. 夫籩豆之事, 特非有位者所當察於其間耳, 豈謂可以初不識其名物, 必待入廟而後問耶. 侯氏蓋兼引程子呂氏之意, 然亦雜矣.

문 그대는 어찌하여 이 일이 공자가 처음 관직에 나갔을 때라는 것을 압니까?

답 어떤 사람이 말한 추 땅 사람의 아들이라는 말에 근거하여 살펴보면 어려서 미천할 때가 분명하다.

曰, 子何以知其爲始仕時也.
曰, 以或人所稱鄹人之子者觀之, 則其爲少賤之時無疑矣.

문 공자가 이 일 이후에 또 태묘에 들어간다면 다시 매사를 묻겠습니까?

답 묻고 나서 다시 묻는다면 '성誠'이 아니다. 오직 아직 보지 못하여 물어보지 못한 일은 반드시 물을 것이다. 그러나 이전에 이미 물어보아서 지금 행해야 할 일은 반드시 다시 묻고 난 다음에 일에 종사할 것이다.

曰, 繼此而復入, 則將復問乎.
曰, 問而復問, 則不誠矣. 惟其所未見而未及問者, 則固將必問焉. 而其前所已問而今當行者, 則亦必復問而後從事也.

03-16. 子曰, "射不主皮, 爲力不同科, 古之道也."

문 16장의 해설은 어떻습니까?

답 정자의 세 가지 해설은 문장의 뜻이 모두 통하지 않는 부분이 있다. 범씨, 주씨, 윤씨가 모두 그것을 따랐는데 자세히 살피지 못한 것 같다. 장자의 설이 좋다. 그러나 "이것(射不主皮)이 '힘이 동등하지 않은[爲力不同科]' 한 사례이다."라고 했는데, 다른 문장에서는 이 말을 아직 보지 못했다. 사씨는 "혹 과녁의 가죽을 뚫는 것을 기준으로 하기도 하고, 혹 뚫지 않는 것을 기준으로 하는 것은 힘이 다르기 때문이다."라고 했는데 또한 옳지 않다. 《의례儀禮》〈향사례鄕射禮〉에 활쏘기에는 본래 이 두 종류가 있다고 하지만, 이 장은 오로지 과녁의 가죽을 뚫지 않는 것을 기준으로 말했을 따름이다. 양씨는 이것에 대해 유독 뜻이 좋다. 하지만 오로지 용모와 절도로 해석하고 과녁을 명중시키는 것을 기준으로 하지 않았으니, 의리에서 또한 빠뜨린 것이 있는 것 같다.

或問, 十六章之說.
曰. 程子三說, 於文義皆未有暢者. 范周尹氏因之, 恐其考之未詳也. 張子之說則善矣. 然以爲此乃爲力不同科之一事, 則於文未有所見. 謝氏以爲或主皮, 或不主皮, 以其力之不同者, 亦非是. 儀禮之言, 射固有此二類, 然此專以其不主皮者而言耳. 楊氏於此, 獨爲得之, 但專以容飾爲言, 而不主於中, 則於義亦若有所遺也.

03-17. 子貢欲去告朔之餼羊. 子曰, "賜也! 爾愛其羊, 我愛其禮."

문 17장의 해설은 어떻습니까?

답 이 장의 해설은 모두 다르지 않다. 다만 범씨의 소체小體와 대체大體의 해설은 적당하지 않다. 주씨의 '질지疾之'에 관한 해설은 자공의 본의가 아니다. 양을 아끼는 것에 있어서는 범씨가 말한 '비용을 아끼다'라는 해설이 타당하다. 어떤 사람은 제 선왕이 '흔종' 의식[11]에 끌려가는 소를 차마 죽이지 못한 것과 같다고 했는데 옳지 않다. 【사씨가 "삼대 이후에는 문헌이 부족하여 이 도를 일으킬 수 없었다."라고 하는데, 이 말 또한 미진하다.】

或問. 十七章之說.
曰. 此章之說. 皆無異義. 但范氏小體大體之說. 無所當. 而周氏疾之之說. 非子貢之本意耳. 若愛羊之說, 則范氏所謂省費者得之. 或以爲猶齊宣王之不忍於釁鍾之牛, 亦不然也.【謝氏曰. 三代以後文不足. 不可以興斯道. 語亦未盡.】

03-18. 子曰, "事君盡禮, 人以爲諂也."

문 18장의 해설은 어떻습니까?

답 여러 해설이 모두 좋다. 하지만 범씨의 추론은 이 장의 본래 뜻이 아니다. 사씨는 노나라와 위나라의 제후를 경시하고, 성인이 이렇게 예禮를 다해 임금을 섬긴 것은 다만 천명天命을 두려워하고 대인을 두려워해서 그런 것이라고 했는데, 또한 성인의 마음과 같지 않을 따름이다. 또

---

11 흔종 의식: 고대에 종을 새로 주조할 때 희생을 죽여서 피를 종의 틈새에 바르는 제사 의식을 '흔종釁鍾'이라고 한다. 제 선왕이 흔종에 희생으로 쓰일 소가 끌려가는 것을 보고 불쌍하게 여겨 양으로 바꾸라고 한다. 맹자는 이에 대해 소를 불쌍히 여기는 마음이 바로 훌륭한 정치를 할 수 있는 바탕이 된다고 일깨워 주었다. 《맹자》〈양혜왕 상〉

맹자는 "저와 나를 비교하여 합일시키지 못했다."라고 하는데, 그렇지 않은 것 같다. 맹자가 공자만 못한 것은 바로 리理와 의義가 합일하지 못했기 때문이다. 저와 내가 과연 어떻게 합일할 수 있겠는가. 윤씨는 정자의 설을 그대로 쓰면서 '탄歎' 자를 첨가했는데, 또한 그 뜻을 잃었다.

정자는 당시 사람들이 공자를 몰라본 이유를 추론하여, 이와 같은 데서 연유한다고만 하고 공자의 말이 이 일을 탄식하여 한 말이 아니라고 했다. 집주에서 인용한 벽산 황자정[12]의 해설이 가장 좋다. 그러나 또한 본래 정자의 뜻에서 나왔다. 이 외에 호씨의 해설도 좋다.【호씨가 말했다. "성인이 임금을 섬김에 예禮를 다하는 것은 스스로 현명하다고 여겨 세상을 놀라게 하거나, 교분을 맺어 임금에게 잘 보이려는 것이 아니므로 또한 '천명을 두려워하고 대인을 두려한다.'라고 말했을 따름이다. 자사와 맹자의 말로 살펴보면, 성인과 현인의 구분을 알 수 있다. 그러나 공자를 우러러 따르면 중화中和의 덕을 일으키고, 두 사람을 스승으로 삼아 본받으면 약해지지 않겠다는 뜻을 강하게 하니, 두 가지는 자신이 들은 바를 살피고 잘 가려서 따르는 것이 좋다."】

或問. 十八章之說.
曰. 諸說皆善. 但范氏推說非本意. 謝氏鄙薄魯衛之君, 而以爲聖人爲此, 特以畏天命畏大人而然, 則亦不類聖人之心耳. 又謂孟子參校彼我, 未能合一, 亦恐未然. 孟子之所以不如孔子者, 正爲於理義有未合一耳. 彼之與我, 果若何而可合一乎. 尹氏用程子說而加歎字, 亦失其旨. 程子推時人所以不知夫子之故, 以爲由其如此而已, 非以夫子之言, 爲歎此事而發也. 集註所引檗山黃資政說, 最

---

12 황자정: 황조순黃祖舜(1100~1165)이다. 송나라 복주福州 복청福淸 사람으로 자는 계도繼道, 시호는 장정莊定이다. 저서에 《논어강의論語講義》를 비롯하여 《논어해의論語解義》, 《역설易說》, 《국풍소아설國風小雅說》, 《예기설禮記說》, 《역대사의歷代史議》, 《황장정집黃莊定集》 등이 있다.

爲得之, 然亦本出程子之意. 此外則胡氏之說亦善.【胡氏曰, 聖人事君盡禮, 非自賢以駭俗, 內交以媚君也. 亦曰畏天命畏大人而已矣. 以子思孟子之言觀之, 則聖賢之分可見矣. 然仰遵夫子, 則作中和之德, 師法二子, 則强不弱之志, 二者審己所聞, 擇而從之可也.】

03-19. 定公問, "君使臣, 臣事君, 如之何?" 孔子對曰, "君使臣以禮, 臣事君以忠."

문 19장의 해설은 어떻습니까?

답 범씨의 해설은 대개 성인과 현인의 혼연일체를 칭찬했을 따름이다. 그러나 성인의 말씀이 사사로운 뜻으로 천착한 적이 없다고 했는데, 군자의 말이 모두 이와 같으니 굳이 성인을 기다린 후에야 그러한 것은 아니다. "현자가 미칠 바가 아니다."라고 한 것은 지나치다. 나머지 여씨, 사씨, 후씨의 해설은 임금과 신하가 각자 그 도를 다해야 한다는 의미에서 말했으니 바른 뜻이다. 양씨, 주씨, 윤씨는 임금에 대해 말한 것인데, 만약 신하에 대해 말했다면 "임금이 신하를 부리는 데 비록 예禮로써 하지 않더라도 신하가 임금을 섬기는 것이 또한 어찌 불충할 수 있겠는가."라고 했을 것이다. 두 개의 해설 가운데 여씨와 윤씨가 각각 그 요령을 얻었으니 서로 보완하여 밝혀줄 수 있다.

사씨의 해설은 별도로 귀한 사람이 천한 사람을 다스리고 천한 사람이 귀한 사람을 섬기는 도리가 있어서 예의에 기대지 않았으니, 반드시 임금과 신하가 된 다음에 비로소 예의로 서로 함께하는 것이 옳겠는가. 후씨의 인仁과 경敬의 해설은 이미 마땅하지 않다. "예禮를 알고 충忠을 알면 성誠과 경敬의 도가 서서 인仁하다."라고 한 내용은 의미가 더욱 이치에서 벗어나며, 또 불필요한 말이다. '정공定公' 다음의 말은 좋다. 사씨와 양씨는 모두 음식으로 잔치를 열고 물품을 하사하는 것을 신하를 부리는 예로 여겼는데 또한 미진한 것 같다. 임금이 신하를 부리는 데 어떤 일이나 물건을 막론하고 어디를 간들 예가 있는 곳이 아니겠는가.

或問, 十九章之說.
曰, 范說大槪贊聖賢之混成耳. 然謂未嘗以私意鑿, 則凡君子之言皆然. 蓋不待聖人而後然也. 今日非賢者所及, 則過矣. 其他則呂謝侯氏之說, 以君臣各盡其道而言之, 正也. 楊周尹氏則爲君而言之爾. 若爲臣而言, 則曰君之使臣, 雖不以禮, 而臣之事君, 亦豈可以不忠也哉. 兩說之中, 呂氏尹氏各得其要, 可以互相發明者也. 至如謝氏, 所以爲說, 則是別有貴治賤賤事貴之道, 而無待於禮義, 必爲君臣而後始以禮義相與也而可乎. 侯氏仁敬之說, 旣無所當, 至謂知禮知忠, 則誠敬之道立而仁矣, 則語意尤不倫, 而又幾於衍說也. 定公以下數語則善. 謝楊皆以飮食宴賜, 爲使臣之禮, 似亦未盡. 夫君所以使臣者, 一事一物, 何往而非禮之所在哉.

03-20. 子曰, "關雎, 樂而不淫, 哀而不傷."

문 20장의 설은 어떻습니까?

답 정자의 두 설은 모두 《모시毛詩》〈대서大序〉의 문장을 인용하여 이 장의 뜻을 풀었다. 사씨, 양씨, 주씨, 오씨는 정자의 설을 따랐다. 지금의 관점에서 보면 〈대서〉는 공자의 말에 근거하여 해설하였으니 그 뜻을 놓친 부분이 없을 수 없다. 차라리 세 번째 해설[13]이나 범씨처럼 단지 《시경》 본문에 입각해서 해석하는 편이 낫다. 무릇 '음淫'이란 즐거움이 지나쳐 바름을 잃은 것이며, '상傷'이란 슬픔이 지나쳐 화기和氣를 상한 것이다. 지금 여색에 빠져 선善을 상했다고 한다면 또한 의義를 잃어 불필요한 말이 된다. 그러나 범씨가 오직 소리의 조화로움으로 해석한 것은 또한 그 근원을 아직 궁구하지 못한 것 같다. 사씨가 비록 〈대서〉의 문장을 인용하였지만 그 해설은 또 정자의 세 번째 설과 관련이 있다. 윤씨는 또 범씨의 해설을 겸하고 있지만 어떻게 범씨의 해설을 통하게 하는지는 모른다. 양씨는 〈대서〉의 문장을 인용하면서도 그 뜻은 다 알지 못했다. 하지만 여색에 빠지거나 선을 상한 것이 그 의義를 잃었다는 것임은 이미 안 것 같다.

유씨는 〈대서〉의 문장을 인용한 다음 정자의 해설을 따르지 않고 정씨(정현)와 왕씨(왕안석)의 뜻을 계승했는데, 더욱 그 오류가 심하다. 여씨가 말한 '측달惻怛(가엾이 여겨 슬퍼함)'과 '지성至誠'은 또한 《시경》의 내용을 깊이 살피지 못한 것 같다. 여러 설이 〈대서〉의 "정情에서 발하지만, 예의에 그친다."를 인용하여 해석한 것이 많다. 〈대서〉의 문장에 근거하여 살펴보면 이 말은 '변풍變風'에 대해 말한 것이긴 하지만 자못 의심스러운 점이 있으며, 더욱이 〈관저關雎〉를 논한 것은 아니다. 장경부가 논한 '성정지제性情之際'도 볼 만하여 지금 여기에 붙인다. 【장씨가 말했다.

---

[13] 세 번째 해설: 여기서 정자의 두 설이란 정호程顥와 정이程頤의 두 해설을 말하는데, 모두 《시경》〈대서〉의 문구를 끌어다가 〈관저關雎〉를 설명했다. 세 번째 해설은 〈대서〉라는 권위적 해석 틀을 벗어나 《시경》 본문 자체에서 뜻을 찾아내려는 해석 방식을 말한다. 〈관저〉가 지닌 군자의 정당한 사랑과 도덕적 정조를 강조한다.

"슬픔과 즐거움은 정情이 하는 바이나 그 이치는 본성에 갖추어져 있다. 즐거워서 지나친 지경에 이르고 슬퍼서 상하는 지경에 이르게 되면 정에서 흘러 본성을 흐리게 한다. 즐겁지만 지나치지 않고 슬프지만 상하지 않으며 발發하지만 절도를 넘지 않는 것이 성정性情의 바름이다."】

或問, 二十章之說.

曰, 程子兩說, 皆引詩大序之文, 以釋此章之義, 而謝楊周吳氏因之. 以今觀之, 序乃因夫子之言以爲說, 而不能無失其意者. 不若其第三說之云者, 與范氏直以詩之本文釋之爲當也. 夫淫者, 樂之過而失其正者也. 傷者, 哀之甚而害於和者也. 今謂爲淫其色傷於善, 則亦失其義而贅於辭矣. 然范氏專以聲和爲言, 似亦未究其本原者. 謝氏雖引序文, 而所以爲說者, 又涉乎程子之三說. 尹氏又兼范說而言之, 不知其何以通之也. 楊氏引序文而不盡其意, 似已覺夫淫色傷善者之失其義也. 游氏旣引序文, 乃不用程子之說, 而祖鄭氏王氏之義, 則又甚矣. 呂氏所謂惻怛至誠者, 似亦未深考乎詩之文也. 諸說多引發乎情止乎禮義者爲言, 以序考之, 此言乃爲變風而發, 然已頗有可疑者, 尤非所以論關雎也. 張敬夫所論性情之際, 亦有可觀, 今附於此.【張曰, 哀樂情之爲也, 而其理具於性. 樂而至於淫, 哀而至於傷, 則流於情而汨其性也. 樂而不淫, 哀而不傷, 發不踰節, 則性情之正也.】

03-21. 哀公問社於宰我. 宰我對曰, "夏后氏以松, 殷人以栢, 周人以栗, 曰, 使民戰栗." 子聞之曰, "成事不說, 遂事不諫, 旣往不咎."

문 '사민전율使民戰栗'을 혹자는 애공의 말이라고 하는데, 그렇습니까?

답 이 말이 과연 애공으로부터 나왔다면 '공왈公曰'이라고 말해야 하며, 공자가 재여를 꾸짖는 것도 이처럼 우활하거나 뜻을 숨기지 않아야 한다.

或問, 使民戰栗, 或者以爲哀公之言, 信乎.
曰, 使是言果出於哀公, 則當以公曰發之, 而夫子之責宰予亦不若是之迂且晦矣.

문 소씨는 애공이 재아와 함께 삼환을 죽이려고 하였으므로 두 사람만 아는 말로 대화를 했다고 하는데, 그렇다면 참으로 뜻을 숨겼다는 혐의는 없을 것입니다.

답 내가 듣건대, 예전에 이 내용을 윤자尹子(윤돈尹焞)에게 물은 적이 있다. 윤자는 발끈하며 답하지 않다가, 잠시 후 말씀하셨다. '경經에 대해 말하면서 새롭고 기이한 것만 바라니, 또한 어딘들 이르지 않겠는가. 이 말은 두려워할 만하다.' 그러므로 이 장의 뜻은 다만 정자, 장자, 범씨, 윤씨를 바름으로 삼아야 한다. 여씨, 사씨, 양씨, 후씨, 주씨의 설은 바르지 않다. 그러나 정자와 장자가 '사社'는 '주主' 자가 되어야 한다고 한 것은 대개 알 수 없다. 양씨의 '수사遂事'와 '기왕旣往'에 관한 해설[14]은 그 잘못이 더욱 심하다.

曰, 蘇氏以爲公與宰我謀誅三桓, 而爲隱辭以相語, 則固無嫌於晦矣.
曰, 吾聞之, 昔嘗有以是問於尹子者, 尹子艴然不答, 旣而曰, 說經而欲新奇, 則亦何所不至矣. 此言可畏也哉. 故此章之旨, 但當以程子張子范尹爲正, 若呂謝楊侯周氏之說, 則失之矣. 然程子張子皆以社當爲主, 蓋不可曉. 而楊氏遂事旣往之云, 其失爲尤甚也.

---

14 양씨의……해설: 양씨는 '수사遂事'를 《논어정의》에서 풀이하면서 《춘추공양전春秋公羊傳》의 내용을 인용하여 설명하는데, '수사遂事'는 대신이 일을 처리함에 임금의 명령을 기다리지 않고 농단하는 것으로 보았다. '기왕旣往'은 "이미 지났는데 탓하면 사람을 꾸짖는 것이 끝이 없다.[旣往而咎, 則責人無已矣.]"라고 하여 '정도가 지나치다'는 의미로 해석했다.

문 호씨가 '사社'를 땅에 제사 지내는 예禮라고 했는데, 그렇습니까?

답 알 수 없다. 그러나 그 말은 근거가 있으니 남겨두어 살피는 것이 좋다. 【호씨가 말했다. "옛날 사社에서 땅에 제사를 지내는 것은 교郊에서 하늘에 제사 지내는 것과 같았다. 그러므로《상서尚書》〈태서泰誓〉에 '하늘 제사[郊]와 땅 제사[社]가 행해지지 않는다.'라고 하고 주공이 새로 조성한 도읍(낙읍洛邑)에서 제사 지냄에 또한 먼저 교郊에서 소 두 마리를 사용하여 제사한 후에 사社에서는 태뢰太牢를 사용하였다.《예기》〈왕제王制〉에 '천자가 출정하려고 할 때 상제에게 유제類祭를 올리고 사社에서 의제宜祭를 거행한다.'라고 하고, 또 '교郊 제사는 천도를 밝히는 것이고 사社 제사는 지도를 신령스럽게 하는 것이다.'라고 하였다.《주례周禮》〈춘관春官〉에 몸을 정결히 하여 지내는 제사인 인사禋祀로 호천의 상제에게 제사하고 산짐승의 피를 바쳐 지내는 제사인 혈제血祭로 사직에 제사하면서 별도로 지신地神의 자리는 없다. '뿌리[邸]'가 있는 두 개의 홀로〈운문雲門〉을 춤추면서 천신에게 제사 지내고, '뿌리'가 있는 두 개의 홀로〈함지咸池〉를 춤추면서 지기地祇에게 제사 지내면서 별도로 사직에 제사 지내는 해설이 없으니, 교제사로 사제사를 대한 것을 알 수 있다. 후대에 사직을 세우고 북교北郊를 세운 것은 잘못되었다."】

曰. 胡氏以社爲祭地之禮. 然乎.
曰. 未可知也. 然其言則有據矣. 存而考之可也.【胡氏曰. 古者祭地於社. 猶祀天於郊也. 故泰誓曰郊社不脩. 而周公祀於新邑. 亦先用二牛於郊. 後用太牢於社也. 記曰. 天子將出. 類乎上帝. 宜於社. 又曰. 郊所以明天道. 社所以神地道. 周禮以禋祀祀昊天上帝. 以血祭祭社稷. 而別無地示之位. 兩圭有邸舞雲門以祀天. 兩圭有邸舞咸池以祀地. 而別無祭社之說. 則以郊對社可知矣. 後世旣立社又立北郊. 失之矣.】

> **03-22.** 子曰, "管仲之器小哉!" 或曰, "管仲儉乎?" 曰, "管氏有三歸, 官事不攝, 焉得儉?" "然則管仲知禮乎?" 曰, "邦君樹塞門, 管氏亦樹塞門. 邦君爲兩君之好, 有反坫, 管氏亦有反坫. 管氏而知禮, 孰不知禮?"

문 '삼귀三歸'를 대臺의 이름이라고 한 것은 어째서입니까?

답 《설원》에 '관중이 삼귀의 대를 쌓았다.'[15]라는 말이 있으며, 《한비자》에도 '환공이 관중에게 삼귀의 집을 가지게 하였다.'[16]라고 하였으니 이것이 그 증거이다.

或問, 三歸之爲臺名, 何也.

曰, 說苑有謂管仲築三歸之臺, 而韓非亦曰桓公使管仲有三歸之家, 是其證也.

문 구설舊說에 부인이 시집가는 것을 '귀歸'라고 했습니다. '삼귀三歸'라는 것은 한 번에 세 성姓의 여자를 취하여 아홉 여자를 갖춘 것이니, 제

---

15 관중이……쌓았다: "환공은 '좋은 말이다.' 하고, 곧 관중에게 '정사는 그대에게 모두 그대에게 맡길 것이니, 정사가 미치지 못하는 점은 오직 그대에게 책임을 물을 것이다.' 하였다. 관중은 이 때문에 삼귀의 대를 쌓아 스스로 백성에게 해를 끼쳤다.[桓公曰, 善, 乃謂管仲, 政則卒歸於子矣, 政之所不及, 唯子是匡. 管仲故築三歸之臺, 以自傷於民.]"《설원說苑》〈선설善說〉

16 환공이……하였다: "관중이 제나라의 재상이 되자 말하기를 '신이 귀하게 되었으나 아직 가난합니다.' 하자, 환공이 이르기를 '그대에게 삼귀를 갖춘 집을 주겠소.' 하였다. 관중이 말하기를 '신이 부유해졌지만 아직 비천합니다.' 하자, 환공이 그를 고씨와 국씨의 윗자리에 세웠다. 관중이 말하기를 '신이 존귀해졌으나 아직 (군주와) 사이가 소원합니다.' 하자, 환공이 그를 중보로 세웠다. 공자가 소문을 듣고 비난하여 말하기를 '사치가 지나쳐서 군주를 핍박하였다.' 하였다.[管仲相齊, 曰, 臣貴矣, 然而臣貧. 桓公曰, 使子有三歸之家. 曰, 臣富矣, 然而臣卑. 桓公使立于高, 國之上. 曰, 臣尊矣, 然而臣疏. 乃立爲仲父. 孔子聞而非之曰, 泰侈逼上.]"《한비자韓非子》〈외저설좌外儲說左 하〉》

후의 제도와 같습니다. 또 비록 대의 이름이지만 '삼귀'라는 이름을 가진 사람을 거처하게 해서 그렇게 이름 지은 것인 줄 어찌 알겠습니까?

답 이와 같다면 윗사람에게 참람하고 예禮를 잃게 되니, '색문塞門'과 '반점反坫'을 두는 것과 같은 일이 된다. 지금 공자께서 단지 검소하지 않다고 했으니, 또한 관중이 단지 대臺와 관觀을 매우 사치스럽게 했을 따름이지 참람된 데까지는 이르지 않았다.

曰. 舊說婦人謂嫁曰歸. 三歸云者. 一娶三姓而備九女. 如諸侯之制也. 且雖臺名. 安知其不以處是人而名之乎.
曰. 若此則爲僭上失禮. 與塞門反坫同科矣. 今夫子但以爲不儉. 則亦但爲極臺觀之侈. 而未至於僭也.

문 예禮에 대부가 하나의 관직에 한 명의 가신을 쓰는 것을 참람된 일로 보았으니[17], 지금 관씨管氏가 가신의 일을 겸직시키지 않은 것이 여기에 해당합니다. 공자는 이 일을 '삼귀三歸'와 함께 일컬으니, 참람되지 않았다고 또한 어찌 알겠습니까?

답 예가禮家의 이와 같은 말은 모두 근거로 삼을 만하지 못하다. 《예기》〈예기禮器〉의 '대부의 집에서는 거북껍질을 보관하지 않는다.'[18]라고 했으니, 이 말을 따른다면 장문중이 거북껍질을 보관한 일은 또한 예禮에

---

17 참람된 일로 보았으니: "대부가 관원을 구비하며 제기를 남에게 빌리지 않으며, 음악을 모두 구비하는 것이 예가 아니니, 이것을 혼란한 나라라고 이른다.[大夫具官, 祭器不假, 聲樂皆具, 非禮也, 是謂亂國.]"《예기》〈예운禮運〉

18 대부의……않는다: "제후는 길흉을 점치는 거북을 보물로 삼고 천자가 하사한 규 圭를 상서로운 물건으로 삼는다. 경대부는 거북을 보물로 삼을 수 없고 규를 소장할 수 없으며 천자나 제후처럼 문옆에 대를 쌓아 문으로 삼을 수 없다. 신분에 맞아야 함을 말한다.[諸侯以龜爲寶, 以圭爲瑞. 家不寶龜, 不藏圭, 不臺門, 言有稱也.]"《예기》〈예기禮器〉

맞지 않으면서 불인不仁한 것이다. 하지만 공자는 헛된 기물을 만든 것이 지혜롭지 못하다고만 비판했으니, 또 예가의 설을 다 믿을 수 있겠는가. 무릇 이런 종류의 일은 공자의 말과 맞추어 보는 것이 좋다.

曰, 禮以大夫具官爲僭, 今管氏之官事不攝是也, 而夫子以與三歸並稱, 則亦安知其不爲僭哉.

曰, 禮家之言若此者, 皆不可據也. 如曰家不藏龜, 則臧文仲之居蔡, 亦僭禮而不仁矣, 而夫子但譏其作虛器爲不智, 則禮家之說, 又可盡信也耶. 凡此類者, 折衷以夫子之言可也.

문 어떤 사람이 그릇이 작다는 말을 듣고 검소하다고 여긴 것은 그럴 법하지만, 검소하지 않다는 말을 듣고 갑자기 예禮를 안다고 한 것은 왜 그렇습니까?

답 이 당시 사람들은 관중의 공만 높였지 잘못은 감히 논하지 못했다. 그러므로 관중이 행한 일에는 예禮가 있다고 여겼다. 또 당시에는 문文을 지나치게 숭상하였으므로 검소하여 미치지 못하는 것이 예가 아닌 줄만 알고 사치하여 지나친 것이 더욱 예를 잃었다는 것은 몰랐다.

曰, 或人聞器小而以爲儉, 則似矣. 聞其不儉而遽以爲知禮, 何哉.

曰, 當是時也, 世方尊管仲之功, 而不敢議其失, 故以爲凡管仲之所爲, 則是禮之所存矣. 又方文勝, 故徒知儉而不及者之爲非禮, 而不知奢而過者之尤失禮也.

문 사씨와 양씨의 해설은 어떻습니까?

답 공자가 관중을 (그릇이) 작다고 여긴 것은 바로 쓰임은 협소하면서 도량이 얕았기 때문이다. 쓰임이 협소하다는 것은 내적인 근본이고, 도량이 얕다는 것은 밖으로 나타나는 것이다. 양웅의 말[19]이 근본을 얻었으니, 이른바 도량이 얕다는 것이 또한 그 가운데 있다. 그러므로 여러 해설은 양웅의 해설을 많이 따랐으니, 정자가 말한 '그릇이 크면 절로 예禮를 안다.'거나 윤씨가 말한 '그릇이 작음을 알 수 있다.'라는 것은 모두 도량이 얕은 것을 겸하여 논했다.

사씨는 도량이 얕다는 해설은 보았지만 얕은 까닭은 궁구하지 않았으니 참으로 이 장의 뜻을 파악하지 못했다. 양씨는 쓰임이 협소하다는 뜻은 보았으나 도량이 얕다는 것을 꺾어서 이른바 '그릇이 작은 것이 처음부터 검소하거나 예는 아는 데 있지 않다.'라고 했으니, 사씨의 해설과 함께 모두 틀렸다. 대개 사씨의 설과 같다면, 당시에 여우 갖옷 한 벌을 30년이나 입고 제사 때에는 돼지고기를 제기에 가득 채우지도 못하는 검소함이 결국 큰 그릇이 될 수 있다. 양씨의 해설의 경우, 왕을 보좌할 재주가 있다면 '삼귀三歸'나 '반점反坫'을 소유하더라도 큰 그릇이 되는 데 해로움이 되지 않으니, 옳겠는가? 그러므로 이 장을 살피는 사람이 양자와 정자의 해설을 위주로 하고 범씨와 주씨, 윤씨의 해설로 보완한다면 그 뜻이 맞을 것이다. 그러나 사씨와 양씨의 해설도 없앨 수 없으니, 그 좋은 점은 골라 취하는 것이 좋다.

曰. 謝楊之說, 如何.
曰. 夫子之小管仲, 正以其用狹而量淺耳. 用狹者, 其本也. 量淺者, 其驗也. 揚雄氏之言得其本, 而所謂量淺者, 亦在其中矣. 故諸說者, 多遵用之. 而程子所謂器大則自知禮. 尹氏所謂器小可知者, 皆兼夫量淺者而論之也. 謝氏有見於

---

19 양웅의 말: 오자서가 오나라를 위해 큰 공을 세웠지만 초왕의 시체를 채찍질하는 행위를 비판했는데, 이를 통해 관중이 패도를 이루었지만 사치하거나 예에 벗어난 행위를 했다는 것을 우회적으로 비판한 것을 말한다.《법언法言》〈중려重黎〉

量淺之說, 而不究其所以淺, 固失之矣. 楊氏有見於用狹之意, 而遂折夫量淺者, 以爲所謂器小者, 初不在此, 則與謝氏之說胥失之也. 蓋如謝說, 則是當是時一狐裘三十年, 豚肩不掩豆者, 遂可爲大器矣. 如楊說, 則是苟有王佐之才, 則雖三歸反坫而不害其爲大器也而可乎. 故觀此章者, 以揚子程子之說爲主, 而以范周尹氏說輔之, 則其意得矣. 然謝楊之說, 亦不可廢, 擇其善者而取之可也.

03-23. 子語魯大師樂, 曰, "樂其可知也, 始作, 翕如也, 從之, 純如也, 皦如也, 繹如也, 以成."

문 22장의 해설은 어떻습니까?

답 정자와 범씨는 대의를 얻었다. '흡翕', '순純', '교皦', '역繹'의 뜻은 사씨의 풀이가 매우 좋다. 양씨가 풀이한 '순'과 '역'의 뜻은 적당하지 않다. (소리의 깊이를 볼 수 있기 때문에) 맑고 투명하다고 보는 해설은 또 지나치게 깊다. 이 장은 음악의 음절을 논하고 있는데, 어찌 갑자기 이것을 언급하겠는가. 주씨의 해설은 대개 또한 양씨와 비슷하다. 양씨는 또 이장은 공자가 노나라로 돌아와 음악이 각각 제자리를 찾았다는 뜻이라고 하는데, 또한 그렇지 않은 것 같다. 말의 기세를 음미해 보면 대개 음악을 바로잡으려고 말한 문장일 따름이다. 후씨와 윤씨는 큰 병폐는 없으나, 자세히 살펴보면 해설하는 의리에 또한 미진한 점이 있다.

或問二十二章之說.
曰. 程子范氏大意得之. 翕純皦繹之義, 則謝氏得之爲多. 楊氏純繹之義不當, 其物皦如之說, 則又過深矣. 此方論樂之音節, 豈當遽及此乎. 周氏之說, 蓋亦類此. 楊氏又謂此孔子反魯樂得其所之意, 亦恐未然. 味其語勢, 蓋將正樂而語之之辭耳. 侯尹無大病, 然細考之, 其文義亦有未盡善者.

> **03-24.** 儀封人請見, 曰, "君子之至於斯也, 吾未嘗不得見也." 從者見之. 出曰, "二三子何患於喪乎? 天下之無道也久矣, 天將以夫子爲木鐸."

문 24장의 해설에 대해 학자들이 모두 '상喪'을 '천지장상사문야天之將喪斯文也'의 '상喪(없애다)'으로 보았는데, 선생님만 '관직을 잃다.'라는 뜻의 '상'으로 본 것은 왜 그렇습니까?

답 이것은 유시독劉侍讀[20]의 해설인데 소씨가 그것을 따라 뜻을 얻었다. 대개 의儀 땅의 국경을 지키는 사람도 '어찌 관직을 잃은 것을 근심하는가.'라고 했을 따름이니, 참으로 '천지장상사문야天之將喪斯文也'의 '상喪' 뜻인지 알 수가 없다. 또 이때 공자는 병환이 없었으므로 몇 명의 제자들이 어찌 사문斯文이 없어지는 것을 근심했겠는가. 아니면 공자가 제자들을 가르친 지 오래되었는데, 또 어찌 이때 와서야 '하늘이 공자를 목탁으로 삼으실 것이다.'라고 말했겠는가. 그런데 소씨는 목탁이 길에 돌아다니는 것처럼 하늘이 공자를 동서남북으로 다니며 편안히 거처하지 못하

---

20 유시독: 문헌이 남아 있지 않아 누구인지 정확히 알 수 없지만, 소식과의 연관성을 따져볼 때 유창劉敞(1019~1068)으로 여겨진다. 유창은 북송의 학자로 사학, 경학, 문학에 모두 뛰어났다. 저서로는 《공시집公是集》이 있다. 본문과 관련된 내용이 유창의 《공시선생칠경소전公是先生七經小傳》에 있다. "상은 '문상問喪'의 '상'으로 읽어야 한다. '벼슬을 잃었을 때는 속히 가난해지도록 해야 한다.'의 상이고, 또 지위를 잃는 것을 '상'이라 한다. 이때 공자께서는 대부의 자리를 떠났기 때문에 '상'이라 한 것이다.[喪讀如問喪之喪. 喪欲速貧之喪. 失位爲喪, 是時仲尼去大夫故云喪也]"

게 할 것이라고 했는데, 또한 온당하지 않은 것 같다.

或問, 二十四章之說, 諸家皆以喪爲斯文之喪, 子獨以爲失位之喪, 何也.

曰, 此劉侍讀之說, 而蘇氏因之, 得其旨矣. 蓋封人亦曰何患於喪而已, 固未有以知其爲斯文之喪. 且當是時, 夫子固無恙也, 二三子又何患於斯文之喪乎. 抑夫子之設敎門人爲日久矣, 又何至是而始曰天將以夫子爲木鐸乎. 然蘇氏以天使夫子東西南北, 未嘗寧居, 如木鐸之徇於道路, 則亦恐未安也.

03-25. 子謂韶, "盡美矣, 又盡善也." 謂武, "盡美矣, 未盡善也."

문 25장의 해설은 어떻습니까?

답 정자의 두 번째 해설이 좋다. 범씨와 사씨는 각각 하나의 뜻을 얻어 밝혀놓았으니 특히 상세하게 갖추었다. 유씨의 설도 좋은데, '미美'와 '선善' 두 글자에 대해 분별하여 밝힌 것이 특히 공이 있다. 주씨는 '진미盡美'를 덕으로 보았는데, 해설이 통하지 않는 부분이 있다.

或問, 二十五章之說.

曰, 程子第二說得之矣. 范氏謝氏各得一意而發明之, 尤爲詳備. 游氏之說亦善, 而於美善二字, 辨析尤有功. 周氏以盡美爲德, 則其說有不通者矣.

문 정자의 '무왕의 음악을 전傳하는 것이 다 좋지는 않았다.'는 설은 어떻습니까?

답 《예기》〈악기樂記〉에는 그렇게 되어 있다. 하지만 정자도 대개 두 가지 설을 겸하여 보존하였을 따름이지, 오로지 이것을 설로 삼은 것은 아니다.

曰. 程子釋傳之說, 如何.

曰. 樂記有之, 然程子蓋亦兼存之耳, 非專以此爲說也.

03-26. 子曰, "居上不寬, 爲禮不敬, 臨喪不哀, 吾何以觀之哉?"

문 마지막 장의 해설은 혹 '하소관何所觀(볼 만한 것이 없다.)' 혹은 '하족관何所觀(볼 가치가 없다.)'이라고 해석했는데, 선생님만 홀로 '일의 득실을 볼 만한 것이 없다.'라고 해석하였습니다. 왜 그렇습니까?

답 이것은 경문의 의미로 미루어 얻은 것이다. 대개 윗자리에 있을 때는 도량에 근거하여 그 크기를 살피고, 예禮를 행할 때는 공경함에 근거하여 그 깊이를 살피며, 상喪에 임할 때는 슬픔에 근거하여 그 돈독함을 살핀다. 지금 이미 그 근본이 없다면 비록 살피고자 하더라도 무엇으로 살피겠는가. 저들이 '하소관' 혹은 '하족관'이라고 말한 것은 비록 대의에서는 통할 수 있지만, 경문의 깊은 의미를 다하지 못한 것 같다.

或問. 卒章之說, 或以爲何所觀, 或以爲何足觀, 子獨以爲無所觀其事之得失, 何也.

曰. 此以其文意推而得之也. 蓋在上則以其量而觀其大小, 爲禮則以其敬而觀其淺深, 臨喪則以其哀而觀其厚薄. 今旣無其本矣, 則雖欲觀之, 其將何以觀之乎. 彼曰何所觀何足觀者, 雖於大義可通, 然恐其未盡文意之曲折也.

4. 이인里仁

04-01. 子曰, "里仁爲美. 擇不處仁, 焉得知."

문 〈이인里仁〉의 설을 맹자孟子가 인용하여 '선택하는 방법[擇術]'의 뜻을 밝힌 적이 있습니다.[1] 그런데 여기서 '마을 선택[擇鄕]'으로만 설명하는

---

1 〈이인〉의……있습니다: 맹자가 말했다. "활 만드는 장인이 갑옷 만드는 장인보다 어질지 못하랴마는, 활 장인은 오직 사람을 다치게 할 수 없을까 걱정하고, 갑옷 장인은 오로지 사람이 다칠까 걱정한다. (사람을 살리는 무당(의술가)과 (관을 짜는) 장인도 그러하니, 직업[術] 선택에 신중하지 않을 수 없다. 공자가 '인仁한 마을에 사는 것이 아름답다. 인에 머물기를 선택하지 않는다면, 어찌 지혜롭다 할 수 있겠는가?'라고 하셨다. 무릇 '인'이란 하늘이 내린 높은 벼슬이요, 사람의 편안한 집이다. 아무도 막지 않는데도 '인'을 행하지 않는 것은 지혜롭지 못한 것이다. 어질지도, 지혜롭지도, 예의도, 의로움도 없으면 남의 부림을 받게 된다. 남의 부림을 받으면서 그것을 부끄러워하는 것은 활 만드는 사람이 활 만드는 것을 부끄러워하고, 화살 만드는 사람이 화살 만드는 것을 부끄러워하는 것과 같다. 만약 그것이 부끄럽다면 '인'을 행하는 것만 한 것이 없다. '인'을 행하는 것은 활쏘기와 같아서, 활 쏘는 사람은 먼저 자신을 바르게 한 후에야 활을 쏜다. 쏘아서 맞히지 못하더라도 자신을 이긴 사람을 원망하지 않고, 오히려 그 원인을 자기 자신에게서 찾을 뿐이다.[孟子曰, 矢人豈

것은 어찌 된 일입니까?

답 정현鄭玄과 정이程頤가 모두 이렇게 말했다. 글의 의미로 살펴보면, '선택한다[擇]'라고 하였는데, 다시 무엇을 선택하는지 가리켜 말하지 않고, 다만 앞구절에 이어 문장을 만든 것이다. 성인의 본래 뜻은 이 정도에서 그쳤을 뿐이며, 맹자가 한 말은 잠시 이 구절을 빌려 '선택하는 방법'을 밝혔을 뿐이다. 그러나 정자의 뜻 역시 '이里' 자를 '사람이 마을을 선택하여 거처하는 것'으로 본 듯하니, (맹자의 해석은) 더욱 문리에 맞지 않는 것 같다. 정백자, 장자 그리고 범씨, 사씨, 양씨 등은 대부분 맹자를 따랐고, 여씨, 주씨, 윤씨는 또 두 가지 뜻을 겸하여 '이인里仁'을 비유한 말로 여겼다. 호씨는 또 자신만의 해석을 내었다. 모두 의미가 통하기는 하지만, 혹《논어》본문의 뜻이 아닐까 염려되니 독자가 이를 상세히 살펴야 한다.【호씨가 말했다. "이里는 '거처하다[居]'의 의미다. '인仁'에 거居하는 것을 마치 '이里(마을)'처럼 여기는 것은 '인'을 편히 여기는 것이고, 택하여 '인'에 처하는 것은 '인'을 이롭게 여기는 것이다."】

或問, 里仁之說, 孟子嘗引以明擇術之意矣, 今直以擇鄕言之, 何也.
曰, 鄭氏程叔子皆云爾矣. 以文義考之, 則擇云者, 不復指言所擇, 而特因上句以爲文. 恐聖人之本意止於如此, 而孟子之言, 姑借此以明彼耳. 然程子之意, 亦似以里爲人之擇里而居者, 則又非文意. 程伯子張子及范謝楊氏多從孟子, 呂周尹氏又兼兩意, 以里仁爲譬喻之言, 胡氏又自爲一說, 義皆可通, 但恐或非本文之意耳, 讀者詳之.【胡氏曰, 里, 居也. 居仁如里, 安仁者也. 擇而處仁, 利仁者也.】

不仁於函人哉. 矢人唯恐不傷人, 函人唯恐傷人. 巫匠亦然, 故術不可不愼也. 孔子曰, 里仁爲美. 擇不處仁, 焉得智. 夫仁, 天之尊爵也, 人之安宅也. 莫之禦而不仁, 是不智也. 不仁不智無禮無義, 人役也. 人役而恥爲役, 由弓人而恥爲弓, 矢人而恥爲矢也. 如恥之, 莫如爲仁. 仁者如射, 射者正己而後發. 發而不中, 不怨勝己者, 反求諸己而已矣."《맹자》〈공손추 상〉

04-02. 子曰, "不仁者不可以久處約, 不可以長處樂. 仁者安仁, 知者利仁."

문 2장의 설은 어떠합니까?

답 모든 설이 다 좋으나 세밀한 부분에서는 여전히 합당하지 않은 점도 있다. '약約'과 '락樂'에 대해서 사씨의 설에 흠이 많다. 예컨대 "'약約'을 '사事'로, '락樂'을 '정情'으로 보아서 본성本性으로 삼을 만한 것이 존재하지 않게 되었다. 오직 '인仁'을 체득하고 본성을 다 발휘하는 사람 만이 여기에서 잘못이 없게 된다."라고 하였는데, 사씨의 말은 정밀한 것처럼 보이지만 자세히 음미해 보면 '성性'과 '정情'이 서로 관계 없는 것처럼 말하는 것 같기에 도가道家나 불가佛家의 폐단으로 흐르게 된다. "불인不仁한 자는 내가 내가 되는 이유를 몰라서 사물事物을 나로 착각한다."라는 설명은 문제가 더욱 심하다. 성인聖人의 뜻은 단지 '불인한 자는 의리義理에 맞게 행할 수 없고, 자신이 지키는 것만을 고수할 뿐'이라는 의미이니, 사씨의 설이 어찌 이처럼 엉뚱하고 바르지 못한가.

양씨는 '장長'과 '구久' 두 글자에 대해 공을 들였다. 그런데 이른바 "아직 '인'에 돈독하지 못하다."라는 말은 예리하기는 하지만 타당하지 않은 일이며 단지 '인'하지 않은 것은 아니다. 마음을 엄하게 다져서 행하기에 힘쓰는 것 또한 의지를 가진 자가 하는 것이니, 어찌 불인한 자가 미칠만한 경지겠는가. 만약 뒤 내용의 뜻과 이어서 "아직 '인'을 편안하게 여기거나 '인'을 이롭게 여기지 못하고, 다만 '인'이 한 때 의기意氣에 따라 행한 것에서 나왔기에 그렇게 한 것이다."라고 한다면 그 '처약處約'은 꼭 지나치게 하지 않아도 괜찮을 것이다. 이에 대한 호씨의 설명은 그 본뜻을 잘 파악한 것 같다. 【호씨가 말했다. "순舜이 말린 밥을 먹고 푸성귀를 먹을 때에는 마치 종신토록 그렇게 할 듯이 하였고, 천자가 되자 홑옷[袗衣]를 입고 거문고를 타는 것을 원래 그렇게 했던 것처럼 한 것은 '인'을 편안히 여기는 자가 오랫동안 곤궁함에 처하고 장구하게 즐거움에 처한 것이다. 원헌이 누추한 집에서 산 것과, 민자건이 문수汶水 가에 있겠다고 한 것과, 노나라의 계문자季文子와 제나라의 안평중晏平仲의 사례는 '인'을 이롭게 여기는 자가 오랫동안 곤궁함에 처하고 장구하게 즐거움에 처한 것이다."】

후씨 설의 요점은 타당하지만 말에 번다하고 복잡한 것이 많다. 후씨가 '기지자사其智自私(그 지혜를 자신을 위해 사사롭게 쓴다.)'라고 말했는데, 이 또한 엉성하다. '안인安仁', '이인利仁'의 설에 대해서는 정자의 설명이 매우 타당하다. 다만 '하고자 해서 한다.[欲爲而爲之]' 따위의 표현은 '인을 이롭게 여기는 자[利仁者]'에 비해 너무 얕다. 만약 명성만을 위한 것일 뿐이라면 '인이 이로움이 되는 것'을 어찌 진정으로 알았을 것이며, 또한 어찌 이것으로 인을 행하는 이로움을 얻기에 충분하겠는가. 범씨가 말한 "자신에게 (인함이) 있어서 그것을 체득한다."라는 것은 '안인安仁'의 의미를 설명하기에 부족한 것 같다. 여씨가 말한 "노력하기를 향모한다."라는 것 또한 '이인利仁'에 미치지 못하는 것이다. 《중용》의 '달덕達德', 〈표기表記〉의 '삼인三仁'의 순서[2]를 가지고 고찰해 보면 알 수 있다.

사씨의 설은 훌륭하지만 애초에 '이利' 자의 뜻을 제대로 알지 못하였고, '안인'의 까닭에 대해서도 그다지 절실하지 못하다. 이 밖에 '락천樂

---

2 삼인의 순서: 《예기》〈표기〉에 "선생님께서 인에는 세 가지가 있다.[子曰仁有三……]"라고 하였는데, 이에 대해 정현鄭玄이 "'세 가지'란 안인安仁, 이인利仁, 강인强仁이다."라고 하였다. '삼인의 순서'는 바로 이것을 말한다.

天', '외천畏天', '유인由仁', '행인行仁', '생지生知', '학지學知' 같은 것은 모두 그 의미를 잘 설명하지 못하였다. 그리고 '외천', '생지', '학지' 따위는 그 용어가 더욱 맞지 않는다. 주씨가 말한 '자득自得' 역시 그러하다. 그런데 윤씨의 두 설[3]은 간략하지만 모두 그 의미를 잃어버리지 않았는데, 이른바 '태泰'라는 것은 또한 그 일을 가지고 말한 것으로 '교矯'와 상대 되는 것은 아니다. 그것은 '인仁을 이롭게 여기는 것'을 말한 것이니, 글의 뜻이 더욱 치밀하다.

或問, 二章之說.
曰, 諸說皆善, 然其細微之間, 時猶有未安者. 如約樂之說, 則謝氏之病爲多. 如以約爲事, 樂爲情, 而所性不存焉, 惟體仁而盡性者, 爲能無累於此. 語意雖精, 然細味之, 似有性情不相管攝之意, 而流於老佛之弊. 其曰不仁者, 不知我之爲我, 而以物爲我, 則又甚矣. 聖人之意, 但謂不仁者不能安於義理而固其所守耳, 豈若是險怪而不平哉. 楊氏於長久二字, 則亦有功矣. 然所謂未能敦仁者, 乃利而未安之事, 非直不仁也. 刻意厲行, 亦有志者之所爲, 豈不仁者之所及哉. 若通下文之義, 而曰未能安仁利仁, 而徒出於一時意氣之所爲而爲之, 其處約也, 未必濫則可矣. 胡氏於此發明, 似得其本旨者.【胡氏曰, 舜之飯糗茹草, 若將終身, 衣袗衣鼓琴, 若固有之, 此安仁者之久處約長處樂也. 原憲環堵, 閔損汶上, 魯之季文子, 齊之晏平仲, 此利仁者之久處約, 長處樂也.】 侯氏大意得之, 而語多繁複. 周氏其智自私之云, 則亦疎矣. 安仁利仁之說, 程子發明亦切至矣, 但若欲爲而爲之之類, 看利仁者則太淺矣. 若徒爲名而已, 則是豈其眞知仁之爲利者, 而亦何足以得爲仁之利哉. 范氏所謂有諸己而體之者, 恐未足以明安仁之意. 呂氏所謂向慕勉强者, 亦未及乎利仁也. 以中庸達德, 表記三仁之序考之可見矣. 謝氏之說則善矣, 然初不見利字之意, 而於所以安仁

---

3 윤씨의 두 설: 첫째, 부유한데도 교만하지 않고, 궁핍한데도 방종하지 않는 것은 오직 인仁한 자만이 할 수 있는 것이다. 둘째, 인이 좋다는 것을 알고 그것을 선택하여 행하는 것이 바로 인을 이롭게 여기는 것이다. 즉 마음에 인을 가지고 있는 사람이 인을 이롭게 여기는 사람이며 이는 곧 지혜로운 자의 일이다. 《논어정의》

者. 亦未親切. 其他如曰樂天畏天由仁行仁生知學知者, 皆不能有所發明. 而畏天生知學知云者, 語尤不類. 周氏所謂自得者亦然. 惟尹氏二說, 雖約而皆不失其旨, 所謂泰者亦以其事而言, 非與矯爲對者也. 其語利仁, 則文義爲尤密矣.

04-03. 子曰, "唯仁者能好人, 能惡人."

문 3장의 설은 어떻습니까?
답 정자의 설명은 핵심을 잘 짚었다. '공公'은 마음[心]이 공평한 것이고, '정正'은 이치[理]가 바른 것이다. 이 한 마디 말속에 체體와 용用이 모두 갖추어졌다. 범씨가 '경수가원敬修可願(삼가 바라는 것을 수양한다.)'이라고 하였는데, 이런 사람은 인자仁者가 좋아하는 것이다. 그러나 '(인자가) 바라는 것[可願]'이라고 한 부분과 '(백성이) 좋아하는 것[所好]'이 서로 모순되니, 이 또한 엉성한 논리일 뿐이다. 사씨가 "인자는 본디 사람을 좋아하거나 싫어하는 마음이 없다."라고 한 말은 지나치다. '옳고 그름을 가릴 줄 아는 마음[是非之心]'을 사람이 모두 가지고 있어서 대상을 좋아하거나 미워하게 되니, 이는 하늘이 부여한 '병이秉彝'에서 나온 것이기에 고칠 수가 없다. 어찌 인자라고 해서 그런 마음이 없겠는가. 사심私心 없이 이치에 합당하게 한다고 말한다면 아무런 문제가 없다.

유씨의 설은 매우 좋다. 다만 '인자'를 '대중지정大中至正한 곳에 마음을 둔 자'라고 보았는데, 이는 인자의 마음이 애초부터 '중정中正하다'는 것이다. '대중지정'이라 말한 것은 또 스스로 한 곳[一處]을 설정하여 반드시 이 마음을 그 곳에 들이고 나서야 사심이 없게 된다는 것이니, 이러한 설이 가능한가? 그리고 '택심宅心' 운운한 내용은 《상서》에도 보이는데, '극지삼유택심克知三有宅心(문왕과 무왕이 '삼유택'의 마음을 알았다.)'과 마땅히 같은 설이 되어야 하니, 여기서 말한 설은 매우 잘못된 것 같다. "이 마음에 간직하는 것이 있어서 외물外物이 침범하거나 변하지 않는다."라고 한 것에 지나지 않는데, 어찌 이 마음을 한 곳에 둔다는 말인가.

양씨가 '회물어일기會物於一己(하나의 몸에 만물을 회통시킨다.)'라고 한 것은 승조僧肇[4]의 말이다. 무릇 사심이 없어서 절로 만물과 자신의 간격이 없다고 한다면 가능하다. 만약 '회물會物(만물에 회통)'에 뜻을 두었고, 더욱이 이것이 반드시 자신에게서 이루어져야 한다면 이는 '물아物我의 간격이 사라지지 않는 것'으로, '물物'을 가져와서 '아我'에게 끼워 맞추는 것이다. 더구나 '물'이 자기 자신과 다시 어떻게 만날 수 있겠는가. 이는 불자佛者의 말을 인용하여 비교한 것이니, 오히려 지극한 논의가 될 수 없다. 더구나 양씨는 유자儒者이면서 이러한 내용을 자주 언급하니 이해할 수 없다.

주씨의 설은 자세하기는 하지만 엄밀하지는 않다. 윤씨는 '공公'만으로 '인仁'을 다 설명하였다. 그리고 정자의 설을 따랐으나 그 뜻을 이해하지 못하였다.

或問, 三章之說.
曰. 程子之言, 約而盡矣. 公者心之平也, 正者理之得也, 一言之中, 體用備矣. 范氏敬修可願之云, 亦曰如是之人, 仁者所好耳. 然可願之云, 若與所好者相

---

[4] 승조(384~414): 동진東晉의 승려로서 구마라집鳩摩羅什의 제자弟子다. 《고승전高僧傳》에 따르면 경조京兆 사람이다. 《유마경維摩經》을 읽고 마음이 움직여 구마라집의 문하에 들어갔다. 특히 반야학般若學에 뛰어났다. 저술로 《조론肇論》 등이 있다.

亂, 亦其立言之疏也. 謝氏本無好惡人之心者, 過矣. 是非之心, 人皆有之, 而好惡之, 則又出於天賦之秉彝而不可易者, 豈仁者而反無之哉. 亦曰無私而當理焉可耳. 游氏之說則善矣, 但以仁者爲宅心於大中至正之地, 則是仁者之心, 初不中正, 而大中至正云者, 又自爲一處, 必以此心納於彼處, 而後得爲無私也而可乎. 且宅心之云, 見於書者, 與上文克知三有宅心者, 宜爲一說, 今之說者, 疑已失之, 然不過曰有以居是心, 而不爲事物侵動耳, 豈曰宅此心於一處哉. 楊氏會物於一已者, 僧肇之言也. 夫謂無私心, 而自無物我之間可也, 若有意會物, 而又必於己焉, 則是物我未忘, 率彼以合乎此也. 且物之與己又若之何而可會哉. 此記佛者之言而較之, 猶未得爲極至之論, 況楊氏以儒者而數稱之, 則不可曉矣. 周氏詳潤而不甚切. 尹氏以公盡仁, 又得程子之說而不得其意者也.

문 그렇다면 유씨가 말한 "지혜만 갖추고서 인仁하지 못하면 이에 참여하기에 부족하다."라는 말은 무슨 뜻입니까?

답 지혜는 갖추었으나 이에 참여하기에 부족하다는 말은 우둔해서 좋아하고 싫어하는 것을 알지 못한다는 것을 말하는 것이 아니다. 사의私意와 인욕人欲이 한 번이라도 마음속에 끼어들면 아무리 호오好惡가 어긋나지 않는다 해도 그 무게와 깊이 사이에 조금의 치우침이 없을 수는 없다는 것이다. 이것은 반드시 인자仁者가 되어야지만 능하게 되는 까닭이다.

曰, 然則游氏所謂智而未仁, 則不足以與此, 何如.
曰, 知及之矣, 而不足以與此者, 非謂懵然不知所好惡也. 私意人欲一有介乎其中, 則雖好惡之不差, 而其輕重淺深之間, 必不能無毫髮之偏者, 此所以必仁者而後能也.

04-04. 子曰, "苟志於仁矣, 無惡也."

문 4장의 설은 어떠합니까?

답 정자, 양씨, 윤씨의 설이 타당하다. 범씨의 설은 내 생각에, '지어인志於仁(인에 뜻을 두는 것)'에 너무 중점을 두었는데, 이것에 뜻을 두었다면 괜찮지만 스스로 이처럼 할 수 있다고 여기면 안된다. 사씨는 '지인志仁'을 '지인知仁'으로 보았고, '악惡' 자를 거성去聲인 '오'로 읽었으니 더욱 잘 못되었다. 대개 '지인志仁'은 실제로 '위인爲仁(인을 행하는 것)'에 뜻을 둔 것이지, 단지 그것(인仁)을 아는 데서 그치는 것은 아니다. 그리고 바로 앞 장에서 마침 "오직 인자仁者만이 남을 좋아할 수 있고, 남을 미워할 수 있다."라고 하였으니, 인仁한 사람이 어찌 사람을 좋아하거나 미워한 적이 없었단 말인가. 또 사씨는 '무오無惡'라고 하였는데, 그렇다면 (인한 사람은) 오로지 좋아하는 것만 있다고 말하는 것이 가능한가? 그러므로 호씨가 그 설을 애써 배척하면서 "'미워함이 없다[無惡]'라는 미명美名을 탐하여 인한 사람의 공도公道를 저버렸으니, 이는 '지인知仁'이 아니다."라고 하였다. 이는 대체로 맞는 말이다.

그러나 여기에는 또 다른 설이 있다. 대개 인仁은 바로 '공公적인 것이고'이고 '애愛'를 위주로 한다. 그러므로 인자仁者는 만물 가운데 마땅히 좋아해야 할 것에 대해서는 흔연히 기뻐하며 그것을 좋아하고, 미워하지 않을 수 없는 것에 대해서는 어쩔 수 없이 측연하게 그것을 미워한다. 이 때문에 '좋아함[好]'과 '미워함[惡]'이 각기 그 사안에 합당하고, 타인을 아껴주는[愛] 이치도 '좋아함'과 '미워함' 사이에서 결핍된 적이 없었다. 이로써 생각하면, 호씨의 설도 아마 치우침에서 벗어나지 못한 것인 듯하다.

或問, 四章之說.
曰, 程子楊尹得之矣. 范氏之說, 太重志於仁者, 謂其有意乎此則可, 以爲己能如此則不可. 謝氏以志仁爲知仁, 以去聲讀惡字, 則又誤矣. 蓋志仁則實有意於爲仁, 非但知之而已也. 且上章適言惟仁者能好人, 能惡人, 則仁人曷嘗無所好惡哉. 今曰無惡, 然則謂其獨有所好可乎. 故胡氏力排其說, 以爲貪無惡之美名, 失仁人之公道, 非知仁者, 蓋得之矣. 然此又或有說焉, 蓋仁固公矣, 而主於愛, 故仁者於物之當好者, 則欣然悅而好之, 有所不得不惡者, 則惻然不得已而惡之. 是以好惡各當其物, 而愛之理未嘗不行乎好惡之間也. 以此而觀, 則胡氏之言, 其亦未免於偏與.

문 그렇다면 사씨가 말한 "남의 악함을 미워하는 것을 나의 악함을 미워하는 것처럼 하라."라는 말은 어떤 의미입니까?

답 이는 자신의 설이 타당하지 않다는 사실을 깨달아, 이 때문에 그 부족한 점을 보완한 것일 뿐이다. 그런데 그 행간에 이해할 수 없는 부분이 있다. 지금 그 문장을 가져다가 미루어 보면 쉽게 알 수 있다. 사씨는 "보통 사람의 정서로 말하자면 '자신의 악행[己之惡]'은 미워하더라도 필연적으로 용서하게 되어 있고, '남의 악행[人之惡]'은 미워하면 필연적으로 더욱 깊이 미워하게 되어 있다. 그런데 자신을 용서하는 마음으로 남을 용서한다면 남을 미워하는 것이 너무 심한 데까지 이르지는 않을 것이다. 그래서 '미워하는 마음이 없다[無惡]'라고 해도 괜찮다."라고 생각한 것 같다. 정말 이 말과 같다면 이는 먼저 자신의 마음을 어리석게 할 뿐 아니라, 또 군자君子의 도道로 천하 사람을 대하지 않게 된다. 이것을 '인仁'으로 여긴다면 얼마나 동떨어지겠는가. 그렇지 않다면, 그 글의 의미가 어쩌면 잘못되었을 것이다. 만약 "자신의 악을 미워하기를 남의 악을 미워하듯 하라."라고 정리한다면 이치상 어느 정도 맞는 것 같지만, 위 문장과 어긋나고, 경문經文의 본뜻도 아니다.

曰. 然則謝氏所謂惡人之惡, 如惡己之惡者, 如何.
曰. 此自覺其說之不安, 而爲是以補其闕耳. 然其語意, 有不可曉者, 今姑就其文而推之, 則易矣. 曰常人之情, 惡己之惡必恕, 惡人之惡必深, 然以恕己之心恕人, 則其惡之也必不至於已甚, 所以謂之無惡可也. 果如此言, 則是不惟先昧己心. 而又將不復以君子之道待天下之人也. 以此爲仁, 不亦遠乎. 不然, 則意其文之或誤也. 若曰惡己之惡. 如惡人之惡, 則於理爲庶幾矣. 然與其上文不類, 而亦非經之本意也.

04-05. 子曰, "富與貴, 是人之所欲也, 不以其道得之, 不處也. 貧與賤, 是人之所惡也, 不以其道得之, 不去也. 君子去仁, 惡乎成名? 君子無終食之間違仁, 造次必於是, 顚沛必於是."

문 5장의 설은 어떠합니까?

답 사람들은 진실로 부귀富貴를 바라는데, 군자는 부귀뿐 아니라 지위에 올라 도道를 행하는 것도 바란다. 사람들은 진실로 빈천貧賤을 싫어하는데, 자신이 출세하는 길이 끊어져 도가 막히는 것은 군자도 싫어한다. 부귀를 바라고 빈천을 싫어하는 것은 인지상정人之常情으로 군자나 소인 할 것 없이 늘 같다. 군자가 다른 사람과 다른 까닭은 의롭지 못한 방법으로 부귀를 얻게 되었을 때 그 자리나 재물을 차지하지 않고, 불행하여 빈천에 빠졌다 해도 빈천을 마다하지 않기 때문이다. 이는 구설舊說로서 범씨, 사씨, 유씨, 양씨가 모두 이 설을 따랐다. 오직 정자만 주장하는 내용이 다른데, 후씨, 윤씨가 정자의 설을 따랐다.

내가 살펴보니, 문의文義로 보면 구설이 낫고, 의미意味로 보면 정자의 설이 좋다. 그러나 마음을 공평히 하고서 본다면 정자의 설은 그 내용에 힘을 너무 쏟아 결국 통할 수 없게 된 부분이 있으므로, 구설을 따르는 게 타당할 것 같다. 사씨가 말한 "군자는 부귀를 좋아하고 빈천을 싫어한다."라는 말은 너무 가벼워서 이치에 미치지도 못한다. 2장에 이른바 "(부귀와 빈천이) 나와 무슨 상관인가?"라고 하였으니 더욱 동떨어지고 소략하다. 양씨가 조맹趙孟[5]의 말을 인용한 것은, 만약 맹자의 뜻으로 말한다면 "군자는 잘못된 도道로 부귀를 얻었으니 거기에 거하지 않는다."는 의미가 아니다. 다만 양씨가 맹자의 말을 어떻게 이해했는지 잘 모르겠다. 만약 굳이 이 글에 끼워 맞춰 말한다면 나는 《맹자》와도 어긋나고 또 《논어》와도 어긋날까 걱정이다. 그러나 양씨의 원본이 사라져 버렸으니 또한 인용한 것이 잘못되었는지 어떻게 알겠는가? "제 직분을 벗어나서 빈천의 도를 얻는다."라고 하였는데, 이 또한 타당하지 않다. 대개 '군자'라 하였다면 진실로 빈천의 도를 얻을 방법은 없을 것이다. 가령 그것을 얻게 된다면 수양하고 잘못을 고치는 것이 바로 우리가 당연히 해야 할 일이지 애초에 어찌 이것이 빈천에서 벗어날 계책이겠는가.

或問. 五章諸說如何.

曰. 衆人固欲富貴矣. 然立位以行道. 亦君子之所欲也. 衆人固惡貧賤矣. 然身困則道否. 亦君子之所惡也. 欲富貴而惡貧賤. 人之常情. 君子小人未嘗不同. 君子所以異於人者. 特以非義而得富貴則不處. 不幸而得貧賤則不去耳. 此舊說之意. 而范. 謝. 游. 楊氏皆用之. 惟程子意異. 而侯. 尹氏獨守其說. 愚嘗考之. 以文義則舊說勝. 以意味則程子深. 然平心以觀. 程子之說. 於文義間有甚費力而

---

[5] 조맹: 진쯥의 권신權臣 조돈趙盾과 그 직계 후손을 말한다. 《맹자》〈고자 상〉에 "남이 귀하게 해준 것은 '참으로 귀한 것'이 아니다. 조맹이 귀하게 해준 것은 조맹이 천하게 할 수 있다.[人之所貴者, 非良貴也, 趙孟之所貴, 趙孟能賤之.]"라는 내용이 보인다.

卒不可通者, 恐不若從舊之爲安也. 若謝氏所謂君子樂富貴而悲貧賤者, 則已卑而不及於理. 若二章所謂何與我事者, 則又失於過高, 而有所略於事也. 楊氏所引趙孟之云, 若以孟子之意言之, 則非君子所以非道而得富貴則不處之意, 但未知其復以孟子之說爲如何. 若必合於此文而言之, 則吾恐其旣失於此, 而又叛於彼也. 然其後本已刊去之, 則亦豈自覺其所引之誤與. 其曰去其所以得貧賤之道, 則亦未安. 蓋旣曰君子, 則固無得貧賤之道矣, 設其有之, 則修身改過者, 乃吾事之當然, 初豈以是爲去貧賤之計也哉.

문 그렇다면 군자이면서 도가 아닌 방법으로 부귀를 얻는 자가 있는 것은 왜입니까?

답 이 또한 한 때의 의도하지 않은 상황에서 얻은 것이지 평소의 행실을 말한 것은 아니다. (도가 아닌 방법이란 다음을 말한다) 예컨대 "공자가 나의 객客이 된다면 위衛나라 경의 지위를 얻을 수 있습니다.[6]"라고 한 것이나,

---

6 공자가……있습니다: "만장이 물었다. '공자께서 위衛나라에서는 옹수雍雎의 객客이 되시고, 제齊나라에서는 환관인 척환瘠環의 객이 되셨다는데, 그런 일이 있었습니까?' 맹자께서 말씀하셨다. '아니다, 그렇지 않다. 이야기 만들기 좋아하는 자들이 지어낸 것이다. 위나라에서는 안추유顏讎由의 객이 되셨다. (당시 실권자였던) 미자彌子의 아내와 자로子路의 아내가 자매 사이였다. 미자가 자로에게, 공자께서 나의 객이 되시면 위나라의 경卿 벼슬을 얻으실 수 있을 것이라고 말하자, 자로가 그 말을 공자께 아뢰었다. 공자께서는, 그것은 명命에 달려있다고 말씀하셨다. 공자께서는 예禮에 맞으면 나아가시고 의義에 맞으면 물러나셨으며, 벼슬을 얻고 못 얻는 것은 명命에 달려있다고 말씀하셨다. 그런데 옹수나 환관 척환의 객이 된다는 것은 명을 무시하는 행위다. 공자께서는 노나라와 위나라에서 뜻을 펴지 못하시자 송나라로 가려 하셨는데, 송나라의 사마司馬인 환퇴桓魋를 만나 그에게 길을 막혀 살해당할 뻔하셔서, 평복으로 변장하여 송나라를 지나가셨다. 이처럼 공자께서는 곤경에 처하신 적이 있으며, (송나라에서는) 사성 정자司城貞子의 객이 되셨고, 진陳나라에서는 진후陳侯 주周의 신하가 되셨다.
내가 듣기로, 가까이 있는 신하는 그가 섬기는 군주를 보고 판단하고, 멀리 있는 신하는 그가 묶는 주인을 보고 판단한다고 하였다. 만약 공자께서 옹수나 환관 척환의 객이 되셨다면, 어떻게 공자라 할 수 있겠는가?'[萬章問曰, 孔子於衛主癰疽, 於齊主

"한 가지라도 의롭지 못한 일을 하고, 한 사람이라도 죄 없는 사람을 죽이는 것"[7]이라고 한 것과 같은 것들이다.

曰, 然則君子而有非道以得富貴者, 何也.

曰, 是亦一時不期而得之, 非語其平日之素行也. 蓋如孔子主我, 衛卿可得, 行一不義, 殺一不辜而得天下之類耳.

문 '인에서 떠나다[去仁]'라는 설은 어떠합니까?

답 범씨의 설이 훌륭하다. 그러나 이른바 "불인不仁에 마음을 두면 '불인하다'는 이름[名]을 이루게 된다."라는 설은 본문의 바른 뜻이 아니다. 만약 그렇다면 또 어찌 "인仁을 떠나면 이름을 이루지 못한다."라고 말했겠는가. 사씨의 '인에서 떠나면 실상은 사라지고 껍데기만 남는다.'라는 설 또한 좋다. 다만 그의 다른 설은 번잡하여 다 따질 수 없고 함께 논하기에도 부족하다. 만약 '거인去仁' 이하 두 구를 범씨가 말한 '기명종지其名從之(그 이름이 따른다.)' 뒤에 붙이면 두 설의 장점이 모두 살아난다. 기타 여러 학자의 설은 더욱 공허하므로 지금 다시 언급할 필요가 없다.

曰. 去仁之說, 奈何.

寺人脊環, 有諸? 孟子曰, 否, 不然. 好事者爲之也. 於衛主顔讐由, 彌子之妻與子路之妻, 兄弟也. 彌子謂子路曰, 孔子主我, 衛卿可得也. 子路以告. 孔子曰, 有命. 孔子進之以禮, 退之以義, 得之不得曰有命, 而主雍雎與寺人脊環, 是無命也. 孔子不說於魯衛, 將適宋, 遭桓司馬, 將要而殺之, 微服過宋, 是孔子嘗阨, 主司城貞子, 爲陳侯周臣. 吾聞之, 觀近臣以其所爲之主, 觀遠臣以其所主, 如孔子主雍雎與寺人脊環, 何以爲孔子乎?]"《설원說苑》〈지공至公〉)

7 한 가지라도……것: "(공통점이) 있습니다. 백 리의 땅을 얻어 그곳의 군주가 되면 모두 제후들의 조회를 받고 천하를 차지할 수 있습니다. 단 하나의 불의를 행하고 한 명의 무고한 사람을 죽여 천하를 얻을 수 있다 해도 모두 그렇게 하지 않을 것입니다. 이 점에 있어서는 같습니다.[有. 得百里之地而君之, 皆能以朝諸侯有天下. 行一不義殺一不辜得天下, 皆不爲也. 是則同.]"《맹자》〈공손추 상〉)

曰, 范氏善矣, 然所謂存乎不仁, 則成不仁之名者, 非本文之正意也, 若然則又豈可謂去仁則無所成名乎. 謝氏去仁實亡之說亦善, 但其他辭冗雜有不勝辨者, 而又不足與辨也. 若以去仁以下二句, 繫之范說其名從之之後, 則兩長集矣. 其他諸家之說, 亦不親切, 今皆不能復辨也.

문 선생께서는 '종식終食', '조차造次', '전패顚沛'의 내용이 뒤로 갈수록 더욱 긴박해진다고 말씀하셨는데, 어떻습니까?

답 오씨(오역吳棫)가 말한 적이 있다. '종식'은 한가閑暇한 때이고, '조차'는 한가한 것보다 긴박한 것이고, '전패'는 '조차'보다 더 긴박한 것이다. 여씨의 설도 대체로 이와 같으나, 여씨는 글자의 의미를 보다 상세하게 풀이하였다.

曰, 子以爲終食造次顚沛, 言每進而加密, 何也.
曰, 吳氏嘗言之矣. 終食猶是無事之時, 造次則異於閒暇, 顚沛則又異造次矣. 呂氏之說, 蓋亦類此, 而其訓釋字義, 又加詳焉爾.

문 여러 학자의 설은 어떠합니까?

답 정자의 설이 가장 좋다. 장자張子의 추론 역시 좋다. 범씨는 《중용》의 '가리비도可離非道(떠날 수 있으면 도가 아니다.)'의 설에 근거하여 '가위비인可違非仁(위배한다면 인이 아니다.)'의 설을 만들어 냈는데, '가리비도'와 '가위비인'의 의미에 대해서 모두 자세히 살피지 못하였다.[8] 무릇 '도道'는 '사람이 함께 거쳐 가는 길'이기에 '도'라는 이름을 얻었다. 그러므로 자사子思가 '가리비도'의 설을 이야기 한 것이다. '인仁'의 경우, 그것

---

8 가리비도와……못하였다: 주희는 '도道' 자체를 떠날 수는 없지만 '인仁'은 의지에 따라 떠날 수 있다고 보았다. 범씨가 '인'을 원천적으로 떠날 수 없는 것으로 간주한 데 대해 비판한 내용이다.

을 위배하느냐 위배하지 않느냐는 사람에 달려 있을 뿐인데, 어찌 '가위비인'이라 말할 수 있겠는가. 마지막에 "이와 같이 한다면 배웠다고 할 수 있다."라고 마무리하였는데, 더욱 타당하지 않다.

사씨의 "거스르지 않는 데에 뜻을 둔 것이 아니다."라는 설은 지나치다. 그리고 그가 말한 "몸이 있는 곳에 인仁이 곧 그것을 따르는데, 이는 마치 형체에 그림자가 있고 소리에 메아리가 있는 것과 같다."라는 설은 도리어 '인人'과 '인仁'을 다른 두 가지 사물이면서 서로 따르는 종속관계로 해석한 것인데, 이 설 또한 엉성하다. "밥 먹는 동안에 밥을 많이 뜨거나 국을 흘리면서 마시지 않는다."라고 한 것은 맞는 말이며, 주씨의 "먹어도 그 맛을 모른다."는 설과 서로 표리를 이룬다. 비록 경문經文의 본의가 다만 '잠시의 시간도 없다.'라고 했을 뿐인데도 '밥 먹을 시간[食時]'의 의미로 그것을 설명하여 그 실상을 지적하였으니, 이 또한 참고할 만하다.

曰, 諸家之說如何.

曰, 程子至矣. 張子推說亦善. 范氏因可離非道而生可違非仁之說, 其於彼此之文義皆不審矣. 夫道以人所共由而得名, 故子思有可離非道之說. 若仁則違與不違, 在人而已, 豈可謂可違非仁哉. 其下文以如是則可以謂之學者, 則尤未當矣. 謝氏非有意於不違之說, 過矣. 而其所謂身之所在, 仁斯從之, 如形聲之有影響, 則反析人與仁爲二物而相隨者, 其亦疎矣. 至謂終食之間, 無放飯流歠者, 則得其實, 與周氏食不知味之說相表裏. 雖經文本意但謂無一食之頃, 然以食時言之, 而指其實, 則此亦爲可據也.

문 어떤 사람이 '음식이 생기면 반드시 제사에 올린다[飮食必祭]'로써 설명하였습니다. 이 설명이 틀린 것이 없는 것 같은데, 유씨, 양씨가 모두 말도 안된다고 물리쳤습니다. 어떻습니까?

답 '음식필제飮食必祭'는 두 가지로 해석할 수 있다. 하나는 "제사를 행할 때 반드시 공경한다."라는 해석이다. 그렇다면 '인仁'을 위배하지 않는 한 가지 일이 될 수 있는데, 유씨, 양씨가 어찌 이를 비난하였겠는가. 또 하나는, 단지 '근본을 잊지 않고서 거기에 은혜를 더하는 것'을 '인'으로 여기는 것인데, 이는 참으로 말도 안 된다. 그런데 근본을 미루어 말해본다면 예禮를 제정하는 사람에 있어서는 또한 그것이 '인'에 관한 하나의 사례일 수는 있겠으나 오로지 이것만을 '인' 자체로 여겨서는 안 된다.

曰, 或以飮食必祭爲言, 與此若無異者, 而游楊皆斥其陋, 何也.
曰, 是其說有二焉. 若曰祭而必敬, 則不違仁之一事也, 游楊何譏焉. 若但以其不忘本而加恩惠焉以爲仁, 則信乎其陋矣. 然推本而言, 則制禮者之於此, 固亦其仁之發, 但不可專以此爲仁耳.

문 후씨가 이른바 "인은 떠날 수 없으며, 알 듯 모를 듯한 사이에 있다."라고 한 주장은 어떠합니까?

답 그 부족함이 사씨와 같은데, 사실 사씨보다 더욱 심하다. 그것을 아는 것은 어려운 일이 아니고 그것을 행하는 것이 어렵다면, 그 누가 그것을 아는데도 마침내 잠깐이라도 인仁을 떠나겠는가. 학자學者가 이것을 마음으로 삼는다면 나는 그들이 이단으로 빠져서 다시는 '조존천리操存踐履(마음을 보존하고 실천하다.)'의 공을 세우지 못할까 걱정이다. 주씨의 말 가운데는 모호한 것이 많은데, 마지막에 "배우는 사람이라면 마땅히 알아야 할 것이 이른바 ('조차필어시 전패필어시'의) '시是'라는 것이다."라고 하였으니 조금 괴이하다. 양씨에게도 이러한 뜻이 있지만, 그것에 이어서 '인 뿐이다.'라고 하였으니, 의가 돌아갈 바가 있어서 병폐가 되지는 않는다.

曰, 侯氏所謂仁不可離, 在知不知之間者, 如何.
曰, 其病與謝同, 而又甚焉者也. 知之非艱, 行之惟艱, 孰謂知之而遂無間之可離哉. 學者以是爲心, 吾恐其流於異端, 而無復操存踐履之功也. 周氏語多未瑩, 而卒曰學者宜知所謂是, 則小怪矣. 楊氏雖亦有此意, 而繼之曰仁而已矣, 則義有所歸而不爲病也.

문 윤씨가 '아무리 다급한 때라도, 궁색한 때라도 반드시 인仁을 따른다.'는 것에 대해 '순수함이 또한 그치지 않는다.'라고 한 것은 어떠합니까?

답 이는 정자의 설을 외기만 하다가 잘못 이해한 것이다. 정자는 다음과 같이 말씀하셨다. "'순수함이 또한 그치지 않는 것'은 하늘의 덕이고, '아무리 다급한 때라도, 궁색한 때라도 반드시 인仁을 따르는 것'은 '3개월간 인을 거스르지 않는' 기상이다. 또 그 다음은 '하루나 한 달에 한 번 인에 이르는 것'이다." 여기서 '순수함이 또한 그치지 않는 것'을 성인聖人의 일로 보았고, '아무리 다급한 때라도, 궁색한 때라도 반드시 인을 따르는 것'을 안자顔子의 일로 보았고, '하루나 한 달에 한 번 인에 이르는 것'을 학자學者의 일로 보았으니 모두 세 등급이다. 윤씨는 위 두 등급을 통틀어 하나로 이야기하였으니 잘못이 매우 깊다.

曰, 尹氏造次顚沛必於是, 爲純亦不已者, 如何.
曰, 此誦程子之言而失之者也. 程子曰, 純亦不已, 天德也, 造次顚沛必於是, 三月不違仁之氣象也. 又其次則日月至焉. 蓋以純亦不已爲聖人之事, 造次顚沛必於是爲顔子之事, 日月至焉爲學者之事, 凡三等也. 尹氏通上兩等而一言之, 其失也甚矣.

04-06. 子曰, "我未見好仁者, 惡不仁者. 好仁者, 無以尙之, 惡不仁者, 其爲仁矣, 不使不仁者加乎其身. 有能一日用其力於仁矣乎? 我未見力不足者. 蓋有之矣, 我未之見也."

문 6장의 설은 어떻습니까?

답 정자의 설이 가장 좋다. 장자의 큰 뜻 역시 좋다. 다만, '호好'와 '오惡'를 한 사람의 일로 여겼는데, 경문에는 두 '자者' 자가 있으니 아마 그 본뜻이 그렇지는 않을 것이다. 범씨의 설 또한 핵심을 잘 파악하였는데, '그가 인을 행하는 것[其爲仁矣]'에 대해 설명하면서 주씨, 윤씨와 마찬가지로 별도의 한 구句로 보아 다음 문장과 연결하지 않았으니, 문의文義로 보아 통하지 않는 것이 있을 것 같다. 이 말의 뜻은 대개 '불인不仁을 싫어하는 자가 인仁이 되는 까닭은 아래 문장에 말한 것과 같다는 것'일 뿐이다. 여씨는 '더 좋은 것이 없음[無以尙之]', '그 몸에 가하지 않음[不加其身]', '힘이 부족한 자를 아직 보지 못함[未見力不足者]'을 모두 '승물勝物'의 일로 보았으니, 사욕을 극복하고서 인仁을 행한다는 뜻은 아니다.

사씨의 이른바 '진실로 좋아하고 미워하는 것'이라는 것 또한 좋다. 다만, '생지生知'의 설은 너무 지나치고 '무이상지無以尙之' 한 구절은 합당하지 않아서, 결국 '진실로 좋아하고 미워하는 것'으로 그것을 미루어 나가는 것이 더 낫다. 양씨, 주씨의 '호인好仁'의 설은 사씨와 비슷하고, '오불인惡不仁'의 설은 여씨와 가깝다. 그리고 사씨가 말한 '뜻[志]'과 '이 마음[此心]'은 아마 위의 '호오자好惡者'를 가리켜 말하여, 이와 같은 사람이 '인'에 힘 쓴다면 힘이 부족할 걱정은 없을 것이라고 여긴 것 같다. 그러나 '인'을 좋아하여 거기에 더 보탤 게 없고, '불인'을 싫어하여 '불인'이 자신의 몸에 미치지 못하게 하였으니, 인에 힘을 쓴 것이 오래된 것이라서 다시 이것으로는 설을 삼을 수는 없을 것 같다. '난이難易'의 설은 역시 정자의 뜻이다.

양씨의 잘못은 이전에 이미 밝혔다. 그가 말한 '천하 사람들이 인으로 귀의한다.'는 것도 큰 잘못이다. 이미 '인의 실천이 자기에게 달렸'는데, 힘이 부족할 것이 어디에 있는가? 그리고 '인상용력人嘗用力' 이하의 설을 두어 정말 힘이 부족한 자가 있겠으나, 다만 공자가 보지 못한 듯하다는 것도 그 설이 정한 바를 모르겠다.

윤씨의 설은 더욱 혼란하고 순서가 없으니, 이해할 수 없다.

或問, 六章之說.
曰, 程子至矣. 張子大意亦善. 但以好惡爲一人之事, 則經文有二者字, 恐其本意或不然耳. 范氏亦得之, 而說其爲仁矣, 與周尹氏皆自爲一句, 而不屬之下文, 則恐於文義有不通者. 此言之意, 蓋曰惡不仁者, 其所以爲仁者, 如下文所云耳. 呂氏無以尙之. 不加其身, 未見力不足者皆爲勝物之事, 則非克己爲仁之意矣. 謝氏所謂眞好惡者亦善, 但生知之說太過, 而無以尙之一句未安, 不若遂以眞好惡者推之之爲善耳. 楊周氏好仁之說類謝氏, 惡不仁之說近呂氏. 又謝氏所謂志, 所謂此心, 疑其指上文好惡者而言之. 以爲如是之人用力於仁, 則無力不足之患也. 然好仁而無以尙之, 惡不仁而不加乎身, 則用力於仁也久矣, 恐不得復以此爲說也. 難易之說, 則亦程子之意也. 楊氏之失, 前己辨之. 其曰天下歸仁者, 則又失之大快矣. 旣以爲仁由已, 何力不足之有. 而又有人嘗用力以下之說, 則又似眞有力不足者, 而特夫子未之見, 亦不知其說之所定也. 尹氏之說, 則尤貿亂而無序. 蓋不可得而通矣.

문 다만 '용력用力' 이하의 설은 여러 학자의 설이 다르나 누구 하나 압도하는 설이 없습니다. 《논어집주》에서 사용한 정자의 뜻은 '미견未見'이라는 말이 이 장의 첫 머리와 끄트머리에 나온 두 '미견'이라는 것과 비슷하지 않습니다. 저 '개유지의蓋有之矣'는 또 '힘이 부족한 자'라 하고서 위의 '용력어인用力於仁'이라는 글에 이어 놓은 것도 타당하지 않은 듯하니, 어떻습니까?

답 이 문제는 내가 생각해 본 적이 있다. 범씨의 설과 같다면 '역부족자力不足者'는 인仁에 힘을 쓸 수 있는 자라서 부족한 힘으로 인에 이르는데, 이는 (자신의 힘에 대해) 선을 긋는 자와는 다르다. 공자는 그 이상의 인물을 생각했으나 얻을 수 없었다. 그러므로 그 아래 인물을 생각하고서 '미견未見(본 적이 없다.)'라고 탄식한 것이다. 여기서 '미견'이라고 말한 것은 아래에 나오는 '미견'과는 다르지 않다. 그러나 성인이 마침 '인에 힘쓰는 자가 없다.'라고 의심하였으니, 먼저 이러한 사람을 보지 못하였다고 탄식하여, 그 아래에 해당하는 사람을 보지 못하였다고 경솔하게 탄식하려고 하지 않은 것이다. 무릇 그 아래 두 구는 또 정자의 학설에 의거한 데 지나지 않으니, 정자를 넘어서려 한 폐단에서 자유롭지 못하다. 이 역시 합당할 수 없는 부분이 있다.

여씨, 사씨, 양씨의 설은 이전에 이미 밝혔다. 그리고 주씨의 '역부족力不足'이라는 말은 정자와 같은데, 아래 두 구는 힘이 부족한 사람이 있을 것이지만 나는 아직 보지 못하였다는 것이니, 힘을 쓰는 데도 힘이 부족한 사람은 절대 없을 것임을 깊이 말한 것이다. 그러니 여기서 '개유지의'를 서로 차이가 나는 것이 있다고 하면서 한 구 앞에다가 이어 놓을 필요는 없다. 그러나 '미견'이라는 말은 또 '앞뒤로 어긋남이 있다는 말에서 벗어날 수 없다.

이 몇 가지 설은 앞뒤로 득실이 이와 같으니 모두 채택할 수는 없다. 반드시 부득이하다면 '역부족'이라고 말한 것은 범씨를 따르고, 아래 두 구는 주씨의 해설을 따라서 힘이 부족한 사람을 가리키고, 정자의 뜻을 따라서 '선을 권장하는 길'을 끊어버리지 않으면 (공자가 말한 의도에) 가까울 것이다. 그러나 정자의 옛 설을 함부로 대번에 폐기하지 않고 일단 이 뜻을 보관해 두고서 숙고하는 것이 옳다.

但曰用力以下之說, 諸說不同, 未有以屈其說. 而集註所用程子之意, 則未見之云. 與章之首尾兩未見者不類, 而蓋有之矣. 又曰, 力不足者而上繫於用力於仁之文, 疑亦未安, 奈何.

曰, 是固嘗思之矣. 如范氏說, 則力不足者爲能用力於仁, 而其力不足以至於仁, 而與畫焉者有間矣. 夫子思其上者而不可得, 故思其次而歎其未見耳. 此則未見之云, 與下文者不異矣. 然聖人方疑未有用力於仁者, 則且歎其未見此等之人, 而未應遽歎夫未見其次之人. 且其下文二句, 又止因程說, 則又不免乎跨越之弊, 此亦有所未能安者. 呂謝楊說前已辨之矣. 而周氏力不足之語, 則同於程子, 而以下文二句爲蓋有力不足之人, 但我未之見, 所以深言必無用力而不足之人也. 此則蓋有之矣, 不必有所越而繫乎一句之前矣. 然未見之云, 又未免其戾於前後之云也. 是數說者, 其前後得失如此, 不可盡用. 必不得已, 則力不足之云者, 從范氏, 而下文二句從周氏之訓以指夫力不足之人, 用程子之意以不絶夫進善之路, 其庶幾乎. 然程子舊說未敢遽廢, 姑存此意而熟考之可也.

문 선생님께서 말씀하신 '무이상지無以尙之'는 무엇을 말씀하신 것입니까?

답 이씨의 설이 맞다. 【이씨가 말하였다. "인仁을 좋아하는 것을 색色을 좋아하는 것처럼 하면 천하의 만물 가운데 이것보다 더 (좋아하는 것이) 없을 것이다. 그것보다 더 (좋아하는 것이) 있다면 그 좋아하는 것이 바뀌게 된다."】

曰, 子所謂無以尙之者, 何以言之也.

曰, 李氏之說然也.【李氏曰, 好仁好色, 擧天下之物未有以尙之者. 有以尙之, 則其好可移矣.】

문 인仁을 좋아하는 것이 편안한 데 가깝지 않은지요?

답 사씨의 설이 대체로 맞지만, 반드시 그렇지만은 않다. 호씨가 "인을 좋아하는 것이 그것을 이롭게 해주는 것이 되고, 불인不仁을 미워하는 것이 그것을 억제하는 것이 된다."라고 한 것이 타당하다.

曰. 好仁者不幾於安乎.
曰. 謝氏之說蓋然, 然亦未也. 胡氏以好仁爲利之, 惡不仁爲强之者, 得之矣.

문 인仁을 실천하는 사람 역시 힘을 쓰는지요?

답 소씨蘇氏가 이에 대해 말하였다. 【소씨가 말했다. "인仁을 좋아할 만한 것은 미색美色보다 심하고, 불인을 미워할 만한 것은 악취惡臭보다 심하다. 그러나 사람이 끝내 쫓아가거나 피할 줄 모르는 것은 물욕物欲이 사람을 덮고 막아서다. 그 덮고 있는 것을 거두고, 그 막고 있는 것을 통하게 하려면 힘을 쓰지 않고 되겠는가. 그래서 다시 '자신을 이기는 자가 강하다.'라고 하였고, 또 '사욕을 이기고 예를 회복하는 것이 인이다.'라고 하였다."】

曰. 爲仁者亦用力乎.
曰. 蘇氏言之矣.【蘇氏曰. 仁之可好, 甚於美色, 不仁之可惡, 甚於惡臭. 而人終不知所趨避者, 物欲蔽塞之也. 解其蔽, 達其塞, 不用力可乎. 故又曰, 自勝者强. 又曰. 克己復禮爲仁.】

04-07. 子曰, "人之過也, 各於其黨. 觀過, 斯知仁矣."

문 어떤 사람이 7장의 설에 대해 질문하였다.

답 정자의 해설이 가장 좋다. 윤씨도 미루어 그 의미를 밝혔는데 역시 자세하다. 이것보다 앞선 해설은 유씨의 설이 있고, 이것보다 뒤에 나온 해설로는 오씨의 설이 있다.【유시독劉侍讀이 말했다. "주공周公이 관숙管叔에게 은殷을 감독하게 하였는데, 관숙은 은을 거점으로 반란을 일으켰고, 노魯 소공昭公이 실제로는 예禮를 몰랐는데, 공자孔子는 그가 예를 안다고 여겼으니 잘못이다. 그러나 주공은 그의 형을 아꼈고, 공자는 그의 군주君主를 정성스레 대한 것이니, 이것이 바로 인仁이 되는 까닭이다." 오씨의 설은 이미 《논어집주》에 보인다.】 그리고 양씨 역시 이를 따랐는데, 다만 《예기》〈표기表記〉를 인용하여 설로 삼은 것은 너무 진부하다.

或問, 七章之說.

曰, 程子至矣. 尹氏又推明之, 亦盡矣. 前乎此者, 則有劉氏之說, 後乎此者, 又有吳氏之說焉.【劉侍讀曰, 周公使管叔監殷, 而管叔以殷畔, 魯昭公實不知禮, 而孔子以爲知禮, 實過也. 然周公愛其兄, 孔子厚其君, 是乃所以爲仁也. 吳說已見集註.】而楊氏亦因之, 但所引表記以爲說者, 則已支離矣.

문 다른 설은 어떠합니까?

답 범씨의 설을 따르면 마땅히 "소인小人을 '서恕'로써 권장하면 인仁을 행할 수 있으니, '지인知仁'이라 말할 필요는 없다."고 해야 한다. 여씨의 설을 따르면 마땅히 "같은 종류별로 모아 사물을 분별하면 인술仁術이 넓어지니, 또 '관과觀過'만을 오로지 할 필요는 없다."고 해야 한다. 사씨의 설을 따르면 다만 사람의 움직임과 행위만을 보고서 그 움직임과 행위가 왜 그러한지 알게 되므로 곧 인한지 알 수 있으며 또한 '관과'만을 오로지 할 필요는 없다. 범씨와 여씨의 설은 엉성하고, 사씨의 잘못은 더욱 심하다. '인'을 논하면서 늘 '활동적인 것[活者]'으로 풀이하고 '지견知見'을 앞세우면 결국 이 구절에서 말하는 '앎[知]'을 사씨 자신이 말하는 '지견'

을 우선시하는 '앎'으로 여기고, 이 구절에서 말하는 '인'을 사씨 자신이 말하는 '활동적인 활活'로 여기게 되어 잘못을 저지르게 된다.

曰, 諸說如何.

曰, 如范氏說, 則宜曰責小人以恕, 則可以爲仁, 而不必言知仁矣. 如呂氏說, 則宜曰類族辨物, 則仁術弘, 而又不必專於觀過矣. 如謝氏之說, 則但觀人之運動作爲, 而識其運動作爲之所以然者, 卽可以知仁, 而亦不必專於觀過矣. 范·呂旣疎, 而謝氏之失爲尤甚, 蓋其論仁, 每以活者爲訓, 知見爲先, 遂以此所謂知爲彼之知, 此所謂仁爲彼之活而誤焉耳.

문 세간에 사씨의 설을 따라 미루어 설명하는 자가 "사람이 스스로 그 잘못을 살필 수 있으면 이를 살핀 까닭을 알게 되는데 이것이 바로 나의 인이다."라고 합니다. 이 설은 어떠합니까?

답 이 설은 가장 새롭고 만족스럽다. 나도 이 설을 듣고 기뻐한 적이 있다. 그러나 이 문제를 스승에게 질의한 적이 있는데 "그렇지 않다."라고 하셨고, 얼마 후 다시 실제 행동에서 징험한 이후에 그것이 정말 그렇지 않다는 것을 알았다.

대개 아무 일이 없을 때는 함양涵養의 본원本原에 대해 힘쓰지 않고 반드시 잘못을 찾아내어 '관성觀省'을 한 근거로 삼는다. 또 정작 그것을 살필 때가 되면 그 잘못을 빨리 고치는 데 힘쓰지 않고 단지 이것을 빙자하여 '지인知仁하였다'는 근거로 삼는다. 이렇게 하면 이미 '인'을 구하는 방도를 이미 잃어버린 것이다. 그리고 그것을 살피고서 살핀 대상의 '위인爲仁'을 알고자 하면 마음속에서 아주 짧은 시간 동안에 잘못을 하는 경우가 있고, 살피는 경우도 있고, 그것을 아는 경우도 있는데, 그것을 붙잡아 두고서 서로 배척하고 쫓다가 어지럽고 어설프게 되어 이루 다 살필 수도 없게 된다. 이렇게 되면 각박하고 기괴한 일을 이길 수 없게 되고, '인'의 의미에 대해서는 더욱 그와 비슷한 것도 얻지 못하게 된다. 그렇게 된 까닭을 궁구해 보면, 대체로 깨닫는 것[覺]을 '인'이라 여긴 데서 생겨난 것이기에 '애愛가 곧 인仁이 될 수 없다.'는 설과 같을 뿐이라 말한 것이다.

무릇 이 '성性'을 가지게 되면 반드시 이 '정情'을 가지게 되므로, '인'의 아낌[愛]과 '지知'의 깨달음[覺]은 물의 차가움[寒]과 불의 뜨거움[熱]과 같다. 정자가 "'애'를 '인'이라 여길 수 없다."라고 하였는데, 대개 '정'을 '성'이라 할 수 없는 것은 '차가운 것'을 물이라 할 수 없는 것과 같음을 말한 것일 뿐이다. 그러나 "인仁이 애愛의 체體이고, 애가 인의 용用이다."라고 말했으니, 그 혈맥血脈이 이어진 것이 지금껏 그들로 하여금 서로 유통하게 하지 않은 적이 없었다. 그러므로 유자有子의 말에 이 장의 취지를 언급하면서 '애'로 말하지 않은 적이 없고, '각覺'을 '인'으로 풀이하는 것에 대해서는 틀렸다고 분명하게 지적한 적이 있다. 지금 정씨를 근본으로 삼고서 이 설에 대해서는 그다지 깊이 고찰하지 않는데, 곧장 '각'을 '인'이라 하고서 저 '애'의 설을 깊이 미워한다면 뜨거운 것을 물이라 하면서 물이 차갑다는 것은 말하기 싫어하는 것이다. 새롭고 특이한 것에 빠져서 이단에 빠지는 것을 스스로 알지 못하고서 진실로 이 설로 그것을 추단한다면 아마 고쳐 쓴 것에 가까울 것이다.

曰. 世有因謝氏之說而推之者, 曰人能自觀其過, 則知其所以觀此者, 即吾之仁, 是說如何.

曰. 此說最爲新奇而可喜, 吾亦嘗聞而悅之矣. 然嘗以質之於師, 而曰不然, 既又驗諸行事之實, 而後知其果不然也. 蓋方其無事之時, 不務涵養本原, 而必欲求過以爲觀省之資, 及其觀之之際, 則又不務速改其過, 而徒欲藉之以爲知仁之地, 是旣失其所以求仁之方矣, 且其觀之而欲知觀者之爲仁也, 方寸之地, 俄頃之間, 有過者焉, 有觀者焉, 有知者焉, 更相攪挈, 迭相排逐, 煩擾猝迫, 應接不暇, 蓋不勝其險薄狂怪, 而於仁之意味, 愈不得其彷彿. 原其所以然者, 蓋亦生於以覺爲仁, 而謂愛非仁之說耳. 夫有是性, 必有是情, 故仁之愛, 知之覺, 猶水之寒, 火之熱也. 程子謂不可以愛爲仁, 蓋曰, 不可以情爲性, 猶不可以寒爲水而已. 然其所謂以仁爲愛體, 愛爲仁用, 則於其血脈之所係, 未嘗不使之相爲流通也. 故於有子之言, 以及此章之旨, 未嘗不以愛爲言, 至於以覺訓仁, 則蓋嘗明斥其非矣. 今宗本程氏而不深考於此, 乃直謂覺爲仁, 而深疾夫愛之說, 則是謂熱爲水, 而惡言水之寒也, 溺於新奇, 而不自知其陷於異端, 誠以是說推之, 則庶乎其有改矣.

04-08. 子曰, "朝聞道, 夕死可矣."

문 "아침에 도를 들으면 저녁에 죽어도 좋다."라는 말은 석씨釋氏의 설에 가깝지 않겠습니까?

답 우리가 말하는 '도道'는 그들이 말하는 '도'가 결코 아니다. 그리고 성인聖人의 뜻은 특히 '문도聞道'의 중요함을 위주로 하고 있지 이를 믿고서 죽는다는 저들의 설과는 같지 않다.

或問, 朝聞夕死, 得無近於釋氏之說乎.
曰, 吾之所謂道者, 固非彼之所謂道矣. 且聖人之意, 又特主於聞道之重, 而非若彼之恃此以死也.

문 왜 그렇습니까?

답 우리가 말하는 '도道'는 군신君臣, 부자父子, 부부夫婦, 곤제昆弟, 붕우朋友가 당연히 해야 할 실제 이치이다. 그들이 말하는 '도'는 이것을 허께 비로 여기고 허망한 것으로 여겨서 그것 사이의 관계를 절멸함으로써 이른바 청정淸淨, 적멸寂滅하기를 구하는 것이다. 인사人事의 당연한 실제 이치는 바로 사람이 사람인 까닭이며 따르지 않을 수 없는 것이다. 그러므로 아침에 그것을 듣고서 저녁에 죽어도 유감이 없을 수 있는 것이다. 그들이 말하는 청정, 적멸과 같다면 결코 인생의 일용日用에 본받을 만한 게 없고, 그것을 듣는 데 급급한 자는 다만 죽음이 곧 이를 것을 두려워하여 이것에 의지하여 죽음에 맞서고자 할 뿐이다. 이 때문에 우리의 설을 행하는 자는 법도 대로 행하고 화복禍福은 하늘의 명에 맡기고서 죽음에 대해 알고자 하지 않는다. 저들의 설을 행하는 자는 앉은 채 죽고 선 채 해탈하며, 변화가 만단萬端에서 드러나 결국 세상 교화에 만분의 일이라도 보탬이 되지 않는다. 그러므로 정자가 이에 대해 오로지 의리가 사는 것[生]보다 중하다는 것을 알고 또 사람이 되는 까닭을 아는 것을 설로 삼았으니, 그 취지가 매우 깊고 절실하다.

그러나 이른바 "생과 사를 헛되이 하지 않아 올바른 도리를 얻는다."라는 것은 그 의미가 조금 치우쳤을 뿐이다. 장자가 앞서 한 말은 대의大意에 있어서 정자가 앞서 한 말과 동일하였는데, 나중에 그 설을 고쳤으니 석씨釋氏의 언론에 가까워졌다. 그리고 여씨는 또한 그 설을 본받았으니 이 역시 잘못되었다. 범씨의 설은 이미 소략하고, 사씨의 설 또한 분명히 알 수 없었는데, 의미로 그것을 미루어 보면 이른바 '도'라는 것은 또한 마치 '활동적인 것이 인이다.[活者爲仁]'라는 것을 논한 설과 같다. 그러므로 또 '이를 듣지 못하고 죽으면 태어나고 죽는 것은 내 몸의 혈기血氣가 그렇게 한 것이라 하고, 이를 듣고서 죽으면 곧 태어나고 죽는 것이 바로「도」가 태어남[生]에서 나오고, 죽음[死]으로 들어감을 알아 다시 근심할 것이 없다.'고 한다. 만약 과연 그렇다면 석씨의 말과 더욱 차이를 둘 수 없게 된다.

양씨와 정자는 모두 '역책易簀'[9]의 일을 인용하였으나, 그 의미에 다른 점이 있다. 정자의 뜻은 대개 도道가 삶보다 무겁기 때문에 바름이 죽음보다 편안함을 밝히는 것이니, 말하자면 부자夫子가 말한 뜻이 있고난 연후에 증자가 처신한 일이 있을 수 있다는 것이다. 도를 들음으로써 곧바로 바름을 얻는 것이 아니고, 도를 들음으로써 바름을 얻은 자가 곧 여사餘事 없이 죽을 수 있는 것도 아니다. 만약 양씨가 도를 들은 것을 바름을 얻은 것이라 하고, 또 여사가 없다는 말을 한 것이라면 증자가 막 죽을 때가 되어서야 이른바 도라는 것을 듣게 되었다는 것이니, 도를 들은 뒤에 대번에 할 수 있는 여사가 없다. 이 또한 '헛되이 살지 않는다.[不虛生]', '죽더라도 바름을 얻는다.[死得正]'라는 치우침에서 나온 것이며, 이 조條의 설과는 같을 수 없다.

주씨 또한 '생어불허생生於不虛生'이라 운운하였는데, 그가 이것을 설로 삼은 이유는 양씨보다 낫다. 윤씨는 정자의 말을 그대로 다시 말하면서도 '진실로 얻은 것이 있다.'는 말로 저 '실견實見', '실리實理'의 설을 밝혔으니, 그 의미가 더욱 명백하다.

曰. 何也.

曰. 吾之所謂道者. 君臣父子夫婦昆弟朋友當然之實理也. 彼之所謂道. 則以此

---

[9] 역책: 《예기》 〈단궁檀弓 상〉의 고사에서 유래한 말이다. 증자曾子가 병이 위독했을 때 자신이 누워있는 자리[簀]가 대부大夫의 것임을 알게 되었다. 예법에 따르면 증자는 대부가 아니었으므로 그 자리를 사용하는 것이 부당했다. 이에 증자는 아들 증원曾元에게 명하여 자리를 바꾸게 했다. 이로 인해 후대에 '역책'은 병이 깊어 곧 죽게 됨을 이르는 말로 쓰이게 되었다.

爲幻爲妄而絶滅之, 以求其所謂淸淨寂滅者也. 人事當然之實理, 乃人之所以
爲人而不可以不聞者, 故朝聞之而夕死, 亦可以無憾. 若彼之所謂淸淨寂滅者,
則初無所效於人生之日用, 其急於聞之者, 特懼夫死之將至, 而欲倚是以敵之
耳. 是以爲吾之說者, 行法俟命而不求知死, 爲彼之說者, 坐亡立脫, 變見萬端,
而卒無補於世敎之萬分也. 故程子於此, 專以爲實見理義重於生, 與夫知所以
爲人者爲說, 其旨亦深切矣. 但所謂不虛生死得是者, 意若小偏耳. 張子前說大
意, 與程子前說同, 後改之說, 則幾於釋氏之云. 而呂氏又祖其說, 亦誤矣. 范
說旣疎, 而謝氏又不可曉, 以意推之, 其所謂道者, 又若其論活者爲仁之說也.
故又以爲不聞此而死, 則謂生而死者. 爲吾身血氣之爲, 聞此而死, 則知生而
死者, 乃道之出乎生入乎死而無所復憂. 若其果然, 則與釋氏之言尤不能有以
異矣. 楊氏與程子皆引易簣之事, 然其意則有不同者. 程子之意, 蓋以道之重於
生, 明正之安於死, 言有夫子所言之志, 而後能有曾子所處之事耳. 非以聞道便
爲得正, 亦非以聞道而得正者, 便無餘事而可以死也. 若楊氏旣以聞道爲得正,
而又有無餘事之說焉, 則是曾子將死而後始得聞夫所謂道者, 旣聞道而遽遂無
餘事之可爲也. 是亦生於不虛生死得正之偏, 而與此條之說不得爲同矣. 周氏
蓋亦生於不虛生之云者, 而其所以爲說者, 則賢於楊氏矣. 尹氏誦程子之言, 而
以誠有所得者, 明夫實見實理之說, 意義益明白矣.

04-09. 子曰, "士志於道, 而恥惡衣惡食者, 未足與議也."

문 '악의惡衣', '악식惡食'을 부끄러워하는 자는 '구포求飽(배 불리 먹기를 바람)', '구안求安(편안히 거처하기를 바람)'의 잘못을 면하지 못한 자입니까?

답 이는 참으로 그러하다. 그러나 '포飽'와 '안安'을 구하는 자는 오히려 구체口體의 실질적인 것에 맞추는 것이 있다. 이는 그것을 입거나 먹을 수 없는 것이 아니고, 다만 그것이 보고 듣는 데 아름답지 않기에 스스로 그것을 부끄러워하는 것이다. 사씨의 이른바 '진수성찬이 차려져 있으면 손님을 마주하고도 마음이 편안하며, 보잘 것 없는 음식이 차려져 있으면 자기 집 문에서 나오지 못한다.'[10]라고 한 것은 대개 그 식견과 취향이 비루하여, 다시 '구포'하는 자와 '구안'하는 자보다 아래에 해당하게 된다. 도道에 뜻을 두고도 오히려 이것에서 벗어나지 못하면 그의 뜻 또한 말할 만한 것이 무엇이 있겠는가.

或問. 恥惡衣惡食者, 其爲未免於求飽求安之累者乎.
曰. 此固然也. 然求飽與安者, 猶有以適乎口體之實也. 此則非以其不可衣且食也. 特以其不美於觀聽而自惡焉. 若謝氏所謂食前方丈則對客泰然, 疏食菜羹則不能出諸其戶者, 蓋其識趣卑凡, 又在求飽與安者之下矣. 志於道而猶不免乎是焉, 則其志亦何足言哉.

문 여러 학자의 설은 어떠합니까?

답 정자가 가장 좋다. 범씨와 윤씨는 이 설을 따랐는데, 범씨는 다시 발명發明한 것이 있다. 사씨는 별도로 자신만의 설을 말하였는데, 그 의미가 더욱 엉뚱하다. 양씨와 주씨는 모두 자기 감정을 통제하지 못하고서 이에 대해 성 내었다고 여긴 것 같은데, 이에 대해서는 내가 이미 앞에서 밝혔다. 다만 주씨가 말한 이른바 '지분志分(마음가짐)'에 대해서는 독자가 오히려 취할 것이 있을 것이다.

---

10 진수성찬이……못한다: "사량좌가 스승인 이천伊川 선생과 헤어진 지 1년 만에 찾아뵈었다.……어떤 부유한 사람은 진수성찬[食前方丈]을 먹을 때는 사람들 앞에서 먹고, 단지 채소 반찬에 나물국을 먹을 때는 도리어 방 안으로 들어가서 먹었다고 합니다.[謝子與伊川別一年往見之……有底人食前方丈, 便向人前喫, 只蔬食菜羹, 却去房裏喫.]"《상채어록上蔡語錄》 권1)

曰, 諸說如何.

曰, 程子至矣, 范尹因之. 而范氏又能有所發明者也. 謝氏則別爲一說, 而意尤高遠. 楊氏周氏若皆以爲不能忘情而有憾焉者, 則吾已辨於前矣. 然周氏所謂其志分者, 覽者猶可以有取焉.

04-10. 子曰, "君子之於天下也, 無適也, 無莫也, 義之與比."

문 10장의 설은 어떠합니까?

답 이 장에 대한 여러 설은 틀린 게 많다. 대개 음독音讀을 통한 학문은 분명하지 못한데, '적適'을 '자적위子適衛'의 '적適'으로 여겼기 때문이다. 여씨는 '주主'의 의미로 보았고, 사씨는 '가可'의 의미로 보았으니, '오수적종吾誰適從(내가 누구를 따라야 할까?)'나 '수적여모誰適與謀(누구와 주로 모의하는가?)'의 '적適'과 비슷하지만 여씨의 설은 분명하지 않다. 그리고 '의지여비義之與比(오직 의만을 따른다.)'에 대한 설 또한 마찬가지인데, 중설衆說이 '의義를 가진 사람에 비한다.'라고 오해하였다. 이에 대해서는 오직 사씨의 설만 틀리지 않았다. 또 그가 노자老子, 석가釋迦의 잘못이라 논한 부분은 또한 가장 명백하다.

或問, 十章之說.

曰, 此章諸說多誤. 蓋由音讀之學不明, 以適爲子適衛之適之故也. 惟呂氏以爲主, 謝氏以爲可, 似吾誰適從, 誰適與謀之適. 然呂氏之說不明, 而義之與比亦同. 衆說誤爲比於有義之人者. 獨謝氏爲不差, 而其所論老佛之失, 亦最明白也.

04-11. 子曰, "君子懷德, 小人懷土, 君子懷刑, 小人懷惠."

문 11장의 설은 정자께서 말씀하신 두 뜻과 다릅니다. 어디에 근거하여 취하고 버린 것입니까?

답 사례를 들어 살펴보면, 군자와 소인으로서 서로 필요로 하는 관계를 언급하는 것은 군주와 백성을 가리키니, 예컨대, 백성을 사랑하는 군주와 부리기 쉬운 백성의 관계와 같은 것이다. 군자와 소인으로서 서로 상반되는 관계를 언급하는 것은 선善과 악惡을 두고 말한 것이니, 예컨대 '주비화동周比和同'[11] 같은 류가 바로 그것이다. 서로 반대되는 것을 가지고 말하자면, 상장上章과 하장下章은 '의리義利'에 관한 설이 많으니, 정말 '선악善惡'의 부류가 된다. 더구나 '군주와 백성'을 설로 삼았으니 그 '회혜懷惠'라 운운한 것 또한 이치가 막혀 통하지 않게 된다.

윤씨는 정자의 설을 근본으로 삼은 것이 많은데, 이 구절에서는 따르지 않았으니 그 또한 타당하지 않은 점이 있다는 것을 알 수 있다. 사씨 또한 스스로 하나의 설을 말하였는데, 이 네 가지를 모두 '하회기상下懷其上(아랫사람이 윗사람을 마음에 품는다.)'의 일로 여겼다. 이는 "군자는 어진 이를 어질게 여기고 친한 이를 친히 여기며, 소인은 즐겁게 해주는 것을 즐거워하고 이롭게 해주는 것을 이롭게 여긴다."라고 말한 것과 같다. 그러나 앞서 '전왕불망前王不忘(전 왕을 잊지 못한다.)'의 말에 의거해서 말해 놓고 여기서 이어진 것이 없으니, 아마 같을 수 없을 듯하다.

양씨는 "군자가 거처에 미련을 두지 않는다.[不懷居]"라고 말하였으나,

---

11 주비화동: 주周는 두루 친한 것, 비比는 편당을 짓는 것, 화和는 화협和協하는 것, 동同은 부화 뇌동하는 것을 말한다.

'회덕懷德'의 의미는 여전히 알지 못하였다. '이형위체以刑爲體(형벌을 정치의 본질로 삼는 것)'는 《장자莊子》에 나오는데, 이를 취하여 이 구절을 풀이하였으니 또한 근거로는 충분하지 않다. 주씨는 대체로 정자의 처음 설을 드러내어 밝혔다. 그러나 모두 '회懷'를 '안安'으로 바꿨으니, '안혜安惠'라는 것은 그 설에 통하지 않는 것이 있다. 윤씨는 사씨의 말에 따라 실제로 정자의 두 번째 설을 따랐는데, 이 뜻이 가장 타당하다. '낙선오불선樂善惡不善(선을 좋아하고 불선을 싫어하는 것)'은 '호인오불인好仁惡不仁(인을 좋아하고 불인을 미워하는 것)'이라 말하는 것과 같다.

꼭 '형刑'으로써 말하고자 한다면 관중管仲이 말한 '외위여질畏威如疾(하늘의 위엄을 질병처럼 두려워한다.)'이나 신공무신申公巫臣이 말한 '신벌무거지愼罰務去之(벌을 신중히 한다는 것은 형벌을 없애는 데 힘써야 한다는 것을 말한다.)'[12] 따위를 말하는 것과 같아야 한다. 대개 회덕懷德하는 군자는

---

12 신공무신이 말한 신벌무거지: 신공申公 무신巫臣은 성이 미芈이고, 씨가 굴屈이고, 이름이 무巫이고, 자字가 자령子靈이다. 굴지屈地(지금의 호북湖北 자귀秭歸) 사람이다. 춘추시기春秋時期에 신申 땅(지금의 하남河南 남양南陽)에 봉해졌으므로 '신공申公'이라 하였다. 《춘추좌씨전春秋左氏傳》 성공成公 2년조에 초楚 장왕莊王과 신공무신의 대화가 보이는데, 대화 속에 이 구절이 보인다. 초楚나라가 진陳나라의 하씨夏氏를 토벌했을 때, 장왕이 하희夏姬를 아내로 맞이하고자 하니, 신공 무신이 말하였다. "불가합니다. 임금께서 제후들을 부르신 것은 죄를 묻기 위함입니다. 지금 하희를 맞이하신다면 이는 그녀의 미색을 탐하는 것입니다. 미색을 탐하는 것은 음란함[淫]이고, 음란함은 큰 벌을 받을 죄입니다. 《주서周書》에 '덕을 밝히고 벌을 신중히 하라.'고 하였으니, 이것이 바로 문왕文王께서 주나라를 세우신 까닭입니다. '덕을 밝힌다'는 것은 덕을 숭상하기를 힘쓰라는 뜻이며, '벌을 신중히 한다'는 것은 죄벌을 없애기를 힘쓰라는 뜻입니다. 만약 제후들을 일으켜 세우고서 스스로 큰 벌을 받을 죄를 짓는다면 이는 신중한 것이 아닙니다. 임금께서는 부디 이를 깊이 생각하십시오.[楚之討陳夏氏也, 莊王欲納夏姬, 申公巫臣曰, 不可, 君召諸侯, 以討罪也, 今納夏姬, 貪其色也, 貪色爲淫, 淫爲大罰, 周書曰, 明德愼罰, 文王所以造周也, 明德, 務崇之之謂也, 愼罰, 務去之之謂也, 若興諸侯, 以取大罰, 非愼之也, 君其圖之.]"

회형懷刑하기를 기다리지도 않고 스스로 선善에 편안하고, 회토懷土하는 소인은 오직 자신이 보유한 것만을 온전히 하려고만 하지 모두가 이익을 좇고 얻을 것을 탐내는 마음을 가진 것은 아니므로, 그것이 선善이 되고 악惡이 되는 것에는 각기 얕고 깊은 차이가 있는 법이다.

그 밖에 소씨의 설도 좋다. 그런데 꼭 '이해利害'를 가지고 말한다면 종국에는 성현聖賢의 기상氣象에 가까이 갈 수 없을 것이다.【소씨가 말했다. "'회懷'는 '안安'의 의미다. 군자는 편안하게 여겨야 할 것을 편안하게 여기지만, 소인이 편안하게 여기는 것에는 편안하지 않은 것이 있다. 덕德을 편안하게 여길 수 있는 것은 자신이 처한 자리[土]를 편안하게 여겨서고, 법을 편안하게 여길 수 있는 것은 은혜를 오랫동안 받아서다. 이익은 이목耳目 앞에 있고, 우환은 세월이 지난 후에 생긴다는 사실을 소인小人들은 알지 못한다."】

或問. 十一章之說, 程子兩義不同, 何所據而爲取舍也.
曰. 以例求之, 凡言君子小人而相須者, 則君民之謂也. 如愛人與易使之類是也. 言君子小人而相反者, 則善惡之謂也. 如周比和同之類是也. 以相反爲言, 而上下章又且多義利之說, 則固當爲善惡之類矣. 況以君民爲說, 則其懷惠之云, 亦迂晦而不通矣. 尹氏多本程說, 而於此亦不之從, 則又可見其亦有所未安矣. 謝氏又自爲一說, 而以是四者皆爲下懷其上之事, 若曰君子賢其賢而親其親, 小人樂其樂而利其利云爾. 但彼因前王不忘之言而發, 而此無所繫, 則恐不得而同之耳. 楊氏能言君子之不懷居矣, 而未見懷德之意. 以刑爲體, 出於莊生之書, 援以釋此, 亦未足以爲據也. 周氏蓋發明程子初說, 然皆以懷爲安, 則安惠云者, 其說有不通矣. 尹氏雖因謝氏之語, 而實用程子第二說, 是最爲得旨. 樂善惡不善, 猶曰好仁惡不仁也. 必以刑爲言, 則猶管仲所謂畏威如疾, 申公巫臣所謂愼罰務去之之謂耳. 大抵懷德之君子, 不待懷刑而自安於善, 懷土之小人, 特欲全其所保, 而未必有逐利貪得之心, 其爲善惡亦各有淺深矣. 此外則蘇氏說亦佳, 然必以利害爲言, 則終不近聖賢氣象也.【蘇氏曰. 懷, 安也. 君子安其所必安, 小人之所安有不安者矣. 德之可安也, 固於土, 法之可安也, 久於惠.

利在耳目之前, 而患在歲月之後者, 小人不知也.】

04-12. 子曰, "放於利而行, 多怨."

문 12장의 설은 어떠합니까?

답 정자의 설이 가장 좋다. 범씨의 설 역시 타당하지만, 그 말에 부족한 점이 많다. 예컨대, 건괘乾卦의 '이물利物'은 '이익' 중에 큰 것이고, '이익을 탐내서 행동하는 것'은 이익 중에 작은 것인데, 그것을 '불륜不倫'에 견주는 것은 지나치다. 무릇 '이물'이 '자리自利'와 더불어 선善이 되고 악惡이 되는 것은 마치 음陰과 양陽, 수水와 화火가 상반되는 것과 같다. 어찌 다만 대소大小의 구별만 있겠는가. 만약 '건도변화乾道變化(천도의 변화)'를 저 '해의추식解衣推食(옷을 벗어주거나 음식을 주는 일)'과 같이 말한다면 옳겠는가.

사씨, 양씨, 주씨의 설 역시 같은 의미이기는 하지만 본문의 뜻과는 다른데, 사씨, 주씨가 말한 '자신을 엄히 책망하고 남을 가볍게 책망한다.'라는 것은 잘못된 것이다. 그 밖에 조씨의 설도 좋다.【조씨가 말했다. "'의義'를 바탕으로 행동하면 자신은 그 행동을 마땅하게 여기게 되고, 타인 역시 이를 마땅하게 여겨서, 설사 상심傷心하기는 하겠지만 원망하지는 않는다. '이利'에 기대어 행동하면 자신이 오로지 이익만을 바라게 되어 타인에게 해를 끼치게 되므로 원망하는 마음을 이기지 못하게 된다."】

或問, 十二章之說.
曰. 程子至矣. 范氏亦爲得之, 但其語多病, 如乾之利物爲利之大, 放利而行爲利之小, 其比儗之不倫甚矣. 夫利物之與自利, 其爲善惡, 如陰陽水火之相反, 豈特有小大之殊哉. 若以乾道變化對夫解衣推食者而言之, 其可哉. 謝楊周氏之說, 是亦一道, 但非本文之意, 而謝周氏又幷所謂躬自厚而薄責人者, 失之耳. 此外則晁氏亦善.【晁氏曰, 依於義而行, 則此旣宜之, 彼亦宜之, 雖傷不怨. 依於利而行, 則專利於此, 貽害於彼, 不勝怨也.】

04-13. 子曰, "能以禮讓爲國乎? 何有? 不能以禮讓爲國, 如禮何?"

문 13장의 설은 어떠합니까?

답 이 장은 여러 학자의 설이 모두 좋지 않다. 앞 구를 살펴보면 범씨의 설이 타당하고, 뒷 구는 이씨의 설이 타당하다.【이씨가 말했다. "예禮와 양讓으로 한 연후에 예를 행할 수 있다. 예와 양으로 할 수 없다면 예의 문구文句가 전부 갖추어져 있다고 해도 어찌하겠는가."】

대개 예禮에 관한 번문繁文과 세절細節은 당시에 유행하던 것으로 모두 당시 사람들이 쉽게 실천하던 것인데, '사양지심辭讓之心'의 경우는 예의 뜻에 충실하여 사람들이 행하기를 꺼리는 것이다. 그러므로 '예'와 '양'으로 나라를 다스려서 백성을 우선하면 그 나라를 다스리는 일이 어렵지 않지만, 만약 '예'와 '양'으로 나라를 다스릴 수 없어서 단지 서로 번문과 세절만을 따라서 나랏일을 한다면 예를 행할 방법이 없게 된다는 사실을 말하였다.

구두句讀의 경우에도 설說에 따라 다른 점이 많다. 종종 '양讓' 자에서 구句를 끊는 경우가 많아서 '위국爲國'을 뒤로 붙이는데, 앞으로 붙여도 뜻이 통한다. 그러나 뒷 구와 연결하면 의미가 전혀 통하지 않는다. 요 컨대, 이 장章은 세 구句로 나누고 가운데 구는 '국國' 자에서 끊으면 합당하다. 사씨, 양씨, 주씨의 설은 모두 옳지 않다. 사씨의 경우, 앞 구는 뜻이 통하지만, 뒷 구에서 '여례하如禮何(예를 어찌할 것인가?)'를 '일신의 예[一身之禮]'로 여긴 것은 근거가 없다. 그리고 앞 구를 뒷 구와 정반대의 의미로 읽었는데, 이는 여러 선생의 설과도 다르다.

　양씨, 주씨의 '이례이양以禮而讓(예로써 겸양한다.)'의 설은 교묘하고도 어지럽다. 이씨의 독법 역시 이러한 단점에서 벗어나지 못한 듯하다.

或問, 十三章之說.
曰, 此章之旨, 諸家皆不能盡善. 今詳上句之說, 則范氏得之, 下句之說, 則李氏得之.【李氏曰, 能以禮讓, 然後能行禮. 不能以禮讓, 則雖禮文具在, 亦且如之何哉.】蓋以禮之繁文末節, 當世所尙, 皆時人所易行者, 至於辭讓之心, 則禮意之實而人所憚爲, 故言能以禮讓爲國而先民, 則其爲國也不難, 若不能以禮讓爲國, 而徒相與從事乎繁文末節之間, 則亦無以爲禮耳. 至於句讀之間, 諸說亦多不同, 往往多至讓字爲絶句, 而以爲國者屬之下文, 雖於上句爲通, 然施之下句則不通甚矣. 要之, 此但當爲三句, 而中句至國字爲絶乃至耳. 謝楊周說皆失之, 謝氏上句猶可通, 而下句以如禮何者, 爲一身之禮, 則無所據矣. 且其上句之讀, 與下句文勢正相戾, 又與諸說不同也. 楊氏周氏以禮而讓之說, 則巧曲而支離矣. 李氏之讀, 恐亦未免此病也.

04-14. 子曰, "不患無位, 患所以立. 不患莫己知, 求爲可知也."

문 14장의 설은 어떠합니까?

답 정자와 범씨는 모두 '환무위患無位'를 '환무위이행도患無位以行道(도를 행할만한 지위가 없는 것을 걱정함)'로, '소이립所以立'을 '신유소립身有所立(자신이 설 곳이 있음)'으로 보았는데, 모두 원문이 가리키는 의미와 어긋난다. 사씨는 오직 '재칭기위才稱其位(재능이 그 지위에 합당해야 한다.)'라고 하였는데, 그 의미는 괜찮은 것 같다. 그런데 군자가 그 지위에 오르게 되는 이유는 덕을 귀하게 여겨서니, 단지 재능만 가지고 말해서는 안 된다.

'외명畏名(평판을 두려워함)', '희명喜名(평판을 좋아함)'의 설은 특히 본문의 뜻에 가깝지 않고, 이른바 '지극한 이론'이라는 것은 너무 엉뚱하다. '아귀我貴'에 관한 설은 《논어》〈학이〉 첫 장에서 이미 밝혔으므로 여기서 다시 언급하지 않겠다. 그리고 이른바 '구위가지求爲可知(알아줄 만하게 되기를 구하여야 한다.)' 운운한 것은 '위爲' 자가 중요한데, 범씨와 사씨는 이를 빠뜨린 것 같으니 또한 몹시 소략하다. 양씨의 설은 뒤섞이고 중복되어 더욱 이해할 수 없다. 이 장의 의미는 바로 지위에 선 적이 없기에 지위가 없는 것을 근심하고, 알려진 적이 없기에 알아주는 이가 없는 것을 근심하는 자들 때문에 말한 것일 뿐이다. 만약, 이미 지위에 오르고 알려졌다면 또 어찌 근심할 것이 있겠는가. 주씨의 설은 큰 잘못은 없지만, 용어 사용에서 적절하지 못한 점이 많다.

或問, 十四章之說.

曰, 程子范氏皆以患無位爲患無位以行道, 所以立爲身有所立, 皆失其文義之所指矣. 謝氏專以才稱其位爲言, 其文義則似矣, 而君子之所以立乎其位者, 固當以德爲貴, 不當專以才而爲言也. 畏名喜名之說, 殊不近本文之意, 而其所謂至論者, 則過高甚矣. 我貴之說, 首篇之首蓋已辨之, 今不重出. 且所謂求爲可知云者, 正以爲字爲重, 而范謝語或遺之, 亦大疏略矣. 楊氏之說, 顚倒重復, 殊不可曉. 此章之意, 正爲未有以立而患無位, 未有可知而患不知者言耳. 若有以立而有可知矣, 則又何患之有哉. 周氏無甚病, 然語亦多不切也.

문 지위를 가지지 못하였는데 먼저 그 지위에 오를 방법을 찾는 것은 나서서 (지위에 오르기 위해) 설치는 것이고, 사람들이 자신을 알아주지 않는데 기필코 알려질 방법을 찾는 것은 바로 다른 사람이 자신을 알아주지 않는 것을 근심해서입니다. 성인聖人의 말이 이와 같은 것은 왜입니까?

답 이 역시 상대되는 말로서 사람들이 (잘못을) 자신에게서 찾기를 바란 것일 뿐이다. 대개 그 지위에 오르게 되는 이유는 그에 맞는 도道의 경지에 올라서일 뿐이고, 남에게 알려지게 되는 까닭은 그에 맞는 실제적 일에 힘써서일 따름이다. 진실로 사사건건 미리 준비해야 할 일이 아니고 잠시 고결한 행동을 한다고 해서 꼭 알려지는 것은 아니다. 만약 기필코 이러한 혐의를 피하고자 한다면 사씨가 말한 '지론至論'이라는 것대로 해야 가능할 것이다. 그렇다면 도리어 '과론過論'이 되지 않겠는가.

曰, 未有位而先求所以立乎其位, 則先事而迎矣, 人不己知而必求爲可知, 則是乃所以患乎人之莫己知也. 聖人之言若此, 奈何.
曰, 此亦對待之言, 欲人之反求諸己耳. 蓋所以立乎其位者, 進於其道而已矣, 所以爲可知者, 勉於其實而已矣. 固非事事物物預爲防擬, 且爲皎皎之行而必其可知也. 若必以此爲嫌, 則將必如謝氏所謂至論者然後可, 然則無乃反爲過論也耶.

04-15. 子曰, "參乎! 吾道一以貫之." 曾子曰, "唯." 子出, 門人問曰, "何謂也?" 曾子曰, "夫子之道, 忠恕而已矣."

문 '일관一貫'의 의미에 대해, 공자는 증자가 질문하기를 기다리지 않고 그를 불러다가 그 의미에 대해 일러주었습니다. 증자가 다시 질문하지 않고 '알겠습니다[唯]'로 대답하였는데, 어째서입니까?

답 증자의 학문은 '성신誠身'을 위주로 한다. 따라서 그는 성인의 말 한 마디 행동 하나에 대해서 상세히 살피고 분명히 기억하여 힘써 행하지 않은 것이 없었다. 이렇게 하는 데 이르렀으니, 오랫동안 실천한 익숙함이 쌓이고 쌓여 일상에서 사물을 대하고 일을 처리하는 데 조리가 있게 되었고 도리를 다하지 않는 것이 없게 되었다. 통달하지 못한 것은 단지 그 근본을 돌이켜 찾을 줄 몰라서인데, 많은 이치를 스스로 터득하게 되면 '하학下學'의 공功 또한 지극하게 되어 '상달上達'을 이룰 수 있을 것이다. 당시에 공자는 증자의 눈썹만 보고서 그 이해 정도를 알아차렸으므로, 증자가 질문하기를 기다리지 않고 직접 불러서 일러 주었다. (당시에) 공자는 "내가 말하는 도道는 정조精粗, 대소大小, 내외內外, 본말本末 등에서 다른 점이 있기는 하지만 그것을 '도'라고 부르는 까닭은 하나일 뿐이다."라고 말했을 것이다. 증자의 생각은 이때 환하게 트이게 되어 많은 이치를 스스로 터득할 수 있게 되었다. 그랬기에 다시 질문하지 않고 바로 "알겠습니다."라고 대답한 것이다. 대개 질문을 기다리지 않았을 뿐 아니라 칭찬도 필요하지 않았던 것이다. 맹자가 "군자의 가르침이란 마치 때에 맞는 비가 내려 만물을 기르는 것과 같다."라고 하였는데, 바로 이를 두고 한 말이다. 《사기史記》를 살펴보면, 공자가 돌아가실 때 증자는 겨우 29세였다. 도를 일찍 깨우친 것이 이와 같았으니, 그야말로 '후생가외後生可畏'라 할 만하다.

或問, 一貫之旨, 夫子不俟曾子之問而呼以告之, 曾子無所問辨而唯焉以對, 何也.

曰, 曾子之學, 主於誠身, 其於聖人一言一行之際, 蓋無不詳視審記而力行之也. 至是, 則其積之久行之熟, 日用之間所以應物處事者, 各有條理而無不盡矣. 所未達者, 特未知反求其本, 而得夫衆理之所自來, 然其下學之功亦至, 而將有以上達矣. 夫子於此, 蓋得之眉睫之間也, 故不俟其問而呼以告之, 若曰吾之所謂道者, 雖有精粗小大內外本末之殊, 然其所以謂道者, 則一而已矣. 曾子之心, 於是豁然而有以得夫衆理之所自來者, 故無所復疑而直應曰唯, 蓋不惟無待於問辨, 而亦不容有所稱贊也. 孟子所謂君子之教, 有如時雨化之者, 正謂此爾. 然以史記考之, 則夫子卒時, 曾子之年才二十有九耳, 其聞道之早蓋如此, 可畏也哉.

문 증자가 문인門人의 질문을 받고 '충忠'과 '서恕'로 일러주었는데, 어떠합니까?

답 공자가 증자에게 일러준 내용은 문인 가운데 듣지 못한 자는 누구도 없었다. 그런데 증자曾子만이 공자孔子와 함께 그 뜻을 묵계默契할 수 있었고, 다른 사람은 이해하지 못하였다. 이 때문에 공자가 방을 나가자 문인들이 증자에게 그 내용을 물어본 것이다. 그런데 저들은 많은 사람의 탁월한 안목으로도 다 이해하지 못하였으니, 이른바 '일一'이라는 것을 또 무엇으로 설명하겠는가? 가령 증자가 만약 실제로 '일'이라는 말에서 깨달은 것이 없었다면 필시 거듭해서 자기 생각으로 성인聖人의 말을 미루어 추측하였을 것이므로 오히려 의혹만 더했을 것이다. 그런데 증자는 그렇게 하지 않았다. 곧장 '충'과 '서'로써 선생의 가르침을 알려주었으니, '일관一貫'의 의미를 읽고 암송한 적이 없다 하더라도 그 핵심을 꺼내 설명하는 데 부족함이 없었다.

증자가 '이이의而已矣'라고 말한 것에 대해 형씨邢氏는 "매우 많은 이치가 하나로 관통하여 더는 다른 설이 없다."라고 하였는데, 이 또한 바르게 이해한 것이다. 대개 자신의 마음을 다하는 것이 '충'이며, 이는 도의 '체體'다. 자신의 마음을 미루어 다른 사람에게 미치게 하는 것이 '서'이며, 이는 도의 '용用'이다. '충'은 '서'의 '체'가 되기에 이 둘은 따로 떨어져 있으나 이치는 하나가 아니었던 적이 없고, '서'는 '충'의 '용'이 되기에 이치는 하나이지만 나누어져 분리되지 않은 적이 없다. 이러한 성인의 도는, 천하가 함께 귀의하지만 길은 다르고, 이치는 하나이지만 생각은 수없이 많아서 갖추어지지 않는 것이 없고 통하지 않는 것이 없다. 증자는 이 말을 함으로써 문인이 핵심 없는 공허한 말속에서 답을 찾지 않고, 성인의 실제 마음과 태도에서 답을 궁구하여 묵묵히 이해하면서 더욱 열심히 공부하게 하고자 한 것이다.

曰, 曾子於門人之問, 而以忠恕告之, 何也.
曰, 夫子之告曾子也, 門人莫不聞之矣, 然獨曾子爲能默契其旨, 而他人不與, 是以因夫子之出而問焉耳. 然彼未及究夫衆目之殊, 則所謂一者, 亦將安所措哉. 使曾子而非有以實得乎此, 則必重以己意推繹聖言, 而反益其惑矣. 今乃不然, 而直以忠恕告之, 則雖未嘗誦言一貫之旨, 而所以發明其實者, 蓋無餘蘊. 其曰而已矣者, 邢氏以爲萬理一貫, 更無他說之辭, 亦得其文意者也. 蓋盡己爲忠, 道之體也, 推己爲恕, 道之用也. 忠爲恕體, 是以分殊而理未嘗不一, 恕爲忠用, 是以理一而分未嘗不殊. 此聖人之道, 所以同歸殊塗, 一致百慮, 而無不備無不通也. 以是爲言, 正欲使門人不求之空言恍惚之中, 而考諸聖人用心行事之實, 有以默識而加勉强之功焉爾.

문 그렇다면 《중용》에 나오는 '위도불원違道不遠(도와 거리가 멀지 않다.)'은 어떤 의미입니까?

답 증자가 '충서忠恕'를 말한 것은 성인의 마음을 따라서 한 말이다. 《중용》이 가리키는 의미는 학자로서 힘써 행해야 할 일일 뿐으로, 그 이치는 같지만 그 뜻[分]은 다르다. 이는 정자가 '동動하기를 하늘의 자연스러움으로 하다.', '한 등급 아래로 낮추다.' 등의 구분을 둔 까닭이다. 배우는 자가 우선 그 책을 깊이 공부한다면 이것과 구별되는 점을 알게 될 것이다.

曰. 然則中庸所謂違道不遠者, 何也.
曰. 曾子之言忠恕, 自聖人之心而言也, 中庸所指, 則學者勉行之事爾, 其理雖同, 其分則異. 程子所以有動以天降一等之辨也. 學者第深考於其書, 則有以別乎此矣.

문 정자 이래로 이 장에 대해 해설한 문인門人이 많은데, 그 설이 각기 다른 것은 무엇 때문입니까?

답 정자가 증자의 뜻을 드러내 밝힌 것이 매우 정밀하다. 대체로 배우고자 하는 자는 말 없이 마음 속에 새긴다. 그런데 정자가《중용》의 뜻을 논하여 아래로 인간의 일을 배우고 위로 하늘의 이치를 통달하는 것[下學上達]이라 한 것은 수준을 낮추어 사람을 가르친 것이니 배우는 자가 더욱 힘써서 진보하기를 바란 것이다. 대개 '치지致知'와 '역행力行'은 어느 것 하나라도 그만둘 수 없기에 그의 말은 늘 이와 같았다. 문인의 여러 설 중에 사씨와 후씨만이 증자가 말한 '묵식默識'의 뜻을 잘 밝혔고, 양씨와 윤씨만이《중용》에 나오는 '면강勉强'의 설을 잘 추론하였으니, 각기 그 일단을 얻기는 했으나 누구도 이 두 가지를 하나로 꿰지 못하였다. 학자가 이 둘을 취하고 아울러 잘 살펴본다면 증자와 정자의 뜻에서 얻는 것이 있을 것이다.

曰. 程子以來, 其門人爲說者衆, 而亦有不同者, 何也.
曰. 程子發明曾子之意, 極精微矣, 蓋欲學者默而識之也. 而其論中庸之旨, 以爲下學上達, 掠下教人, 則欲學者勉而進之爾. 蓋致知力行, 不可偏廢, 故其言每如此. 至其門人之說, 謝氏侯氏專明曾子默識之意, 楊氏尹氏獨推中庸勉強之說, 則各得其一偏, 而不能以相通矣. 學者正當兼取而並觀之, 則於夫子之心, 曾程之意, 庶幾其有以得之矣.

문 그가 말한 '하학下學'과 '상달上達'의 뜻은 무엇입니까?
답 이는 《중용》에 나오는 말로서 학자가 아래로 '충서忠恕'를 배우고, 위로 '도道'에 통달한다는 의미다. 이 장의 말과 같다면 성인聖人의 일로서 말할 만한 등급이 있는 것은 아니다.

曰, 其所謂下學上達之義者, 何也.
曰, 此謂中庸之言, 欲學者之下學乎忠恕, 而上達乎道也. 若此章之云, 則聖人之事, 而非有等級之可言矣.

문 이천과 명도께서 각각 말씀하신 '충忠'의 뜻은 다르지 않지만, '서恕'는 같지 않은 점이 있습니다. 어느 분 말씀을 따라야 합니까?
답 후씨가 이에 대해 논하였는데, 선택한 뜻이 좋다. 그런데 후씨가 이에 대해 논한 것은 내용이 지리하여 《논어정의》에 싣지는 못했다. 이제야 두 선생의 학설을 논하자면, 명도께서는 '식물植物'을 거론하면서 '동물動物'은 거론하지 않았고, '기氣'를 가리키면서 '성性'은 언급하지 않았으니, 이천의 말씀을 따르면 이치에 가깝다.

曰, 兩程子之言忠則不異, 而言恕有不同者, 宜何從.
曰, 侯氏論之, 其去取之意得矣. 然其所以爲說者, 則語意支離而不及載於精義之書也. 以今論之, 則伯子之言, 擧植而不及動, 指氣而不及性, 必若叔子之言則庶乎耳.

문 그렇다면 천지天地도 제 마음을 다하고 이를 미루어 만물萬物에 미치게 됩니까?

답 이는 천도天道로써 인사人事를 드러낸 것으로 그 이치 가운데 여기에 속하는 것을 취하여 나눈 것일 뿐이다. 만약 하늘이 스스로 그러하여 포괄하지 않는 것이 없다면 또 어째서 반드시 자신을 다하고 이를 미루어 만물에 미치기를 기다리겠는가. 또한 그 본체本體가 유행流行하는 것이 사람에게 있으면 '충忠'이라 하고, 이로 말미암아 만물을 생성하는 것이 사람에게 있으면 '서恕'라고 한다.

曰, 然則天地亦盡己之心而推以及物乎.
曰, 此以天道著人事, 取其理之屬乎是者而分之耳. 若天之自然而無外, 則又何必己之盡而有待乎推以及物耶. 亦曰其本體之流行者, 在人則謂之忠, 由是而生物者, 在人則謂之恕耳.

문 정자가 '천리로써 동한다.'라고 한 것을 미루어 본다면 성인聖人의 충서忠恕는 하늘의 이치로써 동動하고, 현인賢人의 충서는 사람의 이치로써 동하는데, 다시 '충'을 천도天道로 여기고, '서'를 인도人道로 여긴 것은 무엇 때문입니까? 그리고 자신을 다하고[盡己], 자신을 미루는 것[推己]은 모두 사람과 관련된 것인데, 어째서 하늘과 사람의 나뉨이 있다고 합니까?

답 전자前者는 성인聖人과 현인賢人으로 나눈 것이고, 후자後者는 안과 밖으로 나눈 것이다. '자신을 다하는 것'이 비록 인위적人爲的인 것과 관계있지만, 자신에게 있는 것이기 때문이지 외물外物에 접하는 것이 있기 때문은 아니다. 종縱과 횡橫이 서로 교착하는데, 그것을 병행並行하게 하고 어그러지게 하지 않으면 이것에 대해 의혹하는 것이 없게 된다.

曰, 推程子動以天之云者, 則聖人之忠恕爲動以天, 而賢人之忠恕爲動以人矣,而又以忠爲天道, 恕爲人道, 何耶. 且盡己推己, 均有涉乎人爲, 又何以有天人之分耶.
曰, 彼以聖賢而分也, 此以內外而分也. 盡己雖涉乎人爲, 然爲之在己而非有接乎物也. 縱橫錯綜, 見其並行而不相悖者焉, 則於此無所疑矣.

문 명도께서는 '추기推己'를 '서恕'로 보시며, '도와 거리가 멀지 않은[違道不遠]' 일이라고 하셨고, 이천께서는 증자의 말을 풀이하였습니다. 어떻습니까?

답 '서恕'라고 이름을 붙인 것은 본래 자신을 미루는 측면에서 말한 것인데, 명도께서는 단지 '성인의 서恕'는 미룰 필요가 없다고 하셨으니, 따라서 학자의 일에 속한다. 이천께서는 '성인의 서'는 역시 이것(명도가 말한 것)에 지나지 않는다라고 하셨지만, 그것이 미루어 행하는 것에는 본래 다른 점이 있다. 두 설이 다르기는 하지만 같은 것으로 여겨도 문제가 되지 않는다.

曰, 程伯子以推己爲恕, 爲違道不遠之事, 而叔子以釋曾子之言, 何也.
曰, 恕之所以得名, 本以其推己而言也, 伯子特以聖人之恕, 爲無待乎推, 是以屬之學者之事, 叔子則以爲聖人之恕, 亦不過此, 但其所以推之, 自有不同耳. 二說雖異, 蓋不害其爲同也.

문 정자가 '진심지성盡心知性(자신의 마음을 다하는 사람은 자신의 성을 안다.)'라고 말한 구절을 인용하였는데, 어떻습니까?

답 이는 이해할 수 없다. '하나의 근본[一本]'이라는 설로 검토하면 궐문闕文인 것 같다. 동시에 '일본一本'이라는 설과 함께 논해 보아도 문의文義에 크게 절실하지도 않고, 다른 장章의 풀이와도 다르니 이해할 수 없다.

曰. 其引盡心知性之云, 何也.
曰. 是不可曉矣. 以一本之說驗之, 其闕文耶. 然並其一本之說而論之, 亦若未甚切於文義, 而與其別章之解不同, 蓋不可曉矣.

문 정자께서 "지극히 고요하여 아무런 조짐이 없는 가운데 만물이 밝게 드러났다."라고 한 것은 또한 리理의 본말本末과 상하上下로써 말한 것 같은데, 이 장의 취지와 맞지 않습니다. 어떻습니까?

답 이 역시 종縱과 횡橫이 서로 뒤섞인 듯한 말이다. 대개 충忠할 때에는 서恕의 이치가 이미 갖추어지고, 서恕할 때에는 충忠의 이치가 그 사이에서 행해지지 않은 적이 없으니, 몸에서 체찰體察하면 내외內外와 물아物我의 사이가 아마도 이와 다르지 않을 것이다.

曰. 其曰冲漠無朕, 而萬象昭然者, 又似以理之本末上下而言, 而與此章之旨不類. 何耶.
曰. 此亦縱橫錯綜之言也. 蓋方其忠而恕之理已具, 及其恕而忠之理未嘗不行乎其間也, 體之於身, 則內外物我之間, 其亦不異乎此矣.

문 정자께서 또 "'충서관도忠恕貫道(충서는 도를 꿴다.)'를 다른 사람이 말했다면 믿을 수 없지만, 증자가 이를 말하였으니 모두 이해한 것이 분명하다"라고 말씀하신 것은 왜 그렇습니까?

답 이는 아마 기록한 사람이 실수한 것 같다. 대개 그 의미는 "타인他人이 충서忠恕에 미진하여 자신이 추측한 것으로 말하면 그 말이 우연히 들어맞을 수도 있지만, 그것을 말한 사람을 믿기 어렵다. 증자의 경우 실제로 보고 깨달은 것으로 말하였으니 그가 필시 성인이 쌓은 견식을 다 이해했다는 사실은 의심할 필요도 없다."는 것이다. 지금 그 기록이 분명하지 못하여 그 말이 맞는지 틀리는지 알 수 없으나, 그 사람의 신뢰도는 마치 이른바 '주유관우侏儒觀優'[13] 같으니 어찌 그러하겠는가?

曰, 程子又言忠恕貫道, 若他人言之, 則不可信, 曾子言之, 則其盡也必矣者, 何也.
曰, 此疑記者之失也. 蓋其意若曰, 他人未盡忠恕, 而億度以言, 則其言雖或偶中, 而其所以言者, 有不足信, 若曾子乃以其實見而言, 則其必盡聖人之蘊無疑也. 今記錄不明, 乃似不知其言之是否, 而唯其人之信, 若侏儒之觀優者, 夫豈然哉.

문 정자께서 "충서忠恕는 바로 하나가 되는 까닭이다."라고 하고, 이어서 "인의仁義라고 말하는 것 또한 괜찮다."라고 하신 것은 어떻습니까?

답 "이것이 바로 하나가 되는 까닭이다."라고 한 이 말은 정자가 아니면 할 수 없고, "인의라고 말하는 것 또한 괜찮다."라는 말 역시 정자가 아니면 감히 말할 수 없다. 대개 인의로써 말하자면 인仁으로 자신을 완성하는 것이 '충'과 같고, 의義로써 사물에 대처하는 것은 '서'와 같다. 이 또한 하나가 되는 까닭이다.

曰, 其曰忠恕乃所以爲一, 而繼之曰言仁義亦可, 何也.
曰, 是乃所以爲一, 此言非程子不能言, 而曰言仁義亦可者, 亦非程子不敢言也. 蓋以仁義言之, 則仁之成己猶忠也, 義之處物猶恕也, 是亦所以爲一而已矣.

문 그렇다면 '인의仁義'라고 말하지 않고 꼭 '충서忠恕'라고 말한 것은 무엇 때문입니까?

답 장자께서 상세히 설명하셨다.

---

13 주유관우: 난쟁이가 굿을 구경한다는 의미로, 자기의 능력이 부족한 상태로 다른 사람을 따라 행하는 것을 말한다. 즉 키 작은 난쟁이가 키가 큰 사람에 밀려 굿을 제대로 보지도 못하면서 남들이 웃으면 그때마다 따라서 웃는 것을 말하는데, 이는 실상을 잘 알지도 이해하지도 못하면서 덩달아 나선다는 의미다.

曰, 然則其不曰仁義, 而必忠恕之云, 何也.
曰, 張子言之詳矣.

문 정자께서 '군자의 도 네 가지'¹⁴를 인용한 것은 어째서입니까?
답 이는 조금 잘못되었다. 《중용》의 문장으로 미루어 보면 이 '네 가지'는 남에게 책하는 일을 돌이켜 자신에게 책하는 일로 삼는 것이지, 구차하게 자신을 용서하고 아울러 남을 용서하려는 것이 아니다.
曰, 程子之引君子之道四者, 如何.
曰, 是則小誤, 以中庸之文推之, 則此四者, 乃反其所以責人者爲責己之事, 非欲苟自恕而幷恕人也.

문 어떤 사람이 "'충서忠恕'는 성인에 관한 것이 아니므로 '충忠'을 '성誠'으로 고치고, '서恕'를 '인仁'으로 고치고자 한다."라고 하는데, 이렇게 해도 괜찮습니까?
답 성인의 '충'은 진실로 '성'이 발현發顯된 것이고, 성인의 '서'는 진실로 '인'이 시행된 것이다. 그러나 '충'이라 하고 '서'라 하면 '체體'와 '용用'이 서로 기대는 의미를 볼 수 있고, '성'이라 하고 '인'이라 하면 모두 전체를 관통하는 것을 말하는 것이어서 '체'와 '용'의 구분을 볼 수 없다.
曰, 或又以謂忠恕非所以言聖人, 而欲易忠以誠, 易恕以仁, 其亦可乎.
曰, 聖人之忠, 則固誠之發也, 聖人之恕, 則固仁之施也, 然曰忠曰恕, 則見體用相因之意, 曰誠曰仁, 則皆該貫全體之謂, 而無以見夫體用之分矣.

---

14 군자의……가지: "공자께서 자산子產을 평하여 말씀하셨다. '그에게는 군자의 도道 네 가지가 있었다. 그 행실은 공손했고, 윗사람을 섬길 때는 공경하였고, 백성을 길러줄 때는 은혜로웠고, 백성을 부릴 때는 의로웠다.'[子謂子產, 有君子之道四焉. 其行己也恭, 其事上也敬, 其養民也惠, 其使民也義.]"《논어》〈공야장〉)

문 여러 학자의 설은 어떻습니까?

답 '충忠'은 '성誠'에 속한다. 그러나 자연自然과 용력用力에 혹 차이가 있으면 진실로 그 사이에 분별이 없을 수 없다. 그러므로 정자가 "일심一心을 성誠이라 하고, 진심盡心을 충忠이라 한다."라고 하였으니, 그 구분이 이미 명확했다. 그리고 이른바 '충'이라는 것에 대해 또한 "자신의 마음을 다하는 것[盡己之心]이다."라고 할 뿐이었지, 갑작스레 다른 사람에게 미치지는 않았다. 지금 범씨가 "'충'은 '성'이 아닌 것이 없다."라고 하고, 또 "'충'은 자신에게 해당하는 것이고, '서'는 남에게 해당하는 것이다."라고 하였으니, 그 말은 옳지 않다. 무릇 충과 서가 '하나로 관통[一貫]'하는 까닭은 바로 그것이 '자연自然'의 이치에서 나와 둘이 서로 표리表裏가 되기 때문이다. 여씨는 "도가 천하에 행해지도록 하고자 한다면 충과 서 아니고서는 안 된다."라고 하였고, 또 이 둘을 모두 남을 대하는 일[待物]로 여겼으니, 그 불찰이 여기에서도 매우 심하다.

무릇 성문聖門의 학업은 높은 곳에 오르려면 낮은 곳에서 시작하고, 먼 경지에 도달하려면 가까운 곳에서 시작하며, 우선 넓게 학업을 닦은 이후에 예禮로써 그것을 요약하고, 자세하고 빠짐없는 데에서 시작하여 간이簡易한 데서 마무리하니, 진실로 그 순서가 있어 등급을 뛰어넘을 수 없다. 공자께서 증자와 자공子貢에게 일러준 이유는 바로 그들이 이에 대해서 두루 살펴보고 다 알았기 때문이다.

지금 사씨는 '제자弟子들이 두루 살피고 다 알지 못해서 도에 이르지 못할까 걱정하여 공자께서 이를 일러 주었으니, 이는 정도正道로 가는 길이 요원한 것을 걱정하여 쉽게 도에 이를 수 있는 지름길을 보여준 것'이라고 했다. 그런데 이른바 '도'라는 것이 만물에서 떨어져 분리된 적이 없는데, 또 어찌 도에 이를 수 없어 반드시 '일관一貫'을 일러준 이후에야 가능하다 할 수 있겠는가. 또 천지의 기운이 유행하면서 그치지 않고[流而不息], 만물이 흩어져 각기 다르므로[萬物散殊] '충서忠恕'라고 한 것은 정자의 뜻을 미루어 말한 것이다. 그러나 '유천지명維天之命(하늘의 명)'을 말하지 않으면 '유이불식流而不息(유행하면서 그치지 않음)'이 '체體'가 되는 것을 알 방법이 없고, '건도변화乾道變化(천도의 변화)'를 말하지 않으면 '만물산수萬物散殊(만물이 흩어져 각기 다름)'가 스스로 온다는 것을 알 방법이 없다. 사씨가 '진심지성盡心知性'을 논한 것은 맹자의 뜻이 아닌 것 같지만 지금 살필 겨를이 없다. 정자(명도)께서 '확충擴充' 운운한 내용을 송독誦讀한 것은 매우 좋다. 무릇 공자께서 말씀하신 '일관一貫'은 남과 나를 꿰어 둘을 하나로 한다는 말이 아닌 데다. 또한 그것이 임기응변[酬酢應變]하는 까닭이라고 하였는데, 아무리 천 번 만 번 변화했다고 해도 하나가 아닌 적이 없었다.

유씨는 "천지는 하나의 손가락이고, 만물은 한 마리의 말[馬]이다. 지극한 사람은 사심私心이 없다."라는 말로 논하였으니 그 취지를 잃어버렸고, 더욱이 그 말이 모두 이단異端의 설에서 나온 것이라서 취사선택은 하였으나 매우 정밀하지 못하다. 그리고 "충서는 정도正道를 위배하는 것을 면치 못한다."라고 하였는데, '위도불원違道不遠'이라 말한 것이 바로 "이로부터 도道에 이르는 것이 멀지 않다."라는 말일 뿐임을 미처 살피지 못한 것이니, 어찌 그것이 도를 위배한다는 말이겠는가. 그리고 '서恕는 진물盡物하는 것'이라 하였는데, '서'는 만물의 성性을 충분히 다 할 수 있지만, '서'가 그 이름을 얻은 까닭은 바로 스스로 그것이 미진하다고 여겨서 다하기에 충분하게 된 자가 이름한 것이다.

또 "자신을 돌이켜보아 진실하면[反身而誠] 일관一貫의 일이 된다."라고 하였는데 이 또한 잘못되었다. '반신이성反身而誠'은 바로 돌이켜 자신에게서 구하여 모든 이치가 부족함이 없게 된다는 말일 뿐이니, 나를 미루어 남에게 미치게 하더라도 부당한 것이 없는 큰 도에는 미치지 못한다. 또 "중니仲尼와 증자曾子가 주고받은 말의 내용을 문인門人 가운데 듣지 못한 자가 있었다."라고 하였는데, 이 역시 잘못 이해한 것이다. 무릇 스승과 제자는 함께 한 교실에 있는데, 어찌 귓속말로 소곤소곤하게 한 사람에게만 사사롭게 말할 수 있겠는가. 특히 배움이 지극한 자는 가르침을 들으면 이해하는 것이 있지만, 배움이 미치지 못하는 자는 들어도 안 들은 것과 같을 뿐이다. 그러므로 문인이 '무슨 뜻입니까?'라고 질문하였으니, 이는 분명히 그 말을 듣기는 했으나 무엇을 말하는 것인지 깨닫지 못했기 때문이다. 만약 애초에 듣지 못하였다면 또 어찌 책에 기록할 수 있겠는가.

양씨, 주씨, 윤씨의 잘못은 대개 이와 같은 것들이다. 그런데 후씨는 더 나아가 공자, 안연, 자, 맹자의 지위를 다르게 보았고, 그 '충서' 또한 다른 것으로 여겼으니 미진한 점이 있다. 대개 공자와 안연의 '충'으로 이를 논한다면 이 설은 괜찮다. (다만)《중용》에서 말한 '충서'의 경우는 자사의 말이 아니라 공자가 배우는 자를 위해 말한 것이다. 또한 공자가 자공이나 중궁仲弓에게 일러준 것 또한 마찬가지로 "자신이 하고 싶지 않은 일을 남에게 베풀지 말아야 한다.[己所不欲 勿施於人]"라고 했을 뿐이다. 공자의 '서'가 어찌 '물시勿施'하기를 기다리는 것이라 말할 수 있겠는가. 후씨가 "하늘은 한 해라도 만물을 그르치게 한 적이 없다."라고 하였는데, 그 비유 역시 정확하지 못하다. 만약 어떤 기운이 어떠한 휴식 없이 유행流行하는데, 그 사이에는 조금의 위망僞妄이 섞인 적 없다고 한다면 맞는 말이다.

曰, 諸說如何.

曰, 忠固誠之屬也, 然以自然用力之或異, 則固不能無分別於其間. 故程子曰一心之謂誠, 盡心之謂忠, 則其辨亦已明矣. 且所謂忠者, 亦曰盡己之心而已矣, 未遽及乎人也. 今范氏曰忠則無不誠矣, 又曰忠則在己, 恕則在人, 則其言皆無所當矣. 夫忠恕之所以一貫, 正以其出於自然之理, 而相爲表裏也. 今呂氏曰欲道之行於天下, 非此不可, 而又以二者皆爲待物之事, 則其不察, 於此亦甚矣. 夫聖門之學, 升高自下, 陟遐自邇, 先博之以文, 而後約之以禮, 始於繁悉, 而終於簡易, 固亦有其序而不可躐矣. 夫子之所以告夫曾子子貢者, 正以其幾有以遍觀盡識乎此也. 今謝氏乃謂夫子懼夫弟子之不能遍觀盡識, 將無以入道, 而告之以此, 則是憂夫正途之迂遠, 而示之以捷徑之易入也. 且夫所謂道者, 固亦未嘗離夫事物之間, 又安得謂其不可以入道, 而必告以一貫者而後可哉. 其以流而不息萬物散殊言忠恕者, 蓋推程子之意. 然不言維天之命, 則無以見夫流而不息者之爲體, 不言乾道變化, 則無以見夫萬物散殊者之所自來也. 其論盡心知性者, 恐非孟子之意, 今未暇辨. 至其誦程伯子擴充之語則至矣. 夫孔子之所謂一貫者, 非曰貫彼我而一之也, 亦曰其所以酬酢應變者, 雖千變萬化, 而未嘗不一也. 今游氏以天地一指, 萬物一馬, 至人無己論之, 則旣失其旨矣, 而又皆出乎異端之說, 其擇焉而不精, 亦甚矣哉. 又謂忠恕未免乎違道, 則又未察乎違道不遠云者, 正以其自是而之道也不遠云爾. 豈背道之謂哉. 又謂恕爲盡物, 則恕其足以盡物矣. 而恕之所以得名者, 正自其未盡而足以盡者名之也. 又謂反身而誠, 爲一貫之事, 亦非也. 反身而誠, 方謂反求諸身, 而萬理無不足耳, 未及乎推以及物, 而無所不當之大也. 又謂仲尼曾子所以授受, 門人有不得聞者, 亦非也. 夫師弟子相與, 處於一堂之上, 其可爲咕嘔耳語以私於一人哉. 特學至者, 聞之而有得, 其未至者, 雖聞而若弗聞耳. 故門人之問, 以何謂爲辭, 則固聞其言而不曉其所謂者也. 若初不聞, 則又豈得而筆之於書耶. 楊周尹氏之失, 大槩類此. 而侯氏又以爲孔顏子思孟子地位不同, 其爲忠恕亦異, 則亦有所未盡也. 蓋以孔顏之忠論之, 則此說可也. 若中庸所謂忠恕, 則非子思之言, 而孔子所爲學者言之者也. 且其告子貢仲弓亦同, 曰己所不欲, 勿施於人耳. 豈可謂孔子之恕, 猶有待於勿施哉. 其曰天未嘗一歲誤萬物者, 其爲譬亦不切矣. 若曰一氣流行, 元無間息, 未嘗少有僞妄雜乎其間也, 則得之矣.

04-16. 子曰, "君子喩於義, 小人喩於利."

문 모두 같은 사람인데 어떤 사람은 군자君子가 되어 의義에 밝고, 어떤 사람은 소인小人이 되어 이利에 밝은 것은 왜입니까? 그리고 정자, 양씨, 주씨는 깊이 깨달은 이후에 독실히 좋아한다고 하였고, 범씨는 좋아하게 된 이후에 그것을 깨닫는다고 하였습니다. 의견이 다른 까닭은 무엇입니까?

답 사람이 하늘로부터 품부稟賦받은 것을 논하면 청탁淸濁이 다르지 않고, 익힌 것을 논하면 고저高低가 혹 달라 하나의 설로 정할 수는 없다. 그러므로 먼저 깨닫고서 좋아하는 것이 더욱 독실한 사람이 있고, 먼저 좋아하고서 깨달은 것이 더욱 깊은 자도 있으니, 또한 하나의 사례에 얽매일 수 없다.

군자와 소인의 분수를 알고자 하는 일은 쉽지 않다. 주씨가 "그 잘못은 용심用心의 처음에 있다."라고 한 말은 절실한 말인가? 가령 '용심'의 잘못이 아니라고 한다면 아무리 하늘로부터 품부받은 불선不善이라도 학습을 통해 고칠 수 있을 것이다.

'유喩' 자에 대한 의미는 여씨의 풀이가 좋다. 대개 마음으로 이해하고 통달하면 그 기미幾微와 곡절曲折이 모두 풀리지 않는 것이 없을 것이다. 정자, 범씨, 양씨, 주씨가 말한 대강의 내용은 괜찮은 것이 많지만, 어떨 때는 앞으로 밀기도 하고, 어떨 때는 뒤로 잡아당기기도 하여 '유' 자의 의미를 제대로 풀이한 것이 극히 적다. 사씨는 자신을 대하는 것이 아주 너그러워서 군자와 소인 사이를 결코 칼로 자르듯 깊이 분별하지 않고 반드시 그 깨우친 바가 구별된 연후에 이에 따라 군자와 소인을 나누었으니, 그 뜻이 주씨와 정반대다.

或問. 均是人也. 或爲君子而喻於義, 或爲小人而喻於利, 何也. 且程子楊周氏以爲深喻而後篤好, 范氏以爲好之而後喻焉, 其不同, 何也.

曰. 論其所稟則有淸濁之不同, 論其所習則有高卑之或異, 蓋不可以一說定也. 故有先喻之而好愈篤者, 有先好之而喻愈深者, 亦不可以一例拘也. 要知君子小人之分, 則不可易矣. 若周氏所謂其失在於用心之初者, 其切要之言與. 使非其用心之失, 則雖所稟之不善, 亦可以習而變矣. 然喻字之義, 惟呂氏之釋得之. 蓋心解通達, 則其幾微曲折無不盡矣. 程子范楊周氏大指多善. 然或推其前, 或引其後, 而正釋喻字之意殊少. 謝氏則自待甚恕, 而於君子小人之際, 初亦未甚剖判, 必其所喻之旣分, 然後從而名之, 則其意與周氏正相反矣.

문 그렇다면 이른바 군자와 소인이 밝은 일을 각각 별개의 일로 여겨야 합니까? 한 가지 일 가운데 이 양단兩端(의義와 이利)이 갖추어져 있는데, 각기 그 사람이 보는 바에 따라 달라지는 것입니까?

답 모두 가능하다. 다만 군자는 의義에 깊이 통달하지만, 소인은 이利에 지독하게 밝을 뿐이다.

曰. 然則所謂君子小人之所喻者, 各爲一事耶, 將一事之中具此兩端, 而各隨其人之所見也.

曰. 是皆有之, 但君子深通於此, 而小人酷曉於彼耳.

문 의義에 대비하여 말하면 이利는 불선不善한 것이 되고, 해害에 대비하여 말하면 이는 불선한 것이 아닙니다. 군자의 행실은 사실 이롭지 않은 것을 바라는 것이 아니나, 어찌 유독 이익에만 밝은 것을 소인이라고 합니까?

답 호씨가 상세히 말하였다. 【호씨가 말했다. "의義는 본래 이롭게 하는 것으로, 《주역》에서 말한 '이라는 것은 의가 조화로운 것[利者義之和]'이라는 것이 바로 이것이다. 그러나 자신이 이롭게 여기는 것을 행한다면 도리어 '불탈불염 不奪不饜'의 해독을 초래할 것이고, 자신이 의롭게 여기는 것을 행한다면 '의'의 이로움을 취하고 '이'의 해로움을 멀리하게 될 것이다. 맹자가 양梁 혜왕惠王에게 일러준 것도 그 의미가 이와 같다."】

曰, 對義言之, 則利爲不善, 對害言之, 則利非不善矣. 君子之所爲, 固非欲其不利, 何獨以喩利爲小人乎.
曰, 胡氏言之悉矣.【胡氏曰, 義固所以利也, 易所謂利者義之和者是也. 然自利爲之, 則反致不奪不饜之害, 自義爲之, 則蒙就義之利而遠於利之害矣. 孟子之告梁王, 意猶是也.】

04-17. 子曰, "見賢思齊焉, 見不賢而內自省也."

문 17장에 대한 제가諸家의 설은 어떻습니까?
답 사씨의 설이 좋다. 양씨와 주씨가 모두 《대학》을 인용해 말한 것은 장황하고 산만하여 온당한 내용이 없다.

或問, 十七章諸說如何.
曰, 謝氏得之. 楊氏周氏皆引大學而言, 則支離而無所當矣.

04-18. 子曰, "事父母幾諫, 見志不從, 又敬不違, 勞而不怨."

문 제가諸家의 '기간幾諫'에 대한 설 가운데 '기미를 보고 간언하는 것[見

微而諫'이라 여기는 이가 많은데, 어떻습니까?

답 그 설은 참 좋다. 다만 이 장에 대한 설은 《예기》〈내칙內則〉에 나오는 구절을 줄인 것일 뿐이다.[15] 〈내칙〉의 본문을 살펴보면, "기운氣運을 가라앉히고 얼굴빛을 온화하게 하며, 부드러운 목소리로 간한다."라는 내용이 있고, 〈곡례曲禮〉에도 '군주의 잘못을 드러내어 간언하지 않는다.'라는 내용이 있으니, 그 증거가 되는 것이 또한 분명하다. 그리고 〈내칙〉의 내용으로 미루어 보지 않으면 뒤에 나오는 '더욱 공경하고 어기지 않는다.'는 내용은 구차하게 부친의 영令을 따르는 것이 되고, '수고로워도 원망하지 않는다.'는 내용 역시 앞 부분에 연결되지 않을 것이다.

或問, 諸家幾諫之說, 多以爲見微而諫者, 如何.
曰, 其說固善矣. 然此章之語, 乃內則之節文耳. 以彼文考之, 則正所謂下氣怡色 柔聲以諫者, 而曲禮亦有不顯諫之文焉, 則爲證也亦明矣. 且不以彼文推之, 則下文又敬不違, 將爲苟焉以從父之令者, 而勞而不怨, 亦將無所屬於上文矣.

문 제가諸家의 설은 참으로 본뜻과 어긋난 것 같습니다. 다른 내용 가운데 논할 만한 것이 있습니까?

답 범씨의 기타 설이 모두 좋고, 인용한 증자의 말도 좋다. 다만 그가

---

15 《예기》〈내칙〉에……뿐이다: 《예기》〈내칙〉에 다음 내용이 보인다. "부모님께 허물이 있으시거든, 기운를 가라앉히고 얼굴빛을 온화하게 하며 부드러운 목소리로 간해야 한다. 간언을 받아들이지 않으시면 공경하고 효도하는 마음을 더욱 일으켜, (부모님께서) 기뻐하시면 다시 간언 드려야 한다. (만약) 기뻐하지 않으시더라도 부모님께서 향당鄕黨이나 주려州閭(마을 사람들)에게 죄를 얻게 하느니, 차라리 간절하게 간언해야 한다. 부모님께서 노여워하시고 기뻐하지 않으시어 자식을 때려 피가 흐르더라도 감히 미워하거나 원망하지 말고, 공경하고 효도하는 마음을 더욱 일으켜야 한다.[父母有過, 下氣怡色, 柔聲以諫. 諫若不入, 起敬起孝, 說則復諫, 不說, 與其得罪於鄕黨州閭, 寧孰諫. 父母怒不說, 而撻之流血, 不敢疾怨, 起敬起孝.]"

설로 삼은 내용 역시 '견기見幾'라고 말한 것과 같을 뿐이다. 사씨, 주씨, 윤씨의 기타 설은 모두 본뜻과 어긋난다. 게다가 양씨는 '노이불원勞而不怨(수고로워도 원망하지 않는다.)'에 대해서 빠뜨리고 말하지 않았는데, 그 뜻이 과연 무엇을 의미하는지 몰랐던 것일까? 후씨가 '은미하게 간언한다는 초심을 어기지 않았다.'라고 한 것은 그 핵심을 잘 파악한 말이다.

曰, 諸說固失之矣, 其他文義亦有可論者乎.
曰, 范氏他說皆善, 所引曾子之言亦佳. 但恐其所以爲說者, 亦若見幾之云爾. 謝周尹氏他說, 則皆失之, 而楊氏於勞而不怨者, 遂略而不說, 不知其意果以爲何如也. 侯氏所謂不違幾諫之初心者得之矣.

04-19. 子曰, "父母在, 不遠遊, 遊必有方."

문 19장의 설은 어떻습니까?

답 범씨와 사씨의 설이 핵심을 잘 파악하였다. 그다음으로 후씨의 주장 역시 볼 만하다.

或問, 十九章之說.
曰, 范謝氏得之, 其次則侯氏亦可觀也.

04-20. 子曰, "三年無改於父之道, 可謂孝矣."

문 20장의 설은 어떻습니까?

답 호씨가 핵심을 잘 파악하였다.[16] 범씨는 "각자가 들은 것을 기록하였다."라고 하였는데, 꼭 그렇지만은 않다. 뒤에 중복해서 나오는 내용은 모두 이와 같다. 양씨의 '어_於' 자에 대한 설은 〈학이〉에 보인다.

或問, 二十章之說.
曰, 胡氏得之矣. 范氏所謂各記所聞者, 或未必然也. 後有重出者皆放此. 楊氏於字之說, 已見於首篇矣.

04-21. 子曰, "父母之年, 不可不知也. 一則以喜, 一則以懼."

문 21장의 설은 어떻습니까?

답 후씨와 윤씨가 핵심을 잘 파악하였다. 양씨와 주씨는 자신만의 설을 지었는데, 이 또한 통한다. 사씨의 설은 성인의 본뜻이 아닌 것 같은데, 그런데 '부모를 섬기다[事親]'라는 말은 기억할 필요가 있다.

或問, 二十一章之說.
曰, 侯尹得之. 楊周自爲一說亦通. 謝氏則恐非聖人之本意, 然事親者, 亦不可以不知也.

04-22. 子曰, "古者言之不出, 恥躬之不逮也."

문 22장의 설은 어떻습니까?

---

16 호씨가……파악하였다: 호씨의 설은 《논어집주대전論語集註大全》에 다음 내용이 보인다. "이미 첫 편에 나왔다. 아마 중복되어 실렸는데 그 절반(뒷부분)이 빠진 듯하다.[已見首篇. 此蓋複出而逸其半也.]"

답 범씨와 주씨가 핵심을 잘 파악하였다. 제가諸家 또한 다른 설은 없으나, 사씨의 설은 제가의 설과 달라서 성인의 본뜻이 아닌 것 같다. 그렇지만 학자에게 있어서는 또한 충분히 경계로 삼을 만하다.

或問, 二十二章之說.
曰, 范氏周氏得之. 諸家亦無異說, 惟謝氏爲不同, 恐非聖人之本意, 然於學者, 亦足以有警也.

04-23. 子曰, "以約失之者鮮矣."

문 23장의 설은 어떻습니까?

답 사씨와 윤씨가 핵심을 잘 파악하였다. 다만, 이른바 '실지失之'는 본디 '일을 그르치는 것[事之失]'을 말한 것일 뿐인데 사씨는 마음이 밖으로 치달리지 않고서 도道를 그르치는 것이라 여겼고, '약約'은 본디 '검소하고 절약하는 것[斂束簡省]'을 말한 것일 뿐인데 윤씨는 예禮로써 요약하는 것이라 여겼으니, 사씨, 윤씨의 설은 모두 타당하지 못하다. 그리고 주씨의 '실지'에 대한 설 역시 사씨와 비슷하다. 범씨와 후씨는 모두 '약約'을 '검약儉約'의 '약'이라 여겼는데, 성인聖人의 뜻이라면 여기에서 그치지는 않았을 것이다. 양씨의 설은 (본의와) 너무 동떨어졌다.

或問, 二十三章之說.
曰. 謝尹得之. 但所謂失之者, 本謂事之失而已, 謝氏乃以爲不外馳以失道. 約, 本謂斂束簡省而已, 尹氏乃以爲約之以禮, 則皆未安. 而周氏失之之說, 亦與謝氏相類也. 范侯皆以爲儉約之約, 恐聖人之意, 或不止此. 楊氏之說, 則太支離矣.

04-24. 子曰, "君子欲訥於言而敏於行."

문 24장의 설은 어떻습니까?

답 이 장에 대해서는 다른 설이 없다. 다만, 범씨가 말한 '(눌訥과 변辯은) 사람의 본성이 본디 가지고 있는 것'이라는 것은 적절한 말인지 모르겠다. 아마 (범씨는) 부여 받은 기질氣質에 말 잘하는 기질[辯]이 있고, 말을 잘하지 못하는 기질[訥]이 있는데, 스스로 연마하는 자라면 (차라리) 말을 잘하지 못함을 바라지 말만 잘하는 것은 바라지 않을 것이니, 실천만 잘하고 말을 잘하지 못하는 것을 군자君子가 귀하게 여긴다면 의리義理에 있어서 치우친 부분이 있다고 여긴 듯하다. 말만 잘하고 실천하지 못하는 자는 참으로 천하다 할 수 있지만, 군자가 어째서 꼭 말을 잘하지 못하는 자에게서 그 덕을 취하여 귀하게 여겨야 하는가? 공자가 백어伯魚를 가르칠 때에, 공서적公西赤을 칭찬하였는데, 또 어찌 곧장 군자가 귀하게 여기는 것을 시키지 않고 도리어 천하게 여기는 부분을 거론했겠는가.

사씨가 논한 '예는 줄어들지만 항상 나아가는 것을 문채로 삼고, 음악은 가득 차지만 돌아오는 것을 문채로 삼는다.[禮樂進反]'라는 뜻은 훌륭하다. 다만 '도道에 있지 외물外物에 있지 않다.'라는 말은 이해할 수 없다. 예악禮樂이 정성情性에 달려 있다고 여기면서 어찌 '옥백종고玉帛鐘鼓'를 상관하지 않는다는 말인가. 그렇다면 세속[事物]이 싫어 떠나 반드시 은미하고 심오한 것 사이에서 도를 구한다는 뜻에서 면할 수 없다. '눌언민행訥言敏行'에 대해 논한 것은 좋다. 그러나 이른바 '이 마음을 따른다면 또한 말을 멋대로 내뱉지 않는다고 할 수 있다.[心亦可謂之不放]'라는 것 역시 언행言行을 천하게 여기고 심술心術을 귀하게 여기는 병폐에서 벗어나지 못한다. 대개 말을 잘하지는 못해도 행동을 민첩하게 하면 비록 외면을 다스려 그 내면을 기르기에 충분하지만, 말을 잘하지 못하면 실수를 적게 하고, 행동을 민첩하게 하면 공을 얻게 되니, 또한 오로지 마음이 풀어지지 않기를 바라는 것을 실천하여 이런 것은 아니다.

양씨가 말한 '미움을 받기 싫어하다.'라는 것은 본뜻과 어긋난 것이 더욱 심하다. 성인聖人의 뜻이 어찌 이러한 것 때문에 사람들을 경계하여 말을 적게 하라는 것이겠는가. 그 설의 폐단 탓에 학자는 이런 잘못된 마음을 가져 바른 의리義理를 살피지 못하니, 반드시 속마음을 감추고 세상에 잘 보이려 향원鄉愿 같은 짓을 하는 자가 있는 것이다. 주씨는 별다른 설을 말한 것이 없고, 후씨 설은 더욱 엉성하다. 윤씨가 말한 '군자의 뜻'은 그 말이 느슨하기는 하지만 의미는 정확하다.

이 밖에 호씨의 설도 도움이 된다. 【호씨가 말했다. "말을 하면서도 잘하지 못하는 이는 덕德을 쌓으면 단단해지고, 남을 깨우쳐 주면 미덥고, 일을 계획하면 철저하다. 말을 잘하는 이는 이와 반대다. 실천하되 민첩하게 하는 이는, 선으로 옮겨 갈 때는 빠르고, 허물을 고칠 때는 과감하고, 업무에 응할 때는 빠르다. 일을 민첩하게 하지 못하는 이는 이와 반대다. 민첩함과 말을 잘하지 못함은 천성天性에서 나온 것 같지만 학습하여 익힐 수도 있다. 말이 번다하면 말을 잘하지 못함으로 바로잡고, 행동이 느리면 민첩함으로 힘쓰는 것은 자신에게 달려있을 뿐이다. 스스로 기질氣質을 바꾸지 않으면 배워도 효과가 있겠는가."】

或問. 二十四章之說.
曰. 此無異說. 但范氏所謂人性固[17]所有者. 未知其可. 意豈以爲氣質之稟. 有

---

17 固: 저본에는 '因'으로 되어 있으나, 《논어정의》에 의거하여 바로잡았다.

辯有訥, 而自修者, 則欲其訥而不欲其辯, 即有以能行而不能言爲君子之所貴, 則其於義有所偏矣. 能言而不能行者, 固可賤矣, 而君子亦何必取於不能言者而貴之耶. 夫子之敎伯魚, 稱公西赤, 又曷爲不直使之爲君子之所貴, 而反出於其所賤之域耶. 謝氏所論禮樂進反之意則善矣, 但所謂在道不在物者, 不可曉. 豈以爲禮樂在於情性, 而外玉帛鐘鼓之謂乎. 然則未免有厭離事物, 而必求道於杳冥昏默之間之意. 其論訥言敏行者亦善矣, 然所謂'心亦可謂之不放'者, 亦不免有卑言行而貴心術之病也. 蓋訥言而敏行, 雖足以制於外而養其中, 然言訥則寡過, 行敏則有功, 亦非專爲欲心之不放而爲是也. 楊氏所謂惡其取憎者, 失之尤甚. 聖人之意, 豈爲是而戒人以寡言哉. 其說之弊, 使學者以此爲心, 而不察乎理義之正, 則必將有闇然媚世, 而爲鄕愿之爲者矣. 周氏無他發明, 而侯氏尤疎濶. 尹氏所謂君子之志者, 則語雖緩而意切矣. 此外則胡氏之說, 亦有補也.【胡氏曰. 言而能訥, 畜德則固, 喩人則信, 謀事則密, 不訥者反是. 行而能敏, 遷善則速, 改過則勇, 應務則給, 不敏者反是. 敏與訥, 雖若出於天資, 然可習也. 言煩以訥矯之, 行緩以敏勵之, 由我而已. 不自變其氣質, 學豈有功哉.】

04-25. 子曰, "德不孤, 必有鄰."

문 '덕불고德不孤'는 《주역》〈문언전文言傳〉의 뜻[18]과 같습니까?
답 이는 일의 이치를 일반적으로 말한 것으로, 덕德을 갖춘 자는 반드시 고립되지 않으며, 와서 이웃이 되어주는 벗들이 당연히 있는 법이다.

---

18 《주역》〈문언전〉의 뜻: 《주역》〈문언전〉의 다음 내용을 가리킨다. "'직直'은 '올곧음이며, '방方'은 '의로움이다. 군자는 경敬으로 내면을 곧게 하고, 의義로 외면을 반듯하게 하니, 경敬과 의義가 바로 서면 덕德이 외롭지 않다. '곧고[直] 반듯하며[方] 위대하여[大], 애써 익히지 않아도 이롭지 않음이 없다[不習无不利]'는 것은, 자신이 행하는 바를 의심하지 않는다는 것이다.[直其正也, 方其義也. 君子敬以直內, 義以方外, 敬義立而德不孤. 直方大不習无不利, 則不疑其所行也]."

정자가 말한 '만물은 각각 비슷한 종류끼리 모이지 않는 것이 없으므로, 무릇 선善을 행하는 자에게는 선한 사람들이 그에게 호응한다.'라는 설이 바로 그것이다. 〈문언전〉에서 말한 것은 효사爻辭 본문의 의미를 풀이한 것으로, 대개 그 덕이 훌륭하다는 의미일 뿐이다. 정자께서 "하나의 덕이 제자리에 서면 1백 개의 '선'이 따르는데 의리義理에 뜻을 두어도 마음이 편안하거나 즐겁지 못한 것은 이것이 바로 덕이 외로운 것이다."라고 하신 것이 바로 이것이다. 이른바 "만물과 함께하므로 외롭지 않다."라는 표현은 《주역》의 내용과 부합하지 않고, 이 장의 의미와도 같지 않다. 《주역》을 인용하여 이 장을 설명한 것은 다음에 나오는 '위선류응爲善類應(선을 행하면 부류에 따라 응한다.)'과 더욱 맞지 않으므로 더는 살필 수 없다. 독자讀者가 통하는 뜻을 택하여 따를 것이니 '유응類應'의 설은 고치지 않아도 무방하다. 그러므로 장자와 범씨도 그 설에 동의하고, 주씨도 그 설을 채택하여 앞서 '덕성德盛'을 말하고 뒤에 '유응類應'을 설로 삼았으니 글의 의미가 통할 만하다. 사씨와 양씨의 경우 모두 '고孤'를 '고특孤特'의 '고'로 보았으니, 혹 정자의 물동설物同說에 가까운 듯하지만 《주역》의 본문을 가지고 그 의미를 구해보면 이미 통하지 않는다. 그리고 그 설이 유행하면 반드시 이치의 시비를 따지지도 않고 알기 쉽고 친근한 설만 바랄 것이니, 비루한 세속에 동화되고 영합하는 폐단을 면할 수 없다.

或問, 德不孤, 與易文言之意同否.
曰, 此泛言事理. 凡有德者, 必不孤立, 當有朋類聚來與爲鄰. 程子所謂事物莫不各以類聚, 凡爲善者以類應之說是也. 文言之云, 則以釋爻辭大字之意, 蓋言其德之盛爾. 程子所謂一德立而百善從之, 志於義理而心不安樂, 只是德孤者是也. 至於所謂與物同, 故不孤, 則於易文此書之意皆不相似. 其引易以說此書, 又自與下文爲善類應者不合, 蓋不可考. 讀者擇其通者而從之, 則類應之說 無以易矣. 故張子范氏亦同其說, 而周氏兼而用之, 前以德盛爲言, 而後以類應 爲說, 於文義亦可通也. 至於謝楊皆以孤爲孤特之孤, 恐或近於程子物同之說, 然以易之本文求之, 旣有所不通, 而其說之流, 將必有不顧理之是非, 惟欲其易 知而有親者, 恐亦未免乎同流合汚之弊也.

04-26. 子游曰, "事君數, 斯辱矣, 朋友數, 斯疏矣."

문 마지막 장의 설은 어떻습니까?

답 제가諸家의 설이 모두 좋다. 다만 사씨가 말한 '공이 반드시 이루어 지기를 바란다.'라는 설은 아래의 '오직 내가 너에게 도움을 구한다.'라 고 한 것과 같으니, 미루어 보면 잃을까 근심하고 총애를 공고히 하는 뜻 일 뿐이다. 자유子游의 말을 상세히 살펴보면, 본디 기미幾微가 생겨날 때 학자를 경계하려는 것이지 직접 이러한 사람들을 지적하여 말하려 한 것 은 아니다. 그리고 그 말과 같다면 이는 곧 빈틈없이 굳게 뭉쳐져 풀 수 없으니, 군주를 섬기는 자가 무엇 때문에 욕을 당하겠으며, 벗을 사귀는 자도 무엇 때문에 소원해지겠는가?

或問, 卒章之說.
曰, 諸說皆善. 但謝氏所謂期於功之必成者, 以下文惟予與女以求助之云者例 推之, 則爲患失固寵之意耳. 詳子游之言, 本以警學者於幾微之際, 不應遽指此 等輩而言也. 且若其言, 則是乃所以綢繆固結而不可解, 事君者何自而辱, 而交 友者亦何自而疏哉.

5. 공야장 公冶長

05-01. 子謂公冶長可妻也. 雖在縲絏之中非其罪也. 以其子妻之. 子謂南容邦有道不廢, 邦無道免於刑戮, 以其兄之子妻之.

문 1장의 해설을 묻습니다.
답 정자의 해설이 제일 낫다. 장자가 '의義가 아닌 일을 하지 않았다.'라고 한 말도 맞지만, 그 말을 생각해 보면 오류가 있다. 범씨가 '공자가 딸을 공야장의 처로 보내려 했기 때문에, 그에게 죄가 없다고 변론했다.'라고 말한 것은 틀렸다. 그러나 '죄의 유무는 자신에게 달려 있을 뿐이다.'라는 구절 이하는 세속에서 현인을 홀대하고 권세가에 붙는 사사로운 일을 경계하기 충분하다.

사씨가 '성인은 그 자식을 편애하여 가탁할 만한 사람으로 여긴 것은 아니다.'라고 한 말은 인정이 지나쳤다. '지혜로 다른 사람을 이끈다.'[1]라

---

1 지혜로……이끈다:《예기》〈교특생郊特牲〉에 나온다.

고 한 말은 견강부회가 심하다. 게다가 공자는 공야장에게서 의義가 아닌 일을 하지 않는 면을 취했을 뿐인데, 어찌 '감옥에 갇혀 죽지 않았다.'라고 갑자기 언급하겠는가. 정말로 사씨의 말대로라면 감옥에 갇히고 나서도 지혜로 벗어날 수 있는 사람은 죄의 유무를 따질 수 없게 되니, 모두 성인이 취할 것이라면 옳겠는가?

양씨가 '집안에 누를 끼치지 않는다.'라고 한 말은 사씨의 해설과 완전히 상반되며, 또 구차해서 성인의 뜻에 미치지 못한 듯하다. 하지만 지금 세상에 양씨의 해설을 시행하면 지나치게 생각해서 완전한 것을 구했다는 의혹에서 벗어날 수 있다. 주씨가 두 사람의 우열을 논한 것은 윤씨가 두 선생의 해설을 분별하지 않은 것보다 낫다.

호씨가 후세 혼인의 잘못을 논한 내용은 매우 잘 보충한 것이다.[호씨가 말했다. "성인은 혼인에 대해서 양쪽을 잘 헤아린 것이 이와 같이 자세했으니, 이 때문에 평생 동안 편안하여 폐단이 없었다. 후세에는 부귀 때문에 결혼하거나, 급하고 어려운 일 때문에 결혼하거나, 중매쟁이가 양측에 좋게 한 말에 기대어 결혼하거나, 은의恩義[意氣]로 한때 승낙한 것을 따라서 결혼했으므로 애초에 두 사람의 성품과 행실을 깊이 알지 못했다. 비록 그렇더라도 사위는 성품과 행실을 쉽게 볼 수 있지만, 며느리는 그것을 알기가 매우 어렵다. 사람들은 사위를 고르는 일에는 많이 신중하지만 며느리를 고를 때에는 신중하지 못하다. 덕이 쇠퇴하고 게다가 재물과 아름다운 용모에 미혹되어 가문의 성쇠가 내조에서 시작된다는 것을 생각하지 않으니, 참으로 안타깝다."]

或問首章之說.
曰, 程子至矣. 張子不爲非義之說, 亦得之, 但以爲設辭則誤矣. 范氏以爲孔子欲妻以女, 而辨其非罪者失之, 然有罪無罪在我而已以下, 亦足以警世俗簡賢附勢之私矣. 謝氏以爲聖人非私其子, 以爲可託, 則過於人情, 至於以智帥人之說, 則牽合甚矣. 且夫子之於公冶長, 特取其不爲非義而已, 豈遽及夫不爲桎梏而死哉? 苟如其言, 則凡繫於縲絏而能以智免者, 不問其有罪無罪, 皆聖人所取矣而可乎? 楊氏不累室家之說, 正與謝氏相反, 似又失之苟且, 而不及聖人之意, 然施之今世, 亦足以破夫過計求全之惑也. 周氏論二子之優劣, 則賢於尹氏之無所分別矣. 胡氏所論後世婚姻之失, 尤爲有補.【胡氏曰, 聖之於昏姻, 參度彼己如是之審, 所以能保終而無弊也. 後世或以富貴結, 或以急難合, 或憑媒妁兩美之言, 或因意氣一時之諾, 初未嘗深知二人之性行也. 雖然壻猶易見, 女最難知, 人多謹於擇壻, 不能愼於擇女, 逮德下衰, 又惟財色是迷, 而不思家之隆替, 自內助始也, 可勝歎哉.】

05-02. 子謂子賤. 君子哉若人, 魯無君子者, 斯焉取斯.

문 2장의 해설을 묻겠습니다.

답 범씨의 해설이 맞고, 사씨, 양씨, 주씨의 해설도 좋으며, 호씨와 오씨의 해설도 쓸 만하다.【호씨가 말했다. "《공자가어孔子家語》에서 '자천子賤은 공자보다 49살 어리다. 재능과 지혜가 있었으며 어질고 자애로웠다. 선보單父(중국 산동성山東省 단현單縣의 옛 지명)의 수령이 되자 백성들이 차마 그를 속이지 못했다.'라고 했는데, 연도를 계산해 보면 공자가 죽을 때 자천의 나이는 20살 남짓이었다. 그는 나아가서는 공자를 스승으로 모셨고, 물러나서는 (공자의 다른) 제자들과 교유했다. 절차탁마하여 덕을 이룬 사람이었으므로 공자가 이처럼 감탄했다." ○ 오씨가 말했다. "《설원說苑》에서 말했다. '자천이 단보의 수령이 되었을 때 아버지처럼 모신 사람이 3명이고, 형처럼 모신 사람이 5명이고, 친구로 대한 사람이 11명이었는데, 모두 자천에게 사람을 다스리는 방법을

가르쳤다.'"】

 정자가 '사언사언斯焉(이 사람이 어디에서)'이라는 구절에서 '사斯'를 어조사로 풀이한 내용은 적절하지 않고, 후씨도 그 뜻을 사용하였으니 틀렸다. 다만 범씨가 '노나라는 군자가 있었지만 쓰지 않았다.'라고 한 말을 미루어 보면, 대체로 강연에서 제자들을 계발하고 이끌어주려고 언급한 것이지 경전의 올바른 뜻은 아니다. 사씨가 '노나라에 군자가 많았던 것은 공자의 힘이었다.'라고 한 말은 이치상 정말로 이 구절에서 나왔겠지만, 역시 이 장의 본뜻은 아니다.

或問二章之說.
曰, 范氏得之, 謝楊周氏亦善, 而胡氏吳氏亦有可取者.【胡氏曰, 家語云, 子賤少孔子四十九歲, 有才智仁愛, 爲單父宰, 民不忍欺, 以年計之, 孔子卒時, 子賤方年二十餘歲, 意其進師夫子, 退從諸弟子游, 而切磋以成其德者, 故夫子歎之如此. 吳氏曰, 說苑云, 子賤爲單父宰, 所父事者三人, 所兄事者五人, 所友者十一人, 皆敎子賤以治人之術.】程子斯焉之訓, 有所未安, 侯氏蓋用其意則誤矣, 但范氏推言魯有君子而不用, 蓋以講筵開導及之, 非經之正意也. 謝氏以魯多君子, 爲夫子之力, 事理固當出此, 然亦非此章之本旨也.

05-03. 子貢問曰, "賜也何如?" 子曰, "女器也." 曰, "何器也?" 曰, "瑚璉也."

문 3장의 해설을 묻겠습니다.

답 정자가 '그릇은 꾸밈을 중시하는 물건이다.'라고 한 것은 아마 본의가 아닐 것이다. 그릇에는 도포陶匏[2]처럼 꾸밈을 중시하지 않는 것도 있으니, 꾸밈을 중시하는 것이라고 개괄하여 지목할 수는 없다. 공자가 자공을 그릇이라 칭한 것은 정말로 그가 쓸 만한 사람이기 때문이다. 호련瑚璉[3]의 장식은 훌륭하지만, 화려하고 사치스러운 다른 그릇을 말하지 않고 호련을 예로 든 것은 호련이 종묘의 귀중한 그릇 중에서도 더욱 중요하기 때문이다. 그 뒤의 말처럼 이른바 '종묘에서 볼 수 있는 귀중한 그릇'이라고 말했다면 말의 뜻이 애초에 치우치지 않았을 것이다.

범씨의 해설과 같이 '자공이 스스로를 자랑스럽고 현명하게 여겼다.'라고 한 부분은 아마도 반드시 그러하지는 않겠지만, 공자가 자천을 칭찬한 내용을 보면 (자공을 평가한 부분도) 거의 그러한 뜻이었을 뿐이다. 범씨는 곧바로 "그릇은 변통할 수 없는 물건이기에 자공은 그것을 작다고 여긴 것이다."라고 말했지만, 아마도 (공자가) 그날에 대답한 뜻은 갑자기 나온 말은 아닐 것이다. 다만 본래 자공이 등용할 만한 실질이 있다고 칭찬한 것은 그 경중을 비교해 보면 진실로 자천을 칭찬한 것과는 차등이 있다.

양씨의 해설도 범씨의 해설과 비슷하지만 억누르고 추켜세우는 말을 더했다. 자공은 본래 군자의 재목이지만 공자가 일부러 억눌렀고, 종묘의 귀한 그릇이 될 수 없지만 공자가 일부러 그를 추켜세운 것처럼 말한 것은 더욱 적절하지 못한 듯하다.

---

2 도포: 점토로 구워 만든 살림살이에 쓰는 그릇이다. 전의되어 실용적이면서 옛 제도에 맞는 기물을 이른다.
3 호련: 중국 고대 제사에서 곡식을 담는 제기니, 옥으로 만들었다. 하나라 때는 호瑚, 상나라 때는 연璉이라고 했다.

사씨와 주씨의 해설은 비슷한데, 사씨의 해설이 더욱 문제가 많다. 그는 "빛날 수 있다면 군자가 되는 것에 어떤 문제가 있겠는가."라고 했는데, 본래부터 군자가 될 수 없다면 또한 어떻게 갑자기 작은 성취라도 이룰 수 있겠는가. 사씨는 "형이상形而上에 어떤 문제가 되겠는가."라고 했는데, 형이상은 바로 리理를 명명한 말이지, 지위를 가리킨 말이 아니다. 게다가 (군자가 되는 것과 형이상은) 분명히 다른 것이지만 군자가 되는 것을 버리고 형이상에 나아갈 수 있겠는가.

여러 해설 중 오직 윤씨의 해설이 평범하면서도 알차다. 그의 해설은 비록 소략하지만 맞는 것이 많다.

或問三章之說.

曰. 程子以器爲尙飾之物, 恐非本意, 蓋器亦有不尙飾如陶匏者, 不得槪以尙飾目之也. 夫子所以稱子貢者, 正以其可用而已. 瑚璉之飾則盛矣, 然不言他器之華靡者, 則所取者乃在乎宗廟貴器爲重也. 若其後說, 所謂宗廟可觀之貴器, 則語意始不偏耳. 至與范氏皆以子貢爲自矜自賢, 則恐未必然, 亦見夫子之稱子賤, 而意其或可以庶幾焉耳. 范氏又直以器爲不通乎變, 而子貢小之, 恐當日答問之意, 亦未遽及此. 蓋但本稱其可用之實, 而今較其輕重, 則誠與其稱子賤者有差等耳. 楊氏說亦類此, 而加以抑揚之說, 則又似子貢本能不器, 而夫子故抑之, 未能爲宗廟之貴器, 而夫子故揚之. 恐其說尤有所未安也. 謝周二說相似, 而謝氏甚焉. 其曰能輝光, 則何害爲不器. 則今固未能不器矣, 又安可遽以爲小成乎? 其曰何害爲形而上者, 則夫形而上者, 乃名理之辭, 而非指其地位之稱, 且又豈判然二物而可以去此而卽彼乎? 諸說惟尹氏最爲平實, 其說雖約, 而所得多矣.

05-04. 或曰, "雍也, 仁而不佞." 子曰, "焉用佞? 禦人以口給, 屢憎於人. 不知其仁, 焉用佞?"

문 4장의 설을 묻겠습니다.

답 정자의 풀이가 좋다. 그 뒤의 말에서 "인仁하면 말을 잘해도[佞] 해가 없지만, 인을 모르면 말 잘하는 것을 쓸 곳이 없다."라고 말한 것은 적절하지 않은 듯하다. 여러 학자는 모두 이 구절의 뜻을 풀이하지 않았으므로 그 해설이 통하지 않는 것이 많다.

여씨가 '구급口給'을 풀이한 것은 매우 좋다. 다만 '인하지 않으면서 말을 잘하는 것은 인하면서 말을 잘 못하는 것만 못하다.'라고 한 것은 글에도 힘이 너무 없고 그 해설도 군더더기가 있다. 그 우열을 어찌 비교하고 나서야 알겠는가.

양씨는 '영佞'을 "군자가 도가 아닌 것을 구하여 미움 받는 일을 두려워한다."라고 했으니, '영'을 아첨하는 뜻이라고 여긴 것이다. 이는 글자의 뜻을 이미 잃어버린 것이다. 다만 다른 사람이 자신을 미워할까 두려워하여 아첨하지 않으면 그 아첨은 더욱 심한 것이니, 이것이 어찌 군자의 마음이겠는가. 〈이인里仁〉 24장에서도 그것을 많이 논의했다.

윤씨는 다만 공자가 중궁仲弓의 인을 인정했다고 생각했는데, 역시 '그가 인한지 모르겠지만[不知其仁]'이라는 구절을 살피지 않은 것이다. 또 '부지기인언용녕不知其仁焉用佞' 7글자를 함께 읽어 한 구절로 만든 것은 옳지 않다.[4]

或問四章之說.
曰. 程子之解善矣. 其後說以爲仁則佞不害, 惟不知仁則無所用佞者, 恐未安也. 大抵諸家皆不解此句之義, 故其說多不通. 呂氏口給之訓, 甚善. 但不仁而

---

4 또 부지기인언용녕……않다: 윤씨가 **不知其仁焉用佞** 7글자를 '어진 사람을 어디에 쓰겠는가?'라고 풀이한 것을 말한다.

佞, 不若仁而不佞者, 亦太緩於辭而徒贅其說矣. 此其優劣, 又豈待較而知哉? 楊氏以爲佞者, 畏君子之求諸非道而取憎, 則以佞爲諂諛之意, 於此字義旣已失之, 又特畏人之憎己而不爲諂諛, 則其爲諂諛也大矣, 豈君子之心哉. 前篇第二十四章亦已頗論之矣. 尹氏直以孔子許仲弓之仁, 亦不考於不知其仁之句, 而又幷讀七字爲句之失也.

문 중궁은 덕행으로 이름이 났는데도 그대가 '(중궁은) 인仁에 대해 전체가 (인이고) 중단이 없을 수 없었다.'라고 한 것은 어째서인가?

답 인仁은 능숙하기가 매우 어렵다. 안자의 현명함으로도 겨우 3개월 동안 인을 떠나지 않을 수 있었을 뿐이니, 중궁은 전체가 (인이고) 중단이 없을 수 없었다는 것을 또한 어찌 의심하는가.

曰, 仲弓以德行名, 而子以爲未能全體不息於仁, 何也?
曰, 仁之難能甚矣, 以顔子之賢, 僅能三月不違而已, 則仲弓之未能全體而不息也, 亦何疑哉.

05-05. 子使漆雕開仕. 對曰, "吾斯之未能信." 子說.

문 칠조개는 아직 자신하지 못하였는데, 정자가 "(칠조개는) 이미 큰 뜻을 보았으니, 도를 본 것이 명확하였다.'라고 한 것은 어째서입니까?

답 사람이 큰 것을 보지 못하므로 작은 일에 편안해 하고, 보는 것이 명확하지 않으므로 있는 듯하다가 없는 듯하며 한 번 나갔다가 한 번 들어와 이른 경지의 깊이를 스스로 알지 못한다. 지금 칠조개가 작은 일에 불안해 한 것이 이와 같았으니, 그 큰 것을 본자가 아니면 할 수 없는 것이다. 그러나 느닷없는 사이에 한 마디 대답이 눈으로 본 것이 있어 손으로 가리키는 것이 있는 듯하면 또 자신에게 증험한 것이고, 또 이와 같이 절실하여 스스로 속이는 짓을 용납하지 않는다면 도를 본 것이 분명하니, 또 뭐라고 하겠는가. 하지만 큰 뜻을 보았다고 하면 미세한 부분에 대해 간혹 미진한 부분이 있음을 받아들여야 하고, 도를 본 것이 명확하다고 하면 참으로 자기 몸에 돌이켜 보아 성실하다는 점을 보았는지 기필할 수 없다.

或問, 漆雕開未能自信, 而程子以爲已見大意, 見道分明, 何也.
曰, 人惟不見其大者, 故安於小, 惟見之不明, 故若存若亡, 一出一入, 而不自知其所至之淺深也. 今開之不安於小如此, 則非見乎其大者不能矣. 卒然之間, 一言之對, 若目有所見而手有所指者, 且其驗之於身, 又如此其切而不容自欺也, 則其見道之明, 又爲如何! 然曰見大意, 則於其細微容或有所未盡, 曰見道分明, 則固未必見其反身而誠也.

문 정자는 또 칠조개와 증점을 함께 칭찬했는데[5] 감히 묻겠습니다. 두 사람 중에 누가 더 뛰어납니까?

답 자품資稟의 성실함을 논한다면 칠조개가 증점보다 낫고, 식견과 취향이 고매하고 심원하여 남달리 터럭만큼도 얽매임이 없는 점을 논한다면 증점이 칠조개보다 낫다. 하지만 칠조개의 나아감은 그치지 않았다.

曰, 程子又以開與曾點並稱, 敢問二子孰爲賢乎?
曰, 論其資稟之誠慤, 則開優於點, 語其見趣超詣, 脫然無毫髮之累, 則點賢於開, 然開之進則未已也.

---

5 칠조개와……칭찬했는데: 《논어정의》〈선진〉의 "증점과 칠조개는 이미 대의를 보았다.[又曰, 曾點漆雕開已見大意.]"에 근거한 말인 듯하다. 주희는 《근사록近思錄》〈위학爲學〉에서 "증점과 칠조개는 이미 대의를 보았으므로 공자가 그들을 인정했다.[曾點漆雕開已見大意, 故聖人與之.]"라고 했다.

문 여러 해설은 어떻습니까?

답 정자, 범씨, 사씨의 해설이 맞고, 호씨의 말도 쓸 만하다.【호씨가 말했다. "칠조개의 말이 이와 같은 것은 아마도 자신을 위하는 마음이 우세하고 도에 나아가는 뜻이 크기 때문인 듯 하다."】

양씨처럼 '자신을 속이지 않은 것'을 '자신을 믿는 것에 나아간 것'이라고 여긴다면 등급을 건너뛴 것이 과도한 잘못이 있고, 또 '공자가, 그가 이와 같은 것을 보고 나서 그를 벼슬하게 했다.'라고 여긴다면 일의 순서가 틀릴 것이다. 또 양씨가 "(칠조개는) 믿음에 나아갔다."라고 하고, 또 "확충하는 것에는 도달하지 못한 점이 있다."라고 한 것은 앞 장에서 말한 내용과도 서로 모순되는 듯하니, 대체로 이해할 수 없다.

曰. 諸說. 如何?
曰. 程子范謝得之, 而胡語亦可取也.【胡氏曰. 漆雕開之言如此, 蓋爲己之心勝, 而進道之志大也.】若楊氏以不自欺爲進乎信, 則有躐等而過予之失. 又以爲孔子見其如此, 而後使之仕, 則又非事序矣. 且旣曰進乎信矣, 而又曰充之有未至者, 其與前章又若相矛盾也. 蓋不可曉矣.

문 정자가 "믿는다고 말한다면 곧 그치는 것이다."라고 말한 것은 어떻습니까?

답 이것은 배우는 사람은 마땅히 칠조개를 본받아야지 갑자기 믿음으로 스스로를 인정해서는 안 됨을 말한 것이다. 보는 것이 명확하지 않고 지키는 것이 독실하지 않은데 가볍게 스스로를 인정하면 여기에 그쳐서 나아갈 수 없게 된다.

曰. 程子所謂道著信. 便是止. 何也?
曰. 此言學者當以漆雕開爲法, 而未可遽以信自許也. 見之未明, 守之未篤, 而輕自許焉, 則止於此而不能進矣.

문 정자가 "단지 이 '리理'일 뿐이니 그 위는 말하기 어렵다."라고 한 것은 아마도 이 '리'의 위에 다시 말하기 어려운 '리'가 있는 것인 듯합니다.

답 그렇지 않다. 전체를 통틀어 하나의 '리'일 뿐이다. 그러므로 '단지 이 리'라고 말한 것이다. 다만 본 것이 명확하고 수양한 것이 지극하여 덕이 왕성해지고 인仁이 무르익으면 홀로 도달한 것에 말과 뜻이 미치지 않는 점이 있으니, 어찌 이 '리'의 위에 다시 하나의 '리'가 있는데 말할 수 없다.'고 할 수 있겠는가. 맹자가 이른바 "다른 사람에게 곱자와 그림쇠를 줄 수는 있지만 다른 사람이 뛰어난 기술을 터득하게 할 수는 없다."라고 한 말도 뜻이 이와 같다.

曰, 其曰只是這箇理, 已上却難言者, 豈此理之上, 又有理之難言也?
曰, 不然也. 徹上徹下一理而已. 故曰只是這箇理. 但見之明養之至, 以至於德盛而仁熟焉, 則其所獨到有非言意之所及者, 豈曰此理之上復有一理而不可言哉. 孟子所謂能與人規矩, 不能使人巧者, 意亦如此耳.

문 정자가, 공자가 칠조개에게 벼슬하게 한 것을 녹祿을 구하게 한 것으로 여긴 것은 칠조개를 벼슬하기에 충분하지 않은 사람으로 여긴 듯합니다. 그런데 또 "그가 벼슬하기에 넉넉하다."라고 한 것은 또 앞의 말과 다른 듯한데, 어째서입니까?

답 이른바 '녹을 구하는 벼슬[仕]'이라고 말한 것은 바로 칠조개가 벼슬에 대해서 '자신을 믿지 못하겠습니다.'라고 말했기 때문으로, 성현이 현달하여 (자신의 도를) 천하에 행할 수 있게 된 다음에 행하는 것이 아님을 밝힌 것이다. 하지만 그가 뜻을 독실하게 함이 이와 같았으니, 공자가 평소에 어찌 그의 장단점을 전혀 모르고 잠시 호구지책을 하도록 했겠는가. 하나의 관직을 맡아 다스리게 하였는데 그 녹에 부끄러움이 없다면 그 또한 벼슬하고도 남음이 있을 것이다.

曰, 其以子使開仕爲求祿, 則似以開爲未足乎仕者, 又曰其仕有餘, 則又與前說若不同者, 何也.

曰, 所謂求祿之仕, 正以其於此有未信者, 而明夫非若聖賢之達可行於天下而後行者也. 然以其篤志如此, 則夫子平日亦豈全不知其短長而姑使之爲餔啜計耶. 使效一官修一職, 而無愧於其祿焉, 則宜亦已有餘矣.

05-06. 子曰, "道不行, 乘桴浮於海, 從我者, 其由與?" 子路聞之喜. 子曰, "由也, 好勇過我, 無所取材."

문 6장의 해설을 묻겠습니다.

답 정자의 말이 맞다. 다만 정자가 '훌륭한 군주가 없는 것을 비판한 것이다.'라고 한 내용은 여씨와 주씨의 해설만 못하다. 그러나 여씨는 "차마 중국을 버리지 못했기 때문이다.", "자로의 재주를 취할 것이 없다."라고 한 것은 적절하지 않고 주씨의 해설만 못하다. 장자가 또 필힐佛肸이 공자를 부른 일에서 (가려고 하다가 가지 않은 것은) "사람들에게 (의義의) 자취를 보여주려 한 것이다."[6]라고 말을 하면서 이 장을 인용하여 비유로 삼았다.

지금 범씨는 이 장에서도 정자를 따라서 해설했는데 꼭 그럴 필요는

---

6 사람들에게……것이다: 《논어정의》〈양화〉에 나온다.

없다. 도道가 정말로 어디에나 있다면 단지 '모든 곳에 있다.'라고 하면 된다. 굳이 이런 해설[7]을 한 다음에야 밝힐 수 있겠는가. 이미 이 해설로 그것을 밝혔지만 끝내 가지 않았으니, 잘 밝혔다는 것이 어디에 있는가? 만약 '지금의 관점으로 살펴보면 '바다를 건너갈 수도 있고, 이적의 땅에서 살 수도 있고, 난을 일으킨 사람을 따를 수도 있다는 것을 볼 수 있다.'라고 말한다면 괜찮다. 하지만 '성인의 말에 먼저 이런 뜻이 있다.'라고 여긴다면 이 지혜를 내어 따져보는 마음이 있음을 받아들일 수 없을 듯하다.

사씨는 '바다를 건넌다.'라는 내용을 (자로를 칭찬하려고) 가정한 말로 여겼는데 이 또한 옳지 않다. 성인이 자로의 용맹을 칭찬하고자 하였다면 '환난을 함께할 수 있다.'라는 한 마디면 충분할 것인데, 어찌 이리저리 돌려가며 이러한 말을 한 뒤에야 믿을 수 있겠는가. 또한 공자의 말은 바로 근심이 생기면 그것을 피하는 것은 부득이하여 떠날 뿐이라는 것이지, 어찌 세상에 분개하여 중원을 떠나겠다는 말이겠는가.

사씨가 "성인이 어찌 결국 뗏목을 타고 바다를 건너겠는가."라고 한 말도 틀렸다. 봉맹逢萌[8]과 관녕管寧[9]은 한漢나라가 어지러울 때 모두 바다를 건너 오랑캐의 땅에 거주한 적이 있었다. 만약 공자가 매우 부득이한

---

7 이런 해설: 범씨는 "도는 없는 곳도 없고, 어디서든 불가한 것도 없다.[道無乎不在, 無往而不可也.]"라고 했다. 《논어정의》

8 봉맹(?~?): 전한前漢 말기의 인물이다. 《춘추》를 배웠으며 왕망王莽이 망할 것을 알고 요동군에 가서 머물렀고, 광무제光武帝가 즉위한 뒤에도 벼슬하지 않으며 평생 은거했다.

9 관녕(158~241): 후한後漢 말부터 조위曹魏시대까지 살았던 인물이다. 사회가 점점 혼란스러워지자 요동로 건너갔다가 귀향했으며, 위魏 문제文帝와 명제明帝가 여러 번 초빙했지만 끝내 관직을 거절했다.

상황이었다면 바다를 건너 떠나겠다고 한 말이 어찌 끝내 허언이라 할 수 있겠는가. 다만 헤아려 보면 이런 (부득이한) 상황에 이르지 않았기 때문에 비록 이러한 탄식을 했지만 끝내 실행하지는 않은 것이다. 자로는 이를 헤아리지 못하고 대번에 기뻐했기 때문에 공자가 사리를 헤아려 의리에 맞게 하지 못한다고 비판한 것이다.

"용맹은 나보다 나으나 사리를 헤아려 의리에 맞게 하지 못한다."라는 말은 바로 억누르고 추켜세우는 말이다. 양씨가 "성인의 용맹은 중도를 벗어나서는 안 된다."라고 한 말의 뜻은 없지만, 지금의 관점에서 본다면 또한 한쪽에 치우쳐 중도를 벗어나는 일에 대한 경계로 삼을 만하다.

或問六章之說.

曰, 程子得之矣. 但其曰譏無賢君者, 不若呂氏周氏之爲善也. 然呂氏不忍絶中國無所取材之說則未安. 不若周氏之完善矣. 程子又於佛肸之召, 有示人以迹之言, 而引此章以爲比. 今范氏於此章, 亦因以爲說焉, 則恐其未必然也. 夫道固無所往而不在, 然直言其無所不在可也. 亦何必故爲是說, 然後可以明之耶. 旣爲是說以明之, 而卒不往, 則又惡在其能明也. 若曰自今觀之, 可以見海之可浮, 夷之可居, 亂人之或可從, 則可矣. 以爲聖人之言, 先有此意, 則恐其不容有此安排計較之心也. 謝氏以浮海爲設言, 亦非是. 聖人欲稱子路之勇而可共患難, 蓋一言而足矣. 又何必迂回宛轉曲爲是說, 然後足以信之耶. 且夫子之言, 正爲憂則違之, 不得已而去耳. 豈憤世過中之謂哉. 又謂聖人豈終乘桴浮海者, 亦未然也. 逢萌管寧遭漢之亂, 皆嘗浮海而居夷矣. 使夫子而甚不獲已焉, 則其浮而去也, 豈終爲虛言哉. 但度其未至於是, 所以雖有此歎, 而卒不行也. 子路則不能度於此, 而遽喜焉, 所以有無所取材之譏也. 好勇過我, 無所取材, 正抑揚之辭也. 未有楊氏所謂聖人之勇不可過之意. 然自今觀之, 則亦可以爲偏勝過中之戒矣.

05-07. 孟武伯問, "子路仁乎?" 子曰, "不知也." 又問, 子曰, "由也, 千乘之國, 可使治其賦也, 不知其仁也." "求也何如?" 子曰, "求也, 千室之邑, 百乘之家, 可使爲之宰也, 不知其仁也." "赤也何如?" 子曰, "赤也, 束帶立於朝, 可使與賓客言也, 不知其仁也."

문 7장의 해설은 어떻습니까?

답 여러 해설이 모두 탁월하여 바꿀 수 없는 논의는 아니다. 범씨는 자로子路, 염구冉求, 공서적公西赤 세 명을 매우 비판했고 그들의 재주는 인정했지만 그들의 인仁은 인정하지 않았으니 지나치다. 군사의 책무, 재상의 관직, 빈객 접대는 모두 국가를 다스리는 데 중요하므로 폐지해서는 안 된다. 비록 태평성세에 천자의 조정에서 벼슬하더라도 어찌 이런 일이 완전히 없을 수 있겠는가. 다만 조정에서 조용히 의논하는 일이 중요하다. 이는 〈이인〉 24장의 "말에는 어눌해도 행동은 민첩하게 하고자 한다."라는 내용에 대한 해설과 대체로 비슷하다. 원우元祐 연간(1086~1094)의 논의와 의도[10]는 이와 대부분 비슷하지만 이때는 한쪽의 시각으로만 떨어졌으므로 당시의 폐단을 구제할 수 없었고, 도리어 뒤에 올 화를 열었다. 또한 범씨는 "세 명이 인仁을 외부에서 구해서 정말로 인하다고 하기에 부족하다."라고 했는데, 이 또한 그렇지 않을 것이

---

10 원우……의도: 원우는 북송北宋 철종哲宗의 첫 번째 연호이다. 철종이 9세에 즉위하여 조모 선인태후宣仁太后가 수렴청정하는 과정에서 사마광司馬光을 재상으로 등용하자 왕안석 일파의 신법이 연달아 폐지되었다. 원우 말기(1093) 선인태후가 죽고 철종이 친정을 하자 다시 신법당을 등용하여 당쟁이 격화되었다.

다. 세 명은 인에 대하여 정말로 힘썼지만 도달하지 못했을 뿐이다.

사씨와 후씨는 인을 '각覺'이라고 해석했으므로, 세 명이 각각 재주가 드러나면 인의 일부분이 되겠지만 인의 온전한 경지를 가지지는 못했다고 생각했다. 다만 '자공이 관중에 대하여 물은 것'과 '성인은 제자백가처럼 두서없이 도를 말하지 않는다.'라고 사씨가 말한 것은 성인의 본뜻이 있는 곳을 몰랐기 때문이다.

후씨가 "그 행동거지를 보면 그 인을 알 수 있다."라고 한 말은 결국 '각'이라고 한 해설로 돌아간 것을 볼 수 있다. 후씨는 또 "공자께서는 맹무백이 인을 제대로 모른다고 의심하셨다."라고 했고, "자로는 인을 온전히 실천했지만 그의 인은 여기에 그쳤다."라고 말했으니, 그가 생각한 정도가 성인의 기상에서 더욱 멀어졌다. 그 밖에 "맹무백이 인을 정확하게 잘 알았다면 세 사람이 인한지를 알았을 것이고, 그 인을 실천하는 방법도 알았을 것이다."라고 한 말도 모두 의심스럽다. 성인의 뜻이 정말로 여기에서 나왔다면 어찌 정확하게 안다는 말을 바로 해주지 않고, 이처럼 모호한 말로 미혹시켰겠는가.

양씨는 《논어》와 《맹자》를 두서없이 인용하여 그 뜻이 어긋나서 들어맞지 않는다. 예컨대 맹자의 "도는 둘이니 인仁과 불인不仁일 뿐이다."[11]라는 말은 선악으로 향하는 구분을 말한 것이므로 (선악을 나누는 기준을) 매우 미세한 것에서부터 광대한 것까지 포괄한 말이다. "군자인데도 불인한 경우가 있다."라는 말은 '인을 실천하고 바라지만 힘이 미치지 못하여 잠시라도 그만둘 수 없다.'라는 뜻이다. '(선악으로) 향하는 것이 지극

---

11 도는……뿐이다: 《맹자》 〈이루 상〉에 나온다.

한 것'을 가지고 말한다면 양씨가 비록 '미인未仁'이라고 했더라도 소인이 되고, '잠깐이라도 중단하는 것'을 가지고 말한다면 양씨가 '불인'이라고 했더라도 군자가 되는 것에 어찌 문제가 되겠는가. 지금 "군자에게도 정말로 불인이 있다."라고 하고, 또 "불인하다고 단정해서 말할 수 없다."라고 한다면 서로 어긋난다. 또한 성인이 어찌 의도하고 따져서 이렇게 말씀하셨겠는가.

(공자가 세 사람을 평가한 것에 대해서) 주씨는 "(공자가 말한) 세 명의 일도 인자仁者가 아니면 할 수 없는 것이다."라고 하고, 또 "그 그릇이 무겁고 도가 멀어서[12] 세 명이 미칠 수 없다."라고 했으니, 두 말이 어긋나서 대체로 명확하지 않다.

윤씨의 말은 경전의 뜻에 가깝지만 "인의 도를 다한다면 이것을 인이라고 한다."라고 한 말은 적절하지 않다. 독자들은 다만 〈공야장〉 4장의 "(중궁의) 그 인을 모르겠지만 말재주를 어디에 쓰겠는가."라는 내용에 대한 해설로 이 장의 내용을 이해하면 그 해설이 분명해져서 말을 낭비할 필요도 없이 명쾌해질 것이다.

或問, 七章之說.

曰, 諸說皆未有卓然不可易之論. 范氏深譏三子, 幷與其材而不之取, 過也. 治賦爲宰與賓客言, 皆有國家者所不可廢之事, 雖當隆盛之時, 仕天子之朝, 亦豈能一無事於此, 而直以從容風議爲高哉. 此與前篇訥言之說, 大率相似. 蓋元祐議論意趣多類此, 此所以墮於一偏之見, 旣不足以救當時之弊, 而又反啓後來之禍也. 又以三子爲有願乎其外, 固不足以爲仁, 恐亦未然. 三子之於仁, 固

---

12 그 그릇이……멀어서: 《예기》〈표기表記〉에 "인이라는 그릇이 무겁고 길이 멀어, 들려고 하는 자가 감당하지 못하고 가려는 자가 도달하지 못한다.[子曰, 仁之爲器重, 其爲道遠, 學者莫能勝也, 行者莫能致也.]"라는 말이 있다.

亦勉焉而未能至耳. 謝侯皆以仁爲覺者, 故皆以爲三子之材之發爲仁, 而特未能有其全體. 但謝氏引子貢問管仲及聖人語道不若諸子之漫無統約者, 則未有以知其旨意之所在. 而侯氏所謂, 觀其進退周旋, 則其仁可知者, 尤可見其歸於覺之說也. 又謂夫子恐武伯不識仁, 又謂子路盡仁而仁止於是者, 則其顧慮忖度, 尤不近聖人之氣象也. 其他如云, 使武伯知仁通上下, 則知三子之仁, 而可以知爲仁之方者, 皆可疑. 使聖人之意果出於此, 則何爲不直告以通上下之云者, 而爲是溟涬滉漾之說以迷之耶. 楊氏雜引論孟之言, 旨意向背, 亦不相入. 如道二, 仁與不仁而已矣. 此謂趨嚮善惡之分. 極於細微, 而終於廣大之言也. 君子而有不仁者, 此謂勉慕於仁, 而力有未至, 未能無有毫髮之間斷者而言也. 若以趨嚮之極而言, 則雖曰未仁, 不害其爲小人, 若以其毫髮間斷言之, 則雖曰不仁, 亦豈害其爲君子哉. 今曰君子固有不仁者, 而又謂不可正, 言其不仁, 則亦自相戾矣. 且聖人之言, 豈其計畫籌度, 至於如此, 然後出之哉. 周氏亦以三子之事, 爲非仁不能矣. 又謂其器重道遠, 而非三子之所及, 首尾衡決, 蓋不可曉矣. 至尹氏則幾矣. 然所謂盡仁之道, 斯謂之仁者, 亦不親切. 讀者但以此篇四章之說通之, 則其說曉然, 不待辭費而決矣.

05-08. 子謂子貢曰, "女與回也孰愈?" 對曰, "賜也何敢望回? 回也聞一以知十, 賜也聞一以知二." 子曰, "弗如也. 吾與女弗如也."

문 8장의 설은 어떠합니까?

답 여러 해설이 큰 차이가 없다. 주씨만 '여與' 자를 '인정하다[許]'라는 의미로 보았는데, 다른 사람들은 모두 '~와[及]'의 의미로 보았으니 적절하지 않은 듯하다. 정자의 해설 가운데 4번째 '불유不喩' 아래[13]는 기록한

---

13 정자의……아래: "아무리 성인이라도 미치지 못하는데 힘써 나아갈 수 없다고 한다

사람의 오류인 듯하고, 3번째 해설[14]보다 못하다.

범씨가 "자공은 충분히 알 수 있는 능력을 갖추었지만, 인仁에는 도달할 수 없었다."라고 했는데, 이 장의 본뜻이 아니다. 자공의 대답을 공자께서 인정했는데 자공이 아는 능력이 안회보다 못한 것을 말씀하셨을 뿐이지, 어찌 갑자기 인을 언급했겠는가. 또 자공이 선을 그었다고 한 말도 근거가 없다.

'안회는 열을 알고 자공은 둘을 아는 것'에 대하여 여씨가 논한 내용이 매우 좋고, 호씨가 그것을 미루어 밝힌 것도 경전의 본지에 부합한다.【호씨가 말했다. "하나를 듣고 열을 앎은 시작을 들으면 끝을 아는 것이니, 모두 다 아는 것이다. '배움에 뜻을 두었다.[志學]'를 들으면 '마음이 하고자 하는 바를 따라도 법도에 어긋나지 않는다.'의 오묘함을 알고, '누구나 좋아할 만한 선[可欲之善]'을 들으면 '성스러워 알 수 없는 신묘함'을 아니, 이는 높은 지혜의 자질이며 날 때부터 아는 것에 버금간다. 하나를 듣고 둘을 아는 것은 순서대로 나아가고 유추하여 알아가는 것이니, 이는 '나갈 때 고하고 돌아올 때 뵙는 것'을 말해주면 '밤에 잠자리에 가서 여쭙고 새벽에 문안하는 것'을 알며, '천천히 걸어 어른보다 뒤에 가는 것'을 말해주면 '동생이 하늘의 뜻을 생각하여 형을 공경하는 일을 아는 것'이다. 이는 중인 이상의 자질이며 배워서 아는 재능이다. 자공은 평소에 자신을 안회와 비교하여 자신이 그보다 못한 것을 알았으므

면 잘못된 것이다.[以爲雖聖人尙不可及, 不能勉進, 則謬矣]."《논어정의》

14 3번째 해설: "하나를 듣고 열을 아는 것과 하나를 듣고 둘을 아는 것은 배움의 많고 적음을 말한 것이다. 공자가 '나는 네가 안회만 못한 것을 인정한다.'라고 하여 자공으로 하여금 그 말을 깨우치고 스스로 노력할 줄을 알면 낫지 못해도 그를 본받게 할 수 있으니 모두 가르침이 있는 것이다.[聞一知十, 聞一知二, 擧多少而言也. 曰 '吾與女弗如也. 使子貢喩其言, 知其勉己, 不喩, 亦可使慕之, 皆有敎也.]"《논어정의》

로 이렇게 말했다."】

"안회가 열을 알고 자공이 둘을 아는 것"에 대해서 사씨는 재능이 높고 낮은 것을 말한 것이지, 도에 나아가고 덕에 들어가는 경지를 말한 것이 아니라고 하였다. 그러므로 공자께서 안회보다 못한 것을 인정하신 것도 재능을 가지고 말한 것이어서 그가 도에 나아가고 덕에 들어가는 실상에 해가 되지는 않는다. 이 해설은 새롭다고 하면 새롭겠지만 오류를 피하지 못했다. 그 나머지는 대체로 정자의 해설을 근본으로 하였으니 큰 차이가 없다.

或問, 八章之說.

曰, 諸說皆同, 但惟周氏以與爲許, 他皆以與爲及, 恐未安耳. 程說第四條不喩以下, 恐說之者誤, 不若第三條語爲完也. 范氏以子貢爲知足以知之, 而仁不能及者, 非此章之意也. 夫子貢之對而夫子與之者, 正以其知不及而言耳, 豈遽及夫仁哉. 又謂子貢畫焉, 亦無所據. 呂氏論知十知二最善, 胡氏又推明之, 亦得其旨.【胡氏曰, 聞一知十, 擧始知終, 無不盡也. 聞志學, 則知從心不踰矩之妙, 聞可欲之善, 則知聖而不可知之神, 此上知之資, 生知之亞也. 聞一知二者, 序而進類而達也. 語以出告反面, 而知昏定晨省, 語以徐行後長, 而知天顯克恭, 此中人以上之資, 學而知之之才也. 子貢平日以己方回, 見其不可企及, 故稱之如此.】謝氏以知十知二, 爲材品之高下, 而非造道入德之謂, 故夫子與不如回者, 亦以材言, 而未害於其造道入德之實也. 爲是說者, 新則新矣, 其未免於過也. 其他大抵皆祖程子說, 亦無大得失也.

05-09. 宰予晝寢. 子曰, "朽木不可雕也. 糞土之牆不可杇也. 於予與何誅?" 子曰, "始吾於人也. 聽其言而信其行, 今吾於人也. 聽其言而觀其行. 於予與改是."

문 정자, 사씨, 주씨, 윤씨의 '주침晝寢'에 대한 해설은 어떻습니까?

답 유창劉敞[15]이 말한 적이 있는데, '침寢'은 '침실'의 '침'이지 '잠자다'라는 의미의 '침'이 아니라고 하였다.

或問. 程子謝周尹氏晝寢之說, 如何.

曰. 前乎此者, 劉侍讀嘗言之矣. 蓋以寢爲寢室之寢, 而非眠寢也.

문 그렇다면 유창의 해설대로 해야 합니까?

답 문맥을 유추해보면 반드시 그렇지는 않은 듯하다. 더구나 낮에 침실에 있으면서 나쁜 음악과 여색을 가까이하는 것을 보지 못했지만 갑자기 미혹되었다고 꾸짖었다면 타인의 사생활을 찾아내서 드러내는 것이 너무 지나치다. 그러므로 범씨와 양씨가 모두 옛 설을 따른 것은 재여가 낮잠을 자서 게으르고 자포자기한 죄가 매우 분명하여 책망할 만하다는 것을 알았기 때문이다.

'후목분장朽木糞墻(썩은 나무와 더러운 흙으로 만든 담)'을 자질이 나쁜 것에 비유했다고 주장한 학자가 많은데, 이것도 그렇지 않다. 만약 그의 자질이 본래 그렇다면 가엽게 여기면 되지, 어찌 이처럼 심하게 꾸짖을 필요가 있겠는가. "그 말을 듣고 그 행동을 본다."라는 말씀도 공자께서 학생을 경계하려 하신 말씀일 뿐인데, 사씨와 양씨가 정말로 그렇다고 여겼다면 잘못이다. 주씨는 또한 지금과 옛날의 해석을 말했는데, 이것도 통용되는 논의가 될 수 없다.[16]

---

15 유창(1019~1068): 중국 북송의 관료, 시독侍讀을 지냈다. 구양수歐陽脩 등과 친분이 있었고, 경학, 천문, 지리, 노장사상 등의 학문에 두루 밝았다. 문집으로《공시집公是集》이 있다.

16 주씨는……없다: 주씨의 해설은 확인되지 않는다.

曰. 然則然乎.

曰. 以其文義推之, 恐其未必然也. 況晝居於內, 未有以見其必爲邇聲色者, 遽以耽惑責之, 則其探人之私而發揚之, 亦大不恕矣. 故范楊氏皆從舊說, 蓋知當晝而寢, 其怠惰自棄之罪爲顯然而可責也. 諸家多以朽木糞墻爲譬其質惡者, 亦不然也. 若其質之本然, 則亦哀矜之而已矣. 豈當若是其切責之乎. 聽言觀行, 夫子亦設此以警學者耳. 謝楊以爲誠然者誤矣. 周氏又以今昔爲言, 亦未得爲通論也.

05-10. 子曰, "吾未見剛者." 或對曰, "申棖." 子曰, "棖也慾, 焉得剛?"

문 신정申棖의 강직함은 어떠합니까?

답 여러 해설이 모두 좋고 소씨의 해설도 음미해 볼 점이 있다. 【소씨가 말했다. "뜻을 두어도 욕망에서 벗어나지 못하는 것은 그 뜻이 항상 욕망에 굴복 당해서다. 오직 욕망이 없는 사람이어야 강함으로써 스스로 이룰 수 있다."】 다만 장자, 범씨, 소씨, 양씨의 해설은 느슨하고, 정자, 사씨, 주씨의 해설이 치밀하여 더 낫다. 범씨의 '무심無心'에 대한 해설은 〈이인〉 10장에서 이미 분석했다.

或問. 申棖之剛.

曰. 諸說皆善, 而蘇氏亦有味.【蘇氏曰. 有志而未免於欲者, 其志嘗屈於欲, 惟無欲者能以剛自遂.】但張子范蘇楊氏之說失之緩, 不若程子謝周氏之言緊而切也. 范氏無心之說, 已辨於前篇之十章矣.

05-11. 子貢曰, "我不欲人之加諸我也. 吾亦欲無加諸人." 子曰, "賜也. 非爾所及也."

문 11장에 대한 정자의 해설이 각기 다릅니다. 어째서입니까?

답 첫 번째 조항은 정자께서 직접 쓰신 것이라 그 말씀이 가장 정확하다. 나머지는 전해진 것을 기록하는 과정에서 오류가 있을 수 있다.

或問, 十一章程子之說不同, 何也.
曰, 第一條出於程子之手筆, 其言最爲的當. 其他則傳錄之間, 亦容有誤矣.

문 그렇다면 '인仁'과 '서恕'의 구별을 말한 것은 어떻습니까?

답 '무無'라고 말한 것은 자연스러워서 금지할 필요가 없는 것이고, '물勿'이라고 말한 것은 금지하는 말이니 '힘쓰다'라는 뜻이다. 이것이 '인'과 '서'의 분별이다. 범씨 이하의 해설(사씨, 양씨, 윤씨의 해설)은 모두 틀렸다. 양씨의 말은 매우 간략하지만, 그가 말하려는 뜻이 어디에 있는지 모르겠다.

曰, 然則其語仁恕之別, 奈何.
曰, 以無言者, 自然而不待禁止也. 以勿言者, 禁止之辭, 勉强之意也. 此則仁與恕之辨也. 范氏以下, 皆失之也. 惟楊氏則語太簡, 而未有以知其意之所在也.

05-12. 子貢曰, "夫子之文章, 可得而聞也. 夫子之言性與天道, 不可得而聞也."

문 '문장文章'과 '성명性命'의 해설은 어떻습니까?

답 "성인은 직접 '성명'을 거론하지 않았다. 그렇더라도 '성명'의 의미는 매우 깊으므로 배우는 사람이 스스로 터득하지 못하면 (성인의 말씀을) 듣더라도 깨달을 수 없다."라고 정자, 장자, 여씨가 한 해설이 좋다. 그러나 《논어》를 살펴보면 성인이 '성명'을 말한 것은 대체로 드물다. 그러므로 문인들이 "선생께서는 '이利', '명命', '인仁'에 대하여 말씀하신 것이 드물다."[17]라고 기록했으니, 자공의 본의도 이 정도인 듯하다.

"성인이 다른 사람을 가르칠 때 각각 그 자질을 따라서 했으니 '성'과 '천도'는 실제로 자공에게 말한 적이 없었다."라고 범씨가 말한 것도 경문의 뜻에 가까운 듯하다. 다만 '성'과 '천도'를 드물게 말한 본지를 살피지 않고, '성인의 가르침은 사람들을 물리치고 귀를 갖다 대고 자세히 들어야 미칠 수 있다.'라고 생각한 것은 잘못이다. 심지어 "일관되게 꿰뚫는 것이다.[一以貫之]"[18], "하늘이 무슨 말을 하는가?[天何言哉]"[19], "나를 아는 것은 하늘이다.[知我其天矣]"[20]라고 자공에게 공자가 이전에 말해주었으니, 한 적이 없다고 할 수는 없다.

"'성명'은 은미하여 성인이 말한 적은 없지만, 문장에 드러날 때마다 배우는 사람이 묵묵히 알아서 스스로 터득해야 한다."라고 사씨와 양씨가 한 말도 틀렸다. 만약 성인이 과연 입을 다물고 말한 적이 없었다면 배우는 사람이 어찌 저 '성'과 '천도' 같은 것을 알아서 스스로 터득하는 방법을 구했겠는가. 만약 사람들에게 분명히 "내가 '성'과 '천도'라고 하

---

17 선생께서는……드물다: 《논어》〈자한〉에 나온다.
18 일관되게……것이다: 《논어》〈이인〉에 나온다.
19 하늘이……하는가: 《논어》〈양화〉에 나온다.
20 나를……하늘이다: 《논어》〈위령공〉에 나온다.

는 것은 말하지 않은 것 가운데에 있지만 배우는 사람이 스스로 터득하기를 바란다."라고 한다면, 그 말이 너무 심하고 또 불교와 도교의 뜻에 깊이 빠진 것이다. 어찌 말한 적이 없어서 들을 수 없었다고 하겠는가.

유씨는 '성'과 '천도'에는 정밀하고 조잡한 구별이 있다고 여겨서 "사람이 '성'의 오묘함을 논하는 것은 '천도'에 속해서 성인이라도 모르는 것이 있는 것이지 자공만 듣지 못한 것은 아니다."라고 말했으니 더욱 심하게 틀렸다. 유씨가 '성'이 '천도'에 관련되었다고 논한 것은 의리를 이루지 못했을 뿐 아니라 문장도 이루지 못했다. 게다가 성인도 알 수 없는데 어찌 그것을 논할 수 있겠는가. 이는 변별하지 않아도 통하지 않는 것을 알 수 있다. 유씨는 정자의 문하에서 직접 배웠지만 하루아침에 착오가 이 지경에 이르렀다. 배우는 사람이 깊고 절실하게 경계하여 정밀하게 생각하고 힘써 행하여 마음으로 전하는 참모습을 모두 구하지 않을 수 있겠는가.

或問, 文章性命之說.

曰, 程子張子呂氏以爲聖人未嘗不言性命, 但其旨淵奧, 學者非自得之, 則雖聞而不喩也. 此說善矣. 然考之論語之書, 則聖人之言性命者蓋鮮焉, 故門人又記之曰, 子罕言利與命與仁, 竊恐子貢之本意, 亦不過於如此也. 范氏以爲聖人敎人, 各因其材, 性與天道, 實未嘗以語子貢, 則亦近矣. 但不察乎罕言之旨, 而以爲聖人之敎, 有屛人附耳而後及之者則誤矣. 抑如子貢者, 夫子嘗告以一以貫之矣, 又告以天何言哉, 又告之以知我其天矣, 則固不可謂未嘗以告之. 謝氏楊氏以爲性命之微, 聖人未嘗言, 而每著見於文章之中, 要在學者默識而自得之, 則亦誤矣. 使聖人果絶口而未嘗言也. 則學者何以知夫性與天道之目, 而求所以自得. 若其曉然號於衆曰, 吾有所謂性與天道者, 在乎不言之中, 而欲學者之自得, 則其言之已甚, 而又駸駸乎佛老之意矣, 安得謂之未嘗言而不可聞哉. 游氏以性與天道爲有精粗之別, 而謂夫人論性之妙, 則預於天道, 而雖聖人有所不知, 非但子貢不得聞也, 則又甚焉. 夫謂論性而預於天道, 非但不成義理, 而亦不成文辭, 且聖人旣不能知矣, 又若何而能論之耶. 亦不待辨說而知其不通矣. 彼其親炙先覺之門, 而一旦差誤至於如此, 學者可不深切爲戒, 而精思力行, 以求盡其心傳之實耶.

05-13. 子路有聞, 未之能行, 唯恐有聞.

문 '자로공문子路恐聞'에 대한 해설은 어떻습니까?

답 여러 해설이 모두 좋은데 사씨의 해설은 이상하다. 사씨는 늘 '앎이 중요하고 실천은 가볍다.'라고 해설하는 것 같다. 그래서 도리어 성현이 힘써 행하라는 말씀의 뜻과 달리 도를 깨닫는 도구라고 여기게 되니, 사씨의 해석은 잘못이다. 오씨의 해설은 여러 해설의 미비한 점을 보완하는 것 같다.【오씨가 말했다. "자로는 용맹하나 오로지 과감하게 행동하고 다시 생각하지 않았으니, 생각하고 실행하는 것에 실수가 없을 수 없었다. 그러므로 공자는 자로가 남보다 과하다고 여겼기 때문에 물러나게 한 적이 있다."】

或問, 子路恐聞之說.
曰, 諸說皆得之, 惟謝氏爲異. 蓋其說每以知爲重而行爲輕, 故反以聖賢力行之意, 爲知道之具, 其亦誤矣. 至於吳氏之說, 則又可以補諸說之未備也.【吳氏曰, 子路勇矣, 然一於敢行, 不復置思, 於其間有不能無失者, 故夫子嘗以其兼人而退之.】

05-14. 子貢問曰, "孔文子何以謂之文也." 子曰, "敏而好學, 不恥下問, 是以謂之文也."

문 공어孔圉[21]는 왜 '문文'이라는 시호를 받았습니까?

답 선왕의 제도를 보면, '시호로 이름을 높이고 한 가지 장점을 두드러지게 한다.'[22]라고 했다. 그러므로 사람이 살면서 장점이 많더라도 죽으면 그 한 가지만 취하여 시호로 내리고 그 나머지는 거론하지 않는다. 이로써 미루어보면 그 사람됨이 간혹 좋기도 하고 하고 나쁘기도 하지만, 오직 그 좋은 면만 들고 나쁜 면은 버리는 것도 시법이 허용하는 점이다. 대개 성인이 충효를 자주 거론한 것은 자손의 근본을 마련해 주려는 것이었는데, 기물에 새긴 내용이 좋은 점은 드러내고 나쁜 점은 드러내지 않는 것과 같은 뜻이다. 드러낼 만한 좋은 점이 없고 순전히 나쁜 점만 있으면 유幽, 여厲라고 해도 어쩔 수 없다.

或問, 孔圉之得諡以文, 何也.
曰, 先王之制, 諡以尊名, 節以一惠, 故人生雖有衆善, 及其死, 則但取其一以爲諡, 而不盡擧其餘也. 以是推之, 則其爲人, 或不能無善惡之雜者, 獨擧其善而遺其惡, 是亦諡法之所許也. 蓋聖人忠孝之意, 所以爲其子孫之地, 與銘器者稱美而不稱惡同旨. 惟其無善之可稱, 而純於惡焉, 則名之曰幽厲, 有不能已耳.

문 여러 해설은 어떻습니까?

답 범씨는 '민敏'을 '민행敏行'의 '민'이라 했는데, 여씨가 '불민不敏'의 '민'이라 한 것이 더 낫다. 범씨가 또 순舜을 인용하여 자신의 해설을 만든 것도 잘못되었고, 여씨가 '문文'을 '만물이 서로 뒤섞이는 것[物相雜]'이라고

---

21 공어(?~B.C.460): 춘추시대 위衛의 대부로 공문자孔文子, 중숙어仲叔圉라 불렸다. 위衛 출공出公 때 경卿이 되었고, 공자와 병사를 쓰는 방법에 대하여 문답한 것이 《논어》에 수록되어 있다.

22 시호로……한다: 《예기》〈표기表記〉에 "선왕이 시호로써 이름을 높이고 한 가지 장점으로 요약했다.[先王諡以尊名, 節以壹惠.]"라는 말이 있다.

한 것도 매우 잘못되었다. 그 밖의 여러 해설은 모두 대의를 얻었고, 오씨의 설은 의의義意가 더욱 자세하다.【오씨가 말했다. "공어의 행실이 이와 같지만 공자께서 다른 사람에게 '서恕'를 요구하셨으니, 그 나라에 기거하면서 그 나라의 대부를 비난한 것이 아니다.[23] 또 다른 사람을 비평하지 말라고 자공을 경계시켰으므로 그 장점만을 들어 칭찬하신 것이다."】

曰. 諸說如何.
曰. 范氏以敏爲敏行之敏. 不若呂氏以爲不敏之敏者得之. 范氏又引舜以爲說, 則過矣. 呂氏所謂物相雜者求之, 亦太過矣. 其他諸說, 皆得其大意, 而吳氏之說, 意義尤備.【吳氏曰, 孔圉之行如此, 然孔子責人以恕, 居其國不非其大夫, 又戒子貢以方人, 故止以所長稱之.】

05-15. 子謂子産: "有君子之道四焉; 其行己也恭, 其事上也敬, 其養民也惠, 其使民也義."

문 15장의 해설은 어떻습니까?

답 범씨의 해설이 좋다. 경敬이 "선을 베풀고 삿된 일을 막는것[陳善閉邪]"이라고 범씨가 말했는데, 공자의 뜻이 꼭 이러한 것은 아니었을 것이다. 사씨가 "한 가지 일로는 어려우나 지극한 이치는 이와 같아야 한다."라고 하면서 문왕의 일을 인용하여 밝힌 것도 지나치게 고원하다. 글을 읽는 사람은 이러한 점에 대하여 자신을 돌아보고 몸소 이행해야 한다. 비근할수록 체득하는 것은 더욱 충실해진다. 만약 그 근거를 널리 구하

---

23 그 나라에……아니다:《순자荀子》〈자도子道〉에 보인다.

여 고원한 곳에만 이른다면 자신을 위한 실제에 도움이 되지 못하고 듣고 말하는 겉치레만 될 것이다. 사씨는 자산이 '완성된 사람[成人]'이라고 했는데, 그가 자산을 인정한 것도 지나치게 고원하다. 윤씨의 잘못도 대체로 이와 유사하다. 범씨만이 그 경중의 적절함을 터득했을 뿐이다.

或問, 十五章之說.
曰, 范氏善矣, 惟所謂陳善閉邪者, 恐孔子之意未必及此也. 謝氏所謂難以一事言, 蓋至理當如此, 而引文王事以明之者, 亦過高矣. 凡觀書者, 於此等處, 正當反求諸己, 而驗之踐履之間, 惟愈近而愈卑, 則其體之愈實. 若但廣求證佐, 推致高遠, 則恐其無益於爲己之實, 而徒爲口耳之資也. 至以子産爲成人, 則其許之亦太高矣. 尹氏之失蓋亦類此. 惟范氏爲得其輕重之宜爾.

문 군자의 도 네 가지에도 순서가 있습니까?
답 행동이 공손하면 윗사람을 모실 때 용모만 기뻐하는 사사로움이 없으니 공경할 수 있다. 백성에게 은혜를 베풀고 그 뒤에 그들을 의義로써 부릴 수 있으면 백성이 비록 고단해도 원망하지 않을 것이다.

曰, 是四事者亦有序耶.
曰, 行己恭, 則其事上非有容悅之私而能敬矣. 惠於民, 而後使之以義焉, 則民雖勞而不怨矣.

05-16. 子曰, "晏平仲善與人交, 久而敬之."

문 16장의 해설은 어떻습니까?
답 정자의 말씀이 가장 좋다. 범씨와 양씨의 말도 맞지만, 오래되어도 공경이 여전할 뿐이지 오래되어서 더욱 공경한다는 뜻은 아니기 때문이다. 사씨의 해석은 좋지만 "오래 사귀는 데 뜻을 둔 것이 아니다."라고 한 것은 그 말과 뜻에 모두 잘못된 점이 있다. 또 덕이 훌륭하고 꾸준함이 있는 사람으로 안영晏嬰을 말한 것은 부족한 듯하다.

或問, 十六章之說.
曰. 程子至矣. 范楊亦爲得之. 蓋久而其敬不衰耳, 非久而加敬也. 謝氏意則善矣. 然謂非有意於久交者, 辭意俱病, 又以盛德而有常者語晏嬰, 則恐其未足以當之也.

05-17. 子曰, "臧文仲居蔡山節藻梲, 何如其知也."

문 17장의 설은 어떻습니까?

답 장자와 양씨의 해설이 맞고 정자, 범씨, 양씨, 윤씨의 해설은 〈팔일〉 22장에서 이미 변증했다. 정자가 '채采'를 '채지采地'로 본 해설은 아마도 오류인 듯하다. "장손진臧孫辰[24]은 분수에 넘는 짓을 하여 예禮를 해치는 일을 하면서도 자신에게 무슨 이익이 되는지 몰랐다."라고 사씨가 말했는데, 분수에 넘는 짓을 하여 예를 잃는 일을 해서 이익이 있다면 그것을 해도 되겠는가?

或問, 十七章之說.
曰. 張子楊氏得之, 若程子范楊尹之說, 則吾於管氏之章已辨之矣. 程子采地之說, 恐其或誤也. 謝氏又謂文仲不知僭上害禮之事於我何益, 則是僭上失禮之事, 若爲之而有益, 則爲之也, 而可乎.

---

[24] 장손진(?~B.C.617): 춘추시대 노魯 사람이고, 자는 문중文仲이다. 공자보다 60년 가량 앞선 사람으로, 노나라 4명의 군주를 모셨으며 나라를 잘 다스렸다. 공자는 그에게 3가지 불인不仁함과 3가지 부지不知함이 있다고 했다.

05-18. 子張問曰, "令尹子文三仕爲令尹無喜色, 三巳之無慍色, 舊令尹之政必以告新令尹. 何如?" 子曰, "忠矣." 曰, "仁矣乎?" 曰, "未知. 焉得仁?" "崔子弒齊君, 陳文子有馬十乘棄而違之, 至於他邦, 則曰猶吾大夫崔子也. 違之之一邦則又曰, 猶吾大夫崔子也, 違之. 何如?" 子曰, "淸矣." 曰, "仁矣乎?" 曰, "未知. 焉得仁?"

문 18장의 해설은 어떻습니까?

답 여러 해설은 모두 경문의 뜻을 밝혔지만 모두 타당하지 않은 듯하다. 정자의 말씀이 제일 낫지만 이 또한 부족하니, 그 뜻을 미루어 충분히 논의하길 바란다. 초楚 자문子文의 자질은 인仁을 좋아하는 것에 가깝고, 진陳 문자文子의 자질은 불인不仁을 싫어하는 것에 가깝지만 그들은 모두 매우 뛰어나서 보통 사람이 할 수 있는 것이 아니다. 두 사람의 행적은 자장도 행하기 어려운 것이어서 두 사람의 행적이 인이라고 여기고 물은 듯하다. '이들의 일도 충忠과 청淸일 뿐이니, 그들이 인한지는 잘 모르겠지만 그들이 어찌 인의 경지에 다다랐겠는가?'라고 공자가 말씀하신 것이다. 인은 마음의 덕德이고 하늘의 리理이다. 성誠을 지극히 하고 성性을 다하여 전체를 관통하기를 천지일원天地一元의 기氣와 같이 만물을 길러주고 유행하게 하여 조금도 쉬지 않는 것처럼 해야만 인이라는 명칭을 붙일 수 있다.

자문은 초楚에서 벼슬하면서 국정을 두세 번 맡았으나, 초가 왕호를 참칭한 것을 바로잡지 못했고, 게다가 초왕이 중원을 침략하려는 마음을 그치게 하지도 못했다. 심지어 직접 현弦을 멸망시키고 수隨를 정벌하면서도 죄가 되는 것을 몰랐다. 문자文子는 혼란스러운 조정에서 벼슬하여 군주를 바로잡아 난을 막지도 못했고, 게다가 일에 앞서 몸을 깨끗이 하지도 못했다. 군주가 시해되는 화가 일어났는데도 그것을 위로 천자에게 고하거나 아래로 다른 나라의 군주에게 청하여 나라의 적을 토벌하지 못했다. 나라를 떠난 지 3년이 되었는데 또 명분 없이 스스로 돌아와 다시 난을 일으킨 신하에게 붙어 일을 꾸몄다. 자문과 문자가 평소에 한 행실이 이런 지경이니 인한 사람이 될 수 없다.

자장의 물음을 근거로 첫 번째 구절을 논한다면 자문은 세 번 출사할 때 왜 출사했는지 몰랐고, 세 번 물러날 때 왜 그만두었는지를 몰랐고, 새 영윤에게 고할 때는 무슨 말을 해야 될지 몰랐다. 기뻐하거나 성낸 일이 없었다고 말한 것은 다만 얼굴에 보이지 않았을 뿐이지, 그의 마음에 끝내 기뻐하거나 성낸 일이 없었다고 어찌 알겠는가. 문자는 나라를 떠날 때 그가 벼슬을 벗어던지고 정말로 마음에 얽매이는 것이 없었겠는가. 부득이한 상황에서는 두려움이나 조급함이 나오니 연연하는 것이 있다. 이 두 사람에게서 인에 부합하는 뜻을 찾아볼 수 없어서 사실로서 말하자면 단지 충忠, 청淸으로 명명할 뿐, 달리 더할 것이 없으니 어찌 가볍게 인으로 인정하셨겠는가.

하지만 성인의 말은 말이 절박하지 않아도 뜻은 이미 도달했으니 비록 가벼이 인정하지 않더라도 가벼이 끊어내지 않는다. 학자는 그 말로 인하여 자신을 돌아보아 인을 구하면 인의 이치에 대한 것과 사람이 이 이름을 얻는 것에 대한 것은 거의 묵묵히 알 수 있다. 정자의 뜻은 대개 여기에서 나온 듯하지만 '공자께서는 자문이 성낸 일이 없었다는 것을 믿지 않고, 다만 옛 정사를 새 영윤에게 말해 준 것만을 가리켜 충忠이라고 한 것'이라고 말하였다면 아마도 틀린 듯하다.

或問十八章之說.

曰, 諸說各有發明, 然似皆未得其所安, 獨程子之言則至矣, 而亦或有未備者焉, 請得推其意而極論之. 蓋子文之質, 近於好仁者, 文子之質, 近於惡不仁者, 而其事皆卓然非常人之所能及也. 子張之行有難能者, 故疑以爲仁而問之, 而孔子則以爲是亦忠淸而已, 至於仁則未知其何以得之也. 蓋仁者心之德而天之理也. 自非至誠盡性, 通貫全體, 如天地一元之氣, 化育流行, 無少間息, 不足以名之. 今子文仕於蠻荊, 執其政柄至於再三, 旣不能革其僭王之號, 又不能止其猾夏之心, 至於滅弦伐隨之事, 至乃以身爲之, 而不知其爲罪. 文子立於淫亂之朝, 旣不能正君以禦亂, 又不能先事而潔身, 至於篡弑之禍已作, 又不能上告天子, 下請方伯, 以討其賊, 去國三年, 又無故而自還, 復與亂臣共事, 此二人者, 平日之所爲, 止於如此, 其不得爲仁也矣. 若據子張之問, 就其一節而論之, 則子文三仕未知其所以行者何說, 三已未知其所以止者何爲, 告新令尹則又未知所以言者何事, 而所謂無喜慍者, 又特不見於色而已, 亦安知其心之果無喜慍耶. 至於文子, 則其去國之時, 未知其果能脫然而無所累於心耶. 抑其恐畏躁迫, 特出於不得已, 而有所未能忘懷也. 是又皆未足以見其有合於仁者之意, 則指其事實而言之, 不過命之以忠淸而無以加矣. 若之何而可輕以仁許之耶. 然聖人之言, 辭不迫切, 而意已獨至, 雖不輕許, 而亦不輕絶也. 學者因其言而反以求之, 則於仁之理與人之所以得是名者, 庶幾其可默識乎. 程子之意, 大槪恐出於此, 但其謂夫子不信子文無慍之事, 而獨指舊政告新爲忠, 則恐或未然也.

문 또 "자문이 기뻐하거나 성내지 않았다면 어찌 그가 불인不仁한 것을 알았겠는가."라고 정자께서 말씀하셨습니다. 그렇다면 옛날 은자와 후세 이단도 문자와 같았는데 이들도 인仁하다고 인정할 수 있겠습니까?

답 정자께서 "자문의 마음이 만약 이처럼 지극히 공정하고 사사로움이 없었다고 한다."라는 뜻으로 말씀하셨다면 반드시 마음의 덕을 다하고 하늘의 이치를 온전히 해서 오상五常과 모든 행실에 적용할 수 있다. 만약 마음이 목석처럼 기쁨과 성냄 같은 감정이 없는데 불합리하게 행동한다면 인仁의 여부를 말할 수 있겠는가.

曰. 程子又謂, 子文若果無喜慍, 則何以知其非仁. 然則古者遁世之人, 後世異端之學, 蓋有能是者已. 亦可遂以仁許之耶.

曰. 程子之意, 亦曰若子文之心, 其至公無私果如此, 則必有以盡心之德, 全天之理, 而五常百行無不貫通耳. 若徒能心如木石, 無所喜慍, 而所爲有不合於理者焉, 則又何仁之可言哉.

문 "문자와 자문의 일을 성인이 하시더라도 '충忠', '청淸'일 뿐이다."라고 정자께서 말씀하신 것은 어째서입니까?

답 그 일을 '충', '청'이라고 말씀하신 것은 그 누가 와도 바꿀 수 없다. 성인의 마음이라면 어찌 한 가지 일이라도 인仁하지 않은 점이 있겠는가. 다만 '충', '청'을 끝내 인이라고 하면 안 될 뿐이다.

曰. 程子以爲二子之事, 聖人爲之, 亦曰忠淸而已. 何也.

曰. 其事則謂之忠淸, 誠有不可易者. 若聖人之心, 則豈有一事之非仁哉. 但遂以忠淸爲仁, 則不可耳.

문 그렇다면 백이, 숙제, 미자, 기자, 비간이 공자에게 인정받은 것은 무엇 때문입니까?

답 이 세 사람의 인仁은 그 행적과 말을 살펴보아 그 마음을 평가해보면, 그 마음이 결코 터럭만큼도 사욕이 없는 것이 분명하다. 세 사람은 자문이나 문자의 행위와 확실히 다르다. "비간의 충忠은 시대를 잘 만났으면 바로 인이 된다."라고 정자께서 말씀하신 것이 이러한 뜻이다.

曰. 然則夷齊三仁之見許於夫子. 何也.

曰. 此三仁者, 考事察言, 以求其心, 則其中洞然無復一毫私欲之累, 其亦異乎二子之爲矣. 故程子以爲, 比干之忠, 見得時便是仁, 亦此意也.

문 여러 해설의 득실은 어떻습니까?

답 사람의 인仁과 불인不仁은 그 마음이 어떠한가를 가지고 논할 뿐이다. "그 마음이 천하에 영향을 미치는 것이 반드시 있어야지 그 뒤에 인仁이 될 수 있다."라고 범씨가 말했는데, 얼마나 그 말이 잘못되었는가? 비간의 '충'과 백이의 '청'은 진실로 천하에 영향을 미치지 못했다. 하물며 곤궁하게 사는 일개 사인士人이 평생 동안 인을 행할 수 있겠는가.

"자문은 나아가고 물러나는 의리를 몰랐고, 문자는 버리고 취하는 의리를 몰랐다."라고 여씨가 말했다. 문자의 잘못은 난이 일어난 뒤에 떠났다는 한 가지 곡절에만 있는 것이 아니고, 게다가 문자의 취지를 자세히 보면 아마도 후회가 될 것을 몰랐던 것 같다. 하지만 자문은 초楚의 종실로서 꼭 물러나야 할 의리는 없다. '부지不知(끝까지 몰랐다)'의 '지知'라는 말은 '미지未知(아직 몰랐다)'라는 말을 해석한 것이기 때문에 그것이 반드시 그렇다는 것을 증명할 수는 없다. 만약 여기에서 나왔다면 그 잘못이 더욱 클 것이다.

"자문과 문자는 자질이 뛰어나며 학문을 하지 않아도 저절로 덕에 들어갈 수 있다. 그 '충', '청'은 진실로 인하지 않고는 할 수 없다."라고 사씨가 말했다. 다만 '충'과 '청'이 끝내 인이 될 수 없는 것은 맹무백에게 답한 뜻과 같다. 그 내용은 이 편 7장에서 이미 자세하게 설명했으니 여기에서는 반복하지 않는다.

양씨는 문자를 "군주를 모시는 사람"이라고 하면서도 또 "군주에게 아첨하지 않은 사람이다."라고 평가했지만, 《맹자》〈진심 상〉 본문의 뜻[25]과 다르다. 《맹자》에서 '군주를 모시는 사람[事君人]'[26]이라고 한 것은 의리에 기반하지 않고 '용열容悅'만 구한 것이다. 만약 양씨가 말한 것처럼 '용열'을 구하지 않는다면 어찌 맹자가 말한 의미의 '군주를 모시는 사람'과 같겠는가. 맹자가 말한 '용열'은 '(의리에 벗어나더라도) 군주에게 용납되고 군주를 기쁘게 하는 것'이다.

양씨가 '자문의 희색喜色'을 '아첨하는 모양'으로 해석한 듯한데, 본문의 내용과 더욱 통하지 않는다. 양씨는 또 "비간과 백이를 인하다고 할 수 있다."라고 하면서 "인은 (바깥으로 드러난) 행적으로 평가할 수 없다."라고 했다. 양씨의 뜻은 비간과 백이의 인은 마음에 내재하고, 자문과 문자의 일은 행적에 있으므로 서로 비슷하지만, 자문과 문자를 인이라고 평가할 수 없다고 말한 것이다. 그러나 비간과 백이를 인하다고 평가한 것은 바로 비간과 백이의 행적을 보고 그 은미한 마음으로 그들의 인을 추측한 것이다. 만약 행적을 버리고 오직 마음만 가지고 논한다면 마음이라는 것은 또한 무엇을 근거로 볼 수 있겠는가? 정자께서 문자를 비판하신 것은 바로 마음과 행적을 구별하지 못했기 때문이다.[27] 양씨도 정자의 해설을 들었을 텐데 도리어 이런 논의를 하는 것은 어째서인가? 게다가 그가 주장한 해설은 범씨의 비간과 백이에 대한 해설과는 정반대

---

25 《맹자》······뜻: 맹자는 "군주를 모시는 사람이 있는데, 군주를 섬기면 용납되고 기쁘게 하는 자이다.[有事君人者, 事是君則爲容悅者也.]"라고 하였다.

26 군주를 모시는 사람:《맹자》〈진심 상〉의 '사군인事君人'은 사직과 백성이 아닌 군주 개인만을 위하는 부정적인 의미이다.

27 정자께서······때문이다:《논어정의》의 정이 해설은 문자에 대한 구체적인 비판을 언급하지 않았다.

이고 잘못은 같다. 그들의 해설을 비교하고 헤아려 본다면 도리어 범씨의 해설이 충실하고 양씨의 해설은 그만 못하다.

"리理에서 얻는 것"이라고 후씨가 주장한 내용은 덕이라고 말할 수 있지만[28] 이는 인의 뜻을 명명한 것이 아니다. 또한 의義, 예禮, 지智 3가지에서 얻었는데 오직 인에서만 얻지 못한다면 어찌 인이 의, 예, 지 3가지에서 깨닫는 것이라 하겠는가. "마음에 싫어하는 기색이 있다."라는 구절 아래에 "전체로 말하면 모습과 얼굴빛이 인이라 할 수 있다."라는 해설은 그 뜻이 가리키는 바를 특히 알 수 없다. 그것을 보면 성인의 뜻에서 멀어지고 억지로 한쪽으로 치우친 해설에서 나왔으니 또한 생각해 보면 알 수 있을 것이다.

후씨가 논한 자문과 문자의 행위도 말단의 일일 뿐이니 신하가 되고 인이 되는 도를 알지 못한 것이다. 경문의 '알지 못하겠다'라는 말을 잘못 해석하여 윗글의 '전체全體'와 '한 가지 일[一事]'을 말한 것은 전혀 연속되지 않고, 또한 그것이 무엇을 가지고 설을 만든 것인지 모르겠다. "자문과 문자가 인을 행하는 도를 몰라 성인으로 하여금 그것을 하게 했으니 또한 단지 청렴하고 충성스럽다고 할 수 있다."라고 한 구절에 이르면, 자신의 뜻을 정자의 해설에 붙였지만 정자의 해설과는 다른 점이 있는지 모른 것이다. 정자는 대체로 성인의 행동은 간혹 '충'과 '청'에서 나오는 것이라고 말했을 뿐인데, 저것이 어찌 후씨의 말처럼 성인이 인을

---

28 후씨가……있지만: 후씨는 "대개 인이라는 것은 리의 얻음이고, 의에서 얻고 예에서 얻고 지에서 얻는다. 마음에 싫어하는 기색이 있다면 인이라 할 수 없을 것이다.[蓋仁者理之得也, 得於義, 得於禮, 得於智者也, 其色有歉於心, 則不可謂之仁矣]"라고 했다. 《논어정의》

행하는 방법을 모른 것이겠는가.

曰, 諸說之得失, 奈何.

曰, 人之仁與不仁, 論其心如何耳. 范氏以必有以及於天下, 然後爲仁, 何其言之戾邪. 比干之忠, 伯夷之淸, 固亦未能有以及於天下也. 而況窮居一介之士, 終身何可以有望於仁也. 呂氏以子文不知進退之義, 文子不知去就之義. 文子之失, 又不專在於亂作而後去之一節也. 且詳其意, 似亦以不知似矣. 然子文楚之宗臣, 無必退之義, 知之云釋未知之意, 而未有以驗其必然也. 使出於此, 則其失又甚矣. 謝氏又以二子爲質厚之人, 不待學問而自能入德, 其忠其淸, 固亦非仁不能. 但不可遂以忠淸爲仁, 如答孟武伯之意耳. 前章辨之已詳, 此不復出也. 楊氏以文子爲事君人, 而又謂其不爲容悅. 孟子本文之意, 似不如此. 所以謂之事君人者, 正以其事是君, 則爲容悅, 而無所擇於義理也. 若不爲容悅, 則又安得謂之事君人哉. 且孟子所謂容悅, 特謂求容於君, 求悅於君耳. 楊氏以釋子文之喜色, 似以爲容悅之貌者, 於文義尤不通也. 又以比干伯夷爲仁, 而謂仁不可以迹論, 則其意蓋曰比干伯夷之仁在心, 子文文子之事在迹, 故雖相似而不得爲仁耳. 然比干伯夷之所以爲仁, 正以推迹之曲折, 以知其心之隱微而得之耳. 若欲舍迹而惟心之論, 則所謂心者, 又何所因而可見乎. 程子之譏文子, 正以心迹之不可判耳. 楊氏蓋亦聞其說矣, 而反爲此論何耶. 且其爲說, 與范氏之下者正相反, 而其失則均, 若銖較而寸度之, 則恐反不若范說之爲實也. 侯氏所謂理之得者, 可以言德, 而非所以名仁之義. 又且得於三者, 而獨不得於仁, 豈又以仁爲覺於是三者之云乎. 至色有歉於心以下, 全體踐形之說, 則其意之所指, 殊不可知, 以大槪而觀之, 則其遠於聖人之意, 而出於强爲一偏之說, 亦可想而知矣. 其論二子之所爲, 又直以爲末事, 而不知爲臣爲仁之道. 蓋以失夫未知之說, 而與上文全體一事之云者, 了無系屬, 又不知其以何而爲說也. 至謂, 二子不知爲仁之道, 使聖人爲之, 亦只可謂之淸忠, 則又以已之意, 附於程子之說, 而不知其有不同者也. 程子蓋謂聖人之行, 或有出於忠淸者耳. 夫豈以聖人爲不知爲仁之道如侯氏之云哉.

05-19. 季文子三思而後行. 子聞之曰, "再斯可矣."

문 19장의 해설은 어떻습니까?

답 정자께서 이전에 계문자가 진晉나라로 사신 갈 때를 말씀하신 해설은 협소하다. 또한 정자의 주석을 살펴보아도 두 번 생각하는 것에 해당하는 사실이 보이지 않는다. "생각은 두 번 하게 되면 명확해지지만, 세 번하면 사사로운 뜻이 일어난다."라고 하신 정자의 말씀이 지당하다. 천하의 일을 의리로 재단하면 시비와 당부는 두 번 생각해도 이미 명확해지지만, 사사로운 뜻으로 재면 이해와 득실이 끊임없이 변화한다. 생각을 두 번에서 멈추는 것은 사람이 의로 일을 제어하여 이해의 사사로움에 골몰하지 않게 하려는 것이다. 문자의 일로 말하면 그가 매번 일을 세 번 생각한 것은 진나라로 사신 갈 때 상을 당할 경우에 행할 예禮를 찾아 간 것과 같으니 명확하다고 말할 수 있다. 하지만 선공이 (노魯 문공文公이 죽자 세자 악惡을 시해하고 임금이 되었을 때에) 그를 위하여 제齊나라에 가서 뇌물을 바치고 회맹을 청했는데, 공이 훙薨했지만 장례를 치르지 않고 다시 그를 배신하여 장례를 맡은 신하를 쫓아냈으니, 어찌 생각이 지나쳐 사사로이 비교하는 것에 도리어 이끌린 것이 아니겠는가.

或問, 十九章之說.

曰, 程子嘗以使晉之說則狹矣. 且以傳考之, 亦未見其再慮而當之實也. 其謂, 思至於再則已審, 三則私意起者, 則至矣. 蓋天下之事, 以義理斷之, 則是非當否, 再思而已審, 以私意揣之, 則利害得喪, 萬變而無窮. 思止於再者, 欲人之以義制事, 而不汨於利害之私也. 且以文子言之, 其每事三思, 如使晉而求遭喪之禮以行, 可謂審矣. 然宣公弑立, 則爲之如齊納賂而請會, 及公薨未葬, 則又背之而逐其所任之臣, 豈非思之之過, 而反牽於計較之私也.

문 여러 해설은 어떠합니까?

답 이들은 일에 임했을 때 생각을 말했을 뿐이다. 범씨가 '학문하고 도를 구하는 생각을 말이라 여긴 것'은 틀렸다. "주공이 우러러보아 생각한 것"도 합치하지 않는 것이 있어서일 뿐이다. 사리가 분명했다면 어찌 이와 같은 것을 기다렸겠는가.

'두 번 생각하는 것'에 대한 사씨의 해설은 좋지만 역시 미진한 점이 있다. 그 해설을 따라 보탠다면 "처음에 가부可否를 선택하여 가능하다고 하면, 천천히 생각해 보아도 과연 가능하다면 행하고, 안 된다면 그만두어야 한다. 처음에 가부를 선택하여 안 된다고 하면, 천천히 생각해 보아도 과연 그것이 안 된다면 그만두고, 가능하다면 행해야 한다."라고 해야 하니, 이것이 거의 그 전체일 뿐이다.

양씨의 해설대로 한다면 더욱 간략할 것이다. 이와 같다면 한 번 생각할 뿐이니 어찌 두 번이라 하겠는가.

曰, 諸說如何?
曰, 此特爲臨事之思耳, 范氏通以學問求道之思爲言, 誤矣, 周公仰而思之, 亦爲其有不合耳, 若事理曉然者, 又何待於如是耶? 謝氏再思之說善矣, 然亦有所未盡, 若因其說而益之曰, 始也擇於可否之間以爲可也, 徐思之而果可焉則行, 有不可焉則止, 始也擇於可否之間以爲不可也, 徐思之而果不可焉則止, 有可焉則行, 則庶幾其全耳. 若楊氏之說, 則又略矣, 若是, 則皆爲一思而已, 何名爲再哉?

05-20. 子曰, "甯武子邦有道則知, 邦無道則愚, 其知可及也, 其愚不可及也."

문 20장의 설은 어떻습니까?

답 영무자의 일은 《춘추좌씨전》에 보이니 살펴볼 수 있다. 만약 나라에 도가 없어서 거짓으로 말을 못하는 척하여 자신의 화를 면한다고 말한다면 이는 장우張禹[29]와 공광孔光[30]의 무리와 다를 것이 없을 텐데, 공자께서 또한 무엇을 취하셨겠는가? 이 장의 해설은 모두 그 사실을 살피지 않았으므로 대부분 잘못되었지만, 정자의 해설만 그 뜻이 원만하고 이치가 구비되어 있다. 장자의 주장대로라면 진실로 영무자는 벙어리가 되어 죄를 지은 것이고, 범씨와 사씨의 해설대로 하면 바로 벙어리가 된 것이 당연한 것이다. 사씨의 해설은 그 이해利害를 비교해 보면 거의 자신을 위하는 뜻으로 흐르니 더욱 잘못이 심하고, 양씨는 지나치게 높고 실속이 없어 성인의 뜻을 잃어버렸으니 또한 더욱 멀어졌다고 할 것이다.

或問. 二十章之說.
曰. 武子之事見於左氏之書者, 可考矣. 若曰邦無道而佯爲暗默以免其身, 則是無以異於張禹孔光之徒, 而夫子亦何取哉. 大抵此章之說, 皆不考其事實, 故多失之, 惟程子意圓而理備. 若張子, 則固以武子爲暗默而罪之, 范謝則直以暗默爲當然. 而謝氏計較利害之間, 幾有流於爲我之意, 則又甚矣, 楊氏過高無實, 則其失聖人之意, 又益遠云.

---

29 장우(?~B.C.5): 전한前漢의 관료다. 성제成帝때 승상이 되었고 안창후安昌侯에 봉해졌다. 왕씨 일족이 권력을 장악하자 관직에서 물러나 그들의 전횡을 보지 못한 척했다. 성격이 탐욕스러워 아첨하는 신하라 비난받기도 했다.

30 공광(B.C.65~A.D.5): 전한의 관료다. 공자의 14대손이고 경학에 밝았으며 성제成帝때 승상에 이르렀다. 평제平帝가 즉위하고 왕망王莽을 피해 은퇴하려 했으나 왕망의 존중을 받고 오랫동안 벼슬했다.

> **05-21.** 子在陳, 曰, "歸與! 歸與! 吾黨之小子狂簡, 斐然成章, 不知所以裁之."

문 21장의 해설은 어떻습니까?

답 정자의 해설이 좋지만, 맹자의 해설을 살펴보면 간혹 그렇지 않은 듯하다. 대개 맹자께서 진취를 말씀하실 때는 곧 '학문이 훌륭하게 성취된 것'을 말한 것이고, 맹자께서 그 처음을 잊지 않는다고 말씀하신 것은 곧 '재단할 줄을 모르는 것'을 말씀하신 것이다. 다만 전해들은 것에 다른 말이 있을 뿐이다. 어찌 저것을 한 가지 해설로 삼고 나서 이것도 한 가지 해설로 삼았겠는가.

범씨와 여씨가 문장을 이루었다고 한 해설도 맹자와 부합하지 않는다. 게다가 문장을 이루지 못하고 (도에) 도달하지 못했다고 한다 해도 어찌 해설을 세워 말하겠는가. 다만 범씨는 그 성품과 행실이 지나친 것을 재단한다고 여긴 듯하고, 여씨는 그 해설을 세우는 것의 잘못을 재단한다고 여긴 듯한데, 범씨의 설이 나을 뿐이다. 사씨는 큰 뜻은 가깝지만 말에 병통이 많을 뿐이다. 저 공자의 초심은 진실로 도를 행하는 것에 있지 도를 전하는 것에 있지 않다. 하지만 어찌 관문을 굳게 막아 그 비밀을 한마디 말로도 내려 하지 않았겠는가. 게다가 그 뜻은 도를 행하는 데 있더라도 영재를 얻어 가르친다면 그 초심을 즐기는 것에 서로 방해가 되지 않는다.

광견狂狷한 사람은 중도에 맞지 않더라도 성인이 사람을 가르치는 데 게을리 하지 않는 마음으로 행한다면 또한 그것을 싫어하여 박하게 하는 뜻이 없을 것이다. 하물며 이처럼 하여 나라를 얻고자 한다면 가르침이 평소에 명확하지 않고 자질이 평소에 갖추어지지 않으니 또한 무엇으로 스스로 도와 큰일을 할 수 있겠는가? 그 뒤에 인용한 《맹자》의 문장도 이 장의 뜻이 아니라, 대개 그 간략한 것을 고루하게 지키는 것[狷]이라 여긴 것이 잘못이다. 여씨도 그러하니 '지나치거나 미치지 못한 점이 있다.'라는 해설은 맞는 것에 가깝다. 하지만 뜻은 갖추어지지 못해서 이것도 틀렸으니 이 장에서 분별해야만 할 뿐이다. '여러 사람을 사숙했다.'라고 양씨가 말한 것도 《맹자》 본문의 사람을 가르치는 일은 아닐 것이다.

或問, 二十一章之說.

曰, 程子之說善矣, 然以孟子之說考之, 恐其或未然也. 蓋孟子所謂進取, 卽此所謂斐然成章者也. 孟子所謂不忘其初, 卽此所謂不知所以裁之者也. 特所傳聞之有異辭爾, 豈得彼爲一說, 而此又自爲一說耶. 范呂成章之說, 亦與孟子不合. 又如所謂不成章不達者, 亦豈立言之謂乎. 但范氏似以爲裁其性行之過, 而呂氏似以爲裁其立言之非, 則范氏爲長耳. 謝氏大意近之, 但其言多病耳. 夫夫子之初心, 固在於行道, 而不在於傳道, 然豈其牢關固拒而不肯以一言稍發其秘乎. 且其志雖在於行道, 而得英材而教之, 其樂初亦不相妨也. 狂狷雖不中道, 然以聖人教人不倦之心, 恐亦無厭而薄之之意也. 況必若是而得邦家焉, 則教不素明, 材不素具, 其亦將何以自輔而有爲耶. 其後所引孟子之文, 亦非此章之意, 蓋其以簡爲狷之誤也. 呂氏亦然, 則又有過不及之說近於得之, 而意有未備, 亦非是, 當於本章辨之耳. 楊氏又私淑諸人, 恐孟子本文亦非教人之事也.

05-22. 子曰, "伯夷叔齊不念舊惡, 怨是用希."

문 백이와 숙제가 오랜 원한을 가진 것은 무엇 때문입니까?

답 소씨가 대략 말한 적이 있지만 고증할 것이 없으니 반드시 그러하다고 감히 재단할 수 없다.【소씨가 말했다. "백이와 숙제의 일은 오래전 일이라 그 말을 전하다 잃어버렸지만, 거기에서 나온 뜻에 부자지간을 이간하는 말이 있어 신생申生³¹의 일처럼 된다면 어떻겠는가? 이와 같지 않다면 또한 어찌 원한을 생각할 수 있겠는가."】

或問: 夷齊之有舊惡, 何也.
曰, 蘇氏蓋嘗言之, 然無所考, 未敢斷以爲必然也.【蘇氏曰, 夷齊之事遠矣, 傳失其辭, 意其出也. 父子之間, 有間言焉, 若申生之事與? 不若是, 則又何惡之可念哉.】

문 오랜 원한을 생각하지 않아 원망하는 이가 드물었다는 것은 무슨 뜻입니까?

답 정자의 말씀에 자세히 나와 있다. 말을 멈춘 것은 결단코 없다고 여겨서가 아니라 다만 그 간언하는 말을 믿을 수 없었을 뿐이다. 범씨와 여씨는 '원망'을 다른 사람을 원망한 것이라 여겼는데 문헌을 고증해 보면 아마도 맞지 않는 듯하다. "하늘을 즐기고 순리를 따른다."라고 범씨가 한 말은 지나치게 느슨하여 간절하지 않고, "청렴하여 원망을 멀리할 수 있었다."라고 여씨가 한 말은 이 장이 가리키는 뜻과도 맞는 것이 없어 상반될 것이다. 사씨는 거꾸로 활을 당기는 것에 대한 말로 시작하여 다른 사람을 공격하는 원한으로 끝맺었으니 문장의 뜻이 특히 서로 동떨어져 있다. 양씨는 바로 천하의 선악을 말했는데, 이 장의 뜻이 전혀 아니다. 양씨의 말과 같다면 다른 사람의 악을 어째서 깊이 생각하겠으며,

---

31 신생(?~B.C.655): 춘추시대 진晉 헌공獻公의 태자였다. 헌공이 여희驪姬를 총애하여 신생을 죽이고 여희의 소생을 후계자로 삼으려 했을 때 도망가지 않았다.

또 어찌 옛것과 새것의 선택을 하겠는가. 이끌고 지나가는 곳마다 변화하는 것도 맹자의 본뜻이 아니다.

曰, 其不念而怨希也, 奈何.
曰, 程子之言詳矣. 其於扣馬, 蓋不決然以爲無也. 但以其諫辭, 爲不可信耳. 范呂皆以怨爲人怨, 以文考之, 恐亦未當. 而范氏所謂樂天順理, 則太寬而不切, 呂氏所謂淸能遠怨者, 與此章所指, 亦無所合, 而適相反矣. 謝氏始以橫逆彎弓爲言, 而結之以攻人之惡, 則文意殊不相類. 楊氏則又直以公天下之善惡爲言, 則全非此章之意矣. 如是則他人之惡何必深念, 而又何以新舊之擇乎. 所引所過者化, 亦非孟子本意.

05-23. 子曰, "孰謂微生高直, 或乞醯焉, 乞諸其鄰而與之."

문 미생고가 식초를 얻은 내용에 대한 해설은 어떻습니까?

답 정자와 범씨의 해설이 맞다. 양씨의 해설도 맞지만 그 기미를 살피지 않아 잘못되었다.

或問, 微生乞醯之說.
曰, 程子范氏之說至矣. 楊氏亦爲得之, 則不察其幾而失之也.

문 간혹 강직하여 중용의 행동이 아니라고 하는 경우가 있다면 미생고의 일을 공자께서 어찌 아름답다고 한 것이겠습니까?

답 이 해설을 세운 것은 새롭다면 새롭겠지만 그 말로 본다면 그의 행동에 바르고 큰 정이 없음을 알 수 있다. 저 식초는 얻기 어려운 물건이 아니니 혹시 나에게 구해도 내가 그것이 없으면 바로 없다고 답할 뿐이다. 저 미생고는 나가서 다른 사람에게 식초를 구하려 했으니 어찌 식초를 얻지 못한 일을 근심하겠는가. 설령 식초가 급하고 구하기 어려운 용도가 있는 경우에는 얻을 수 있는 곳을 모르면 말해주는 것이 좋고, 구해도 얻지 못한다면 식초를 구하는 일을 가서 도와주는 것이 좋다. 지금 미생고가 식초를 이웃에서 구해오면서 식초를 구하는 사람의 뜻을 말해주려 하지 않았고, 구해온 식초를 주면서 식초를 구해온 곳을 말해주려 하지 않았다. 그가 아름다운 일을 해치고 사사로이 행했으니 좌우에 태도가 다른 것이 이와 같은데, 공자께서 어찌 아름답다 했겠는가. "은혜를 자기가 내리려고 하면 원망은 누구에게 떠맡기려고 하는가?"[32]라고 기국공沂國公 왕증王曾[33]이 말했는데, 그 말이 지당하니 그 또한 미생고가 마음먹은 일과 다를 것이다. 또 미생고가 강직하다고 한 말은 옛 성현이 미덕이 아니라고 한 적은 없었지만, 다만 그가 강직해서 남의 잘못을 지나치게 질책하는 실책을 싫어했을 뿐이다. 지금 대개 강직해서 중용의 행동이 아니라고 하는 것은, 나는 그들이 무엇을 가지고 이런 말을 하는지 모르겠다. 그렇다면 이런 사람들이 중용이라고 하는 말은 호광胡廣[34]의 중용이지 자사의 중용은 아님이 틀림없다.

曰, 或有謂直非中庸之行, 微生之事, 夫子蓋美之者, 然乎.
曰, 爲是說者, 新則新矣, 然卽其言以觀之, 有以知其無正大之情也. 夫醯非難得之物, 或乞於我, 而我無之, 則直答以無而已. 彼將去而求之他人, 豈患其不

---

32 은혜를……하는가:《송사전문宋史全文》〈송인종宋仁宗〉에 나온다.

33 왕증(978~1038): 북송北宋의 관료다. 자는 효선孝先, 시호는 문정文正이다. 진종眞宗 함평咸平 5년(1002)에 벼슬을 시작하여 인종仁宗때 재상을 역임했다. 강직한 성품으로 외척의 발호를 저지하다가 좌천된 일도 있었으나 다시 중용되어 기국공沂國公에 봉해졌다. 저서로《왕문정공필록王文正公筆錄》이 있다.

34 호광(91~172): 후한後漢의 관료다. 안제安帝 때 효렴孝廉으로 천거되어 문장으로 이름났고 사람됨이 겸손하여 여섯 황제를 섬기면서 정치적으로 혼란한 시기에도 높은 관직을 역임했다. 후대에는 권신들에게 구차하게 아첨했다는 비판을 받았다.

得哉. 設其有急難之用, 而不知可得之處, 則告之可也. 求之而不得焉, 則往助其求可也. 今微生高之乞諸鄰也. 必不告以求者之意, 其與之也. 必不告以得之之所, 其掠美行私, 左右異態如此. 夫子尙何美之云哉. 善乎沂國王文正公之言曰, 恩欲已出, 怨使誰當, 至哉言, 其亦異乎微生之用心矣. 且直之爲言, 在昔聖賢未有以爲非美德者, 特惡其直而失於絞訐而已. 今槪以直爲非中庸之行, 吾不知其何所取而爲斯言耶. 然則斯人之所謂中庸者, 乃胡廣之中庸, 而非子思之中庸必也.

05-24. 子曰, "巧言令色足恭, 左丘明恥之, 丘亦恥之. 匿怨而友其人, 左丘明恥之, 丘亦恥之."

문 좌구명은《춘추》에 전傳을 단 사람이 아닙니까?

답 알 수 없다. 담조啖助[35], 조광趙匡[36], 육순陸淳[37]이《춘추집전찬례春秋集傳纂例》[38]에서 분석한 것이 자세하다. 정자는 대체로 그 설을 인용했고, 범씨, 여씨, 양씨는 진실로 당대의 인물이라고 말했다. 아버지의 친구

---

35 담조(724~770): 당唐의 학자로 자는 숙좌叔佐다. 지방관을 역임하다 관직을 그만두고 은거하며《춘추》연구에 전념하여 10년만에 기존의 주석이 모두 잘못되었음을 지적하며《춘추집전春秋集傳》을 저술했다.

36 조광(?~?): 당의 학자. 담조의 문인으로 담조의 저술을 보정하고 그의 춘추학을 계승했다. 저서는 전해지지 않고《춘추집전찬례》에 그의 설이 수록되어 있다.

37 육순(?~806): 당의 관료로 자는 백충伯沖, 시호는 문통文通, 나중에 질質로 개명했다. 국자박사國子博士, 태자시독太子侍讀 등을 역임했다. 담조와 조광의 문인으로 그들의 설을 종합하여《춘추집전찬례》,《춘추미지春秋微旨》,《춘추집전변의春秋集傳辨疑》등의 저술을 남겼다.

38 《춘추집전찬례》: 담조의《춘추집전》을 기반으로 육순이 당시의 설을 모아 저술한《춘추》주석서다.

인 저작좌랑著作佐郞 등명세鄧名世[39]가 성씨를 고찰한 글에서 "이 사람은 대개 '좌구'가 성姓이고 '명'이 이름이다. 《춘추》에 전傳을 단 사람은 바로 좌씨일 뿐이다."라고 했다. 등씨의 이름은 명세이고, 자는 원지元至라고 한다.

或問, 左丘明非傳春秋者耶.
曰, 未可知也. 晱趙陸氏辨之於纂例詳矣. 程子蓋因其說, 而范呂楊氏則固以爲當世之人也. 先友鄧著作名世考之氏姓書曰, 此人蓋左丘姓而明名, 傳春秋者乃左氏耳. 鄧名名世字元至云.

05-25. 顔淵季路侍子曰, "盍各言爾志?" 子路曰, "願車馬衣輕裘, 與朋友共敝之而無憾." 顔淵曰, "願無伐善無施勞." 子路曰, "願聞子之志." 子曰, "老者安之, 朋友信之, 少者懷之."

문 25장이 가리키는 것은 무엇입니까?

답 정자의 말에 남김없이 온축되어 있으니 배우는 사람은 숙독해서 깊이 음미해야 한다. 다만 그 문장을 즐기기만 해서는 안 된다.

或問二十五章之指
曰, 程子之言無餘蘊矣. 學者宜熟讀而深味之, 不可但玩其文而已也.

---

39 등명세(?~?): 북송 말 남송초의 관료로 자는 원지元至다. 비서성정자祕書省正字, 저작좌랑著作佐郞 등을 역임했으며 진회秦檜의 눈 밖에 나서 정직을 당했다. 《춘추》와 역사에 밝았으며 저서로 《춘추논설春秋論說》, 《춘추류사春秋類史》, 《좌씨운어左氏韻語》, 《춘추공자보春秋公子譜》, 《국조재상연표國朝宰相年表》 등을 남겼다.

|문| 그렇다면 정자께서 안연의 마음[40]이 그런 마음을 가진 것에서 나왔다고 하셨는데, 만약 성인이 마음이 없다고 한다면 그런 말 또한 공허하고 적막한 상태로 흐르는 폐단이 아닙니까?

|답| 이 때문에 그가 마음을 말한 것이다. 또한 뜻을 말했을 뿐이라면 어찌 기록이 틀리지 않은 것을 알았겠는가.

曰, 然則其以顔子之心, 爲出於有心, 疑若以聖人爲無心者, 不亦淪於空寂之弊乎.
曰, 是其言心, 亦若意之云爾, 且安知其非紀錄之或誤乎.

|문| 정자는 공자와 안연의 천리天理와 성분性分의 구별은 자로가 미치지 못했다고 하였는데 지금 그 내용을 보아도 빠진 것을 보충한 내용이 있습니까?

|답| 나는 자로의 말이 아마도 포부와 기개[志氣]의 발동일 것이라고 생각한다.

曰, 其言孔顔天理性分之別, 而不及子路, 以今觀之, 亦有以補其闕耶.
曰, 吾意子路之言, 其或志氣之發也.

|문| 정자가 자로를 기수에서 목욕한 것[浴沂][41]에 버금간다고 한 것은 무엇 때문입니까?

|답| 그 가슴에 품은 개운함을 취하여 사물에 얽매이는 것이 없는 것을 말

---

40 안연의 마음: 안연은 공자가 뜻한 것을 묻자 "선함을 자랑하지 않고 남에게 힘든 일을 시키지 않기를 원합니다.[願無伐善無施勞]"라고 대답한 것을 말한다.

41 기수에서……것: 공자가 몇몇 제자에게 각자가 가진 뜻을 말해 보라고 하자, 증석 曾晳이 기수에서 목욕하고 무우舞雩에 올라가 바람을 쐬고 노래하며 돌아오겠다고 대답한 고사에서 유래하며 명리를 잊고 유유자적한 것을 가리킨다. 《논어》 〈선진〉.

했을 뿐이다. 사씨는 매번 자로를 가리켜 "머물 곳을 나누기 어려워도 가려내고 하지 말아야 할 것은 곧바로 하지 않으니 진실로 백세의 스승이다."[42]라고 했는데, 어찌 이러한 견해가 있는가. 세상의 학자들은 이 것을 살피지 않고 가벼이 용맹을 좋아한다고 했지만 이는 다만 맹분孟賁[43]과 하육夏育[44]의 무리를 말할 뿐이니 그 또한 잘못일 것이다. 장자도 정자의 뜻과 같지만 삼락三樂을 말씀하셔서 그 말씀이 조금 거칠고, 내외를 합해서 그 인仁을 이룩한다고 하신 말씀은 또한 성인의 뜻을 잘 형용했다.

범씨는 정자의 뜻을 따랐지만 자로를 논한 내용은 매우 수준이 낮으니 그 또한 정자가 자로에 대하여 기수에서 목욕한 것에 버금간다고 논한 말을 살피지 않았던 것인가? 여씨의 말과 같다면 또한 이미 언급한 해설은 모두 성현의 뜻을 밝히기에 부족하다.

사씨는 자로가 뜻을 가진 것이 도의 병통에 이르렀다고 해서 두 선생이 뜻을 독실하게 할 수 없고 버리게 할 수 없는 것에 대하여 하고자 한 것에 생각을 낸 점이 있는데, 이는 진실로 노장과 불교의 군더더기 같은

---

42 머물······스승이다: 《상채어록上蔡語錄》 권1에 "자로를 '백세의 스승이다.'라고 한 것은, 그가 한번 마음먹으면 버리기 어려운 것을 굳게 지켜, 하고자 하지 않으면 절대로 하지 않았기 때문이다. 그러므로 맹자는 그를 순임금이나 우임금과 같은 부류에 놓고 칭송한 것이다.[子路百世之師, 揀難割捨底, 要不做便不做, 故孟子將來與舜禹作一處擧揚.]"이라는 말이 있다.

43 맹분(?~B.C.307): 전국시대 진秦의 장사다. 살아있는 소의 뿔을 뽑을 수 있었고, 고함치면 소리가 하늘을 진동시켰다는 일화가 있다. 후대에 하육과 함께 분육賁育이라 불려 힘이 센 사람들을 가리키는 대명사가 되었다.

44 하육(?~?): 춘추시대 위衞의 장사다. 채택蔡澤이 범수范雎에게 은퇴를 종용하면서 하육이 용맹했으나 물러날 줄 몰라 평범한 사람에게 죽었다는 일화를 들어 설득하는 것에 언급되었다.

말이다. 또한 공자께서 뜻을 가진 것이 아니라고 한 말은 자로의 질문에 대답한 것이니 그 말도 매우 용납되기 쉬울 것이다. 대체로 그가 논한 기수에서 목욕한다는 것은 '바람을 타고 날아가며[御風]'[45], '무엇을 생각하고 무엇을 염려하는'[46] 따위니, 매번 이와 같이 한다면 아끼는 사물에 정신을 빼앗긴 나머지 뜻을 잃어버린다는 한 마디에서 일어나 도리어 노장과 불교에 이른 줄 모르는 것이 어찌 아니겠는가.

육구령陸九齡[47]이 이것을 논하여 '사씨 같은 사람은 정자 문하의 술에 취한 사람인 격에서 벗어나지 못한다.'라고 한 적이 있는데, 대체로 옳다. 그러니 배우는 사람은 경계하지 않으면 안 된다. 육구령의 이후 해설은 좀 더 요약되었지만 그가 다시 부작용을 말한 것도 이 해설의 뜻(노장과 불교의 군더더기 같은 말)과 같다. 유씨의 해설도 매우 지리하고 문장의 뜻도 통하지 않는다.

양씨는 오로지 뜻의 크기만 가지고 말해서 그 양을 비교했을 뿐이니 진실로 그 실체를 가리키지는 못했다. 또한 자로와 안연이 모두 인仁에 뜻을 둔 일의 경우에 양씨는 두 사람을 안 것이 얄팍했고, 안연에 대해서 양씨가 정의한 것은 더욱 잘못되었다. 윤씨는 홀로 스승의 해설을 힘써 외운 것을 넘어 안연과 자로의 차이에 대해서 더하거나 덜한 것이 없

---

45 바람을……날아가며:《장자莊子》〈소요유逍遙遊〉에 나오는 말이다.
46 무엇을……염려하는:《주역》〈계사繫辭 상〉에 나오는 말이다.
47 육구령(1132~1180): 남송의 유학자로 자는 자수子壽, 호는 복재復齋, 시호는 문달文達, 육구연陸九淵의 형이다. 도학파의 개념을 일부 수용하였으나 정이程頤에 대해 비판적인 입장을 가졌고, 자득自得을 강조하여 육구연의 사상에 영향을 주었다. (이동욱,〈육구연과 도학道學의 관계 연구 - 육구령陸九齡과의 관계를 중심으로〉,《양명학》29, 한국양명학회, 2011)

지만 그가 어찌 말할 수 없었겠는가. 그는 반드시 그 말에 대해서 묵묵히 알고자 해서 그 바꿀 수 없는 것을 깊이 알았을 것이다.

이 밖에는 장식張栻이 정자의 설을 널리 인용했는데 그 뜻도 좋다. 【장식이 말했다. "사람의 불인不仁함은 자기에게 있는 것을 지나치게 즐기기[病] 때문이다. 그러므로 (자로는) 의복과 거마車馬의 사이라도 이 마음을 보존하지 않은 적이 없었다. 자로는 아마 사물의 사이에서 자신의 사욕을 먼저 제거하려고 한 자일 것이니, 그의 뜻은 독실하게 노력하였다고 이를 만하다는 것도 사실일 것이다. 안연은 확 트여 매우 공정하여 사물과 자신의 틈이 없었으니, 이른바 '성誠에 이르려고 노력하는 것은 사람의 도다.'[48]라는 것과 같다. 공자는 하늘과 같이 순일하고 사물은 각각의 사물에 맡겨두어 그 분수에 머물러 얻지 못하는 것이 없었으니, 바로 '성誠은 하늘의 도다.'[49] 라는 것이다. 그러므로 배우는 사람이 인仁을 구하는 데 뜻을 두면 자로의 일도 소홀해서는 안 된다. 응당 이처럼 힘쓴 뒤에야 안연의 일을 점차 이룰 수 있을 것이다. 만약 고원한 것을 그리워하여 비근한 것을 소홀히 한다면 또한 그 뜻을 잃고 등급을 뛰어넘어 죽을 때까지 이루는 것이 없을 것이다."】

曰, 其以子路爲亞於浴沂者, 何也.

曰, 取其胸懷灑落, 無所繫累於物而言耳. 謝氏每稱子路, 揀難割舍底, 要不做便不做, 以爲眞百世之師者, 豈其有見於此歟. 世之學者, 不察於此, 輕以好勇議之, 以爲是特賁育之倫耳. 其亦誤矣. 張子亦猶程子之意也. 但三樂之云, 立語稍疏, 而所謂合內外而成其仁者, 則亦善形容聖人之志者. 范氏蓋祖述程子之意, 但其所以論子路者, 則太卑矣. 其亦未察於程子亞於浴沂之論乎. 若呂氏之語, 則亦皆未足以明聖賢之意. 謝氏以有志爲至道之病, 而欲二子於不篤不

---

48 성에……도다: 《중용》에 나오는 말이다.
49 성은 하늘의 도다: 《중용》에 나오는 말이다.

捐之間, 有所省發, 此正老佛之餘論也. 又以夫子所言爲非志, 而聊以答子路之問, 則其言亦太容易矣. 蓋其所論浴沂御風, 何思何慮之屬, 每每如此, 豈非有所發於玩物喪志之一言, 而不知其反以至於斯乎. 陸子壽嘗論此, 以爲如謝氏者, 未免爲程門之醉人, 蓋得之矣. 學者不可以不戒也. 其後說則差約矣, 然其曰更不作用者, 亦猶此說之意也. 游氏之說, 則亦太支離矣. 而於文義亦不通也. 楊氏專以志之廣狹爲言, 則徒校其量, 而未及實指其體也. 又以二子皆爲志於仁者之事, 則淺乎其知二子, 而於顏氏尤非所以名之也. 尹氏獨超然謹誦師說, 而無所增損於其間, 夫豈其不能言哉. 蓋必有默識於其言, 而深知其不可易者矣. 此外則張敬夫廣推程子之說, 其意亦善.【張曰. 人之不仁, 病於有已, 故雖衣服車馬之間, 此意未嘗不存焉. 子路蓋欲先去其私於事物之間者, 其志可謂篤而用工, 亦實矣. 至於顏子則幾於廓然大公而無物我之間矣, 然猶所謂誠之者, 人之道也. 至於孔子則純乎天矣, 物各付物, 止於其分而無不得焉, 此誠者天之道也. 然而學者有志於求仁, 則子路之事亦不可忽, 要當如此用力, 然後顏子之事可以馴致, 若慕高遠而忽卑近, 則亦妄意躐等, 終身無師成就而已耳.】

05-26. 子曰, "已矣乎. 吾未見能見其過而內自訟者也."

문 26장의 해설은 어떻습니까?

답 정자의 해설이 제일 낫고, 범씨와 양씨의 해설도 좋다. 다만 윤씨는 정자의 해설을 조술했지만 첫 구절을 없애고 나서 곧바로 "잘못을 아는 것은 어려운 일이 아니다."라고 하였으니,[50] 그것도 틀렸다. "그 잘못을

---

50 윤씨는……하였으니: 윤씨는 정자의 말(무릇 스스로 자신의 잘못을 아는 사람이 드물다. 그러나 허물을 아는 것이 어려운 것이 아니라, 스스로를 꾸짖는 것이 어려운 일이다. 스스로를 꾸짖기를 멈추지 않는다면, 어찌 허물을 고치지 않음이 있겠는가.[夫人能自知其過者鮮矣. 然知過非難也, 能自訟之爲難. 自訟不置, 能無改乎?]) 중 '사람은 스스로 그 잘못을 알 수 있는 사람이 드물다.[夫人能自知其過者鮮矣]'라는 구

보면 다른 사람의 잘못을 보게 된다."라고 사씨가 말한 것은 경문 문장의 뜻에 통하지 않고, 마음속으로 자책하는 것을 마음속으로 성찰하는 것에 비유했지만 성찰은 자책과 그 힘을 쓰는 것이 다르다. 장자의 말에 '사람에게 잘못이 있으면 그 좋은 것과 나쁜 것을 보고 매우 나쁜 것을 질책하고 마음속으로 그 나쁜 것을 자책한다.'고 했다. 장자의 뜻도 사씨와 같지만 그 좋은 점을 보는 것은 범씨의 해설과 같은데, 이는 적절하지 않은 듯하다.

或問, 二十六章之說.
曰, 程子至矣, 范楊亦善. 但尹氏述程說而去其首句, 則直以知過爲非難者, 其亦誤矣. 謝氏以見其過爲見他人之過, 則於文義有不通, 以內自訟爲內省之比, 則省之於訟, 其用力亦不同矣. 張子有言, 人有過, 則曰觀其黨否, 疾已甚否, 內自訟否. 其意亦若謝氏, 而觀其黨則若范氏之說也. 此恐亦未安也.

05-27. 子曰, "十室之邑必有忠信如丘者焉, 不如丘之好學也."

문 마지막 장의 해설은 어떻습니까?

답 정자의 뜻은 빈틈이 없지만 어세語勢가 조금 어긋났다. '충신忠信은 바탕이다.'라고 한 것은 '이른바 충신은 타고난 바탕(천성)의 측면에서 말한 것이다.'라고 말하는 것과 같다. 타고난 바탕을 말하면 다른 사람과 차이가 없으니, '타고난 바탕을 말하면 다른 사람의 충신은 참으로 성인

절을 삭제하고 그 뒤의 내용도 다음과 같이 축약했다. "잘못을 아는 것은 어려운 것이 아니지만 자책하는 것이 어려운 것이다. 자책하고 내버려두지 않는다면 어찌 고칠 수 없겠는가.[知過非難, 自訟爲難. 苟自訟不置, 能無改乎.]"

과 같은 점이 있다.'라고 말하는 것과 같다. 그러나 지금 말이 분명하지 않지만, '성인의 바탕은 일반 사람과 전혀 차이가 없다.'라고 여긴 듯하니, 옳지 않다.

범씨와 여씨는 모두 성인이 반드시 배워서 알기를 기다린 것이라고 여겼으니, 대개 이것이 말을 가설하여 사람에게 배우도록 권면한 뜻임을 이해하지 못한 것이다. 또 공자의 말도 '반드시 나처럼 충신한 사람이 있다.'라고 말했을 뿐, 일마다 모두 자기와 같다고 한 것이 아니다. 여씨는 끝내 '충신'이 성인의 바탕이 된다고 여겼는데 이 또한 틀렸다. 가령 성인의 바탕이 있다면 스스로 배우지 않을 리가 없으니, 바로 애초에 문자와 사우師友의 전승이 없게 해도 홀로 알아 먼저 깨닫는 것에 해롭지 않을 것이다. '자신을 다하여 속이지 않는다.'라고 한 말 이하는 좋다.

사씨가 '충신'은 또 그 이전의 해설과 같다고 하였으니, 그 잘못됨이 분명하고 심하지만, 지금 다시 변별하지 않는다. 양씨의 해설과 같다면 또한 사람마다 모두 성인의 바탕이 있으니 열 집을 모은 뒤에 충신을 가질 필요가 없을 것이다. 그러나 '공자는 성현이라 자처하지 않으셨다.'라고 논한 말 이하는 좋다. 윤씨는 정자의 해설을 써서 '사람이라면 누가 바탕이 없겠는가.'라고 했는데, 이 해설 또한 여씨와 양씨의 오류에서 벗어나지 못했다. 그는 정자의 말씀에 대하여 대체로 살피지 못한 점이 있다.

호씨의 설도 발명한 것이 있다. 【호씨가 말했다. "열 집이 사는 작은 마을에도 오히려 공자처럼 충신한 사람이 있는데, 하물며 천하의 넓은 땅덩이와 만민의 많은 무리와 천년의 긴 기간 동안 배워서 성인의 경지에 들어갈 수 있는 사람도 많았을 것이다. 그러나 맹자 이후로 지금까지 글을 읽고 학문하는 사람이 세상에 끊이지 않았지만, 증자와 민자건 같은 사람을 찾아도 한두 명 꼽을 수 없

는 것은 공자가 좋아한 배움이 무엇인지도 모르면서 좋아했기 때문이다."】

或問, 卒章之說.

曰. 程子之意到而語勢小戾. 其曰忠信質也. 猶曰所謂忠信, 以其生質而言耳. 語生質則不異於人, 猶曰語生質, 則人之忠信, 固有與聖人同者耳. 今其語不分明, 似以爲聖人之質, 全與衆人無異者, 則失之矣. 范呂皆以爲聖人必待學而知, 蓋不悟此爲設辭以勉人學之意也. 且夫子之言, 亦曰必有忠信如丘者耳, 非謂事事皆如己也. 呂氏遂亦以忠信爲聖人之質, 則又誤矣. 若使果有聖人之質, 自無不學之理. 正使初無文字師友之傳, 亦不害其獨知先覺也. 其言自盡不欺以下則善. 謝氏忠信又如其前說之云, 其失甚明, 今不復辨. 如楊氏說, 則亦人人皆有聖質. 不待積十室而後或有之也. 然其論夫子不以聖賢自居以下則善. 尹氏用程子說, 而人誰無質之云, 亦不免呂楊之誤, 其於程子之言, 蓋有所未察者矣. 胡氏之說, 亦有所發明云.【胡氏曰, 十室之邑, 尙有忠信如孔子者, 況以天下之大, 萬民之衆, 千歲之遠, 其可以學而入聖者宜亦多矣. 然自孟子之後, 以至于今, 讀書學問者不絶於世, 而求如曾閔者不能以一二數, 則以不知孔子所好之學而好之耳.】

6. 옹야雍也

06-01. 子曰, "雍也可使南面."

문 중궁에게 임금의 자질이 있다고 했는데, 어떻게 그런지 알 수 있습니까?

답 〈공야장〉에 '불녕不佞'을 나무라는 말씀이 있고, 이 다음 장에 '공경함에 머무르고 간략하게 행한다.'에 대한 답변을 미루어 보면 그 연유를 알 수 있다. 사씨가 '간략함으로 임하고, 장엄함으로 대한다.'라고 했는데 설득력이 있다. 그러나 그 깊고[深厚] 넓은[廣博] 역량이 마땅히 다른 사람의 위에 있어야 한다는 뜻은 드러내지 못하였다.

或問, 仲弓之有人君之度 何以知其然耶.
曰, 以前篇不佞之譏, 後章居敬行簡之對, 而有以知其然也. 謝氏以爲簡以臨之, 莊以涖之. 蓋近之矣. 然其深厚廣博, 宜在人上之意, 則未之發也.

문 다른 학자의 주장은 어떻습니까?

답 (정자께서) '재덕才德'이라고 하시면서 중궁의 장점을 잘 드러냈다. 경문에서 '남면南面'이라고 하고 '위정爲政'이라고 하지 않은 것은 아마도 '덕德'에 주안을 두고 하신 말씀인 것 같다. 범씨의 논증은 타당하다. 사씨와 양씨는 중궁仲弓을 '인仁하다'라고 여겼는데, 〈공야장〉에서 부자께서 어떤 사람의 질문에 대답한 말[1]을 잘 이해하지 못한 것 같다.

曰. 諸說何如.

曰. 才德之云, 足以兼仲弓之所長矣. 然此曰南面, 而不曰爲政, 則疑其主於德而言也. 范氏之証, 亦爲得之. 謝楊遂以仲弓爲仁, 則亦未達乎前篇夫子所以對或人之文意耳.

06-02. 仲弓問子桑伯子. 子曰, "可也簡." 仲弓曰, "居敬而行簡, 以臨其民, 不亦可乎? 居簡而行簡, 無乃大簡乎. 子曰, "雍之言然."

문 자상백자子桑伯子는 어떤 사람입니까?

답 호씨는 "《장자》에서 말한 '자상호는 맹자반, 자금장과 친구 사이다.'"[2]라고 했으니, (자상호는) 대개 노씨老氏의 부류이다. 《공자가어孔子

---

1 부자께서……말: "어떤 사람이 '옹雍은 인仁하나 말재주가 없습니다.' 하니, 공자께서 말씀하셨다. "말재주를 어디에다 쓰겠는가? 말재주 있는 사람은 구변口辯으로 남의 말을 막아서 자주 남에게 미움만 받을 뿐이니, 그가 인仁한지는 모르겠으나, 말재주를 어디에다 쓰겠는가?[或曰, 雍也仁而不佞. 子曰, 焉用佞, 禦人以口給, 屢憎於人. 不知其仁, 焉用佞.]"《논어》〈공야장〉)

2 《장자》에서……사이다: "자상호, 맹자반, 자금장 세 사람이 서로 사귀면서 말했다.[子桑戶, 孟子反, 子琴張, 三人與友.]"《장자莊子》〈대종사大宗師〉)

家語》에서 '공자가 (자상백자를 만났더니) 의관을 갖추지 않은 채 거처하였다.'라고 했는데[3], 본디 예법을 경시한 것이다. 장생莊生(장자莊子)이 말한 대로이다.

或問, 子桑伯子何人也.

---

3 《공자가어》에서……했는데: 《공자가어》에는 이 내용이 보이지 않는다. 이 말은 《설원》〈수문修文〉에 다음과 같이 나온다. "공자孔子께서 '괜찮지만 간략하다.'라고 말씀하셨다. '간략하다'는 것은 꾸밈없이 소박하다는 것이며, 꾸밈없이 소박하다[易野]는 것은 예의와 문채가 없다는 것이다. 공자께서 자상백자를 만나셨을 때, 자상백자는 의관衣冠을 갖추지 않은 채 거처하고 있었다. 제자가 '선생님께서는 어찌하여 이런 사람을 만나십니까?'라고 하니, 공자께서 말씀하셨다. '그 바탕은 아름다우나 꾸밈이 없으니, 내가 그를 설득하여 꾸밈을 더해주고 싶다.' 공자께서 떠나자 자상백자의 문인이 기뻐하지 않으며 '어찌하여 공자를 만나셨습니까?'라고 하니, 자상백자가 대답했다. '그의 바탕은 아름다우나 꾸밈이 너무 번잡하니, 내가 그를 설득하여 그 꾸밈을 없애주고 싶다.' 그러므로 '꾸밈과 바탕이 잘 조화된 사람을 군자君子라 하고, 바탕만 있고 꾸밈이 없는 사람을 꾸밈없이 소박한 사람이라 한다.' 자상백자는 꾸밈없이 소박한 사람으로, 사람의 도[人道]를 소나 말과 같게 만들려고 하였기에, 중궁이 '지나치게 간략하다'고 말한 것이다. 위로는 현명한 천자天子가 없고 아래로는 어진 방백方伯이 없어 천하가 무도無道하여 신하가 임금을 시해하고 아들이 아비를 시해할 때, 힘으로 그들을 토벌할 수 있다면 토벌하는 것이 옳다. 공자의 시대에는 위로 현명한 천자가 없었다. 그러므로 '옹雍(중궁仲弓)은 남면南面하게 할 만하다.'고 말씀하신 것이다. '남면한다'는 것은 천자가 되는 것이다. 옹이 '남면할 만하다.'고 칭송받은 이유는, (중궁이) 자상백자에 대해 공자께 여쭈었을 때, 공자께서 '괜찮지만 간략하다.'고 하셨기 때문이다. 이에 중궁이 '공경함에 머무르면서 간략하게 행하여 백성을 이끈다면 괜찮지 않겠습니까? (마음마저) 간략함에 머무르면서 간략하게 행한다면, 이는 너무 간략하지 않겠습니까?'라고 하였다. 그러자 공자께서 말씀하셨다. '옹의 말이 옳다.' 중궁은 백성을 교화하는 기술[化術]에 통달했고, 공자는 왕도王道에 밝았지만, 중궁의 말에 더할 것이 없었다.[孔子曰可也簡. 簡者, 易野也, 易野者, 無禮文也. 孔子見子桑伯子, 子桑伯子不衣冠而處, 弟子曰, 夫子何爲見此人乎? 曰, 其質美而無文, 吾欲說而文之. 孔子去, 子桑伯子門人不說, 曰, 何爲見孔子乎? 曰, 其質美而文繁, 吾欲說而去其文. 故曰, 文質脩者謂之君子, 有質而無文謂之易野, 子桑伯子易野, 欲同人道於牛馬, 故仲弓曰太簡. 上無明天子, 下無賢方伯, 天下爲無道, 臣弒其君, 子弒其父, 力能討之, 討之可也. 當孔子之時, 上無明天子也, 故言雍也可使南面, 南面者天子也, 雍之所以得稱南面者, 問子桑伯子於孔子, 孔子曰, 可也簡. 仲弓曰, 居敬而行簡以道民, 不亦可乎? 居簡而行簡, 無乃太簡乎? 子曰, 雍之言然. 仲弓通於化術, 孔子明於王道, 而無以加仲弓之言.]"

曰. 胡氏以爲莊子所稱子桑戶. 與孟子反. 子琴張爲友者. 蓋老氏之流也. 然家語亦云孔子見其不衣冠而處. 則固略於禮法. 如莊生之所稱矣.

문 부자께서 자상백자를 두고 괜찮다[可] 여기시고, 또 '간簡'으로 칭찬했는데, 왜 그렇습니까?

답 정자의 학설이 타당하다. 사씨는 '남면할 만하다.'라고 했는데 아마도 타당하지 않은 것 같다. 유씨와 양씨는 정자께서 '온전하게 좋은 것은 아니다.'라고 하신 말씀을 보지 못했다. 윤씨 또한 (정자의) '진선盡善'을 근거로 하지 않고, 오로지 '거경居敬'만 가리켜 해석했으니, 이처럼 한다면 다시는 '가可하다.'라고 말할 수 없다. 부자께서는 단지 그 사람이 괜찮다고 하시면서 '간簡'으로서 괜찮다고 여기신 근거를 밝히신 것이다. 설령 '거간居簡'이라고 말씀을 부정확하게 하는 실수가 있었지만, 이른바 '가可'라고 하는 것은 '온전하게 좋지는 않다.'라는 뜻이다. 중궁은 성인의 은미한 뜻을 묵묵히 따르면서 '거경'과 '거간'이 같지 않음을 분별하니, 부자께서 깊이 인정하신 것이다.

曰. 夫子以子桑伯子爲可而. 又以簡稱之. 何也.
曰. 程子之說得之矣. 謝氏以爲亦可南面. 則恐失之. 游楊旣不見程子未盡善之意. 尹氏又因未盡善之說. 而專指其居敬爲言. 若是則不復得以可爲言矣. 大率夫子之意. 但言其人之可. 而以其簡者明其所以可. 雖不正言其居簡之失. 而所謂可者. 固有未盡善之之意矣. 仲弓乃能默契聖人之微旨. 而分別其居敬居簡之不同. 夫子所以深許之也.

문 '거경居敬'과 '거간居簡'은 왜 다릅니까?

답 '경敬'으로 몸가짐을 추스리면 마음이 흩어지지 않고 의義와 예禮가 밖으로 밝게 드러난다. 그러므로 일할 때 자연히 요점을 갖추게 되어, 번잡하고 요란한 잘못이 없다. 만약 처신하기를 이미 '간簡'에 힘썼는데, 또 행동할 때 모두 '간'으로 처리한다면 의리와 준칙이 안에서 밝지 않고, 기강과 법도가 밖으로 지켜지지 않는다. '태간太簡'의 폐해는 이루 다 말할 수 없다. 정자께서 이미 곡진히 그 요지를 말씀하셨으니, 심사숙고하는 것이 좋다. 만약 범씨처럼 오직 '간'만을 백성을 대하는 도리로 삼는다면 이는 '공경함에 머무르는 것[居敬]'이 백성을 대하는 것과는 관계가 없게 되어 안과 밖이 나뉘게 된다. 그리고 자상백자子桑伯子가 행한 간략함이 어찌 요堯·순舜의 다스림과 같은 선상에 놓고 말할 수 있겠는가.

사씨는 '거경居敬'을 큰일을 처리하는 것으로 보고, '거간居簡'을 자잘한 일을 생략하는 것으로 본 듯한데, 이 또한 타당하지 않은 것 같다. 무릇 군자는 일의 많고 적음이나 크고 작음에 상관없이 감히 소홀히 하지 않으니, '공경함[敬]'이 어찌 큰일을 처리하는 데에만 해당되겠는가. 그리고 공경함에 머무르면서 간략함을 행한다는 것은 자연스럽게 이치를 터득하여 번거롭지 않게 됨을 말하는 것이지, 무언가를 생략한다는 뜻이 아니다. 만약 생략하는 바가 있다면 아무 일도 하지 않는 사람과 다를 바가 없을 것이다.

유씨의 말은 치밀하지 못한 점이 있는 듯하고, 양씨의 '간략하면서도 자세하다.'는 설은 또한 군더더기일 뿐만 아니라 편협하다.

曰, 居敬居簡之不同, 何也.
曰, 持身以敬, 則心不放逸而義禮著明, 故其所以見於事者, 自然操得其要, 而無煩擾之患. 若所以處身者, 旣務於簡, 而所以行之者, 又一切以簡爲事, 則是義理準則, 旣不素明於內, 而紀綱法度, 又無所持循於外也. 太簡之弊將, 有不可勝言者矣. 程子之言, 蓋已曲盡其旨, 熟考而深思之可也. 若范氏專以簡爲臨民之道, 則是居敬者無與乎臨民, 而內外判矣. 且子桑伯子之行簡, 其於堯舜之事, 又豈可同日而語哉. 謝氏似以居敬爲擧其大, 居簡爲略其細, 疑亦未安. 夫君子無衆寡, 無小大無敢慢, 敬豈獨爲擧其大哉? 且居敬而行簡者, 自然理得而不煩之謂, 亦非有所略也. 有所略則與不事事者無以異矣. 游氏語若有未密者, 楊氏簡而廉之說, 亦贅而且狹矣.

문 중궁은 '거간행간居簡行簡'을 '태간太簡'이라고 해석했는데, 정자께서는 '불간不簡'이라고 풀었습니다. 왜 그렇습니까?

답 정자는 그가 '간簡'에 마음을 두는 것에 대해서 말씀하셨을 뿐이다. 하지만 안으로 도를 헤아리지 않고 밖으로 법도를 지키지 않으면 한 때는 무사할 수 있으나 시간이 흐르면 폐단이 생겨나 변고가 많음을 감당할 수 없다.

曰, 仲弓以居簡行簡爲太簡. 而程子以爲不簡, 何也.
曰, 程子以其有心於簡而言耳. 然內無道揆, 外無法守, 苟以無事於一時可也. 久則蠱弊生焉, 將不勝其多事矣.

문 범씨의 주장은 어떻습니까?

답 이 또한 한 때를 언급한 말에 지나지 않는다. 상호 발명하는 뜻이 반드시 있는 것은 아니다. 사씨의 주장 또한 대개 이런 뜻인데 말이 조금 느슨하다. 부자께서 중궁이 남면할 수 있는 인물이라고 인정한 것은 그가 이런 것을 알았기 때문에 인정한 것이 아니다.

曰, 范氏之說何如.
曰, 此亦記一時之言耳. 未必有相發明之意也. 謝氏說, 蓋亦此意而辭差緩, 然夫子之許仲弓以南面者, 又非以其知此而許之也.

06-03. 哀公問, "弟子孰爲好學. 孔子對曰, "有顏回者好學, 不遷怒, 不貳過. 不幸短命死矣, 今也則亡, 未聞好學者也."

문 한자韓子[4]의 '불이과설不貳過說'은 어떻습니까?

답 우리 선생님께 들은 적이 있다. 정자께서 "'불이과不貳過'는 생각이 조금만 어긋나도 놓아두면 마치 얼음이 녹는 것 같아 마음에 다시 자리를 잡을 수 없다."라고 하셨는데, 만약 한자의 말대로 한다면 마음에 항상 허물이 있어 바로 막히지만, 밖의 구체적 사건으로 드러나지 않게 할 뿐이니, 어떻게 안자顏子의 경지에 이를 수 있겠는가. 그가 '과過'를 논한 것은 옳으나, '불이不貳'를 논한 것은 틀렸다. 배우는 이는 반드시 살펴서 분별해야 한다.

或問, 韓子不貳過之說何如.

曰, 愚嘗聞之師矣. 曰, "程子云, 不貳過者, 念慮小差, 隨卽氷釋, 不復形於心術之間. 若如韓子之言, 則是心常有過, 而直遏閉之, 使不形於事爾, 亦何足以爲顏子乎. 蓋其所論過字則是, 而所以爲不貳者則非, 學者不可不審而別之也.

---

4 한자: 한유韓愈를 말한다. 《주자어류朱子語類》애공문제자장哀公問弟子章에 한유의 '불이과설不貳過說'에 대한 주자와 그 제자의 비평 문답이 보인다. "제자가 '불이과不貳過는 잘못이 조금이라도 있으면 곧바로 그치는 것입니다. 한퇴지韓退之가 말과 행동으로 두 번 드러내지 않는 것[不二之於言行]이라고 한 것은 오히려 너무 거친 해석입니다.'라고 하자, 주자가 '본래 글의 뜻이 그렇지 않다.'라고 답하였다. 다시 '불이과는 그래도 허물이 남아있는 것이지만, 노여움을 옮기지 않음[不遷怒]은 이미 성인聖人의 경지에 이른 것이니, 단지 이 한 가지 일만 그 경지에 도달한 것입니다.'라고 묻자, (주자가) '옮기지 않는다[不遷]고 말하는 순간, (그것은) 성인의 노여움과는 또한 약간의 차이가 있다.'라고 하였다. (제자가) '그렇다면, 정자程子께서 순舜임금을 인용한 것을 잠시 빌려서 설명하신 것이겠군요.'라고 하자, 주자가 '그렇다.'라고 하였다.[問, 不貳過, 乃是略有便止. 如韓退之說不二之於言行, 卻粗了. 曰, 自是文義不如此. 又問, 不貳過, 卻有過在. 不遷怒, 已至聖人, 只此一事到. 曰, 纔云不遷, 則於聖人之怒, 亦有些異. 曰, 如此, 則程先生引舜, 且借而言. 曰, 然.]"

문 이 장에 관한 여러 학설은 어떻습니까?

답 정자의 말씀이 상세하고 곡진하다. 정자께서 '(안연은) 조금이라도 실수하면 바로 알아차리고, 알았다면 다시 그런 일이 일어나지 않도록 한다.'라고 하셨는데, 매우 좋다. 장자의 말씀도 본래 정자와 같았지만, 나중에 '천노遷怒'의 설을 바꾸었는데, 문리文理가 타당하지 않다. 또 대개 '다른 사람에게 노한 것을 자신에게 옮기지 말고 부끄러운 일을 이후에 다시 행하지 말아야 한다.'라고 하는데, 안자에 해당하는 말이 아닌 것 같다.

범씨가 '본성은 화 때문에 옮기지 않는다.'라고 했는데, 이치로는 좋으나 문리가 타당하지 않다. 그는 '기미를 안다[知幾]'라고 했는데, 한자韓子의 주장과 다를 바 없다. 사씨의 대의는 '허물이 있는 것을 걱정하지 않고, 허물이 있으면 고치는 것을 꺼리지 않는다.'라는 것인데, 몸을 단속하는 의미를 매우 소홀히 했다.

유씨의 '불천노不遷怒' 설은 정자의 뜻과 같은데, '불이과不貳過'를 논한 것은 오히려 범씨와 같다. 또 '성인께서는 적연부동하셔서 허물이 없다.'라고 했는데, 움직이면 모두 허물이라고 하는 것이 어찌 타당하겠는가. 또 '불천불이不遷不貳'를 두고 '정심正心'과 '수기修己'로 구별했는데, 주장이 더욱 엉뚱한 데로 흘렀다. 또 자강自强할 수 있는 것으로 언급했다면 안자의 사례에는 해당되지 않는다. 무릇 안자의 현명함과 인仁을 이롭게 여김은 말로 다 표현할 수 없는데, 자강하는 데 무슨 어려움이 있겠는가. 이른바 '절학絶學'[5]이라는 것은 노씨의 말이다. 성인이라면 본디 따

---

5 절학: 《도덕경道德經》 20장에 나온다.

로 배울 필요가 없으니 절학한 적이 없다.

양씨의 '구방심求放心' 설은 매우 좋다. 하지만 안자의 학문은 다만 여기에 그친다고 한다면 타당하지 않은 것 같다. 안자의 '불천불이不遷不貳'는 종신토록 호학好學해서 이룬 것으로, 만약 이 경지에 이르지 못해 애써 배우고 힘써 실천해도 여기에 쉽게 이를 수 있는 것이 아니다. '구방심'을 한다고 해서 어찌 갑자기 이를 수 있겠는가.

曰, 此章諸說, 如何.

曰, 程子詳且盡矣. 其曰, 微有差失, 便能知之, 纔知之, 便更不萌作者, 尤善. 張子之說, 本皆與程子同, 後乃易其遷怒之說, 則旣非文義之所安, 而又皆曰, 不使焉, 則亦恐非所以語顔子也. 范氏所謂性不移於怒者, 理則善矣, 而於文義有所未安. 其曰, 知幾, 則亦猶韓子之說云爾. 謝氏大意如曰, 不患有過, 過不害其爲改, 則檢身之意亦太疎矣. 游氏不遷怒之說, 亦程子之意, 而其論不貳過, 則猶范氏之云也. 又以聖人寂然不動故無過, 然則謂凡有動者皆過也, 而可乎. 至以不遷不貳, 爲有正心修己之別, 則說益以支矣. 又槪以能自强者語之, 則於顔子之事, 亦無所當也. 夫顔子之賢, 利仁蓋不足以言之, 又何自强之有哉. 所謂絶學, 亦老氏之語, 若聖人, 則固不待學, 然亦未嘗絶學也. 楊氏求放心之說, 意亦善矣. 然謂顔子之學, 止於如此, 則恐未然. 蓋顔子之不遷不貳, 乃其終身好學之所就, 未至於是, 則雖欲勉學而力行之, 政恐未易可至, 豈能求放心而遽可至是哉.

06-04. 子華使於齊, 冉子爲其母請粟. 子曰, "與之釜." 請益. 曰, "與之庾." 冉子與之粟五秉. 子曰, "赤之適齊也, 乘肥馬, 衣輕裘. 吾聞之也, 君子周急不繼富." 原思爲之宰, 與之粟九百, 辭. 子曰, "毋! 以與爾鄰里鄕黨乎!"

문 4장의 요지는 무엇입니까?

답 정자, 장자께서 상세히 다 말씀하셨다. 범씨가 '순리循理' 운운한 것은 공자를 두고 말할 수 있는 근거가 아니다. '주급불계부周急不繼富'는 의리의 당연함으로, 부를 더 이어가게 해 주려는 뜻이 없다. (범씨의 주장 중) 뒷부분은 좋다. 여씨의 설 또한 좋다. 하지만 사신 혹은 총재가 되었을 때 주고 받는 것 또는 사양하거나 받는 것의 당연한 이치를 보지 못했는데, 다만 부유하거나 그렇지 않거나 나눠주거나 그렇지 않은 것을 말하는 것만이 아니다. 사씨가 '사람들에게 보인 것이다.'이라고 한 것은 경문의 본뜻이 아닌 것 같다. 장자의 학설로 미루어 보면 알 수 있다. (사씨의) 녹봉과 품계[祿秩]에 관한 주장 역시 타당하지 않은데 정자의 학설로 유추해보면 알 수 있다. 유씨의 '공이 있는 사람을 먹인다.'는 해설은 지리멸렬하나, '인리향당鄰里鄕黨이 서로 구제한다.'는 해설은 타당하다.

양씨가 당시 군자를 비난하면서 '인색하게 주는 것을 린吝'이라 하고, '적게 받는 것을 렴廉'이라고 한 것은 그 뜻이 매우 좋지만 그 말이 (논리에) 어긋난 부분이 있다. 문세文勢로 살펴보면, '인색하게 주는 것을 린'이라고 했다면 그 아래에서는 '많이 취하는 것을 탐貪'이라 해야 하고, '적게 받는 것을 렴'이라고 했다면 그 위에서는 '많이 주는 것을 혜惠'라고 해야 한다. 그래야만 뜻이 호응한다. 그렇지 않으면 대의大意가 자못 어긋나게 된다. 성인께서 의義를 기준으로 일을 처리하실 때, 비록 지극히 삼가고 엄격하였지만, 때론 너그럽고 관대하며 여유롭고 겸손하지 않으신 적이 없다. 그러므로 이미 부유하므로 더 부유하게 해주지 않는다고 하시면서도 염자冉子의 청을 직접 거절하지 않았고, 또 녹祿을 당연히 받는다는 것을 아시면서 원헌이 사양하는 것을 질책하지 않으셨는데, 이런 가르침이 다른 사람에게 미치게 하시면서 '사사로운 욕심을 채운다.'라고 하지 않으셨다.

或問, 四章之旨.

曰, 程張備矣. 若范氏循理之云, 則非所以語孔子. 周急不繼富, 乃義理之當然, 亦無使人可繼之意. 至其後說則善. 呂說亦善. 但皆不見爲使爲宰所以取與辭受之當然, 非獨以富不富分不分而言也. 謝氏示人之說, 恐未嘗有此意, 以張子之說觀之可見. 祿秩之說, 亦恐未然, 以程子之說觀之可見. 游氏食功之說支矣. 而其於相賙之說, 則得之. 楊氏深譏世之君子, 以嗇與爲吝, 寡取爲廉者, 其意則亦善矣. 而其語有相戾之嫌, 以文勢考之, 若曰, 以嗇與爲吝, 則其下宜曰多取爲貪, 以寡取爲廉, 則其上宜曰, 以多與爲惠, 其文意乃相應耳. 抑其大意, 亦頗有未安者. 蓋聖人以義制事, 雖極謹嚴, 而其宏裕寬大, 優暇廉退之意, 又未嘗不行乎其間也. 故雖以富爲不當繼, 而不直拒冉子之請, 雖以祿爲當受, 而不責原憲之辭. 且又敎以及人, 而不曰, 以爲私積也.

만약 그의 주장을 알고 이러한 점을 살피지 않는다면 다음과 같은 폐단이 발생할 것이다. 실제 인색한 자가 '한 개라도 주지 않는다.'라는 양씨의 주장을 따라 그 치졸함을 덮을 수도 있고, 또 실제 탐욕스러운 자가 '(순임금이) 요임금에게 천하를 받았다.'라는 주장에 기대어 제 사사로움을 꾸미려 들 것이다. 재물을 가벼이 여기고 의義를 중히 여기며, 청렴하고 검소한 사람을 대중들이 질투하고 함께 배척하면서, 이들을 두고 인정人情을 달갑게 여기지 않고 세상을 속이면서 명성을 훔치려는 자로 여길 것이다. 그 해로움으로 온 세상이 더럽고 혼탁해질 것이다. 비단 비난이 난무하는 것에 그치지 않는다. 그래서 내가 생각건대, 배우는 이가 중도中道를 행할 수 없어 불행히 실수하더라도, 줄 때 인색하지 말고 받을 때 한 개라도 탐하지 말아야 한다. 그렇다면 성인의 뜻을 저버리지 않게 될 것이다.

증씨도 대략 이런 뜻을 가졌고, 그 주장도 타당하다. 【증씨가 말했다. "어떤 사람이 '염구가 청했는데도 부자께서 주시지 않으셔도 괜찮습니까?'라고 물었는데, '청했는데 주지 않으면 고루하나, 주면서도 은혜를 해치지 않으면 괜찮다.'라고 했다."】이 외에 호씨의 설도 좋다. 【호씨가 말했다. "염자가 자화의 모친을 위해 청한 것이라 성인께서 거절하기 어려웠기 때문에 조금 더 주라고 하신 것이다."】

若徒知彼之說, 而不察乎此, 則其流之弊, 將使實吝者得托於一介不與之說, 以蓋其陋, 實貪者得托於受堯天下之說, 以便其私, 至於輕財重義, 淸苦廉遜之人, 則必衆疾而共排之, 以爲是皆不近人情而欺世以盜名者, 此其爲害, 且將擧一世而溺之穢汚沉濁之中, 不但有如所譏者之紛紛而已也. 故愚嘗竊以爲學者未得中行, 不幸而過, 寧與母吝, 寧介母貪, 則庶其不失聖人之意. 曾氏蓋亦得此意者, 其說當矣【曾氏曰,或問, 冉求之請夫子不與可乎. 曰, 請而不與則固, 與而不至於傷惠則可矣.】此外則胡氏之說亦善.【胡氏曰, 冉子爲其母請, 聖人所以重違而少與之也.】

06-05. 子謂仲弓曰, "犁牛之子, 騂且角, 雖欲勿用, 山川其舍諸.

문 5장에 관한 학설은 어떻습니까?

답 범씨, 양씨의 설이 타당하다. 정자께서는 (경문의) '왈曰'를 없애야 한다고 하셨다. 아마도 자식을 인정하는 말을 하면 아버지의 악을 배척한다는 혐의가 있어 '자산子産과 자천子賤[6]'의 실례를 이용하려 하신 것 같

---

6 자산과 자천: 다음 인용문에서 볼 수 있듯이 공자가 이 두 사람을 평가할 때 '왈曰'

다. 소씨는 이를 두고 중궁을 논하는 것이지 중궁을 인정한 것이 아니라고 했다. 이 주장은 타당하다. 《논어》를 살펴보건대, 안연을 '중지하는 것을 보지 못했다.'[7]로 칭찬하신 것은 안연이 죽고 난 뒤에 말씀하신 것으로, (경문에서 인물을 평가할 때) '위왈謂曰'로 시작한 것은 친히 인정하는 말이 아니라 뒤에 이러한 예시를 쓸 때 그렇게 한 것 같다.

장자의 학설도 정자가 제기한 문제를 피한 것이다. 과연 이와 같다면 마땅히 하나의 신체[一物之身]에 대해서만 비유를 취해야지 '부자父子'를 동시에 거론해서는 안 된다. 제사 때 희생을 쓰는 것을 통상 '용用'이라는 표현을 쓴다. 지금 '물용勿用'을 '큰 제사에 쓰지 않음[不用於大祀]'로 풀고, 산천의 아래 등급 제사에 사용한다고 해석한다면, 이 주장은 힘을 들였지만 이치에는 더욱 타당하지 않은 것 같다. 여씨, 윤씨가 모두 이 설을 따랐으니, 어찌 오류가 아닐 수 있겠는가.

或問, 五章之說.

曰, 范楊之說當矣. 程子欲去曰字, 蓋嫌於與其子言而斥其父之惡, 而欲用子産子賤之例故爾. 蘇氏以爲此其論仲弓云爾, 非與仲弓言也. 此說得之矣. 蓋以論語考之, 其歎顔淵未見其止, 乃顔淵死後之言, 而亦以謂曰起之, 非必親與之言而後得用此例也. 張子之說, 蓋亦避程子之嫌, 然果如此, 則當就一物之身而取

자를 쓰지 않았다. "공자께서 자산을 평하셨다. '군자의 도가 네 가지 있으니, 몸가짐이 공손하고, 윗사람 섬김이 공경스러우며, 백성을 기름이 은혜롭고, 백성을 부림이 의義로웠다.'[子謂子産, 有君子之道四焉, 其行己也恭, 其事上也敬, 其養民也惠, 其使民也義]". "공자께서 자천을 평하셨다. '군자답다, 이 사람이여! 노나라에 군자가 없다면 이 사람이 어디에서 이러한 덕을 취했겠는가.'[子謂子賤, 君子哉若人, 魯無君子者, 斯焉取斯.]"《논어》〈공야장〉)

7 중지하는……못했다: "공자께서 안연을 평하여 말씀하셨다. '애석하구나, 그의 죽음이여! 나는 그가 진전하는 것만 보았지, 중지하는 것을 보지 못하였다.'[子謂顔淵曰, 惜乎, 吾見其進也, 未見其止也.]"《논어》〈자한〉)

譬, 不當以父子而言也. 且凡祭祀之犧牲, 通謂之用, 今以勿用爲不用於大祀, 而山川之次祀取之, 則其說蓋勞而於義益無所當矣. 而呂氏尹氏皆祖之不其誤歟.

06-06. 子曰, "回也, 其心三月不違仁, 其餘則日月至焉而已矣."

문 '인仁'을 '인심人心'이라고 한다면 '심心'과 '인仁'은 당연히 하나가 되어야 합니다. 그런데 또 '마음이 인과 어긋나지 않는다.'라고 한다면 '심'과 '인'은 하나가 아니라 둘이 됩니다. 문제가 없습니까?

답 《맹자》를 살펴보면, '인'을 '마음[心]'으로 해석하지 않았고, 대개 '인'을 '마음의 덕[心之德]'으로 여겼는데, 사람에게 '이 마음'이 있고 '이 덕'이 있다는 것이다. 사욕이 어지럽히면 혹 '이 마음'이 있을 수 있으나, '이 덕'은 있을 수 없다. 이 때문에 뭇 사람의 마음이 매번 '인과 어긋나게' 된다. 극기복례克己復禮하여 사욕이 자라지 않게 한다면 곧 '이 마음'에 따라 '이 덕'도 보존하게 된다. 이 덕분에 안자의 마음은 '인'과 어긋나지 않게 된다. 그러므로 이른바 '인과 어긋나지 않는다.'라는 것은 이 두 가지(인仁, 심心)가 서로 멀어지는 것을 뜻하는 것이 아니다. 이른바 '어긋나지 않는다.'라는 것은 이 두 가지가 서로 의지한다는 뜻이 아니다. 말로 표현한 것을 깊이 체인하고 묵묵히 인식하면 도에 가까워질 수 있다.

或曰, 仁人心也. 則心與仁宜一矣. 而又曰心不違仁, 則心之與仁又若二物焉者, 何也.
曰, 孟子之言, 非以仁訓心也. 蓋以仁爲心之德也. 人有是心, 則有是德矣. 然私欲亂之, 則或有是心, 而不能有是德, 此衆人之心, 所以每至於違仁也. 克己復禮, 私欲不萌, 則卽是心而是德存焉, 此顔子之心, 所以不違於仁也. 故所謂違仁者, 非有兩物而相去也, 所謂不違者, 非有兩物而相依也. 深體而默識於言意之表, 則庶乎其得之矣.

문 왜 3개월을 기한으로 잡았습니까?

답 안자는 '인仁'에 대해 숙련되어 있다. 그런데도 어기지 않음이 있어야만 한결같을 수 있다. 이 까닭에 시간이 많이 흐르면 간혹 생각과 마음가짐[念慮]에 실수가 생기게 마련이다. 하지만 그 회복함이 멀지 않으면 마음의 본연이라는 것을 잃어버리지 않게 된다. 가령 하늘이 내린 시간이 크게 변화해도 '심心'과 '인仁'이 어긋나지 않고 항상 일정하니, 어찌 회복하는 것을 3개월을 기한으로 할 필요가 있겠는가.

曰, 其以三月期, 何也.
曰, 顏子之於仁熟矣. 然以其猶有待於不違而後一也, 是以至於踰時之久, 而或不能無念慮之差焉. 然其復不遠, 則其心之本然者, 又未嘗有所失也. 向使天假之年, 大而化之, 則其心與仁, 無待於不違而常一, 而又豈復可以三月期哉.

문 '일월지언日月至焉'은 무슨 뜻입니까?

답 이는 여러 제자가 '인仁'을 일삼았던 것에 관한 이야기이다. 어떤 이는 종일 놓치지 않고, 어떤 이는 한 달이 가도록 놓치지 않기도 한다. 이 장에 관해서 대체로 정자, 장자, 후씨, 윤씨의 설이 대체로 타당하다. 정자의 《논어해論語解》에서는 '선한 일을 하나 터득하면 (가슴에) 품고 놓치지 않는 것'이라고 했는데, 이 장의 본의와 어울리지 않으며 어떤 의미인지 파악할 수 없다. '일월지언'을 해석하신 것은 매우 치밀하다. (정자께서는) 주백온周伯溫[8]의 의견을 받아들여 수정하신 것과, 또 평소의 학문

---

8 주백온(?~?): 주부선周孚先의 동생으로 형과 함께 이정 형제에게 배웠다. 백온伯溫

적 견해나 규모, 기상과 의미를 살펴보면, 몸소 실천하고 체득하지 않으셨다면 어찌 이렇게 정밀하고 깊게 설명할 수 있겠는가.

장자께서 '내외빈주內外賓主'를 말씀하셨는데, 대개 '불위不違'는 '인은 내면에 존재하고 내가 주인이 된다.'는 뜻이고, '일월지日月至'라는 것은 '인은 외부에 존재하고 나는 손님이 된다.'는 뜻이다. 만약 이와 같이 분별한다면 '당연히 손님이 아니라 안에서 주인을 찾는 것이 필연적'이다. 그래서 (장자께서) '심의心意가 애쓰고 힘쓰는 것을 그치지 않게 하는 것'이라고 하셨다. 또 "이 경지를 넘어서면 내가 다스릴 수 있는 범위를 벗어난다."라는 하신 것은 '도를 닦는 노력을 여기서 끝내면 정점에 이른 것이라고 생각한다.'는 의미가 결코 아니다. 그의 진의는 이 경지를 넘어선 이후에는 반드시 덕이 충만하고 인덕이 성숙해야만 더 높은 경지가 자연스럽게 이루어지게 되며, '내가 애써서 강제로 얻을 수 있는 것이 아니라는 것'이다.

범씨에게는 특별한 설이 없다. 여씨는 한갓 '인도仁道의 위대함'을 찬탄하기만 했지, 그 연유를 밝히지 않았으니 진실로 소략하다. 또 '현인은 몸소 오래도록 실천한다.'라고 했는데, 이는 평범한 사람이 실천할 때 멈추지 않는 것을 종신토록 염원하게 해 끝내 지속되는 경계로 이끌려고 한 것이다. 이어서 '기氣는 지킬 수 없는 것'라고 한 것은 아마도 안자가 '불위不違'할 수 없는 것은 본원本源에서 나온 병폐가 아니라는 것을 밝히려 한 듯하다. '반드시 기氣를 기르고 성性을 완성하고서야 품부 받은 바의 성쇠에 얽매이지 않을 수 있다.'라고 한 것은 근본을 망각하고 오히려

 은 호이고 이름은 '공선恭先'이다.

말단을 따른 것이니, 안자의 본래 일과 관련이 없다.

대저 뜻을 견지하고 기를 기르는 것[持志養氣]과 내외 교육[內外夾持]의 결과는 대중을 두고서만 평가할 때 '좋다'라고 할 수 있을 뿐이다. '안자가 한 순간이라도 미치지 못한다.'라는 것에 대해서 정자께서는 '바로 험난하고 또 대단히 노력해도 깨달을 수 없다.'라고 하신 것은 타당하니, 인지상정으로 헤아릴 수 있는 것이 아니다. 자강불식自强不息을 '대인이면서 변화하는 것'[9]으로 여겼거나 안자가 거의 현인의 덕을 지녔다고 한다면 안자가 처한 상황의 정도가 달랐기 때문이다.

유씨는 '인仁'을 '인심人心'으로 보았는데, 그렇다면 '인'과 '인심'은 두 가지가 아니다. 하지만 '잠시라도 분리될 수 없다.'라고 하고서 또 '인심은 하루라도 인에 의지하지 않을 수 없다.'라고 덧붙인다면 '심'과 '인'은 (별개인) 두 가지가 되어 버린다. 어떤 경우 분리되고, 어떤 경우 의지한다고 한다면 이러한 주장은 서로 모순이라 통할 수 없다. 또 '용력어인用力於仁'을 '인을 행하다.'로, '불위인不違仁'을 '인으로 마음을 보존하다.'로 해석하고, 이어서 내외內外와 난이難易를 구별한다면 내외를 분리하고 내면의 진실한 감정[心迹]과 어긋나는 것이므로, 스승의 학설을 더욱 심하게 배반하는 것이다. '인으로 마음을 보존하다.'가 어찌 '불위인不違仁'을 일컫는 것이겠는가. 양씨와 후씨가 주장한 '머지 않아 회복한다.'는 설은 이미 어긋났다가 다시 돌아오는 때를 말하는 것 같은데, 설령 경문의 뜻을 해치지 않더라도 배우는 이는 '불위不違'의 지점을 정확히 알고 체득해

---

9 대인이면서 변화하는 것: "대인이면서 저절로 변화하여 자취가 없는 것을 성이라 이르고, 성스러워 알 수 없는 것을 신이라 이른다.[大而化之之謂聖, 聖而不可知之之謂神.]" 《맹자》〈진심 하〉

야만 공부하고 노력하는 것의 의미를 알 수 있다.

曰, 日月至焉者, 何也.

曰, 此言諸子從事於仁, 或能終日而不失, 或能終月而不失也. 大抵此章之說程張侯尹得之爲多, 然程子之解, 以得善弗失言之, 似與此章文意不協, 未能識其何意也. 其解日月至焉者則密矣, 至其所改周伯溫說, 與夫所見規模意味氣象之云, 則非其身親見而實有之, 亦豈能發明至此耶? 張子內外賓主之云, 蓋曰不違者, 仁在內而我爲主也, 日月至者, 仁在外而我爲客也. 誠如此辨, 則其不安於客而求爲主於內必矣. 故曰, 使心意勉勉循循而不能已. 而其曰過此幾非在我者, 則豈以爲用功至此而極矣. 過此以往則必德盛仁熟而自至, 而非吾力之所能與也. 與范氏無他異說. 呂氏徒贊仁道之大, 而不言其所以大, 固爲疎略, 又謂賢人身之可久而已, 是使凡之者終望於不息而終於可久之域也. 其曰氣不能守者, 蓋將以明乎顔子之不能不違者, 非出於本源之病, 至謂必致養其氣而成性, 然後能不繫所禀之盛衰, 則其說反忘本以徇末, 而非顔子之事矣. 大抵持志養氣, 內外夾持之功, 在衆人則可謂云爾已矣. 至於顔子之未達一間, 則程子所謂直是峻絶, 又大段著力不得者, 乃爲得之, 非可以常情測度也. 其以自强不息者, 爲大而化之之事, 又以顔子爲幾於賢人之德, 則其於地位之淺深亦乖矣. 游氏以仁爲人心, 則仁之與心非二物矣. 然日不可須臾離, 而謂人心不可一日不依於仁, 則心之與仁又爲二物, 而或相離或相依也, 是其爲說, 亦自相矛盾而不可通矣. 至以用力於仁爲行仁, 不違仁爲以仁存心, 而有內外難易之別, 則其離內外, 判心迹, 而倍其師說益甚矣. 且以仁存心亦豈不違仁之謂耶? 楊侯不遠而復之說. 蓋自其既違而旋復之際言之, 雖無害於本文之意, 然學者正當於其不違之際而體焉, 乃可見其所以用功之意味耳.

06-07. 季康子問, "仲由可使從政也與. 子曰, "由也果, 於從政乎何有. 曰, "賜也可使從政也與. 曰, "賜也達, 於從政乎何有. 曰, "求也可使從政也與. 曰, "求也藝, 於從政乎何有.

문 7장에 관한 학설은 어떻습니까?

답 정자의 말씀이 지극하다. 범씨와 호씨의 설도 매우 좋다.【호씨가 말했다. "염구가 계씨의 재宰가 된 것이 오래되었다. 여기서 '정사에 참여하는 것'을 물은 것은 대부가 될 만한 인물인지를 묻는 것이다. 재宰라는 관직은 (계씨의) 집안일을 관리할 뿐이지만, 대부는 국정에 참여하기 때문이다. 그러나 강자康子가 죽어서 이 세 사람이 여러 공公과 같은 자리에 서게 할 수 없었으니, 이 때문에 노나라는 끝내 위세를 떨치지 못했다."】

여씨의 해석은 몹시 불친절하다. 하지만 병폐는 없다. 사씨의 주장대로라면 계강자는 꼭 이런 뜻이 있었던 것은 아닌 것이 된다. 양씨가 '달達', '과果'를 해석한 것은 성인의 본의가 아니다. 이 장을 살펴보니 '예藝'는 '일을 잘 처리한 것'을 의미한다는 것을 알 수 있다. 육예六藝의 조목에 구애될 필요가 없다.

或問, 七章之說.
曰, 程子之言至矣. 范氏胡氏亦庶幾矣.【胡氏曰, 求爲季氏宰久矣. 此問從政, 謂可使爲大夫否也. 蓋宰有家事而已, 大夫則與聞國政也. 然康子卒不能與三子同升諸公, 此魯之所以卒不競也.】呂氏之訓, 不甚親切, 然亦無病, 謝氏之云, 則季康子未必有此意也. 楊氏所引以釋果達之云者, 非聖言之本意. 考之本章, 可見藝之爲言能其事之謂爾, 亦不必拘以六藝之目也.

06-08. 季氏使閔子騫爲費宰. 閔子騫曰, "善爲我辭焉! 如有復我者, 則吾必在汶上矣."

문 8장에 관한 학설은 어떻습니까?

답 정자, 범씨의 설이 타당하다. 사씨의 설은 거칠고 격렬하며 감정적이고 과격해 성현의 기상과 거리가 먼 듯하지만, 내가 유독 이 주장을 취했던 것은 충분히 나약한 이가 뜻을 세울 수 있기 때문이다. 양씨가 '안자와 민자건만 출사하지 않았다.'라고 하는 주장은 정자의 학설을 따른 것이지만 오류이다. 공자 문하에서 출사하지 않은 이들은 증석, 칠조개 등 많이 있으니, 이 두 사람 뿐만이 아니다.

或問, 八章之說.
曰, 程子范氏得之矣. 謝氏之說, 麤厲感奮, 若不近聖賢氣象者, 而吾獨有取焉, 亦以其足以立懦夫之志而已. 楊氏惟顔, 閔不仕之說, 原於程子而失之, 孔門之不仕者, 如曾晳漆雕開之徒必多有之, 不但二子而已也.

06-09. 伯牛有疾, 子問之, 自牖執其手, 曰, "亡之, 命矣夫! 斯人也而有斯疾也! 斯人也而有斯疾也!"

문 백우의 질병을 선유는 '나병[癩]'이라고 했는데 믿을 만합니까?
답 《회남자淮南子》〈정신훈精神訓〉에 근거해 말한 것으로, 신뢰성 여부는 알 수 없다.

或問, 伯牛之疾先儒以爲癩信乎.
曰, 以淮南子而言耳. 其信否則不可知也.

문 '명命'은 무엇입니까?
답 태어날 때 기질을 (하늘에서) 품부 받는데, 정해진 것이 있어 바뀔 수 없는 것으로, 맹자가 '오지 못하게 막아도 오는 것[莫之致而至]'[10] 이라고 한 것이다. 범씨, 양씨의 말이 상세하다. 하지만 범씨가 《주역》을 인용해서 주장했는데, (이 장의 뜻과는) 다르다. 또 '사람의 도를 다하면 리理를 궁구하고 성性을 다하여 명命에 이를 수 있다.'라고 한 것은 착란이 더욱 심하고 두서가 없다.

其曰. 命者何如也.
曰. 有生之初氣質之禀. 蓋有一定而不可易者. 孟子所謂莫之致而至者也. 范氏楊氏言之詳矣. 然范氏引易而言則不類. 而又曰. 能盡人之道. 則能窮理盡性以至於命. 則益錯亂而非其序矣.

문 방 안으로 들어가시지 않고 (남쪽) 창에서 손을 잡으신 까닭은 무엇입니까?

답 옛 주석을 보면 '악질을 다른 사람에게 보이기 싫어서다.'라고 했는데, 꼭 그렇지만은 않다. 난조欒肇[11]는 이를 '예禮'라고 여겼다. 병자는 북쪽에 자리 잡고 있다가 임금이 병문안 오면 자리를 남쪽 창으로 옮긴다. 임금이 방으로 들어오면 남면할 수 있도록 한 것이다. 그런데 공자가 백우의 병문안을 갔을 때, 백우 집안에서 이러한 예법으로 공자를 존숭하여, 공자가 감당할 수 없었다. 그러므로 방 안으로 들어가지 않고 창 아래에서 손을 잡은 것이니, 이치상 그런 것 같다.

---

10 오지……것: 《맹자》〈만장 상〉에 나온다.

11 난조: 중국 서진西晉 때 학자로, 《논어난씨석의論語欒氏釋疑》의 저자로 알려졌다. 이 책은 지금 전하지 않는다. 한대漢代는 자구 중심을 경학이, 위진魏晉 때는 철학적 의리를 탐구하는 경학이 성행했는데, 그의 주석은 이 둘 사이의 과도기적 성격을 띤다. 왕필을 위시한 동시대 학자들은 현학玄學적 색채가 짙었는데, 이와 달리 난조는 평이하고 성숙한 문체로 《논어》 경문 중 어려운 부분을 해설하는 데에 집중했다. 남조南朝 양梁 황간皇侃이 《논어의소論語義疏》에서 난소 주석 일부를 인용했다.

曰, 不入其室, 而自牖執其手, 何也.
曰, 舊注以爲惡疾不欲見人, 未必然也. 欒肇以爲禮, 病者居北牖, 君視之, 則遷南牖, 欲令君入而南面也. 孔子視伯牛疾時, 伯牛家以此禮尊孔子, 而孔子不敢當, 故不復入其室, 止於牖下取其手而執之, 理或然矣.

06-10. 子曰, "賢哉, 回也! 一簞食, 一瓢飮, 在陋巷, 人不堪其憂, 回也不改其樂. 賢哉, 回也!"

문 안자의 즐거움에 관한 학설은 어떻습니까?

답 정자의 말씀이 상세하다. 하지만 그 말씀에는 모두 지시하는 대상이 있는 듯한데 끝내 정확히 말씀하여 밝히지 않으셨으니, 이른바 '활시위를 당기고 놓지 않는데 마치 활이 날아 갈 듯하다.'[12]라는 것이다. 배우는 이는 상세하게 음미해야 한다. 만약 대상을 바로 짚어서 말한다면 말이 하나에만 고정되고 뜻이 두루 원만하지 않게 된다. 소씨의 설은 성글고 얕아 그 범주가 안자에 해당하지 않는다. 하지만 '부귀할 때 염려한다.'라는 주장은 본문을 벗어난 말이지만 타당하다. 여씨는 '의리로 마음을 기쁘게 한다.'라고 했는데, 더욱이 안자에 해당되지 않는다. 사씨는 '외물에 흔들리지 않는다.'라고 하고, '안자의 마음 씀이 어디 있는가를

---

12 활시위를……듯하다: "맹자께서 말씀하셨다. '큰 목수는 목공이 서툴다고 먹줄과 먹통을 고치거나 버리지 않으며, 명사수 예羿는 사수가 서툴다고 활시위를 조정하지 않았다네. 군자는 사람을 가르칠 때 활시위를 당기고도 쏘지 않는데, 실제 쏘는 것처럼 하고서 중도에 서 있기만 해도 뛰어나는 자는 따라한다.'[孟子曰, 大匠不爲拙工改廢繩墨, 羿不爲拙射變其彀率. 君子引而不發, 躍如也. 中道而立, 能者從之.]"《맹자》〈진심 상〉

찾아도 그럴 수 없다.'라고 했는데, 이는 노불老佛의 문하로 흘러들어 간 것이다. 양씨의 주장만 정자에 가깝다.

或問, 顏樂之說.
曰. 程子之言詳矣. 然其言皆若有所指者, 而卒不正言以實之, 所謂引而不發躍如也, 學者所宜詳味也. 若必正言以實之, 則語滯而意不圓矣. 范氏踈淺, 類非所以語顏子, 然其富貴能憂之說, 則亦得乎言外之意也. 呂氏以理義悅心言之, 尤非所以語顏子. 謝氏心不與物交之說, 求顏子用心所在而不可得之說, 則又流而入於老佛之門者耳. 獨楊氏之說, 爲庶幾乎程子者耳.

문 그렇다면 선우신鮮于侁[13]의 물음에 정자께서 답하신 것은 어떻습니까?

답 정자께서 하신 말씀을 풀면 다음과 같다. '안자의 마음에는 조그마한 사욕도 없어 천리와 혼연일체하고, 그래서 평소 말과 행동이 자연스럽게 도와 부합하니 어디에서도 즐겁지 않은 바가 없다.' 따라서 도를 즐길 수 있는지 판단하고 즐길 필요가 없다. 범씨와 여씨의 주장은 선우신의 폐단에서 벗어나지 못했다. 왕신백王信伯[14]께서 말씀하신 것은 또 '마음에 터럭 하나라도 남김이 없이 마음으로 도를 즐긴다면 드러나는 바가 있다.'라는 것인데, 도는 즐길 수 없는 것으로 장자의 '지락무락至樂無樂'[15]이라는 것이 이것이다. 이런 것을 학설로 삼으면 이단의 학문에 빠

---

13 선우신(1018~1087): 자는 자준子駿이고 낭주閬州 출신이다. 저서로는 《시전詩傳》, 《역단易斷》 등이 있다.

14 왕신백: 왕빈王蘋(1082~1153)으로 자가 신백信伯이고 복건 출신이다. 정이천을 스승으로 모셨고, 양시楊時를 사사했다.

15 지락무락:《장자莊子》〈지락至樂〉에 "최고의 즐거움은 즐거움이 없는 것이고 최고의 명예는 명예가 없는 것이다.[至樂無樂, 至譽無譽.]"라는 말이 있다.

지므로 도를 즐김이 깊지 않더라도 근거를 둘 수 있는 것만 못하다. 그는 (정자) 문하에 들어와서 정자께 직접 배웠는데도 오류가 이와 같은데, 하물며 후세에 전해 들은 자에 있어서랴? 정자께서 말씀하신 '안자가 즐거워한 것은 오직 인仁뿐이다.'라고 한 것은 호씨, 장씨가 밝힌 것이 매우 상세하다.

曰, 然則程子答鮮于侁之問其意, 何也.
曰, 程子. 蓋曰, 顔子之心, 無少私欲, 天理渾然, 是以日用動靜之間, 從容自得, 而無適不樂, 不待以道爲可樂然後樂也. 若范氏呂氏之說, 蓋皆未免乎侁之弊. 而王公信伯論之, 則又以爲心上一毫不留, 若有心樂道, 則有著矣. 道亦無可樂, 莊子所謂至樂無樂是也. 以是爲說, 則又流於異端之學, 而不若樂道之雖淺而猶有據也. 彼其及門升堂, 親受音旨, 而其差失有若此者, 而況於後世之傳聞者哉? 程子所謂顔子之樂仁而已者, 則胡氏張氏發明之尤詳.

06-11. 冉求曰, "非不說子之道, 力不足也." 子曰, "力不足者, 中道而廢. 今女畫."

문 11장에 관한 학설은 어떻습니까?

답 장자, 여씨, 사씨, 양씨, 윤씨의 설이 모두 타당하다. 하지만 장자께서 '중도이폐中道而廢'를 안자와 관련시킨 것은 지나치다. 또 '악정자樂正子'가 '도를 믿는다.'라고 했는데,[16] 이는 맹자가 말한 '자신에게 있는 것'

---

16 악정자가……했는데: "(제나라 사람) 호생불해가 물었다. '악정자는 어떤 사람입니까?' 맹자께서 말씀하셨다. '다른 사람에게 사랑을 받을 만한 행동을 선이라고 하며, 이 선을 철저히 지키는 것을 신이라고 하며, 이 선과 신에 충실한 것을 미라고 하며, 선과 신에 충실해서 사방으로 퍼져나가게 하는 것을 대라고 하며, 선과 신에

의 뜻이 아니다. 양씨는 '구求는 뒤로 물러나므로 나아가게 한 것이다.'[17]
에 근거해서 주장했는데, 역시 옳지 않다. '금여획今女畵'은 '노력하지 않
음'을 질책한 말이지 '나아가 가도록 이끈다.'라는 뜻이 아니다. 정자와
범씨 설은 뜻이 좋다. 하지만 그들의 말로 미루어 보면 세 구절이 다만
뜻이 같다는 것을 알 수 있으니, 한갓 번잡하기만 한 것은 성인이 말한
본래의 뜻이 아닌 것 같다.

或問, 十一章之說.
曰, 張子呂謝楊尹之說皆得之 但張子以中道而廢, 爲顔子之事, 則過矣. 又以樂正子爲信道, 亦非孟子有諸己之意. 楊氏引求也退故進之爲說, 亦非是. 所謂今汝畵者, 乃責其不勉之辭, 而非誘進之之意也. 若程子范氏之說, 意則善矣. 然以其說推之, 則覺其三句止是一意, 而徒然煩複, 恐非聖言之本旨也.

06-12. 子謂子夏曰, "女爲君子儒! 無爲小人儒!"

문 12장에 관한 학설은 어떻습니까?

답 정자의 학설이 지극하다. 다른 학설은 모두 이를 뛰어넘지 못한다. 사씨가 '이利'를 '화식貨殖'과 관련지었는데, 꼭 그렇지만 않다. 배우는 이는 용심用心의 미묘함을 더욱 경계해야 한다. 홍씨의 주장도 좋다. 【홍씨가

온 힘을 다해 천하 모든 사람이 교화되게 하는 것을 성이라고 하며, 성스러워 헤아릴 수조차 없는 경지를 신이라고 합니다. 악정자는 선과 신 단계이며, 미·대·성·신의 단계에는 미치지 못합니다.'[浩生不害問曰, 樂正子何人也. 孟子曰, 善人也, 信人也. 何謂善, 何謂信. 曰, 可欲之謂善, 有諸己之謂信, 充實之謂美, 充實而有光輝之謂大, 大而化之之謂聖, 聖而不可知之之謂神. 樂正子, 二之中, 四之下也.]"《맹자》〈진심 하〉. 번역은 방용方勇 역주, 《맹자》(중화서국中華書局, 2016, p. 296)를 참고했다.)

17 구는……것이다: 《논어》〈선진〉에 나온다.

말했다. "《논어》를 읽을 때 말씀의 선후를 먼저 파악해야 한다. '삼야노參也魯'[18]는 틀림없이 '일유지대一唯之對'[19]보다 앞서 하신 말씀이다. '편언절옥片言折獄'[20]은 '유지행사由之行詐'[21]보다 틀림없이 뒤에 하신 말씀이다. '자장미인子張未仁'[22]이 '능행오자能行五者'[23]보다 앞선 사건이다. '자하절문근사子夏切問近思'[24]가 '소

---

18 삼야노: 《논어》〈선진〉에 "시는 어리석고, 삼은 노둔하고, 사는 치우치고, 유는 거칠다.[柴也愚, 參也魯, 師也辟, 由也喭.]"라는 말이 있다.

19 일유지대: 《논어》〈이인〉에 "공자께서 말씀하셨다. '삼아! 나의 도는 하나의 이치가 꿰뚫고 있다.' 증자가 '알겠습니다.' 하고 대답하였다. 공자께서 나가시자, 문인들이 '무슨 말씀입니까?' 하고 물으니, 증자가 대답하였다. '선생님의 도는 충과 서일 뿐이다.'[子曰, 參乎, 吾道一以貫之. 曾子曰, 唯. 子出, 門人問曰, 何謂也. 曾子曰, 夫子之道, 忠恕而已矣.]"라는 말이 있다.

20 편언절옥: 《논어》〈안연〉에 "공자께서 '한 마디 말로 옥사를 결단할 수 있는 자는 유뿐이다.'라고 하셨으니, 자로는 결단하면 바로 실천했다.[子曰, 片言可以折獄者, 其也與. 子路無宿諾.]"라는 말이 있다.

21 유지행사: 《논어》〈자한〉에 "공자께서 병이 심해지자, 공자께서 이때 이미 벼슬을 떠나 가신이 없는데, 자로가 가신으로 상을 치르고자 하여 문인으로 가신을 삼았다. 병이 좀 덜하시자 말씀하셨다. '오래되었구나, 자로가 거짓을 행함이여! 나는 가신이 없어야 하는데 가신을 두었으니, 내 누구를 속였는가? 하늘을 속였구나! 또 내가 가신의 손에서 죽는 것보다는 차라리 자네들 손에서 죽는 것이 낫지 않겠는가? 또 내가 비록 성대한 장례를 치르지는 못하더라도 설마 길거리에서 죽기야 하겠는가?'[子疾病, 子路使門人爲臣. 病間, 曰, 久矣哉, 由之行詐也. 無臣而爲有臣. 吾誰欺, 欺天乎, 且予與其死於臣之手也, 無寧死於二三子之手乎. 且予縱不得大葬, 予死於道路乎.]"라는 말이 있다.

22 자장미인: 《논어》〈자장〉에 "자유가 말하였다. '나의 벗 자장은 어려운 일을 잘하나 인하지는 못하다.'[子游曰, 吾友張也爲難能也, 然而未仁.]"라는 말이 있다.

23 능행오자: 《논어》〈양화〉에 "자장이 공자에게 인에 대해 여쭙자, 공자께서 말씀하셨다. '다섯 가지를 천하에 행할 수 있으면 인이라 한다.' 자장이 그 내용을 묻자, 다음과 같이 말씀하셨다. '공손함, 너그러움, 믿음, 민첩함, 은혜로움이니, 공손하면 업신여김을 받지 않고, 너그러우면 민심을 얻게 되고, 믿음이 있으면 남들이 의지하고, 민첩하면 공이 있고, 은혜로우면 충분히 사람을 부릴 수 있다.'[子張問仁於孔子. 孔子曰, 能行五者於天下爲仁矣. 請問之. 曰, 恭寬信敏惠. 恭則不侮, 寬則得衆, 信則人任焉, 敏則有功, 惠則足以使人.]"라는 말이 있다.

24 자하절문근사: 《논어》〈자장〉에 "자하가 말하였다. '배우기를 널리 하고, 뜻을 독

인유소인유人儒小人儒'[25]보다 뒤의 일이다. 문인이 성현의 말씀을 기록한 것은 애초에 두서가 없지만 반드시 살펴야 한다."】

或問, 十二章之說.

曰, 程子至矣. 諸說皆不能出於其間. 而謝說利非必殖貨者, 尤可以警學者用心之微也. 洪氏之說亦善.【洪氏曰, "讀論語者, 必先知其言之先後, 若參也魯, 必先於一唯之對也. 片言折獄, 必後於由之行詐也. 子張未仁, 必先於能行五者也. 子夏切問近思, 必後於小人儒也. 門人所記, 初無次序, 不可以不考也.】

06-13. 子游爲武城宰. 子曰, "女得人焉耳乎. 曰, "有澹臺滅明者, 行不由徑, 非公事, 未嘗至於偃之室也."

문 13장에 관한 학설은 어떻습니까?

답 범씨, 양씨, 사씨가 모두 좋다. 하지만 오류가 조금이라도 없을 수는 없다. '행불유경行不由徑'은 실제 일어난 일이지 가설한 비유가 아니다. 바른길이 있는데 지름길로 가는 것을 스스로 부당하다고 여겨 (목적지에) 이르지 않는다면 이런 것을 두고 정자께서는 '우원迂遠'이라고 나무라셨다.

或問, 十三章之說.

曰, 范楊謝氏皆善, 而其間不能無小得失也. 行不由徑, 乃其所行之實事, 非以設譬而已. 但旣有正塗, 則自不當由徑, 然亦必不至如程子所譏之迂耳.

실히 하며, 절실하게 묻고, 가까이 자신에게 있는 것부터 생각하면 인은 그 가운데 있다.'[子夏曰, 博學而篤志, 切問而近思, 仁在其中矣.]"라는 말이 있다.

25 소인유: 《논어》〈옹야〉에 "자유가 무성의 읍재가 되었는데, 공자께서 '너는 인물을 얻었느냐?' 하고 물으시자, 자유가 대답하였다. '담대멸명이라는 자가 있습니다. 그는 길을 갈 때도 지름길로 다니지 않으며 공적인 일이 아니면 저의 집에 들른 적이 없습니다.'[子游爲武城宰. 子曰, 女得人焉爾乎? 曰, 有澹臺滅明者, 行不由徑, 非公事, 未嘗至於偃之室也.]"라는 말이 있다.

문 '그 지위에 않으면 정사를 도모하지 않는다.'라고 하셨는데, 그렇다면 멸명滅明이 공적인 일이라고 생각한 것은 어떤 일입니까?

답 사士와 민民 등 신분에 따라 다르다. '음사독법飮射讀法'[26]으로 무리지어 유사有司에게 나아가는 일이 공적인 일이다. 읍재가 자기를 알고서 방문할 때 한 읍의 이해관계가 걸려 있는 것이니 당연히 유사에게 고해야 하는데, 그렇게 했다면 공적인 일이다. 이런 연유가 있어 (자유의) 집을 찾아와 왔다면 어떤 혐의가 있겠는가. 또 앞서 '인물을 얻었다.'라고 했다면, 어찌 그가 이미 임명을 받아 관속이 되었는지 알겠는가. 옛날과 지금은 시간적 거리가 멀어 풍속의 변화를 알 수 없다. 본디 근거 없이 추측해서 다 아는 것처럼 해서는 안 된다. 하지만 크게 보면 낯빛을 꾸미거나 말을 좋게 해서 아첨하려는 사사로움은 없다는 것을 알 수 있다.

曰, 不在其位, 不謀其政, 然則滅明之所謂公事者, 何事也.
曰, "以士民之分言之, 則凡飮射讀法而群至乎有司者, 公事也. 以邑宰之知己而訪問焉, 則凡一邑之間, 利病休戚之所關, 而當以告於有司者, 亦公事也. 以是而至其室, 亦何嫌之有. 且旣曰, 得人矣, 則安知其不已受署而爲之屬乎. 去古旣遠, 風俗之變不可知, 固有不可以懸料而盡知者, 然大意其[27]無煦濡媚說之私, 則亦可見矣.

06-14. 子曰, "孟之反不伐, 奔而殿, 將入門, 策其馬曰, '非敢後也, 馬不進也.'"

---

26 음사독법: 향음주례鄕飮酒禮와 향사례鄕射禮, 법령法令 낭독을 말한다.
27 其: 사고전서본에는 '斷'으로 되어 있다.

문 맹지반은 어떤 사람입니까?

답 호씨는 장자가 언급한 맹자반孟子反이라고 여겼다. 아마도 노씨가 주장한 '유약하고 겸허한 풍모'를 듣고 좋아한 사람인 듯하다.

或問, 孟之反何人也.

曰, 胡氏以爲卽莊子所謂孟子反. 蓋聞老氏懦弱謙下之風而悅之者也.

문 이 장은 본래 이설이 없지만, 여러 학자가 자기 뜻을 제멋대로 내세워서 특히 더 알 수가 없다. 범씨의 '대중은 반드시 공을 다투고, 공을 세우면 반드시 긍지를 갖는다.'라는 설은 공을 양보하고 자랑하지 않는 것이 사리의 당연함이나, (공을) 다투거나 자랑한 다음에 '미美'라고 여긴 것은 아니다. 사씨의 설에는 오류가 더 많다. (사씨의 주장대로라면) '다른 사람 위에 있으려는 마음이 없다'면 사사로운 호승심을 충분히 누를 수 있을 것이다. 하지만 사람의 사의私意도 여러 갈래로 드러나며 각각이 다른데, 어찌 이 하나의 행동을 견지한다고 해서 대도大道의 리理를 반드시 얻는다고 할 수 있겠는가. 맹지반의 행동을 모범으로 삼을 만하나, 맹지반을 스승으로 섬겨도 좋다라고 주장한다면 아마도 부자의 뜻이 아닌 것 같다. 범씨가 여기에 대해서 말한 것을 보면 부자의 뜻이 이와 같다는 것을 다시 깨달은 것 같다. 여씨의 설은 힘만 낭비하는 것 같은데, 부자의 말씀에는 (그가 말한) '사람을 한 단계 올리는 것'이라는 뜻이 없다. 양씨의 설은 본래의 취지를 놓쳤다. 이 장이 '불벌지미不伐之美'를 말한 것이지 어찌 그 공을 논한 것이겠는가. 만약 그처럼 해석한다면 이는 부자의 의도도 맹지반의 의도도 아니다. 윤씨의 주장을 보면, 글은 짧으나 뜻을 충분히 설명했으니 뭇 설보다 낫다. 만약 '우又' 자를 '내乃' 자로 고치면 더할 나위 없이 좋을 것이다.

曰, 諸說何如.

曰, 此本無異說, 而諸家橫出他意以汩之. 殊不可曉. 若范氏衆必有爭功, 必有矜之說. 夫讓而不伐, 理之當然, 非爲有爭有伐, 而後以是爲美也. 謝氏之說, 尤爲過之. 夫操無欲上人之心, 固足以抑乎好勝之私矣. 然人之私意, 多端發見, 亦各不同. 豈有但持此一行, 而便可以得大道之理. 孟之反之行, 固可爲法. 然遂以爲但師孟之反而可, 則恐非夫子之意也. 范氏於此, 復爲得之夫子之意 如是而已. 呂氏說亦費力. 夫子所言, 未有加人一等之意也. 楊氏之說, 尤失本旨, 此言其不伐之美, 豈論其功耶. 以此爲言, 不但非夫子之意, 亦非孟之反之意也. 尹氏辭約意盡, 優於衆說, 若更以又爲乃則盡善矣.

06-15. 子曰, "不有祝鮀之佞, 而有宋朝之美, 難乎免於今之世矣."

문 15장에 관한 정자의 학설은 본문과 글자가 어긋난 것 같습니다. 만약 범씨의 설을 따른다면 '축타처럼 말을 잘하지 못하고 송조 같은 미색만 있다.'라는 의미가 되는데, 이것이 문리가 자연스럽지 않습니까?[28]

답 몰락한 세상에서는 '교언'과 '영색' 둘 다를 좋아한다. 그 둘 중에서 경중을 가릴 수 없다. 정자께서 이 학설을 주장하신 것은 《상서》에서 '세력이 없는 자를 함부로 대하지 말고, 세력이 있는 자를 두려워하지 마

---

28 15장에……않습니까: 이천이 '축타의 말솜씨와 송조의 아름다운 외모가 없다면 [無祝鮀之巧言與宋朝之令色]'이라고 하여 본문의 '而'를 '與'의 뜻으로 풀이한 것을 말한다. 《논어정의》 정자의 주장을 따른다면 'A와 B 모두 없다.'라는 뜻이 된다. 주희는 이 학설을 지지한다. 범씨는 'A는 없고, B만 있다.'라고 해석한다.

라.'[29]라고 한 것과 같은데, 성인께서 어찌 '세력이 없는 자를 함부로 대하지 말고, 세력이 있는 이를 오직 두려워 해라.'라고 하셨겠는가.

或問, 十五章程子說, 與本文而字若有戾焉, 曷若從范氏之說, 無舵之佞而獨有朝之美者, 爲協於文耶.

曰, 巧言令色, 衰世之所同好, 不得而輕重於其間也. 且其立言, 猶書所謂無虐煢獨而畏高明者, 聖人豈使人不虐煢獨, 而獨畏高明哉.

문 다른 학설은 어떻습니까?

답 사씨가 '세상의 치란治亂을 잘 보는 것'이라고 한 것은 성인의 본래 뜻이 아니다. 양씨는 '교언영색이 아니면 유세할 때 입을 수 있는 화를 피할 수 없다.'라고 한 것은 타당하지 않은 듯하다. 유세가 정도에서 이탈한 것은 전국 때 일이고, 부자는 이때 계시지도 않았는데, 부자의 말씀에 어찌 이런 뜻이 있겠는가. 후씨가 '글자를 고쳐야 한다.'라고 주장한 것은 매우 잘못 이해한 것이다.

曰, 諸說, 如何.

曰, 謝氏所謂善觀世之治亂者, 非聖人之本旨也. 楊氏之說, 若以非巧言令色不足以避遊談之禍者, 尤恐未然. 遊談相傾, 乃戰國之事, 夫子之時未有是也. 且夫子之言, 本豈有此意哉? 侯氏改字之說, 則其不解甚矣.

06-16. 子曰, "誰能出不由戶? 何莫由斯道也.

문 16장에 관한 학설은 어떻습니까?

---

29 세력이……마라:《상서尙書》〈홍범洪範〉에 나온다.

답 여러 선생의 학설은 그 이치가 매우 깊다. 그러나 문맥을 따져보면 홍씨의 주장이 타당하다.

或問, 十六章之說.
曰, 諸先生之說, 其理深矣. 然以文義考之, 則洪氏爲得.

문 왜 그렇습니까?

답 '하막何莫'은 '하막학부시何莫學夫詩(어찌하여 《시詩》를 배우지 않느냐?)'[30]라고 할 때의 '하막'과 같은 뜻이다. 만약 '밖을 나갈 때 문을 통하지 않을 수 없다.'로 곧바로 '행하는 데 도를 따르지 않을 수 없다.'를 비유한다고 한다면 세상에 이치와 도의를 어기면서도 도를 따르지 않는 이들이 적지 않는데, 또 무슨 말로 포용해야 하는가. 정자께서 하신 말은 '평생 따르면서도 그 도를 알지 못한다.'[31]는 뜻이니, '세상에 또 (도를) 알지 못하여 따르지 못하는 자도 있다.'라고 여긴 것이다. 유독 여기에서만 어찌 그렇지 않겠는가. 범씨의 설과 같다면 현인이나 보통 사람이나 행함은 다르지 않고 앎만 다른 것이 되니, 어찌 이런 이치가 있겠는가.

曰, 何也.
曰, "何莫之云猶曰"何莫學夫詩耳. 若直以出不能不由戶, 譬夫行之不能不由道, 則世之悖理犯義而不由於道者, 爲不少矣. 又何說以該之耶? 程子之云, 終身由之而不知其道, 亦嘗以爲世又有不知而不能由者矣. 何獨於此而不然耶? 若范氏之說, 則是賢人之行, 與衆人不異, 特其知之爲異耳, 豈有此理哉?

---

30 하막학부시: 《논어》〈양화〉에 나온다.
31 평생……못한다: "맹자께서 말씀하셨다. '행하고 있으면서도 왜 그렇게 해야 하는지 밝게 알지 못하고, 습관적으로 익숙하게 하고 있으면서도 그 이유를 알지 못한다. 그리하여 종신토록 행하면서도 그 도를 모르는 자가 많은 것이다.'[孟子曰, 行之而不著焉, 習矣而不察焉, 終身由之而不知其道者, 衆也.]"《맹자》〈진심 상〉

06-17. 子曰, "質勝文則野, 文勝質則史. 文質彬彬, 然後君子."

문 17장에 관한 학설은 어떻습니까?

답 사씨의 주장이 아름답다. 하지만 성인께서 본래 하신 말씀은 '문文'과 '질質' 중 어느 한 쪽이 다른 한 쪽을 능가해서는 안 된다는 것이다. 사씨는 오직 '사람을 판단하는 방법[觀人]'으로 해석했는데, 그 주장은 비록 (수준이) 높으나, 문맥이 일관되지 않고, 자공이 '문질文質'에 관해서 한 말³²을 인용했는데, 역시 옳지 않다. 배우는 이로 하여금 손익을 다시 살피지 못하게 했으니, 아마도 성인의 본의가 아닌 듯하다. 본지를 제대로 파악한 것은 양씨일 것이다.

或問, 十七章之說.

曰, 謝氏美矣. 然聖人本言文質不可以相勝, 而謝氏專以觀人爲言, 故其說雖高, 而於文義首尾皆所不合, 其引子貢文質之言亦非是, 且使學者無復矯揉損益之矣, 殆非聖人之本意也. 得其旨者, 其楊氏乎.

06-18. 子曰, "人之生也直, 罔之生也幸而免."

문 18장에 관한 학설은 어떻습니까?

---

32 자공이……말: "극자성이 말했다. '군자는 속이 중요하니, 겉을 꾸밀 필요가 있는가?' 자공이 반박했다. '참 안됐다. 그대가 군자를 설명하는 것이. 말 네 필이 끄는 마차도 혀를 따라잡지 못한다. 속은 겉이고, 겉은 속이다. (그대 말대로 겉으로 구분되지 않는다면) 호랑이, 표범가죽이 개나 양가죽과 같은 것이 된다.'[棘子成曰, 君子質而已矣, 何以文爲. 子貢曰, 惜乎, 夫子之說君子也, 駟不及舌. 文猶質也, 質猶文也. 虎豹之鞹猶犬羊之鞹.]"《논어》〈안연〉)

답 정백자程伯子의 말씀이 간략하면서도 곡진하다. 처음에 나오는 '생生' 자는 '시생始生(처음으로 태어나다.)'의 '생'이고, 다음에 나오는 '생' 자는 '생존生存'의 '생'이다. 비록 지시하는 바가 다르나 의미는 실상 충분히 통한다. 하늘이 사람을 낳음에 실리實理가 자연스럽게 내재하므로, 태어날 때는 왜곡됨이 없는데, 그가 이것을 따르지 못했는데도 오히려 삶을 잘 끝낼 수 있다면 그가 죽음을 면한 것은 특별한 행운일 뿐이다. 정숙자의 뜻은 이런 것이 틀림이 없는데도 말씀이 명확하지 않다. 아울러 처음에 나오는 '생' 자를 '생존'의 '생' 자로 보아도 이치상 통하지만, 위 구절의 문맥과 어긋나 잘 어울리지는 않는다.

 장자께서는 두 '생' 자를 모두 '생존'의 '생'으로 보았고, 그러면서 '길흉'을 개입시키고 그 '바르지 않다[非正]'[33]는 설은 아래의 '요행히 죽음을 면하다.[幸免]'에 대구로 보아 2가지 사건으로 나누고자 했던 것 같다. 하지만 첫 구절의 문맥을 살펴보면 타당하지 않다. 범씨는 '사람의 본성이 선하므로 그 생이 곧다.'라고 했는데, 정백자의 뜻과 부합한다. 이 아래에 나오는 '생' 자는 모두 '생출生出'의 '생'으로 보았는데, 본문과 크게 어긋난다. 이 글자를 우연히 사용하고, 같음과 다름을 헤아리지 않은 것은 아닌가? 한편 '생직生直'의 '생'도 또한 '생출'의 '생'으로 여겼다. 그의 주장 중 '망무지罔無知'[34] 이하는 어떤 의미인지 파악할 수 없다. 나는 범공

---

33 바르지 않다: "횡거가 말했다. '생이 곧고 이치가 순하면 길흉에 바르지 않음이 없다.'[橫渠曰, 生直理順, 則吉凶莫非正也.]"《논어정의》)

34 망무지: 저본에는 '罔無如'로 되어 있으나, 《논어정의》에 의거하여 '罔無知'로 바로잡았다. "범씨가 말했다. '사람의 본성은 선하기 때문에 그 생이 곧다. 직은 성실하다는 뜻이다. 망은 무지의 뜻이다.[范曰, 人之性善, 故其生直. 直, 誠也. 罔, 無知也.]'"《논어정의》)

이 엄격하고 성실하다고 들었는데, 성인의 말씀을 주석할 때는 산만하고 조심스럽지 못해 이 지경에 이르러 무슨 말을 하려 했는지 알 수가 없다.

여씨가 '세상의 화를 면하기에 충분하다.'라고 한 것은 장자의 학설과 비슷하다. '망罔'을 '항상됨이 없음[無常]'으로 풀었는데, 그렇다면 '생' 자의 뜻이 마땅하지 않게 된다. '망罔' 자 아래에는 '지무망之無罔' 3글자가 사라진 것 같다. 그렇지 않으면 ('망罔'에) '무상無常'의 뜻이 있는지 알 수가 없다. 사씨는 '직直'을 '순리順理'로 풀었고, '생'을 '생존'의 '생'으로 보았으며, 유씨는 '직'을 '순리循理'로 풀었고, '생'을 '생명을 지키는 방법을 다하다.'로 보았다. '직' 자에 대한 풀이는 거의 비슷하나, '생' 자는 조금 달리 보았다. 경의 본문과 정백자의 학설로 미루어 보면 모두 미흡하다. 생리生理는 본래 곧은데, 사람이 생리를 따르고 난 뒤에 '직'이라는 이름을 얻는 것은 아니다. 만약 '지극히 크고 지극히 강해야' 곧아진다면 곧음은 또한 기氣의 본연이 되므로, 곧음으로 수양하고 난 뒤에 이 이름을 얻는 것이 아니다. '생존'의 '생'에 대해서는 앞서 논의했다. '진생지경盡生之經'이란 곧 생존의 도를 보존하는 것으로 경문의 뜻과 어울리지 않는다. 양씨가 생生과 사死를 대치시켰는데 좋지 못하다. '무리하게 삶을 연장시키려 하지 않음'과 '조장하지 않음'을 '직'으로 보았는데, 본래 '직'의 의미와 더욱 멀어졌다. 원래 성현의 본의가 어찌 이처럼 지엽 같겠는가. 그래서 일상의 실질에 절실함이 없겠는가. '삶을 연장시키다.[益生]'의 의미를 상세하게 말하지 않았는데, 노씨의 말에 근거를 두고 있다. 나는 그가 하는 말이 어떤 뜻인지 모르겠다. 하지만 그 어의語意는 양생을 위한 것 같다. 맹자가 말한 '조장助長'과는 범주가 다르다. 배우는 이는 이를 반드시 분별해야 한다.

윤씨는 정백자의 뜻을 더 밝혔으나, 말이 분명하지 않지만 다른 학설보다 훨씬 뛰어나다. 소씨의 설 또한 설득력이 있다.【소씨가 말했다. "망罔'은 '곧지 않음'이다. 하늘은 만물을 곧게 내는데, 곧지 않다면 반드시 사고가 있을 것이니, 그것은 생의 리[生之理]가 아니다. 나무가 굽은 것은 눌렸기 때문이고, 물이 굽이 흐르는 것은 막혔기 때문이다. 물이 막히지 않고, 나무가 눌리지 않으면 곧지 않은 적이 없다. 그러한데 하물며 사람에 있어서랴. 그러므로 생의 리는 곧음이고, 곧지 않고 살아남았다면 요행이지 정도正道가 아니다."】

或問, 十八章之說.

曰, 程伯子之言約而盡矣. 蓋上生字爲始生之生, 下生字爲生存之生, 雖若不同, 而意實相足. 蓋曰, 天之生是人也. 實理自然, 初無委曲, 彼乃不能順是, 而猶能保其終焉, 是其免特幸而已矣. 叔子之意當亦類此, 而語不分明, 似倂以上生字爲生存之生者, 其於義理固亦可通, 但於上句文義差不甚協耳. 張子於兩生字義, 亦皆爲生存之生, 而又增入吉凶, 其非正之說, 蓋欲以對下文幸免爲二事者, 然於上句本文之意, 則無所當矣. 范說人之性善, 故其生直者, 合於程伯子之意矣. 而其下文生字, 皆以爲生出之生, 則與本文殊不合, 不知其偶用此字, 而不計其同異耶? 抑直以生直之生, 亦爲生出之生也. 大凡其說自罔無如也以下, 皆不可曉. 吾聞范公莊敬誠實, 而其訓說聖言, 散漫不謹, 乃至於此, 亦不能識其何說也. 呂氏足以免於世之云, 如張子之說, 其以罔爲無常, 則於此生之意, 無所當矣. 又疑如網之下, 少之無網三字, 然亦未見其有無常之意也. 謝氏以順理爲直, 生爲生存之生, 游氏以循理爲直, 生爲盡生之經, 其論直字略同, 而生字小異. 然以經之本文, 與程伯子之說推之, 則皆有所未合. 蓋生理本直, 不待人順之而後得直之名, 若至大至剛以直之, 直亦氣之本然, 不待人以直養之而後得此名也. 生存之生, 已辨於前, 盡生之經, 則又所以能保其生存之道也. 於經之文, 亦無所當矣. 楊氏以生對死則不類. 以不益生助長爲直, 則與本直之云者益相遠矣. 原聖賢之本意, 豈若是其支蔓, 而無所切於日用之實乎. 益生不祥, 本老氏語, 吾不知其所謂, 然其語意, 似爲養生者發, 與孟子助長之云殊不類, 此又學者所宜別也. 尹氏蓋發明程子伯子之意, 而語亦未瑩, 然其賢於諸說遠矣. 蘇氏之說亦近之.【蘇氏曰, "罔不直也. 天之生物必直, 其曲必有故, 非生之理也. 木之曲也或抑之, 水之曲也或碍之, 水不碍, 木不抑, 未嘗不直也. 凡物皆然, 而況于人乎? 故生之理直, 不直而生者幸也. 非正也."】

06-19. 子曰, "知之者不如好之者, 好之者不如樂之者."

문 19장에 관한 학설은 어떻습니까?

답 정자의 말씀이 탁월하다. 범씨, 여씨, 윤씨의 설은 타당하다. 그중에서도 윤씨의 설이 문의와 더욱 잘 맞는다. 하지만 '낙樂'을 '편안하다[安]'로 풀었는데, '널리 드러나고 두루 통하는' 뜻을 충분히 살리지 못했다. 사씨는 지나치고, 양씨는 '지知'를 '필부필부의 어리석음으로도 참여하여 알 수 있다.'로 풀었는데 도리어 더 나빠졌다.

或問, 十九章之說.
曰, 程子至矣. 范呂尹氏亦得之, 而尹氏爲尤切於文意. 但其以安訓樂, 爲未盡其宣揚發暢之意耳. 謝氏過高, 而楊氏以夫婦之愚可以與知爲知之者, 則反以卑矣.

06-20. 子曰, "中人以上, 可以語上也, 中人以下, 不可以語上也."

문 20장에 관한 주장은 어떻습니까?

답 정자의 말씀이 탁월하다. 뒤에 덧붙인 말씀이 더욱 좋다.[35] 장자의 학설도 완벽하다. 범씨가 '중간 수준 이하는 하우에 들어갈 수 있다.'라고 것은 특히 의미를 파악하기 어렵다. '성선性善'이라고 한 다음에 '성性'만 논하고 '기氣'를 논하지 않은 폐단이 있다. 사씨, 양씨의 주장은 일부씩만 타당하다. 양씨가 인용한 '사람이나 말을 잃지 않는다.'는 정자가 말씀하려 했던 것과 다르다. 그는 처세와 교류에 대해서 대략 언급한 것이고, 정자의 말씀은 학문에 나아가려는 이들을 끌어주려고 하신 것이다.

或問, 二十章之說.
曰, 程子至矣. 後一說尤佳. 張子之說則又備矣. 范氏中人以下可以入於下愚者殊不可曉. 其曰, 性善以下, 又有論性不論氣之弊. 謝楊又各得其一偏也. 楊氏所引不失人言, 亦與程子不類, 彼蓋汎言應世接物之事, 此則專爲引進學者而言也.

06-21. 樊遲問知. 子曰, "務民之義, 敬鬼神而遠之, 可謂知矣." 問仁. 曰, "仁者先難而後獲, 可謂仁矣."

문 번지가 '지知'에 대해서 질문하자, 부자께서 '사람의 도리를 힘쓰고 귀신을 공경하되 멀리 한다.'라고 답하셨는데, 왜 그렇습니까?

답 인도人道의 마땅함은 가깝고 알기 쉬워, 사리에 통달하지 않으면 반드시 소홀히 여겨 힘쓰지 않고, 도리어 힘쓰지 말아야 할 곳에 힘쓰게 된다. 귀신의 리理는 멀고 헤아리기 어려워, 사리에 통달하지 않으면 우매한 자는 반드시 태만하게 되고, 미혹된 자는 반드시 모독하게 된다. 진

---

35 뒤에……좋다: 전자는《논어해論語解》를 말하고, 후자는《어록語錄》을 말한다.

실로 인도의 마땅함에 오로지 힘을 기울이고 (인도를) 쉽게 알면 귀신의 헤아리기 어려움에 미혹되거나 어두워지지 않는다. 이를 두고 '지知'라고 한다. 생각건대, 번지는 혹 이런 병폐가 있기 때문에 부자께서 이것으로 경계하신 것 같다.

或問, 樊遲問知, 而夫子告之以務民之義敬鬼神而遠之, 何也.
曰, 人道之所宜, 近而易知也. 非達於事理, 則必忽而不務, 而反務其所不當務者矣. 鬼神之理, 幽而難測也. 非達於事理, 則其昧者必至於慢, 惑者必至於瀆矣. 誠能專用其力於人道之所宜而易知者, 而不昧不惑於鬼神之難測者, 則是所謂知也. 意者樊遲或有此病, 故夫子以是警之歟

문 이른바 '귀신鬼神'이라는 것이 제사의 바른 대상이 아니라면 성인께서 사람들에게 공경하라고 한 것은 어째서입니까? 만약 제사의 바른 대상이라면 왜 멀리하라고 한 것입니까?

답 성인께서 '귀신은 바르지 않음이 없다.'라고 하셨는데, '멀리하라' 하신 것은 '그 존재가 모호하고 아득해서 엄격히 대하고 모독하지 말라.'라는 뜻이다. 만약 올바른 대상이 아니라면 성인께서 거듭 귀신을 거론하셨겠는가. (지위가) 높으면 예禮를 분명히 해 바르게 대하고, 낮으면 의義를 지키면서 끊었더라면, 애초에 '공경하고 멀리하라.' 혹은 '모독하고 태만하지 마라.'라고 말할 필요도 없다.

曰, 所謂鬼神者非祀典之正耶, 則聖人使人敬之何也. 若以爲祀典之正耶, 則又使人遠之, 何也.
曰, 聖人所謂鬼神無不正也. 其曰遠者, 以其處幽故嚴之而不瀆耳. 若非其正, 則聖人豈復謂之鬼神哉. 在上則明禮以正之, 在下則守義以絶之, 固不使人敬而遠之, 然亦不使人褻而慢之也.

문 '인仁'에 관해서 묻자 왜 '어려운 일을 먼저 하고 얻는 것을 뒤에 한다.'이라고 답하셨습니까?

답 이 일을 행하면 반드시 이런 결과가 나는 것이 천리의 자연스러움이다. 먼저 결과를 따지고 난 뒤에 그 일을 행하면 그 일이 비록 공적일지라도 의도가 사적이므로, 설령 결과가 나더라도 인仁을 이롭게 여긴 처사에 지나지 않는다. 동자董子(동중서董仲舒)가 '인인仁人은 그의 의義를 바르게 하지 이익을 도모하지 않고, 그의 도를 밝게 드러내지 성과를 따지지 않는다.'[36]라고 한 것이 바로 이런 뜻이다. 의를 바르게 하는 것이 이롭지 않은 적이 없는데, 도를 밝히는 것이 어찌 공이 없겠는가. 다만 공리功利를 쫓는 것에서 시작하지 않을 뿐이다. 아마도 번지에게 '얻을 것을 먼저하는 병폐가 있어 부자께서 이렇게 말씀하신 것 같다. '선사후득先事後得[37]'이라고 일러주신 적이 있는데, 아주 강하게 경계하신 것이다.

曰. 問仁而夫子告之以先難後獲, 何也.
曰. 爲是事者, 必有是效, 是亦天理之自然也. 然或先計其效, 而後爲其事, 則其事雖公, 而意則私, 雖有成功, 亦利仁之事而已. 若夫仁者, 則先爲其事, 不計其效, 惟循天理之自然, 而無欲利之私心也. 董子所謂仁人者, 正其誼不謀其利, 明其道不計其功, 正謂此意爾. 然正誼未嘗不利, 明道豈必無功, 但不自夫功利

---

36 인인은……않는다: 《한서漢書》〈동중서전董仲舒傳〉에 나온다.
37 선사후득: "번지가 무우에서 산책하다 공자께 질문했다. '어떻게 하면 인격을 고양하고, (몹시 나쁜) 결점을 고치고, 어리석음을 떨칠 수 있습니까?' 공자께서 말씀하셨다. '질문이 매우 좋다. 실천을 먼저하고 결과가 따라오도록 하면 인격은 저절로 고양된다. 자신의 결점을 고치려고 하고 다른 사람의 결점을 다그치지 않은 것이 자기 결점을 고치는 길이다. 잠시면 사라질 화를 참지 못하고 자신이나 집안까지 망치는 것을 어리석음이라고 하지 않았는가.'[樊遲從遊於舞雩之下, 曰, 敢問崇德, 脩慝, 辨惑. 子曰, 善哉問, 先事後得, 非崇德與. 攻其惡, 無攻人之惡, 非脩慝與. 一朝之忿, 忘其身以及其親, 非惑與.]"《논어》〈안연〉)

者而爲之耳. 樊遲蓋有先獲之病, 故夫子旣告之以此, 又嘗以先事後得告之. 其所以警之者至矣.

문 여러 학자의 설은 어떻습니까?

답 정자께서 '선난후획先難後獲'을 설명하신 것은 탁월하다. '경원귀신敬遠鬼神'에 대한 2, 3, 4번째 설명 또한 좋다. 1, 5번째 설명은 합당한 제사가 아닌 것에 관한 것인데, 성인이 이른바 '귀신'이라고 하신 것은 애초에는 이런 류類가 아닌 것 같다. 이런 류의 귀신에게 공경을 다하고 합당한 귀신을 가까이하고 멀리할 수 없다고 한다면 이런 것이 어찌 '지知'에 관한 사항이 되겠는가. 장문중이 '죽은 원거를 제사하고 쓸데없는 기물을 만든 것'[38]을 질책하셨는데, 성인의 뜻을 알 수 있다. '무민지의務民之義'를 해석할 때 '민民'을 '인人'으로 본 것은 타당하다. 앞의 3가지 설명은 타당하지 않은 것 같다.

범씨는 '무민지의'를 '백성을 진작시키다.'라고 했는데 타당하지 않다. 또 '경원귀신'을 '백성을 밝히다.'라고 풀었는데 더욱 나쁘다. '선난후획'에 대한 해석은 정자의 뜻을 충분히 이해하지 못했다. 만약 '덕을 기르는 일'에 먼저 마음을 두었다면 어찌 '얻는 것을 뒤로 한다.'라고 하겠는가. 여씨의 설은 (본의에) 매우 가깝다. 사씨는 '의義'를 '리利'라고 해석했는데, 본의가 아니다. '귀신의 정상을 안다.'라고 한 것은 '경이원지敬而遠

---

38 죽은……것: "중니가 말하였다. '장문중에게는 불인한 일 세 가지가 있고 지혜롭지 못한 일 세 가지가 있다. 전금을 자신의 아랫자리에 있게 하고, 여섯 관문을 폐지하며, 아내에게 부들자리를 짜게 한 것이 불인한 세 가지 일이다. 쓸데없는 기물을 만들고, 군주가 소목의 위차를 바꾸어 제사하도록 내버려두며, 바닷새인 원거에게 제사 지내게 한 것이 지혜롭지 못한 세 가지 일이다.'[仲尼曰, 臧文仲, 其不仁者三, 不知者三. 下展禽, 廢六關, 妾織蒲, 三不仁也; 作虛器, 縱逆祀, 祀爰居, 三不知也.]"《춘추좌씨전》문공文公 2년)

之'의 뜻을 보지 못한 것이니, 태만하다. '선난후획'을 해석한 의도는 볼 만하나, 정자의 본의가 아니다. 사씨가 '마음이 태만하지 않을 때 인仁을 볼 수 있다.'라고 한 것도 더욱이 부자의 의도가 아니다. 배우는 이는 인에 있어서 종신토록 체인하고 놓지 않고자 해야지 한순간 보고 이루기를 바랄 수 있겠는가.

양씨는 '의義'에 관한 사례로 2가지를 들어 설명했는데, 신학新學[39]의 악습이 남아 있는 것이 아닌가? '귀신鬼神'에 대한 설명은 매우 좋다. '선난후획'에 대한 해석은 비록 정자의 의도에서 빗나갔지만, '충분히 숙고하는 데 달려 있다.'라고 한 것은 사씨보다 낫다. 윤씨는 정자의 학설을 온전히 계승한 것으로 더 논하지 않아도 된다. 이외에 소씨, 증씨의 설이 볼 만하다.【소씨가 말했다. "공자께서는 항상 제자의 허물에 따라 말씀하셨다. 번지가 '숭덕崇德'에 관해서 묻자 공자께서 '일을 먼저 하고 얻는 것을 뒤에 한다.'라고 답하셨다. 수須(번지의 이름)야말로 진실로 깨닫겠다는 의도가 있는가? 그가 '지知'를 묻자, '경귀신이원지敬鬼神而遠之'라고 하셨는데, 오로지 '인사人事'를 연

---

[39] 신학: 북송北宋시대의 정치가이자 사상가인 왕안석王安石과 그의 학파가 주도한 새로운 학풍을 가리킨다. 이는 단순히 학문적 흐름만을 의미하는 것이 아니라, 왕안석이 추진했던 개혁 정책인 '신법新法'을 뒷받침하는 이념적 기반이었다. 당시 유학이 개인의 도덕적 수양을 강조한 것과 달리, 왕안석의 신학은 '국가의 부강'과 같은 실용적이고 공리주의적인 목적을 달성하는 데 중점을 두었다. 왕안석은 자신의 개혁을 정당화하기 위해《주례周禮》와 같은 경전을 독자적인 방식으로 새롭게 해석했다. 특히 글자의 의미를 자의적으로 분석하여 경전 전체의 뜻을 규정하기도 했다. 주자는 정자程子의 학문을 잇는 성리학의 정통 학자다. 이들은 왕안석의 신학이 경전의 본래 뜻을 왜곡하고, 도덕의 근본 원리보다 눈앞의 이익과 효용을 앞세운다고 강하게 비판했다. 따라서 본문에서 양씨楊氏가 '의義'와 '일[事]'(구체적인 실천)'을 둘로 나누어 분석하는 것을 보고 "신학의 악습[新學之餘習]이 있는 것이 아닌가?"라고 비판한 것은 바로 왕안석 학파의 분석적이고 공리주의적인 학문 태도가 아직 남아있음을 지적한 것이다.

마하고 요행 같은 복을 바라지 말라고 가르친 것이다. '인仁'을 묻자, '인자선난이후획仁者先難而後獲'이라고 답하셨는데, '덕을 닦고 학업을 나아가게' 하면서 이유가 없는 '이익[利]'을 탐하지 말라고 하신 것이다." 증씨가 말했다. "'백성의 의로움에 힘쓰고 이익에 힘쓰지 말며, 귀신을 공경하되 가까이하지 말라.'라고 하신 것은 지혜를 갖춰 미혹되지 않는 사람이 아니라면 할 수 없는 것이다."】

曰, 諸說, 如何.

曰, 程子之論先難後獲者至矣, 敬遠鬼神, 第二三四說亦善. 第一第五說皆以非鬼神淫祀言之, 則恐聖人所謂鬼神者, 初不爲此等也. 若於此等猶致其敬, 而於鬼神之正, 乃或親之而不能遠焉, 則亦何以爲知之事哉. 以臧文仲祀爰居作虛器者質之, 聖人之意可見矣. 其釋務民之義, 以民爲人者當矣, 而其前三說似亦未安也. 范氏以務民之義爲振民, 已無所當, 又以敬遠鬼神者爲明民, 則尤無謂矣. 其論先難後獲, 似亦未達程子之意, 若先有心於育德, 則豈後獲之謂哉. 呂氏之說, 庶幾其近之矣. 謝氏以義爲利者, 非此文之意, 知鬼神之情狀, 又未見其所以敬而遠之之意, 亦大漫矣. 先難後獲, 意若可觀, 而亦非程子之旨. 其曰, 於此時可以見仁者, 則尤非夫子之意矣. 學者之於仁, 固欲其終身體之而不失, 豈欲一時見之而遂已耶. 楊氏以義事而爲二, 猶有新學之餘習也歟. 其論鬼神之意則固善矣. 先難後獲, 雖非程子之意, 而在熟之之云, 則優於謝氏也. 尹氏全用程說, 無所復論. 此外則蘇氏曾氏之說, 亦可觀矣.【蘇氏曰, 孔子之言, 常中弟子之過, 樊遲問崇德, 孔子荅以先事後得, 則須也有苟得之意也歟. 其問知也, 曰務民之義, 敬鬼神而遠之, 敎之以專脩人事, 而不求僥倖之福也. 其問仁也, 曰仁者先難而後獲. 敎之以修德進業, 而不貪無故之利也.】【曾氏曰 務民之義而不務利, 敬鬼神而不近之, 非明智不惑者不能也.】

06-22. 子曰, "知者樂水, 仁者樂山. 知者動, 仁者靜. 知者樂, 仁者壽.

문 '인仁'과 '지知'에 대한 주장은 어떻습니까?

답 정자의 말씀이 탁월하다. 부자의 뜻은 바로 인자仁者는 산에 대하여, 지자知者는 물에 대하여 진실로 즐기고[喜] 좋아하는 것[好]이 이와 같을 뿐이라는 것이다. 그러므로 정자께서 '희호喜好'로 해석한 것은 기氣의 범주가 서로 부합하는 것으로 말씀한 것이다. 설령 다른 학설이 이보다 소략하더라도 이 범주로 추론해야 한다. 장자께서 '다만 성덕成德한 후 성性이 서로 비슷해진다라고 말씀하신 것일 뿐이지, 인자와 지자가 반드시 즐길 바가 있다고 하신 것은 아니다.'라고 하신 것은 오류이다. 정자께서 '인자는 일상생활을 편안히 여긴다.'라고 하신 것은 '인자는 이 덕분에 장수한다.'라는 뜻이지, '안상安常'을 '장수[壽]'로 해석하신 것은 아니다. 이른바 '고요하기 때문에 장수한다.'나 '고요하면 절로 장수한다.'라는 관점에서 보면 그 뜻을 알 수 있다. 장자의 '건강을 해침이 없다.'는 설은 대개 이런 범주이다. 고주古註와 범씨, 유씨의 설이 모두 그런데, 오직 장자의 일설만은 '수壽'를 '평안함과 고요함, 장구의 상[安靜長久之象]'이라고 하였으니, 여씨, 사씨, 양씨의 설과 모두 지나치게 고원하여 잘못된 듯하다. 사씨의 주장 중 '약부若夫' 이하는 거침없이 흘러가는데, 유학자의 말이 아니다. 이른바 '즐기는 바가 여기에 있지 않다.'라는 것도 의미를 파악할 수 없다.

或問, 仁知之說, 如何.

曰, 程子至矣. 蓋夫子之意, 正爲仁者之於山, 知者之於水, 誠有喜而好之者, 非但如之而已也. 故程子以喜好訓之, 又以氣類相合言之, 則雖其他說之或略於此者, 亦可以類推矣. 張子乃謂特言其成德之後性相類耳, 非謂仁知者必有所樂, 則失之矣. 程子所謂仁者安其常, 亦言仁者之所以壽者以此, 非以安常爲壽也. 以其所謂以靜而壽靜則自壽者觀之, 則亦可見其意矣. 張子無戕賊之說. 蓋亦類此. 古注范游氏說皆然, 獨張子一說, 乃以壽爲安靜長久之象, 則與呂謝楊氏之說, 皆若過高而失之矣. 謝氏若夫以下, 蕩而無止, 不類儒者之言, 所謂其樂有不存焉者, 文義亦不可曉也.

문 정자께서는 '요산요수樂水樂山와 동정動靜은 모두 체體를 말했다.'라고 하셨고, 여씨는 체용體用을 나누어 설명했습니다. 어떻습니까?

답 정자께서 '체體'라고 하신 것은 '체단體段'이지 '체용'을 구분한 것이 아니다. 만약 구분했다면 여씨의 설대로 바꾸어야만 괜찮을 것이다.

曰. 程子謂樂水樂山與夫動靜, 皆言其體. 而呂氏又以體用分之, 如何.
曰. 程子所謂體者, 體段之云耳. 非有體用之分也. 若其分之, 則必易置呂氏之說而後可耳.

문 '인仁', '수壽'에 관한 여러 학자의 설은 늘 그렇듯 오류가 있는 것 같습니다. 그렇다면 그 오류의 정도는 어떻습니까?

답 처음에 장자께서는 '인仁' 혹은 '불수不壽'로 이 말을 해석하셨다. 그래도 성인의 뜻과 그리 멀지는 않다. 아울러 '안자가 단명해 하늘로 돌아간 것'을 논했는데, '불수'를 여기에서 다시 의심했다. '은택이 만세에 미치다.'라고 한 것은 비록 조야하지만 실질이 있다. '주어진 성을 다 펼치면서 하늘과 하나 된다.'라고 한다면 담론의 수준은 높으나 병폐는 더욱 깊어진다.

曰. 仁壽之說, 諸家之得失, 則固然矣. 然其失之淺深奈何.
曰. 張子之初. 蓋以仁或不壽而爲是言耳. 然於聖人之意, 猶未大遠也. 及其論顏子之不壽, 而歸諸天, 則不壽復有疑於此矣, 謂澤及萬世者, 雖粗而猶有實.
曰. 盡性而與天爲一, 則論愈高而病愈深矣.

06-23. 子曰, "齊一變, 至於魯, 魯一變, 至於道."

문 23장에 관한 학설은 어떻습니까?
답 지리로 말하자면 제나라는 험하고 노나라는 평지이다. 재물로 말하자면 제나라는 풍족하고 노나라는 궁핍하다. 국력으로 말하자면 제나라는 강하고 노나라는 약하다. 풍속으로 말하자면 제나라는 허세와 속임수가 능하고 노나라는 예의에 익숙하다. 대개 풍속이란 본래 다르다. 태공太公이 제나라를 다스릴 때 뛰어난 인물을 존중했고 공을 높이 평가했다. 백금伯禽이 노나라를 다스릴 때 존귀한 사람을 존중했고 가까이 해야 할 사람을 가까이했다. 다스림과 교화 방식이 또 다르다. 제나라는 환공桓公과 관중管仲 때부터 태공의 법도가 무너지고 변하기 시작해 나날이 사라지고 있다. 노나라는 비록 나날이 (국력이) 쇠약해지고 무너지고 있지만 그 규모와 기상은 주공의 유풍이 남아 있다. 그러니 (두 나라) 옛 풍속의 변화가 서로 다르다. 그래서 근본에서 보자면 (제나라는) 태공 같은 치세에도 한 번 변해야 주공, 백금의 왕도에 이를 수 있다. 말단에서 보자면 제나라의 풍속이 더욱 무너진 다음에는 반드시 한 번은 변해야 노나라의 쇠약한 정도에 미칠 수 있다. 당시에 부자께서 직접 나라를 다스리지 않는다면 누가 이러한 변화를 이끌어 결과를 낼 수 있겠는가.

여러 학자가 여기에 관해 저마다 조그마한 단서를 얻어 이를 근거로 자기 설을 내세웠다. 비록 주장은 많으나 끝내 부족한 부분이 남게 된다. 또 '혐의를 피한다.'라는 병폐가 있어 더욱 그 주장에 결점이 생기게 된다. 예를 들면 다음과 같은 경우이다. '주공과 태공의 우열을 논한다.'

라는 혐의를 피하려고 '어떤 왕이 나와 노나라에서 법도를 취한다면 왕도가 크게 변할 것이다.'라고 말하는데, 이 주장은 설령 아름다워 보일지라도 사사로운 의도를 벗어나지 못한 것이다. 성인의 말씀은 공평하고 정확하고 실질적인데, 이는 성인의 그런 본의를 담지 못한다. 간혹 '제나라가 한 번 변하면 노나라 치세 때 수준에 도달할 수 있다.'라고 했는데, 경문의 본래 뜻이 아니다. 만약 경문의 말씀이 이런 의도에서 나왔다고 가정한다면 노나라의 치세는 주공이 정사를 펼칠 때로서 왕도의 본말이 모두 갖추어진 때일 것인데, 어떻게 한 번만 변해서 이 도에 이를 수 있겠는가.

或問, 二十三章之說.

曰, 以地言之, 則齊險而魯平, 以財言之, 則齊厚而魯薄, 以勢言之, 則齊强而魯弱, 以俗言之, 則齊尙夸詐而魯習禮義. 蓋其風氣本不同矣. 而太公治齊, 尊賢尙功, 伯禽治魯, 尊尊親親, 其治化又不同矣. 齊自桓公管仲不無變亂太公之法, 而益趨於薄, 魯則雖曰衰弱廢墜, 而其規模氣象, 猶有周公之遺意, 則其舊俗之變又不同也. 是以自其本而言之, 則雖太公之盛時, 已必一變而後可以至於周公伯禽之王道, 自其末而言之, 則齊俗益壞之後, 又必一變而後可以及魯之衰也. 然當是時, 非夫子之得邦家, 亦孰能成此一變之功哉? 諸家於此, 蓋各得其一端, 而遂據以爲說, 故雖爲說之多, 而終不能無所遺也. 而又有避嫌之病, 益使其說不得不有所遺, 如避周公太公優劣之嫌, 則曰, "非二公遺化之不同, 而凡史書之言太公就封報政遲速者皆, 擧而廢之. 避魯以侯國而行王道之嫌, 則曰, "有王者起, 而取法於魯, 則王道翕然丕變, 此其說雖似美, 然恐其不免於有意之私, 而非聖言公平正實之本旨也. 又或以爲齊一變可比於魯之治時者, 亦非文義. 若果其言出於此, 則魯之治時乃周公之政, 卽王道本末之大備也. 又何待一變而後至道乎.

06-24. 子曰, "觚不觚, 觚哉! 觚哉!"

문 24장에 관한 설은 어떻습니까?

답 부자께서는 본래 '고觚'를 언급하면서 이를 미루어 천하 만물이 모두 그렇다는 것을 말씀하시려 했다. 첫 '고'는 기물을 지시하는 것이고 뒤의 '고'는 제법[制]을 지시한다. '고재고재觚哉觚哉'라고 하신 것은 기물의 제법이 사라지는 것을 탄식하신 것이다. 여러 학자는 이를 미루어 넓혀갔는데, 저마다 일리가 있다. 그러나 양씨의 이른바 '정명正名'은 여기와 일은 같지만 문맥이 다르다. '정명'의 뜻은 실재와 대응해 이름을 바르게 하는 것'이다. 이 장의 뜻은 이름에 따라 실재를 따지는 것으로, ('정명'과) 그 일은 같으나 (의미는) 서로 밝혀 줄 수 없다.

或問, 二十四章之說.
曰, 夫子之意, 本爲觚發, 而推之則天下之物皆然也. 上觚指其器, 下觚指其制, 觚哉, 觚哉, 嘆器之失其制也. 諸家推而廣之, 各得一意, 但楊氏所謂正名者, 與此事同而文意不類. 蓋正名之意, 就實以正名, 此章之旨, 循名而責實, 其事雖同, 而不可以相明也.

06-25. 宰我問曰, "仁者, 雖告之曰, '井有仁焉.' 其從之也. 子曰, "何爲其然也? 君子可逝也, 不可陷也, 可欺也, 不可罔也."

문 재아가 '정유인언井有仁焉'이라고 물은 것은 어떻습니까?

답 공씨孔氏(공안국孔安國)가 '인자仁者가 남을 근심하여 살리기를 좋아함이 어떤 경지에 이르렀는지를 자세히 보고자 한 것이다.'라고 해석한 것이 올바르다. 정자께서는 '인仁을 좋아하면 어려움을 피하지 않는다.'라고 풀었고, 범씨는 '인을 행하다 해를 입을까 걱정한 것이다.'라고 해석했는데, 모두 타당하다. 하지만 여러 학자는 '우물가에 인인仁人이 있다면 마땅히 가서 구한다.'라고 했는데, 사람이 우물에 빠지면 당연히 구해야 하는 것이고, 꼭 인인일 필요는 없다. '인인이 우물에 있으면 당연히 가서 따라야 한다.'라고 한 것도 있는데, 어찌 인인이 까닭 없이 우물로 들어가고, 나는 또 왜 따라가겠는가? '우물로 가는 것이 인을 실천하는 것이다.'라고 한 것도 있는데, 꼭 가서 보아야 속임수라는 것을 알게 되는 것이 아니다. 오직 우물에 들어가서 사람을 구해야만 인을 행함에 가깝다고 할 수 있다. 오씨는 '인仁' 자가 '인人' 자로 되어야 한다고 했는데, 그런 이치가 있기는 하지만 그것이 필연이라고 하기는 어렵다.

或問, 宰我井有仁焉之問, 何也.
曰. 孔氏以爲欲以極觀仁者憂樂之所至是已. 而程子所謂好仁不避難, 范氏所謂憂爲仁之陷害者, 亦得之也. 然諸家有以爲井有仁人, 當往救之者, 則凡人墜井, 亦所當救, 不必仁人也. 有以爲仁人在井, 當往從之者, 則豈有仁人無故入井, 而吾又何爲從之哉? 有以爲赴井可以爲仁者, 則亦不待往而後知其詐也. 惟以爲入井救人, 可以爲仁者爲近之. 若吳氏以爲仁當作人者, 則亦或有此理, 而未敢以爲必然也.

문 '기欺'와 '망罔'이 어떻게 다른지, 자세한 차이를 다시 들을 수 있습니까?

답 '기欺'는 다른 사람이 모르는 것을 빌미로 속이는 것이고, '망罔'은 다른 사람이 할 수 있는 것을 가리고 어리석게 만드는 것이다. 무릇 사람이 우물에 빠졌고, 세상에 이러한 이치가 있는지 그 유무에 대해서는 군자가 반드시 알 수 있는 것은 아니다. 설령 진짜 그런 경우가 있지 않더라도, 속여서 가 보게 할 수는 있다. 스스로 우물로 들어가 사람을 구할 수 있으나 이런 이치는 없다. 지혜가 없더라도 알 수 있으니 어찌 이렇게 속여서 우물에 빠지게 할 수 있겠는가. 맹자도 순舜과 자산子産의 일을 논하면서 이 말을 인용하여[40] 증명했는데, 명백하다.

정자(명도)께서 '예禮가 아닌 것으로 빠뜨릴 수 없다.'라고 하고, 정자(이천)께서 또 '부지不知에 빠뜨릴 수 없다.'라고 해석했는데, 문맥을 깊게 살피지 않아 생긴 허물이다. 범씨는 '서逝'를 '불선을 보고 떠나간다.'[41]라고 해석했고, '함陷'을 '불의에 빠지다.'라고 풀었는데, 어떤 사람이 우물에 있고, 불선한 짓을 한 적이 없는데, 우물에 들어가 사람을 구하는 것이 불의에 빠졌다고 할 수 없다. '함' 자를 여러 학자가 해석하면서, 대개 '우

---

40 이 말을 인용하여: "'그렇다면 순은 거짓으로 기쁜 척한 것입니까?' '아닐세. 옛날에 정나라 대부 자산에게 살아 있는 물고기를 선물한 자가 있었는데, 자산이 연못 관리인을 시켜 그것을 연못에서 기르게 하였네. 그런데 그가 물고기를 삶아먹어 버리고는 「처음에 고기를 놓아주자 비실비실 하더니, 조금 있자 팔팔해져서 유유히 갔습니다.」라고 보고하니, 「제 살 곳을 얻었구나! 제 살 곳을 얻었구나!」 하였네. 이에 연못 관리인이 나와서 「누가 자산을 지혜롭다고 말하는가? 내가 이미 물고기를 삶아먹었는데, '제 살 곳을 얻었구나! 제 살 곳을 얻었구나!' 하더군.」 하였네. 그러므로 군자는 그럴듯한 방법으로 속일 수는 있으나, 터무니없는 방법으로 속이기는 어렵네. 저 상이 형을 사랑하는 도리로써 찾아왔으므로 순이 진실로 믿고서 기뻐한 것이니, 어찌 거짓으로 기쁜 척하였겠는가?'[然則舜僞喜者與. 曰, 否, 昔者有饋生魚於鄭子産, 子産使校人畜之池. 校人烹之. 反命曰, 始舍之, 圉圉焉, 少則洋洋焉, 攸然而逝. 子産曰, 得其所哉. 得其所哉. 校人出, 曰, 孰謂子産智, 予旣烹而食之, 曰, 得其所哉, 得其所哉. 故君子可欺以其方, 難罔以非其道. 彼以愛兄之道來, 故誠信而喜之, 奚僞焉.]"《맹자》〈만장 상〉

41 불선을……떠나간다:《논어정의》에는 "군자는 불선을 보면 떠나가는데, 가게 할 수는 있으나 불의를 행하게 할 수 없으니 우물에 들어가면 의가 아닌 것에 빠진다.[君子可見不善則去, 可逝而去也, 而不可使爲不義, 入井則陷於非義也.]"라고 하였으니, 이 구절은 여기에 근거해서 번역했다. 문리로 따져보면 《논어혹문》이 오류이다.

물에 빠진다.'라는 뜻으로 풀지 않았다. 그래서 이런 실수를 한 것이다. 오직 유씨만이 처음과 끝이 일관되어 대개가 타당하다. 하지만 '(스스로 함정에 빠져) 인술仁術을 베푸는 것이다.'라고 한 것은 문맥과 어울리지 않는다. 또 (기록을 보면 여씨는) '스스로 빠져 구할 수 없다.'라고 했는데, 아마도 '능能' 자 다음에 '사지使之' 두 글자가 빠진 것 같다. 또 '그럴듯한 말로 속여 구하게 할 수 있다.'라고도 했는데, 타당하지 않은 것 같다.

사씨와 양씨는 '(우물까지 가게 할 수도 없고 이치에 맞는 말로 속일 수도 없는 것은) 남이 나를 속일 것이라고 미리 넘겨짚고 남이 나를 믿어주지 않을 것이라고 억측하는 일'로 해석했는데, 경문의 뜻과 유사하기는 하나, 재아는 이런 뜻으로 묻지 않았다. 공씨, 정자, 범씨의 설을 보면 알 수 있다. 사씨는 '인자의 마음은 정말 이와 같지 않다.'라고 했으나, 인자의 마음이 어떤지 말하지도 않으면서 끝내 인자를 알기 어렵다고 탄식만 할 뿐이다. 후세 사람들로 하여금 '지인知仁'만 일삼아 인仁의 실질에 힘쓰지 않게 하지 않겠는가.

曰, 欺罔之別, 其詳復有可得而言者乎.
曰, 欺者, 乘人之所不知而詐之也. 罔者, 掩人之所能知而愚之也. 夫人之墜井, 世有此理, 而其有無, 則非君子所能必知, 雖或未必眞有, 而可欺使往視之也. 自入井中而可以救人, 則其無是理也. 蓋不待知者而知之矣. 又安得以此罔之, 而使陷於井中哉? 孟子之論舜子產事, 亦引此語, 以彼證之, 則明白矣. 程子所謂陷以非其所履, 又謂陷之於不知, 則不深考於文義之過. 范氏以逝爲不見善而去, 陷謂陷於不義, 則有人在井, 未爲不善, 而入井救人, 亦未爲陷於不義也. 大抵諸家之釋陷字, 皆不爲陷於井之意, 故其失至此. 惟呂氏首尾, 大槪得之, 但所謂以施仁術, 爲未協於文義. 所謂不能自陷以行救, 則恐能字之下脫使之二字也. 而所謂欺以可救, 亦有所未安耳. 謝楊皆以逆詐億不信爲言, 固與此意有相似者, 然宰予之問, 不爲此發, 觀於孔程范氏之說, 則可見矣. 謝氏又謂仁者之心正不如是, 而不言仁者之心. 竟爲如何, 卒又歎仁者之難知而已. 無乃愈疑後人, 使徒以知仁爲事, 而不務於爲仁之實也乎.

문 가서 보았는데 우물에 실제 사람이 있다면 어떻게 하겠습니까?

답 소씨의 설이 경중과 완급을 조절하는 것이 치밀하다. 【소씨가 말했다. "물에 빠진 것을 건져주는 것은 인자仁者라면 반드시 한다. 제 몸이 죽어도 다른 사람에게 이익이 없는 것은 인자가 절대 하지 않는다. 오직 군부君父가 위험에 빠졌을 때, 신하와 자식은 따라가야 하는 도가 있다. 하지만 장비를 갖추어야 하며, 그저 따라가지는 말아야 한다. 일이 급박한데 장비가 없다면 그저 따라가더라도 좋다. 이외에는 사람을 보내 구해야 하며 힘을 다하라고 요구해야 한다."】

曰, 往視而井實有人則如之何

曰, 蘇氏之說, 所以處於輕重緩急之間者密矣.【蘇氏曰, 拯溺, 仁者之所必爲也. 殺其身無益於人, 仁者之所必不爲也. 唯君父在險, 則臣子有從之之道, 猶然挾其具不徒從也. 事迫而無具, 雖徒從可也. 其餘則使人拯之, 要以窮力所至而已.】

문 이외에 학설이 각각 다른데, 어떻습니까?

답 정자.【이하 궐문이다.】

曰, 此外諸說之異同奈何.

曰, 程子【下有闕文.】

06-26. 子曰, "君子博學於文, 約之以禮, 亦可以弗畔矣夫!"

문 정자께서는 '약지이례約之以禮'를 '검속'으로 풀었고, '안자의 탄식'[42]에 나오는 '약約'은 '요점을 알다.'로 해석했습니다. 어떻습니까?

답 내 생각으로는 2가지 해석이 다르지 않고 그 의미도 같으니, 모두 '검속'의 뜻이다. 다만 이 장은 배우는 이를 위하여 분별한 것이고, 안자가 이른 경지를 인정하는 것과 다르다. 정자께서는 이 장에서 말하는 공부의 순서와 지위 고하에 대해서 깊이 이해하셨다. 다만 안자에 관한 학설은 내 생각이 타당하지 않은 것 같다. 맹자가 '약約'을 말한 뜻[43]을 미루어 보면 '요점을 알다.'의 의미 같은데, '안자의 탄식'에 나오는 ('약'은) 이것을 가리키지 않는 것 같다.

或問, 程子以約之以禮, 爲約束之意, 而於顔子之歎, 則又以約爲知要, 何也.
曰, 愚意二者之訓不異, 其義亦同, 皆爲約束之意. 但在此章則爲學者之分, 而與顔子所至有不同耳. 程子於此章之工夫次序地位淺深, 蓋深得之, 獨論顔子之說, 則鄙意有未安耳. 推孟子說約之云, 是乃所謂知要者, 而顔子之歎, 則恐其非指此也.

---

42 안자의 탄식: "안연이 감탄하면서 말했다. '우러러보면 더욱 높이 계시고, 뚫으려 하면 더 단단해지신다. 앞에 계신 것을 보았는데, 어느 순간에 뒤에 계신다. 선생님께서는 사람을 부드럽게 가르쳐 주시고, 학문으로 나를 넓혀주시고, 내가 예를 기준으로 간략하게 행동할 수 있도록 이끌어 주신다. (선생님을 따라갈 수 없어) 그만두고 싶어도 그러지 못하니 있는 힘을 다했다. 저 앞에 우뚝 서 계신데 따라가려고 해도 그럴 방법이 없다.'[顔淵喟然歎曰, 仰之彌高, 鑽之彌堅. 瞻之在前, 忽焉在後. 夫子循循然善誘人, 博我以文, 約我以禮, 欲罷不能. 旣竭吾才, 如有所立卓爾. 雖欲從之, 末由也已.]"《논어》〈자한〉

43 맹자가……뜻: "맹자께서 말씀하셨다. '말이 평범하면서도 뜻이 깊은 것이 좋은 말이고, 자기를 지키는 것이 간략하면서도 그 효과가 넓게 베풀어지는 것이 좋은 도리이다. 군자의 말은 띠까지 내려가지 않아도 도가 거기에 있으며, 군자의 지킴은 자기의 몸을 닦음에 천하가 화평해진다. 사람들의 병통은 자기 밭은 버려두고 남의 밭을 김매는 것이니, 남에게 요구하는 것은 무겁게 하고 자기가 책임지는 것은 가볍게 하기 때문이다.'[孟子曰, 言近而指遠者, 善言也, 守約而施博者, 善道也. 君子之言也, 不下帶而道存焉, 君子之守修其身, 而天下平. 人病舍其田而芸人之田, 所求於人者重, 而所以自任輕.]"《맹자》〈진심 하〉

문 여러 학설은 어떻습니까?

답 장자께서는 '문文'을 '예의 문[禮之文]'으로 보았고, '리理'를 '예의 리[禮之理]'로 풀었는데, 아마도 정자의 두 주장과 모두 다른 것 같다. 범씨, 사씨는 정자께서 안자를 논한 것을 여기에 되풀이했다. 사씨는 '학문學文'을 '들어서 적용하다.'로 풀었는데, 왕씨(왕안석)의 무리가 사관이 되어 재상을 파직당한 뒤를 일컫는 것처럼 크게 깨달은 것 같지만, 오류가 매우 심하다. 여씨는 대개 장자의 학설을 종주로 삼아, '배움은 깊을수록 간략해지며', '박문약례는 모두 인사의 당연한 것이나 지극한 것은 아니다.'라고 했다. 이는 '약례約禮' 위에 '더욱 깊은 약約'이 있고, '인사' 위에 '천도의 약約'이 있는 것이니, 아마도 장자께서 말한 '지간至簡'이나 '일귀어시一歸於是'의 의미인 것 같은데 반드시 이와 같지는 않다. 양씨는 정자의 뜻을 이해한 것 같다. 그러나 '중으로 나아간다.'라고 한 것은 너무 치밀하고, '큰 원칙을 벗어나지 않는다.'라고 한 것은 너무 엉성하다. 아마도 (장자의 학설에) 기대어 '예禮' 자를 적극적으로 풀려고 했으나, 그것을 반복하는 중에서 도리어 이런 병폐가 생기는 것을 몰랐던 것 같다.

曰. 諸說. 如何.
曰. 張子以文爲禮之文. 而謂理爲禮之理. 似與程子兩說皆不同. 范謝則又以程子之論顏子者, 而施諸此矣. 謝氏以學文爲擧而措之之事, 幾若王氏之徒爲史官者稱其罷相之後, 方恍然有所得者, 其失甚矣. 呂氏. 蓋宗張子之說, 然謂學愈深則愈約, 而以博文約禮皆人事之當然而非其至者, 則是約禮之上, 又有愈深之約. 人事之上, 又有天道之約, 恐張子所謂至簡, 所謂一歸於是者, 必不如是也. 楊說似得程子之意, 然曰, "趨於中則太密, 又曰, "不出於大防則太疎也. 蓋欲著意影帶形容禮字, 而不知其重複之中反生此病也.

06-27. 子見南子, 子路不說. 夫子矢之曰, "予所否者, 天厭之! 天厭之!"

문 공자께서는 왜 남자南子를 만났습니까?

답 《사기》에 다음과 같은 기록이 나온다. 공자께서 위나라에 도착하자, "남자가 사람을 보내 공자께 말했다. '사방의 군자가 과군(위 영공을 지칭) 과 형제가 되는 것을 부끄러워하지 않는다면 반드시 과소군(남자를 지칭) 을 만났습니다. 과소군도 뵙고 싶습니다.' 공자께서 예禮를 갖춰 사양했 다가 어쩔 수 없이 만나게 되었다."[44]

或問, 孔子之見南子, 何也.
曰, 按史記, 孔子至衛, 南子使人謂孔子曰. 四方之君子, 不辱欲與寡君爲兄弟者, 必見寡小君. 寡小君願見. 孔子辭謝, 不得已而見之也.

문 그 나라에서 벼슬을 하게 되면 과소군을 만나는 것이 예법입니까?

답 《예기》에는 보이지 않는다. 곡량자穀梁子는 '대부는 국군의 부인을 만날 수 없다.'[45]라고 했고, 유독 하휴何休만이 '교외에 나가 맞이할 때 예

---

44 공자께서……되었다: 《사기史記》〈공자세가孔子世家〉에 나온다.
45 대부는……없다: 《춘추곡량전春秋穀梁傳》장공莊公 24년에 다음과 같은 내용이 보인다. "'적은 만난다는 뜻이다. 예에 따르면, 대부는 국군의 부인을 만날 수 없다. '급'이라고 말하지 않은 것은 그가 부녀자의 도리를 행한 것이 바르지 않다고 여겼기 때문에 '대부' '종부'라고 나란히 말했다. 남자가 서로 만나는 예에는 양, 기러기, 꿩, 말린 새고기가 있고, 여자가 서로 만나는 예에는 대추, 밤, 건육이 있다. 옥백 같은 예물을 사용하는 것은 예에 맞지 않다. '용'은 사용하기에 적합하지 않다는 뜻이다. 대부는 나라의 주체인데 부녀의 도리를 행하니, 그를 싫어했기 때문에 날짜를 삼가 기록한 것이다.[覿, 見也. 禮, 大夫不見夫人. 不言及不正, 其行婦道, 故列數之也. 男子之贄, 羔鴈雉腒, 婦人之贄, 棗栗鍛脩, 用幣非禮也, 用者, 不宜用者也. 大夫, 國體也, 而行婦道, 惡之, 故謹而日之也.]"

물을 가지고 가는 것'이라고 주장했는데, 그가 어떻게 고찰했는지 알 수 없다. 예학자는 '양후가 무후를 죽이고 그 부인을 가로챘기 때문에 대향례에 부인이 술을 올리는 예禮를 폐하였다.'[46]라고 했는데, 다른 사람이 다스리게 한 것이다. 대부가 간혹 소군小君을 만나는 경우가 있었을지라도 세상에 행해지지 않은 지 오래되었다. 영공과 남자의 경우는 특별히 예로 든 것이다.

曰, 仕於其國而見其小君禮歟
曰, 是於禮無所見, 穀梁子以爲大夫不見其夫人, 而何休獨有郊迎執贄之說, 不知其何所考也. 然禮家又謂陽侯殺繆侯而竊其夫人, 故大饗廢夫人之禮, 而使人攝焉. 則是大夫雖或有見小君之禮, 疑亦久已不行於世, 而靈公, 南子特擧之爾.

문 남자南子는 정실부인이 아니고, 또 이미 제후에게 음란하다고 소문이 났으며, (군주의 부인을 만나는) 예법도 당세에 이미 통행하는 것이 아닌데 부자께서는 왜 사양하시지 않았습니까?

답 남자의 행실은 추하나, (부자를) 만나 뵙기를 원했으니 아마도 선의가 있었던 듯하다. 또 위나라 군주가 이미 부인으로 여겼고, 부자께서 그 나라에서 벼슬하려고 했으니, (《예기》〈곡례〉에서) '예는 마땅함을 쫓아야 하고, 사신을 가면 그 나라 풍속을 따라야 한다.'라고 했는데, 이 또한 부득이한 것이다. 하물며 도와 덕이 융성한 성인에 있어서랴. '갈아도

---

46 양후가……폐하였다: 《예기禮記》〈방기坊記〉에 다음과 같은 내용이 보인다. "공자께서 말씀하셨다. '예에 제사가 아니면 남자와 여자가 술잔을 주고 받지 않으니, 이것을 가지고 백성들이 예를 지키지 않는 것을 막았다. 양후陽侯가 오히려 무후繆侯를 죽이고 그 부인을 가로챘기 때문에 대향례에 부인이 술을 올리는 예를 폐하였다.'[子云, 禮, 非祭, 男女不交爵. 以此坊民, 陽侯猶殺繆侯而竊其夫人. 故大饗廢夫人之禮.]"

얇아지지 않고, 물들여도 검어지지 않는다.'[47]라고 하지만, 성인께서 어찌 이런 자잘한 일에 얽매여 한 번 만났다는 혐의를 피하려 하셨겠는가.

曰, 南子旣非正嫡, 且以淫亂聞於諸侯, 而是禮也又非當世之所常行者, 則夫子曷爲而不辭也.

曰, 南子之行則醜矣. 然其願見, 蓋亦有善意焉. 且衛君旣以爲夫人, 而已將仕於其國, 則所謂禮從宜, 使從俗者, 其亦有所不得已者矣. 又況聖人道隆德盛, 雖磨而不磷, 雖涅而不緇, 亦何爲拘拘譾譾於此, 而避一見之嫌乎.

문 '시지矢之'를 '맹세하다[誓]'라고 풀었는데, 왜 그렇습니까?

답 '시矢'와 '서誓'는 발음은 비슷하다. 《상서》〈반경盤庚〉에서 '시언矢言'[48]이라고 한 것도 분기에 격앙되어 나온 말로 (발음이) '서誓'와 가깝다. 또한 말한 바가 맹세하는 말이다. 《좌전》에 이런 용례가 많다. '내가 구씨舅氏와 마음을 한가지로 하지 않는다면 백수白水의 신이 증인이 될 것이다.'[49]와 '최씨와 경씨를 가까이하지 않는 자라면……상제上帝가 증인이 될 것이다.'[50] 같은 것이 이 실례이다.

---

47 갈아도……않는다: 《논어》〈양화〉에 나온다.

48 시언: "반경이 은으로 옮겨갈 때, 백성들이 새 거처로 가려고 하지 않자 여러 근심하는 사람들을 불러 맹세하는 말을 하였다.[盤庚遷于殷, 民不適有居, 率籲衆慼, 出矢言.]"《상서》〈반경〉)

49 내가……것이다: "공자가 말하였다. '만약 내가 구씨와 마음을 한가지로 하지 않는다면 백수의 신이 증인이 될 것이다.' 하고는 그 벽옥을 황하에 던졌다.[公子曰, 所不與舅氏同心者, 有如白水, 投其璧于河.]"《춘추좌씨전》희공僖公 24년)

50 최씨와……것이다: "정축일에 최저가 경공을 임금으로 세우고서 자기는 수상이 되고 경봉을 좌상으로 삼고서 국인과 대궁에서 결맹하기를 '만약 최씨와 경씨를 가까이하지 않는 자라면……'라고 하니, 안자가 하늘을 우러러 탄식하며 말하였다. '내가 만약 임금께 충성하고 사직을 이롭게 하는 자를 가까이하지 않는다면 상제가 증인이 될 것이다.'[丁丑, 崔杼立而相之, 慶封爲左相, 盟國人於大宮, 曰, 所不與崔慶

曰. 矢之爲誓, 何也.
曰. 矢誓聲相近, 盤庚所謂矢言, 亦憤激之言, 而近於誓者也. 且所言之爲誓辭也. 其見於傳者多矣. 若曰 "所不與舅氏同心者有如白水, 所不與崔慶者有如上帝, 皆是也

문 형씨는 채모蔡謨의 설의 인용해 '시矢'를 '진술하다[陳]'라고 해설했고, 난조欒肇의 설을 인용해 '부否'를《주역》의 태괘泰卦와 비괘否卦의 '비否'로 읽었는데 어떻습니까?
답 정자 및 여타 학자도 이 설을 많이 이용했는데, 그 뜻이 좋다. 문맥을 살펴보면 타당하지 않은 것 같다. 오직 범씨만이 구설을 따랐는데, 지금 나도 그 설을 따랐다.
曰. "邢氏引蔡謨說, 訓矢爲陳, 引欒肇說, 讀否爲泰否之否, 如何.
曰. 程子諸家多用此說. 其義則美. 顧其文義若有所未安者, 故范氏獨從舊說, 而今亦遵用之也."

문 자로가 좋아하지 않자, (남자南子를) 만날 수 있는 이치를 설명하지 않고 맹세한 것은 왜 입니까?
답 증씨 말이 타당하다.【증씨가 말했다. "남자를 만난 것은 정도를 벗어난 행동이므로 자로가 좋아하지 않았다. 일상적인 말로 깨우쳐 줄 수 있는 것이 아니기 때문에 이와 같이 맹세한 것이다."】
曰. 子路之不悅也. 不告以可見之理而誓之, 何也.
曰. 曾氏之言得矣.【曾氏曰. 見南子過物之行, 子路不悅, 非常談所能曉, 故誓之如此.】

者. 晏子仰天歎曰. 嬰所不唯忠於君, 利社稷者是與, 有如上帝.]"(《춘추좌씨전》양공襄公 25년)

문 양씨의 '포승소인包承小人'[51]은 어떻습니까?

답 《주역》에 나오는 말을 인용했을 뿐이다. 양씨는 '만약 대인이 비否의 때를 만나서 자기를 낮춰[包承] 소인을 따른다면 형통하고 이롭다.'라고 자주 말하는데, 그렇다면 대인이 될 수 없다. 이 설이 통행되면 후세가 구차하게 용납되고 요행히 면하는 폐해를 배울 수도 있으니, 이렇게 해석하면 안 될 것 같다.

曰, 楊氏包承小人之說, 然乎.
曰, "易之說, 亦有云爾者. 而楊氏獨屢言之, 若使大人處否, 而包承乎小人, 以得亨利, 則亦不足以爲大人矣. 是說之行, 將啓後世爲苟容倖免之弊, 懼非所以爲訓也.

06-28. 子曰, "中庸之爲德也, 其至矣乎! 民鮮久矣."

문 20장에 관해 정자는 2가지를 주장하셨는데 서로 다릅니다. 왜 그렇습니까?

답 《논어해論語解》에 나오는 말씀이 바르고, 《어록語錄》의 기록은 약간 문제가 있는 것 같다.

或問, 二十八章程子二說自相爲異, 何也.
曰, 解之言正也. 語錄則或有記錄之差焉.

문 여러 주장은 어떻습니까?

---

51 포승소인: 《주역》 비괘否卦에 "육이는 포용하여 받듦이니, 소인은 길하고 대인은 비색함이 형통하다.[六二, 包承, 小人吉, 大人否, 亨.]"라는 말이 있다.

답 '구久' 자의 뜻에 대해서는 모두가 그 뜻을 놓쳤다. 그러나 사씨와 양씨가 논한 지극한 덕[至德], 높고 밝음[高明], 중용中庸의 뜻은 모두 훌륭하다. 다만 그들이 높고 밝음과 중용의 뜻으로 체體와 용用을 나누고, '높고 밝음'이 이른바 '지극함[至]'과 같다고 한 것은 타당하지 않다. 그들이 '현명하고 지혜로운 자는 현賢 자를 더한다.'라고 한 것과, '어리석고 못난 자는 불초不肖 자를 더한다.'라고 한 것은 또한 그들의 작은 실수다. 후씨는 정자의 '이것을 안다면 사사물물 상에 모두 천연적으로 중中이 있을 것이다.'를 인용했는데 문제가 있다. 그는 '진실로 이 리理를 안다면 사물은 모두 자연스럽게 지나침과 못미침이 없는 곳이 있을 것이다.'라고 하고선 또 어찌 '내 손이 가고 발이 가는 곳에 중中 아닌 것이 없겠는가.'라고 하는가. 그가 인仁을 논한 부분에는 이런 오류가 많으니, 매우 정밀하지 못하다.

曰, 諸說, 如何.

曰, 久字之意, 則皆失之. 然謝楊氏所論至德高明中庸之意皆善, 但其以高明中庸之意分體用, 而謂高明猶所謂至者, 則未安耳. 其曰, 賢知者多賢字. 其曰, 愚不肖者多不肖字, 亦其小失也. 侯氏蓋用程子識得則事事物物上皆天然有中之說而失之. 彼亦曰, 誠知此理, 則事物皆有自然無過不及之地耳. 豈曰, 吾之手擧足履, 無非中乎. 其論仁處亦多此類甚矣其不精也.

06-29. 子貢曰, "如有博施於民而能濟衆, 何如? 可謂仁乎. 子曰, "何事於仁! 必也聖乎! 堯舜其猶病諸! 夫仁者, 己欲立而立人, 己欲達而達人. 能近取譬, 可謂仁之方也已."

문 '박시제중博施濟衆 필야성호必也聖乎'란 '성인이 된 이후에야 할 수 있다.'라는 뜻입니까?

답 그렇지 않다. 이는 바로 '성인일지라도 할 수 없는 바가 있다.'라는 것을 말한다. '필야성호必也聖乎'는 바로 아래에 있는 '요순병저堯舜病諸'의 뜻과 연결된다. '필야사호必也射乎'라고 한 다음 '활쏘기에 경쟁이 있다.'라고 한 것[52]과 같은 이치이다.

或問, 博施濟衆, 必也聖乎, 此言必聖人而後能之乎.
曰, 不然, 此正謂雖聖人亦有所不能耳. 必也聖乎, 蓋以起下文堯舜病諸之意, 猶曰, 必也射乎, 而後言射之有爭也.

문 '인仁'과 '서恕'를 구별한 것은 어떻습니까?

답 자기가 하고 싶은 것으로 다른 사람을 헤아리며, 이를 미루어 상대를 유추하지 않고서 베푸는 것을 '인仁'이라고 한다. 자기가 하고 싶은 것으로 상대방을 유추해서, 그 역시 이를 원하는 것을 알고서 베푸는 것을 '서恕'라고 한다. 애쓰고 힘쓰는 방식이 각각 다르다. 하지만 그 실질은 모두 보통 사람의 생각에서 나오는 것이 아니다. 배우는 이는 '반구저기反求諸己'만 해도 충분하다. 어찌 반드시 '박시제중博施濟衆'해서 성인도 할 수 없는 바를 힘쓰고 나서야만 이 경지에 이른다고 할 수 있겠는가.

曰, 仁恕之別, 何也.
曰, 凡己之欲, 卽以及人, 不待推以譬彼而後施之者, 仁也. 以己之欲, 譬之於

---

52 필야사호라고……것: "공자께서 말씀하셨다. '군자는 경쟁하는 것이 없으나 반드시 활쏘기에서는 경쟁을 한다. 군자는 활쏘기를 할 때에 상대방에게 읍하고 사양하며 당에 올라갔다가 활을 쏜 뒤에는 당을 내려와 이긴 자가 읍하면 진 자가 벌주를 마시니, 이러한 경쟁이 군자다운 경쟁이다.'[子曰, 君子無所爭, 必也射乎. 揖讓而升, 下而飮. 其爭也君子.]"라는 말이 있다. 《논어》〈팔일〉

人, 知其亦必欲此而後施之者, 恕也. 此其從容勉强故有淺深之不同, 然其實皆不出乎常人一念之間, 學者亦反求諸己而足矣. 豈必博施濟衆, 務爲聖人之所不能者, 然後得之乎.

문 이 장에 관한 여러 주장 중에 어느 것이 제일 낫습니까?
답 정자가 제일 상세하다. 하지만 '박시제중博施濟衆'을 '인仁'으로 국한하지 않고, 성인의 일로 보는 오류를 피하지 못했다. 그래서 '인仁'과 '성聖'의 구별은 매우 상세하나, '요순병저堯舜病諸'에 대한 분석은 오히려 문제가 발생하게 된다. 또 '인'에 관한 물음에 답하실 때 한 조목으로 충분히 설명하지 못한 것은 이해하기 어렵다. 또 '성'에 대한 해석도 일정하지 않다. 앞서 '요순도 박시제중할 수 없다.'라고 하고, 이어서 '박시제중할 수 있으면 요임금 같은 성인이다.'라고 했는데, 그렇다면 요순은 성인이 아니신가?

지금 내 관점에서 경문의 문맥을 살펴보니, 정자께서 '인'과 '성'을 2번 구분하시는 것은 일관성에서 크게 벗어난 것 같지 않다. 다만 '인의 일은 성이 될 수 없다.'라는 주장은 이해하기 힘들다. 이외에 '박시제중이 인의 일과 무슨 관계가 있겠는가?'라고 하신 것도 오류가 매우 큰 것 같다. '박시제중'은 인을 실천하는 이가 낼 수 있는 최대한의 결과이다. 하지만 반드시 이와같이 한 후에야 인을 실천할 수 있다고는 할 수 없다. 또 다음과 같이 '성인의 지극한 인은 홀로 이 마음을 체득했을 뿐이다.'라고 한 것은 아마도 기록에 오류인 것 같다. '박博'을 '후厚'로 풀었는데, '박博' 자에는 그런 뜻이 없다. 앞에 나오는 여러 조목과 논리적으로 연결되지 않는다. 손으로 기록하다 보니, 자세히 살피지 않은 것 같다.

범씨가 해석한 '박시제중' 설은 문리가 타당하다. 그가 말한 것 중 '이윤伊尹' 이하는 논리가 느슨하고 치밀하지 못하다. '자공子貢' 이하는 경문의 요지를 결국 놓쳤다. 여씨는 '박시博施'를 '인仁'으로, '제중濟衆'을 '성聖'으로 나눠 설명했는데, 특히 이해하기 어렵다. '자공유지어인子貢有志於仁' 이하의 설명은 타당하다. 사씨가 '인의 공용功用'과 '인의 공을 얻는 방법[得功]'이라고 한 것은 좋다. 하지만 '남을 세워주고 통달하게 하는 것은 인의 방소方所이지 인이 아니다.'라고 했는데, 대개 인도仁道가 운용하여 드러나는 방소로 여긴 것 같다. 이 장의 문맥에 비춰 말하면 그가 말하는 것은 오류이다. 또 '능근취비能近取譬'는 성인께서 직접 자공에게 애써 인을 실천하는 방법을 말씀하신 것으로, 그 ('인'의) 소재를 가르쳐 준 것만은 아니다. 공자께서 안연과 염유에게 한 말씀을 양씨가 인용했는데, 핵심을 짚어 적절하다. 하지만 이 장의 본의와는 범주가 다르다. 인을 정의하면 2가지 뜻이 없고 (하나이나), 성인께서 '인'을 구하는 방법을 가르쳐 주신 것도 저마다 다르니, 일률적으로 말해서는 안된다.

曰. 此章之意諸家孰爲得之乎.
曰. 程子詳矣. 然亦未免以博施濟衆不止於仁, 而爲聖者之事, 故其辨論仁, 聖之別雖詳, 而堯舜病諸之語, 反無所當. 其答仁不足以盡之一條, 尤不可曉. 蓋旣不與其同於聖, 旣曰, 堯舜不能, 而又曰, 能博施濟衆, 則是堯然. 則堯舜獨非聖耶. 今以吾說通其文義, 則彼之兩辨仁聖之別, 固不害於貫通也. 但仁在事不可爲聖一說, 亦不可曉耳. 其他如曰, 博施濟衆何干仁事, 似亦太過, 博施濟衆實仁者之極功, 但不可謂必如此而後得爲仁耳. 又如謂聖人之至仁獨能體是心而已, 此類亦恐記者失之. 至以博爲厚者, 則非此字義, 且與前後數條之意, 亦不相類, 而又出其手筆, 則或恐其考之未詳也. 范氏博施濟衆之說, 得其文義. 伊尹以下則已緩而不切, 子貢以下則又遂失其本文之旨矣. 呂氏分博施濟衆爲仁聖之事, 殊不可曉. 子貢有志於仁以下, 則爲得之. 謝氏分別仁之功用,仁之得功者善矣. 然謂立人達人爲仁之方而非仁, 則蓋以爲仁道發用著見之所也. 此但以章句文義而言, 已爲失之, 而能近取譬, 乃聖人直指子貢用力爲仁之術, 非但使之知其所在而已也. 楊氏所引孔子告顏冉者, 亦要切矣. 然與此章之旨不類. 蓋仁之爲仁, 雖無二致, 然聖人所以示人求之之術, 亦各不同, 不可一概論也.

7. 술이述而

07-01. 子曰, "述而不作, 信而好古, 竊比於我老彭."

문 1장과 관련된 해설은 어떻습니까?

답 정자의 《논어해論語解》가 좋고, 《어록語錄》의 내용은 타당하지 않다. 그러나 《논어해》에서 말씀하신 것은 소씨의 설명과 합쳐져야 좋아진다. 【소씨가 말했다. "사람이 세상에 나온 이래 공자에 이르기까지 새로운 것을 만들어낸 사람은 조금 있었지만 절충한 사람은 없었으므로, 선왕의 도를 잘 풀어서 후대에 전하기만 할 뿐 새롭게 만들어내지는 않았다."】 하지만 절충이라는 명칭도 감당할 수 없어서 스스로 '전술傳述'이라고 했으니, 이것은 성인의 겸사이다.

사씨는 비천하다고 생각하며 부끄럽게 여기고, 자신의 해석을 과장하여 스스로 뛰어나다고 했으니 성인의 의도와 너무나 멀다. 노팽과 관련된 주장은 윤씨의 해설과 함께 모두 좋다. 노담과 팽조라고 생각한 것은 잘못된 것 같다. 양씨가 《춘추》를 지은 뜻을 논한 것도 좋다. 이 편은 대부분 성인의 겸사가 많은데, 이와 비슷한 것을 기록한 것 같다.

或問首章之說.
曰, 程子之解善矣, 語錄之說則未安. 然解之云, 亦合之以蘇氏之說, 然後爲善. 【蘇氏曰, 自生民以來, 至於孔子, 作者略備矣, 特未有折衷者耳, 故述而不作.】 然猶不敢當折衷之名, 而自托於傳述, 此則聖人之謙辭也. 謝氏以其卑而恥之, 故必侈其說以自高, 其失聖人之意也遠矣. 其論老彭, 則與尹氏之說皆善. 以爲老聃彭祖者, 疑未然也. 楊氏所論作春秋之意亦善. 大抵此篇聖人之謙辭爲多, 疑以此類記之也.

07-02. 子曰, "默而識之, 學而不厭, 誨人不倦, 何有於我哉?"

문 '묵지默識'의 두 가지 의미 가운데 어떤 것이 제대로 파악했습니까?

답 말하지 않고서도 그 이치를 터득하면 따져 물을 필요도 없고 의문이 없다. 말하지 않고서도 마음에 보존하면 늘 마음에 두고 정성껏 지키면서 잃지 않는다. 두 가지 의미는 다 통하는데, 모두 성인께서 자처하지 않으신 것이다. 하지만 당시 이 말씀을 하실 때의 본래 의도가 과연 무엇을 가리킨 것인지 모르겠다. 그런데 '터득'으로 해석한 것으로는 정자, 범씨, 윤씨가 적절하고 양씨는 지나치게 고원하며 '보존'으로 해석한 것으로는 여씨가 적절하고 사씨는 지나치게 고원하니, 또 잘 살펴보아야 한다.

或問, 默識二義, 孰爲得之.
曰, 不言而得其理者, 不待問辨而無疑也. 不言而存諸心者, 而弗失也. 二義皆通, 蓋皆聖人之所不居也. 但未知當時立言之本意, 果何所指耳. 然以得言者,程子范尹得之, 而楊氏過高, 以存言者, 呂氏得之, 而謝氏過高, 又不可不審也.

문 '하유어아何有於我'에 대한 여러 해설은 명확하지 않은데, 선생께서 또 자기 나름의 해설을 제시한 것은 무엇 때문입니까?

답 사씨와 양씨는 해설하지 않았으니 할 이야기가 없다. 여러 해설 가운데 여씨의 것이 조금 알기 쉽다. 그러나 그의 설명대로라면 '부復'를 더해야 문장의 뜻이 완전해지는데, 성인의 말씀이 이렇게 간단하고 애매하지는 않을 것이다. 성인께서는 이 경우에 스스로 폄하하시지 않았지만, 어투가 이렇게 자랑해서도 안 될 것 같다.

정자, 범씨, 윤씨는 같은 해설을 했지만, '자처했다', '자신이 지니고 있다'라고 말만 하고 그렇게 해설한 이유를 말하지는 않았다. 그 유래가 모두 '다른 사람은 이렇게 하지 않고, 나만 지니고 있다.'라는 옛날 주석에서 나온 것 같고, 그러므로 그 뜻만 말하고 문장의 의미를 더 이상 풀어놓지 않았다. 그러나 경문을 보면 '하何' 다음에 '인人', '유有' 다음에 '차此'가 있어야 그들이 말한 것처럼 해설할 수 있는데, 경문에 없으니 통하지 않는 부분이 있다. 그들 말대로라면 성인께서 이것을 자처하신 것이 스스로 폄하하신 의미가 되지만 그 말은 스스로 자랑하시고 있으니, '나처럼 배움을 좋아하지는 못할 것이다.'[1], '그런 셈이라고 할 수 있을 뿐이다.'[2]라는 말과는 다르다. 그러므로 내 생각에는 자처하시지 않았다는 해설이 낫다고 한다면 문장의 흐름과 어울리니 번거롭게 더하거나 고칠 필요가 없고, 이치가 통하니 과시한다는 어폐가 없다. 게다가 제9편

---

1 나처럼……것이다: 《논어》〈공야장〉에 나온다.
2 그런……뿐이다: 《논어》〈술이〉에 나온다.

15장[3]의 말의 의미도 이것과 비슷하니, 독자는 정말로 전체적으로 음미하면 비슷함을 볼 수 있을 것이다. 그런데 어떤 사람은 또 2장에서 진술한 것이 모두 성인이 평소에 자처하지 않는 것의 예가 아니라 평소의 일상적인 행동일 것이라고 생각하는데, 이것은 통하지 않는 부분이 있으므로 잠시 접어두고 잘 아는 사람을 기다리는 것도 좋을 것이다.

曰, 何有於我, 諸說不明, 而子又自爲一說, 奈何.

曰, 謝楊不解, 固無可說矣. 諸說之中, 呂氏爲差易了, 然如其說, 則當增此外復字, 然後文意乃足, 恐聖人之言, 不如是之簡而晦也. 聖人處此, 雖爲自貶, 然其辭氣抑揚之間, 亦不當如此之夸. 惟程子范尹共爲一說, 但言以身處之, 自以爲有, 而不言文義之所以然者, 推其所自, 蓋皆出於古注所謂人無是行, 我獨有之者, 是以但言其意, 而不復釋其文義也. 然以經文考之, 則何下當有人字, 有下當有此字, 乃得如其所說, 而經固無之, 則有所不通矣. 就使果如其說, 則聖人之所以處此者, 乃其自貶之意, 而其所以爲言者, 乃若自大之辭, 與夫所謂不如丘之好學, 則可謂云爾已矣者, 殊不相似也. 故竊以爲不若直以不居爲言, 則於文爲順, 而無增加矯揉之煩, 於理爲通, 而無夸大激揚之弊. 且第九篇十五章之言, 意亦類此, 讀者誠通玩之, 倫類可見. 然或者又疑二章所陳, 皆庸行之常, 非聖人平日所不居之例, 此則有未通者, 姑闕焉以俟知者, 其亦可也.

07-03. "德之不脩, 學之不講, 聞義不能徙, 不善不能改, 是吾憂也."

---

3 제9편 15장: "공자께서 말씀하셨다. '나가서는 공경을 섬기고 들어와서는 부형을 섬기며, 장례를 힘쓰지 않음이 없으며, 술로 곤란을 당하지 않는 것 가운데, 어느 것이 나에게 있겠는가?'[子曰, 出則事公卿, 入則事父兄, 喪事不敢不勉, 不爲酒困, 何有於我哉.]"《논어》〈자한〉

문 3장과 관련된 해설은 어떻습니까?

답 양씨와 윤씨가 제대로 파악했다. 사씨가 '도에 관해 말하는 것은 쉽고 강학하는 것은 어렵다.'라고 해설했을 때, 그가 말한 것이 어떤 도인지 모르겠다. '네 가지는 두드러지게 드러난 허물이 아니다.'라고 해설한 것도 자기 합리화에 빠진 것이다. '이것은 성인께서 스스로 근심하신 것이 아니다.'라고 한 것도 성인을 높이고 그 비굴함을 부끄러워한 잘못을 저질렀다.

或問三章之說.
曰. 楊尹得之矣. 謝氏以言道爲易, 而難於講學, 則未知其所言者, 果何道也. 以四者爲非顯過, 則無乃又陷於自恕之說耶. 至謂此非聖人之自憂, 則又尊聖人而恥其卑屈之過也.

07-04. 子之燕居, 申申如也, 夭夭如也.

문 4장과 관련된 해설은 어떻습니까?

답 정자의 해설이 탁월하지만, 《어록語錄》부분은 문자의 뜻이 정밀하지 않고, 차라리 바른 풀이[正解]와 사씨, 양씨의 해설이 더 낫다. 양씨의 '개기심광체반蓋其心廣體胖' 이하는 중복되고 산만하며, 정자와 사씨의 말과도 다르다. 범씨가 '신신申申'을 '여유 있고 침착함[舒遲]', '요요夭夭'를 '화락和樂'이라고 한 것은 좋지만, '심心'과 '체體', '화和'와 '경敬', '내內'와 '외外'라고 한 것은 무슨 말인지 모르겠다. 그리고 '중단 없이 덕에 나아간다.'라고 한 말은 또 이것이 어떻게 위대한 성인의 덕을 말하는 것이 되겠는가.

或問四章之說.
曰, 程子至矣. 然其語錄一節, 字義不精, 不若其正解及謝楊之說爲愈也. 而楊氏蓋其心廣體胖以下, 重複散緩, 亦異乎程子謝氏之云矣. 范氏舒遲和樂之云則善. 至以心體和敬內外而言, 則不識其何說矣. 又曰所以進德而不已, 此又豈所以語大聖人之德哉.

07-05. 子曰, "甚矣吾衰也! 久矣吾不復夢見周公!"

문 공자께서 주공 꿈을 꾸지 않으셨다는 것에 대해서 정자께서는 애초에 꿈을 꾼 적이 없다고 하셨는데, 어떻습니까?

답 공자께서 스스로 꿈을 꾼 지가 오래되었다고 하셨으니, 전에 꿈을 꾼 적이 정말로 있었을 것이다. 정자의 생각은 의도적으로 꿈꾼 것을 미심쩍어해서 이런 말을 하신 것이니, 그 뜻은 정밀하지만, 부자께서 말씀하신 본뜻은 아닌 것 같다.

或問, 孔子不夢周公之說, 程子以爲初實未嘗夢也, 如何.
曰, 孔子自言不夢之久, 則其前固嘗夢之矣. 程子之意, 蓋嫌於因思而夢者, 故爲此說. 其爲義則精矣, 然恐非夫子所言之本意也.

문 여러 학자의 해설은 어떻습니까?

답 장자의 해설에는 이해가 되지 않는 곳이 있다. 범씨 생각은 성인께서 쇠약해진 것을 자각한 지 오래되어서 다시는 꿈에서 주공을 뵙지 못할 것이라고 탄식하셨다는 것인데, 정말로 꿈을 꾼 것은 아니라고 한 것은 정자와 비슷하지만, 그것에 대한 해설은 다르다. 그러나 꿈에서 뵙는다는 것은 요즘 사람의 농담과 같은 것으로, 성인의 말씀이 이렇게 무게가 없지는 않을 것 같다.

사씨는 성인께서 '늘 성실하고 건강하므로' 주공의 일을 항상 잊지 않으셨다고 하고, 또 '그렇게 된 이후에 세상을 경영할 뜻이 없으셨다.'라고도 했다. 이것은 성실함과 건강함이 유지되지 않은 적도 있다는 것인데, 말이 되는가? '자신이 세상 경영에 뜻이 없다는 것이 하늘이 이 문물제도에 뜻이 없다는 것'으로 생각한 것은 또 성인께서 하늘과 하나라는 뜻을 미루어 말한 것인데, 이것도 너무 지나치다. 양씨의 '꿈에서 다시 뵐 수 없다.' 이하는 범씨의 말과 비슷하지만 뜻은 다르다. 바로 이야기하려는 것은 본래 의미와 같지만, 언어 표현이 부족했고, 그다음에 다시 자기 생각을 미루어 이야기하다 보니 이렇게 된 것 같다.

이 밖에는 호씨의 꿈에 대한 설명이 취할 만하다. 【호씨가 말했다. "마음은 만물 가운데 지극히 신령한 것이고, 과거를 저장할 뿐 아니라 미래도 알 수 있다. 천지와 고금의 모든 것은 이 안에 있으니 명암, 고금, 원근, 통색通塞의 차이가 없다. 이것이 사람이 꿈을 꾸고, 꿈이 다양하게 변화하는 원인이다. 그러나 성인에게는 성실함이 보존되어 있고, 현인은 성실함을 보존하니 그 꿈이 평안하다. 생각이 어수선하고 정신이 불안하면 꿈이 뒤섞여 어지러워져서, 바르기도 하고 그렇지 않기도 한 것이 '아침과 낮에 행하는 바'[4]와 같아질 뿐이다. 잘

---

4 아침과……바: "맹자가 말했다. '……그 양심을 잃어버리는 것이 또한 도끼와 자귀로 아침마다 나무를 베는 것과 같으니, 아름답다고 할 수 있겠는가. 낮과 밤에 자라난 양심과 새벽의 맑은 기운도, 좋아하고 미워함이 다른 사람들과 비슷한 점이 거의 드문데, 아침과 낮에 행하는 바가 또 이것을 억눌러 없애니, 억눌러 없애기를 반복하면 밤의 기운도 보존될 수 없고, 밤의 기운이 보존될 수 없으면 금수와 다른 것이 많

배운 사람은 언행에 신중하고, 또 꿈을 꾸고 잠을 자는 동안에도 증명해야 한다."】

曰, 諸說如何.

曰, 張子之說, 有所未喩. 范氏之意, 蓋以爲聖人因自覺其衰之久, 而歎其將不得復夢見周公之事, 其以夢非眞夢, 與程子略相似, 而其爲說實不同也. 然夢見之云, 乃若今人之戲語, 聖人之言, 似不如是之不莊也. 謝氏以爲聖人誠不厭, 健不息, 故夢寐不忘周公之事, 然而又曰然後無意於經世, 則是誠有時而厭, 健有時而息也, 而可乎哉. 其以已無意於經世, 爲天無意於斯文, 則又推言聖人與天爲一之意, 亦橫泆而無所止矣. 楊氏夢見不可復以下, 似范語而意又不同, 蓋其正說自如本義, 而辭有所不足. 其下乃復以已意推而言之以及於此耳. 此外則胡氏說夢, 亦有可取者焉. 【胡氏曰, 心爲萬物之至靈, 非但藏往, 固能知來, 凡天地古今之所有, 無一外乎此者, 無明晦古今遠邇通塞之間, 此人之所以有夢, 夢之所以多變也. 然聖人誠存, 賢人存誠, 則其夢治. 若夫思慮紛擾, 神情不定, 則所夢雜亂, 或正或邪, 亦與旦晝之所爲等爾. 善學者, 旣謹其言動, 而又必驗諸夢寐之間.】

07-06. 子曰, "志於道, 據於德, 依於仁, 遊於藝."

문 도가 의리의 총칭이라는 말은 무슨 뜻입니까?

답 도는 사람이 함께 경유한다는 데서 명칭을 얻었다. 부자 사이의 인仁, 군신 사이의 의義와 같은 것이 바로 그러한 것이다.

지 않게 된다. 사람들은 금수와 같은 모습만을 보고서 일찍이 훌륭한 재질이 없었다고 생각하니, 이것이 어찌 사람의 본성이겠는가.[孟子曰……其所以放其良心者, 亦猶斧斤之於木也, 旦旦而伐之, 可以爲美乎. 其日夜之所息, 平旦之氣, 其好惡與人相近也者幾希, 則其旦晝之所爲, 有梏亡之矣. 梏之反覆, 則其夜氣不足以存, 夜氣不足以存, 則其違禽獸不遠矣. 人見其禽獸也, 而以爲未嘗有才焉者, 是豈人之情也哉.]《맹자》〈고자 상〉)

或問, 道爲義理之總名, 何也.

曰, 道以人所共由而得名, 若父子之仁君臣之義者是也.

문 덕은 자신이 몸소 얻은 것이라는 말은 무슨 뜻입니까?

답 아비와 자식으로서 인仁을 얻고, 군주와 신하로서 의義를 얻는 것이 바로 그러한 것이다.

曰, 德者己之所自得, 何也.

曰, 若爲父子而得夫仁, 爲君臣而得夫義者是也.

문 '뜻을 둔다', '근거를 둔다'는 말은 무슨 뜻입니까?

답 여기에 마음을 가라앉히고 반드시 도달하기를 기약하는 것이 '뜻을 둠'이다. 이미 얻었다면 삼가 지키고 잃지 않는 것이 '근거를 둠'이다.

曰, 其志之據之何也.

曰, 潛心在是, 而期於必至者, 志也. 旣已得之, 而謹守不失者, 據也.

문 '인仁을 어기지 않는다.'는 것은 어떤 것입니까?

답 안자의 일[5]에서 이미 말했다.

曰, 不違仁者, 奈何.

曰, 吾於顔子之事旣言之矣.

문 육예六藝의 구체적인 항목은 무엇이고, '노닌다'는 것은 무슨 뜻입니까?

답 오례五禮는 길吉, 흉凶, 빈賓, 군軍, 가嘉이다. 육악六樂은 〈운문雲門〉,

---

5 안자의 일: 《논어》〈옹야〉에 나온다.

〈대함大咸〉, 〈대소大韶〉, 〈대하大夏〉, 〈대호大濩〉, 〈대무大武〉이다. 오사五事는 백시白矢, 삼련參連, 염주剡注, 양척襄尺, 정의井儀이다. 오어五御는 명화란鳴和鸞, 축수곡逐水曲, 과군표過君表, 무교구舞交衢, 축금좌逐禽左이다. 육서六書는 상형象形, 회의會意, 전주轉注, 지사指事, 가차假借, 형성形聲이다. 구수九數는 방전方田, 속미粟米, 차분差分, 소광少廣, 상공商功, 균수均輸, 영부족盈不足, 방정方程, 방요旁要이다. 그 명목, 사물, 법식, 수량은 모두 지극한 이치가 포함되어 있고, 또 모두 사람의 일상생활에 없어서는 안 되는 것이다. 이것에 마음을 노닐게 하면 사물의 이치를 남김없이 파악하고, 세상에서 사용하는 데 있어 주밀할 수 있고, 조용히 잠긴 가운데 사악한 마음이 들어올 수 없게 된다.

'지志', '거據', '의依', '유游'는 사람 마음에 없을 수 없는 것이다. '도道', '덕德', '인仁', '예藝'는 사람 마음이 '지', '거', '의', '유' 해야 하는 곳이고 바꿀 수 없는 것이다. 선후 순서로 말하자면, 도에 뜻을 두고 난 후에 덕은 근거할 만하고, 덕에 근거한 후에 인은 의지할 만하며, 인에 의지한 후에 예는 노닐 만하다. 소밀疎密의 등급으로 말하자면, 도에 뜻을 두는 것보다 덕이 근거할 만한 것이 더 낫고, 덕에 근거하는 것보다 인이 의지할 만한 것이 더 나으며, 인에 의지하는 것이 내면에 빽빽하게 차 있어도 예에 노니는 것이 외부에 완전히 주밀하게 되지는 않는다. 성인의 이 말씀을 상세하게 음미하고 몸소 체득하면 그 나아가는 순서, 선후와 소밀이 모두 순서를 따라 나아가고, 일상 속 생각과 행동에 조금의 틈도 없을 것이다.

敢問六藝之目, 與所以游之之說.
曰. 五禮, 吉凶賓軍嘉也. 六樂, 雲門大咸大韶大夏大濩大武也. 五射, 白矢參連剡注襄尺井儀也. 五御, 鳴和鸞逐水曲過君表舞交衢逐禽左也. 六書, 象形會意轉注處事假借諧聲也. 九數, 方田粟米差分少廣商功均輸方程贏不足旁要也. 是其名物度數, 皆有至理存焉. 又皆人所日用而不可無者. 游心於此, 則可以盡乎物理, 周於世用, 而其雍容涵泳之間, 非僻之心, 亦無自而入之也. 蓋志據依游, 人心之所必有而不能無者也. 道德仁藝, 人心之所當據依游之地, 而不可易者也. 以先後之次言之, 則志道而後德可據, 據德而後仁可依, 依仁而後藝可游. 以疎密之等言之, 則志道者未如德之可據, 據德者未若仁之可依, 依仁之密乎內, 又未盡乎游藝之周於外也. 詳味聖人此語, 而以身體之, 則其進爲之序, 先後疎密, 皆可循序以進, 而日用之間, 心思動作, 無復毫髮之隙漏矣.

<u>문</u> 여러 학자의 해설은 어떻습니까?

<u>답</u> 정자와 장자의 해설이 탁월하다. 그러나 말뜻은 모두 간략하고 심오해서 이해하기가 쉽지 않다. 대략적인 뜻을 논해보자면, '배우는 사람은 이처럼 그 안에 잠겨 있어야 한다.'[6]라는 말은 이 장의 뜻을 통합하여 말한 것이다. '내외를 모두 겸해서 말한 것이다.'[7]라는 것은 앞 문장에서 인仁에 의지한다는 것은 행동[所行]에 국한된다고 말했으므로, 이 말로 미진한 뜻을 밝혀서 행동이라고 한 것이 구체적인 일로 드러나서 볼 수 있는 행동만을 가리키는 것이 아님을 밝힌 것이다.

---

6 배우는……한다: 이천伊川의 풀이에 "배우는 자는 마땅히 이와 같이 하여, 그 속에서 헤엄치듯 노닐어야 한다.[學者當如是, 游泳於其中.]"라고 하였다. 《논어정의》

7 내외를……것이다: 또 《어록語錄》에 "'도道에 뜻을 둔다.'는 것은 모든 사물에는 이치가 있으니, 그 정미하고 오묘함이 무궁하므로 마땅히 그것에 뜻을 두어야 한다는 말이다. ('덕德에 근거한다.'는 것에서) 덕이란 얻는 것이니, 내 안에 이미 존재하는 것이므로 근거로 삼을 수 있다는 뜻이다. '인仁에 의지한다.'는 것은 모든 행동하는 바가 반드시 인에 의지하고 붙어있어야 함을 말하는 것이니, 이는 내면과 외면을 겸하여 말한 것이다.[又語錄曰, 志於道, 凡物皆有理, 精微要妙無窮, 當志之耳. 德者得也, 在己者可以據. 依於仁者, 凡所行必依著於仁, 兼內外而言之也.]"《논어정의》

장자의 생각도 대략 비슷하지만, '1촌을 얻으면 1촌을 지키고, 1척을 얻으면 1척을 지킨다.'라는 말은 의미가 더 깊어서, 실천을 통해 지극한 경지에 이르지 않은 사람은 이런 말을 할 수 없다. 해설 가운데 하나에서는 다음과 같이 생각하셨다. '사람이 도에 뜻을 둘 수 있으면 그 극에 도달하기를 추구하여 진전이 있을 수 있으므로, 근거한 덕은 중도에 그치지 않게 된다. 그리고 인에 의지하면 큰 것을 지키므로, 작은 것은 노닐면서도 그 조화를 잃지 않을 수 있다.' 조화의 이치에 대해 말하자면, 한 번 팽팽하게 당기면 한번 느슨하게 풀어 준다[8]는 뜻이다. '예藝는 일상에서 분수에 맞게 해야 할 일'이라고 한 것도 육예를 가리켜 하신 말씀으로서, 모두 일상생활에서의 품급과 제한에 관한 것이다. '건너면 소유하지 않고, 지나가면 마음에 두지 않는다.'라고 하신 것도 여기에 노닐어야 마음이 여기에 있고, 떠나면 이것만을 생각하지는 않음을 말씀하신 것이다.

曰. 諸說如何.
曰. 程子張子至矣. 然其語意, 類皆簡奧未易遂曉. 今請試論其旨意之大略, 如曰學者當如是涵泳於其中者, 統言一章之旨也. 其曰兼內外而言之者, 以上文言依仁止於所行, 而爲是語以發其未盡之意, 明所行者, 非獨事爲可見之行也. 張子之意, 大略放此. 而其得寸守寸, 得尺守尺之說, 意味尤深, 非躬行實踐之至, 不能爲是言也. 其一說以爲人能志道, 則能求至其極, 而有所進, 故所據之德, 不至於中道而止. 依仁則大者有守, 故小者可游而不失其和. 和對理而言, 則一張一弛之意也. 其以藝爲日爲之分義者, 亦指六藝而言, 其皆日用之品節耳. 涉而不有, 過而不存云者, 亦言其當游於此, 則心存乎此, 去之則不專係念於此也.

---

8 한 번……준다: 《예기禮記》〈잡기雜記 하〉에 나온다.

문 기타 여러 학자의 해설은 어떻습니까?

답 정자와 장자의 해설이 탁월하다. 범씨는 평이하고 착실하지만 '인仁'의 설명은 충분하지 않다. 여씨는 간단하고 짤막하지만 '의依'의 뜻을 밝힌 것이 조금 엉성하다. 사씨는 '지志'를 '마음에 쏠리어 따라감[趨向]'이라고 해석했는데, 대체로 이것을 배반하지 않는다는 말이다. 부자의 '삼군의 장수를 빼앗는다.'[9]라는 말을 참고하면 '지志'라는 것이 이렇게 가볍고 성긴 것이 아니다. '군자가 선하지 않은 때도 있다.'라는 말은 늘어지고 신중하지 못하며 자기 합리화의 문을 열어놓은 것이 심하다. '하늘을 이고 땅을 밟는다.'라는 비유는 나쁘지 않지만, '도'라고 하는 것이 어떤 것인지 모르겠다. '예藝가 없어도 군자가 되는 데는 무방하다.'라는 말도 거만하고 단정치 못하다.

유씨의 '항상 염두에 두고 잊지 않는다'라는 해설은 좋다. 하지만 다음 문장에서 논한 것으로 미루어볼 때 '도'라고 가리키는 것이 노자와 부처의 영향을 벗어나지 못한 것 같다. '지'는 생각의 중심이고 행동의 단서인데, 어떻게 생각이 없고 행동이 없는 것에 적용할 수 있겠는가. 그리고 또 '무사무위無思無爲'가 어떻게 '오직 정신을 하나로 모으는 것[惟精惟一]'[10]을 말하는 것이겠는가. '정精'과 '일一'을 '중中'과 '용庸'에 각각 대응시킨 것[11]도 무리이다. 요, 순, 우는 모두 성실함으로 밝아졌으며[自誠

---

9 삼군의……빼앗는다: "공자가 말했다. '삼군의 장수는 사로잡을 수 있으나 필부의 뜻은 빼앗을 수 없다.'[子曰, 三軍可奪帥也, 匹夫不可奪志也.]"《논어》〈자한〉

10 오직……것: 《서경書經》〈대우모大禹謨〉에 나온다.

11 정과……것: "오직 정밀하면 치우침이 없으니, 이것이 도의 '지극한 중中'이요, 오직 한결같으면 변함이 없으니, 이것이 도의 '지극한 상常'이다.[惟精則無偏, 此道之大中, 惟一則無變, 此道之大常.]"《논어정의》

而明]¹², '윤집궐중允執厥中'의 '중中'은 '시중時中'의 '중'이다. '세 성인이 중도를 잡은 것은 모두 도에 뜻을 둔 것의 효험이다.'라는 말도 잘 모르겠다. '거덕據德'을 '적합한 곳에 머물면서 자득하는 것'이라 해설한 것도 모두 문장의 뜻에 부합하지 않는 것이 있다. 여기에서 덕에 근거한다는 것은 획득한 덕을 지킨다는 것일 뿐, 근거한 것이 있고 난 다음에 얻는 것이 있다는 말이 아니다. 《주역》에서 '지기소止其所'¹³라고 한 것은 '멈추어야 할 곳에 멈춘다.'라는 말일 뿐, 어찌 고수하고 움직이지 않는다는 말이겠는가. '의인依仁'을 '인을 어기지 않는다'라고 해설한 것은 좋다. 그러나 '인하지 않으면 허둥지둥하여 의지할 데가 없다'라는 말은 문장의 뜻과 맞지 않는다. 인에 의지하려는 까닭은 아직 인을 얻지 못해서 이것에 의지하고자 하는 것일 뿐, 이미 인하여지고 난 후에 의지하는 것을 말한 것이 아니다. 그리고 인에 의지하는 것도 자신을 돌이켜 보아서 인하지 않은 것을 제거하는 것일 뿐, 자식이 아비에게 의지하고, 처가 지아비에게 의지하는 것과 같은 것이 아니다. 매우 존귀하고 가깝다고는 하지만 여전히 두 가지의 것이기 때문이다. '덕에 근거하여 도를 체득하고, 인에 의지하여 덕을 이룬다.'라는 해설도 제대로 파악한 것이다. 다만 도라는 것이 차이가 나면 그 두 가지도 기댈 것이 없어진다. '유어예游於藝'를 '바르지 않은 것을 막고 인을 지키는 것'이라고 한 생각도 매우 좋다. 그러나 장자와 범씨의 해설을 중심으로 삼은 다음에 여기에 이를 수 있다. 유씨의 해설만으로는 구체적인 것에 마음이 얽매여서 '예는 일상에서 분수

---

12 성실함으로 밝아졌으며:《중용中庸》에 나오는 말이다.
13 지기소:《주역》간괘艮卦에 나온다.

에 맞게 해야 할 일'이라는 말이 적용될 곳이 없어지니, 괜찮겠는가?

양씨는 대체로 이미 드러난 효험으로 설명했지만, 힘쓸 곳이 되는 까닭을 구하는 것과 관련해서는 언급하지 않았다. 윤씨의 해설은 여러 학자의 해설보다 뛰어나고, 특히 '도에 뜻을 둠으로써 이르게 한다.'는 말은 사리에 꼭 들어맞는다. 다만 '덕에 근거하여 행한다.'라는 말은 조금 엉성하다.

曰, 諸說如何.
曰, 程張至矣. 范氏平實, 而仁字之說未盡. 呂氏簡約, 而依字之訓或疎. 謝氏以志爲趨向, 亦曰其大槪不倍乎此耳. 以夫子三軍奪帥之言質之, 則所謂志者, 不應如是之輕且疎也. 君子有時不善之云, 則縱而不謹, 以啓自恕之門甚矣. 戴天履地之譬, 則幾矣, 然未知其所謂道者, 果何物也. 至於無藝不害爲君子之語, 則又慢而不虔矣. 游氏念念不忘之說善矣, 而以其下文所論推之, 則所指以爲道者, 則恐其未免於老佛之餘也. 志者, 有思之主而有爲之端也, 若之何以無思無爲當之, 而無思無爲, 又豈惟精惟一之謂耶. 至以精一分管中庸, 亦無是理. 堯舜禹皆自誠而明者, 而允執厥中, 乃時中之中也. 今日三聖執中, 皆志道之效, 其亦不可曉矣. 以據德爲止其所自得, 亦於彼此文義皆有所不合. 蓋此所謂據於德者, 守其所得之德耳, 非以有所據而後有所得也. 若易所謂止其所者, 亦曰止於其所當止之所而已, 豈固守不動之謂哉. 以依仁爲不違仁者, 善矣, 然謂不仁則皇皇然無所依, 則非文義也. 蓋所以依於仁者, 正謂其未得於仁而欲其依於是耳, 非謂旣仁而後有所依也. 且其依之, 亦反諸乎身而去其不仁者而已, 非若子之依父妻之依夫, 雖曰至尊至親, 而猶爲兩物也. 其曰據德以體道, 依仁以成德者, 則亦得之. 但其所謂道者旣差, 則其二者亦未有所附也. 其論游於藝以閑邪而守仁者, 意亦甚善, 然亦必以張子范氏之說爲正, 然後可以及此. 若但如游說而已, 則是徒爲是物以繫其心, 而於日爲之分義, 初無所當也, 而可乎. 楊氏大抵皆以其已然之效而言, 而求其所以用力之地, 則未之及也. 尹氏則賢於諸說遠甚, 其曰志道以致之者, 尤爲切當. 但據德以行之者, 似稍疎耳.

07-07. 子曰, "自行束脩以上, 吾未嘗無誨焉."

문 7장과 관련된 해설은 어떻습니까?
답 여러 해설에 특별히 다른 것은 없고, 범씨가 '다른 사람을 완성시켜 주는 것이 나를 완성하는 것'이라고 설명한 것은 아주 잘못된 것이다.
或問七章之說.
曰, 諸說無他異. 惟范氏成人所以成已者, 失之遠矣.

07-08. 子曰, "不憤不啓, 不悱不發. 擧一隅, 不以三隅反, 則不復也."

문 8장과 관련된 해설은 어떻습니까?
답 정자의 해설이 탁월하다. 범씨의 해설도 나쁘지는 않지만, 《맹자》를 인용한 것은 부적절하다. 여씨의 풀이는 상당한 공을 들였고, 양씨가 든 근거도 도움이 된다. 사씨는 한 모서리도 모르는 사람에 대해서 지나치게 박탈했고, '복어왕復於王(왕에게 아뢰다.)'의 '복復', 즉 아랫사람이 윗사람에게 아뢰는 것을 인용하여 해설한 것도 옳지 않다.
或問八章之說.
曰, 程子至矣. 范氏亦庶幾焉, 但所引孟子爲未當耳. 呂氏之訓釋有功, 而楊氏引據亦有助也. 謝氏一隅不識者, 奪之太過, 復於王之復乃下告上之辭, 引以爲說, 亦非是.

문 '반反'을 왜 '돌이켜 서로 증명한다.'라고 하셨습니까?

답 《주역》에서 '처음을 근원으로 하여 끝을 돌이켜 본다.'[14]라고 한 것과 같다.

曰, 反之爲還以相證, 何也.
曰, 如易所謂原始反終者也.

07-09. 子食於有喪者之側, 未嘗飽也. 子於是日哭, 則不歌.

문 9장과 관련된 해설은 어떻습니까?
답 정자의 해설이 탁월하고, 사씨의 해설도 좋다. 양씨의 구본舊本에 '인인유불인仁人有不忍'이라는 말이 있는데, 나중에 '인忍'을 '능能'으로 고쳤다. 정자의 생각을 따른 것인데, '불인不忍'과 '불능不能'의 말뜻에 정밀하고 조잡하다는 차이가 있다. 그러나 결국 정자의 해설이 나무랄 데 없는 것보다 못하다. 사씨의 해설에는 결점이 있으니, 성인의 마음이 어찌 이처럼 지루하겠는가.

或問九章之說.
曰, 程子至矣, 謝說亦善. 楊氏舊本仁人有不忍者, 後改忍爲能. 蓋用程子之意. 不忍不能, 語意之精粗, 蓋有間矣, 然終不若程語之完且善也. 謝說有病, 聖人之心, 豈其若是之支哉.

07-10. 子謂顔淵曰, "用之則行, 舍之則藏, 唯我與爾有是夫!" 子路曰, "子行三軍, 則誰與?" 子曰, "暴虎馮河, 死而無悔者,

---

14 처음을……본다: 《주역》〈계사繫辭 상〉에 나온다.

> 吾不與也. 必也臨事而懼, 好謀而成者也."

문 10장의 '여與'는 '허여許與'의 '여'가 아니라고 한 것은 무엇 때문입니까?

답 '허여'의 '여'라고 해도 뜻은 통하지만, 자로의 질문을 보면 '여'는 '그와 함께하겠다'라는 뜻이다.

或問, 十章之與, 不爲許與之與, 何也.
曰, 若爲許與之與, 文義亦通. 但以子路之問觀之, 則所謂與者, 正謂與之俱耳.

문 여러 학자의 해설은 어떻습니까?

답 정자와 장자의 해설은 바꿀 수 없다. 범씨와 사씨도 모두 제대로 파악했다. 다만 (사씨가) '외물과 자아의 구분을 안다.'라고 한 것은 성인에 대해 말한 것이 아닌 것 같다. 여씨와 양씨가 공자와 안연의 다른 점을 분별한 것도 이러한 의미이다. 이 장을 외물과 자아의 대대對待라는 관점에서 해설한 것인데, 공자의 출사와 은퇴, 오래 머묾과 빨리 떠남 같은 것은 그 가부可否의 기미가 혼연히 나에게 있는 것이고 외물과는 아무 관계도 없다. 이 장의 뜻은 다만 한 사람의 따름과 어김이라는 관점에서 말한 것이고, 공자의 천하 문명(에 대한 생각)과 같은 것은 바람이 움직이고 귀신이 변화하는 것처럼 그 까닭을 알 수 없는 부분이 있다.

曰, 諸說如何.
曰, 程張之說, 無以易矣. 范謝亦皆得之, 但知物我之分云者, 恐非所以言聖人耳. 呂楊分別孔顔不同處, 亦有此意. 蓋此章猶以物我對待而言, 若孔子之仕止久速, 則其可否之幾, 渾然在我, 而無與於物矣. 此章之意, 猶止以一己之從違而言, 若孔子之天下文明, 則風動神化, 有不知其所以然者矣.

07-11. 子曰, "富而可求也, 雖執鞭之士, 吾亦爲之. 如不可求, 從吾所好."

문 11장과 관련된 해설은 어떻습니까?

답 정자께서는 구할 수 있고 없고는 모두 '의義'에 의해 결정된다고 보셨고, 사씨와 양씨는 '명命'에 의해 결정된다고 보았으며, 장자와 윤씨, 여씨는 구할 수 있는 것은 '의', 구할 수 없는 것은 '명'이라고 생각했다. 세 가지 주장이 다르기는 하지만, 내가 볼 때 사씨와 양씨의 해설이 타당하지 않은 것 같다. 이것은 본래 가정한 말로서 '부富'는 구할 수 없음을 밝힌 것이다. 그래서 채찍을 들고 따라다닌다는 말도 하게 된 것이다. '명'이 구할 수 있다고 한다면 자신을 굽히고서라도 구한다는 것이 정말로 이런 뜻이 있는 것이겠지만, 어찌 성인의 마음이겠는가.

或問十一章之說.
曰. 程子可求不可求皆決於義, 謝楊可求不可求皆決於命, 至於張子尹呂則以可求者爲義, 而不可求者爲命, 三說不同, 然愚意以謝楊之說爲未安也. 蓋此本設言, 以明富之不可求, 故有執鞭之說. 若曰命可求, 則寧屈已以求之, 則是實有此意矣, 豈聖人之心哉.

문 성인께서는 '의義'를 말하고 '명命'을 말하지 않는다 하셨는데, 어찌하여 이 말을 했을까요?

답 '의'를 말하고 '명'을 말하지 않는 것은 성현의 일이다. 다른 사람에게 말하는 경우라면 그 수준에 맞추어 가르치니, 다른 것을 어떻게 일률적으로 한정할 수 있겠느냐. 그러므로 이 장의 뜻은 '중인中人'을 위해 밝힌 것일 뿐이다. '생사는 명命에 달렸고, 부귀는 하늘에 달렸으며, 그것을 구하는 데에는 적절한 도가 있고, 그것을 얻는 데에는 정해진 명이 있다.'라고 하는 것이 어찌 '명'을 말하지 않는 것이겠느냐. 위나라 한충헌공은 '빈천과 빈부는 원래 정해진 분수가 있으므로, 바르지 않은 도로 구한다면 다만 지키고 있는 것을 잃을 뿐이다.'라고 했는데, 이 장의 의미를 제대로 파악한 것이다. 중인 이하는 의리에 친숙하지 않으므로 이렇게 깨우쳐 주면 아마도 쉽게 알고 믿을 것이다.

소씨 해설도 이와 같다. 맹자를 비판한 것은 그 취지를 놓쳤고, 나 역시 분석한 것이 있다. 【소씨가 말했다. "구할 수 있는 것은 구하면 얻고 구하지 않으면 못 얻는다. 인仁과 의義가 그러한 것이다. 그러므로 '인이 멀리 있는가? 내가 인하고자 하면 인이 이른다.'라고 했다. 부귀는 구하는데도 얻지 못하는 경우가 있고, 구하지 않았는데도 얻는 경우가 있으니, 이러한 것이 구할 수 없는 것이다. 그러므로 '부귀를 구할 수만 있다면 채찍을 들고 따라다니며 길을 터서 치우는 천한 일이라도 나는 할 것이다. 구할 수 없다면 내가 좋아하는 것을 따를 것이다.'라고 했다. 성인께서는 '이利'를 의도적으로 구하신 적이 없으니, 어찌 구할 수 있고 없고를 따지셨겠는가. 그러나 다른 사람에게 구하지 말라고 가르쳐도 여전히 얻을 수 있다는 마음을 지니고, 다만 성인에게 다그쳐져서 억제된 것일 뿐이다. 성인에게 다그쳐져서 억제된 것이라는 것도 때때로 그런 마음이 일어난다는 것이다. 그러므로 구할 수 없음을 알려줌으로써 문을 높이고 빗장을 견고하게 하는 것보다 문을 열고 상자를 펼쳐서 없다는 것을 보여주는 것이 더 낫다."】

曰. 聖人言義而不言命, 則奈何其言此也.
曰. 言義而不言命者, 聖賢之事也. 其或爲人言, 則隨其高下而設敎, 有不同者, 豈可以一律拘之哉. 故此章之意, 亦爲中人而發耳. 如曰死生有命, 富貴在天, 求之有道, 得之有命者, 夫豈皆不言命乎. 魏國韓忠獻公有言貴賤貧富, 自有定分. 枉道以求, 徒喪所守, 蓋得此章之意, 中人以下, 其於義理有未能安者, 以是曉之, 庶其易知而有信耳. 蘇氏之說, 蓋亦如此. 其非孟子則失其旨, 而吾亦已辨之矣.【蘇氏曰, 凡物之可求者, 求則得之, 不求則不得也. 仁義是也. 故曰, 仁遠乎哉. 我欲仁斯仁至矣. 若富貴, 則有求而不得者, 有不求而得者, 是不可求也. 故曰, 富而可求也, 雖執鞭之士, 吾亦爲之, 如不可求, 從吾所好. 聖人之於利, 未嘗有意於求也, 豈問其可不可哉. 然將教人以勿求, 則人猶有可得之心, 特迫於聖人而止, 迫於聖人而止, 則亦有時而作矣. 故告之以不可求者, 以爲高其閈閎, 固其扃鐍, 不如開門發篋而示之以無有也.】

07-12. 子之所愼, 齊, 戰, 疾.

문 12장과 관련된 해설은 어떻습니까?

답 윤씨의 해설이 제대로 파악했고, 증씨의 해설도 볼 만하다.【증씨가 말했다. "귀신은 명확하지 않고 전쟁과 질병은 위태롭다. 신경 쓰지 않으면 잘못된다."】사씨와 양씨의 해설도 좋다. 양씨의 이전 해설에 공자의 일을 인용한 것이 아주 좋았는데, 나중에 다시 삭제했다. 범씨의 '사람을 바르게 한다.'라는 해설은 말뜻이 너무 엉성해서 도대체 무슨 말인지 알 수가 없다.

或問十二章之說.
曰, 尹說得之, 曾氏之說, 亦可觀焉.【曾氏曰, 鬼神恍惚, 戰疾危殆, 斯須不在焉, 則失之矣.】謝楊說亦善, 楊氏舊說, 引孔子事甚佳, 而後復刪去之. 范氏正人之說, 語意最爲疎潤, 皆不可曉.

07-13. 子在齊聞韶, 三月不知肉味, 曰, "不圖爲樂之至於斯也."

문 13장의 문장에서 정자께서는 '삼월三月'을 '음音'으로 고치셨는데, 어떻습니까?

답 어느날 악樂을 듣고 석 달 동안 맛을 잊었다는 것인데, 성인은 이렇게 고집스럽고 융통성이 없어서는 안 되기 때문이다. 그러나 《사기》를 보면, '악을 익히는[習之] 석 달 동안 고기 맛을 잊었다.'[15]라고 했다. '음'도 있고 '삼월'도 있으니, 합치고 나눈 잘못이 아니다. 그러므로 범씨 홀로 《사기》를 인용하여 바로잡았고,[16] 그 해설도 다른 해설이 미칠 수 없을 정도이다. 다만 '악'을 '학악學樂'으로 볼 수 있을지는 모르겠다.

소씨 해설도 제대로 파악했다.【소씨가 말했다. "공자께서는 '악'을 대할 때, 그 음을 익히고, 그 기교를 알며, 그 뜻을 체득하고, 그 사람을 아셨다. 문왕에게서는 조용히 깊게 생각하는 것을 보고, 높이 바라보고 원대한 뜻을 지녔음을 보았으며, 검푸르게 검음을 보고, 헌걸차게 큼을 보았으며,[17] 순舜에게서 보

---

15 악을……잊었다: "공자는 제나라로 가서 고소자의 가신이 되었는데 고소자를 통해 제경공과 접촉하고자 하였다. 공자가 제나라 태사와 음악에 대해 이야기하다가 〈소〉악을 듣고는 배웠는데 3개월 동안 고기 맛을 몰랐다. 제나라 사람들이 공자를 칭찬하였다.[孔子適齊, 爲高昭子家臣, 欲以通乎景公. 與齊太師語樂, 聞韶音, 學之, 三月不知肉味, 齊人稱之.]"《사기史記》〈공자세가孔子世家〉

16 범씨……바로잡았고: "범씨가 말하였다. '소韶 음악은 아름다움을 다했을 뿐만 아니라 또한 선善함도 다하였으니, 음악으로서 이보다 더할 것이 없다. 그러므로 (공자께서) 그것을 배우신 지 석 달 동안 고기 맛을 알지 못하셨으니, 정성스러움이 지극하고 감동이 깊었기 때문이다. 공부자孔夫子께서는 음악을 배우는 것이 이와 같은 아름다움에 이를 줄은 생각지 못하셨으므로, 음악을 즐기는 것이 이러한 경지에 이를 줄은 헤아리지 못하셨던 것이다.《사기》〈세가〉에는 '학지學之' 두 글자가 있다.'】[范曰, 韶盡美又盡善, 樂之無以加此也, 故學之三月, 不知肉味, 誠之至, 感之深也. 夫子不意學樂至如是之美, 故不圖爲樂之至於斯也.【史記世家有學之二字.】]"《논어정의》

17 문왕에게서는……보았으며: "공자께서 사양자師襄子에게 거문고 타는 법을 배우는데, 열흘이 지나도 진도를 나가지 않았다. 사양자가 말하였다. '이제 다음 곡으로 넘어가도 좋겠습니다.' 공자가 말했다. '저 구丘는 이미 그 곡조는 익혔으나, 아직 그

신 것도 알 수 있다. 그러므로 석 달 동안 고기 맛을 모르셨다."】

或問, 十三章之文, 程子改三月爲音字, 如何.
曰, 彼以一日聞樂, 而三月忘味, 聖人不當固滯如此故爾. 然以史記考之, 則習之三月而忘肉味也. 旣有音字, 又自有三月字, 則非合分之誤矣. 故范氏獨引史文爲正, 而其爲說亦他說所不及, 但以爲樂爲學樂, 則未然耳. 蘇氏說亦得之.【蘇氏曰, 孔子之於樂, 習其音, 知其數, 得其志, 知其人. 其於文王也, 見其穆然而深思, 見其高望而遠志, 見其黝然而黑, 頎然而長, 其於舜也可知, 是以三月不知肉味.】

07-14. 冉有曰, "夫子爲衛君乎?" 子貢曰, "諾, 吾將問之." 入曰, "伯夷叔齊何人也?" 曰, "古之賢人也." 曰, "怨乎?" 曰, "求仁而得仁, 又何怨? 出曰, "夫子不爲也."

문 '부자불위위군夫子不爲衛君'과 관련된 해설은 어떻습니까?

기법은 터득하지 못했습니다.' 얼마 후에, (사양자가) 말했다. '이제 기법을 익히셨으니, 더 나아가도 좋겠습니다.' 공자가 말했다. '저는 아직 그 곡에 담긴 뜻을 이해하지 못했습니다.' 또 얼마 후에, 사양자가 '이제 그 뜻을 익히셨으니, 더 나아가도 좋겠습니다.'라고 하자, 공자가 말했다. '저는 아직 그 곡을 지은 사람을 알지 못하겠습니다.' 또 얼마 후에, (공자께서) 엄숙하고 깊은 생각에 잠긴 듯하다가, 이내 온화하게 먼 곳을 바라보며 높은 뜻을 품은 듯한 모습을 보였다. (이윽고) 말하였다. '제가 그 사람됨을 알았습니다. 피부는 검고 몸은 장대하며 눈은 멀리 내다보는 목자牧者와 같아, 천하 사방을 다스리는 왕의 모습입니다. 이 분이 문왕文王이 아니라면 누가 이 곡을 지을 수 있겠습니까?' 이 말을 듣고 사양자가 자리에서 일어나 두 번 절하고 말했다. '훌륭하십니다. 저의 스승께서도 이 곡을 〈문왕조文王操(문왕의 곡조)〉라고 하셨습니다.'[孔子學鼓琴師襄子, 十日不進. 師襄子曰, 可以益矣. 孔子曰, 丘已習其曲矣, 未得其數也. 有間, 曰, 已習其數, 可以益矣. 孔子曰, 丘未得其志也. 有間, 曰, 已習其志, 可以益矣. 孔子曰, 丘未得其爲人也. 有間, 曰, 有所穆然深思焉, 有所怡然高望而遠志焉. 曰, 丘得其爲人, 黯然而黑, 幾然而長, 眼如望羊, 如王四國, 非文王其誰能爲此也. 師襄子辟席再拜, 曰, 師蓋云文王操也.]"《사기》〈공자세가〉)

답 정자와 윤씨가 남김없이 다 설명했다. 다만 정자께서 '정벌에 대해 간언한 일'[18]을 함께 인용하신 것은 이 장 문답의 본래 뜻이 아닌 것 같다. 사씨가 인용한 왕씨의 말은 과장되고 내용이 없다. 양씨는 여기에 가장 유의했는데, 《예기》〈단궁檀弓〉의 내용을 인용한 것과 괴외蒯聵를 백이의 처지에 해당시킨 것은 모두 제대로 파악했다. 그러나 영郢을 숙제의 처지에 해당시키고, 첩輒을 언급하지 않은 것은 문장의 의미에서 당시 문답의 본래 의미를 놓친 것 같다. 마지막 부분에 이르러서 형제간의 양보는 좋게 여기고 부자간의 다툼은 나쁘게 여긴 것을 심하게 비판하면서 뜻에 부합하지 않는다고 생각한 것도 이해할 수 없다.

이 장의 요지는 바로 이 구절 〈단궁〉의 '손자를 세워야 한다.'의 해설이며, 그 사이에 자잘한 곡절이 있다. 두 사람의 의문은 이것 때문에 생긴 것이지만, 부자의 단언은 부자간의 다툼을 단절하는 데 있었으므로, 처음부터 이 곡절에 대해서 논할 생각은 없었다. 두 번째 조항에서 비로소 괴외와 첩 부자를 백이와 숙제 형제의 처지에 해당시켰으니, 이 앞부분은 문장의 흐름에 이끌려 중심이 되는 바른 뜻을 잃어버리고 새로운 해설에 근거가 있음을 기뻐하여 마침내 옛 해설이 가치가 없다고 생각했다. 그러므로 그 말에 약간의 잘못이 없을 수는 없다.

或問夫子不爲衛君之說.
曰. 程子尹氏盡之矣. 但程子幷引諫伐之事, 似非此章問答之本意耳. 謝氏所引王氏之言, 夸而不實. 楊氏於此最爲留意. 所引檀弓之說, 及以蒯聵處伯夷之地, 皆得之矣. 但以郢處叔齊之地而不及輒, 則於文義之間, 似失當年問答之本意也. 至其卒章, 深詆善兄弟之讓, 而惡父子之爭者, 以爲失旨, 亦不可曉. 蓋此

---

18 정벌에……일: 《사기》〈백이열전伯夷列傳〉에 나온다.

章大體, 正此句檀弓立孫之說, 乃其間小小曲折耳. 二子之疑, 雖由此起, 而夫子所斷, 則以其父子之爭而絶之, 初不復論此曲折也. 至第二條始以瞶輒父子, 當夷齊兄弟之處, 然則前此蓋牽於文藝之波流, 而自失其所主之正意, 悅於新說之有據, 而遂以舊義爲無可, 是以其意不能無小失耳.

문 부자께서 백이와 숙제는 훌륭하다고 하셨다면 위나라 군주를 위해 일할 생각이 없으셨음이 분명합니다. 그런데도 자공이 다시 '원망이 있었냐?'라는 질문을 하고, '인仁을 얻었다.'라는 말을 듣고서야 부자께서 하시지 않을 것임을 알았다는 것은 무슨 말입니까?

답 백이와 숙제의 훌륭함은 천하의 그 누가 모르겠느냐? 자공은 부자의 말씀이 없었어도 알았을 것이다. 그러나 두 사람이 비록 훌륭하다고 하더라도 그 행위가 지나치게 격발되어 나온 것이어서 매우 불만스러운 마음이 없을 수는 없었을 것이라고 생각했으니, 위나라 군주의 다툼은 아직 천리를 크게 어긴 것은 아니므로 원망이 있음을 물어서 그 취지를 살핀 것이다. 부자께서 이렇게 알려주셔서 자공의 마음은 그 두 사람이 옳고, 개인적으로 격발한 것이 아니므로 조금의 유감도 없음을 분명히 알았다. 이러한 마음을 지니고 위나라 군주 부자 사이를 비추어보면, 천리를 어겨 성인으로부터 단절당했음을 어떻게 의심하겠느냐. 이것이 바로 반드시 다시 물어본 이후에 결정할 것을 안다는 것이다.

曰, 夫子以夷齊爲賢, 則其不爲衛君之意明矣. 而子貢復有怨乎之問, 至聞得仁之語, 然後知夫子之不爲, 何耶.

曰, 夷齊之賢, 天下孰不知之. 子貢蓋不待夫子之言而知之矣. 然意二子雖賢, 而其所爲或出激發過中之行, 而不能無感慨不平之心, 則衛君之爭, 猶未爲甚得罪於天理也, 故問怨乎以審其趣. 而夫子告之如此, 則子貢之心, 曉然知夫二子之爲是, 非其激發之私, 而無纖芥之憾矣. 持是心燭乎衛君父子之間, 其得罪於天理, 而見絶於聖人, 尚何疑哉. 此其所以必再問而後知所決也.

07-15. 子曰, "飯疏食飮水, 曲肱而枕之, 樂亦在其中矣. 不義而富且貴, 於我如浮雲."

문 15장과 관련된 해설은 어떻습니까?
답 성인의 마음은 원기가 천지 사이를 유행하면서 이르지 않는 곳이 없고 잠시도 쉼이 없는 것처럼 즐겁지 않은 때가 없다. 어찌 부귀와 빈천의 차이로 그 사이에서 가늠하는 것이 있겠느냐. 부자의 이 말씀은 당시 처지에서 그 즐거움이 늘 후자에 있고 전자를 동경한 적이 없음을 밝힌 것이다. 그리고 '역재기중亦在其中'이라고 하신 것은 '안자가 고치지 않은 것'[19]과 또 차이가 있다. 굳이 '의롭지 못한 방법으로 부귀를 누리는 것을 마치 뜬구름을 보는 것처럼 하였다.'라고 했으니, 의롭게 얻은 것을 보는 것도 '소사음수疏食飮水'와 차이가 있을 수 없고 그 즐거움도 더 보탤 것이 없다. 기록한 사람이 위나라 군주의 일 다음에 이 장을 배열한 것은 아무런 의도가 없었을까.

或問十五章之說.
曰. 聖人之心, 無時不樂. 如元氣流行天地之間, 無一處之不到, 無一時之或息也. 豈以貧富貴賤之異, 而有所輕重於其間哉. 夫子言此, 蓋卽當時所處, 以明其樂之未嘗不在乎此, 而無所慕於彼耳. 且曰亦在其中, 則與顔子之不改者, 又有間矣. 必曰不義而富貴, 視如浮雲, 則是以義得之者視之, 亦無以異於疏食飮水, 而其樂亦無以加爾. 記者列此以繼衛君之事, 其亦不無意乎.

---

19 안자가……것: 《논어》〈옹야〉에 나온다.

문 여러 학자의 해설은 어떻습니까?

답 정자(명도)의 해설이 탁월하지만, '금혁백만金革百萬(군대·병기·백만)'이라는 말이 장자의 해설에서도 보이니, 무엇 때문인지 모르겠다. '태공운太公云'이라는 것으로 '금혁백만'이라는 말을 미루어 생각해 보자면, 처음에 연계된 것이 있었는데 아마도 본래는 장자의 해설에 있던 것이 정자의 말씀에 잘못 들어간 것일까? 범씨의 해설도 제대로 파악했다. 사씨의 '즐거워하는 것이 없다.'라는 말은 노자와 부처의 말이다. 또 '성인께서는 의롭게 얻은 부귀도 뜬구름처럼 보았다.'라고 한 것도 잘못하여 성인께서 말씀하신 취지를 놓쳤다.

양씨가 '천작의 귀함, 만물의 풍부함을 갖춤'으로 해설한 것은, 세상의 부귀함과 승부를 따지려 한 것이라면 결점이 있다. 그러나 이러한 것이 있어야 즐겁다는 것은 성인에게 즐겁지 않은 것이 없다는 뜻이 아니다. 또 '성인께서는 의롭지 않게 얻은 부귀에 대해서 그것이 오가는 것을 뜬구름처럼 가볍게 보셨다.'라고 한 것도 잘못이다. 성인께서는 여기에서 가볍게 본다고만 말하셨을 뿐, 그것이 오가는 것에 대해서까지 언급하지는 않으셨다. 그리고 성인께서 가볍게 보신 것도 의리의 관점에서 보았을 때 말할 가치가 없다는 것이지, 조맹이 천하게 할 수 있다든지[20] 오가는 것이 무상하다는 입장에서 가볍게 보신 것은 아니다.

曰, 諸說如何.
曰, 程子至矣, 然金革百萬之語, 又於張子說中見之, 不知其何故也. 以太公云者, 推之金革百萬之言, 始有所系, 或本張說而誤入程語也耶. 范氏說亦得之. 謝氏無所樂之云, 則老佛之談耳. 又謂聖人視義富貴, 亦如浮雲, 則亦過而失乎

---

20 조맹이……있다든지: 《맹자》〈고자 상〉에 나온다.

聖言之旨也. 楊氏以天爵之貴, 備萬物之富爲言, 若將與世之富貴者校勝負, 則旣病矣. 然必挾此而後樂, 又非聖人無所不樂之意也. 又謂聖人於不義之富貴, 視其去來, 如浮雲之輕者, 亦誤矣. 聖人於此, 方言其視之之輕, 未遽及其去來也. 且聖人視之之輕, 亦以自義理而觀之爲不足道耳, 非以趙孟能賤去來無常而輕之也.

07-16. 子曰, "加我數年, 五十以學易, 可以無大過矣."

문 정씨의 '학역무대과學易無大過'에 대한 해석은 어떻습니까?

답 이것은 성인께서 《주역》을 공부하지 않았을 때는 큰 잘못이 있을 수 없고, 《주역》을 공부하고 나서는 작은 잘못도 없어야 한다고 생각해서 한 말이다. 그러나 문장 흐름을 보면 그렇지 않은 것 같다. 겸사를 한 다음이라면 또 해서는 안 될 말이 무엇이겠느냐?

或問, 程氏學易無大過之云, 何也.
曰, 此以爲聖人之未學易也, 不應嘗有大過, 其旣學易也, 不應猶有小過, 而爲是說矣. 然以文勢考之, 恐不如此. 蓋旣曰謙辭, 則又何所言而不可耶.

문 범씨 이하 여러 학자의 해설은 어떻습니까?

답 사씨와 윤씨는 모두 정씨를 따랐고, 범씨와 양씨는 조금 다르다. 그러나 범씨는 정말로 성인에게 잘못이 있다고 생각했는데, 그렇지 않은 것 같다. 양씨의 해설도 너무나 고원해서 내용이 없고, 그가 '오십五十'을 논한 것은 모두 잘못 말한 것인지 모르겠다.

曰, 范氏以下如何.
曰, 謝尹皆宗程氏者也. 惟范楊爲小異. 然范氏眞以聖人爲有過, 則疑未然. 楊氏說又過高而無實, 至所論五十字, 則皆未知其誤而云爾.

07-17. 子所雅言, 詩書執禮, 皆雅言也.

문 17장과 관련된 해설은 어떻습니까?

답 정자의 말씀에는 다른 것이 있지만, '아소雅素'에 관한 해설은 제대로 파악했다. '바른 음'에 관한 해설은 꼭 그런 것 같지는 않다. 여러 학자의 해설은 모두 통하고, 범씨와 윤씨의 '아雅' 풀이는 매우 좋으며, '집례執禮'에 관한 해설은 아마도 꼭 그런 것은 아닌 것 같다.

或問十七章之說.
曰, 程子之言, 自有不同, 然其曰雅素云者得之矣. 正音之說, 恐未必然. 諸說大略皆通, 范尹雅字之訓甚善, 執禮之說, 恐不必然也.

07-18. 葉公問孔子於子路, 子路不對. 子曰, "女奚不曰, 其爲人也, 發憤忘食, 樂以忘憂, 不知老之將至云爾."

문 18장과 관련된 설은 어떻습니까?

답 정자의 해설이 탁월하고, 그다음으로 윤씨가 제대로 파악했으며, 소씨도 제대로 파악했지만 결함이 있다.

或問十八章之說.
曰, 程子至矣, 其次則尹氏得之, 蘇氏蓋亦得之, 而不能無病者也.

문 무엇입니까?

답 성인께서 스스로에 관해 하신 말씀은 자신의 겸양하지 않음을 싫어한 것이 아니라, 사실이 아님을 생각한 후에 이러한 함축적인 말씀을 하신 것이다. 덕이 지극히 융성하면 입에서 나오는 대로 말해도 천지가 만물을 생성하는 것처럼 그 공을 스스로 알지 못한다.

曰. 何也.
聖人之自言, 非惡其不讓, 慮其非實而後爲是含蓄之言也. 盛德之至, 橫口所言, 如天地之生物, 而不自知其功耳.

문 여러 학자의 해설은 어떻습니까?

답 장자의 어떤 해설은 정말로 공자께서 발분하여 성인이 되셨다고 생각했는데, 평소에 논한 것이 이렇지는 않을 것 같다. '락이망우樂以忘憂'를 논한 것은 일반적으로 생각할 수 있는 것을 다 밝혔다. 범씨는 '호학好學'과 '호도好道'를 두 가지 일로 나누었는데, 노자가 손익에 관해 남긴 뜻이 없을 수 있을까? 사씨는 성인의 겸사인 줄도 모르고, '무아지사無我之事'에까지 이끌고 가려 했는데, 이것도 잘못이다. 그리고 '발분망식發憤忘食 락이망우樂以忘憂(발분하여 끼니도 잊고, 즐거움에 근심도 잊는다.)'에서 중심은 '발분發憤'과 '락樂'에 있는데, '제욕濟欲', '누물累物'과 반대되는 것으로 본 것[21]은 그 중심을 어디에 둔 것인지 모르겠다.

---

21 제욕……것: "사씨가 말하였다. '(공자께서)「발분하여 먹는 것을 잊는다.」고 하신 것은 (사사로운) 욕망을 채우려 하는 자가 아니라는 뜻이다. 「즐거워서 근심을 잊는다.」라고 하신 것은 외물外物에 얽매이는 자가 아니라는 뜻이다. 「늙음이 장차 닥쳐오는 것을 알지 못한다.」고 하신 것은 (자신의) 남은 세월이 부족함을 알지 못했다는 뜻이 아니다. 그 궁극적인 경지를 요약하자면, 이 또한「무아無我」의 경지일 것이다.[謝曰. 發憤忘食, 非濟欲者, 樂以忘憂, 非累物者, 不知老之將至云爾, 不知年數之不足也. 要其極, 亦無我之事.]"《논어정의》

曰, 諸說如何.
曰, 張子一說, 眞以孔子爲發憤而至於聖, 蓋其平日所論如此, 恐或未然. 其一說論樂以忘憂者, 則盡乎人情矣. 范氏分好學好道二事, 得無老氏損益之遺意耶. 謝氏不悟其爲聖人之謙辭, 而欲引而極之於無我之事, 其亦誤矣. 且發憤忘食, 樂以忘憂, 其主意要重在上字, 今乃以濟欲累物反之, 則未知所主之安在也.

07-20. 子不語怪力亂神.

문 20장과 관련된 해설은 어떻습니까?

답 정자, 사씨, 윤씨가 제대로 파악했다. 양씨와 범씨의 '삼三'에 대한 해설은 제대로 파악했지만, '신神'을 바르지 않고 풍속을 어지럽히는 일로 해설한 것은 잘못이다. 여씨의 '삼'에 대한 해설은 모두 틀렸지만, '신'에 대한 해설만은 나쁘지 않다. 그러나 이 귀신을 묘리로만 해설한다면 오류가 적을 것이다. 묘리라는 의미의 '신'이라면 성인도 쉽게 말하지 못할 것이지만, 이 네 가지 사이에 놓아서는 안 된다. 유씨의 해설도 좋지만 치우친 면이 있다.

或問二十章之說.
曰, 程子謝尹得之矣. 楊范三字之說得之, 而幷以神爲不正亂俗之事則失之. 呂氏三字之說皆病, 而獨神字之說近之. 但此乃鬼神而直以爲妙理, 亦少過耳. 若妙理之神, 則聖人固未易言之, 然不當列於此四者之間也. 游說亦佳, 而未免有所偏也.

문 공자께서는 《춘추》에 재변災變, 전벌戰伐, 찬시簒弒와 관련된 기사를 기록하고, 《주역》과 《예》에서 귀신에 관해 특별히 상세하게 논하셨는데, 여기에서는 네 가지에 관해서 이야기하지 않으셨다고 한 것은 무슨 말입니까?

답 성인의 평소 일상적인 말씀에서는 이것들에 대한 언급이 없다. 부득이하게 언급할 경우 세 가지에 대해서 꼭 훈계하셨다. '신神'에 관해서는 그 이치를 논함으로써 당세의 의혹을 깨우쳐 주셨으니, 세상 사람이 공연히 말하여 도리어 사람들을 미혹시킨 것과 달랐다. 하지만 언급하시는 경우도 드물었다.

曰. 孔子於春秋紀災變戰伐篡弑之事, 於易禮論鬼神者尤詳. 今日不語四者, 何也.

曰. 聖人平日之常言, 蓋不及是. 其不得已而及之, 則於三者必有訓戒焉. 於神則論其理以曉當世之惑, 非若世人之徒語而反以惑人也. 然其及之也亦鮮矣.

07-21. 子曰, "三人行, 必有我師焉, 擇其善者而從之, 其不善者而改之."

문 21장과 관련된 해설은 어떻습니까?

답 이것은 이론이 없다. 장자께서 인용하신 안자의 말은 《정몽正蒙》에서 말씀하신 '선에 통달하고 불선에 통달한다는 것'[22]인데, 《주역》〈대전

---

22 선에……것: 장재의 《정몽正蒙》〈중정中正〉에 "군자는 천하에 대해 선도 통달하고 불선도 통달하며 물과 나의 사사로움이 없다.[君子於天下, 達善達不善, 無物我之私.]"라고 했다. 주희는 성리학에서 '성즉리性卽理'를 강조했기 때문에, 본연의 선성善性에서 벗어난 불선은 굳이 '통달해야 하는 것'이 아니라고 봤다. 따라서 장재가 말한 "선과 불선을 다 통달하는 것[達善達不善]"은 《주역》의 본래 뜻과 맞지 않는다고 비

《계사전》의 본래 뜻이 아닌 것 같다.

或問二十一章之說.
曰, 此無異論, 獨張子所引顔子之說, 乃正蒙所謂達善達不善者, 恐非易大傳之本意也.

07-22. 子曰, "天生德於予, 桓魋其如予何?"

문 공자께서는 어떻게 하늘이 자신에게 덕을 부여해 주었는지 아셨습니까?

답 하늘이 나를 태어나게 하고 기질이 청명하고 의리가 밝게 드러나도록 했다면 이것이 나에게 덕을 부여해 준 것이니, 어찌 모를 수 있겠느냐.

或問, 孔子何以知天之生德於已也.
曰, 天之生我, 而使之氣質淸明, 義理昭著, 則是生德於我矣, 豈其不自知哉.

문 여러 학자의 해설은 어떻습니까?

답 정자의 해설은 본래부터 이와 같았다. 다만 아래 문장과 이어서 말하자면, 그 뜻은 '하늘이 이처럼 나에게 덕을 부여해 주었으니 생사화복이 우연이 아닐 것이며, 환퇴가 나를 해칠 수 있어도 이 또한 하늘의 뜻

판했다. 여기서 《주역》은 〈계사전 상〉 9장의 "변화의 도를 아는 자는 신명이 하는 바를 알 것이다.[知變化之道者, 其知神之所爲乎.]"를 말하는데, 장재는 변화의 도를 끌어와 달선달불선達善達不善과 연결시켜 해석하였으나, 주희는 성인이 천지 변화의 도리道理를 통달하여 길흉의 근원을 아는 것이지, 일부러 불선(악惡)을 탐구해야 한다는 뜻은 아니라고 보았다.

이다. 어찌 환퇴가 할 수 있는 것이겠느냐.'라고 말하는 것과 같다. 위 구절의 해설은 좋지만, 아래 구절을 스스로 기필하지 않는 것으로 해설한 것에 대해서는 의문을 가지지 않을 수 없다.

범씨의 '손을 빌린다'라는 말에서 아래 구절은 정자의 해설을 따른 것 같다. 다만 '천天'과 '명命'의 다름을 분별한 것은 알 수 없는 부분이 있다. 사씨 이하 여러 학자는 아래 구절을 모두 정자의 해설을 따랐고, 사씨가 '하늘과 덕이 합치한다.'라고 한 것은 '나에게 덕을 부여해 주었다.'라는 문장의 뜻이 아닌 것 같다. 윤씨는 또 '하늘이 나에게 덕을 부여해 주었을 수도 있다.'라고 해설했다. 이것은 '덕을 부여해 주었는데 스스로 기필하지는 않는다.'라는 것과 합쳐서 말한 것으로서, 공자와 정자의 생각에 모두 부합하지 않는 것 같다.

曰. 諸說如何.
曰. 程子之說固如此矣, 但其連下文而言, 則其意若曰, 天之生德於我者如此, 其死生禍福固有不偶然者矣, 使桓魋得以害己, 是亦天也, 而豈魋之所能爲哉. 夫其上句之說則善矣, 而其所論下句爲不自必之意, 則予未能不疑也. 范氏假手之云, 則下句蓋用程說, 但其分別天命之殊, 則有不可解者爾. 謝氏以下, 下句皆用程說. 而謝氏所謂與天合德者, 恐非生德於予之文意也. 尹氏又以天其或者爲言, 則是幷與生德而不自必矣, 於孔子程子之意, 恐皆有所未合也.

문 선생께서 정자의 해설에 의문을 품으신 이유가 무엇입니까?
답 성현이 환란에 처했을 때, 스스로 기필하지 않는 말을 하는 경우가 있고, 스스로 기필하는 말을 하는 경우도 있다. 닥친 일에 따라 말하는 것이므로 다른 점이 있다. 스스로 기필하지 않는 말은 공자께서 공백료[23],

---

23 공자께서 공백료: 《논어》〈헌문〉에 나온다.

맹자께서 장창[24]에 대해 하신 것이다. 스스로 기필한 말은 공자께서 환퇴와 광인에게 하신 것이다. 문장을 살펴보면, 전자는 '명을 어찌하겠느냐.'라고 했고, 후자는 '나를 어찌하겠느냐.'라고 하셔서 다르다. 닥친 일로 보자면, 공백료와 장창의 경우는 참소 때문이었고, 이해利害가 도의 흥폐興廢와 행지行止에 지나지 않았으며, 그러한 말이 나온 것은 세상에 원래 이러한 이치가 있었으니, 성현이 어찌 스스로 기필할 수 있었겠느냐. 환퇴와 광인의 경우는 다만 공자에게 해를 끼치려 했으니, 성인께서는 원래 이러한 이치가 결코 없음을 아셨다. 그러므로 공자께서는 모두 스스로 기필하는 말로 대처하셨다. 말에는 각각 정당함이 있으니, 이것 때문에 저것을 폐기할 수는 없다.

曰, 子之有疑於程子之言, 何也.
曰, 聖賢之臨患難, 有爲不自必之辭者, 有爲自必之辭者, 隨事而發, 固有所不同也. 爲不自必之辭, 孔子之於公伯寮, 孟子之於臧倉是也. 其爲自必之辭, 則孔子之於桓魋匡人是也. 以文考之, 則彼曰其如命何, 此曰其如予何, 固不同矣. 以事考之, 則寮倉之爲譖愬, 利害不過廢興行止之間, 其說之行, 世固有是理矣, 聖賢豈得而自必哉. 至於桓魋匡人直欲加害於孔子, 則聖人固有以知其決無是理也, 故孔子皆以自必之辭處之, 言各有當, 不可以此而廢彼也.

<u>문</u> 성인께서 이렇게 스스로 기필하시고 또 미복으로 송나라를 지나가신 것은 무엇 때문입니까?

<u>답</u> 정자께서 상세하게 이야기하셨다. 그러나 《사기》에 따르면 다음과 같다.[25] 공자께서 송나라로 가셔서 제자와 함께 큰 나무 아래에서 예禮를

---

24 맹자께서 장창: 《맹자》 〈양혜왕 하〉에 나온다.
25 《사기》에……같다: "공자께서 조나라를 떠나 송나라로 가시어, 제자들과 함께 큰

익히셨다. 환퇴가 (공자를 해치려고) 그 나무를 베자 공자께서 떠나셨다. 제자가 말했다. "빨리 떠나는 것이 좋겠습니다." 공자께서 말씀하셨다. "하늘이 나에게 덕을 부여해 주었으니, 환퇴가 나를 어찌하겠느냐." 그러고 나서 정나라로 가셨다. 아마도 공자께서 나무를 베는 재액을 당하고 나서 미복으로 떠나실 때, 제자가 빨리 가려 하자 공자께서 이런 말씀을 하신 것 같다. 성인께서 그가 자신을 해칠 수 없음을 아셨지만 환란을 피하는 것이 중했고, 환란을 피하는 것이 중했지만 대처하는 것은 한가로우셨다. 함께 행하면서도 어긋나지 않는다는 것이니, 배우는 사람은 이것을 깊이 음미해 보아야 할 것이다.

曰, 聖人之自必如此, 而又微服以過宋, 何也.
曰, 程子論之詳矣. 然按史記, 孔子適宋, 與弟子習禮大樹之下, 桓魋伐其樹, 孔子去之, 弟子曰, 可以速矣, 子曰, 天生德於予, 桓魋其如予何, 遂之鄭. 疑孔子旣遭伐樹之厄, 遂微服而去之, 弟子欲其速行, 而孔子告以此語也. 蓋聖人雖知其不能害己, 然避患亦未嘗不深, 避患雖深, 而處之亦未嘗不閒暇也. 所謂並行而不悖者, 學者宜深玩於斯焉.

07-23. 子曰, "二三子以我爲隱乎? 吾無隱乎爾. 吾無行而不與二三子者, 是丘也."

나무 아래에서 예禮를 익히고 계셨다. 이때 송나라의 사마司馬인 환퇴桓魋가 공자를 죽이려고 그 나무를 뽑아버렸다. 공자께서 (자리를) 떠나시자, 제자들이 말하였다. '빨리 (이곳을) 벗어나셔야 합니다.' 그러자 공자께서 말씀하셨다. '하늘이 나에게 덕德을 내려 주셨는데, 환퇴가 나를 어찌하겠는가.[孔子去曹適宋, 與弟子習禮大樹下. 宋司馬桓魋欲殺孔子, 拔其樹. 孔子去. 弟子曰, 可以速矣. 孔子曰, 天生德於予, 桓魋其如予何.]"《사기》〈공자세가〉)

【문】 '무은無隱'과 관련된 해설은 어떻습니까?

【답】 정자, 장자, 범씨, 여씨, 윤씨의 해설이 실질적인 것을 파악했다. 유씨도 제대로 파악했다고 할 수 있다. 사씨와 양씨의 해설은 같지만, 그 과정이 지나치게 노장과 부처의 뜻으로 흐른 것 같다.

或問無隱之說.
曰. 程子張子范呂尹氏之說, 得其實矣. 游氏亦爲得之. 謝楊氏爲說雖同, 然其所以爲說者, 則恐其過而流於老佛之意也.

07-24. 子以四敎, 文, 行, 忠, 信.

【문】 정자께서 '성誠'과 '충忠', '부孚'와 '신信'을 구별하신 것[26]은 어떻습니까?

【답】 '성'과 '충'은 체용으로 말한 것이고, '부'와 '신'은 내외로 말한 것이다. 증씨는 '충은 마음에 속임이 없는 것이고, 신은 말에 망령됨이 없는 것이다.'라고 했는데, 그 뜻도 통한다.

或問. 程子所謂誠忠孚信之別, 奈何.
曰. 誠忠以體用而言也, 孚信以內外而言也. 曾氏曰忠者心不欺, 信者言不妄, 其義亦通.

---

26 정자께서……것: "이천이 해설하였다. '사람들에게 글을 배우고 행실을 닦음으로써 충忠과 신信을 보존하도록 가르치는 것이다. 충과 신은 (모든 덕의) 근본이다. 마음이 한결같은 것을 일러 성誠이라 하고, 마음을 다하는 것을 일러 충이라 하며, 마음속에 보존되어 있는 것을 일러 부孚라 하고, 일(행동)로 드러나는 것을 일러 신이라 한다.'[伊川解曰, 敎人以學文修行而存忠信也. 忠信本也, 一心之謂誠, 盡心之謂忠, 存於中之謂孚, 見於事之謂信.]"《논어정의》

문 여러 학자의 해설은 어떻습니까?

답 범씨의 생각도 좋지만, 인용한 '행유여력行有餘力' 앞에서 말한 것은 자식과 동생의 일상적인 일이고, '사교四教'라고 하는 것은 학문 이후를 말한 것이니, 결론을 말하자면 결국 자식과 동생의 일상적인 일을 벗어나지 않는다. 다만 문물제도를 널리 배우고 또 예禮로 요약할 수 있다면 행동은 나날이 좋아질 것이고 '충'과 '신'은 나날이 독실해질 것이다. 사씨의 '삼사三事'라고 한 해설도 좋다. 하지만 내외의 다름이 있다고 했으니, 함께 힘쓰지 않을 수 없다. 윤씨의 해설도 네 가지 일을 독립시키고 함께 할 수 없는 것처럼 보았는데, 결함이 있다.

曰, 諸說如何.
曰, 范氏之意亦善. 但所引行有餘力以上云云者, 乃爲子爲弟之常事, 四教之云, 又自是學文以後而言也. 然要其歸宿, 卒亦不外乎爲子爲弟之常事也. 但能博學於文, 而又約之以禮, 則行日益脩, 而忠信日益篤耳. 謝氏三事之說亦善, 但說有內外之殊, 則亦不得不合用其力耳. 尹氏之說, 又若四事各爲一門而不相須者, 恐亦未免有病也.

07-25. 子曰, "聖人, 吾不得而見之矣, 得見君子者, 斯可矣." 子曰, "善人, 吾不得而見之矣, 得見有恆者, 斯可矣. 亡而爲有, 虛而爲盈, 約而爲泰, 難乎有恆矣."

문 25장과 관련된 해설은 어떻습니까?

답 여러 학자의 해설이 모두 좋다. 양씨의 해설은 너무 지리하지만 마지막 구절의 해설은 좋다. 이외에 오씨와 증씨의 해설이 제대로 파악했다.【오씨가 말했다. "군자는 훌륭한 덕이 있고 영향력도 있는 사람이다. 다만 성인에 미치지 못할 뿐이다. 선인은 대략 이어 지키고 일을 완성하며, 악을 행하는 데까지는 이르지 않을 수 있을 뿐이다. 군자가 적극적으로 일할 수 있는 것과는 다르다." 증씨가 말했다. "부자 당시에 성인은 정말로 볼 수 없었지만, 그렇다고 군자, 선인, 유항자有恒者도 없었겠는가. 그러나 부자께서 이렇게 말씀하신 것은 그러한 사람이 적어서 보고 싶어 했기 때문이다. 실제로 보게 되면 또 기뻐하면서 그에게 다가가 '이와 같은 사람은 군자로구나.'라고 하셨을 것이다. 이러한 것은 그 뜻을 파악하면 언어적 표현은 잊어야 한다. 선인은 선에 밝은 사람이다. 유항은 선에 밝지는 않지만 적어도 한 가지 절도는 종신토록 바꾸지 않는 사람이다. 본래부터 장점이 하나도 없으면서 있는 모습만 짓고, 충실하지 않으면서 가득 찬 모습만 지으며, 빈약하면서 넉넉한 모습만 짓는다면, 이것은 망령된 사람일 뿐이다. 맹자가 '빗물이 모여서 도랑이 모두 가득 차나, 마르는 것은 당장이라도 기다릴 수 있다.'[27]라고 했으니, 어찌 오래 갈 수 있겠느냐."】

或問二十五章之說.

曰, 諸說皆善. 獨楊氏爲太支. 然其末句之說亦善. 此外則吳氏曾氏說亦得之.【吳氏曰, 君子蓋有賢德而又有作用者, 特不及聖人耳. 若善人, 則但能嗣守成務, 不至于爲惡而已, 非若君子之能有爲也. 曾氏曰, 當夫子時, 聖人固不可得而見, 豈無君子善人有恒者乎. 而夫子云然者, 蓋其人少而思見之也. 及其見, 則又悅而進之, 曰君子哉若人. 凡此類, 當得意而忘言. 善人, 明乎善者也. 有恒, 雖未明乎善, 亦必有一節終身不易者. 若本無一長而爲有之狀, 未能充實而爲盈之狀, 貧約而爲泰之狀, 此亦妄人而已矣. 孟子所謂雨集溝澮皆盈, 其涸可立

---

27 빗물이……있다: "만일 근본이 없다면 7, 8월 사이에 빗물이 모여서 도랑이 모두 가득 차지만, 도랑이 마르는 것을 서서 기다릴 수 있다. 그러므로 명성이 실제보다 지나치는 것을 군자는 부끄러워한다.[苟爲無本, 七八月之閒雨集, 溝澮皆盈, 其涸也, 可立而待也. 故聲聞過情, 君子恥之.]"《맹자》〈이루 하〉)

而待也. 烏能久乎.】

문 '무無'와 '유有', '허虛'와 '실實', '약約'과 '태泰'의 구분은 어떻습니까?
답 '무'는 절대적인 없음이고, '허'는 가득 차지 않은 것의 명칭일 뿐이다. 두 가지는 내외, 배움의 경지, 일의 가능성을 겸해서 말한 것이다. '약'과 '태'는 빈부귀천을 지칭한다. '짓는다[爲之]'라고 한 것은 이와 같은 모습을 짓고, 이와 같은 일을 짓는 것이다. '짓고' 나서 지속되지 않는다면 항상되려 해도 그럴 수 없다.

曰. 無有虛實約泰之分. 奈何.
曰. 無, 絶無也. 虛則未滿之名耳. 二者兼內外, 學之所至事之所能而言. 約之與泰, 則貧富貴賤之稱耳. 爲之云者, 作爲如是之形作爲如是之事者也. 爲之無以繼, 則雖欲爲有常, 不可得矣.

07-26. 子釣而不網. 弋不射宿.

문 26장과 관련된 해설은 어떻습니까?
답 이것은 다른 이견이 없다. 다만 '석숙射宿'의 뜻과 관련해서 약간의 차이가 있다. 사씨와 양씨는 상당 부분 제대로 파악했다. '사람들을 놀라게 한다.'라고 한 것[28]은 뜻이 너무 넓어서 실제에 부합하지 않는 것 같

---

28 사람들을······것: "이천이 해설하였다. '성인의 인仁은 사물에 대해 (사랑을) 극단까지 쓰지 않으며, 뭇사람을 놀라게 하지도 않는다.[伊川解曰. 聖人之仁, 不盡物, 不驚衆也.]"《논어정의》

고, '사물을 해친다.'라고 한 것[29]은 예禮에 맞지 않게 사냥감을 취한다는 뜻이지만, 그 뜻을 취한 것이 엉성하다. 범씨의 '다급할 때도 반드시 이에 처한다.'라는 말이나 윤씨의 '이 마음으로 미루어 나간다.'라는 말은 모두 성인에 대해 말하는 것이 아니다. 이것은 장경부가 논한 것이 좋다.【장경부가 말했다. "성인의 마음은 천지가 만물을 낳는 마음이다. 어버이에게 친애하고 백성에게 인仁하게 대하며, 백성에게 인하게 대하고 사물을 아끼는 것은 모두 이 마음이 드러난 것이다. 그러나 사물에는 제사에 필요한 것이 있고, 빈객을 봉양하는 데 사용할 것이 있으니, 취하는 것을 피할 수 없는 경우가 있다. 그리하여 취하는 것에는 때가 있고, 사용하는 데에는 적절한 정도가 있다. 부자께서 물길을 끊지 않고 자는 새를 쏘지 않으신 것은 모두 인仁과 의義를 지극히 다하신 것이고, 천리의 공정함을 드러내신 것이다. 부자께서 나라를 얻으셨다면 왕정이 시행되고 조수鳥獸, 어별魚鼈이 모두 좋을 것이다. 입과 배의 욕망을 채우려고 자연물을 해친다면 그것은 인욕만을 위한 것이다. 그런데도 이단의 가르침이 마침내 살생을 금하고 채소를 먹게 하며, 몸을 손상시켜 짐승을 먹이는 데까지 이르도록 했고, 부자 관계와 인간관계에 도리어 개의치 않고 무정해졌으니, 이것이 어찌 천리의 공정함일 수 있겠는가. 그러므로 양梁 무제武帝가 털과 피가 있는 희생으로 종묘에 제사하지 않은 것과 상나라 주紂가 자연물을 해친 것은, 그 일은 다르지만 천리를 어겨서 혼란과 멸망을 초래한 것은 한가지이다."】

---

29 사물을⋯⋯것: 윤씨가 말했다. '(공자께서) 낚시질은 하시되 그물질은 하지 않으신 것은 생물을 모조리 다 잡아버리고자 하지 않으신 것이다. (또한) 주살질은 하시되 잠자는 새를 쏘지는 않으신 것은 생물을 잔인하게 해치고자 하지 않으신 것이다. 이 마음을 미루어 나아가면 그 (덕이 미치는) 큰 바를 알 수 있다.'[尹曰, 釣而不綱, 不欲盡物也. 弋不射宿, 不欲暴物也. 推是心以往, 其大者可知.]"《논어정의》

或問二十六章之說.

曰, 此無他異, 獨射宿之義, 小有不同. 蓋謝楊得之爲多. 驚衆之云, 意似廣而實不切. 暴物之云, 蓋取田不以禮之意, 然其取義亦疏矣. 范氏造次必於是, 尹氏操於心以往, 皆非所以言聖人. 此張敬夫所論亦佳.【張敬夫曰, 聖人之心, 天地生物之心也. 其親親而仁民, 仁民而愛物, 皆是心之發也. 然於物也, 有祭祀之須, 有奉養賓客之用, 則其取之也, 有不得免焉. 于是取之有時, 用之有節, 若夫子之不絶流不射宿, 皆仁之至義之盡, 而天理之公也. 使夫子之得邦家, 則王政行焉, 鳥獸魚鱉咸若矣. 若夫窮口腹以暴天物者, 則固人欲之私也. 而異端之敎, 遂至禁殺茹蔬, 殞身飼獸, 而于其天性之親, 人倫之愛, 反恝然其無情也. 則亦豈得爲天理之公哉. 故梁武之不以血食祀宗廟, 與商紂之暴殄天物, 事雖不同, 然其咈天理以致亂亡, 則一而已矣.】

07-27. 子曰, "蓋有不知而作之者, 我無是也. 多聞, 擇其善者而從之, 多見而識之, 知之次也."

문 27장과 관련된 해설은 어떻습니까?

답 여러 학자가 해설한 요지는 대체로 같지만, 문장의 뜻이 각각 다르고 구두도 다른 곳이 있다. 그러나 정자의 해설은 바꿀 수 없다. 윤씨가 그 뜻을 분명하게 밝혔으니, 제대로 파악한 것이다. 장자의 해설은 소략하지만 뜻은 정확하다. 양씨, 사씨, 호씨는 정자와 비슷하지만 조금 다르다. 세 사람은 또 각자 약간 다른 곳이 있지만, 모두 정자만큼 치밀하지는 않다.【호씨가 말했다. "성인은 배우지 않아도 나면서부터 아니 새로이 지어내더라도 이치에 맞지 않는 것이 없다. 그러므로 알지 못한 채 지어내는 것이 없다. 공자께서는 '생지生知'를 자처하지 않으셨고, 오히려 스스로를 알지 못한 채 지어내는 것이 없다고 하셨고, 또 보고 들은 것에서 좋은 것을 가려 기억하는 것을 그다음으로 보셨으니, 공자의 지知가 바로 '생지'이다. 함부로 지어내지 않는 것은 성인에게 말할 만한 것이 되지도 않지만, 음미해 보면 모든 것을 안다는 것은 성인이 아니면 불가능하다. 군자가 알지 못하는 것이 있다면 새로이 지어내지 않는 것이 옳다. 많이 듣고 많이 보는 것은 귀와 눈으로 받아들이는 것이다. 좋은 것을 택하고 좋지 않은 것을 버리는 것은 앎을 이르게 하는 실마리이다. 따른다는 것은 구체적인 일에 적용한다는 것이다. 기록한다는 것은 기억하고 잊지 않는 것이다. 안팎으로 이利와 인仁을 아울러 진행한다면 '생지'와 다르더라도 그다음은 될 수 있을 것이다."】

　여씨가 '지지知之'를 앞 구절에 붙이고 '종지從之', '식지識之', '지지知之' 세 가지를 도를 추구하는 깊이의 순서로 해설한 것은 따를 수 없다. 범씨는 양씨와 호씨의 중간 정도이지만 성인도 모르는 것이 있으면 보류한다고 생각한 것은 잘못이다.

或問二十七章之說.

曰. 諸說大意略同. 但文義各異. 至句讀亦有不同者. 然程子之說. 無以易矣. 尹氏發明其意. 亦爲得之. 張子說略而義亦正. 楊氏謝氏胡氏似程子而小不同. 三家復自有小不同處. 然皆不若程子之密也.【胡氏曰. 聖人生而知之. 作無非理. 故無不知而作之者. 孔子不以生知自居. 今乃自謂其無不知而作之者. 又以見聞擇識之知爲次. 則孔子之知乃生知也. 夫不爲妄作. 在聖人爲不足道. 然味之則無所不知. 非聖人不能矣. 若君子有所未知. 則不作可也. 多聞多見. 耳目所受也. 擇善去不善. 致知之端也. 從之. 效於事爲也. 識之. 記而不忘也. 內外並進利仁之事. 雖異於生知. 亦其次矣.】至於呂氏則以知之屬上句. 其說以從之識之知之三者. 爲求道淺深之序. 則固不得而從之. 范氏在楊胡之間. 但以爲聖人有所不知而闕之. 則誤矣.

07-28. 互鄕難與言, 童子見, 門人惑. 子曰, "與其進也, 不與其退也, 唯何甚? 人潔己以進, 與其潔也, 不保其往也."

문 28장과 관련된 해설은 어떻습니까?
답 여러 학자의 해설이 모두 좋다. 다만 사씨가 조금 다르나 대체적인 뜻은 역시 같다.

或問二十八章之說.
曰, 諸說皆善, 但謝氏爲小異, 然大意亦同耳.

문 '불보기왕不保其往'에서 옛날 해설은 '왕往'을 '과거의 일'로 해설했는데, 어떻습니까?
답 글자 뜻으로는 좋지만 문장 흐름에는 반대된다. 착간이라고 추론하면, 스스로 자신을 깨끗이 하면 과거의 선하지 않음이 없어진다는 말이 된다. 그러므로 과거의 선하지 않음을 보증하지 않는다는 것은 또 물러나서 그릇된 행동을 하는 것을 허락하지 않고, 오늘 자신을 깨끗이 함으로써 나아가려는 마음만 취한다는 말이다. 그렇다면 때때로 마음에서 그만둘 수 없는 것에 근본을 두고 있는 것처럼 보이지만 매번 의도적으로 계산된 사욕에서 나온 것이라는 말인데, 어찌 그럴 수 있겠는가.

曰, 不保其往, 舊說謂往爲往日之事, 如何.
曰, 此於字義爲得, 但文勢差倒耳. 若以錯簡推之, 則自其潔已而往日之不善亡矣. 故不保其往日之不善, 亦不與其退去而爲非, 取其今日潔已以進之心耳. 如此, 則似或本於中心之不自己者, 而每出於有意計度之私也, 夫豈然哉.

07-31. 子與人歌而善, 必使反之, 而後和之.

문 31장의 해설에서 '성인께서는 겸손하고 신중하며 남의 장점을 가리지 않으신다.'라고 한 것은 무엇을 가지고 한 말입니까?

답 성인께서는 다양한 재능을 타고났으니. 작은 기예도 남에게서 취하고 난 다음에 충분해지는 것이 아닌데도 꼭 상세한 부분까지 얻으려고 하신 것이 이와 같다. 그러니 그 겸손과 신중함을 알 수 있다. 그런데 그 곡이 끝나지도 않았는데 갑자기 화답하셨다면 자신의 재능을 자랑하여 남의 장점을 가리는 것과 같다. 그러므로 그 곡이 끝날 때까지 기다려 처음부터 끝까지 연주가 훌륭함을 모두 본 다음에 다시 부르도록 하고 비로소 화답하셨다면 다른 사람의 장점을 취한다는 뜻을 잃지 않고 또 그 장점을 가리지도 않게 된다. 그러나 이 또한 성인의 모든 행동이 자연스럽게 예禮에 들어맞는 곳이지 의도적인 것이 아니다. 그렇지 않다면 또 조용하고 차분하여 가볍게 믿고 쉽게 기뻐하지 않는다는 뜻을 드러내 보인 것이다.

或問, 三十一章之說, 所謂聖人謙遜審愼, 不掩人善, 何以言之也.
曰, 聖人天縱多能, 其於小藝, 不待取於人而後足, 而必欲得其詳如此, 其謙遜審愼可知也. 然若不俟其曲終而遽和之, 則亦幾於伐己之能, 以掩彼之善矣. 故必俟其曲終, 以盡見其首尾節奏之善, 然後使人復歌而始和之, 則旣不失其與人取善之意, 而又不掩其善也. 然此亦聖人動容周旋自然中禮處, 非有意於爲之也. 抑又見其從容不迫, 不輕信而易悅之意.

문 여러 학자의 해설은 어떻습니까?

답 정자께서는 다른 사람의 노래를 좋게 생각하고 갑자기 화답한다면 자신이 부른 노래는 온전하지 않은 악장이 되므로, 반드시 반복하게 하고 난 후에 화답해야 자신이 부른 노래가 온전한 악장이 된다고 생각하셨다. 이 생각도 좋지만 '선善'의 뜻을 제대로 보지 못했다. 다른 해설은 또 '필사지必使之'의 뜻을 놓쳤다.

曰. 諸說如何.
曰. 程子以爲善人之歌而遽和之, 則己之所歌乃殘章耳. 故必使反之而後和, 則己之所歌亦全章也. 此意亦善, 但未見善字之意耳. 他說則又幷必使之之意而失之也.

07-32. 子曰, "文莫吾猶人也. 躬行君子, 則吾未之有得."

문 32장과 관련된 해설은 어떻습니까?

답 정자의 생각이 좋다. 하지만 '사람은 문장에 있어서 모두 내가 다른 사람보다 낫다고 한다.'라고 하신 것은 '막莫' 위에는 '인人', 아래에는 맞추어서 또 '왈曰'이 있어야 문장의 뜻이 완전해진다. 또 이 구절의 '오吾'는 일반 사람이 자칭하는 말이고, 다음 구절의 '오'는 공자의 자칭으로 보셨는데, 그렇게 하면 문장 흐름이 이어지지 않는다. 범씨의 해설에서는 두 '오'가 다르지 않지만, 문장의 행간에 경중이 없어서 좋다고 볼 수 없다. '그치지 않고 나아간다'라고 한 것[30]도 성인에 대해 할 수 있는 말

---

30 그치지……것: "범씨가 말했다. '(공자께서) 「문文에 있어서는 나도 아마 다른 사람과 같을 것이다.」라고 하신 것은 문에 있어서는 남보다 뛰어나지 못하다는 뜻이다. 「군자의 도를 몸소 행하는 것에 있어서는 내가 아직 이룬 것이 없다.」라고 하신 것은 행실에 있어서 아직 군자가 되지 못했다는 뜻이다. 문으로는 남보다 뛰어나지 못하고, 행실로는 군자가 되지 못했다고 (스스로 여기셨으니), 이것이 바로 (공자께

이 아니다. 여씨의 '막莫'에 대한 풀이는 좋고, 문장의 뜻을 논한 것도 대체로 모두 잘 파악했다. 그러나 언어적 표현이 분명하지 않고 '이것은 겸사가 아니다.'[31] 이하는 이 장의 뜻이 아니다.

사씨는 제대로 파악했지만, '성인께서 문장은 양보하지 않고 남과 같다고 생각했다.'라는 해설은 소송을 처리하는 것을 논하는 것과 같을 뿐, 자신이 남보다 낫다고 생각한 적은 없다. '몸소 실천하는 군자'라는 것은 대문對文의 측면으로 말한 것이니, 본래 그 안에 '허虛'와 '실實', '난難'과 '이易', '완緩'과 '급急'의 다름이 있으므로, 자처하지 않고 다른 사람을 권면한 것은 꼭 성인의 경지에 들어간 뒤라서 감당하지 못한다고 이른 것이 아니다. 양씨는 정자의 해설과 비슷하지만, 아래 구절의 말뜻이 부족해서 그 필연성을 찾아볼 수 없다. 윤씨는 범씨보다 낫고 정자보다 못하며, 특히 엉성하다.

或問三十二章之說.

曰, 程子之意善矣, 然曰人於文皆曰吾勝人, 則莫字之上更有人字, 下合更有曰字, 文意乃足. 又此句吾字, 設爲衆人自稱之辭, 而下句吾字, 乃爲孔子之自稱, 文勢亦不相屬也. 如范說, 則二吾字不相戾矣, 然其於文行之間, 無所輕重, 則

서) 끊임없이 나아가고 그만두지 않으신 이유이다.《중용》에서 「군자의 도가 넷이 있는데, 나 구丘는 그 하나도 능히 하지 못한다.」라고 하였으니, 이는 자신을 책망함으로써 다른 사람들을 힘쓰게 하려 하신 것이다.'[范曰, 文, 莫吾猶人也, 文不能勝人也. 躬行君子, 則吾未之有得者, 行未得爲君子也. 文不能勝人, 行未得爲君子, 此所以進而不已也. 中庸曰, 君子之道四, 丘未能一焉. 責已所以勉人也.]"《논어정의》)

31 이것은……아니다: "여씨가 말하였다. '「막莫」이라는 말은 「~가 아니겠는가[得不]」라고 말하는 것과 같다. (그러므로 이 말은) 공자께서 스스로 「나의 문文이 다른 사람들과 같지 않겠는가?」라고 말씀하신 것이다. 다만 군자의 도를 몸소 행하는 것에 있어서는 스스로 아직 이루지 못했다고 하셨을 뿐이다.'[呂曰, 莫之爲言, 猶曰得不也. 孔子自謂我之文章得不與人同乎. 但躬行君子, 自謂未得耳. 此非謙辭, 亦庸言庸行之至, 聖人有所不能.]"《논어정의》)

亦未得爲至論. 其曰進而不已者, 又非所以言聖人也. 呂氏莫字之訓善矣. 其論文意大槪亦皆得之, 而辭或未瑩, 至於此非謙辭以下, 則非此章之旨矣. 謝氏爲得之, 但聖人雖不讓於文, 而猶人之說, 猶其論聽訟耳, 亦未嘗自以爲過人也. 躬行君子, 對文而言, 自有虛實難易緩急之殊, 故不居以勉人, 非必謂其可以入聖, 而後不敢當也. 楊氏似程說, 而下句語意不足, 無以審其必然. 尹氏上范下程, 尤爲疏濶矣.

문 그렇다면 어떻게 해야 합니까?

답 문장의 뜻에 대해서는 《논어집주論語集註》에 실어 놓았지만, 그 이유에 대해서는 한 마디로 다 드러낼 수 없다. 문장에 있어서, 다른 사람에 미칠 수 있다는 말은 대등하다는 뜻을 충분히 드러낼 수 있고, 다른 사람을 뛰어넘지 못한다는 말은 반드시 뛰어나지는 않다는 뜻을 드러낸다. 합해서 보면, 능력을 양보하지는 않지만 또 겸손한 것은 아님을 드러낸다. 행동에 있어서, 아직 얻지 못했다는 말은 실천에 어려움이 있음을 드러내고, 반드시 실천할 수 있도록 하겠다는 뜻을 드러내며, 이것에 급급해서 조금도 자족하는 마음을 지닐 수 없음을 드러낸다. 한 마디 말 속에 뜻이 번복되고 또 동시에 존재하며 곡절이 깊고 유장함이 이러한 정도에 이르는 것은 성인이 아니라면 가능하겠는가.

曰, 然則奈何.
曰, 此其文義, 集註備矣. 若其所以然者, 則未可以一言盡也. 蓋於文, 言其可以及人, 足見其不難繼之意, 言其不能過人, 又見其不必工之意, 且合而觀之, 又見其雖不讓其能, 而亦不失其謙也. 於行, 言其未之有得, 則見其實之難焉, 見其必以得爲效焉, 見其汲汲於此而不敢有毫髮自足之心焉. 一言之中, 而旨意反覆, 更出互見, 曲折淵永, 至於如此, 非聖人而能若是哉.

07-33. 子曰, "若聖與仁, 則吾豈敢? 抑爲之不厭, 誨人不倦, 則可謂云爾已矣." 公西華曰, "正唯弟子不能學也."

문 33장과 관련된 해설은 어떻습니까?
답 정자께서 자화의 말뜻을 해설한 것은 부자께서 가르치는 데 게으르지 않으시더라도 자신은 배워서 성인의 가르침을 받들 수 없다고 생각한 것처럼 보이는데, 이렇게 보면 문장의 뜻이 통하지 않는 것 같다. 장자의 해설은 좋다. 범씨는 '자신을 성인이라고 생각하지 않고, 감히 인仁하다고 생각하지 않는 것만으로 성인이 되고 인하게 될 수 있다.'라고 생각했다. 장자의 말씀과 비슷해 보이지만, 그 뜻은 근본적으로 다르다. 실질을 따지지 않고 감히 자처하지 않는 것으로만 인정한다면 세상에 감히 자신을 성인이라 생각하지 않고 인을 자처하지 않는 사람이 많은데, 과연 모두 성인이 되고 인하게 될 수 있는 것일까? 또 '불염不厭'을 '성聖', '불권不倦'을 '인仁'에 나누어 연결한 것도 옳지 않다. 맹자가 인용한 자공의 말[32]이라면 괜찮다.

사씨는 '싫증 내지 않고 게으르지 않으면 성인이고 인하다.'라고 생각했는데, 배우고 가르치는 것이 과연 어떤 것인지 보지 못했다. 그리고 처음 배우는 것에서 덕을 완성하는 것까지 그 단계가 이렇게 쉽게 뛰어넘을 수 없는 것이 있는데, 어떻게 갑자기 '인'과 '성'이라는 명칭을 붙일 수 있겠는가. 양씨는 '공적이 다른 사람에게 베풀어지는 것을 인仁'이라고 했는데, 평소의 말과 달라서 이해할 수 없다. 또 '제자가 배울 수 없었

---

32 맹자가……말: 《맹자》〈공손추 상〉에 나온다.

던 것은 다만 실질은 있지만 그 명칭을 자처하지 않는 한 가지 일에 있다.'라고 생각한 것은 그 결점이 범씨와 비슷하다. 윤씨가 가장 잘 파악했다. 다만 자공의 말을 이것저것 취해서 이 장의 뜻을 어지럽힌 것은 옳지 않다.

或問三十三章之說.
曰, 程子說子華之意, 似以爲雖夫子之誨人不倦, 然己則未能學以承聖人之誨耳, 如此, 恐於文義有所不通. 張子之說善矣. 范氏專以不自聖不當仁, 爲能聖且仁者, 雖若近似張子之言, 然其意本不同也. 若不論其實, 而惟其所不敢當者則與之, 則世人之不敢自聖當仁者多矣, 果皆可以爲聖且仁矣乎. 又以不厭不倦分屬聖仁, 亦非是. 若孟子所引子貢之言, 則可謂云爾矣. 謝氏謂不厭不倦則聖且仁矣, 亦未見其所以學所以誨者果何如也. 且自始學以至成德, 其梯級有不若是其易以躐者, 若之何而遽以仁聖之名加之乎. 楊氏以功施於人爲仁, 殊不類其平日之言, 蓋不可曉. 又以弟子所不能學者, 特在於有其實而不居其名之一事, 其病亦若范氏之類也. 尹氏最爲得之, 但不當雜取子貢之言, 以亂此章之旨耳.

07-34. 子疾病, 子路請禱. 子曰, "有諸?" 子路對曰, "有之, 誄曰, '禱爾于上下神祇.'" 子曰, "丘之禱久矣."

문 다섯 제사에서 기도하는 것에 관해서는 《예경禮經》에 나와 있는데, 자로가 청했는데도 부자께서 허락하지 않으신 것은 무엇 때문입니까?

답 이치로 말하자면 성인의 말씀을 모두 드러냈고, 여러 학자의 해설이 타당하다. 구체적인 일로 말하자면 '기도[禱]'는 신하가 지극히 절박한 감정에서 행하는 것이지 병자가 함께 듣는 것이 아니다. 병이 들었을때 기도를 함께 듣는다면 이것은 죽음을 불안하게 여기고 귀신에게 아첨하여

짧은 생이라도 구차하게 바라는 것이니, 군자가 어찌 이러한 것을 행하
겠는가.

或問, 行禱五祀, 著於禮經, 今子路請之, 而夫子不從, 何也.
曰, 以理言之, 則聖人之言盡矣, 諸家之說當矣. 以事言之, 則禱者臣子至情迫
切之所爲, 非病者之所與聞也. 病而與聞於禱, 則是不安其死, 而諂於鬼神, 以
苟須臾之生, 君子豈爲是哉?

문 그렇다면 성인의 말씀이 이것을 언급하지 않고 다만 기도할 필요가 없다고 하신 것은 무엇 때문입니까?

답 여기에는 말로 하기 어려운 것이 있다. 그러나 이치로 말하자면 여러 가지를 함께 들어 보이신 것이다. 기도와 복서 같은 것은 모두 성인이 지어낸 것이고, 부자에 이르고 난 후 사람들에게 한결같이 이치를 따라 결정하도록 가르치고, 아득히 멀어 알 수 없는 사이에 있는 것을 바라지 않아서 인간의 최고의 공을 세운 까닭이 여기에서 갖추어졌으니, 《주역》의 십익十翼만 보더라도 알 수 있다.

曰, 然則聖人之言, 乃不及此, 而直以爲無事於禱, 何也.
曰, 是蓋有難言者, 然以理言, 則旣兼擧之矣. 蓋祈禱卜筮之屬, 皆聖人之所作,
至於夫子而後敎人一決諸理, 而不屑屑於冥漠不可知之間, 其所以建立人極之
功, 於是爲備, 觀諸易之十翼亦可見矣.

문 여러 학자의 해설은 어떻습니까?

답 공씨가 제대로 파악했다. 하지만 그 말이 이것저것을 합친 것 같으니, 한 사람의 결점이라고 할 수 없고, 성인에 대해 말한 것이 아닌 것 같다. 정자의 해설은 탁월하다. 범씨는 예禮를 잘 몰랐던 것 같은데《의례

儀禮》〈사상례士喪禮〉를 제대로 보지 못했다. 또 '그 정성스러움을 인정하지 않았다.'라고 한 것은 성인의 일이 아니고, 그 말뜻도 중복이 많은 것 같다.

사씨는 '부자께서 기도하지 않은 것이 아니다.'라고 생각했고, 그래서 '자로에게 기도의 이치를 말해주었다.'라고 한 것은 더 심하다. 이 문장에 따르면, 사실 부자께서는 기도하지 않았고, 말뜻을 상세히 음미해 보면 또 자로에게 기도의 이치를 알려주지도 않았다. 고원하고 기이한 것에 힘쓰고, 옛 문장을 폐기하고 새로운 뜻을 만들어내는 것이 매번 이와 같다. 귀신의 존재를 논한 것은 정자에게 들었던 것일 수도 있지만, 이 장의 뜻은 아니다. 그런데 나와야 할 곳을 택하지 않고 귀신이라고만 하면 모두 일률적으로 적용하였으니, 그것 또한 잘못이다. 또 귀신과 통하는 성의를 말한 것도 마찬가지이다. 기도하고 난 후에 적용되어야 할 것인데, 지금 부자께서는 기도하신 적이 없으니 어떻게 이것을 말할 수 있겠느냐. 성인의 평소 자연스러운 정성을 말한 것이라면 마찬가지로 귀신에 대해서 말해서는 안 된다.

양씨가 길흉을 합쳐서 논한 것은 나쁘지 않지만, 길흉을 합친다는 것은 성인이 선을 좋아하고 악을 싫어하며 선한 사람에게 상을 주고 음란한 사람을 형벌에 처하는 것이 귀신이 재앙과 복을 내리는 것처럼 모두 이치에 합당하다는 말인데, 어찌 자기 한 사람의 길흉으로 말할 수 있겠는가. 윤씨가 정자의 말씀을 함께 쓴 것은 좋지만, '스스로 많은 복을 구한다.'라는 것을 덧붙인 것은 성인에 대해서 할 수 있는 말이 아니다.

曰. 諸說如何.

曰. 孔氏得之. 但其語似有以此合彼, 未能爲一人之病, 類非所以語聖人者. 若程子則至矣. 范氏恐其於禮未得, 則不考士喪禮之過者. 又曰不與其誠, 則非聖人之事, 而其語意亦似重複不辭者. 謝氏以爲非夫子之不禱, 乃語子路以禱之理, 則又甚矣. 據此文, 實夫子之不禱, 而詳味語意, 又未嘗告子路以禱之理也. 蓋其務爲高奇, 廢舊文而生新意, 每每如此. 至論鬼神之有無, 則又其所聞於程子者, 理則然矣, 然非此章之意, 今不擇其所當出, 於凡曰鬼神者, 則擧而一施之, 其亦誤矣. 且言交鬼神之誠意則同, 必有禱而後用之, 今夫子未嘗禱, 則又安得以此而言之耶. 若曰聖人平日自然之誠, 則又不當對鬼神而言也. 楊氏合吉凶之論似矣. 然所謂合吉凶者, 言聖人之好善惡惡, 賞善刑淫, 如鬼神之禍福, 無不合於理也. 豈以一己之吉凶爲言哉. 尹氏合用程子之語善矣, 而加以自求多福之云. 則非所以語聖人也.

문 선생께서는 기도가 병자 스스로 행하는 것이 아니라고 하셨는데, 정자께서 기도는 잘못을 뉘우치고 선한 데로 옮겨 가며 귀신의 도움을 비는 것이라고 하신 것은 무엇 때문입니까?

답 기도가 비록 신하와 자식의 예禮이기는 하지만, 기도문은 본래 임금과 아비가 잘못을 뉘우치고 선한 데로 옮겨 가는 내용으로 귀신의 화를 푸는 것이다. 부자께서는 처음부터 이러한 것이 없었으니, 어찌 이러한 상황에 이르러서 또 기도하겠는가. 여러 학자의 해설 외에 호씨와 장씨의 해설도 잘 파악했다.【호씨가 말했다. "'도禱'라는 예는 정례正禮가 아니다. 그런데도 충신과 효자의 절박하고 지극한 정에 없앨 수 없는 것이 있으므로, 성인께서 하나의 예제禮制로 세우셨으니, 맹저盟詛와 같은 종류일 뿐이다. 그러나 군자는 스스로 행하지 않고, 임금과 아비라면 괜찮겠지만 그래도 합당한 귀신에게 해야 한다. 합당한 귀신이 아니라면 이것은 부정한 귀신에게 지내는 제사[淫祀]가 될 뿐이니, 어찌 복을 얻겠는가. 자로가 '천상과 지하의 귀신들[上下神祇]'이라고 한 것은 아마도 대부가 기도할 수 있는 것이 아닐 것이다. 이것으로 미루어볼 때 후세 제사 의식의 잘못은 또 어떻게 이루 다 말할 수 있겠는가." 또 말했다. "천상과 지하의 귀신들은 사람과 한가지 이치이고, 부자의 도는 천지에 참여하여 정말로 유현幽顯을 관통하고 우러러도 부끄러움이 없고 고개 숙여도 부끄러움이 없으니, 어찌 질병에 걸린 이후에 기도하겠는가. 배우지 않아도 나면서 다 알고, 스스로 만족하고 좋아서 행하며, 소년에서 장년이 되고, 장년에서 노년에 이르는 것을 하루나 한 달에 한 번 인仁에 이르지 않는 사람이라면 어떻게 알겠는가." 장경부가 말했다. "성인의 마음은 하늘도 어기지 않는데, 하물며 귀신은 어떻겠는가. 그런데도 유독 '내가 기도한 지는 오래되었다.'라고 하셨으니, 어조가 겸손하고 온후하여 자로를 깊이 계발해 주셨다."】

曰. 子以禱非病者所自爲, 而程子以禱爲悔過遷善祈神之佑, 何也.
曰. 禱雖臣子之禮, 而其詞則固述其君父悔過遷善之詞. 以解謝鬼神之譴怒也. 夫子初無是也, 則豈待至此而復有禱哉. 諸說之外, 胡張二說亦爲得之.【胡氏曰. 禱之爲禮, 非正禮也. 而忠臣孝子切至之情有不可廢者, 故聖人之立制, 猶盟詛之類爾. 然君子不自爲也, 惟君父則可, 而又必於其鬼焉. 若非其鬼, 則是淫祀而已. 又安取福乎. 子路所謂上下神祇者. 殆非大夫之所得禱也. 以此推之, 後世祀典之失, 又豈可勝言哉. 又曰. 上下神祇, 與人一理, 夫子道參天地, 誠貫幽顯, 仰無所愧, 俯無所怍, 豈疾病而後禱哉. 生而知之, 安而行之, 少而壯, 壯而老, 非日月至焉者, 其何以知之. 張敬夫曰. 聖人之心, 天且弗違, 而況於鬼神乎. 而獨曰丘之禱久矣, 辭氣謙厚, 所以發子路者深矣.】

07-35. 子曰, "奢則不孫, 儉則固. 與其不孫也, 寧固."

07-36. 子曰, "君子坦蕩蕩, 小人長戚戚."

문 35장, 36장과 관련된 해설은 어떻습니까?

답 정자 해설이 다 밝혔다. 다른 해설은 모두 그 범위를 벗어나지 못하고, 종종 한 가지 일에 치우친 것이 있는데, 자세히 살펴보면 우열과 깊이가 드러난다.

或問三十五章三十六章之說.
曰, 程子盡之矣, 他說皆不能出其規模之內, 而往往偏主於一事, 細參考之, 優劣淺深見矣.

07-37. 子溫而厲, 威而不猛, 恭而安.

문 마지막 장과 관련된 해설은 어떻습니까?

답 정자, 사씨, 윤씨의 해설이 다 밝혔다. 다만 '성인지시聖人之時'라고 한 것은 옳지 않다. 기록한 정자와 장자의 문답에 담긴 말뜻은 매우 정밀하고, 추론 과정은 이전 해설이 더 좋다. 범씨가 세 가지를 덕의 수양으로 본 것은 성인에 대해 말한 것이 아니다. 여씨가 세 가지의 그렇게 된 까닭을 말하지 않고 그 효과만 논한 것은 잘못된 것이고, 논한 효과도 본문의 뜻과 맞지 않는다. 양씨의 말은 모두 성인의 일이 아니고, 융성한 덕만이 가깝다고 한 것은 앞뒤 문맥으로 미루어보자면 그 덕도 지극한 것은 아닌 것 같다.

或問卒章之說.
曰, 程子謝尹之說盡之矣. 但所謂聖人之時者, 非是. 所記程張問答, 語意尤精, 至於所以推之, 則不若前說之善矣. 范氏以三者爲德之脩, 則非所以語聖人. 呂氏不言三者之所以然, 而論其效, 固已失之, 而所論之效, 又不切於本文之義也. 楊氏所言, 皆非聖人之事, 惟盛德爲庶幾, 然以上下文推之, 其爲德也, 亦或非其至者矣.

8. 태백泰伯

> **08-01.** 子曰, "泰伯, 其可謂至德也已矣. 三以天下讓, 民無得而稱焉."

문 어찌하여 '삼양三讓'을 '굳게 양보한 것[固讓]'이라고 합니까?

답 옛사람들이 양보할 때 세 번을 마디로 삼았다. 처음 양보하는 것은 예의상 양보하는 것이고, 두 번째 양보하는 것은 굳게 양보하는 것이며, 세 번째 양보하는 것은 끝내 양보하는 것이다. 그러므로 고주古注는 여기에서 단지 '삼양'이라고만 하고 그 수목數目은 해석하지 않았다. 지금 굳이 구체적인 사례를 구하여 실증한다면 또한 근거할 사례는 없다.

或問曰, 何以言三讓之爲固讓也.
曰, 古人辭讓, 以三爲節, 一辭爲禮辭, 再辭爲固辭, 三辭爲終辭. 故古注至是, 但言三讓, 而不解其目也. 今必求其事以實之, 則亦無所據矣.

문 어찌하여 드러나지 않도록 양보했다고 말합니까?

답 태백의 양보에는 읍하여 겸손하며 주고받은 자취가 없다. 사람들이 도망가서 돌아오지 않은 것만 보았지, 양보했다는 것은 모른다. 양보했다는 것을 아는 사람도 나라를 양보한 사실만 보았지, 문왕과 무왕이 천하를 차지하도록 한 것이 실은 이로부터 연원하고 있다는 사실은 모른다. 그래서 천하를 양보했다고 한다.

曰. 何以言其讓於隱微之中也.
曰. 泰伯之讓, 無揖遜授受之迹, 人但見其逃去不返而已, 不知其讓也. 知其讓者, 見其讓國而已, 而不知所以使文武有天下者, 實由於此, 則是以天下讓也.

문 양보가 왜 지극한 덕이 됩니까?

답 양보의 덕도 이미 아름다운데 세 번에 이르렀으니 그 양보는 진실하며, 또 천하까지 양보했으니 양보함이 크다. 또 자취를 숨길 수 있었으니 그 양보는 이름의 허물이 있는 것이 아니다. 이것이 그 덕이 지극하여 더 보탤 것이 없는 까닭이다.

曰. 其爲至德. 何也.
曰. 讓之爲德旣美矣. 至於三, 則其讓誠矣. 以天下讓, 則其所讓大矣. 而又能隱晦其迹, 則其讓也. 非有爲名之累矣. 此其德所以爲至極, 而不可以有加也.

문 태왕에게 장자를 폐하고 소자를 세울 뜻이 있었으니 예禮가 아닙니다. 태백은 또 그 잘못된 뜻을 헤아려 이루어 주고는, 심지어 아버지가 죽자 부음에 달려가지 않고 머리카락과 피부를 훼손시켰으니 이는 모두 현자의 일이 아닙니다. 반드시 나라를 양보하고자 하여 마침내 실행한 것도 중용의 덕에 부합하지 않는데, 왜 지극한 덕이 됩니까?

8. 태백泰伯

답 태왕이 현명한 자식과 성인의 자질을 가진 손자를 세우고자 한 것은 그 도가 천하를 구제할 수 있었기 때문이지 애증이나 이욕의 사사로움이 있었던 것은 아니다. 이 때문에 태백이 떠났으나 견자狷者가 되지 않았고 왕계는 왕위를 받았으나 탐욕이 되지 않았다. 부친이 죽자 부음에 달려가지 않고 머리카락과 피부를 훼손하였으나 불효가 되지 않았다. 대개 군신과 부자의 변화에도 중용을 잃지 않았으니, 이것이 지극한 덕이 되는 까닭이다. 노나라 은공이나 오나라 계찰의 일과는 같지 않다.[1]

曰, 太王有廢長立少之意, 非禮也. 泰伯又探其邪志而成之, 至於父死不赴, 傷毁髮膚, 皆非賢者之事, 就使必於讓國而爲之, 則亦過而不合於中庸之德矣, 其爲至德, 何耶.

曰, 太王之欲立賢子聖孫, 爲其道足以濟天下, 而非有愛憎之間, 利欲之私也. 是以泰伯去之而不爲狷, 王季受之而不爲貪, 父死不赴, 傷毁髮膚, 而不爲不孝. 蓋處君臣父子之變, 而不失乎中庸, 此所以爲至德也. 其與魯隱公吳季子之事, 蓋不同矣.

문 도망가는 것은 괜찮으나 하필 머리카락을 자르고 몸에 문신을 할 필요가 있었습니까?

답 선유들이 논한 것이 많다. 소씨는 "나라를 양보하는 것은 성대한 덕이 되는 일이나 그 실제를 보존하면서 이름도 취하는 것은 난이 일어나는 원인이 된다. 그러므로 태백은 이런 일을 행함에 이름과 실제가 모두 남지 않도록 하여 난이 일어나지 않게 하였다."라고 하였다. 소씨의 이

---

1 노나라……않다: 노魯 은공隱公은 나라를 양보한 어진 임금이었지만 정치적 질서를 유지하는 데는 실패한 임금이고, 오吳 계찰季札도 왕위를 형과 아우에게 사양한 미덕으로 알려졌지만 정치적 질서를 잡지 못했다는 점에서는 노은공과 마찬가지로 중용을 지킨 인물이라 할 수 없다.

말은 이로움과 해로움으로 말한 것이니 본래부터 성인과 현인의 마음을 논할 수가 없다.

동생 소철은 또 다음과 같이 말했다. "자공은 태백이 예복禮服으로 오나라를 다스렸지, 머리카락을 자르고 몸에 문신한 적이 없다고 하였다. 또 한나라 동해왕은 천하를 현종에게 주고[2], 당나라의 송왕 이성기는 천하를 현종에게 주었다[3]. 모두 형제 사이에 대해 평생 헐뜯는 말이 없었으니 하필 머리카락을 자르고 몸에 문신할 필요가 있었겠는가." 소철의 이 말은 자공의 말을 인용하였으나 그 일은 본래 고증할 수 없는데도 한나라와 당나라의 일로 예를 들었으니 또한 성인과 현인의 마음을 다 나타낼 수 없다. 대체로 왕계의 마음이 단지 현종顯宗이나 현종玄宗과 같다면 괜찮으나, 만약 백이와 숙제의 뜻이 있다면 또한 하루라도 머물 수 없다. 만약 태백이 스스로 왕위를 끊지 않았다면 또한 어찌 반드시 왕계에게 나라를 바치고 그 지위에 편안할 수 있었겠는가. 그러나 현종과 현종의 마음에서 두텁고 박한 정도의 차이가 또한 절로 드러난다.

曰. 逃去可矣. 何必斷髮文身哉.

---

2 한나라……주고: 동해왕東海王은 후한 광무제光武帝의 장자로 동해왕에 봉해진 유강劉疆을 가리킨다. 현종은 한나라 명제明帝 유장劉莊을 가리킨다. 유강은 곽황후郭皇后의 소생으로 일찍이 황태자가 되었는데, 어려서부터 성품이 검손하였다. 이후에 모후母后인 곽황후가 폐위되자 태자의 자리를 고사하고 번국蕃國에 봉해지기를 간절히 청하여 마침내 동해왕에 봉해졌다. 그는 겸손하고 예를 잘 지켰기 때문에 광무제의 총애를 받았다. 《후한서後漢書》〈동해공왕강전東海恭王彊傳〉

3 당나라의……주었다: 송왕 이성기李成器는 당나라 예종睿宗의 장자이자 현종의 형이다. 위씨韋氏를 제거하고 예종이 즉위했을 때 본래 황태자가 될 위치였으나 동생인 현종에게 양보했다. 현종은 우애가 독실하여 황제가 된 뒤에도 변함이 없었고, 이성기도 겸양하여 더욱 공손한 태도로 아우인 현종을 대하였다. 《구당서舊唐書》〈현종본기玄宗本紀 상〉

曰, 先儒論之多矣. 蘇氏以爲讓國, 盛德之事也, 然存其實而取其名者, 亂之所由起, 故泰伯爲此, 所以使名實俱亡而亂不作也. 此以利害言之, 固不足以論聖賢之心. 而其弟黃門又曰, 子貢言泰伯端委以治吳, 則固未嘗斷髮文身也. 且漢東海王以天下授顯宗唐宋王成器以天下授玄宗, 皆兄弟終身無間言, 何必斷髮文身哉! 此引子貢之言, 則其事固有不可考者, 然以漢唐二事例之, 則亦未足以盡聖賢之心也. 蓋使王季之心, 但如顯宗玄宗則可, 若有叔齊之義, 則亦不能以一朝居矣. 使泰伯而不有以深自絶焉, 則亦何以必致國於王季而安其位哉. 然顯宗玄宗之心, 其厚薄又自不同也.

문 정자는 '태백은 왕계와 문왕이 기틀을 열어 반드시 왕업을 이룰 수 있다는 것을 알았다.'라고 하면서, 또 왜 '왕조를 굳이 바꾸지 않더라도 은나라 주왕이 현명했다면 문왕은 분명 삼공이 되었을 것이다.'라고 했습니까?

답 이것은 또한 가정하는 말을 미루어 넓혔을 따름이다.

曰, 程子旣曰泰伯知王季文王必能開基成王業矣. 又曰, 不必革命, 使紂賢, 文王必爲三公, 何也.
曰, 此亦推廣假設之辭耳.

문 사씨는 태백도 천하를 소유할 수 있었다고 하는데, 정말로 그러합니까?
답 태백은 참으로 지극히 덕스럽긴 했지만, 문왕과 같은 사람은 아닌 것 같다. 만약 덕과 업이 과연 문왕과 다르지 않다면 태왕이 계력을 세우고자 하는 것은 바르지 않은 마음이다. 대체로 이것은 근본을 미루어 말한 것이니, 양씨의 설이 옳다.

曰, 謝氏以爲泰伯亦能有天下, 信乎.
曰, 泰伯固爲至德, 然恐非文王之倫也. 使其德業果與文王不異, 則太王之欲立季歷乃邪心矣. 大率此爲推本而言, 楊氏之說得之矣.

08-02. 子曰, "恭而無禮則勞, 愼而無禮則葸, 勇而無禮則亂, 直而無禮則絞. 君子篤於親, 則民興於仁, 故舊不遺, 則民不偸."

문 2장의 해설은 어떻습니까?

답 정자와 장자의 해설이 훌륭하다. 범씨와 여씨 또한 옳다. 사씨가 "도리에 맞지 않는다."라고 말한 것은 고원한 데서 잘못되었고, "자신에게 덕을 기르는 것도 이처럼 해야 한다."라고 말한 것은 안으로 치우쳐 있다.[4] 양씨의 해설은 불필요한 말이 많다.

或問, 二章之說.
曰, 程子張子至矣. 范呂亦得之. 謝氏不就理之云, 過於高, 養德之云, 偏於內. 楊氏則辭費甚矣.

08-03. 曾子有疾, 召門弟子曰, "啓予足! 啓予手! 詩云, '戰戰兢兢, 如臨深淵, 如履薄氷.' 而今而後, 吾知免夫! 小子!"

문 3장의 해설은 어떻습니까?

---

[4] 자신에게……있다: "사씨가 말했다. '본성에 편벽됨이 있고 재주에 장점이 있어 이기심을 면치 못하면 마땅함에 그치지 못하고, 마땅함에 그치지 못하면 예가 없고 도리에 맞지 않다.' 또 말했다. '자신에게 덕을 기르는 것이 또한 이와 같이 하여 친척에게 독실히 하면 인한 마음이 절로 흥하고, 친구를 버리지 않으면 덕이 절로 두터워진다.'[謝曰, 性有所偏, 才有所長, 未免有我, 則不止於當. 不止於當, 則爲無禮, 不就理故也. 故有勞葸亂絞之弊. 又曰, 在己養德亦如是, 篤於親則仁心自興, 故舊不遺則德自厚.]"《논어정의》)

답 정자와 범씨, 사씨, 윤씨가 모두 좋다. 여씨의 이른바 '예禮에 부합하다.'[5]는 것은 지나치다. 양씨는 '손발을 열다.'를 '몸을 상하지 않게 하다.'로, '경계하고 삼가며 두려워하고 조심하다.'를 '몸을 욕되게 하지 않다.'로 보았는데 지엽적이다.

或問, 三章之說, 如何.
曰, 程子范謝尹氏皆善. 呂氏所謂得禮者過之. 而楊氏以啓手足爲不虧其體, 戒愼恐懼爲不辱其身, 則支矣.

문 양씨가 '역책易簀'을 《장자》의 "삶과 죽음도 자신을 변화시킬 수 없다."의 뜻이 아니라고 했는데, 여러 해설이 미치지 못하니 지극하지 않습니까?

답 옛날 조첨사晁詹事[6]가 정자에게 이 뜻을 물은 적이 있는데 정자는 이것을 '예禮'라고 했다. 조첨사가 "지금 사람들은 노자와 불교의 해설에 가려져서는 '예'라고 하지 않고 '달達'이라고 합니다."라고 하자, 정자는 옳다고 여겼다. 양씨가 여기에서 과연 '예'를 중요하게 여겼는지 '달'을 중요하게 여겼는지는 모르겠다.

曰, 其以易簀爲死生無變於己者, 諸說之所不及, 不其至乎.
曰, 昔晁詹事嘗問此義於程子. 程子曰禮也. 晁曰今人蔽於老佛之說, 則不謂之

---

5 예에 부합하다: 《논어정의》에는 "'계수족'은 그 몸을 온전히 본전하는 것만 아니라 덕의 본성도 상함이 없다는 것을 밝혔다.[啓手足者, 非特全其軀而已, 以明德體亦無所傷.]"로 되어 있다.

6 조첨사: 조열지晁說之(1059~1129)로, 전주澶州(하남성 복양현) 출신이다. 원풍元豐 5년(1082)에 진사에 급제하고 나중에 중서사인中書舍人으로 첨사詹事를 겸했기 때문에 '조첨사晁詹事'라고 불렸다. 소옹邵雍의 제자 양현보楊賢寶로부터 선천先天의 학문을 배워 삼역三易의 뜻을 궁구했으며, 손복孫復의 문인인 강지姜至로부터 〈홍범洪範〉을 공부했으며, 장재張載의 학문에도 마음을 썼다고 한다.

禮, 而謂之達矣. 程子然之. 不知楊氏於此, 其果以禮爲重乎. 以達爲重乎. 是未可知也.

08-04. 曾子有疾, 孟敬子問之. 曾子言曰, "鳥之將死, 其鳴也哀. 人之將死, 其言也善. 君子所貴乎道者三, 動容貌, 斯遠暴慢矣, 正顔色, 斯近信矣, 出辭氣, 斯遠鄙倍矣. 籩豆之事, 則有司存."

문 증자의 용모, 얼굴빛, 말씨에 관한 세 마디 말이 왜 수신修身의 증거가 됩니까?

답 이것은 정백자程伯子(정호程顥)와 윤씨의 뜻이다. 장엄하거나 공경하지 않으면 용모를 움직임에 사납거나 태만하다. 오직 평소에 공경하면 용모를 움직일 때 곧 사나움과 오만함을 멀리할 수 있다. 마음에 성실함이 없으면 얼굴색을 바로 잡을 때도 안색만 장엄할 따름이다. 오직 평소에 성실하면 안색을 바르게 함에 곧 신의에 가까울 수 있다. 함양이 성숙하지 않으면 말을 하더라도 반드시 비루하고 도리에 맞지 않게 되니, 오직 평소에 함양함이 있으면 말을 함에 비루하고 도리에 맞지 않는 것을 멀리할 수 있다. 증씨는 또한 군자가 이 세 가지를 오래도록 함양하고 성숙시켜, 얼굴과 등에 드러나서 달리 조치를 취하지 않아도 절로 그렇게 되었다고 생각했기 때문에 모두 이것으로 말했다. 증자의 이 설은 타당하다.

或問. 曾子三言, 其爲脩身之驗. 奈何.

曰, 此程伯子尹氏之意也. 夫不莊不敬, 則其動容貌也非暴卽慢, 惟恭敬有素, 則動容貌斯能遠暴慢矣. 內無誠實, 則其正顏色也色莊而已, 惟誠實有素, 則正顏色斯能近信矣. 涵養不熟, 則其出辭氣也至鄙倍, 惟涵養有素, 則出辭氣斯能遠鄙倍矣. 曾氏亦以爲君子於是, 持養旣久而熟, 睟面盎背, 不待設施而自爾也, 故皆以斯言之, 此說當矣.

문 도에는 정밀한 것과 거친 것, 근간이 되는 것과 지엽이 되는 것의 간격이 없습니다. 지금 제기를 다루는 일을 말단적인 것으로 여기면서 이것만 귀하게 여기는 것은 무슨 이유입니까?

답 무릇 도에 근간이 되는 것과 지엽이 되는 것이 없다고 하는 것은 본말이 없는 것이 아니라, 본말이 있으면서 '일이관지一以貫之'하는 것을 말한다. '일이관지'하면서 본말이 항상 있다면 근본은 위에 있고 말단은 아래에 있어 분수가 참으로 다르게 된다. 그러므로 군자가 중시하는 것은 근본일 따름이다. 몸을 근본으로 하는 것이 바르지 않은 것을 멀리하고 거짓됨을 제거할 수 없다면 의장과 기수의 말단에 신경 써서 행하더라도 무엇을 하겠는가.

曰, 道無精粗本末之間, 今以籩豆爲末節, 而獨貴乎此, 何也.
曰, 夫謂道無本末者, 非無本末也. 有本末而一以貫之之謂也. 一以貫之而未嘗無本末也, 則本在於上, 末在於下, 其分守固不同矣. 故君子所貴, 貴乎其本而已. 苟所以本於身者, 不足遠邪而去僞, 則屑屑於儀章器數之末, 亦何爲哉.

문 정숙자의 설은 어떻습니까?

답 용모가 장엄하고 공경하면 사납고 태만함을 멀리할 수 있으니, 마음을 길러서 말이 절로 이치에 순한 사람이 그렇게 된다.《논어해論語解》에서 논한 '정안색正顏色 출사기出辭氣' 두 구절은 앞 구절의 사례와 달라서 또 다른 하나의 해설이 되는데 무슨 까닭인지 모르겠다.

曰, 程叔子之說, 如何.

曰, 容貌莊敬, 則可遠暴慢, 養於中而言自順理者, 得之矣. 解中所論正顔色出辭氣二句, 則與上句之例不同, 而又各爲一說, 不知其何故也.

문 이 장에 대해 다음과 같은 해설이 있습니다. "도가 중시하는 것에는 세 가지 일이 있다. 용모를 움직일 때 사납고 오만함을 멀리하는 것, 안색을 바르게 할 때 성실함에 가까이하는 것, 말을 할 때 비루하고 도리에 맞지 않는 것을 멀리하는 것이다. '움직이다[動]', '바르게 하다[正]', '내다[出]'라고 하는 것은 바르지 않음을 막고 방만한 마음을 거두어들이는 방법이다. 방만한 마음이 조금이라도 남아있지 않다면 누가 '움직이고' '바르게 하고' '내겠는가'? 용모를 움직일 때는 조심스럽고 엄숙함으로 닦아야 한다. 마음이 한 번 조심스럽고 엄숙하면 경솔하면서 자만한 태도가 절로 목소리에 드러나지 않는다. 안색을 바르게 할 때는 단정하고 엄숙함으로 장중하게 해야 한다. 마음이 한 번 단정하고 엄숙해지면 거짓되고 인정에 맞지 않는 일이 절로 생각에 들어오지 않게 되고, 말을 하는 것도 자세히 살펴서 표현한다. 마음이 한 번 자세히 살피고 신중하면 괴팍하고 이치에 맞지 않는 말이 절로 입에서 나오지 않는다". 선생님은 어떻게 생각합니까?

답 이것은 본래 사씨의 설이다. 그러나 경문은 단지 '움직이다[動]', '바르게 하다[正]', '내다[出]'라고만 했다. 움직이는 것이 적절한지, 바르게 하는 것이 참된지, 말을 내는 것이 온당한지 모두 알 수 없다. 중시하는 것은 평소의 장중함, 공경함, 성실함, 함양함에 달려 있으므로 용모를 움직일 때 사나움과 태만함을 멀리할 수 있고, 안색을 바르게 할 때 신의에 가까울 수 있으며, 말을 할 때 비루하고 도리에 맞지 않는 것을 멀리할 수 있을 따름이다. 지금 용모를 움직임을 조심스럽고 엄숙함으로 보고, 말을 하는 것을 자세히 살피는 것으로 본다면 그 문장의 의미는 절로 마땅하지 않다. 또 한 번 조심스럽고 엄숙하면 사납고 오만함을 멀리할 수 있고, 한 번 단정하고 엄숙하면 신의에 가까울 수 있고, 한 번 자세히 살피면 비루하고 도리에 맞지 않는 것을 멀리할 수 있다고 한다면 이는 눈썹을 치켜들고 눈을 깜박이는 짧은 시간에 힘을 쓰고는 갑자기 얼굴은 윤기 나고 등은 넉넉해지는 효과를 바란 것이다. 나는 깊이 잠기고 농후한 풍기는 없고 조급하고 급박한 병폐를 면치 못할까 두렵다. 그리고 단정하고 엄숙한 낯빛을 한 번 한다고 해서 얼굴빛만 장엄한 것이 아니라고 어찌 알겠는가. 이것은 또 문장의 의미를 곡해하는 병폐에만 그치지 않는다. 병폐의 시작은 모두 사씨로부터 비롯되니 나는 논하지 않을 수 없다.

曰, 有爲此章之說者曰, 道之所貴, 有此三事, 動容貌以遠暴慢也, 正顔色以近誠信也, 出辭氣以遠鄙倍也. 動也正也出也, 閑邪而收放心之術也. 心少不存, 則動之正之出之者誰歟. 動容貌, 矜莊以脩之也, 心一矜莊, 則輕忽夷易之態, 自不形於聲. 正顔色, 端儼以莊之也, 心一端儼, 則僞妄不情之事, 自不入於念. 出辭氣, 審度以發之也, 心一審愼, 則僻違背理之言, 自不道於口矣. 子以爲何如.

曰, 此本謝氏之說也. 然經文但曰動曰正曰出而已, 其動之中否, 正之眞僞, 出之得失, 皆未可知也. 所貴者乃在其平日莊敬誠實, 涵養有素, 故其動能遠暴慢, 其正能近信, 其出能遠鄙倍耳. 今乃以動爲矜莊, 出爲審度, 則其文義自無所當. 又謂一矜莊便能遠暴慢, 一端儼便能近信, 一審度便能遠鄙倍, 則是其所用其力者, 止於揚眉瞬目之際, 而遽責其有睟面盎背之功, 吾恐其無沉浸醲郁之風, 而未免於浮躁急迫之病也. 且一爲端儼之色, 安知其非色莊也耶. 此又不但文義之疵而已, 其始皆自謝氏失之, 吾不得而不論也.

문 여러 해설은 어떻습니까?

답 여씨는 세 가지가 모두 도로써 바르게 해야 한다고 하였고, 사씨 또한 세 가지는 모두 도라고 여겼는데 모두 옳지 않다. 양씨가 죽음을 앞두고 선에 대해 말한 것이라고 한 것은 옳다. 다만 사납고 태만함, 신의, 비루하고 도리에 맞지 않는 것은 모두 사람들이 자기에게 행한 것이라고 했는데 또한 옳지 않은 것 같다. 호씨가 증자의 일을 살핀 것은 좋다.【호씨가 말했다. "증자의 병에 관한 내용은《논어》에 두 번 보이고,《예기》〈단궁檀弓〉에 한 번 보인다. 내가 살펴보니, 일의 선후는 이 장이 가장 시기가 이르고 앞의 장은 이 뒤의 일이며, 대자리를 바꾼 일은 가장 나중의 일로 임종 때의 말인 것 같다. 이때 숨이 미약하여 겨우 남아있을 때 소리는 '율律'이 되고 몸은 '도度'가 되며 심심은 '리理'가 되고 리는 '심'이 되어 삶과 죽음을 낮과 밤 같이 여긴다. 이것이 어찌 '좌망坐忘' 같은 허황한 소리나 하는 불교나 도교의 '불성不誠'하고 '불경不敬'한 사람이 따라오겠는가. 배우는 사람이 참으로 이것에 마음을 다할 수 있다면 저것에 미혹하지 않을 수 있다."】

曰. 諸說如何.
曰. 呂氏以爲三者皆道之正, 謝氏亦云三者皆道者. 皆非是. 楊氏說將死而言善者得之, 但以暴慢也信也鄙倍也, 皆爲人所以施於己者, 似亦非是. 而胡氏所考曾子之事則善.【胡氏曰. 曾子之疾, 見於此者二, 而見於檀弓者一. 愚嘗考其事之先後, 竊意此章最先, 前章次之, 而易簀之事最在其後, 乃垂絶時語也. 當是時也, 氣息奄奄僅在, 而聲爲律, 身爲度, 心卽理, 理卽心, 其視死生猶晝夜然. 夫豈異敎坐亡幻語不誠不敬者所可彷彿. 學者誠能盡心於此, 則可以不惑於彼也.】

08-05. 曾子曰, "以能問於不能, 以多問於寡, 有若無, 實若虛, 犯而不校, 昔者吾友嘗從事於斯矣."

문 능하면서 능하지 못한 자에게 묻고 많이 알면서 적게 아는 자에게 물으면 거짓됨으로 이름을 추구한 것이 아니겠습니까?

답 예전에 선생님께 다음과 같은 말을 들은 적이 있다. "안자는 의리의 무궁함을 깊이 알아 오직 하나의 선이라도 다하지 못할까 두려워하였다. 그러므로 능하더라도 능하지 못한 자에게 물으려고 하였고, 많이 알지만 적게 아는 자에게 물어서 의리의 무궁함을 다하고자 했을 따름이지 그 능함을 믿고서 일부러 질문한 것이 아니다. 그러나 다른 사람의 관점에서 보면 이와 같은 것만 보았을 것이다."

사씨의 해설은 대체로 선생님과 같다. 홍씨도 "내가 본래 능하지만 어찌 능하지 않은 바가 있지 않겠는가. 저는 본래 능하지 않지만, 혹 여기에는 능하지 않더라도 저기에는 능할 수 있다. 나는 본래 아는 것이 많지만 어찌 모르는 점이 있지 않겠는가. 저는 본래 아는 것이 적지만, 혹 여기서 잃더라도 저기서는 얻을 수 있다. 이 때문에 아랫사람에게 묻는 것을 어렵다고 여기지 않았다."라고 하였으니, 역시 선생님의 뜻이다.

或問, 能矣而問於不能, 多矣而問於寡, 不幾於巧僞以近名乎.
曰, 愚嘗聞之於師矣, 曰, 顔子深知義理之無窮, 惟恐一善之不盡, 故雖能而肯問於不能, 雖多而肯問於寡, 以求盡乎義理之無窮者而已, 非挾其能而故問也. 但自他人觀之, 則見其如此耳. 謝說意蓋如此. 而洪氏曰, 吾固能矣, 然豈不猶有所不能. 彼固不能矣, 然或不能於此, 而能於彼也. 吾固多矣, 然豈不猶有所闕. 彼固寡矣, 然或失於此而得於彼也. 是以下問而不以爲難. 亦此意也.

문 양씨는 '천하에 어떤 사물이라도 인仁하지 않은 것이 없으니 누구와도 따질 일이 없다.'고 보았는데, 어떻습니까?

답 지나치다.

曰, 楊氏視天下無一物之非仁, 夫誰與之校, 如何.
曰, 過矣.

문 양씨는 '맹자가 세 가지를 반성한 것[7]은 안자가 따지지 않은 것만 못하다.'라고 했는데, 믿을 만합니까?

답 맹자가 말한 것은 배우는 자가 자신의 몸을 돌이키고 덕을 닦는 일이다. 안자는 마음의 이치가 혼연하여 스스로 돌이킬 필요가 없이 외물과 내가 하나가 되어 따질 만한 점을 보이지 않은 사람이다. 두 사람의 우열은 본래 말하지 않아도 알 수 있다. 그러나 배우는 자의 관점에서 보면 도달한 경지의 깊이에 따라 힘을 씀에 각자 마땅한 바가 있으니, 이것으로 저것을 폐하여 반대로 엽등의 과실에 빠져서는 안 된다.

曰, 其言孟子三自反, 不如顔子之不校, 信乎.
曰, 孟子所言, 學者反身修德之事. 若顔子則心理渾然, 不待自反, 物我一致, 不見可校者也. 二者優劣, 固不待言而喩矣. 然自學者觀之, 則隨其所至之深淺而用力, 各有所當, 不可以此廢彼, 而反陷於躐等之失也.

문 "남이 잘못을 저질러도 따지지 않는 것은 스스로 돌아볼 뿐만 아니라 포용하는 뜻과 피아를 구별하는 뜻, 부끄러워하는 뜻이 있으니 이치가 아닌 것이 없다."라고 말하는 사람이 있는데 해설이 옳습니까?

답 무릇 남이 잘못을 저질러도 따지지 않는 것은 참으로 자신을 돌아볼

---

7 맹자가……것: 《맹자》〈이루 하〉 28장의 내용을 말한다.

필요가 없는데, 지금 "자신을 돌아볼 뿐만이 아니다."라고 했으니, 이미 뜻을 파악하지 못한 것이다. 또 이른바 '포용하는 사람'은 교만하고 '피아를 구별하는 사람'은 협소하며 '부끄럽게 여기는 사람'은 각박하니, 어찌 안자의 마음이겠는가.

曰, 有謂犯而不校, 非特自反, 且有包之之意焉, 有彼之之意焉, 有愧之之意焉, 莫非理也. 其說然乎.

曰, 夫犯而不校, 固不待於自反, 今日非特自反, 則旣失之矣. 且其所謂包之者驕也, 彼之者狹也, 愧之者薄也, 是豈顔子之心哉.

문 오씨는 "자공은 들은 것이 많았기 때문에 안자에게서 '문일지십聞一知十'을 보았고, 증자는 힘써 행했기 때문에 또 이와 같은 안자의 경지를 본 것이다. 참으로 넉넉히 성인의 경지에 들어갔다."라고 했습니다. 어떻습니까?[8]

답 그 말에서 세 사람의 기상을 볼 수 있으니 또한 좋다.

吳氏曰, 子貢多聞, 故於顔子見其聞一知十. 曾子力行, 故又見其如此. 信乎其優入聖域也. 如何.

曰, 卽其言足以見三子之氣象, 亦善也.

08-06. 曾子曰, "可以託六尺之孤, 可以寄百里之命, 臨大節而不可奪也. 君子人與? 君子人也."

문 6장의 양씨 해설은 옳습니까?

---

8 오씨는……어떻습니까: 문답의 형식이 일정하지 않다. 아마도 궐문이 있는 듯하다.

답 증자가 이런 사람을 칭찬한 것은 군자가 아니면 할 수 없기 때문에 묻고 답하는 말을 두어 자세히 살펴서 바로잡았을 따름이다. 양씨가 또 이 군자가 인仁하지 못하다는 것을 어찌 알겠는가! 이 말이 한 번 확립되면 그 폐단은 목숨을 바쳐 절개를 지키는 것을 밀어내고 정직을 천하게 여기는 뜻이 있게 될 것이니 작은 과실이 아니다.

或問, 六章楊氏之說, 然乎.
曰, 曾子之稱此. 正以其非君子不能. 故設爲答問之辭以審訂之耳. 且楊氏又何以知此君子之未仁耶. 此言一立. 其流之弊, 將有排死節而賤正直之意, 非小失也.

08-07. 曾子曰, "士不可以不弘毅. 任重而道遠. 仁以爲己任, 不亦重乎? 死而後已, 不亦遠乎?"

문 7장의 해설은 어떻습니까?
답 정자의 설이 훌륭하지만 '의毅' 자의 뜻풀이가 혹 옳지 않은 것 같다.

或問, 七章之說.
曰, 程子至矣. 但毅字之訓, 恐或未然.

문 《설문해자說文解字》에 '의毅' 자의 뜻을 '결단함이 있는 것이다.'라고 했는데 본래 뜻에 가까운 것 같습니다. 사씨의 해설은 어떻습니까?
답 안자는 넓음[弘]이 굳셈[毅]을 품었고 맹자는 넓기보다는 굳세다고 평가한다면 괜찮다. 천하의 무거움으로 자임하니 책임이 중하다고 할 수 있으나 길이 멀다는 뜻은 아직 드러나지 않았다. 대개 이 두 글자는 증자가 이미 스스로 풀이하였으므로, 배우는 자가 그 말을 깊이 깨달으면 그 기상을 알 수 있으니 굳이 별도로 말할 필요는 없다. 양씨가 의미를 나누어 구별한 것이 가장 공이 있는데, 혹자가 그것을 병폐로 여기는 것은 오류다. 그러나 늘여서 크게 하는 것을 홍弘의 일로 보았는데, 홍이 아니면 용납할 수 없다고 말하는 것이 좋다. 윤씨는 소략하다.

曰, 說文以謂有決者近之矣. 謝說如何.
曰, 謂顏子弘包其毅, 孟子毅勝其弘, 可也. 自任以天下之重, 爲任重可矣, 然亦未見道遠之意. 蓋此二字, 曾子已自釋之, 學者涵泳其言, 足以識其氣象, 正不必別下語也. 楊氏分別, 最爲有功, 而或者病之, 誤矣. 但擴大作弘之事, 若曰非弘則不能容納之可也. 尹氏疏矣.

08-08. 子曰, "興於詩, 立於禮, 成於樂."

문 옛날의 가르침은 10살에 유의幼儀(아이들이 행해야 하는 법도)를 배우고, 13살에 악을 배우고 시를 읊조리며 작勺이란 춤을 배웠으며, 15살이 되면 상무象武를 배우며, 20살이 되면 예禮를 배우고 대하무大夏舞를 배웠다. 지금 공자의 말에서는 시와 예, 악의 차례가 이와 같아서 옛날 가르침과 같지 않으니 왜 그렇습니까?

답 시는 음악의 장章(단락)이다. 그러므로 반드시 악을 배운 후에 시를 읊조려야 한다. 이른바 악은 대개 금슬과 훈지壎箎[9], 즉 악의 한 가지 악기로 점차 익혀서 시의 음률에 부합하게 하는 것이다. 그러나 시는 사람

---

9 훈지: '箎'는 '篪'의 속자로 '壎篪'로도 쓴다. 훈은 질로 만든 나팔이고, 지는 대로 만든 피리[笛]이다. 이 두 악기는 서로 잘 어울려 주로 형제간의 화목과 우애를 비유한다. 《시경詩經》〈소아小雅 하인사何人斯〉의 "형님이 훈을 불면 아우가 저를 분다.[伯氏吹壎, 仲氏吹篪.]"가 그 출전이다.

의 성정에 근본하여 미자美刺(좋은 점을 칭찬하고 나쁜 점을 풍자하는 것)와 풍유諷諭의 뜻이 있다. 그 말은 가까워 알기 쉬우며, 조용히 영탄詠歎하는 가운데 사람을 점차 젖게 하여 감동시키는 것이 또 쉽게 들어온다. 그러므로 배움에서 얻는 것은 반드시 이것을 우선시하여 인의仁義의 양심을 발하는 것이 있다.

예禮에 있어서는 절문과 도수의 상세함이 있다. 경례는 삼백에 이르고 의례는 삼천에 이른다. 처음에는 힘써 행하기가 매우 어려운 것 같다. 그러므로 시를 배우기 전에는 먼저 유의幼儀를 배운다. 대개 예禮 가운데 작은 것은 동자 때부터 빠뜨릴 수 없는 것이다. 성인이 된 다음에 큰 예는 또 반드시 익숙하게 익히며 오래도록 쌓아서 터득해야 한다. 그런 다음에 안으로 살과 피부의 모임과 힘줄과 뼈의 묶임을 튼튼하게 하여 덕성을 지킴이 견고하여 옮기지 않을 수 있으며, 밖으로는 향당과 주려州閭에 행하고 종묘와 조정에 이르게 하여 수작하는 사이에도 바르고 굳게 지켜서 어지럽지 않을 수 있다.

악은 소리의 높이와 춤의 빠르기가 더욱 아침저녁으로 정밀할 수 없다. 이것은 눈과 귀를 기르고 심지를 온화하게 해서 사람들로 하여금 피부와 골수까지 젖어 들어 인의예지의 실제에 편안하게 한다. 또 억지로 힘써서 미친 바가 아니므로 반드시 매우 편안하고 오래된 연후에 그 덕을 이루는 바가 있다. 가장 빨리 배우지만 그 효과는 오히려 시와 예의 뒤에 드러난다.

或問. 古者之敎. 十年學幼儀. 十三學樂. 誦詩. 舞勺. 成童舞象. 二十始學禮. 舞大夏. 今夫子之言. 其序如此. 乃與敎之先後不同. 何也.
曰. 詩者. 樂之章也. 故必學樂而後誦詩. 所謂樂者. 蓋琴瑟塤箎. 樂之一物. 以

漸習之, 而節夫詩之音律者也. 然詩本於人之情性, 有美刺諷諭之旨, 其言近而易曉, 而從容詠歎之間, 所以漸漬感動於人者, 又爲易入, 故學之所得, 必先於此, 而有以發起其仁義之良心也. 至於禮, 則有節文度數之詳, 其經至於三百, 其儀至於三千, 其初若甚難强者, 故其未學詩也, 先已學幼儀矣. 蓋禮之小者, 自爲童子而不可闕焉者也, 至於成人, 然後及其大者, 又必服習之, 久而有得焉, 然後內有以固其肌膚之會, 筋骸之束, 而德性之守, 得以堅定而不移. 外有以行於鄕黨州閭之間, 達於宗廟朝廷之上, 而其酬酢之際, 得以正固而不亂也. 至於樂, 則聲音之高下, 舞蹈之疾徐, 尤不可以旦暮而精, 其所以養其耳目, 和其心志, 使人淪肌浹髓而安於仁義禮智之實, 又有非思勉之所及者, 必其甚安且久, 然後有以成其德焉, 所以學之最早, 而其見效反在詩禮之後也.

문 여러 학자의 해설은 어떻습니까?
답 정자의 해설이 훌륭하다. 그러나 그 사이에 또한 소밀과 완급의 차이가 있으니 상세하게 음미하고 자세히 생각하는 것이 좋다. 사씨의 해설도 옳다. 다만 '입어악立於禮'의 해설은 학자들에게 미비한 점이 많다. 양씨가 "'성어악成於樂'의 '악樂'은 종고鐘鼓와 우약羽籥이 아니다."라고 한 것은 지나치다.

曰, 諸說如何.
曰, 程子備矣. 然其間亦有疏密緩急之異, 詳味而審思焉可也. 謝氏說亦得之, 但立禮說, 諸家多所未備. 至於楊氏所謂樂非鐘鼓羽籥者, 則過矣.

08-09. 子曰, "民可使由之, 不可使知之."

문 공자께서 '백성들로 하여금 이 리理의 당연함을 따르게 할 수는 있어도 그들에게 그렇게 해야 하는 까닭은 알려줄 수 없다.'라고 한 것은 어째서입니까?

답 리理의 당연함은 이른바 '백성들의 떳떳한 본성[秉彛]'이며 '백성들이 날마다 쓰는 것'이다. 성인이 예악형정을 제작한 것은 모두 백성들이 그것을 따르게 하기 위함이다. 소이연은 하늘이 명한 본성에 근원하지 않은 것이 없어서 배우는 사람도 쉽게 이해할 수 없는 것이 있거늘 하물며 일반 백성이겠는가. '불가사지지不可使知之'라고 한 것은 바로 알려줄 수 없다는 것이지 알지 못하게 한다는 것이 아니다. 정자의 말이 절실하다.

或問. 子謂民可使之由於是理之當然, 而不能使之知其所以然者, 何也.
曰. 理之所當然者, 所謂民之秉彛百姓所日用者也. 聖人之爲禮樂刑政, 皆所以使民由之也. 其所以然則莫不原於天命之性, 雖學者有未易得聞者, 而況於庶民乎. 其曰不可使知之, 蓋不能使之知, 非不使之知也. 程子言之切矣.

문 여씨의 해설은 어떻습니까?
답 이것은 성인의 본뜻이 아니다. 그러나 또한 근래 배우는 자들의 병폐와 딱 맞아떨어진다.

曰. 呂氏之說, 如何.
曰. 此非聖言之本意, 然亦頗中近世學者之病矣.

문 사씨의 해설은 어떻습니까?
답 그 생각은 좋으나, "예악법도 밖에서 절로 깨닫는 바가 있다."라고 한 부분은 온당하지 않다. '밖'을 '예악법도의 안'으로 바꾸면 이치에 가까울 것이다.

曰. 謝氏之說, 如何.
曰. 其意則善矣, 然謂禮樂法度之外, 自有覺處, 則所未安, 易外以中, 其庶幾乎.

문 유씨의 설은 어떻습니까?

답 유씨가 말하는 도는 노자와 불가에서 말하는 도일 따름이다. 내가 말하는 도가 어찌 호랑이가 물어뜯고, 독충이 쏘고, 경박한 사람이 악을 행하는 근심이 있겠는가. 그 말의 병폐는 전편과 같으니 배우는 자는 자세히 살펴서 가리는 것이 좋다.

曰. 游氏, 如何.
曰. 此其所謂道者, 老佛之所謂道而已, 若吾之所謂道者, 則豈有搏噬毒螫薄惡之患哉! 其說之病, 與前篇同, 學者審擇可也.

08-10. 子曰, "好勇疾貧, 亂也. 人而不仁, 疾之已甚, 亂也."

문 10장의 해설은 어떻습니까?

답 여러 해설이 모두 좋다. 다만 장자와 여씨의 해설은 통하지 않는다. 호씨의 앞 구절은 조금 다르긴 하지만 또한 취할 만하다. 【호씨가 말했다. "용기를 좋아하면서 가난을 싫어하지 않으면 난을 일으키려고 하지 않고, 가난을 싫어하면서 용기를 좋아하지 않으면 난을 일으킬 수 없다. 예부터 반란을 일으킨 백성은 모두 그 재주와 힘이 출중하나 굶주림과 추위에 핍박을 당한 자이다. 윗사람이 재산을 마련하고 생업을 후하게 할 것을 생각하지 않을 수 있겠는가. 아니면 배우는 자가 불행히도 용감하고, 용감하면서 또 불행히 가난하여, 무도함으로 그것을 가지고 스스로 하나의 불의를 행하고 자신의 소유가 아닌 것을 취하여 날마다 달마다 재산을 불린다면 난으로 흐르지 않는 경우가 거의 드물 것이다. 이것이 또 배우는 자가 스스로 경계해야 하는 바이다."】

或問, 十章之說, 如何.
曰, 諸說皆善, 但張呂未通耳. 胡氏上句小異, 然亦可取.【胡氏曰, 好勇而不疾貧, 則不肯爲亂, 疾貧而不好勇, 則不能爲亂. 自古亂民, 皆其材力出衆而迫於飢寒者也. 爲人上者, 其可不思制其産厚其生乎. 抑學者不幸而勇, 勇又不幸而貧, 苟無道以持之, 自行一不義, 取非其有, 日長月滋, 其不流于亂也幾希矣. 此又學者所當自警也.】

08-11. 子曰, "如有周公之才之美, 使驕且吝, 其餘不足觀也已."

문 교만[驕]과 인색함[吝]에 관한 해설은 어떻습니까?

답 정자의 해설이 훌륭하다. 여러 해설은 각각 다르지만 모두 경계하는 말이 될 수 있다. 장경부가 주공의 일을 논한 것이 또한 좋다.【장경부가 말했다. "주공이 숙부라는 존귀함으로 재상의 자리에 있으면서 대권을 잡아 공훈이 이처럼 빛났으나, 오히려 감던 머리카락을 움켜잡고 먹던 음식을 뱉으면서까지 오직 천하의 현명하고 재능있는 사람을 잃을까 걱정하고 하·은·주 삼대 왕의 선행을 겸할 것을 생각하며 앉아서 아침을 기다렸다. 무릇 어찌 조금이라도 교만하고 인색함이 그 사이에 있었겠는가."】

或問, 驕吝之說.
曰, 程子至矣. 諸說不同, 然皆是足以有警. 張敬夫論周公事亦善.【張敬夫曰, 周公以叔父之尊, 位上宰, 握大權, 勳烈如此其光也, 而方且握髮吐哺, 惟恐失天下之賢才, 思兼三王, 坐以待旦, 夫豈有絲毫驕吝存於其間哉.】

08-12. 子曰, "三年學, 不至於穀, 不易得也."

문 12장의 해설은 어떻습니까?

답 이 장의 의미는 밝히기 어렵고 여러 유자들의 견해도 같지 않다. 공씨와 범씨는 '곡穀'을 '선善'이라 해석했으나 오직 양씨만 '녹祿'으로 해석했다. '선'으로 해석한 사람들도 아래 구절은 또 모두 다르다. 공씨와 범씨는 '선을 얻지 못함이 없다.'라고 보아, 3년을 배우면 반드시 선을 얻지 못함이 없다고 말하니 사람들을 배움으로 이끄는 뜻이다. 정자와 후씨, 윤씨는 '선을 얻기 어렵다.'고 보아, 3년을 배우고도 오히려 선에 이르지 못하면 끝내 선에 나아갈 수 없다고 말하니, 사람들에게 배움에 급급하도록 힘쓰게 하는 뜻이다. 사씨는 왕씨의 말[10]을 인용하여 3년을 배우고도 선에 이르지 못한다고 말하여 선이 쉽게 얻는 물건이 아님을 밝혔으니, 배우는 사람에게 스스로 힘쓰도록 권면한 뜻이다.

내 생각에, 이 세 가지 해설은 풀이하는 뜻이 모두 그다지 통하지 않는다. 오직 양씨의 해설만 비교적 이치에 가까우나 해석한 것에 미비한 점이 있을 따름이다. 대개 '얻기가 쉽지 않다[不易得]'는 탄식하며 훌륭하게 여긴 말이다. 양씨의 해설대로 '지至' 자를 '지志' 자로 바꾸어 해설하여 밝히면 문의는 분명해진다. 또 앞의 장에서는 '질빈疾貧'과 '교린驕吝'의 잘못을 논하고, 다음 장에서는 거취와 출처의 방법과 지위에 있어야 정사를 도모하는 일을 기록했으니 또한 같은 종류이다. 만약 '곡穀'을 '선善'

---

10 왕씨의 말: 《논어정의》에서 사씨는 왕안석의 "배우는 사람은 어려움을 알아서 자강불식해야 한다.[學者當知其難而自強不息.]"라는 말을 인용하여 왕안석의 배움과 수신의 문제를 강조했다.

으로 해석한다면 호씨의 해석이 좋다.【호씨가 말했다. "'곡穀'은 '선善'의 뜻이고 '이루다[成]'라는 뜻이다. 《이아爾雅》에 '신신과 선선이 곡穀이다.'라고 했으니, '선'이 알맹이[實]를 이룬 것을 말한다. 지금 세상의 방언에 또한 사물이 알맹이를 이룬 것을 '곡穀'이라 한다."】

或問, 十二章之說.
曰. 此章文意難明, 諸儒之說不一. 孔氏范氏以善爲穀, 惟楊氏以穀爲祿, 其以穀爲善者, 下句又皆不同. 孔氏范氏以爲無不得乎善. 言三年學, 則必無不得善者, 誘人以學之意也. 程子侯尹以爲難得乎善. 言三年學, 而猶不至乎善, 則終不足以進於善, 勉人汲汲於學之意也. 謝氏引王氏之言, 則以爲三年學而不至乎善, 明善非易得之物, 勉學者自强之意也. 愚按此三說, 文義皆不甚通, 惟楊說爲近之. 但訓釋有未備耳. 蓋不易得者, 歎美之辭, 若楊說而易至以志, 頗足其訓釋以明之, 則文意曉然矣. 且上章論疾貧驕吝之失, 下章記去就出處之方在位謀政之事, 亦一類也. 若以穀爲善, 則胡氏之釋爲善.【胡氏曰, 穀, 善也. 成也. 爾雅曰, 信善爲穀. 言善之成實也. 今世方言, 亦以物之成實者爲穀.】

08-13. 子曰, "篤信好學, 守死善道. 危邦不入, 亂邦不居. 天下有道則見, 無道則隱. 邦有道, 貧且賤焉, 恥也, 邦無道, 富且貴焉, 恥也."

문 '독실하게 믿고 배움을 좋아하며 죽음으로써 지키면서도 도를 잘 행해야 한다.'는 것은 어떻습니까?

답 이것은 사람이 도를 믿는데 독실하며 또 배움을 좋아하여 선을 밝힌 연후에 죽음으로써 지키면서도 도를 잘 행할 수 있다는 것을 말한다. '선도善道'는 공인工人이 일을 잘한다고 할 때의 잘함[善]과 같다. '수사선도守

死善道'는 차라리 죽을지언정 '불선不善'을 행하여 도를 해치지 않는 것을 말한다.

或問, 篤信好學, 守死善道, 何也.
曰, 此言人當篤於信道, 而又好學以明乎善, 然後能守死以善其道也. 善道, 猶工欲善其事之善, 守死善道, 言寧死而不爲不善以害其道也.

문 그대가 말하는 '돌아가며 서로 쓰임이 된다.'라는 것은 무엇입니까?
답 독실하게 믿지 않으면 배움을 좋아할 수 없고, 죽음으로써 지키지 않으면 도를 잘 행할 수가 없다. 그러나 단지 독실하게 믿기만 하고 배움을 좋아하지 않으며, 단지 죽음으로써 지키기만 하고 도를 잘 행할 수 없다면 또 군자가 취하지 않는다. 대개 죽음으로써 지키는 것은 독실하게 믿음으로써 생긴 공이고, 도를 잘 행하는 것은 배움을 좋아하여 생긴 힘이다. 그러나 비록 독실하게 믿는다고 하더라도 죽을 때까지 변치 않음을 행할 수 없다면 그 믿음은 또한 독실하지 않은 것이다. 비록 배움을 좋아하더라도 미루어 도를 잘 행할 수 없다면 그 배움은 또한 쓸모가 없다. 이 네 가지는 돌아가며 쓰임이 되어 하나라도 빠뜨려서는 안 되는 것이다.

曰, 子所謂更相爲用, 何也.
曰, 非篤信則不能好學, 非守死則無以善道. 然徒篤信而不能好學, 徒守死而不足以善道, 則又君子之所不取也. 蓋能守死者, 篤信之功, 而能善道者, 好學之力. 然雖曰篤信, 而未能至死不變, 則其信亦不篤矣. 雖曰好學, 而不能推以善道, 則其學亦無用矣. 此四者之所以更相爲用, 而不可一有闕焉者也.

문 여러 학자의 해설은 어떻습니까?

답 모두 좋다. 그러나 정자가 논한 '독신篤信'의 해설[11]은 더욱 깊이 음미해야 한다.

曰. 諸說. 如何.
曰. 皆得之. 而程子所論篤信之意. 尤宜深味.

08-14. 子曰, "不在其位, 不謀其政."

문 14장 범씨의 설은 어떻습니까?
답 공자의 말은 상하의 차이가 없이 다만 그 자리에 있지 않으면 그 정사를 도모하지 않는다는 뜻이다. 범씨는 인군을 위해 말했기 때문에 위에서 아래로 간다. 그러나 그 뜻이 다 갖추어지지는 않았다. 다시 아래에서 위로 미루어 올라가 사士가 대부의 직을 침범하지 못하는 것으로부터 천자가 천도를 지나쳐서는 안 되는 뜻까지 이르러야 크게 갖추어진다. 그러나 이뿐만 아니라 또 좌우, 전후, 피차의 사이에 각각 분수가 있

---

11 정자가……해설: "또 이천의 《어록》에 말하였다. '지금 소인에게「도를 어겨서는 안 된다.」라고 하면「도를 어겨서는 안 된다.」라고 말만 하고 끝내 도를 어긴다. 군자에게「도를 어겨서는 안 된다.」라고 말하면「도를 어겨서는 안 된다.」라고 말하고 끝내 도를 어기지 않으려고 한다. 비유하면 생뢰(소, 양, 돼지고기 등)의 맛과 같아서 군자가 한번 맛보고는 군자에게 말하면 군자는 분명 좋아하지만 소인에게 말하면 소인은 좋다고 말하지 않는 것은 아니지만 단지 좋아하는 마음이 없다. 사실 맛을 모르기 때문이다. 죽음으로써 지키면서도 도를 잘 행해야 하는 것을 사람들이 모르는 것은 아니나 끝내 행하려고 하지 않는 것은 단지 아는 것이 얕고 믿는 것이 독실하지 않기 때문이다.'[又語錄曰. 今語小人曰不違道, 則曰不違道. 然卒違道. 語君子曰不違道, 則曰不違道. 終不肯違道. 譬如牲牢之味, 君子曾之, 說與君子, 君子須愛, 說與小人, 小人非不道好, 只是無愛心, 其實只是未知味. 守死善道, 人非不知, 終不肯爲者, 只是知之淺, 信之未篤.]"《논어정의》)

어서 모두 뛰어넘어서는 안 된다는 것을 알아야 크게 갖추어져 성인의 뜻을 모두 얻게 된다. 호씨가 논한 것이 또한 하나의 사례이니, 지금 여기에 붙인다.【호씨가 말했다. "동한 말년에 당고의 화가 일어나 영천의 두밀이 관직을 떠나 집에 있었다. 매번 수령을 알현할 때 진정하고 청탁하는 일이 많았다. 동군의 유승 또한 촉에서 돌아와 문을 닫고 종적을 감추었다. 태수 왕욱이 두밀을 보고 유승의 청고함만 칭찬하여 그를 경계시켰다. 두밀이 왕욱에게 말했다. '유승은 지위가 대부로 상빈의 예우를 받고 있으나, 선함을 알면서도 천거하지 않고 악함을 듣고도 말하지 않아서, 실정을 숨기고 자기 몸을 아껴 스스로 가을날 매미처럼 행동하니, 이 사람은 죄인입니다. 지금 저는 의리에 뜻을 두고 선행에 힘쓰는 현자는 현달하게 하고, 도를 어기고 절개를 잃은 선비는 규찰하여, 밝으신 태수로 하여금 상과 벌을 법도에 맞게 시행하여 훌륭한 명성을 드날리게 하겠습니다. 이렇게 하는 것이 만분의 일의 역량이나마 다하는 것이 아니겠습니까?' 왕욱이 부끄러워하며 그의 말을 따랐다. 내가 보건대, 왕욱도 선을 따르고 의를 마음에 지녀서 또한 헐뜯을 수 없다. 두밀은 왕욱을 대신하여 일을 행했으니, 그 자리에 있지 않으면서 그 정사를 도모하는 것이 대개 이와 같았다. 당고의 화에 현인들이 이런 과실에 빠지는 사람이 많았으니, 경계하지 않을 수 있겠는가."】

或問. 十四章范氏之說. 如何.

曰. 夫子之言. 無上下之異. 但爲不在此位. 則不謀此政耳. 范氏爲人君言. 故自上而下. 然其意終不備. 更當自下而推. 如士不可侵大夫之職. 以至於天子不可過於天道. 乃爲備耳. 然不止此. 又當知左右前後彼此之間. 各有分守. 皆不可以相踰. 乃爲大備. 而盡得聖人之意. 胡氏所論. 亦其一事. 今附於此.【胡氏曰. 東漢季年. 黨錮禍起. 潁川杜密去官家居. 每謁守令. 多所請托. 而同郡劉勝亦自蜀還. 閉門掃軌. 太守王昱見杜密. 獨稱季陵清高以箴之. 密謂

昱曰, 劉勝位爲大夫, 見禮上賓, 知善不薦, 見惡不論, 隱情惜己, 自同寒蟬, 乃罪人也. 今密擧志義力行之賢, 糾違道失節之士, 使明府賞罰得中, 令聞休暢, 不亦萬一之乎. 昱乃慚服. 以愚觀之, 昱從善服義, 固不可訾, 若密之爲, 是代昱行事也. 不在其位, 而謀其政者, 大槪如此, 黨錮諸賢多陷此失, 可不戒哉.】

08-15. 子曰, "師摯之始, 關雎之亂, 洋洋乎, 盈耳哉!"

문 15장의 해설은 어떻습니까?
답 정자는 공자가 노나라로 돌아온 것(〈자한〉 14장)을 정공의 때라고 여기는데 잘못이다. 또 노나라의 악이 이미 바르게 되어 옛 악공을 쫓아내었다고 하는데, 두 장의 뜻으로 살펴보면 또한 그렇지 않은 것 같다. 태사 지摯가 제나라에 간 것은 장자와 범씨의 견해를 따라야 하지만, 장자의 '음악이 차례를 잃어 단지 (그 소리만) 귀에 가득 찼을 따름이다.'[12]의 뜻은 온당하지 않다.

或問, 十五章之說.
曰, 程子以夫子反魯爲定公時, 誤矣. 又說魯樂旣正, 放棄舊工, 以兩處文義考之, 恐亦未然. 師摯適齊, 當用張子范氏之說, 但張子洋洋盈耳之義, 爲未安耳.

---

12 음악이……따름이다: "횡거가 말했다. '태사 지가 처음 관직에 있을 때 음악이 차례를 잃어 소리만 귀에 가득 찼을 따름이다.'[橫渠曰, 師摯之始, 樂失其次, 徒洋洋盈耳而已焉.]"《논어정의》

08-18. 子曰, "巍巍乎, 舜禹之有天下也而不與焉!"

문 "순임금과 우임금은 천하를 소유하고도 관여치 않았다."는 내용에 대해 정자는 두 가지 견해를 가지고 있습니다. 하나는 "관여하여 다스리지 않았다."라고 해석하고, 다른 하나는 "(천하를 얻으려고) 추구하지 않았다."라고 해석합니다. 여러 해설이 비록 많지만, 모두 이 두 가지 해설에서 벗어나지 않습니다. 그대의 의견은 왜 다릅니까?

답 전자의 해설에서 '유有'는 마땅히 '다스리다'의 뜻이 되고, 후자의 해설에서 '유有'는 '얻다'의 뜻이 된다. 지금 "소유하고도 관여하지 않았다."라고 했는데 나의 해설이 비록 비루하긴 하지만, 혹 이 장의 뜻을 얻은 것 같다. 양씨는 이 장에서 장자莊子의 말을 사용하고 있는데, 말이 먼저 문리에 맞지 않으니 그 뜻이 있는 곳을 드러내지 못하고 있다. 하지만 마지막 장의 해설을 참고하자면 또한 나의 해설과 같은 것 같다.

或問, 舜禹之有天下而不與, 程子二說, 一以爲不與治, 一以爲不與求, 諸說雖多, 皆不出此, 子之不同, 何也.
曰, 如前說, 則有宜爲治矣, 如後說, 則有宜爲得矣, 今曰有而不與, 則愚說雖陋, 恐或得其文意也. 楊氏此章用莊生語, 語旣不倫, 遂不見其旨意之所在, 然以卒章之說參之, 則蓋亦如愚說云.

08-19. 子曰, "大哉堯之爲君也! 巍巍乎! 唯天爲大, 唯堯則之. 蕩蕩乎, 民無能名焉. 巍巍乎! 其有成功也, 煥乎其有文章!"

문 19장의 해설은 어떻습니까.

답 여러 해설이 모두 좋은데, 정자가 특히 그 뜻을 다했다. '유천위대惟天爲大 유요칙지惟堯則之'는 범씨와 윤씨가 좋다. 양씨의 해설은 비록 치밀하지만 기상은 오히려 협소하니, 이 장의 기상과 비슷하지 않다.

或問, 十九章之說.
曰, 諸說皆得之, 而程子爲尤盡. 惟天爲大, 惟堯則之, 則范氏尹氏爲得之. 楊氏說雖密, 然氣象反狹, 與本文氣象不相似也.

08-20. 舜有臣五人而天下治. 武王曰, "予有亂臣十人." 孔子曰, "才難, 不其然乎? 唐虞之際, 於斯爲盛. 有婦人焉, 九人而已. 三分天下有其二, 以服事殷. 周之德, 其可謂至德也已矣."

문 순의 신하가 많았는데 다섯 사람만 말한 것은 무엇 때문입니까?
답 순의 천하가 다스려진 것은 이 다섯 사람 때문이다. 그러므로 맹자가 또한 그들만 일컬은 것이고 다른 사람은 낄 수 없었다.

或問, 舜之臣衆矣, 而獨稱五人, 何也.
曰, 舜之天下所以治者, 以此五人而已. 故孟子亦獨稱之, 他人不得而與也.

문 '당우지제唐虞之際 어사위성於斯爲盛'에 관해 공씨와 범씨 두 사람의 해설이 다른 것은 무슨 때문입니까?
답 공씨는 문장의 뜻이 순하지 않은 것 같다. 범씨의 해설이 좋은 것 같다.

曰, 唐虞之際, 於斯爲盛. 孔范二說不同, 何如.
曰, 孔氏於文義若不順, 疑范氏之說得之也.

문 문왕이 상나라에 복종하고 섬긴 것은 좋지만 제후로서 천하의 절반 이상을 소유한 것은 거스르지 않았다고 할 수 있겠습니까?

답 호씨가 그것을 말한 적이 있다. 【호씨는 말했다. "공자는 무왕과 주공이 사람들의 뜻을 잘 계승하고 사람들의 일을 잘 기술했다고 칭찬하였다. 대개 문왕이 명을 받아 주나라를 일으켰으나 대통이 아직 모이지 않았고, 무왕이 계승하여 서백이 되고 또 11년이 지나도록 주왕이 더욱 악행을 고치지 않았다. 이에 무왕이 하늘의 뜻을 따르고 사람들의 뜻에 순응하며, 뜻을 계승하고 일을 기술하여 한 번 갑옷을 입자 천하는 크게 안정되었다. 이것이 문왕과 무왕의 실상이다. 그러나 논하는 사람들은 문왕은 주왕을 치는 데 뜻이 없었고 오직 무왕이 그것을 행했다고 말하니, 이것은 자세히 살피지 못한 것이다. 무릇 문왕의 때에 천하를 삼분하여 이미 그 둘을 차지했으며 곱절의 힘으로 (상나라를) 취할 수 있었으나 그렇게 하지 않고, 오히려 북면하여 신하의 절개를 지켰다. 이것이 주나라의 덕이 지극한 까닭이다. 주나라를 말함에 문왕과 무왕을 겸하여 거론하였는데, 참으로 공자가 문文을 취하고 무武를 폄하하는 뜻이 있었다면 어찌하여 문왕의 덕을 말하여 고하지 않았겠는가. 참으로 문왕이 천하에서 주나라를 넓히고자 하는 마음이 없었다면 어찌하여 분봉된 땅만 지키지 않고 삼분의 이를 취했겠는가. 성인의 움직임은 천리가 아닌 것이 없다. 문왕의 때에 상나라의 역수가 아직 끝나지 않았는데, 문왕이 어찌 취할 수 있었겠는가. 무왕의 때에는 상나라 왕 수受가 죄를 많이 지었으니, 무왕이 어찌 취하지 않을 수 있었겠는가. 만약 문왕이 요와 순의 수명을 누렸다면 나머지 삼분의 일도 주나라 군대를 기다리지 않고 복종했을 것이다."】

曰, 文王服事商則善矣, 然以諸侯而有天下之大半, 得爲順乎.
曰, 胡氏嘗言之矣. 【胡氏曰, 孔子稱武王周公善繼人之志, 善述人之事, 蓋文王受命作周, 大統未集, 武王嗣爲西伯, 又十一年, 而紂益不悛, 於是武王順天應人, 繼志述事, 一服戎衣, 天下大定, 此文武之實也. 而論者乃謂文王無意於伐紂, 獨武王行之, 此考之不詳也. 夫文王之時, 三分天下旣有其二, 以加倍之力, 可取而不取, 猶北面臣節, 此周之德所以爲至德也, 言周則文武兼擧矣. 誠使仲尼有取文貶武之意, 曷不曰文王之德以白之乎. 誠使文王無廣周於天下之心, 曷不專守分地, 而取其三分之二乎. 聖人之動, 莫非天理, 當文王時, 商歷未終, 文王安得而取之. 及武王時, 受罪貫盈, 武王安得而不取. 向若文王享堯舜之壽, 則夫三分之一, 亦不待周師而服矣.】

08-21. 子曰, "禹, 吾無間然矣. 菲飮食, 而致孝乎鬼神, 惡衣服, 而致美乎黻冕, 卑宮室, 而盡力乎溝洫. 禹, 吾無間然矣."

문 '구혁溝洫'의 제도에 관한 해설은 어떻습니까?

답 《주례周禮》〈수인遂人〉과 〈장인匠人〉의 직분에 보이는 것이 상세하다. 대개 우임금이 수해를 다스리고 또 논과 밭 사이의 물길을 정리하여 홍수와 가뭄의 재해가 없게 했으니, 이른바 '밭 사이의 도랑을 파서 하천으로 들어가게 한다.'[13]가 이것이다.

或問, 溝洫之制.
曰, 見於周禮遂人匠人之職詳矣. 蓋禹旣平水患, 又治田間之水道, 使無水旱之災, 所謂濬畎澮距川是也.

문 우임금이 이러한 것은 왜 그렇습니까?

---

13 밭 사이의……한다: "나는 구천의 물길을 터서 사해에 이르게 하고 좁고 넓은 도랑을 파서 내에 이르게 하였다.[予決九川, 距四海, 浚畎澮距川.]"(《상서尙書》〈우서虞書 익직益稷〉)

답 호씨가 이것을 논한 적이 있다. 우임금의 검소함과 근면함은 항상 그러한 덕이므로 오로지 이것만 행한 것은 아니다. 그러나 그 뜻은 또한 깊다.【호씨가 말했다. "우임금은 천자가 되어 항상 받들어졌다. 하지만 아버지 곤의 공은 이루어지지 못해 죽임을 당했기 때문에 마음이 항상 그것을 아파하여 그 받듦을 차마 누리지 못했다. 제사를 성대하게 하고 복장을 화려하게 한 것은 선조를 받들기 위함이었고, 힘을 다해 밭 사이의 수로를 다스린 것은 그 일을 성사시키기 위함이었다. 옛날 성인이 부모님을 사랑함에 깊은 은혜가 있는 것이 이와 같았다. 그러나 천하를 버리지 않은 것은 한 집안의 사사로움 때문에 천하의 공적인 것을 감히 해치지 못했기 때문이다. 왕부王裒[14]나 혜소嵇紹[15]가 평생 관직에 나가지 않은 것은 괜찮다."】

曰, 禹之若是, 何也.
曰, 胡氏嘗論之矣. 然禹之儉勤, 乃其常德, 未必專爲是也, 然其意亦深矣.【胡氏曰, 禹爲天子有常奉矣, 然以鯀功不就而殛死, 故心常痛之, 而不忍享其奉也. 至豐享祀華黻冕, 則以奉其先也. 盡力溝洫, 則以終其事也. 古之聖人, 愛其親有深長之恩如此, 然而不棄天下者, 不敢以一家之私, 而害天下之公也. 若王裒嵇紹, 則終身不仕可也.】

문 공자가 그를 칭찬한 것은 무엇 때문입니까?
답 홍씨가 대개 이것에 대해 말하긴 했지만, 공자는 또한 그 실질을 칭

---

14 왕부: 진晉나라 왕부王裒는 자기 부친이 비명에 세상을 떠난 후로 이 일을 애통하게 여겨 은거하면서 학생들을 가르쳤다. 조정에서 세 차례 소명을 내리고[三徵] 주군州郡에서 일곱 차례 불렀으나[七辟] 모두 나아가지 않았다고 한다. (《진서晉書》 권88 〈왕부열전王裒列傳〉)

15 혜소: 진晉나라 때 죽림칠현의 한 사람인 혜강嵇康의 아들이다. 혜소가 10살 때 부친인 혜강이 대장군 사마소司馬昭에게 죽임을 당하자 향리에 은거해 살면서 관직에 나가지 않았다. 나중에 산도山濤의 추천으로 관직에 나가게 된다.

찬한 것이지, 참으로 이것을 행한 것은 아니다.【홍씨가 말했다. "주나라가 쇠했을 때, 예禮는 근본을 잃어 지극히 사치스럽고 참람되었다. 공자가 대개 그것을 구제하였으나 잘못된 것을 바로잡으려다 또한 정도를 지나칠 수는 없었기 때문에 우임금을 본보기가 된다고 칭찬한 것이니 묵자가 우임금을 높인 것과는 다르다."】

曰. 孔子之稱之, 何也.

曰. 洪氏蓋有說焉. 然夫子亦稱其實而已. 未必眞爲此也.【洪氏曰, 衰周之時, 禮失其本, 而奢僭極矣. 夫子蓋嘗救之. 然而矯枉又不可以過正也. 故稱禹爲法焉, 與墨者之宗禹異矣.】

9. 자한 子罕

09-01. 子罕言利與命與仁.

문 부자께서 왜 드물게 말씀하셨습니까?

답 이利는 의의 화[義之和]다. 의에 합당하면 이는 저절로 따라온다. 만약 이를 많이 말하면 사람들이 의를 모르게 되어 도리어 이가 따라오지 않는다. 명命은 하늘의 명령이다. 사람이라면 마땅히 수양을 쌓아 가야만 명을 세울 수 있다. 명을 자주 언급하면 사람들이 수양하지 않게 되니 명을 세울 수가 없다. 인仁은 성의 덕[性之德]이다. '충신독경忠信篤敬', '극기복례克己復禮'라는 수양을 거쳐야만 인의 경계에 다다를 수 있다. 인을 많이 거론하면 배우는 자가 (실보다) 허에 의지하여 앞서나가려고만 해 인의 경계에 닿을 수 없다. 이 3가지는 '리理의 바름'이다. 성인께서 말씀을 못 하시는 것이 아니라 깊이 염려하셔서 말씀을 많이 하시지 않았을 뿐이다. 그래서 드물게 말씀하신 것이다. '이利'를 말하자면《주역》의 '이건

후리건후(후를 세우는 것이 이롭다.)', '이유유왕利有攸往(가는 곳을 두는 것이 이롭다.)'이라고 할 때의 '이'다.

或問, 夫子之有罕言, 何也.

曰, 利者, 義之和也. 惟合於義, 則利自至. 若多言利, 則人不知義, 而反害於利矣. 命者, 天之令也, 然人當修己以俟之, 然後可以立命, 若多言命, 則人事不修, 而反害於命矣. 仁者, 性之德也. 然必忠信篤敬, 克己復禮, 然後能至, 若多言仁, 則學者憑虛躐等, 而反害於仁矣. 三者皆理之正, 聖人所不能不言, 而其憂深慮遠, 則又不可以多言也, 故罕言而已. 言利如易之利建侯利有攸往之類是已.

문 다른 주장은 어떻습니까?

답 정자, 장자의 말씀은 매우 좋다. 범씨 주장도 일리가 있으나 '이利'를 둘로 나눈 것은 틀렸다. '이'는 하나일 뿐이다. 군자의 행위는 의가 동기이고, 소인의 행위는 이가 동기이다. 사씨의 설은 소략하고 치밀하지 못하다. 양씨 주장도 좋다. 하지만 '인이라면 말씀하신 적이 없다.'고 한 것은 정자가 '공자께서 단지 말씀을 잘 안 하셨을 뿐이다.'라고 한 것보다 못하다. 어찌 말씀은 하신 적이 없겠는가. '합合하여 말하면 도道이다.'[1]를 논의한 부분은 아마도 맹자의 본의가 아닌 듯하다.

曰, 諸說, 如何.

曰, 程子, 張子之言皆至矣. 范氏亦得之, 而以利爲有二則非也. 蓋利一而已. 自義爲之, 則君子之爲, 自利爲之, 則小人之事也. 謝氏踈而不切. 楊說亦善, 但所謂仁則未嘗言者, 不若程子之說, 爲孔子但罕言耳, 豈未嘗言之謂哉? 所論合而言之道也, 疑亦非孟子意.

---

1 합하여……도이다: 맹자가 말했다. "인仁이라는 것은 사람다움이니, 이 둘을 합하여 말하면 그것이 바로 도道이다.[孟子曰, 仁也者, 人也. 合而言之, 道也.]"《맹자》〈진심상〉)

09-02. 達巷黨人曰, "大哉孔子! 博學而無所成名." 子聞之, 謂門弟子曰, "吾何執? 執御乎? 執射乎? 吾執御矣."

문 2장의 요지는 무엇입니까?

답 '당인黨人'의 뜻은 정자께서 모두 밝히셨다. 윤씨가 '모성인이부지慕聖人而不知(마을 사람이 성인을 사모하지만, 성인에 대해서 잘 알지 못한다.)'[2] 라고 한 것은 좋다. 범씨와 여씨가 '마을 사람은 성인을 안다.'라고 주장했는데 옳지 않다. '무소성명無所成名(이룬 것이 없음)'과 '무득이명無得而名(무어라 이름할 수 없음)'은 말의 뉘앙스가 다르다. 공자의 답변을 만약 정자의 설을 따른다면 '마을 사람이 자신(공자)을 알아주지 않는다.'라는 것이 희미하게 드러나니, 타당하지 않은 듯하다. 한편, '오장하吾將何 집어執御(내가 무엇을 하겠는가? 수레를 몰겠다.)'의 뜻에 대해서 말씀하신 것은 합당하다. 대개 '말고삐를 잡는다.'라고 한 것은 천한 일을 잘한다는 뜻이다. 양씨는 '당인은 공자가 하나의 이치로 관통한 분이라는 것을 몰랐다.'[3]라고 생각했는데, 마을 사람이 문제 삼는 바를 자세히 살펴보면 거기까지 이야기한 것 같지는 않다. '수레를 몰아 명성을 이루다.'와 '나는

---

2 모성인이부지: "윤씨가 말하였다. '……달항당達巷黨 사람이 공자의 위대함을 보았으나, 「배운 것이 너무 넓어서 도리어 한 가지로 이름을 이룬 것이 없다.」라고 의아하게 생각하였다. 이는 (공자께서) 「한 가지 뛰어난 재주로 세상에 이름을 얻지 못했다.」고 말한 것이다. 이것은 아마도 성인을 흠모하기는 하였으나 (성인을) 제대로 알지는 못한 자일 것이다.'[尹曰……達巷黨人見孔子之大, 意其所學者博, 而疑其無所成名, 謂不以一善得名於世. 蓋慕聖人而不知者也.]"《논어정의》

3 당인은……몰랐다: "양씨가 말했다. '달항당達巷黨 사람은 공자께서 「널리 배우셨다.」는 것만 알았을 뿐, 이른바 「하나의 이치가 모든 것을 꿰뚫는다.」는 것이 있음을 알지 못했다.'[楊曰, 達巷黨人知孔子博學而已, 不知有所謂一以貫之者.]"《논어정의》

많이 배운 사람이 아니다.'[4]라는 뜻은 다르다.

或問, 二章之旨.

曰. 黨人之意, 程子盡之矣. 尹氏所謂慕聖人而不知者, 亦善. 范呂以黨人爲知聖人者, 非是. 蓋無所成名, 與無得而名, 語意之抑揚自不同也. 但孔子答辭, 如程子說, 則亦微著黨人之不知己者, 恐亦未安. 但作自言吾將何執御之意乃安爾. 蓋嘗執御, 卽能鄙事之意也. 楊氏以爲黨人不知孔子有一以貫之者, 詳黨人語意所疑, 未遽及此. 執御成名, 亦與予非多學之意不同.

09-03. 子曰, "麻冕, 禮也. 今也純, 儉, 吾從衆. 拜下, 禮也. 今拜乎上, 泰也. 雖違衆, 吾從下."

문 3장에 관한 주장은 어떻습니까?

답 정자와 범씨, 윤씨가 타당하다.

或問, 三章之說.

曰. 程子范尹得之.

---

4 수레를……아니다: '여비다학予非多學'은 〈위령공〉의 "사야, 너는 내가 많이 배우고 그것을 모두 기억하는 사람이라고 생각하느냐?[子曰, 賜也, 女以予爲多學而識之者與?]"에서 인용한 말이다. '마차를 몰아 이름을 이룬다.[執御成名]'는 개념과 '나는 많이 배운 사람이 아니다.[予非多學]'라는 개념이 다르다고 한 것은 이 둘이 다루는 본질과 차원이 근본적으로 다르기 때문이다. '집어성명執御成名'은 마차 몰기와 같은 구체적인 기술[藝]을 통해 세상 사람들이 알아주는 외적인 명성을 얻는다는 의미다. 이는 공자孔子를 위대하다고 여기면서도 특정 분야의 전문가로 이름나지 않은 점을 아쉬워했던 달항당인의 세속적 관점이다. 반면 '여비다학'은 성인聖人의 지혜가 여러 지식을 잡다하게 모은 박학博學이 아니라, 하나의 원리로 모든 것을 꿰뚫는[一以貫之] 경지임을 말한다. 주희가 두 개념이 '다르다'고 강조한 것은 각각의 발언이 나온 본래의 맥락을 바로잡고 양씨의 해석이 가진 문제점을 지적하기 위함이다.

09-04. 子絶四, 毋意, 毋必, 毋固, 毋我.

문 성인은 조용히 중도를 따르시면서도 왜 '끊고, 금기하는 것'이 있습니까?

답 여기서 '절絶'은 '거절屛絶'의 '절'이 아니라, '완전히 끊어 버린다.'는 뜻이다. 옛날에는 '무毋'와 '무無'를 통용했다.《논어》에서는 '무毋'라고 썼고,《사기》에서는 '무無'라고 썼다. 하지만 경전에는 '무無'를 있다·없다는 뜻으로 쓴 경우가 많다. '무毋'는 금지할 때 쓰는 말이다. 따라서《사기》에 근거해서 정정해야 한다.

或問, 聖人從容中道, 而有所絶, 有所毋, 何也.
曰, 絶非屛絶之絶, 蓋曰毋之盡云爾. 毋, 無古蓋通用, 故論語作毋, 而史記作無. 然經傳多以無爲有無之稱, 毋爲禁止之辭, 則當以史記爲正.

문 '무의, 무필, 무고, 무아'에 대해서 자세히 들을 수 있습니까?

답 '무의'는 천리를 따르고 사사로운 의욕대로 하지 않는 것을 말한다. '무필'은 일마다 순리대로 하며 반드시 하겠다고 앞세우는 것이 아니다. '무고'는 얽매이지 않아 막히는 것이 없는 것을 말한다. '무아'는 사물과 사건에 크게 하나가 되어 제 몸을 사사롭게 여기지 않는 것이다. 사사로운 욕심에서 시작하면 무리해서 꼭 해야겠다고 행동하게 된다. 자기를 고집하면 편견에서 벗어나지 못한다. 일을 하기 전에 제 욕심이 앞서 반드시 하겠다 하면 그 이후 고집과 아집이 굳어져서 또 아집이 또 욕심을 내니, 이 악순환은 끝이 없다.

曰, 四者之說, 其詳奈何.
曰, 無意者, 渾然天理, 不任私意也. 無必者, 隨事順理, 不先期必也. 無固者,過而不留, 無所凝滯也. 無我者, 大同於物, 不私一身也. 四者始於意, 而行於必, 留於固, 而成於我. 蓋意必常在事前, 固我常在事後, 而我復生意, 循環不窮也.

문 정자의 말씀은 매우 깊습니다. '배우는 자는 처음에 반드시 이 네 가지를 끊어야 한다.'[5]라고 하셨는데 왜 그렇습니까?

답 이 장은 본래 성인에 관련된 것이지만, 정자께서는 배우는 자라면 마땅히 힘써야 한다고 생각하셨다. 장자께서도 '배우기 시작하여 덕을 완성할 때까지 양단兩端의 가르침을 다해야 한다.'[6]라고 생각하셨다. 그 말씀도 괜찮다.

曰, 程子之說固, 皆有深旨矣. 獨所謂學者之始, 須絶四者, 何也.
曰, 此本言聖人之事, 而程子以爲學者亦所當勉也. 張子以爲自始學至成德, 竭兩端之敎, 其說亦然耳.

문 여러 학자의 주장은 어떻습니까?

답 장자께서 앞서 4조목을 설명하셨는데, 모두 좋다. '네 가지에서 하나라도 가지고 있으면 천지와 합일할 수 없다.'[7]라고 하신 것은 '천리가 하

---

5 배우는……한다: 《어록》에서 말하였다. '……(마음을)「경敬」으로 지키면 극복해야 할「사사로운 나[己]」조차 없게 되고, 학문의 시작은 모름지기「네 가지를 끊어 버리는 것[絶四]」으로부터 출발해야 한다.'[語錄曰……敬則無己可克, 學之始則須從絶四去.]" (《논어정의》)

6 배우기……한다: "횡거가 말하였다. '……중니仲尼께서 네 가지를 끊으신 것[絶四]은 배움을 시작할 때부터 덕을 완성할 때 이르기까지 (수양의) 양쪽 끝단을 모두 다한 가르침이다.'[橫渠曰……仲尼絶四, 自始學至成德, 竭兩端之敎也.]" (《논어정의》)

7 네 가지에서……없다: "횡거橫渠가 말했다. '……의意는 사사로움이 있는 것이다. 필必은 기대하는 바가 있는 것이다. 고固는 (상황에 맞게) 변화하지 못하는 것이다. 아我는 (자신을 한정하는) 모난 구석(방향)이 있는 것이다. 이 네 가지 중에 하나라도

나로 관통하면 이 네 가지의 천착이 사라진다.'라는 의미인데, 그 뜻이 더욱 깊다. 범씨가 주장한 '의자기지사야意者己之私也'의 이하[8]와 여씨, 양씨의 주장은 모두 괜찮다.

曰, 諸說, 如何.
曰, 張子前四條皆善, 而所謂四者有一焉, 則與天地不相似, 謂天理一貫, 則無四者之鑿, 其旨尤精. 范氏意者己之私也. 以下及呂楊說, 皆得之.

09-05. 子畏於匡, 曰, "文王旣沒, 文不在玆乎? 天之將喪斯文也, 後死者不得與於斯文也, 天之未喪斯文也, 匡人其如予何?"

문 5장에 관한 주장은 어떻습니까?

답 공씨와 마씨의 구설은 대략 다음과 같다. '장상將喪'과 '미상未喪'은 모두 공자와 관련된 것이고, 공자께서 살아있으니 '하늘이 문文을 없애지 않겠다'라고 이미 결정한 것이다. 반면,《논어정의論語精義》의 여러 주장

있으면 천지와 닮지 못하게 된다.'[橫渠曰……意有私也. 必有待也. 固不化也. 我有方也. 四者有一焉與天地不相似.]"(《논어정의》)

8 의자기지사야의 이하: "범씨가 말하였다. '……의意라는 것은 자기의 사사로움이다. (이 사사로움이) 안에서 움직여 일에 얽매이게 되면「필必」이 생기게 된다. 필필이 생기면 (그것을) 굳게 지켜 바꾸지 않으므로,「고固」가 생기게 된다. 고固가 생기면「나我」를 잊을 수 없게 되므로,「아我」가 생기게 된다. 이 세 가지 필必, 고固, 아我는 모두「의意」에서 나온 것이므로, 의意가 그 (모든 병폐의) 시작이 된다. 이것이야말로 성인의 가르침이 정미精微함을 아는 것이다.[范曰……意者, 己之私, 動於內而係於事, 則有必. 必則守而不移, 故有固, 固則不能忘己, 故有我. 是三者皆出於意, 故意爲之先, 此知聖人之精微者也.]"(《논어정의》)

은 ('장상'과 '미상'의 주체를) 공자와 후학으로 나눠 보았고, '하늘이 문을 없앨지 여부를 아직 결정하지 않은 것'으로 파악한다. 마씨 주장을 따르면 '후사자後死者'는 공자 자신이 되고, 정자를 따르면 '후사자'는 마땅히 오씨의 주장을 따라서 나보다 뒤에 죽는 자가 된다. '그들이 나를 죽이면 후인이 이 도를 들을 수 없고, 그렇지 않다면 광인이 나를 어찌지 못한다.'라는 뜻이다. 문리를 따져보면 아마도 공씨와 마씨 주장이 타당한 것 같다. 〈술이〉 32장에 상세히 밝혀 놓았다.

或問, 五章之說.
曰, 孔氏, 馬氏舊說, 蓋以將喪未喪相因而爲已決之辭也. 精義諸說, 則以爲相對而未定之辭也. 從馬氏, 則後死者乃孔子之自名. 從程子, 則後死者當從吳氏爲後我而死者. 言我若當死, 則後人不得與聞斯道. 我若未當死, 則匡人無奈我何也. 然以文義推之, 恐當如孔氏馬氏之說, 七篇三十二章已詳言之矣.

문 정자(명도)께서 '성인께서 하늘을 자처하신 것[聖人自做著天]'[9]이라고 하신 말씀은 어떻습니까?

답 문리를 살펴보면 꼭 그렇지만 않다. 이치로 따져보면 부자는 하늘과 합일하나, 의식하지 못한 채 이렇게 말씀하셨다면 괜찮지만, 부자께서 의식하고 하늘과 통한다고 자처하여 이 말을 했다고 여기면 안 된다. 독자는 글에 가려 본의를 놓쳐서는 안 된다.

曰. 程子聖人自做著天之說, 如何.

---

9 성인께서……것: "명도 선생이 말하였다. '……(성인은) 상喪을 당하면 곧 나의 상이 되고, 상을 당하지 않았을 때는 곧 나의 상이 아님이 된다. (이는) 스스로 하늘의 이치 안에서 그렇게 존재하는 것이다. (그러므로) 성현의 말씀은 그 기상이 저절로 (범인과) 다른 것이다.'[明道曰……喪乃我喪, 未喪我未喪, 自做著天裏. 聖賢之言氣象自別.]" 《논어정의》

曰. 以文義考之, 則固不然. 以理而言, 則亦謂夫與天爲一, 而不覺其言之若此則可. 以爲聖人有心以天自處, 而爲是言則不可. 讀者不以辭害意可也.

09-06. 大宰問於子貢曰, "夫子聖者與? 何其多能也?" 子貢曰, "固天縱之將聖, 又多能也." 子聞之曰, "大宰知我乎! 吾少也賤, 故多能鄙事. 君子多乎哉? 不多也." 牢曰, "子云, '吾不試, 故藝.'"

문 왜 태재를 두고 오나라 사람인지 송나라 사람인지 의견이 분분합니까?

답 당시 두 나라에 모두 태재라는 관직이 있었다. 정씨는 오나라라고 생각했다. 형병은 《논어주소》에서 《춘추좌씨전》의 다음 기사를 인용했다. "노 애공이 탁고橐皐에서 회맹을 하려고 했다. 오자가 태재 비를 보내 맹약을 청했다. 공이 자공을 보내 사양했다. 자공은 또 오나라로 갔다". 정씨는 여기에 근거했다. 홍씨는 (다음을 근거로) 송나라 관직이라고 여겼다. 《열자》에 상나라 태재가 공자를 뵙고서 "공구께서는 성인이십니까?"라고 묻는 장면이 나온다. 송은 상의 후예로 상구에 도읍했으니, 여기서 말하는 상은 곧 송이다. 두 주장은 다른데, 어느 것이 옳은지 모르겠다. 그래서 두 학설 모두 남겨 두었다. 하지만 《열자》에는 우언이 많으므로 근거로서 부족하지 않을까 한다.

或問, 何以言太宰或吳或宋也.
曰. 當時惟二國有是官也. 鄭氏以爲吳, 而邢疏曰, 左傳魯哀公會於橐皐, 吳子使太宰嚭請尋盟, 公使子貢辭焉. 子貢又嘗適吳. 此鄭氏所據也. 洪氏曰, 宋太宰也. 列子稱商太宰見孔子曰. 丘聖者與. 宋. 商後又都商丘是也. 二說不同. 未知孰是. 故兩存之. 但列子多寓言. 恐或不足據耳.

문 옛날에는 '장將'을 '대大'로 풀었는데, 요즘은 왜 '태殆'라고 풉니까?
답 이는 소씨의 견해이다. '장'은 본래 '대'로 풀었는데, 그렇게 하면 이 글의 전후 문맥과 어울리지 않는다. 그래서 소씨의 주장을 따랐다.

曰. 舊說訓將爲大. 今以爲殆. 何也.
曰. 此蘇氏說也. 將固有訓大者. 然與此書前後文體不類. 故從蘇氏說耳.

문 다른 주장은 어떻습니까?
답 주장마다 나름대로 일리가 있다. 그중 범씨가 제일 낫다. 하지만 '공자께서 스스로 다능多能하다.'[10]라고 한 부분에는 논리가 미비하다. 윤씨는 다음과 같이 말했다. "군자의 경계는 도를 밝히는 것에 달려 있으니 다능과 관계가 없다고 생각해서 태재가 '부자는 과연 성인이신가? 그렇다면 이처럼 다능하지 않을 것이다.'[11]라고 의심했다". 이는 옳지 않다.

---

10 공자께서 스스로 다능하다: "범씨가 말하였다. '공부자께서는 스스로 성인이라 여기지 않으시고, 스스로 재주가 많다고만 여기셨으니, 이는 겸손하신 말씀이다.'[范曰. 夫子不自以爲聖. 而自以爲多能. 謙也.]"(《논어정의》)

11 부자는……것이다: "윤씨가 말하였다. '군자 중에는 본래 재주가 많은 이가 있다. 그러나 그가 군자가 된 까닭은 도道를 밝히는 데 있는 것이지, 재주가 많은 것에 있지 않다. 그러므로 태재가 (이 점을) 의아하게 여겨「그대는 과연 성인이신가? 그 재주가 많음은 어찌된 일인가?」라고 한 것이다. (이에 공자께서)「태재가 나를 (제대로) 아는가? 나의 많은 재주는 (모두) 비천한 일이다. 이는 내가 어릴 때 천했기 때문이다.」라고 말씀하신 것이니, 군자가 된 까닭은 실로 재주가 많은 것에 있지 않다.'[尹曰. 君子固有多能者矣. 而其所爲君子者. 在乎明道. 不在乎多能也. 故太宰疑之曰. 子果聖人歟. 其多能何也. 故曰. 太宰知我乎. 吾之多能鄙事. 蓋以少也. 賤故也. 而所以爲君子者. 實不在乎多能.]"(《논어정의》)

태재가 이 이치를 잘 몰라서, 다만 다능해야만 성인이 될 수 있다고 여겼다. 윤씨는 제 마음을 따라 이야기하고, 태재의 마음으로 보지 못했다. 하지만 성인이라면 반드시 다능하니, 만약 윤씨의 주장대로라면 논리가 맞지 않는다.

曰, 諸說, 如何.
曰, 諸說皆得之, 而范氏爲長, 但論孔子自謂多能處, 語有未備. 尹氏謂所以爲君子者, 在明道而不在於多能. 故太宰疑夫子果聖, 則不應多能如此者, 亦非是. 太宰豈知此理, 正以多能爲聖耳. 尹氏蓋以己之心言之, 而未嘗以太宰之心觀之也. 然旣曰聖人, 則其多能必矣, 如尹氏說, 亦有所偏也.

09-07. 子曰, "吾有知乎哉? 無知也. 有鄙夫問於我, 空空如也. 我叩其兩端而竭焉."

문 '무지無知'에 관한 주장은 어떻습니까?

답 장자의 허물은 정자께서 지적하셨다. 하지만 정자의 주장도 문리를 따져보면 잘 통하지는 않는다. 다만 경문을 겸사로 본다면 두 사람의 주장은 크게 문제가 되지 않는다. '공공空空'은 대개 경문의 비부鄙夫를 가리킨다는 주장이 많다. 장자께서 '무지無知'라고 푼 것은 문리가 크게 어긋나므로 아마도 틀린 것 같다. 범씨와 윤씨는 정자를 따랐다. 사씨의 뜻도 그렇다. 양씨만이 장자의 '무지'에 관한 주장을 따랐는데도 '공공'을 '비부'와 연결했다. 아마도 '(지위, 신분, 학벌 등을) 끼고 물으면 답하지 않는다.'라는 맹자의 주장[12]에 기대려 한 것 같으나 옳지 않은 것 같다.

或問, 無知之說.

曰, 張子之過, 則程子言之矣. 然程子之說, 於文義亦不甚通也. 惟以爲謙辭, 則無二者之嫌矣. 空空, 蓋指鄙夫而言, 張子以爲無知之意, 文意隔絶, 恐不然也. 范, 尹蓋從程子. 謝意亦然. 楊氏獨從張子無知之說, 而以空空屬之鄙夫, 蓋欲附其有挾之說耳. 似亦非是.

09-08. 子曰, "鳳鳥不至, 河不出圖, 吾已矣夫!"

문 8장에 관한 학설은 어떻습니까?

답 여타 주장이 큰 차이가 없다. 사씨만이 유자柳子(유종원柳宗元)의 〈정부貞符〉[13]의 논의를 근거로 삼았는데, 성인은 하늘과 인간의 관계가 무관하다고 보지 않았다.

或問, 八章之說.

曰, 諸說不相遠, 但謝氏之說, 原於柳子貞符之論, 聖人於天人相與之際, 恐不若是其恝然也.

---

12 맹자의 주장: "높은 지위를 내세우며 묻는 것, (스스로) 현명하다는 것을 내세우며 묻는 것, 나이가 많음을 내세우며 묻는 것, 공로가 있음을 내세우며 묻는 것, 오랜 친분이 있음을 내세우며 묻는 것, 이 모든 것은 (내가) 대답하지 않는 것이다. 등경이 이 가운데 두 가지를 가지고 있었다.[挾貴而問, 挾賢而問, 挾長而問, 挾有勳勞而問, 挾故而問, 皆所不答也. 滕更有二焉.]"《맹자》〈진심 상〉

13 〈정부〉: 진정한 상서로움이 무엇인지를 논해 황제에게 바친 악부시樂府詩로,《유하동집柳河東集》권1에 들어 있다.

09-09. 子見齊衰者冕衣裳者與瞽者, 見之, 雖少必作, 過之必趨.

문 9장의 관한 학설은 어떻습니까?

답 고주가 타당하다. 범씨는 고주를 근거로 삼았다. 범씨가 '교민敎民'이라고 해석했는데 성인의 본래 취지와는 부합하지 않는다. 성인은 예禮가 몸에 배서 자연스럽게 나온다. 양씨가 '이 모든 행동이 스스로를 다하는 것이며, 남을 위해서 하는 것은 아니다.'라고 한 것은 타당하다. 하지만 '그것이 사랑과 공경을 널리 펴기 위한 것'이라고 한 것은 앞서 한 말과 논리적으로 어긋난다. '고瞽'에 관해서 '그가 못 본다는 이유로 더 공경을 베푸는 것은 아니다.'라고 한 것은 오류가 심하다. 만약 그 주장대로라면 성인의 성심誠心이 이 세 가지에만 해당되게 된다. 성인의 아끼고 경건한 성심은 어디 간들 그렇지 않겠는가. 윤씨가 '보지 못한 사람을 기만하지 않았다.'라고 한 것도 옳지 않다. '(상복을 입은 사람이나 소경을) 보면 반드시 일어섰고, 그들이 지나갈 때 잰걸음으로 따라갔다고 하는 것'은 실제 공경을 더한 것이지, 기만하지 않으려는 것이 아니다. '기만하지 않는다.'라는 것은 '먼저 기만하려 들었을 때 생기는 것'이다. 성인께서는 본래 기만할 마음 자체가 없으니, (그냥) 일어나고 잰걸음으로 쫓아가신 것이다. 본래부터 기만의 뜻이 없었다.

或問, 九章之說.
曰, 古注得之. 范氏祖其說, 但謂所以敎民之云者, 非聖人自然中禮之謂. 楊氏以凡此皆自盡而非爲人者, 亦得之, 但謂所以廣愛敬者, 復與此語相戾耳. 至曰於瞽者, 非以其不見而加敬焉者. 似失之過. 蓋如其說, 則聖人愛敬之誠心, 何適不然. 何獨於此三者而然耶. 尹氏所謂不欺其不見者, 亦非是. 夫見之必作,過之必趨. 蓋實加敬焉, 非但不欺而已. 蓋不欺之名, 由有欺而後得. 聖人心本無欺, 則其作其趨, 固未有不欺之意也.

09-10. 顏淵喟然歎曰, "仰之彌高, 鑽之彌堅. 瞻之在前, 忽焉在後. 夫子循循然善誘人, 博我以文, 約我以禮, 欲罷不能. 既竭吾才, 如有所立卓爾. 雖欲從之, 末由也已."

문 안회의 탄식에 대해서 여러 학자의 의견은 어떻습니까?

답 정자의 학설이 제일 뛰어나다. 앞 네 구절(仰之彌高 鑽之彌堅 瞻之在前 忽焉在後)은 안자가 성인의 도는 진실고묘眞實高妙해서 확실히 파악할 수 없다는 것을 표현한 말이다. 지금 정자께서 '첨재전瞻在前'을 '미치지 못하다[不及]'로 풀고 '홀재후忽在後'를 '지나치다[過]'로 풀었는데, 그렇지 않은 것 같다. '약約'자의 뜻은 '미안未安'으로, 앞에서 이미 충분히 설명했다. 정자께서 이 뜻을 풀이하신 것은 매우 탁월하다. 하지만 독자는 그 말씀을 그냥 따르지 말고 마땅히 학문에 깊이 매진해 스스로 도를 깨달아야 한다. 한 발이라도 어긋나면 바로 부처나 노자 같은 잘못된 길로 빠지게 된다.

장자의 주장 역시 정밀하다. 하지만 그 말씀이 깊으므로 오래 숙고해야만 깨달을 수 있다. 장자의 말씀 중에 '고명박후高明博厚'는 '넓음[博]'을 뜻하고, '중中'은 '요약[約]'을 의미한다. 이 역시 '요점을 안다[知要]'는 측면에서 말씀하신 것이다. '지극히 큼[極大]', '중에 그침[止中]'을 논한 부분[14] 또

---

14 지극히……부분: "횡거가 말했다. '……그 큼을 지극히 한 연후에야 중中을 구할 수 있고, 그 중에 머무른 연후에야 (비로소 진정한) 큼을 소유할 수 있다.'[橫渠曰……

한 그렇다. 범씨의 주장은 상세하면서도 정확하다. 여씨가 말한 것 중에 '갈재이진竭才而進(재능을 다하게 하여 진전시킨다.)' 이하는 틀렸다. 이 장의 처음과 끝을 모두 '선유善誘(좋은 가르침으로 이끈다.)'라고 풀었는데 잘못이다. 이른바 '선유'라는 것은 '박문博文'과 '약례約禮' 이 둘 뿐이다. 사씨가 '구어소성지중求於所性之中(타고난 본성 속에서 구해야 한다.)'[15] 이라고 한 것은 역시 군더더기이다. 천하 모든 일이 내재적 성性에서 비롯되지 않은 것이 없다. 따라서 성인께서 학문을 논할 때 '위기爲己'인지 '위학爲學'인지 따졌을 뿐이고, 성性의 안에서 구하는지 아니면 성의 밖에서 구하는지는 따지지 않으셨다. 오씨가 '탁월하다는 것은 평소 생활에 있는 것이지 심오하고 적막한 것에 있지 않다.'라고 했는데, 이 말은 타당하다.

사씨는 장자의 '정용근절지학正容勤節之學(바른 용모와 엄격한 절제의 공부)'[16]을 외면의 위엄을 다스리는 것이고 예禮의 근본이 아니라서 그 배움이 전해질 것이 없다고 했는데, 이 또한 옳지 않다. 정자의 말씀을 살펴보면 예로써 가르치고 사람이 지켜야 할 바를 지키게 한 것을 바로 알

極其大然後中可求, 止其中而後大可有.]"(《논어정의》)

15 구이소성지중: "사씨가 말했다. '……(안회가 「스승의 도를) 따르고자 해도 따를 길이 없다.」고 하였으니, 그렇다면 안회의 학문이 어찌 밖의 것을 좇는 것이겠는가? (그것은) 장차 (자신의) 본성 가운데에서 (진리를) 구하고자 했을 뿐이다.'[謝曰……雖欲從之末由也已, 則回之學, 豈徇外者乎, 將以求於所性之中而已.]"(《논어정의》)

16 정용근절지학: "사씨가 말했다. '……횡거는 사람을 가르칠 때 예禮를 우선으로 삼았다. 그 큰 요점은 (사람들로 하여금) 용모를 바르게 하고 행동을 삼가도록 하고자 한 것이다. 그 뜻은 세상 사람들이 방종하고 흩어져 지킬 바가 없으니, 마땅히 예로써 (발 디딜) 땅을 삼아주고, 그 위에서 공부를 하도록 가르치려 한 것이다.'[謝曰……橫渠敎人, 以禮爲先, 大要欲得正容謹節, 其意謂世人汗漫無守, 便當以禮爲地, 敎他就上面做工夫.]"(《논어정의》)

수 있다. 또 병통으로 여긴 것은 '청허일대清虛一大' 같은 말로 사람을 다른 길로 빠지게 하는 것이었다. 사씨의 말은 대개 (공허한) 이상을 추구하다 생기는 병폐일 뿐이다. 양씨가 말한 '소립탁이所立卓爾(부자夫子의 도가 내 앞에 우뚝 서 있는 듯하다.)'[17] 구절은 타당하지 않고 나머지는 모두 괜찮다. 후씨의 '박博', '약約' 자에 대한 논의는 매우 훌륭하다. 다른 학자들이 할 수 있는 것이 아니다. '안자자득顔子自得(안자가 스스로 깨달았다.)' 이하[18]는 바르게 깨닫지 못한 것이다. 어찌 '박문博文'으로 천하를 감통하는 근거로 삼아 지킴을 뺏을 수 있는가. 이것 이외에는 호씨의 주장이 제일이 낫다. 하지만 '귀공성인歸功聖人(그 공을 성인에게 돌린다.)'[19]이라는 이 구절은 타당하지 않다. 여기서는 공을 누구에게 돌릴지 따지는 것은 아니다. 다만, 배움의 본말을 서술한 것이고 성인의 경지에 단박에 이를 수 없음을 탄식한 것이다.

或問. 顔子之歎諸家之說. 如何.
曰. 程子至矣. 但章首四言. 正是顔子見得聖人之道. 眞實高妙. 而苦未端的處.

---

17 소립탁이: "명도 선생이 말했다. '……(안회가 스승의 도를)「우러러보니 앞에 계신 듯하다가 문득 뒤에 계신 듯하다.」라고 한 것은 스승의 도가 마치 우뚝 솟아 서 있는 어떤 것처럼 보였을 뿐임을 말한다.'[明道曰……瞻之在前, 忽然在後, 見其如有所立卓爾而已.]"《논어정의》)

18 안자자득 이하: "후씨가 말했다. '……안자가 스스로 체득한 것이 이와 같았고, 공자께서 그를 인정한 것 또한 그러하였다. (이는) 또한 감응하여 마침내 천하의 이치를 꿰뚫어 통하는 경지인 것이다.'[侯曰……顔子自得如此, 孔子許之亦然, 亦是感而遂通天下之故.]"《논어정의》)

19 귀공성인: "호씨가 말했다. '(앞선 문맥에) 이어지는 일도 없는데 (안회가) 갑자기 탄식을 하였으니, 이는 안자의 학문이 이미 터득한 바가 있었기 때문이다. 그러므로 (그는) 자신이 「먼저 어려워했던 까닭」과 「나중에 터득하게 된 연유」를 서술하여, 그 공공을 성인에게 돌린 것이다.'[胡氏曰, 無上事而喟然歎, 此顔子學旣有得, 故述其先難之故, 後得之由, 而歸功於聖人也.]"《논어정의》)

今程子以瞻在前, 忽在後, 爲過不及, 恐其未然, 而約字之義未安, 則前已辨之矣. 得此義理一條, 尤爲卓絶. 然讀者亦當深造以道而自得之, 一毫之差則入於老佛之門矣. 張子之說亦精, 但其辭艱奧, 當熟味之乃可曉耳. 高明博厚言博也. 中言約也. 亦以知要而言也. 其論極大止中亦然. 范氏之說, 詳備正. 呂氏竭才而進以下失之矣. 且又以此章首尾皆爲善誘之事, 亦非也. 所謂善誘, 但博文約禮二事而已. 謝氏謂求於所性之中, 似亦贅語. 夫天下之事, 莫非所性之內者, 故聖人謂學, 但有爲己爲人之異. 而無性內性外之殊也. 吳氏之言, 有曰, 所謂卓爾, 亦在乎日用行事之間, 非所謂窈冥昏默者. 此言得之矣. 謝氏又以張子正容謹節之學, 爲外面威儀, 非禮之本, 故其學無傳之者, 此亦不然. 考諸程子之言, 則正取其以禮敎人, 使人有所據守, 其所病者, 乃在於淸虛一大之云, 使人向別處走耳. 謝氏之言, 大率未免好高之弊也. 楊氏所立卓爾一句未安, 他皆得之. 侯說博約二字甚善, 諸家所不及, 自顔子自得下, 則有不可曉者矣, 豈以博文爲感通天下之故而脫守邪. 此外則胡說最爲完備, 但歸功聖人一句未安. 蓋此非有所歸功, 但叙其所學之本末, 而歎其未能遽至聖人之地耳.

09-11. 子疾病, 子路使門人爲臣. 病間, 曰, "久矣哉, 由之行詐也! 無臣而爲有臣. 吾誰欺? 欺天乎! 且予與其死於臣之手也, 無寧死於二三子之手乎! 且予縱不得大葬, 予死於道路乎?"

문 11장에 대한 학설은 어떻습니까?

답 범씨와 양씨가 제일 낫다. 사씨는 자로의 뜻에 집중했는데 역시 괜찮다. 호씨의 주장이 제일 상세하다. 지금 여기에 부기해 둔다. 【호씨가 말했다. "이 일은 부자께서 사구의 직위를 잃고 치사하기 전의 사건임이 틀림없다."】

'몽전夢奠'[20]은 자로가 위나라에서 죽은 지 한참 지난 뒤이다. 대부가 연로해서 치사하더라도 전직대로 예우를 받을 수 있다. 가신을 둘 수 없는 것은 녹을 받지 않기 때문이다. 공자께서 처음에는 신하의 처신을 잘 모르기도 했지만 '내가 누구를 속이겠느냐?[吾誰欺]'라고 한 것은 허물을 당신에게 물으면서 자로를 강하게 질책하신 것이다.

或問, 十一章之說.
曰, 范, 楊最善. 謝氏所原子路之意, 亦得之矣. 則胡氏言之爲詳, 今附於此.【胡氏曰, 此必夫子失司寇之後, 未致其事之前也.】若夢奠則子路死於衛久矣. 大夫老而致事, 而得復從其列. 無家臣者, 無祿故也. 孔子初未嘗知爲臣之事, 而曰吾誰欺者. 引咎歸己以深責子路也.

문 만약 부자께서 병환이 들어 차도가 없어, 예법에 맞지 않게 가신으로 임종을 하게 한다면 어찌 성덕에 누가 되지 않겠습니까.

답 부자께서는 큰일을 당하셔도 제자의 이상한 행동을 보고 들으면 반드시 바로 잡아주셨을 것이다. 성인이시더라도 병이 없을 수 없겠지만 한순간이라도 병 탓에 정신을 잃은 적이 없으셨다.

或曰, 如使夫子疾病不間, 非禮之臣遂以奉終, 豈不仰累聖德乎.
曰, 夫子倘至大故, 耳目所接有異, 必遂正之矣. 聖人病則不能無, 若其方寸決不以病而憒也.

---

20 몽전: 《예기》〈단궁檀弓〉에 "내가 어젯밤에 꿈을 꾸었는데, (죽은 사람이 되어) 두 기둥 사이에 앉아 제사를 받고 있었다. 무릇 (지금 천하에는) 명철한 왕이 일어나지 않으니, 천하에 그 누가 능히 나를 (스승으로) 높이겠는가? 나는 아마도 곧 죽을 것인가 보다.[予疇昔之夜, 夢坐奠於兩楹之間. 夫明王不興而天下其孰能宗予. 予殆將死也.]"라고 하였으니, 공자의 죽음을 가리킨다.

09-12. 子貢曰, "有美玉於斯, 韞匵而藏諸? 求善賈而沽諸?" 子曰, "沽之哉! 沽之哉! 我待賈者也."

문 12장에 관한 주장은 어떻습니까?

답 범씨가 제일 낫다. 다만 '임금이 공경을 다하고 예禮를 극진히 갖추지 않으면 함께 일을 도모하기 어렵다.'[21]라는 구절은 이 장의 본의가 아니다. 사씨의 '도대불용道大不容(도가 너무 커서 용납할 수 없다.)'[22]라는 논의는 원래 《사기》에 나오는 것으로, 겉멋만[好高] 든 폐단 탓이다. 양씨가 주장한 '취천지도取賤之道(천한 것을 취하는 도)'[23]는 군자가 처음에도 뒤에도 행하지 않는데, 하물며 성인에 있어서랴. 후씨의 설은 또한 괜찮다.

或問, 十二章之說.

曰, 范說至矣. 但人君不致敬盡禮則不足與有爲一句非此之意耳. 謝氏道大不容之論, 蓋原於史記, 亦其好高之過. 若楊氏所謂取賤之道, 則君子初不爲此而後不行也, 況聖人乎? 侯氏說亦得之.

---

21 임금이……어렵다: "범씨가 말하였다. '……그러나 (공자에 대해) 군주가 공경을 다하고 예禮를 다하지 않으면 (공자께서는 그와) 더불어 무언가를 이룰 수 없다고 여기셨다. 그러므로 평생을 나그네로 지내시면서도 (자신의 도를 알아주는 군주를) 만나지 못하셨으니, 이는 곧 하늘의 뜻이다.'[范曰……然而人君不致敬盡禮, 則不足與有爲, 故終身旅人而無所遇, 此則天也.]"(《논어정의》)

22 도대불용: "사씨가 말하였다. '성인은 (자신의) 보배를 품고 있으면서 (그것을 쓰지 않아) 나라를 혼미하게 내버려 두는 분이 아니셨다. 그러나 (성인의) 도道가 너무나 위대하여 (당시 세상이) 그를 받아들이지 못했을 뿐이다.'[謝曰, 聖人非懷其寶而迷其邦者, 然其道大而不容也.]"(《논어정의》)

23 취천지도: "양씨가 말했다. '……만약 (공자께서) 좋은 상인을 적극적으로 찾아다니며 (자신을) 팔려고 하셨다면 그것은 스스로를 천하게 만드는 길이므로, 성인께서는 (결코) 하지 않으셨을 것이다.'[楊曰……若夫求善賈而沽, 則取賤之道, 聖人不爲也.]"(《논어정의》)

09-13. 子欲居九夷. 或曰, "陋如之何? 子曰, "君子居之, 何陋之有?"

문 구이九夷에 관한 학설은 어떻습니까?

답 형병은 구이를 현도, 낙랑, 고려 등으로 생각했다. 호씨도 다음과 같이 말했다. "군자는 기자를 가리킨다. 기자가 요동의 구이에 살았고, 그 가르침과 풍속이 한나라 때까지 전해왔으니, 부자께서 살던 시기에는 더욱 잘 보존되어 있었을 것이다." 이 주장은 아마도 반고班固의 학설을 따른 것 같은데 성인의 본의는 아닌 것 같다. 홍씨는 《상서》에 나오는 '회이'[24], '서융'[25]을 근거로, 서주徐州의 여莒, 노魯 사이에 섞여 사는 동이족이 있었다고 하였다. 어느 것이 확실한지 알 수 없다.

或問, 九夷之說.
曰, 邢以爲九夷蓋玄菟樂浪高驪之屬, 而胡氏亦曰, 君子指箕子也. 箕子居於遼東九夷之地, 其敎條風俗, 至漢猶存, 夫子之時, 又當純固, 此說, 蓋出於班固, 然恐非聖人之本意也. 若洪氏則又以爲書有淮夷徐戎, 蓋徐州莒魯之間有東夷雜居中國者, 亦未詳孰是也.

문 여타 주장은 어떻습니까?

답 정자께서 "거처하면 곧 감화感化되니, 어찌 누추할 것이 있겠는가." 라고 하셨는데, 성인과 관련된 사항이다. 《논어정의》에는 이 말씀을 신

---

24 회이: "成王東伐淮夷, 遂踐奄, 作成王政.(성왕이 동으로 회이를 정벌하고 마침내 엄나라를 멸망시켰다. 이에 〈성왕정〉을 지었다.)"《상서》〈채중지명蔡仲之命〉》

25 서융: "公曰, 嗟人. 無譁, 聽命. 徂茲淮夷徐戎並興(공이 다음과 같이 말했다. '아! 사람들아, 떠들지 말고 내 말을 들어라. 지난날에 회이와 서융이 함께 일어났다.')" 《상서》〈비서費誓〉》

지 못했다. 장자께서 "충신忠信과 독경篤敬을 다한다면 만맥蠻貊에서도 그대로 행할 수 있다."라고 하신 것은 배우는 자와 관련된 사항이다. 범씨와 윤씨는 이 두 가지를 구별하지 못했는데, 두 사람 모두 잘못이다. 명도 선생께서 말씀하신 '승부乘桴(뗏목을 타겠다.)'에 관해서는 이미 5편에서 논했다.

諸說如何.
曰, 程子所謂所居則化, 何陋之有者, 聖人之事也. 今精義失此語. 張子所謂忠信篤敬蠻貊可行者, 學者之事也. 范尹雜之, 兩失其旨矣. 明道乘桴之說則已論之於第五篇矣.

09-14. 子曰, "吾自衛反魯, 然後樂正, 雅頌各得其所."

문 14장에 관한 학설은 어떻습니까?
답 범씨, 사씨, 유씨는 틀렸다. 양씨, 후씨, 윤씨는 괜찮다. 더 상세한 것은 홍씨가 말한 것이 있다. 그래서 아래에 부기한다. 【홍씨가 말했다. "계찰이 (노나라에 문상 와서) 음악을 듣고 평가했다. 〈소아〉는 주나라가 쇠하는 것을 노래했고, 〈대아〉는 문왕을 노래한 것 같다. 정아正雅는 대아이고 변아變雅는 소아이다.' 이 무렵 왕도가 힘을 잃어 시가 사라졌다. 남아 있는 음악도 제대로 보존되어 있지 않고 순서도 헝클어졌다. 공자께서 위나라에서 노나라로 돌아오실 때 다른 나라에서 유실된 것을 찾아오셔서 시를 305편으로 정리하셨다. 이에 〈아雅〉와 〈송頌〉이 제자리를 잡게 되었다."】

或問, 十四章之說.
曰, 范, 謝, 游失之. 楊, 侯, 尹得之. 其詳則洪氏又言之矣. 洪氏曰, 季札觀樂, 以小雅爲周衰, 以大雅爲文王, 蓋以正變爲大小也. 是時王迹息而詩亡, 其存者繆亂失次, 孔子自衛反魯, 復得之他國以歸, 定著爲三百五篇, 於是雅頌各得其所.

09-15. 子曰, "出則事公卿, 入則事父兄, 喪事不敢不勉, 不爲酒困, 何有於我哉?"

문 15장에 관한 학설은 어떻습니까?

답 정자의 뜻이 정밀하다. 하지만 '나에게 무엇이 있으랴?[何有於我]'를 성인의 겸사로 여기지 않은 것은 실수이다. 범씨, 양씨도 그렇다. 사씨는 지나치다.

或問, 十五章之說.
曰, 程子之意精矣. 但失不以何有於我爲聖人之謙辭耳. 范, 楊亦然. 謝氏則過矣.

09-16. 子在川上曰, "逝者如斯夫! 不舍晝夜."

문 '강가에서 탄식하신 말씀'을 정자께서 '순수함이 끝이 없다.[純亦不已]'[26]라고 해석했는데, 과연 성인의 본의입니까?

답 정자의 말씀은 성인의 뜻이 본래 이와 같다는 것이 아니다. 말하자면, 마음이 이와 같지 않으면 천리가 이와 같음을 볼 수 없다는 것이다.

---

26 순수함이 끝이 없다: "이로써 군자는 그것[하늘의 굳건함]을 본받아 스스로 굳세게 하여 쉬지 않는다. 그 경지가 지극함에 이르면 (그 마음이) 순일純一해져 또한 그치지 않는 것이다.[是以君子法之, 自强不息. 及其至也, 純亦不已焉.]"《논어집주》

或問, 川上之歎, 程子所謂純亦不已者, 其果聖人之本意乎.

曰, 程子之言, 非以爲聖人之意本如是也. 亦曰非其心之如是, 則無以見天理之如是耳.

문 요처要處가 다만 신독愼獨에 있다는 것은 어떤 뜻입니까?

답 이 도를 체득하고자 한다면 이와 같아야 한다는 것을 말씀한 것이다. 도는 항존恒存(시간과 공간에 구속되지 않고 항상 일정함)하지만, 오직 홀로 있을 때 삼가야 진체眞體(도의 참모습)를 끊김이 없이 온전히 체득할 수 있다.

其曰, 其要只在愼獨者, 何也?

曰, 言人欲體此道者, 當如此也. 蓋道無時而不然, 惟愼其獨, 則可以無所間斷而不虧眞體.

문 여러 학자의 주장은 어떻습니까?

답 범씨, 사씨, 윤씨는 모두 들은 것을 주장했는데 좋은 것도 있고 나쁜 것도 있다. 양씨의 '불서不逝'[27]에 관한 주장은 도가道家나 불가佛家에서 말하는 것이지 성인의 본의가 아니다.

曰, 諸說如何.

曰, 范, 謝, 尹氏之說, 皆述其所聞者, 而互有得失. 楊氏不逝之說, 則老佛之云, 非聖人之意矣.

---

27 불서: "양씨가 말했다. '……흘러가는 것이 이와 같음을 알면 곧 흘러가지 않는 것이 있어 흘러가는 것과는 다름을 알게 될 것이다.'[楊曰……知逝者如斯, 則知有不逝者異乎此矣.]"《논어정의》

문 순자는 "공자께서 큰 강을 보시면 반드시 살펴보셨다."[28]라고 했고, 맹자는 "중니仲尼께서 강 물[水]을 자주 말씀하셨다.'[29]라고 했으니, 근본이 있다는 뜻을 특별히 취한 것입니다. 이 장과 다른 뜻이 있습니까?

답 이 장은 특정한 때의 말씀이 아니다. 하지만 맹자의 말씀에 대해 궁극에까지 미루어가면 역시 정자의 뜻이다.

曰. 荀子稱孔子見大水必觀焉, 而孟子論仲尼亟稱於水, 特取有本之意. 其與此意有以異乎.

曰. 此未必一時之言也. 然孟子之言, 推其極則亦程子意矣.

09-17. 子曰, "吾未見好德如好色者也."

문 17장에 관한 학설은 어떻습니까?

답 여러 설이 모두 좋은데, 호씨가 가장 상세하다. 【호씨가 말했다. "덕을 좋아하는 것을 색을 좋아하는 만큼만 한다면 이는 호덕이 그리 깊지 않다. 색을 좋아하지 않고 덕도 좋아하지 않는다면 색을 좋아하지 않은 것이 어디로 향하겠는가? 색이라는 것은 모든 사람이 좋아하는 것이어서, 좋아하더라도 이루기 어렵다. 덕은 모든 사람이 좋아하는 것이어서, 좋아하더라도 가까이하기 어렵다. 병통을 알아 처방하여 강아지풀 같은 잡초가 곡식을 해치지 못하도록 하면 지기

---

28 공자께서……살펴보셨다: "공자가 동쪽으로 흐르는 물을 바라보고 계셨다. 자공이 공자께 여쭈어 말하였다. '군자가 큰 물을 보면 반드시 (그것을) 유심히 살피는 까닭은 무엇입니까?'[孔子觀於東流之水. 子貢問於孔子曰, 君子之所以見大水必觀焉者, 是何?]"(《순자荀子》〈유좌宥坐〉)

29 중니께서……말씀하셨다: "서자가 말했다. '중니께서는 물을 거듭 칭송하셨습니다. (공자께서) 「물이여! 물이여!」라고 말씀하셨는데, (이는) 물에서 어떤 덕을 취하신 것입니까?'[徐子曰, 仲尼亟稱於水. 曰, 水哉, 水哉. 何取於水也?]"(《맹자》〈이루 하〉)

志氣가 청명하고 만물의 표상에 홀로 우뚝 설 것이다."】

或問, 十七章之說.
曰, 諸說皆善, 而胡氏詳矣.【胡氏曰, 好德而好色, 是好德而未能深也. 不好色而不好德焉, 則其不好色亦何所就也. 是故色者, 人之所好, 好而難流, 德亦人所同好, 好而難親. 知其病而痛藥之, 不使稂莠得害嘉穀, 則志氣淸明而獨立乎萬物之表矣.】

09-18. 子曰, "譬如爲山, 未成一簣, 止, 吾止也. 譬如平地, 雖覆一簣, 進, 吾往也."

문 18장에 관한 주장은 어떻습니까?

답 여러 설이 모두 좋다. 하지만 '내가 멈춘 것[吾止]', '내가 나아간 것[吾往]'을 논한 부분은 모두 타당하지 않다. 양씨가 '나아가거나 멈춤이 내게 달렸다.'라고 했는데, 문리는 맞지만 오히려 대의와는 부합하지 않는다. 호씨가 제일 좋다.【호씨가 말했다. "안연은 '순임금은 어떤 사람인가? 나는 또 어떤 사람인가? 훌륭한 일을 이루면 모두 같은 사람이다.'라고 했는데, 이것은 '내가 나아가는 것'이다. 염구는 '선생님의 도를 좋아하지 않는 것이 아니라, 힘이 모자랄 뿐입니다.'라고 했는데, 이것은 '내가 멈추는 것이다.' '나아가는 것과 멈추는 것'은 모두 타인이 관여하는 것이 아니다. 이 때문에 군자는 스스로 강건히 하여 쉬지 않고 정진[自强不息]하는 것이다."】

或問, 十八章之說.
曰, 諸說皆善, 而其論吾止吾往者, 皆不得其說. 楊氏進止在我之云, 則得其文義矣. 而於其大旨, 乃反失之. 惟胡氏爲盡善耳.【胡氏曰, 顔淵曰, 舜何人也. 予何人也. 有爲者亦若是. 此吾往者也. 冉求曰, 非不悅子之道, 力不足也. 此吾止者也. 其進其止皆, 皆非他人所能與, 此君子所以自强不息也.】

09-19. 子曰, "語之而不惰者, 其回也與!"

문 19장에 관한 주장은 어떻습니까?
답 정자와 범씨의 설이 타당하다. 여씨의 설은 타당하지 않다. 사씨 설도 나쁘지 않다. 대개 '게으르지 않음[不惰]'을 '받아들임[領受]'으로 해석했는데, 이것은 잘못이다.

或問, 十九章之說.
曰, 程子, 范氏得之. 呂說未安. 謝說不異. 蓋又以不惰爲領受之意也. 亦失之矣.

09-20. 子謂顔淵曰, "惜乎! 吾見其進也, 未見其止也."

문 20장에 관한 학설은 어떻습니까?
답 '지止'는 특히 게을러서 나아가지 못하는 것을 일컫는다. 여러 학설은 이를 성인의 극치라고 여겨 상·하 장의 뜻으로 살폈지만, 아마도 그렇지 않은 것 같다. 다만 장자의 말씀이 절로 일의一義가 되니, 깊이 음미해야 한다.

或問, 二十章之說.
曰, 止特謂惰而不進耳. 諸說以此爲聖人之極致. 以上下章意考之, 恐不然也. 然張子之言自爲一義, 亦不可不深玩耳.

09-21. 子曰, "苗而不秀者, 有矣夫! 秀而不實者, 有矣夫!"

문 21장에 관한 주장은 어떻습니까?
답 범씨, 후씨, 윤씨가 타당하다. 사씨는 소략하다. 양씨는 '싹이 자라는 것'을 뜻으로 삼으면서 '맹자께서 송인宋人을 비유로 든 것'[30]으로 설명했는데, 그 어긋남이 심하다.

或問, 二十一章之說.
曰, 范, 侯, 尹氏得之. 謝氏踈矣. 楊氏乃爲苗生義, 而以孟子宋人之譬言之, 其支甚矣.

09-22. 子曰, "後生可畏, 焉知來者之不如今也? 四十五十而無聞焉, 斯亦不足畏也已."

문 22장에 관한 학설은 어떻습니까?
답 범씨, 여씨, 윤씨가 타당하다. 양씨가 "성인은 남들과 함께 선을 행하면서도, 혹시 그들이 게을러질까 걱정하여 그만둔다."[31]라고 한 설명

---

30 맹자께서……것: "……반드시 의義를 실천하는 일을 하되 (결과를) 미리 기대하지[勿正] 말고, 마음속으로 잊지도 말고, 억지로 자라게 도와서도 안 된다. 송나라 사람처럼 해서는 안 된다. 송나라 사람 중에 자기 싹이 자라지 않는 것을 안타깝게 여겨 그것을 뽑아 올린 자가 있었다. 지친 모습으로 집에 돌아와서 가족들에게 말하기를, '오늘 피곤하구나. 내가 싹이 자라는 것을 도와주었다.'고 했다. 그 아들이 달려가서 보니, 싹은 이미 말라 있었다.……[……必有事焉而勿正, 心勿忘, 勿助長也. 無若宋人然, 宋人有閔其苗之不長而揠之者, 芒芒然歸. 謂其人曰, 今日病矣, 予助苗長矣. 其子趨而往視之, 苗則槁矣.……]"(《맹자》〈공손추 상〉)
31 성인은……그만둔다: "양씨가 말했다. '……대개 성인은 (사람들이) 선善을 행하도

역시 도움이 된다.

或問, 二十二章之說.

曰, 范, 呂, 尹氏得之. 楊氏聖人與人爲善, 又恐其怠而止之說, 亦有功.

09-23. 子曰, "法語之言, 能無從乎? 改之爲貴. 巽與之言, 能無說乎? 繹之爲貴. 說而不繹, 從而不改, 吾末如之何也已矣."

문 23장에 관한 학설은 어떻습니까?

답 범씨와 사씨, 양씨가 타당한데, 양씨의 설이 더욱 치밀하다. 호씨는 한문공翰文公(한유韓愈), 송관지宋貫之(송함宋咸), 소식蘇軾의 설을 근거로 삼아 또 다른 설을 제시하였는데, 이 역시 살펴볼 만하다.【호씨가 말했다. "'법언法言'이라는 것은 이윤이 말한 '너의 마음을 거스르는 것'[32]을 말한다. 이치상 거절할 수 없어 애써 따르기는 하지만, '마음을 거스르는 것[逆心]'이기에 (자신의 행동을) 고칠 수 있는 이는 드물다. '손언巽言'이라는 것은 이윤이 말한 '너의 마음에 따르는 것'[33]을 말한다. 감정에 어긋나는 점이 없으므로 듣기에 달콤하고 기분 좋게 느끼지만 '뜻에 순종하기만 하는 것[遜志]'이라서 그 내용을 깊

록 이끄시면서, 또한 그들이 (중간에) 게을러져서 그만둘까를 염려하셨다. 그러므로 (때로는 칭찬하고 때로는 경계하시며) 그 말씀을 이와 같이 억양抑揚하신 것이다.[楊曰……蓋聖人與人爲善, 又惡其怠而止, 故抑揚其詞如此.]"(《논어정의》)

32 너의……것: "말이 당신의 마음에 어긋나면 반드시 도에서 구하라.[有言逆于汝心, 必求諸道.]"《상서》〈태갑太甲〉

33 너의……것: "만약 (어떤) 말이 그대의 뜻에만 순종한다면 (그것은) 반드시 도道가 아닌 방법으로 (무언가를) 구하려는 것이다.[有言遜于汝志, 必求諸非道.]"《상서》〈태갑太甲〉

이 파고들어 살펴 보는 이는 드물다. 고치면 '법언'은 참으로 큰 공공이 되고, 탐구하면 '손언'은 얻을 것이 없다. 이것이 곧 한 사람의 수양[修]과 타락[壞], 그리고 나라의 다스림[治]과 혼란[亂]이 비롯되는 근원이다."】

或問, 二十三章之說.
曰, 范, 謝, 楊氏得之, 而楊氏爲尤密. 胡氏本韓文公, 宋貫之, 蘇氏之說, 又別一意, 然亦可觀.【胡氏曰, 法言者, 伊尹所謂逆於汝心者也. 理不可拒, 故勉而從之, 然以其逆心也. 故能改革者鮮矣. 巽言者, 伊尹所謂遜於汝志者是也. 情無所牾, 故甘而悅之, 然以其遜志也, 故能尋繹者鮮矣. 改則法言爲有功, 繹則巽言爲無取, 此身之修壞, 國之治亂之所由也.】

09-25. 子曰, "三軍可奪帥也, 匹夫不可奪志也."

문 25장에 관한 학설은 어떻습니까?
답 후씨가 타당하다. 양씨는 너무 멀리 갔다.

或問, 二十五章之說.
曰, 侯氏得之. 楊氏遠矣.

09-26. 子曰, "衣敝縕袍, 與衣狐貉者立, 而不恥者, 其由也與? '不忮不求, 何用不臧?'" 子路終身誦之. 子曰, "是道也, 何足以臧?"

문 26장에 관한 주장은 어떻습니까?

답 범씨와 여씨, 윤씨의 학설이 모두 타당하다. 단 범씨가 '남보다 못함을 부끄러워한다.', '악을 미워하는 마음'[34]이라고 한 것은 타당하지 않다. 사씨의 의도 역시 매우 좋지만, '그 처음을 잊지 않으면 거의 작은 성취[小成]에 가깝다.'[35]라고 한 두 구절은 무슨 뜻인지 알기 어렵고, 이어지는 후반부 해설 역시 치우친 면이 있다. 학자가 (눈앞에) 탐낼 만한 것[可欲]을 보지 않는다고 해서 수양을 게을리하는 일이 결코 없을진대, 어찌 반드시 탐낼 만한 것이 (눈앞에) 보이기를 기다렸다가 그제야 힘을 쏟는단 말인가?

양씨는 '시기하지 않고 요구하지 않는 것[不忮不求]'을 '덕을 닦는 일[修德]'이라고 보면서도 동시에 '날로 새로워지는 경지[日新]로 나아가는 방도는 아니다.'라고 하였는데 이는 자기 모순이다. 덕을 닦으면서 날로 새로워지지 못한다면 덕을 닦아 무엇하겠는가? 증씨가 "자로는 뜻을 높이 세우고 외물外物은 관심에 두지 않았다. 해진 옷을 입더라도 부끄러워하지 않았고, 갖옷과 수레를 친구와 같이 쓰면서 해지거나 낡더라도 불만을 가지지 않았다."라고 했는데, 이 해석은 매우 좋다.

或問. 二十六章之說.

---

34 남보다……마음: "범씨가 말했다. '……무릇 (자신이) 남보다 못함을 부끄러워하는 것은 (남을) 시기하고 미워하는 마음을 갖게 되는 것이다. 이는 (자신의 본성을) 해치는 것이고 또한 (명예를) 탐하는 것이다.'[范曰……夫恥不若人, 則有疾惡之心, 是害且貪也.]"(《논어정의》)

35 그 처음을……가깝다: "사씨가 말했다. '……(어떤 가르침을) 평생토록 외우는 것은 오히려 그 처음을 잊지 않는 수준에 머무는 것이다. (그러나 만약) 이미 이 경지에 도달했음에도 여전히 평생토록 그것을 외운다면 (그것이야말로) 작은 이룸에 가깝다고 할 수 있다.'[謝曰……終身誦之, 猶爲不忘其初, 已造乎此, 猶終身誦之, 則幾於小成者.]"(《논어정의》)

曰, 范, 呂, 尹氏說皆得之. 但范氏恥不若人疾惡之心之語, 未安. 謝氏之意亦佳, 但不忘其初幾於小成二語, 不知其所謂, 後段語意亦偏. 學者不見可欲, 未嘗不加存養, 豈必求見可欲, 然後用其力邪? 楊氏以不忮不求爲修德之事, 而又曰非所以進於日新, 則其語自反矣. 夫修德而不能日新, 則亦何貴於修德也邪. 曾氏以爲子路尙志而忘物, 惟其不恥敝衣, 故能車馬輕裘與朋友共敝之而無憾, 此意亦善.

09-27. 子曰, "歲寒然後知松柏之後彫也."

문 27장에 관한 학설은 어떻습니까?

답 범씨, 사씨의 주장이 타당하다. "배우고자 하는 자는 반드시 덕을 두루 갖추어야 한다."라는 사씨의 주장이 옛 판본[舊本]에 실려 있는데, 이 장의 뜻을 제일 잘 살렸다. 후대에 내놓은 판본[後本]에서 이 부분을 삭제하였는데, 왜 그렇게 했는지 모르겠다.

或問, 二十七章之說.
曰, 范謝得之. 謝說舊本有欲學者必周於德一句, 最能發明此章之意, 後本削之, 不識其何意也.

09-28. 子曰, "知者不惑, 仁者不憂, 勇者不懼."

문 28장에 관한 주장은 어떻습니까?

답 사씨가 타당하다. 하지만 어투가 덜 부드럽다.

或問, 二十八章之說.
曰, 謝氏得之, 但辭氣少和平耳.

09-29. 子曰, "可與共學, 未可與適道, 可與適道, 未可與立, 可與立, 未可與權."

문 29장에 관한 학설은 어떻습니까?

답 정자와 양씨가 제일 낫다. 정자께서 권權(권도權道)을 논하면서 '반경反經(경을 거스르는 일)'이 아니라고 본 점[36]은 선유先儒가 미처 미치지 못한 견해다. 선유가 이렇게 말한 까닭은, 다음 장을 이 장과 이어진 것으로 여겨 합쳐 읽으면서 '당체唐棣', '편번偏反' 운운한 문구가 이 장과 관련되었기 때문이다. 결국 오해하여 이러한 설을 내어놓게 되었다.

무릇 장구章句의 구분이 조금만 어긋나도 처음에는 그 실수가 작아 보이나 그로 인해 생기는 학설 상의 폐단이 여기에까지 이르게 되니, 장구의 학문을 어찌 소홀히 할 수 있겠는가. 정자는 선유의 실수를 파악하였으나, 잘못된 이유가 바로 '장章'이 섞여 있기 때문임을 끝까지 밝히지는 못했다. 그래서 이 장의 뜻을 깊이 파악했음에도 아래 장과 연결하는 실수를 면하지 못하였다. 여러 학자가 '권'을 논할 때 모두 정자의 학설을 바탕으로 했으나 사씨의 주장이 가장 치밀하다. 그러나 모두가 아래 장과 합쳐 해설한 탓에 모두 제대로 통하지 않는 부분이 남게 되었다. 오직 범씨가 처음으로 '분장分章의 잘못'을 바로 잡았으나, '반경'에 대해 변론한 부분에 있어서는 정작 그런 오류가 어디서 시작되었는지 파악하지 못

---

36 권을……점: "정이천이 말했다. '……사람들은 흔히 경經(원칙)을 어기면서 도道에 합치하는 것을 권도權道라고 여긴다. 그러나 실제로는 원칙을 어긴 것이 결코 아니다. 권權이라는 것은 저울과 같다. (상황의) 가볍고 무거운 것을 (저울질하여) 양쪽을 평형으로 맞추는 것이 바로 「권」의 본래 의미다.'[伊川……人多以反經合道爲權, 其實未嘗反經. 權猶衡, 輕重兩平, 乃權之義.]"(《논어정의》)

하였다.

或問, 二十九章之說.

曰, 程子, 楊氏至矣. 而程子論權非反經之意, 則非先儒所及也. 然原先儒之爲是說, 蓋由以下章合於此章而有唐棣偏反之云, 遂誤以爲此說耳. 夫章句之差, 初若小失, 而其說之弊, 遂至於此, 章句之學, 其亦豈可忽哉! 程子雖知先儒之失, 而未及究所以失者乃在於此, 故論此章之意雖得之深, 而亦不免於通下章以爲說也. 諸家論權, 皆祖程子之說, 而謝氏爲尤密, 然皆幷下章爲說, 故皆有所不通. 惟范氏始正分章之失, 而其所辨夫反經者, 則亦未知其所以失之之端也.

문 정자와 범씨 등의 여러 해설을 보면 모두 마치 두 가지 물건을 저울질하여 가벼운 것은 버리고, 무거운 것을 취한다는 뜻인 듯합니다. 한편 사씨의 해설은 '단 하나의 물건을 달아 보되, 앞뒤로 움직여 권權(저울추)으로 평형을 잡는다.'는 취지입니다. 그런데 여러 학자가 모두 정자의 설을 본받는데도, 어째서 사씨가 유독 더 치밀하다고 한 것입니까?"

답 여러 학자들의 해설을 보면 과연 둘을 달아 보고 가벼운 것을 버리고 무거운 것을 취한다는 것 같다. 그렇지만 그중에서도 범씨의 해설이 가장 자세하다. 범씨가 따로 설명한 '요순堯舜'의 사례를 들어 말해 보겠다. 무릇 '천하天下'라는 것도 하나의 (물건과 같은) 대상이며, '현자에게 물려줄 것인가, 자기 자식에게 물려줄 것인가?' 하는 것은 저울추[分兩]를 달아야 하는 문제다. 가령 요순시대에 '자식에게 물려주자'는 쪽으로 저울추를 올려놓으면 천하는 너무 무겁고 자식은 가벼워서 그 저울이 기울어진다. 그렇다고 (천하를) '현자에게 물려주자'는 쪽으로 저울추를 올려놓아 사악四岳이나 고요皐陶 같은 인물에게 맡긴다면 천하라는 무게를 이겨

내기 부족하여 저울이 기울어짐을 면치 못한다. 그러므로 반드시 순舜이나 우禹 같은 인물에게로 귀속[歸]되어야만 비로소 제대로 평형[平]을 얻을 수 있다. 이는 범씨가 다 밝히지 못한 뜻으로 여러 학자가 동일하다. 그것이 사씨의 해설에 또한 무슨 차이가 있겠는가.

曰. 程子. 范氏諸說. 似皆以爲稱二物而舍輕取重之意. 謝氏則爲稱一物而進退以權平者也. 今以諸家皆祖程說. 而謝尤密何邪?

曰. 諸家之說固疑於稱二物而舍輕取重矣. 而范氏之說爲詳. 今請以其所別堯舜之說論之. 蓋天下者. 物也. 與賢與子者. 分兩之所在也. 當堯舜之時. 以權加諸與子. 則天下重與子輕. 而其權仰矣. 然加諸與賢而屬之四岳皐陶. 則未足以勝天下之重. 而未免於仰也. 故必歸之舜禹而後適得其平焉. 此范氏不盡之意而諸家之所同也. 其於謝氏之說亦何異哉?

09-30. "唐棣之華, 偏其反而. 豈不爾思? 室是遠而." 子曰, "未之思也, 夫何遠之有?"

문 30장에 관한 학설은 어떻습니까?

답 그 뜻은 정자가 말한 '난이難易(어려움과 쉬움)'에 대한 해설이 완전히 짚어내었다. 그러나 (이 장의) 문맥적 의미 가운데 앞 장章과 이어지는 부분을 모두 놓쳐버렸으니, 범씨 또한 (그 점에 있어) 제대로 해내지 못했다.

或問. 三十章之說.

曰. 其意則程子難易之說盡之矣. 其文義則凡係於上章者皆失之. 而范氏亦未爲得也.

문 혹자는 《시경》 〈소아小雅 당체棠棣〉 중 한 장章이 바로 공자께서 시를 산삭刪削할 때 삭제하고 채택하지 않은 것이라고 하던데, 과연 그러합니까?

답 그렇지 않다. 《이아爾雅》를 살펴보면, '당체棠棣는 체棣다.', '당체唐棣는 체栘다.'라고 하였는데, 그렇다면 〈소아〉에 나오는 '당체棠棣'와 이 장章에 나오는 '당체唐棣'는 서로 다른 식물이다. 더구나 저 시(〈소아 당체〉)는 시문의 뜻이 서로 이어져 있고, 산삭한 흔적도 전혀 없다. 만약 (공자가) 이를 산삭했다고 한다면, 도대체 그 시 중 어느 장章을 이 장의 경문이라고 여겨야 한다는 말인가? 아무리 따져 봐도 근거가 없고, 실제로도 부합하지 않는다. 그리고 이 문제는 대의大義에 직결되는 것도 아니니, 무엇 때문에 억지로 (두 내용을) 하나로 꿰어 맞추고, 무리하게 연결하려 하는 것인가?

曰. 或以小雅棠棣之一章. 而夫子所刪而不取者也. 信乎.
曰. 不然也. 按爾雅棠棣棣唐棣栘. 則小雅之棠棣. 與此章之唐棣. 非一物矣. 且彼詩文義屬連. 無刊削之迹. 必爲所刪. 則未知以此爲彼之第幾章乎? 考之無證. 而驗之不合. 且又非大義之所存也. 亦何必曲爲之說. 而强通之耶.

문 선생님은 어째서 '편偏'이라는 글자를 '편翩'으로 읽으십니까?

답 이것은 비단 《진사晉史》에서만 그런 것은 아니다. 《시경》〈소아小雅 각궁角弓〉에도 이미 '편기번의翩其反矣'라는 구절이 있다. 또 한漢 무제武帝의 부賦에서 이른바 '편하산산기래지偏何姍姍其來遲(어찌 저리도 우아하게 나부끼며 느릿느릿 걸어오는가.)'라는 말이 나오는데, 해설하는 사람이 '산산姍姍'을 걸어가는 모습[行貌]이라고 하였으니, 역시 '편翩'이라는 글자를 '편偏'으로 읽어야 한다.

曰. 子何以偏爲翩也.

曰. 非獨晉史爲然也. 角弓之詩固有翩其反矣之句矣. 而漢武之賦. 所謂偏何姍姍其來遲, 說者以姍姍爲行貌, 則亦以翩爲偏字也.

10. 향당鄕黨

문 〈향당〉 서序의 여러 해설은 어떻습니까?
답 모두 정자의 해설에 기원하는데 윤씨의 해설이 요약되고 정밀하다. 양씨가 세상의 유자들을 꾸짖는 해설은 공로가 있다. 범씨의 해설은 편에 알맞고 또한 명백하며 절실하고 지극하다.

或問. 序篇諸說. 如何.
曰. 是皆原於程子. 而尹氏約而精矣. 楊氏訑世儒之說爲有功. 范氏說在篇中亦明白而切至也.

10-01. 孔子於鄕黨, 恂恂如也, 似不能言者. 其在宗廟朝廷, 便便言, 唯謹爾.

문 '순순恂恂'을 누군가는 성실하고 믿음직하다 하고, 누군가는 온화하고 공손하다 하는데 무엇 때문입니까?

답 《시경》과《서경》의 훈고로 살펴보면 신실하다고 해야 하지만 거기에도 온화하고 공손하다는 뜻이 있다.

或問, 恂恂或以爲誠信, 或以爲溫恭, 何也.
曰, 以詩書訓詁考之, 宜以爲信實, 然亦有溫恭之意也.

문 양씨의 '편편便便'에 관한 해설은 어떻습니까?

답 그가 '일을 가리지 않고 편안해 한다.'라고 한 주장은 좋지만, 근거가 없고, 게다가 ('편편'을 이 뜻으로 보면) 다음 글(유근이唯謹爾)이 이어지지 않으니, '명변明辨'(분명하게 분별하다.)이라는 훈고를 따르는 것이 옳다.

曰. 楊氏便便之說, 如何.
曰. 其說美矣, 然無所據, 且下文不屬, 當從明辨之訓爲得之.

10-02[1]. 朝, 與下大夫言, 侃侃如也, 與上大夫言, 誾誾如也. 君在, 踧踖如也, 與與如也.

문 '은은誾誾'과 '간간侃侃'의 훈고가 다른데, 《설문해자說文解字》의 풀이를 옳게 여긴 것은 어째서입니까?

답 "노나라의 도가 쇠하자 수수洙水와 사수泗水 사이에서 사람들이 다투었다.[齗齗如]"[2]라고 사마천司馬遷이 말했는데, '은은齗齗'을 '은은誾誾'이라

---

1 10-2: 《논어혹문》에는 〈향당〉 1장과 2장이 구분되어 있지 않지만, 편의상 나누었다.
2 노나라의……다투었다: "태사공이 말했다. '나는 공자께서 "노나라의 도가 쇠약해지는 것이 심하구나! 수수와 사수 사이 사람들이 작은 일로도 서로 다툰다."라고 하신

고도 쓴다. 해설하는 사람이 '은은誾誾'을 사리를 따져 논쟁하다는 뜻이라 하였고, 진晉나라 사람도 '강직하고 얼굴빛을 엄숙하게 하는 말이라'했는데, 대체로 글자의 음과 뜻으로 찾아보면 또한 이와 같아야 하니, 바로 《설문해자》의 해설이 맞는 이유이다.

'은은'은 치우침이 없고 바른 것이니 그 뜻에 다하지 않은 것이 있다. 화락하여 즐겁다는 뜻일 때에는 본래 이 '간衎' 자를 쓰지 '간侃'을 쓰지 않는다. 《후한서後漢書》〈원장한주열전袁張韓周列傳〉에서 "화락하고 강직함이 예에 맞는 모습이고, 침묵하여 마음을 억누르는 것은 조정의 복이 아니다."[3]라고 하였으니, 그 뜻도 사리를 따져 논쟁하고 강직함을 실천하는 것을 옳게 여겨 이 말을 한 것인데, 다만 '간간侃侃'을 '간衎'으로 잘못 썼을 뿐이다.

曰. 誾誾侃侃之訓不同, 說文爲得, 何也.

曰. 太史公稱魯道之衰, 洙泗之間, 斷斷如也, 亦作誾誾, 說者以爲爭辨之意, 而晉人亦有侃侃正色之語, 蓋以音義求之, 亦宜如此, 此說文之訓, 所以爲得也. 誾誾之爲中正, 義有不盡. 衎衎而樂, 自作此衎字, 不作侃也. 後漢書云, 誾

말씀을 들었다. 경보, 숙아, 민공 때를 살펴보니 얼마나 혼란스러웠는가? 은공과 환공의 일, 양중이 적자를 죽이고 서자를 세운 일, 삼환三桓이 북쪽을 바라보는 신하인데 소공을 직접 공격하여 소공이 달아난 일이 그런 사례이다. 겉으로 보이는 겸양의 예는 그대로인데, 벌어진 일들은 어찌 정반대인가?[太史公曰, 余聞孔子稱曰, 甚矣魯道之衰也. 洙泗之間斷斷如也. 觀慶父及叔牙閔公之際, 何其亂也. 隱桓之事, 襄仲殺適立庶, 三家北面爲臣, 親攻昭公, 昭公以奔. 至其揖讓之禮則從矣, 而行事何其戾也]"《사기》〈노주공세가魯周公世家〉)

3 화락하고……아니다: 《후한서》 원문은 "誾誾衎衎 得禮之容 寢嘿抑心 更非朝廷福"으로 '更' 자가 들어 있고, 주석에 "은은誾誾은 충성스럽고 바른 모습이고, 간간衎衎은 화락한 모습이다.[誾誾, 忠正貌. 衎衎, 和樂貌.]"라는 내용이 있다. 이에 따르면, "충성스러우며 강직하고 화락하여 예의 있는 용모를 갖추고, 침묵하여 마음을 억누르면 또한 조정의 복이 아니겠는가."라는 내용이 되어 주희의 해석과는 다른 듯하다.

闇衎衎, 得禮之容, 寢嘿抑心, 非朝廷福, 其意亦以爲爭辨剛直爲是, 而有此言, 但侃侃誤作衎耳.

문 '축적踧踖'에 대한 윤씨의 뜻은 어떻습니까?

답 '축적'을 '행동을 공손하게 한다[行而恭也]'라고 윤씨가 주장한 것은 저 행동(군주가 계실 때 공자가 한 행동)에 미치지 못하니, 양씨의 해설을 따라야 한다.

曰. 踧踖尹義. 如何.
曰. 此未及夫行也. 當從楊氏.

문 '여여與與'에 두 가지 뜻이 있다고 하는 것[4]은 어째서입니까?

답 이것은 판단할 수 없으니 두 가지 설을 다 보존해 두어야 한다.

曰. 與與二義. 如何?
曰. 此未可判. 兩存可也.

문 경문에 하대부下大夫가 먼저 나오고 그 다음에 상대부上大夫가 나온 뒤에야 군주가 나오는 것은 무엇 때문입니까?

답 낮은 지위부터 높은 지위에 이르기 때문이다.

曰. 此其先下大夫, 次上大夫, 而後及君, 何也?
曰. 由卑以及尊也.

---

4 여여에……것: 여여與與에 대한 해설은 다음과 같다. 장재는 "군주가 조정이나 종묘에 있을 때는 용모와 안색이 군주를 향하는 것을 잊으면 안 된다.[君或在朝在廟, 容色不忘向君也.]"라고 했고, 사씨는 "받들어 따른다는 뜻[承順之意]"이라고 했고, 윤씨는 "위엄있는 행동이 적절했다.[威儀適中]"라고 했다. 양씨의 설은 장재와 같다.

10-03. 君召使擯, 色勃如也, 足躩如也. 揖所與立, 左右手, 衣前後, 襜如也. 趨進, 翼如也. 賓退, 必復命曰, "賓不顧矣."

문 '군소사빈君召使擯'에 대한 여러 설은 어떻습니까?

답 범씨의 해설이 맞다. "읍하는 것에 성실하다."라고 사씨가 주장한 것은 이 뜻이 아닌 듯하다. 양씨가 '확여躩如'를 '빠르게 가는 것이다.'라고 한 해설도 좋고, '빈불고賓不顧'에 관한 해설은 장자가 좋다. 《의례儀禮》〈빙례聘禮〉'빈불고'의 주석에서 정씨는 군주가 정전[路寢]으로 돌아가는 것이라 여긴 것이 이것이다. '첨여襜如'에 관한 해설은 홍흥조洪興祖가 "마음을 평안하게 하고 몸을 바르게 하며, 민첩하되 편안하게 해야만 할 수 있다."라고 한 말도 맞다.

或問, 君召使擯諸說, 如何.
曰, 范說得之, 謝說誠於所揖, 恐無此意. 楊氏躩如之說亦善. 賓不顧之說, 則張子善矣. 儀禮聘禮篇, 亦有賓不顧之文, 鄭氏以爲於此君可以反路寢是也. 襜如之說, 洪氏以(謂)[爲]⁵非心平體正敏給安詳不能爾者, 亦爲得之.

10-04. 入公門, 鞠躬如也, 如不容. 立不中門, 行不履閾. 過位, 色勃如也, 足躩如也, 其言似不足者. 攝齊升堂, 鞠躬如也, 屏氣似不息者. 出, 降一等, 逞顔色, 怡怡如也. 沒階, 趨進, 翼如也. 復其位, 踧踖如也.

---

5 (謂)[爲]: 저본에는 '謂'로 되어 있으나, 사고전서본에 의거하여 '爲'로 바로잡았다.

문 '중문中門'의 해설은 어떻습니까?

답 형병의 소에 "문 가운데 짧은 말뚝이 있고 그 양 옆에 문설주가 있으니, 중문은 문설주와 짧은 말뚝의 중앙을 말한다."[6]라고 했는데, 그렇다면 문 좌우의 문짝[扉]에도 각각 중앙이 있으니 "문의 왼쪽 문짝을 닫고 그 중앙에 선다."[7]라고 한 것이 바로 이것이다.

或問, 中門之說.
曰, 疏門中有闑, 兩旁有根, 中門, 謂根闑之中. 然則門之左右扉各有中, 所謂 "闔門左扉, 立於其中"是也.

문 여러 해설은 어떻습니까?

답 '말이 부족한 듯하다.[言似不足]'는 것과 '숨을 참고 쉬지 않는다.[屛氣不息]'는 것은 사씨가 그 뜻을 제대로 파악하였다. '옷자락을 여민다.[攝齊]'의 설은 호씨가 추론한 것 또한 훌륭하다. 【혹자가 물었다. "당에 오를 때 옷자락을 걷어 잡는다면 손에는 잡고 있는 것이 없는 것입니까?" 말하였다. "옛날에 군주君主와 신하臣下가 잡았던 오옥五玉, 삼백三帛, 이생二生, 일사一死[8]는 모두 예물[贄]로 삼았을 뿐이다. 홀은 가리키거나 기록하는 데만 사용하므로 잡는 것을 의례로 삼지 않았다. 북주北周[9]에서 옛 제도를 회복시켜 폐백을 갖추

---

6 문 가운데……말한다: "중문은 정根과 얼闑(짧은 말뚝)의 중앙을 말한다. 궁궐의 문에는 중앙에 '얼'이 있고 그 양 옆에 '정'이 있는데 '정'을 문설주라고 말한다.[中門, 謂根闑之中央, 君門中央有闑, 兩旁有根, 根謂之門橛.]"《논어주소》〈향당〉)

7 문의……선다:《예기》〈옥조玉藻〉에 나온다.

8 오옥……일사: '오옥五玉'은 황璜, 벽璧, 장璋, 규珪, 종琮이고, '삼백'三帛은 훈백纁帛, 현백玄帛, 황백黃帛이고, '이생二生'은 새끼 양[羔], 기러기[鴈]이고, '일사一死'는 꿩[雉]이다.

9 북주(557~581): 남북조시대 북조의 국가다. 후대에는 선진시대의 주周와 구분하기 위하여 북주, 우문주宇文周, 호주胡周라 불렀다.

지 않고 홀을 잡았으니, 이때 '섭자攝齊'와 '국궁鞠躬'의 예가 폐지되고 당을 오르면서 옷깃을 여미는 절차를 건너뛰는 사람이 많았다."】

曰. 諸說如何.
曰. 言似不足, 屛氣不息, 謝氏得之. 攝齊之說, 胡氏推之亦善.【或問, 升堂攝齊, 則手無所執歟. 曰. 古者君臣所執五玉三帛二生一死, 皆以爲贄而已. 笏則止用以指畫記事而已. 不執之以爲儀也. 宇文周復古, 乃不修贄而執笏, 於是攝齊鞠躬之禮廢, 升堂而躐齊者多矣.】

문 '추진익여趨進翼如'에서 어떻게 '진進' 자가 반드시 연문衍文이 된다는 것을 아십니까?

답 계단을 다 내려오면 빠른 걸음으로 물러날 것이니 다시 '진進' 자를 쓸 수 없기 때문이다. 증씨가 음의音義에서 '퇴退' 자를 쓴 것도 틀렸다.[10]

曰. 趨進翼如, 何以知進字必爲衍文也.
曰. 降而盡階, 則爲趨而退矣. 不得復有進字也. 曾氏以爲音義作退者, 亦誤.

10-05. 執圭, 鞠躬如也, 如不勝. 上如揖, 下如授. 勃如戰色. 足蹜蹜如有循. 享禮, 有容色. 私覿, 愉愉如也.

문 명규命圭라 한 것은 무엇 때문입니까?

답 옛날 제후가 분봉받을 때 천자가 규圭를 주어 신표[瑞節]로 삼았다.

---

10 증씨가……틀렸다: '증씨'는 남송의 학자 증조曾慥를 말한다. 그는 저서 《유설류설類說》에서 작자 미상의 《고본논어음의古本論語音義》를 인용하여 '추진익여趨進翼如' 구절에 대해 '진進'은 '퇴退'로 써야 한다고 하였다.

그 내용이 《논어주소》에 모두 보인다.[11]

或問, 所謂命圭者何.

曰, 古者諸侯受封, 天子授之以圭爲瑞節, 其具見於注疏矣.

문 '상여읍上如揖 하여수下如授'에 관한 해설이 같지 않은 것은 무엇 때문입니까?

답 "줄 때는 금방 받들 듯하고 내려올 때는 보내는 듯하다."라는 문장이 《의례》〈빙례〉에 있는데, 이 글과 같아야 하지만 주소注疏와 같지 않으니 그 해설이 자세하지 않다. 그런데 지금 이것에 근거하여 논하기를 《의례주소》의 옛 해설과 같이 하여 경문의 '하下'를 '당을 내려오다'라는 뜻으로 여긴다면 이때는 규를 놓은 상태이므로, '발여전색勃如戰色 족축축여유순足蹜蹜如有循'은 그 다음 문장에 연결할 수 없다. 《예기》〈곡례〉에 "국군의 기물을 잡으면 평평하게 한다."라고 했는데, 《좌전》에 자공이 노魯 애공哀公과 주자邾子[12]가 규를 잡을 때 그 자세에 따라 우러러보고 구부리는 것이 있었던 일을 비판했다는 기록이 있다.[13] 그러므로 단지 규를 받들 때의 평형은 높이가 아니라고 한다면 경문의 본뜻에 합당할 것이다.

曰, 上如揖, 下如授, 其說不同, 何也.

曰, 儀禮有授如爭承, 下如送之文, 應與此同, 而注疏不類, 未詳其說. 今且據

---

11 그 내용이……보인다: 소疏에 "《주례周禮》〈대종백大宗伯〉에 '공은 환규를 잡는다.'라고 하였는데, 주注에 '……규의 길이는 9촌이다.'라고 하였다. 그러므로 《주례》〈옥인玉人〉에 '9촌의 명규는 공이 지킨다.'라고 한 것이 이것이다.[大宗伯云, 公執桓圭. 注云, ……圭長九寸. 故玉人云, 命圭九寸, 公守之. 是也.]"라는 내용이 있다. 《논어주소》

12 주자(?~B.C. 678): 춘추시대 주邾의 군주로 이름은 극克, 자는 의보儀父다. 노魯 은공隱公 원년에 멸蔑에서 회맹했다.

13 《좌전》에……있다: 《춘추좌씨전》 노魯 정공定公 15년에 보인다.

此論之, 若如舊說, 以下爲下堂, 則是時已不執圭, 而勃如戰色, 足蹜蹜如有循之文, 不當系於其下矣. 禮有執國君之器則平衡之說, 而左氏記子貢譏哀公邾子執圭高卑容有俛仰. 故以此但爲奉之平衡不高不卑之意, 於義爲安也.

문 '향례享禮'에 관해서 《논어주소》와 여러 설이 같지 않은 것이 무엇 때문입니까?

답 《논어주소》는 《의례》에 근거하니 그것을 따라야 한다. 정자와 윤씨가 '연향燕享'이라 한 것은 잘못이다. 게다가 '연향'의 예禮도 같지 않으니 함께 예로 들 수 없다.

曰, 享禮, 註疏與諸說不同, 何也.
曰, 註據儀禮, 當從之, 以爲燕享者誤矣. 且燕享之禮, 亦自不同, 不得幷擧也.

문 '사적私覿'은 《예기》〈빙례〉에 보이는데 공자께서 그것을 행하자 예禮를 기록하는 자가 예에 어긋난다고 한 것은 무엇 때문입니까?

답 호씨는 〈빙례〉에 기록된 것과 같다면 공자가 행한 것이 바르다고 했다. 당시 대부가 방군을 참칭하였기 때문에 향례처럼 뜰에 온갖 예물을 늘어놓았으니, 바른 것이 아니다. 그러므로 《예기》〈교특생〉에 "뜰에 온갖 예물을 늘어놓는 것을 어찌 제후의 조정에서 하겠는가."라고 했는데, 이 해설이 맞다.

曰, 私覿見於聘禮, 孔子行之, 而記禮者以爲非禮, 何也.
曰, 胡氏以爲若聘禮所記, 孔子所行者正也. 當時大夫僭於邦君, 於是有庭實旅百如享禮然, 則非正矣. 故記曰, 庭實旅百, 何爲乎諸侯之庭, 此說是也.

10-06. 君子不以紺緅飾, 紅紫不以爲褻服. 當署, 袗絺綌, 必表而出之. 緇衣, 羔裘, 素衣, 麑裘, 黃衣狐裘. 褻裘長, 短右袂. 必有寢衣, 長一身有半. 狐貉之厚以居. 去喪, 無所不佩. 非帷裳, 必殺之. 羔裘玄冠不以弔. 吉月, 必朝服而朝. 齊必有明衣, 布.

문 정색正色과 간색間色이 있다는 것은 무슨 뜻입니까?[14]

답 청색, 적색, 황색, 백색, 흑색은 5방의 정색이다. 목木이 토土를 이기면 청색과 황색이 합하여 녹색이 되고, 금金이 목을 이기면 백색과 청색이 합하여 벽색碧色이 되고, 화火가 금을 이기면 적색과 백색이 합하여 홍색紅色이 되고, 수水가 화를 이기면 흑색과 적색이 합하여 자색紫色이 되고, 토가 수를 이기면 황색과 흑색이 합하여 유색騮色(검붉은색)이 된다. 이 5가지 색이 5방의 간색이다.

或問, 色有正間, 奈何.
曰, 靑赤黃白黑, 五方之正色也. 以木克土, 則靑黃合而成綠, 以金克木, 則白靑合而成碧, 以火克金, 則赤白合而成紅, 以水克火, 則黑赤合而成紫, 以土克水, 則黃黑合而成騮. 此五方之間色也.

문 후씨가 홍색과 자색이 상복上服의 꾸밈이라 한 것은 무엇 때문입니까?

답 이 해설은 틀렸다.

曰, 侯氏以紅紫爲上服之飾, 何也?

---

14 정색과······뜻입니까: 주희가 "홍색과 자색은 간색이니, 정색이 아니다.[紅紫間色不正.]"고 하였다. 《논어집주》

曰. 此說誤也.

문 '표이출지表而出之'를 《논어주소》에서 '반드시 겉옷을 덧입은 뒤에 나가셨다.'[15]라고 했는데, 지금의 해설이 그렇지 않은 것은 무엇 때문입니까?

답 《논어주소》의 해설과 같다면 경문이 '가표이후출加表而後出'이라고 해야지 '표이출지表而出之'라고 할 수 없다. 그러므로 여러 학자가 모두 《논어주소》의 해설을 인용했지만, 범씨만이 "갈옷[綌絺]을 겉에 나오게 하고, 겉 부분은 피부에 직접 닿으면 안 된다."라고 주장했으니, 진실로 지금의 해설과 같다. 다만 그 해설이 매우 정확하지 않으므로 부득불 스스로 해설을 만들었을 뿐이다.

曰, 表而出之, 舊說以爲必加表而後出, 今說不然, 何也.
曰, 若如舊說, 則當云加表而後出, 不得云表而出之矣. 故諸家雖皆因之, 而范氏獨謂, 絺綌出於表, 表不可以親膚, 則固已如今之說矣. 但其說不甚明白, 故不得不自爲說耳.

문 범씨가 정자의 말씀을 인용하여 '침의寢衣'는 착간이라 했는데, 정자께서는 착간이라는 것을 어떻게 아셨습니까?

답 '필유必有'라는 말이 아래 문장의 '필유명의必有明衣'와 같기 때문에 그것이 일상적인 옷이 아니라는 것을 알 수 있다. 또한 이 장의 '설구褻裘'라는 글이 본래 같은 종류인데 갑자기 이것 때문에 어긋났고, 게다가 범주

---

15 표이출지를……나가셨다: 하안何晏의 주석에는 "겉옷을 더한 것이다.[加上衣.]"라고 되어 있고, 형병 소에는 "반드시 겉옷을 덧입은 뒤에 외출한 것이다.[必加尚表衣, 然後出之.]"라고 되어 있다. 《논어주소》

가 맞지 않으니 지금 그 내용을 꺼내어 다음 장에 귀속시키면 두 장이 모두 적절해질 것이다.

曰. 寢衣之簡, 何以知其錯出於此也.
曰. 以必有之辭, 與下章必有明衣者同, 知其非常日之衣矣. 且此章褻裘之文, 本自一類, 而忽以此儳之, 又似若不倫者, 今出之以歸於下章, 則彼此皆得其適矣.

문 '침의寢衣'는 지금의 피의被衣입니까?
답 나는 이전에 피의被衣가 아니라고 생각했는데, 증씨의 설도 그러하다.

曰. 寢衣其今之被乎.
曰. 愚嘗意其非被, 而曾氏之說, 亦以爲然也.

문 양씨의 '호학狐貉'에 대한 해설은 어떻습니까?
답 이 설도 틀렸다. 제후는 여우 가죽으로 만든 옷을 입고 조회하는데 '의심을 잘한다.'는 점을 어디에서 취하겠는가.

曰. 楊氏狐貉之說, 如何?
曰. 是亦誤矣. 諸侯狐裘以朝, 何取於善疑哉?

문 오씨가 의심스럽다고 말한 것은 무엇입니까?
답 이것도 의심스러운 점이 있지만, 우선 그 설을 남겨 두는 것이 좋겠다. 【"이 장의 첫머리에 '군자君子'로 시작한 것은 무엇 때문입니까?"라고 하자, 오씨가 말했다. "이 편은 비록 제자들이 기록한 내용에서 뒤섞여 나온 것이지만, 그것을 모으고 엮어 만들었을 때는 반드시 다른 사람의 손에서 나왔다. 그러므로 〈향당〉의 첫머리부터 '공자'라고 말했으니, (이후 다른 장들도) 모두 위에서 공자라고 말한 것을 받아서 드러내었다. 유독 이 장의 첫 부분에서는 군자라고 말했는데 무엇을 말하는지 모르겠다. 대개 이미 군자라 했으면 오로지 공자의 일이 될 수는 없지만, 어찌 이 다음부터 모두 삼대의 전례를 공자가 행했지만, 유독 공자라고 일컬을 수 없겠는가. 또 8장 '식불염정食不厭精' 이하의 내용도 삼대의 예인지 모르겠다. 저 종묘와 조정의 빙례와 향례는 삼대에서 행한 것인데 공자에게서 특이한 점이 있었으므로 오로지 공자라 일컫겠는가. 이 점이 내가 의심스러운 것이다."】

曰, 吳氏之說疑如何.
曰, 是亦有可疑者, 姑存其說可也.【此章之首, 以君子發之, 何也. 吳氏曰, 此篇雖雜出弟子所記, 至纂集而成, 必出人之手. 故自篇首稱之, 皆蒙上所言以見之也. 獨於此章之首, 又以君子發之, 不知何謂. 蓋旣謂之君子, 則不得獨爲夫子之事, 豈自此之後, 皆三代典禮, 而夫子行之, 不得獨稱夫子耶. 又不知食不厭精以下, 亦三代之禮耶. 彼宗廟朝廷聘享之禮, 三代行之, 有異於夫子者, 故獨稱夫子也耶. 此愚竊有疑之.】

10-08.[16] 食不厭精. 膾不厭細. 食饐而餲, 魚餒而肉敗不食. 色惡不食, 臭惡不食, 失飪不食. 不時不食. 割不正不食, 不得其醬不食. 肉雖多, 不使勝食氣. 惟酒無量, 不及亂. 沽酒市脯不食. 不撤薑食. 不多食. 祭於公, 不宿肉. 祭肉不出三日. 出三日不食之矣. 食不語, 寢不言. 雖疏食菜羹, 瓜祭, 必齊如也.

문 '불시불식不時不食'은 여러 해설에서 모두 아침저녁 사이의 해 뜨는

---

16 10-8: 《논어혹문》에는 〈향당〉 7장에 해당하는 내용이 없다. 8장은 '제육불출삼일祭肉不出三日', '식불어침불언食不語寢不言'으로 각각 시작되는 3부분으로 나뉘어 있는데, 여기에서는 합쳤다.

때라고 했는데, 무엇 때문에 따르지 않습니까?

답 식사는 배고프거나 배부른 상태로 밥때를 삼는데, 성인과 다른 사람도 같을 뿐이다. 만약 아침저녁 사이의 해 뜨는 때에 이미 먹었다면 다른 때에 먹지 않고 저절로 말하기를 기다리지 않지만, 만약 아침에 일이 있어 아침이 끝날 때까지 먹지 않고 낮을 기다리면 이치를 따르는 사람의 행위가 아닐 것이다.

다만 호씨는 "《예기》〈왕제王制〉에서 '오곡이 익지 않고, 과일이 익지 않는다.'라고 한 것과, 후한後漢의 조칙에 '어린 싹을 캐오거나 움 안에서 길러 억지로 익게 한 것이다.'[17]라고 한 것과 같은 부류이다."라고 했으니 가장 좋다.

사씨는 "사람은 굶어서 죽지 않으려 하지만 먹지 않으면 된다."라고 했는데, 이 해설과 아래 장의 "사람이 죽었는데 골짜기에 내버려 두는 이치가 없다."[18]라는 것은 말이 일정하지 않아 아마도 조금 조심스럽고 두터운 뜻이 있는 듯하니, 독자가 자세히 살펴야 한다.

或問, 不時不食, 諸說皆謂朝夕日中之時, 何不從也.
曰, 食以飢飽爲節, 聖人與人同耳. 若朝夕日中旣食矣, 則他時不食, 自不待言, 若朝而有故, 乃終朝不食, 以俟日中, 則非循理者之所爲矣. 惟胡氏以爲王制所謂, 五穀未成, 果實未熟, 漢詔所謂, 穿掘萌芽, 鬱養强熟之類, 最爲得之. 謝氏說人不爲飢而死, 雖不食可也, 此與下章人死無委壑之理者, 語氣激揚, 似少謹厚之意, 讀者詳之.

---

17 어린……것이다: 이 내용은 안제安帝 영초永初 7년(113) 등황후가 섭정으로 태묘에 가서 재재齋를 올리고 제사에 올리는 음식에 관하여 내린 조서에 수록된 것이다. 《후한서後漢書》〈후기后紀 상〉 등황후기鄧皇后紀

18 사람이……없다: 〈향당〉에는 나오지 않는 내용이다.

문 '할부정割不正'은 어떤 것입니까?

답 범씨의 해설이 맞다. 형병의 소에서 인용한 희생을 해체한 것은 예법대로 먹으면 그렇겠지만, 한가히 있으면서 사사로이 먹을 때는 아마도 반드시 그렇지는 않을 것이다. '부득기장不得其醬'은 그 음식물이 소에서 인용한 것과 같다면 그 뜻 또한 범씨의 해설[19]이 바를 것이다.

曰. 割不正, 奈何.
曰. 范氏得之矣. 邢疏所引解折牲體, 禮食則然, 燕居私食, 恐其未必爾也. 不得其醬, 其物則如疏所引, 其義則亦當以范說爲正.

문 양씨의 여러 해설은 어떻습니까?

답 '색악色惡'과 '취악臭惡'은 꼭 《주례》의 말대로는 아니지만 생선이나 고기가 썩은 것을 말했을 뿐이다. "고기가 밥의 기운을 이기지 않는다."라는 설도 반드시 그렇지는 않을 것이다. 다만 밥은 곡식이 주된 것이니 범씨와 사씨의 해설이 맞다. 양씨는 "병이 들기 전에 다스리면 좋다."라고 했고, 마침내 "질병에 걸리면 의원이 만민에게 베푸는 것이니 군자가 관여하지 않는다."라고 했으니 지엽적인 것이다.

曰. 楊氏諸說, 如何.
曰. 色惡臭惡, 未必如周禮所言, 但蒙魚餒肉敗而言耳. 肉不勝食之說, 亦未必然. 但食以穀爲主, 范謝之說得之矣. 其曰治未病則善, 而遂謂疾醫施於萬民而君子不與, 則支矣.

문 '유주무량불급난唯酒無量不及亂'의 해설은 어떻습니까?

---

19 범씨의 해설: 범씨는 "'부득기장불식不得其醬不食'은 음식에 알맞은 장이 준비되어 있지 않은 것이다. 군자는 진실로 준비되어 있지 않다면 비록 음식이 좋더라도 먹지 않는다.[不得其醬不食者, 爲其不備也. 君子苟不備, 雖美不食焉]."라고 했다. 《논어정의》

답 정자의 말이 비록 성인의 일은 아니지만 학자를 경계할 것으로 매우 좋다. 이 글을 풀어보면 '유唯' 자는 위 글에 이어서 말해야 하니, 대개 "고기가 많으면 먹지 않고, 술은 정해진 양이 없지만 지나치게 취하지 않도록 할 뿐이다."라는 말이다.

호씨의 설도 맞다.【호씨가 말했다. "난亂은 안으로는 심지心志를 혼란시키고 밖으로는 위엄있는 행동거지를 잃은 것이니, 심해지면 반백班伯[20]이 '음란의 근원은 모두 술에 있다.'[21]라고 한 것처럼 된다. 성인은 술 마실 때 정해진 양이 없었지만 어지러운 태도도 없었으니, 대개 마음이 하고자 하는 대로 따라도 정도를 넘지 않아 이와 같은 것이다. 학자는 그럴 수 없으니 동진東晉 원제元帝[22]가 영가永嘉 초에 강동江東에 진을 치고 술에 빠져 사무를 보지 않았는데 왕도王導[23]가 말하자 원제가 술을 따르라고 명하고는 술을 마신 후 잔을 엎어버리고는, 그로부터 마침내 술을 끊었다."】

曰. 惟酒無量不及亂之說. 如何.

曰. 程子之言, 雖非聖人之事, 其所以戒學者至矣. 若解此文, 則惟字連上文而

---

20 반백(B.C.44~B.C.7): 전한의 학자로 《상서》와 《논어》에 밝았다. 후한시기 반고班固의 큰할아버지이다.

21 음란의……있다: 《한서》〈열전 서전敍傳〉에 나온다.

22 원제(재위 B.C.74~B.C.33): 동진의 개국황제로 이름은 사마예司馬睿다. 영가永嘉의 난으로 서진西晉이 멸망하자 진의 계승을 내세우며 건강健康, 지금의 남경을 도읍으로 개국했다. 건국 초기에는 강남 호족과 협력하여 기틀을 다졌으나 조협刁協, 왕돈王敦 등이 차례로 발호하자 화병으로 죽었다.

23 왕도(276~339): 서진·동진의 관료로 서진 말기 사마예의 휘하에 들어가 종사했다. 사마예에게 건강으로 근거지를 옮기도록 권했고, 서진이 망하자 남북의 호족을 연합하여 사마예를 옹립하고 동진을 건국하는 데 공이 있었다. 이때 사마예가 왕도에게 옥좌에 함께 앉자고 제안한 적도 있었다. 동진 초의 권신 왕돈과는 사촌간이었으나 왕도는 개국의 공이 있고 인품이 좋아 왕돈이 역모로 토벌당했을 때도 처벌받지 않고 3대에 걸쳐 재상을 지냈다.

言, 蓋曰肉多則不食, 而酒無量, 但不使過醉耳. 胡氏說得之.【胡氏曰, 亂者, 內昏其心志, 外喪其威儀, 甚則班伯所謂淫亂之原, 皆在於酒. 聖人飮無定量, 亦無亂態, 蓋從心所欲而不踰矩, 是以如此. 學者未能然, 則如晉元帝永嘉初鎭江東, 以酒廢事, 王導以爲言, 帝命酌飮觴而覆之, 於此遂絶.】

문 '제육불출삼일祭肉不出三日 출삼일불식지의出三日不食之矣'에 대한 여러 해설은 어떻습니까?

답 범씨가 "차라리 먹지 않는다."라고 한 것은 본뜻을 잃어버렸다. 사씨와 양씨의 설도 틀렸다. 대개 '불출삼일不出三日'은 그 일을 기록한 것이고, '출삼일불식지의出三日不食之矣'는 그 까닭이 이렇게 된다고 말한 것일 뿐이다.

或問, 祭肉不出三日, 出三日不食之矣. 諸說, 如何.
曰, 范氏所謂寧不食者, 失其義也. 謝楊說亦不然. 蓋不出三日, 記其事也. 出三日不食之矣者, 言其所以然者爲此耳.

문 '침식불언어寢食不言語'의 설은 어떻습니까?

답 범씨와 사씨의 설이 맞고, 증씨의 설은 더욱 요약되었다.【증씨가 말했다. "음식이 입에 있으면 말할 때가 아니고, 잠잘 때는 조용하니 말할 때가 아니다."】양씨의 설도 통하지만 아마 부차적인 것인 듯하다.

或問, 寢食不言語之說, 如何.
曰, 范謝得之, 而曾氏者尤約.【曾氏曰, 食在口, 非語時, 寢靜默, 非言時.】楊氏亦通, 然抑亦末矣.

문 '언言'과 '어語'에 구별이 있습니까?

답 먹을 때는 사람과 마주하고, 잠잘 때는 혼자 있으므로 곧 그 일로 말한 것이다.

曰. 言語有別乎.

曰. 食對人, 寢獨居, 故卽其事而言之也.

문 '과瓜'가 '필必'이 되는 것은 무엇 때문입니까?

답 이미 '소사채갱蔬食菜羹'이라 했으니 다시 '오이[瓜]'로 이으면 말이 되지 않는다. '필제必祭'라 하면 고수레하지 않는 음식은 없다는 것을 밝힌 것이고, '필제여必齊如'라 하면 공경하지 않는 제사는 없다는 것을 밝힌 것이다. 그 뜻은 여러 해설이 모두 맞는데, 윤씨의 설이 더욱 요약되었다.

曰. 瓜之爲必, 何也.

曰. 旣曰蔬食菜羹矣. 而又以瓜繼之, 則不辭矣. 曰必祭. 則明無不祭之食也. 曰必齊如. 則明無不敬之祭也. 其義則諸說皆得之. 而尹氏爲尤約也.

10-09.[24] 席不正不坐.

문 '석부정席不正'의 해설은 어떻습니까?

답 범씨, 사씨, 윤씨의 해설이 맞고, 《논어주소》와 양씨의 설은 맞지 않는 듯하다. 대개 높고 낮은 순서를 잃었다고 하면 성인을 기다리지 않아도 감히 앉지 못할 것이다. 《열녀전》에 "옛날 부인이 임신하면 잠잘 때 옆으로 눕지 않고, 앉을 때 가장자리에 기대어 앉지 않고, 설 때 한발로 서지 않고, 자른 것이 바르지 않으면 먹지 않고, 자리가 바르지 않으면

---

[24] 10-9: 이 부분은 8장에 붙어있었지만 《논어주소》, 《논어집주》 모두 다른 장으로 구분하였으므로 따로 구분하였다.

앉지 않는다."[25]라고 한 말도 이러한 뜻이다.

曰, 席不正之說, 如何.

曰, 范謝尹得之, 注疏楊氏恐未然. 蓋曰失尊卑之序, 則不待聖人而不敢坐矣. 列女傳言, 古者婦人姙子, 寢不側, 坐不邊, 立不蹕, 割不正不食, 席不正不坐, 亦此意也.

10-10. 鄕人飮酒, 杖者出, 斯出矣. 鄕人儺, 朝服而立于阼階.

문 '나儺'라는 예禮는 무엇입니까?

답 《주례》〈월령〉에 자세히 보인다.

或問, 儺之爲禮, 何也?

曰, 見於周禮月令詳矣.

문 조복은 어떻습니까?

답 대부는 조복을 입고 제사 지내니, 예경禮經에도 글이 있다.

朝服, 何也?

曰, 大夫朝服以祭, 於禮亦有文也.

10-11. 問人於他邦, 再拜而送之. 康子饋藥, 拜而受之. 曰, "丘未達, 不敢嘗."

---

25 옛날……앉는다: 《고열녀전古列女傳》〈모의전母儀傳〉'주실삼모周室三母'에 나온다.

문 '강자궤약康子饋藥'의 설은 어떻습니까?

답 범씨, 양씨, 윤씨의 설이 맞다.

或問康子饋藥之說.
曰. 范氏楊尹之說得之

문 이미 감히 맛보지 못하겠다고 했는데, 범씨가 "마실만하면 마시고 마실만하지 않으면 마시지 않는 것은 모두 그 가운데에 있다."라고 한 것은 어떻습니까?

답 오씨는 옛날에 수레를 하사받으면 올라탈 때 절하고, 옷을 하사받으면 입을 때 절하고, 음식을 하사받으면 맛볼 때 절한다고 했다. 대개 지금은 약의 성질을 알지 못하므로 감히 맛보지 않고 절했을 뿐이다. 나중에 약의 성질을 안다면, 복용할 만하면 복용하고 복용할 만하지 않으면 복용하지 않는 것은 모두 그 가운데에 있다.

曰. 旣不敢嘗矣, 則范氏所謂, 可飮而飮, 不可飮而不飮, 皆在其中, 何耶.
曰. 吳氏以爲古者賜之車, 則乘以拜, 賜之衣, 則服以拜, 賜之飮食, 則嘗而拜也. 蓋今未達. 故不敢嘗而拜耳. 已而達焉, 則可服而服, 不可服而不服, 皆在其中也.

10-12. 廐焚. 子退朝曰, "傷人乎?" 不問馬.

문 마구간이 불탔는데 말을 물어보지 않은 것은 어째서입니까?

답 조정에서 물러나 들을 때는 한순간이라 사람에 대하여 묻는 것이 급했으므로 말을 묻지 않았을 뿐이다. 하지만 어찌 끝내 묻지 않았겠는가. 대개 반드시 말해준 사람이 있었을 것이다. 여러 해설 중에서는 오직 윤씨의 설만 맞고, 범씨가 매번 '사람을 가르치는 것[敎人]'이라 한 해설은 틀렸다. 성인의 행동에는 지극한 가르침이 아닌 것이 없지만, 이것을 반드시 사람을 가르치려 한 것이라 한다면 얽매인 것이다. "말은 아낄만하지 않은 것은 아니지만 말에 대한 정을 버렸다."라는 사씨의 해설과, "공문에서 아직 멀어지지 않았다."라는 양씨의 해설과, "말이 귀한 가축이더라도 사람과는 다른 것이므로 성인이 예로 공경한 것이 이와 같다."라는 후씨의 해설도 모두 그렇지 않다.

或問, 廐焚而不問馬, 何也.
曰, 退朝聞之, 一時之間, 急於問人, 故未及問馬爾. 然亦豈終不問哉. 蓋必將有以告者矣. 諸說惟尹氏得之, 范氏每以敎人爲說, 非也. 聖人之動無非至敎, 然以爲是而必以敎人則拘矣. 謝氏捐情之說, 楊氏未離公門, 侯氏禮敬之說, 亦皆未然也.

문 육덕명의 《경전석문》에 어떤 구두에는 '부不' 자까지 구句를 끊는다."[26]라는 말은 어떻습니까?
답 이치에는 통하지만 역시 말이 되지 않는다. 증씨는 게다가 '부자不字'가 본래 한 구가 된다고 했으니 역시 온당하지 않다.

曰, 陸氏釋文, 一讀至不字絶句, 如何?.
曰, 於理則通, 然亦不辭矣. 曾氏又以不字自爲一句, 亦未安也.

10-13. 君賜食, 必正席先嘗之; 君賜腥, 必熟而薦之; 君賜生, 必畜之. 侍食于君, 君祭, 先飯. 疾, 君視之, 東首, 加朝服, 拖紳. 君命召, 不俟駕行矣. 入太廟, 每事問.

---

26 어떤……끊는다: 《경전석문經典釋文》〈논어음의論語音義 향당鄕黨〉에 나온다.

문 성인은 자리가 바르지 않으면 앉지 않는데, 어찌 반드시 군주가 음식을 하사한 뒤에 자리를 바르게 하는 것입니까?

답 자리는 본래 바른데도 앉으려 할 때 다시 바르게 하는 것이 예禮이기 때문이다. 《예기》〈곡례〉에 "주인이 빈賓을 맞이할 때 주인이 들어가 자리를 펴겠다고 청하고, 빈이 당에 오르면 주인이 다시 꿇어앉아 자리를 바르게 한다."라고 했는데, 어찌하여 먼저 자리를 바르게 하지 않고 빈이 당에 오른 뒤에야 바르게 하는 것이겠는가. 이는 대개 공경하고 삼감이 지극한 것일 뿐이다.

或問, 聖人席不正不坐矣, 豈必君賜食而後正之耶.
曰, 席固正矣, 將坐而又正焉, 所以爲禮也. 曲禮, 主人旣迎賓, 則請入爲席矣, 賓旣升堂, 主人則又跪正席矣, 豈先爲不正之席, 至此然後正之哉. 蓋敬愼之至耳.

문 여러 설은 어떻습니까?

답 모두 본문의 뜻을 얻었지만, 양씨가 "내린 음식이 간혹 제사 뒤 남은 음식일 수도 있으므로 (제사지내지 않았다.)"라고 한 말 다음이 더욱 정밀하다.

曰, 諸說如何.
曰, 皆得之, 而楊氏食則或恐餕餘以下又精矣.

문 '시식侍食'과 '선반先飯'의 설은 어떻습니까?

답 정자의 2번째 해설이 맞지만 《예기주소禮記注疏》의 오래된 해설이다. 양씨의 해설에서는 '반飯'을 거성去聲으로 읽어야 한다고 했는데, 틀렸다.

或問侍食先飯之說.

曰, 程子弟二說得之, 然亦注疏之舊也. 楊氏說, 則飯字當去聲讀, 失之矣.

문 《논어주소》하안 주에 "군주가 문병할 때는 남쪽 창 아래로 자리를 옮긴다."라고 했는데, 이 글에서는 어떤 소견입니까?
답 환자는 북쪽 창 아래에 있더라도 동쪽으로 머리를 두지 않은 적이 없으니, 이 또한 그 예禮의 당연한 것에 근본한 것이지 이 글에서 만든 것이 아니다.

或問, 舊說君視疾, 則遷居南牖之下, 於此文何所見耶.
曰, 疾者雖居北牖下, 亦未嘗不東首, 此亦本其禮之當然, 非爲此文設也.

문 '군명소君命召 불사가不俟駕'의 해설은 어떻습니까?
답 맹자의 때에는 성인이 떠난지 오래되지 않았으니 그 말은 반드시 근거가 있을 것이다. 범씨의 해설도 의논할 만한 듯하지만 대개 사士가 벼슬하지 않으면 그 나라의 군주가 부르더라도 반드시 가지는 않는다. 다만 치사致仕한 뒤에 간혹 불러서 가는 경우는 타국의 군주와 다를 뿐이다.

사씨의 해설은 사람의 큰 윤리는 사람이 폐하지 않는다 하더라도 실제로는 군주를 가벼이 여기는 마음이 있다는 말이니, 학자는 이에 대하여 다만 성인이 군주를 모시는 예禮를 보아야 하지 다시 이런 생각을 가져서는 안 된다.

양씨의 설은 더욱 분명하지 않다. 맹자는 진실로 "나라에 있으면 시정市井의 신하라 하고, 재야에 있으면 초야의 신하라 한다."라고 했는데 진실로 군주가 만나러 가지 않으면 신하가 되지 않는다. 다만 폐백을 전했지만 그 조정에 벼슬하지 않으면 지위에 있는 신하와 동등할 수 없다. 지금 "제나라에서 벼슬을 얻지 못한 경우는 군주가 만나러 가지 않아서 벼슬하면 안 되는 것이므로, 신하가 되지 않는 의리가 있다."라고 한다면 맹자의 뜻이 아니어서 의義에 대해서는 더욱 박해질 것이다. 게다가 천하가 비록 하나로 안정되더라도 군자의 진퇴와 벼슬을 사양하고 받는 일은 진실로 의義가 없이는 그러한 적이 없었다. 어찌 "온 영토에 그 신하가 아닌 것이 없다."[27]라고 하는데, 부름이 없어도 가려고 하겠는가. 하물며 겉으로 핍박한 것이 없지만 어쩔 수 없게 된 이후에 그 몸을 맡겼으니 군신의 의리를 밝힌 것이 아니다.

후씨의 해설도 거칠다. '불사가不俟駕'는 군주를 모시는 한 가지 일일 뿐이니, 어찌 갑자기 이것이 신하의 도를 다하기에 충분한 일이 되겠는가. 윤씨의 해설만 맞다.

或問君命召不俟駕之說.
曰. 孟子之時, 去聖未遠, 其言必有據矣. 范氏之說, 恐亦有可議者, 蓋士之未仕, 雖其國君召之, 亦不當往, 但致仕之後, 或召而往, 則異他國之君耳. 謝氏之說, 雖曰人之大倫, 不以人廢, 然實有輕君之心焉, 學者於此, 但當觀聖人事君之禮, 不當更作此意想也. 楊氏之說, 尤不可曉. 夫孟子固曰, 在國曰市井之臣, 在野曰草莽之臣矣, 則固無所適而不爲臣. 但不傳贄而仕於其朝, 則不得同於在位之臣耳. 今日不得於齊, 則無適不可. 故有不爲臣之義, 則非孟子之意, 而於義亦益薄矣. 且天下雖定於一, 而君子之進退辭受, 固未嘗不有義也. 豈曰率土莫非其臣, 無召而必往哉. 況以外無所逼迫, 不獲已而後委其身焉, 非所以明君臣之義也. 侯氏說亦疏. 不俟駕者, 事君之一事耳, 豈遽爲是足以盡臣道哉? 惟尹氏得之.

---

27 온 영토에……없다:《시경詩經》〈소아小雅 북산北山〉에 나온다.

10-14. 朋友死, 無所歸. 曰, "於我殯." 朋友之饋, 雖車馬, 非祭肉, 不拜.

문 '붕우朋友'라는 구절은 어떻습니까?

답 "돌아갈 곳이 없으면 나에게 돌아올 곳이 있다."라는 사씨의 해설은 맞지만 그 나머지는 격앙되고 거세서 성인의 본뜻이 아니다. "빈殯하지만 장례지내지 않는다."라는 양씨의 해설도 그렇지 않은 듯하다. 대개 '빈'은 서쪽 계단의 위에 '빈'하는 것이고, 자제나 친척이 있지만 멀리 있어 그 달에 장례지내는 것은 권도이다. 만약 "'빈'하지만 장례지내지 않는다."라고 한다면 공자의 집에서 이 '빈'은 무시無時로 인도한 것이므로 다시 길례를 행할 수 없으니, 저것이 어찌 그렇겠는가. 사씨와 양씨의 해설에 있는 '불배不拜'의 뜻도 그렇지 않은 듯하다. 오직 범씨와 윤씨의 해설만 맞을 뿐이다.[28]

或問, 朋友一節, 如何.

曰, 謝說無所歸, 則在我者得之, 其餘激昂奮厲, 非聖人本意矣. 楊氏殯而不葬之說, 恐亦未然. 蓋殯者, 殯於西階之上, 有子弟親戚而在遠, 及其月時而葬之者, 權也. 若曰殯而不葬, 則孔子之家, 此殯無時而啓, 不復可以行吉禮矣. 夫豈然哉. 謝楊說不拜之意, 亦恐不然. 獨范尹爲得耳.

---

28 사씨와……뿐이다: 사씨는 "친구의 은혜는 형제에 비견되어 글로 공경하지 않는다.[朋友之恩視兄弟, 不以文爲敬.]"라고 했고, 양씨의 설은 전해지지 않는다. 범씨와 윤씨는 동일하게 "재물을 통하는 의리가 있으므로 거마를 보내더라도 절하지 않는다.[有通財之義, 故雖車馬不拜.]"라고 했다.

10-15. 寢不尸. 居不容. 見齊衰者. 雖狎必變. 見冕者與瞽者. 雖褻必以貌. 凶服者. 式之. 式負版者. 有盛饌. 必變色而作. 迅雷風烈必變.

문 '침불시寢不尸'는 여러 해설이 모두 같은데 양씨만 다른 것은 어째서입니까?

답 여러 해설이 바르다. 양씨는 갈라져 나간 일부의 작은 의리만 말했을 뿐이다. 그가 '식불어食不語'와 '침불언寢不言'을 논한 것도 그렇다.

或問. 寢不尸. 諸說皆同. 而楊氏獨異. 何也.
曰. 諸說正矣. 楊氏之云其旁支之小義耳. 其論食不語寢不言者. 亦然.

문 사씨 해설의 '자최齊衰'는 어떻습니까?

답 최복衰服[29]을 들어 참최斬衰[30]를 보였을 뿐이니, 반드시 공복功服[31]과 시마緦麻[32]를 아울러 말한 것은 아니다.

或問. 謝說齊衰. 如何.
曰. 擧衰以見斬耳. 未必兼功緦而言也.

---

29 최복: 자식이 부모, 조부모, 증조부모, 고조부모의 상을 당했을 때 입는 상복이다.
30 참최: 상복 중 가장 무거운 복식으로 가공하지 않는 베로 옷을 만들며 옷의 가장자리를 바느질하지 않는다.
31 공복: 9개월간 상복을 입는 대공복大功服과 5개월간 상복을 입는 소공복小功服을 아울러 이르는 말이다. 공복은 숙포熟布로 만들며, 소공복은 대공복보다 가는 베를 쓴다.
32 시마: 3개월간 입는 상복이다.

문 호씨가 부판負版[33]이 상복의 등 부분에 있다고 한 것은, 대개 기록한 사람이 위 글의 상복喪服을 입은 자를 만나면 식례式禮하는 것을 풀어 반드시 중복重服(대공大功 이상의 복)을 입은 자와 부판을 가진 자를 만나도 식례하는 것이라고 한 것인데, 그렇습니까?

답 알 수 없다. 하지만 예문가禮文家가 대공 이하는 부판이 없다고 말했는데, 아마 이러한 예禮가 있을 듯도 하니, 우선 그 해설을 보존해 두어 잘 아는 사람이 가리기를 기다리도록 하자.

曰. 胡氏以負版爲喪服之在背者, 此蓋記者釋上文式凶服爲必重服, 有負版者, 乃式之也. 然乎.

曰. 未可知也. 然禮家說大功以下無負版, 恐亦或有此禮, 姑存其說, 以俟知者擇之.

문 '성찬盛饌'의 해설은 어떻습니까?

답 범씨와 양씨의 해설이 맞고, 사씨의 설은 지나치다.

或問盛饌之說.

曰. 范楊得之, 謝氏過矣.

10-16.[34] 升車, 必正立執綏. 車中不內顧, 不疾言, 不親指.

문 수레에서의 행동은 어떻습니까?

---

33 부판: 최복의 등 뒤에 늘어뜨리는 베 조각이다.
34 10-16: 본래 이 부분의 혹문은 맨 끝부분에 달려 있지만《논어혹문》의 소주와 《논어》의 편제에 따라 순서를 변경했다.

답 예禮의 이와 같은 것 때문에 인심에 의혹이 생긴다. 성인은 반드시 인심에 의혹이 생긴다고 해서 경계하는 것이 아니니 양씨의 해설이 맞다. 범씨는 인심에 의혹이 생길 뿐만이 아님을 알았으니 좋고, '예로써 스스로 방비하기 때문에 보는 것을 반드시 예로 한다.'라고 하였으니, 또한 성인을 말한 것이 아니다.【이 장은 '혹문색거或問色擧'의 위에 있어야 한다.】

或問車中之容.
曰, 禮之所以如此者, 爲惑人心也. 聖人則非必爲其惑人心而戒之也, 楊氏之說得之矣. 范氏知其非止爲惑人心則善, 而以爲以禮自防, 視必以禮, 則亦非所以語聖人也.【此一章, 在或問色擧之上】

10-17. 色斯擧矣. 翔而後集. 曰, "山梁雌雉, 時哉! 時哉!" 子路共之, 三嗅而作.

문 '색거色擧'의 해설은 어떻습니까?
답 호씨는 꿩이 날 때는 빠르게 올라가고 깃들 때는 아래로 던지는 듯하지만 날아와서 모이는 형상이 없다고 했는데, 이 해설을 충분히 깨뜨릴 만하다. 이러한 곳에는 반드시 빠진 글이 있지만 억지로 해설할 필요는 없다.

或問色擧之說.
曰. 胡氏以爲雉之飛也決起. 其止也下投, 無翔集之狀, 足以破此說矣. 大抵此等處必有闕文, 自不必强爲之說也.

청명국역총서 4

역주 논어혹문 상

2025년 12월 10일 초판 1쇄 발행

역자　　　　강민우, 권민균, 백종학, 서진희, 차영익
교정·윤문　　전병수

발행인　　　　전병수
본문 표지 디자인　배민정

발행　　도서출판 수류화개
　　　　등　록. 제569-251002015000018호 (2015.3.4.)
　　　　주　소. 세종시 한누리대로 312 노블비지니스타운 704호
　　　　전　화. 044-905-2248
　　　　팩　스. 02-6280-0258
　　　　메　일. waterflowerpress@naver.com
　　　　홈페이지. http://blog.naver.com/waterflowerpress

ⓒ 도서출판 수류화개, 2025

값 35,000원

ISBN　　979-11-92153-25-4 (94140)
　　　　979-11-92153-27-8 (세트)

이 책은 저작권법에 따라 보호받는 저작물이므로 무단전제와 무단복제를 금지하며, 이 책 내용의 전부 또는 일부를 이용하려면 반드시 저작권자와 도서출판 수류화개의 서면동의를 받아야 합니다.

잘못 만들어진 책은 교환해 드립니다.